北京大學《儒藏》編纂與研究中心 編

《儒藏》精華編選刊

歐陽南野先生文集（上）

〔明〕歐陽德 撰
王傳龍 校點

北京大學出版社
PEKING UNIVERSITY PRESS

圖書在版編目(CIP)數據

歐陽南野先生文集：上下 / (明) 歐陽德撰；北京大學《儒藏》編纂與研究中心編．-- 北京：北京大學出版社，2025.1. --（《儒藏》精華編選刊）. -- ISBN 978-7-301-35777-4

Ⅰ. B248.995-53

中國國家版本館CIP數據核字第2024V9724F號

書　　名	歐陽南野先生文集 OUYANGNANYE XIANSHENG WENJI
著作責任者	〔明〕歐陽德　撰 王傳龍　校點 北京大學《儒藏》編纂與研究中心　編
策劃統籌	馬辛民
責任編輯	方哲君
標準書號	ISBN 978-7-301-35777-4
出版發行	北京大學出版社
地　　址	北京市海淀區成府路205號　100871
網　　址	http://www.pup.cn　新浪微博：@北京大學出版社
電子郵箱	編輯部 dj@pup.cn　總編室 zpup@pup.cn
電　　話	郵購部 010-62752015　發行部 010-62750672 編輯部 010-62756449
印 刷 者	三河市北燕印裝有限公司
經 銷 者	新華書店 650毫米×980毫米　16開本　51印張　610千字 2025年1月第1版　2025年1月第1次印刷
定　　價	200.00元（全二册）

目録

上册

歐陽南野先生文集卷之二　内集二……三七

書……………………………三七

歐陽南野先生文集卷之三　内集三……七一

歐陽南野先生文集卷之四　内集四

歐陽南野先生文集卷之八　内集八……

歐陽南野先生文集卷之十三

歐陽南野先生文集卷之十四

歐陽南野先生文集卷之十五

下册

歐陽南野先生文集卷之十六

歐陽南野先生文集卷之十七

歐陽南野先生文集卷之十八

歐陽南野先生文集卷之十九

歐陽南野先生文集卷之二十

歐陽南野先生文集卷之二十一

別集五……四九〇

歐陽南野先生文集卷之二十二

別集六……五一七

歐陽南野先生文集卷之二十三

歐陽南野先生文集卷之二十四

歐陽南野先生文集卷之二十五

歐陽南野先生文集卷之二十六

歐陽南野先生文集卷之二十七

歐陽南野先生文集卷之二十八

歐陽南野先生文集卷之二十九

別集十三

歐陽南野先生文集卷之三十

校點說明

《歐陽南野先生文集》三十卷，明歐陽德撰。歐陽德（一四九六—一五五四），字崇一，號南野，江西吉安府泰和縣人。嘉靖二年（一五二三）癸未科二甲進士出身，授南直隸廬州府六安州知州。後朝廷選士大夫有文行者以置翰林，歐陽德因薦改授翰林院編修，任經筵展書。次年，遷南京國子司業。嘉靖十年秋，行人司司正薛侃上書請建皇儲，觸犯帝諱，歐陽德因事先與聞此事，被牽連逮繫詔獄，後獲釋。嘉靖十七年，轉太僕寺少卿，兩年後改南京鴻臚寺卿，值父喪歸。服除後，留養其母，不復出，與鄒守益、羅洪先等人聚講於青原梅陂之上。嘉靖二十八年，改吏部左侍郎兼翰林院學士，掌詹事府事，充《大明會典》副總裁，教授庶吉士。三十一年召拜禮部尚書，議二王建儲、婚禮及康妃喪儀，持論中正，時忤上意。嘉靖三十三年卒，贈太子少保，謚文莊。

歐陽德於正德十二年（一五一七）從學王陽明於贛州，時已中舉，而陽明猶呼之「小秀才」，歐陽德欣欣恭命。歐陽德當時在門人中年齒最少，而陽明深器之，凡語來學者必曰「先與崇一論之」。歐陽德終生服膺並宣講王陽明的「致良知」學説，初任六安州知州時，即建龍津書院廣開學風。任南京國子司業時，日進諸生誨以治心修身之學，聞風來者至不能容，乃闢齋宇延接環列以聽。居家又以講學爲事，日與鄒守益、聶豹、羅洪先等講論，從學者甚衆。京師靈濟宫之會，歐陽德與聶豹、徐階、程文德爲主盟，學徒雲集至千人，其盛爲數百年所未有。《明儒學案》稱「士咸知誦致良知之説，而稱南野門人者半天下」，足見其影響面之廣。

歐陽德的思想，大抵本陽明所教而立言，創新之功少，守成之功多，而宣揚、捍衛之力尤巨。歐陽德認爲，良知即本心之真誠惻怛，不學而能、不慮而知者，而人爲私意所蔽，不能念念皆此，故須用格致之功。物無方體，知無方體，格致之功亦無方體。天地萬物之理，本皆良知之用。君子無時無物不致其知，語默如是，動静如是，學問、思辨無不如是，故無時非行，無物非行，而無時無物非知矣，是故知行合一、體用無二。良知全體大用，並無動静、先後之殊。動而不動於欲，則得其本體之静。格物所以致我之知，親民所以明我之德，於自己的本性並無内外之分。概言之，歐陽德之所謂良知，以知是、知非之獨知爲據，其體無時不發，非未感以前别有未發之時。若人有嚮道之心，卻俗心熾盛，不能念念致其良知，其病源在於未有真志。志立則道不外求，種種毁譽利害、得失榮辱之事，一切可憂可懼、可驚可愕之變，皆能不蔽己心，然後可以任重道遠。

歐陽德生平之重要文獻，皆收入門人王宗沐彙編的《歐陽南野先生文集》中，其中《内集》十卷爲講學之文，《外集》六卷爲應制及章奏案牘之文，《別集》十四卷爲應俗之詩文。歐陽德以講學爲事，凡所與人往復書信、贈言、別序，無時無刻不忘弘揚陽明學説，故《内集》十卷是其一生學術精神所聚，黄宗羲《明儒學案》所選「南野論學書」即由《内集》而出。《外集》六卷，可睹歐陽德一生宦蹟沉浮，凡宗藩典禮、東宮儀注、祭祀盛典、妃嬪喪儀，均不卑不亢，持論中正，不屈從於上位者之喜怒。《別集》十四卷，雖爲應俗之詩文，亦復中正典雅，雍容端莊，有館閣才士之英氣。明清兩代延續歐陽德之學術血脈，此書居功甚偉；今日學者研究歐陽德之生平思想，此書仍然具有不可替代之價值。

《歐陽南野先生文集》的版本源流較爲複雜，自《四庫全書存目叢書》開始，所標注底本已有差錯，此後各大圖書館沿襲著録，承訛已久。筆者所考見《歐陽南野先生文集》之版本，約有以下幾種：

第一種爲嘉靖三十六年王宗沐、徐南金刻本，此爲今存最早刊本（北京大學圖書館藏，以下簡稱「北大甲本」），以後諸本皆由此本而出。

第二種爲嘉靖三十七年梁汝魁、馮惟訥關中刻本。是年梁汝魁正巡按陝西，因關中之士未能獲睹歐陽德文集，故邀陝西按察司僉事馮惟訥作後序，由商州知州張應時督刊，是爲梁汝魁、馮惟訥刻本（臺北「國圖」藏，以下簡稱「臺灣本」）。臺灣本實爲據北大甲本而重刊本，並非原本刷印，字體雖然非常相似，但細考仍有差别。如北大甲本目録卷三《寄劉晴川》一篇，臺灣本訛爲《寄劉晴用》；北大甲本目録卷二十三《瑞雲樓記》處，臺灣本爲空白，無篇名。

因北大甲本刊行後，陸續發現有文字訛誤，故此後的幾次重新刷印，都以雙行小字挖補的方式，對原來的板片文字進行了修補，並增補及抽换了部分篇目。今所見亦有數種，皆與北大甲本同出一源。其中《四庫全書存目叢書》影印本（底本係國家圖書館藏）將所用底本標注爲「嘉靖三十七年梁汝魁刻本」，誤。此本實爲北大甲本的原板後刷增訂本（北大圖書館亦藏有此本，以下簡稱「北大乙本」），不僅保留了北大甲本的板裂狀况（如卷二十五第一頁、卷二十九第十六頁之板裂），又增多了不少新的板裂，與臺灣本有明顯差異。臺灣本篇目與北大甲本基本一致，而北大乙本則增加了《寄貢玄略》《寄李子實》《碧江劉氏重脩族譜序》《重脩通津橋記》《胡祖母蔡氏孺人墓誌銘》《梅軒羅翁墓銘》《林背先塋碑》等篇，又將《瑞雲樓記》抽换爲《瑞金縣重脩城隍廟記》，將卷二十九的《贈吕和卿太史詩》移至全書最末，原位置補入《房母李氏挽詩》《壽大京兆戴公七十》《大廷尉石泉潘公北召》《榮壽爲周正郎受軒題》四篇。凡所增補皆爲新板刻印，字體風格與原刻有明顯差異。北大乙本還對北大甲本正文中的錯誤多所釐正，以雙行小字訂補錯漏，類似的狀況全書頻見。

因《歐陽南野先生文集》卷帙繁多，王畿、李春芳等人還曾先後選刻歐陽德講學之文，題爲《歐陽南野先生文選》而單行，有明嘉靖刻本、隆慶三年（一五六九）周之屏刻本、隆慶六年宋儀望刻本、清道光十五年（一八三五）翻刻本、民國重印本等等。此外，歐陽德的部分文章還散見於《禮部志稿》《（嘉靖）吉安府志》《（萬曆）池州府志》《皇明經世文編》《廣理學備考》等書中。

北大乙本雖然刷印時間較晚，但因與北大甲本使用同一板片，又訂正了原刻的若干訛誤，增補了不少篇目，因而在所有的版本中最爲完備。故本次《歐陽南野先生文集》的校點，以《四庫全書存目叢書》影印本（即北大乙本）爲底本。底本偶有殘缺、漫漶之處，校點者據北大甲本予以補足，並從其中輯得佚文《瑞雲樓記》一篇，補在原卷之末。臺灣本之梁汝魁序、馮惟訥後序，較爲稀見，對於識别版刻源流有相當價值，今附録於全書之末。因諸文集、文選本皆從北大甲本而出，故多無校勘價值，惟隆慶三年文選本間有文字差異，故取爲參校本，將有所發明處列爲校記，以供讀者參考。因整理者水平所限，校點工作難免有錯漏之處，尚祈方家多批評指正。

校點者　王傳龍

序

書❶

嗚呼！先公之弱冠也，慨焉以聖人爲必可至，走虔臺，上書陽明公請學。發憤至忘寢食糜飲，終歲未嘗少懈，用是孳孳一生，卒克竟成其志。今彙次遺稿，首論學諸書，若序、記等作，無亦曰求先公之志者，庶幾於斯也云爾。書斷自己丑以下，蓋是時不肖與家兄始從侍宦遊，乃稍稍留意收拾。前是十數年間，篇翰頗多，皆爲門人持去，以故往往散失，訪求所得，僅序記一二篇耳。若所上陽明公書，尤膾炙人口，而當時在門諸徒，今湮焉淪謝，此稿遂無從問，爲可恨矣。然己丑後，行李南北，即不肖耳目所及覩記者，亦復十軼二三，則又豈止一書之恨已哉。嗚呼！學貴心悟，天道何言？顧兹謦欬既遠，即又不能無望於言之多傳也，尚俟博訪諸同好者。不肖男紹慶百拜謹識。

❶ 此段跋語原在目録卷一後。

家書抄❶

嗚呼！先公與叔父家庭師友怡怡孜孜，具見此書也。叔父曰：「吾自少受學於兄，片語隻言，奉爲嚴師。」於是不肖輩因得傳抄，旦夕祗勖。乃今書抄空存，而卒莫之克由。視伯魯之簡，其去能幾？嗚呼！儻我來裔有能敬脩此道，而無若今兹二三不肖者之荒墜先訓也，則猶足追家學之背也已，則是書烏可無傳也！雖然，遵是脩焉，篤其近而可遠者在兹，將於斯文其庶幾哉，則又豈直足視我後之侗已耶？爰取寄竹山弟姪書，并付梓人。不肖男紹慶百拜謹識。

奏疏❷

傳稱：「禮防未然。」嗚呼！先公之在南宫也，矻矻夙夜，所以調紓將萌、防杜未然者，誠頃刻不忘於懷。蓋事在細微而慮存深遠，體關重大，而語不張皇，機難將順而直爲剸斷，與凡相時損益，灼微委曲，有心思殫竭而文之所不能推見者。今所存奏草、公移，蓋不肖蒐諸案牘，録藏于家，而當時衰疢昏瞶，行李倉皇，

❶ 此段跋語原在目録卷六後，與北大甲本、台灣本文字有異。

❷ 此段序文原在目録卷十六後。

以今思之，其遺佚者益又多矣。嗟乎！意之所存，文不能宣，乃文又缺漏焉，不肖之罪也夫！不肖之罪也夫！兹姑梓其存者，不肖男紹慶百拜謹識。

南野先生文集序

明賜進士出身中順大夫江西提刑按察司奉敕
提督學校副使前刑部郎臨海門人王宗沐撰

先師歐陽南野先生没之二年，晉江中丞蔡公撫江右，丕崇正學，從其家彙先生遺言三十卷，檄沐校而刻焉。刻成有敍，敍曰：

道術之不明也，其起於立言者之過乎？夫心理流行，貫徹充盎，未嘗一日息於天地之間，則夫所謂學道者，亦即心而得之矣。然其間雜揉之質，厚薄之染，始於稍偏，積爲沉痼者，萬不能同。則夫聖人之所以爲教於當時，而著書以俟來世，亦不過使人從其途、去其病，以合於大中，而得其心爾。孔子之教，莫詳於《論語》。其間問仁、問孝，圓活遷變，務合於問者之所當，不拘一法，即日用之近，而授以克治之方，雖其所謂幽遠深微者不外乎是，然俟其自得焉，聖人不遽道也。至於《中庸》，則凡天命鬼神之幽，鳶魚發育之神，以極於無聲無臭，莫不畢闡，此子貢之所不得聞者，比其孫子思而後其書始出。此豈有所愛哉？以學者之不能，而後有教，教必顧其安，而學要於久，二者相待而後成。故饜於糟粕，而後可通於神化，洽於象器，而後默識於意旨，此物之常然也。不俟其自得而投之，其穎者未及而懸於慮，則入於見解，鈍者不知而出於疑，則怯而無所守，而教以廢。孔子不倦，三千善問，閟《中庸》之幽遠深微，以俟於後，而親執《論語》去其病，以合於大中。知道之不可分，而其言未嘗合，教固如是也。自孟子之没，論者始爲一説以盡其旨，此其意亦寧盡叛於聖人？然道之本體無所損益，而機緣化導未能盡夫參差之見、不齊之悟，出其一説以齊天下之力，使之畢舉而不顧其安，盡道其幽遠深微而遺其日用，自奇其一時偶得之意象而欲概天下之道，以故近或淪於訓詁，而玄或淫於老佛，增麗益贅，説未瑩而執之堅，是雖有張皇吾道之心，卒以榛蕪而已。孔子曰：「仁者見之謂之仁，智者見之謂之智，百姓日用而不知，君子之道鮮矣！」仁智之有見，而其鮮於君子之道，僅同於百姓，故曰：道之不明，立言者之過也。道患於無志，志矣，已嘗出其力以張之，而覆用爲病，道之難任也如此。

我朝陽明王先生得於挺生，悟於患難之後，盡脱俗陋之支離，而直指本體，明白簡切。所自爲教，錘爐變化，其歸使人自得其心，學者翕然向焉，可謂有功於聖門。然今既没三十年，而傳者已不能無疑於迂徑頓漸之際矣。南野先生固王氏高第，夙抱異質，從其師説，而守之以信，本則自得，而非一時之意象。循循善誘，雖不出《中庸》之「慎獨」、《論語》之「改過」，流轉對治，量其人之力，而後投之以其當。間嘗道其幽遠深微，而未嘗遺其日用，繼往開來，囊括萬物。其言明白深粹，受之無不得力，而無一説自主之病，見於展布，自一州之守，以比宗伯之大，其道無所不行，而皆足以垂於後世。予謂先生之教、之書，則固不貳孔子之家法。未喪斯文，其在兹也已！

嘉靖丁未，沐謁先生於司成。庚戌，遷官廣西，别去。丙辰，再移江右，則先生已没。追惟親炙，粗能道先生之意以序其書，沐不敢辭。然實相是役者，則守臨江沈君科、南昌陸君九成、贛州王君春復、吉安黄君國卿、南安丘君玭，皆嘗及先生之門者也。嘉靖丙辰七月。

歐陽南野先生文集序

昔陽明先生倡明聖學，以自性良知爲宗，悉破傳註支離之失。其言徑截簡易，直趨聖途，一時經生宿儒見詫爲異。然先生負才超軼，雄思焕發，爲文疏暢閎深，既足以追古作者，而經綸康濟之業，戡亂定難之功，又煒然震耀當世。故天下之人，於其學也，雖疑信者半，而莫不咸稱其豪傑之才。自陽明殁，而其學敝矣。學者假竊近似，鶩爲玄虛，而遺棄物理，乖違行實，出之言，鬱而弗章；授之政，闇而弗達，判然名實不相副。於是師經質行之士，率視講學爲讐疾，而陽明之學漸失其真矣。

歐陽南野先生自少聞陽明之論學，即慕悦而往師之，研窮剖析，盡得其藴，而體悟充廓，涵浸有年。既歸，而與學者質疑抉異，探幽索微，無非闡發良知之旨，不鶩虛遠，而充然有當於人心，一時學士爲之靡然歸嚮。於是，向之疑者解、信者堅，而陽明之學益以大振於時，南野先生之力也。然先生賦質完厚，操履純固，尤通練時務，洞晰事幾。比爲大宗伯，每朝廷大禮下議，皆取具一時，故牒罔稽，先生則斟酌裁答，悉合典章而默當宸慮。或大事下諮，公卿糾棼疑沮至不可決，則徐以一二言定其議，而鑿乎可從。至於事勢横流，政關大體，殉之則貶道，執之則忤時，先生乃於矻然不拔之中，有調劑爕和之用，卒之事行而人心以安。蓋先生之才，其大者如此。至於文章，雖未嘗見其屬意彫琢，然粹雅勁健，發明理奥，沖然足爲《大雅》之遺音，有非組繪剽剟所能至者。故嘗謂得陽明之學而兼有其才者，惟先生而已。

嗟夫！才豈出於學之外乎？伊尹、傅説、周公，備大聖之學，而翼戴有商、弼亮成周之業，燁然彪炳百世。《伊訓》《説命》《周書》《雅》《頌》之什，著辭爲經，後有作者莫尚焉。故必有聖人之學，而後有聖人之功業、文章，其出之固有本也。先生之學，固粹乎有得於道，其於著作、經濟，雖皆緒餘，然一本於心神之所流通，精華之所著見，亦皆足以媲休古人而傳後世。故學非徒言説之貴也。平居勦掇辨論，夫誰不能？惟夫行脩道立而於事濟，吐辭示訓而足開於人，則學始爲有用，廼可貴于天下。譬之金玉、圭璧、珠璣、象犀，惟其足以成器備用，故天下傳而寶之。彼其號爲知學矣，而考其行則乖，施之用則窒，索其言昧雜而離，誕漫而淆於道，亦惡取夫學而稱之！故先生之學，於其用而知其大也。予獨惜其上方嚮意柄用先生，天下顒顒亦相期入輔明聖，以興德禮之化，而先生不幸逝矣。其所經綸匡贊，雖厭衆心，猶爲未究其用。於戲！學者觀其書，其亦識先生之學之大乎！

集書、辭、記、序、碑銘、題、疏、詩，凡若干篇，刻置南昌郡齋。

嘉靖三十六年丁巳春三月既望，門人豐城徐南金拜撰。

歐陽南野先生文集卷之一　内集一

書始嘉靖己丑至甲午

答章介菴

教諭懇至，非深愛篤念，何以有此？今之君子，道義自命者，惟一身名檢事業之爲務，其於朋友故舊之善惡休戚，若越人視秦人之肥瘠，漠然不加憂喜於其心，而猶以爲自脩自道，而不知蔽於爲我之私。所厚者薄，無所不薄也已，豈所謂有不忍人之心者耶？吾兄切切偲偲，惟恐僕陷於不善，亟欲振而出之，仁人君子之道，固如此耳，感謝何可言！

所論：「今日學者之於道，非不能言之弊，不能行之弊也。」又云：「良心所發，何處無之？然發而不能知，知而不能充者多矣。」誠然，誠然！夫人之學，所以必致其獨知，無自欺而求其自慊，是以知行合一，言行相顧，意誠、心正、身脩，而明德明於天下矣。吾兄又引頰舌之感、好爲人師之患、舍田而芸人之田之病以爲戒，蓋深懲徒言之失，而恐講學者出乎此。此正不致其良知之弊，敬聞教矣，乃僕之底裡，抑有欲陳於左右者，敢不自竭！人之心，各有所明，各有所蔽。古之聖賢亦必親師取友，好問好察，然後能去其所蔽，以適於道。助我之憾，啓予之喜，孔子猶有望於其徒，而離索之久，子夏不自知其過，況吾輩乎？ 僕自問學以來，誠賴朋友講習切磋，而後此心之是非、義利、公私、邪正、取舍漸明，而克治漸密，故嘗自念，人不可一日而不求友。故凡士君子有意於僕者，未嘗不相勉以學。其始往往因僕而感發，而其後反甚賴其相長之益。自謂不如是，豈惟鄙心有所不慊，而離索孤陋之損，亦又甚矣。雖其拒而不信，反從而笑且毁者，亦多有之。退自思孔門之學用力於仁，弟子始教，猶曰「汎愛」。故子路車馬輕裘與朋友共，孟子於齊王好樂好貨，皆與百姓同之。況人心同然之善，而曰人不足與言乎？ 相與未久，誠意未孚，遽望其翻然而悟且信，固有所未可。況趨而避之者，孔子猶欲與之言，而當時毁且沮者何限？ 終不以衰其汲汲之心。兹非吾輩所當學者哉？ 安得避毁譽利害之及，而潔己以自爲也？ 是以常不敢不盡以爲是，所以爲求仁之學者也。惟其泛然而交，猝然而遇者，則亦不敢强聒而力誘之，如來諭所云耳。若假借以資口説，獵取以濟奸私，則良知之明誠未忍自欺，而今天下讒妬勝忿之私交馳並作，即有言行相顧、知行合一、真誠惻怛、視天下爲一體者，猶未必遽能消其鄙詐之心，而動其公聽虚受之誠，況脩辭不立其誠，以言不言餂人者，而能有所濟耶？ 此則僕之決不敢也。僕非不量己而徒以狗人者，顧其心誠知取友之益，自用之損，同人之善，自私之非，故必如是而後自慊。而又思夫人之讒妬勝忿，而無有公聽虚受，非講明良知之學，亦不能使之自知其非，而舍之以歸於是。此鄙心所爲惓惓者也，愛念之及，竭盡其愚。仁爲己任，非高明孰與共此？ 固不可因狗人者之非，而并廢與人爲善之學也。如何如何？

典禮之疏，深愜輿論。逢怒遭譴，身困道亨，惜相去遼遠，未由親承來諭所謂明誠兩盡、敬義夾持之功耳。夫明致則誠復，敬立則義形，深造自得，必有可以見教者，無惜時誨，以策蹇劣，萬幸萬幸。

答陳盤谿

奉手教，兼誦高文，皆切實踐履之言，非泛爲論説者，受教多矣。中間所引孺子入井之惻隱，嘑蹴之食之羞惡，達於面目之泚，觳觫之牛之戚戚，發明良知不學而能、不慮而知最爲親切。後世之學，正坐信此不及，乃自生枝節、自作艱難以成其意見，不思吾身動静語默、行止久速、視聽食息、知識思慮，莫非良知之所爲，而一毫之人力無所與焉，所謂「天命之謂性，率性之謂道」也。人惟不能循其良知，而作好作惡，用智自私，是以動静語默之間皆失其則，故曰「莫不飲食，鮮能知味」也。故君子之學，循其良知，而不自私用智以鑿其天命耳矣。静而循其良知也，謂之致中，中非静也；動而循其良知也，謂之致和，和非動也。蓋良知妙用有常，而本體不息。不息故常動，有常故常静，常静常動，❶故動而無動，静而無静。故凡動而無静、静而無動者，物也。良知，心之神明，妙萬物者也，體用一原、動静無端者也。知此，則知致知之功矣。

來教謂「無將迎，無内外動静，功夫方成一片，無有間斷」者，切實懇到，無復餘蕴，敬佩敬佩。然又謂：「未應止可謂之養知，已應方可謂之致知。」是猶未免少有動静之分，而未見神之無動静也。夫循良知而無所虧歉之謂致，致非有所推廣增益也；循良知而無所損害之謂養，養非無所充滿流動也。豈有二哉？

❶「常静常動」，隆慶三年文選本作「常動常静」。

來教又謂：「若只説致知，而不説勿忘、勿助，則恐學者只在動處用功夫。」知忘、助者，良知也；勿忘、助者，致良知也。夫用功即用也，用即動也，故不動而敬，不言而信亦動也，雖至於澄然無際，亦莫非動也。動而不動於欲，則得其本體之静，非外動而别有静也。故曰：「動而正曰道，用而和曰德。」故君子慎動。來教所論動静，雖以所遇之時言，然而良知之全體大用，毫釐不察，則未免微有動静、先後之殊，而精一之旨未免微有差失。更願取《傳習録》中《答陸原静書》、《文録》中《答倫彦式書》一觀，庶動静合一之功不爽毫髮矣。

仙釋之辯，甚善甚善。今人徒以「不立文字、直指人心」爲佛學之獨見超悟，而不知吾儒之學，正直指人心者也。惟夫致知在於格物，明德在於親民，不若佛氏之空虚漭蕩、遺棄人倫焉耳。《文録》中《山陰縣學記》《親民堂記》辯别甚明，亦願一熟復之。風便不吝詳教，荷荷。

臺章波及，自有公論。君子之於天下，可行則行，可止則止，視吾良知之所不容已者耳。故通國譽之而不喜，舉世非之而不顧。蓋痛癢固自有在，而吾之所以自搔自摩，安得人人而喻之？聞欲勇於一决，此固執事之素心，更望從容裁酌，即此是學也。

二

某歸計無奈，披晤未期，程竹素來，辱翰教，恍如相接也。

承諭《象山語録》中詹子南所記公都子問「鈞是人也」一段，竊意此自是子南入頭處。慈湖集中所載「炳講師求訓」一段，今無其本，髣髴記得亦是此意。古人之學只在善利之間，後來學者不知分善利於其心，而計較揣量於形迹文爲之粗，紛紛擾擾，泛而無歸。故宋儒主静之論，使人反求而得其本心。今既知得良知，更不須論動静矣。夫知者，心之神明，知是知非而不可欺者也。君子恒真知其是非而不自欺，致知也。故無感自虚，有感自直，所謂「有爲爲應迹，明覺爲自然」也，是之謂静。若有意於静，其流將有是内非外，喜静厭擾，如横渠所謂「累於外物」者矣。夫人者，天地之心，故萬物皆我，天地一身，故格物所以致我之知，親民所以明我之德，合内外、動静之道也。若愛憎取舍於其間，即是以己性爲有内外矣。

鄙劣所聞者如此，高明幸有以教之。

三

披讀翰教，確有定見，且皆得之真實踐履，而非揣摩想像之所及，敬服敬服。

道之不明，正惟學不知心之良知，而倀倀然求之於外。既聞良知之説矣，又或混於見聞知識之真妄錯雜者，誤認以爲良知，而疑其有所未盡，不知吾心不學而能、不慮而知之本體，非見聞知識之可混，而見聞知識莫非妙用，非有真妄之可言。而真妄是非、輕重厚薄，莫不有自然之知也。故近世學者聞而不信，信而不盡，其蔽蓋在於此。能信其説者，又不知有格物之功，不能真實懇到，爲其善，不爲其不善，故或恣情縱意，而旦晝所爲有以梏其知而亡之；或恬淡虚静以爲圓融瑩徹，而人情事理偏枯缺漏，則亦不足以致其知。要皆良知本體見之未徹，而未免安於意之所習，道之所由以不行也。乃高明所見逈異於是，大道晦冥久矣，超脱積習，直造本真，百年僅見，豈惟菲劣者仰藉沾溉，無任慕望？惟弘毅體道，任重致遠，不枉爲此一大事故出現於世也。

新刻奉覽，蓋先師絶筆。便中更望垂教，幸甚。

答劉道夫

諭及「良知雖愚夫愚婦之所與知能行，而致之則難，稍有一毫意、必、固、我之私，即是良知之蔽。故致知之功，直是意、必、固、我消磨得盡始爲真切」，甚善甚善。但謂「三子不得爲聖之時，蓋其心未免有蔽，既有所蔽，則不得謂之精明，既不得謂之精明，則其知亦不得謂之良」，此則求良知似太深也。夫良知不學而能，不慮而知，故雖小人閒居爲不善，無所不至者，其見君子而厭然，亦不可不謂之良知。雖常人恕己則昏者，其責人則明，亦不可不謂之良知。而況於三子者乎！苟能不欺其知，去其不善者以歸於善，勿以所惡於人者而施於人，則亦是致知誠意之功。而即此一念，可以不異於孔子，而況於三子者乎！三子之蔽，蓋其氣質之所重，然其萬物一體之心，未始與孔子異，昔人所謂四時之氣者也。四時之氣，不可不謂之元氣，三子之心，不可不謂之聖。惟其氣質之所重，消磨未盡，故不得謂之時也。況三子之蔽，三子之良知自知之，亦自克之。其所以爲聖者，在乎良知之能致，而不繫乎氣質之所重。故學者之希聖，亦惟在乎不欺吾之良知，而不必希高慕遠，謂必如何而後爲良知也。知即行，行即知，本體固如此。此二字本以功夫言，先師所謂「真知即所以爲行，不行不足謂之知」，又謂「知之真切篤實處即是行，行之明覺精察處即是知」。細玩此語，尊意乃更親切也。

學力有覺，誠爲難得。從此日就自己知得善不善處，毫髮不肯自欺，遷善改過，懲忿窒慾，自然日進高明矣。顒望顒望。

答傅石山

諭及「知行合一，於日用應接之間恍若有得」，足見近來用功真切，忻慰忻慰。夫心之良知之謂道心，雜以私意之謂人心。知也者，致其良知於人心、道心之間，而不欺也。行也者，致知之功真實懇到，恒久而不已也，孟子所謂「知而弗去」是也。「真知即所以爲行，不行不足謂之知」，言實致其知於人心、道心而不已焉，即所以爲行。苟不實致其知，則亦不足謂之知。此聖人致知之學，最爲緊切，所以異於後儒者也。後世棄其良知，從事於外，知之之功茫無下落，尚安有所謂行哉？

來諭謂「並進交脩之功，無物不有，無時不然」，則近之矣。然謂之並，謂之交，猶有二也，二則不能無先後也。若無物不實致其知，無時不實致其知，則一而已矣。孰爲知焉，孰爲行焉，而何先後之可言哉？

來諭謂「行先於知，心有未安」，誠未安也。夫知行合一者也，不可先也，不可後也。君子無時無物不致其知，語默如是，動静如是，學問、思辨無不如是，故無時非行，無物非行，而無時無物非知矣。若謂知行略有先後，而行不可以先知，則二之也，是其用功猶非精一於人心、道心之間者也。

來諭謂：「日用應接，講求有不到處，便不能免於悔尤。其間亦無私意，亦無客氣，如何不能中道？」夫悔有二，有悔其心之不善者，有悔其行之不得者。悔其行之不得者又有二，有察見其非心者，有留情於順逆者。此人心、道心之分也。夫君子誠致其知而不已焉，則凡當講者，良知自不能不講也，講求未到者，良知自不能已也。凡當講而不講，當講求其至而不講求其至，即此一念已是怠意，已是忽心，是自是自足之蔽，其爲私意、客氣莫大焉。其可悔者，蓋在於此，而不在於行之不得也。凡此只是不真實致良知之故，實致其知，無此悔矣。若謂既無私意，既無客氣，而猶未能中道，竊以爲無是理也，是殆比擬於形迹也，是殆留情於順逆也。夫實致其知，而無私意、客氣，則中道矣。如是而行有不得，無可悔也。如是而悔，則將違良知以干百姓之譽，此後世求可求成之私也。然未有致良知而行有不得，行有不得，要之良知未致耳。

答周陸田

來教示以所疑，足知别來用功精實，日有所就，月有所將矣。某罔所知識，姑就來教以請。

夫心無動静，動静其應迹也。來教所謂「動中求静，順應不擾」，殆有見於動中之静，求不擾於應酧之中，而未究夫無動無静之良知也。夫良知無動無静，故時動時静，而不倚於動静。君子之學循其良知，故雖疲形餓體而非勞也，精思熟慮而非煩也，問察辨説而非聒也，清浄虚澹而非寂也。何往而不心逸？何往而不日休？故學貴循其良知，而動静兩忘，然後爲得。

來教所謂「興革一念，不能少置」，是未免倚於動矣。既倚於動，則非良知廓然大公之本體，如是而復求動中之静，復求順應不擾，則愈動愈亂，安得而静？安得而弗擾？又舍其動應而求之，則如來教所謂「欲求心逸、日休之美，而於熟思、審處之功覺有間斷者，又有所不能免。愛憎取舍，相尋無窮，非良知大公順應之學矣。宜其以順應爲大賢以上之事，而别有一段下學功夫，又别有一段上達本體」。此所以不免於想像太高，而日致疏漏。其原蓋始於動中求静，而未能動静兩忘，求良知於動静之間，而未能循良知之動静也。夫功夫本體，非有二也。良知者，孩提之初心，真實無妄，明覺自然，本自大公，本自大順。凡聞見思索、學問酧酢，無非妙用，不假私智。循而弗失，是謂性之；失而復循，是謂反之。反之之謂工夫，性之之謂本體，其爲循其良知則一而已，非判然二途也。夫循其良知，則其於爲政也，知利之所當興，而思所以興之，弊之所當革，而思所以革之，皆良知之自然也，何必「興革一念，不容少置」？此念既息，則良知常動常静，何必動中求静？良知常思常逸，何必别求心逸？欲求不擾，反以爲擾，欲求日休，雖休非休。故循其良知之謂大公順應，之謂居敬行簡，聰明睿智皆由此出，殊途百慮莫非一致，尚何疏漏隳窳之足患哉？執事但息其憧憧之念，得其孩提之心，隨事而辨其是非，因物而審其可否，則可見心之良知本然完具，如尺度盡天下之長短，權衡盡天下之輕重，規矩盡天下之方圓，自然事事見得，事事簡要，蓋莫非良知之流行變化。而良知之外，别無理之可見，别無簡之可執者。審如是，則中人以下者，雖愚必明，况執事之高明哉！舍是而求見理，則必爲非理；舍是而求行簡，則必爲居簡之簡。此後世之學所以異於聖人者也。高明以爲何如？

寄京中諸友

别久未緣脩問，惟時聞諸兄切磋不懈，慰浣之極。

末習澆浮，吾徒耳濡目染久矣，所不可變者惟有獨知一念。循此而致之，方是去僞著誠，而論者顧疑其僞，則亦見之未審耳。雖然，吾徒果能自信其良知，而循之而無欺之者乎？然則世人之論，固導善之師、規過之友，而豈可惡哉！君子之志於道，猶之飲食。夫知饑而食，知渴而飲，皆吾心獨知所不容已者，不爲人信從而爲，而豈因人之疑議而沮？惟其念天下之同饑渴，而將與天下共飲食之，則不能無望其信吾之所謂飲食，真足以療饑渴耳。使吾徒飲甘食鑿，膚革充盈，信吾説者亦飲食之而充盈，則疑信半者必信吾説而飲食之，而疑者將亦不能堅其疑矣。然則吾徒欲與天下同歸於善，舍獨知又焉所致其力乎？

某顧瞻時勢，未見可行之機。老親踰耋望耄，去秋迎至邸，今春復還，每有感觸，歸思戚然。惟念四方之士群聚南雍，覬少遂平生求友之志，萬一終無所發，則亦反歸林壑，進無補於時，退幾有益於道耳。

答王大西

往在京師，過辱深愛，雖未得傾承教益，然親炙沉潛端重之德，所以矯輕警躁者亦已多矣。近日同志君子，莫不知有致良知之説，然名利之私刮磨不凈。所謂「飯糗茹草，若將終身」「遯世不見知而不悔」，未有專心致志能如此者。則所謂良知者，亦其名焉耳，豈赤子純一之真體也？其弊蓋始於恐墮二氏之偏，而以中正之説自持，不知裡許盡是塵心世緣割截不斷，何緣見所謂大中至正者耶？

承委書院記，因善卷事，有以仰窺高明之志，輒述鄙見請正。文詞蕪陋，非所計也，惟執事有以教之。

答羅整菴先生寄《困知記》

披讀大篇，明暢痛快，温潤精密，使人起敬起慕，昏瞶警發，鄙吝消融。有道者之言，其感人如此，而況於親炙之者乎？承翰教，拳拳引誘，使盡其所欲言，以求歸於是。某無似，先生長者不鄙其愚，俯就曲成，感幸何可云喻！顧嘗聞「學不躐等」，故古之學者有「聽而弗問」。某罔所知識，何足以承先生長者之教？然隱之於中，有未能涣然而無疑者，謹誦述所聞，惟執事裁教焉。

竊觀《記》中反覆於心性之辨，謂「佛氏有見於心，無見於性，故以知覺爲性」。又舉《傳習録》中云「吾心之良知，即所謂天理也」，謂此言亦以知覺爲性者。某嘗聞知覺與良知，名同而實異。凡知視、知聽、知言、知動，皆知覺也，而未必其皆善。良知者，知惻隱、知羞惡、知恭敬、知是非，所謂本然之善也。本然之善，以知爲體，不能離知而别有體。蓋天性之真，明覺自然，隨感而通，自有條理者也，是以謂之良知，亦謂之天理。天理者，良知之條理；良知者，天理之靈明，知覺不足以言之也。致知云者，非增廣其見聞覺識之謂也。循其惻隱、羞惡、恭敬、是非之知，而擴充之以極其至，不使其蔽昧虧歉，有一念之不實者，所謂致曲以求誠，故知至則意誠矣。此與佛氏所謂「圓覺」、所謂「含藏識」者既已不同，而其功在於格物，益與佛氏異矣。

物者，事也，思慮覺識，視聽言動，感應酧酢之迹者也。上而天子之用人理財，下而農商之耕鑿貿易，近而家之事親事長，遠而天下之正民育物，小而童子之灑掃應對，大而成人之變化云爲，莫非思慮覺識、視聽言動、感應酧酢之迹，皆其日履之固然而不可易者，然而有善有惡，有正有邪。格物者，爲善而不爲惡，從正而不從邪，隨其位分，脩其日履，循其良知之天理，而無所蔽昧虧歉者也。物無方體，知無方體，格致之功亦無方體；物無窮盡，知無窮盡，格致之功亦無窮盡。日積月累，日就月將，而自有弗能已者。不如是，則旦書所爲梏其良心，而其違禽獸不遠矣。故格物者，聖門篤實真切用力之地，没身而已者也。彼佛氏以事爲障，以理爲障，既不知所謂格物，而其徑超頓悟，又焉有積累就將之實哉？某之所聞如此。竊考之於孔、曾、思、孟、濂溪、明道之言，質之《楞伽》《楞嚴》《圓覺》《涅槃》諸經，其宗旨異同頗覺判别。然而尊教云云，是以不能涣然於中也，惟高明幸終誨之。

又觀《記》中有云：「厭夫學問之繁，而欲徑達於易簡之域。」某嘗聞學問思辨，皆明善之功。善者，人心天命之本然，所謂良知者也。良知，至易至簡，而其用至博。若孝親敬長、仁民愛物之類，千變萬化，不可勝窮，而其實一良知而已。故簡者未嘗不繁，而繁即所以爲簡，非有二也。夫學者，學其所不能。良知之用至博，皆不學而能者也，蔽於私而後有不能，則必學而後能。是故本能愛親，蔽於私則有所不愛，學愛親而後能愛矣；本能敬兄，蔽於私則有所不敬，學敬兄而後能敬矣。故學也者，學其事而能之；脩其善而去其不善，格物之功也。然有蔽而後有學，則其真妄錯雜、善惡混淆，必有不知不明者矣。問者問其所不知，思者思其所不得，辨者辨其所不明，皆就所學之事，真妄善惡之間，講究研磨、察識辨别，求能其事而後已焉耳，學而能之則善得矣。「拳拳服膺而弗失」，所謂篤行之者也。故曰：「五者廢其一，非學。」果能此道，而後本然之善全體明浄，查滓渾化而無有蔽昧虧歉者。離本然之善，則别無可學、可問之事；舍學問之繁，則别無至易、至簡之功也。讀書，亦問辨之一端。書也者，紀人心善惡是非之迹者也。古人善惡是非之迹，亦吾心善惡是非之迹也。從事於學者，或取決於師友，或考正於《詩》《書》，其要去吾之不善，脩吾之善，學而能之而已，故曰「學於古訓」，是故「道積厥躬」而「德脩罔覺」也。故古訓非外，身心非内也；讀書非先，脩身非後也。後世未免岐而二之，二則離，離則遠，其於「不遠人」以爲道之旨，似覺微有小異耳，惟高明幸終誨之。

某竊惟教學之興，蓋聖帝明王憂民之欲動情勝，喪其良心，五品失序，百行乖錯，相戕相賊，罔所底極，於是勞民勸相，匡直而輔翼之，使之自易其惡，自盡其性。當其時，教無異學，學無異習，不但養於庠序者知實用其力，農賈罝兔之微，亦各安其業而敏於善，君卿大夫各循其職而盡其心，上下之間皆以實德實行爲學，而不騖於論説之繁、知見之多。「百僚師師」、「比屋可封」，非苟然也。世衰道微，諸子百家不知循其天性之真，而各以其意之所見者爲道，爲我、兼愛、縱横、術數、兵刑、名法、寂滅、虚無之習紛然雜出，然皆力行深造，斐然成章，故足以亂實學而溺人心。聖賢者作而拯人之溺，亦惟示天性之善，而道以日履之功，慎念慮之微，而決其蔽陷之端，使之無爲其所不爲，無欲其所不欲，各循其本心而已，非多爲論説，使人廣其知識於外也。厥後學諸子者，往往通其説以求獲，演其義以立言，其流爲訓詁、爲詞章，以諸子自名而浸失諸子之宗。爲聖人之學者，亦復博通道德仁義之意，貫穿諸子百家之旨，相與並駕其説於天下，以爲講之精、辨之悉、知之明，庶乎其學之不差，其設心未爲不善也。源遠末離，枝盛本披，爲説愈繁，爲道愈難，農賈罝兔有所不能及，天子諸侯有所不暇爲，雖學校之俊秀亦往往汩於論説，蕩其知識，依擬形似，矜飾功能，非復真切篤實致其良知於日履之間，以達之天下，是故知德者鮮矣。

先知覺後知，先覺覺後覺，固當有任其責者。仰惟先生大人正己以率物，明道以淑人，實德實行，嵬然後學山斗之瞻，自任之重宜不可得而辭。某寡陋無聞，固願日操几杖，親承無行不與之教，時勢牽縛，莫之能遂，而徒託之簡札。言不盡意，尚賴教思無窮，誨迪不倦，庶以成瘘不忘起之志耳。臨風南向，無任耿耿。

又

今月十九日，拜領八月朔日教劄。反復傾竭，惟恐後生小子學失其道，以陷於邪僻，誨之詳、愛之真，佩服感激何有窮已！某嘗莊誦前後書記，心性理氣之辨，其要欲學者識取本性，體認天理，而知所用力。此子思原天命、孟子道性善之意，《大學》「止至善」之教也。每祗奉至言，❶以爲聖人所以正三綱而敘九疇，其精神命脉端在於此，顧恐頑鈍蹇劣，未能服膺而弗失耳。又嘗自念孟子論性善，以惻隱、羞惡、恭敬、是非爲言，程門學者亦以「乍見入井，其心怵惕」爲天理之自然，所謂良知者也。故竊意良知二字，正指示本性而使人知所用其力者。其爲繁詞以瀆高聽，非如尊教所謂「枘鑿不入」，蓋恐千里之外，詞不達意，使長者無所施其裁成，則非請益之道，故意之所及，不懼瑣瑣，惟懼不盡耳。

伏讀教劄，謂「人之知、識不容有二。孟子但以不慮而知者名之曰良，非謂別有一知也。今以知惻隱、羞惡、恭敬、是非爲良知，知視、聽、言、動爲知覺，殆如《楞伽》所謂『真識』及『分別事識』者」。某之所聞，非謂知、識有二也。惻隱、羞惡、恭敬、是非之知，不離乎視、聽、言、動，而視、聽、言、動未必皆得其惻隱、羞惡之本然者。故就視、聽、言、動而言，統謂之知覺；就其惻隱、羞惡而言，乃見其所謂良者。知覺未可謂之性，未可謂之理。知之良者，蓋天性之真，明覺自然，隨感而通，自有條理，乃所謂天之理也，猶之道心、人心非有二心，天命、氣質非有二性，源頭、支流非有二水。先儒所謂視聽、思慮、動作，皆天也，人但於其中要識

❶「言」，隆慶三年文選本作「教」。

得真與妄耳。良字之義，❶竊意晦菴所謂本然之善者，正孟子性善之旨。「人生而靜，以上不容説」，纔説性時便有知覺運動。性非知，則無以爲體；知非良，則無以見性。性本善，非由外鑠，故知本良，不待安排。曰「不慮而知者，其良知」，猶之曰「不待安排者，其良心」。擴而充之以達之天下，則仁義不可勝用。若《楞伽》所謂「真識」，則非孟子之所謂「良」者，其於惻隱、羞惡、恭敬、是非乎何有？宜不得比而同之矣。

教劄引「知性」「知天」等語，謂「凡知字皆虛，下一字皆實，虛實既判，體用自明，不可以用爲體」。某竊意字義固有兼虛實、體用言者，如「止至善」之「止」爲虛、爲用，「知止」「敬止」之「止」爲實、爲體。知字以虛言者，如教劄所引「知性」「知天」「知此事，覺此理」，皆言其用者也。若良知之知，明道嘗言「良知良能，原不喪失，以舊日習心未除，故須存習此心，久則可奪舊習」，上云「良知」，下云「此心」，似指其實體言之。《大學》「致知」之「知」，與身、心、意、物爲類，似不得爲虛字，而與「知性」「知天」之「知」同爲用也。然體用一原，體之知即用之知，則亦本無二知，殆立言各有所當耳。

教劄謂某前書「隨其位分，脩其日履」：「雖云與佛氏異，然於天地萬物之理，一切置之度外，更不復講，則無以達夫一貫之妙。只緣誤認良知爲天理，於天地萬物上，良知二字安着不得，不容不置之度外耳。」以某所聞，實異乎是。凡所謂日履者，吾心良知之發於視聽思慮，與天地人物相感應酧酢者也。夫人所以爲天地之心、萬物之靈者，以其良知也。故隨其位分、日履，大之而觀天察地，通神明，育萬物，小之而用天因

---

❶「字」，隆慶三年文選本作「知」。

地，制節謹度，以養父母，莫非良知之用。離卻天地人物，則無所謂視聽思慮、感應酧酢之日履，亦無所謂良知者矣。若於天地萬物之理一切不講，豈所謂隨其位分，脩其日履，以致其良知者哉？惟是講天地萬物之理，本皆良知之用，然人或動於私，而良知有蔽昧焉。權度既差，輕重長短皆失其理矣。必也，一切致其良知，而不蔽以私，然後爲窮理盡性、一以貫之之學。良知必發於視聽思慮，視聽思慮必交於天地人物，天地人物無窮，視聽思慮亦無窮，故良知亦無窮。其所以用力者，惟在其有私無私、良與不良、致與不致之間，而實周乎天地人物，無有一處安着不得而置之度外者也。

教劄又謂某所論「學問思辨」：「但本領既別，則雖同此進爲之方，先後緩急自有不可得而同者。蓋以良知爲天理，則易簡在先，功夫居後，後則可緩；謂天理非良知，則易簡居後，功夫在先，先則當急。」又云：「始之開發聰明，終之磨礲入細，所賴者經書而已。善讀書者，莫非切己，易簡之妙於是乎存。豈可謂凡讀書者，皆遠人以爲道乎？」然某非以學問思辨爲後而可緩，但謂學問思辨者，學問思辨其良知耳。善讀書者，開發良知之聰明，而磨礲之日精日密，不以一毫私意自蔽，不以一毫私欲自累，則大訓古典莫非切己，博識泛觀莫非易簡，非外讀書而別有尊奉其良知，以從事於易簡之道。然必真能於讀書之際，念念無自欺而求自慊，無爲其所不爲，無欲其所不欲，乃可謂之開發磨礲，不遠人以爲道者，而無先後緩急之可言也。

教劄謂：「有物必有則，故學必先於格物。今以良知爲天理，乃欲致吾心之良知於事物，則道理全是人安排出，事物無復有本然之則矣。」某竊意有耳目則有聰明之德，有父子則有慈孝之心。聰明之德、孝慈之心，所謂良知也，天然自有之則也。視聽而不以私意蔽其聰明，是謂致良知於耳目之間；父子而不以私意奪其慈孝，是謂致良知於父子之間。是乃循其天然之則，所謂格物致知也。天理之則，民之秉彝，故不待安排而錙銖不爽。即凡多聞多見，其闕疑闕殆、擇善而從者，秉彝之知其則不遠，猶輕重長短之於尺度權衡，舍此則無所據，而不免於安排布置，非所謂不遠人以爲道者矣。

教劄謂某前書「所舉不及伊川、晦菴二先生，疑因其格物之訓於良知之説有礙而然」，非敢然也。昔人謂：「天下萬世事，當以天下萬世之心處之。」一言不合，遽分彼此，是誠何心？況晦菴百世之師，後學之稟承聽受，宜如何也。以某所聞於晦菴所論格致之功，未嘗少有遺闕。其曰事事物物擴充其良知、無自欺求自慊、無爲其所不爲、無欲其所不欲者，雖非晦菴格致正訓，然皆古聖緒論而晦菴所祖述焉者，則亦未至於有礙也。惟是濂溪《通書》首數章及《聖學》章、明道《定性書》及「學者須先識仁」諸語，諄諄懇懇，指出本原，無異於《大學》知本之教。明道表章《大學》，雖頗有更定，未嘗補格致之傳，竊意其或以獨知爲知，以無自欺而求自慊爲致知，而別無可補之説者。故因論格物致知而以濂溪、明道爲言，非以伊川、晦菴爲可外也。使二先生如在，尚恐受教無地，不足以從弟子之列。然而異同之論，則雖面承教授，親爲弟子，亦豈可不盡其愚？蓋二程亦時異於濂溪，而游、楊諸子亦時異於二程。古之聖人，亦未嘗有都俞而無吁咈，不如是則何取於講學？何貴于親師取友？此某之志也。銘感厚德，極欲勉承鐫諭，庶或寸進，誠知無已之愛、不倦之教，必不以其愚而遂棄之。顧塵鞅驅馳，又文詞蕪穢，不能宣悉，萬惟推見至隱，啓蔀發蒙，不勝幸甚。

三

閒坐空齋，静撫蒼檜，追思手植之勤，若德容之在望也。披誦手翰，兼承精力清健，且感且慰。載道之作，竚竢垂教。嘗聞古之學者友天下之善士，尚以爲未足，而三人同行，猶能得師。矧某之寡陋，辱獎借接引，恒惴惴焉，以學問不博不足以成德爲懼。苟有益於救失長善，則莫非我師，而況有道者之言乎？擇於同異乖合以爲取舍，豈惟負長者獎引之意，亦非某之所受於師者也。尊諭所及，輒布胸臆，惟終教之幸甚。

答陶鏡峰

比承翰教，兼聞會友取善，切磋不懈，甚幸甚幸。

來教：「知爲心之本體，格物無間動静。從事格致，而誠正功夫合下俱了，此易簡之理，俟聖無惑。然誠敬存之，勿助勿忘，而物來順應，無所用智，則夫學問、思辨、篤行之功，正戒懼、慎獨、有事焉者。其間必有體認漸次，廣大精微，而卒未可以一言一時籠罩者也。」此皆真實踐履之語，而非想像揣摩之所及，敬佩敬佩。然細究尊意，似未免疑良知過於簡易，致知涉於籠統，須有所裨補增益，然後足以盡其全。此則殆非所以論良知也。良知者，性之昭明靈覺者也。天下無性外之事，無性外之學，凡百慮殊途，無有出於良知之外者。學問、思辨，皆所以致良知，然而知學問、思辨者，亦良知也。良知者，學問、思辨之本體；學問、思辨者，良知之功用。學問、思辨之功，雖至於人一己百，人十己千，無非循其本體之功用，亦無非用功於本體，非有二也。然人各有見，則亦有不可不察者。孔子言「敬以直内」，而程子云「若以敬直内，則便不直矣」。夫「敬以直内」與「以敬直内」相去豈遠哉？而其相反乃如此。故用功於本體，與用功以求本體，亦微有毫釐之異。所以必曰致良知者，貴有辨也。「誠敬存之」之言，亦須善看。不然，則亦有「以敬直内」之病矣。

故君子之學，念念致其良知，終身用之有不能盡，而非徒以一言籠罩，以取一時之捷也。夫念念循其良知則無忘，念念循其良知而無毫末之加焉，則無助。勿忘、勿助云者，欲學者惟良知之循，必有事焉而不墮於忘助之病耳。非致知之功，猶有待於勿忘、勿助以裨補增益之也。有所裨補增益則爲助，助與忘等，而其害甚之矣。夫「物來順應，無所用智」者，事事順其良知之應之，而不用其私智。良知之所是則爲之，良知之所非則去之，良知之所不能則學之，良知之所疑則問辨之，是謂廓然大公之學。其體段本至廣，其功用本至精，其積累自有漸。來論所謂「體認漸次，廣大精微」，此皆良知之所固然而不容已者，故致知焉盡之矣，不待裨補增加之也。裨補增加，則未免於用智安排，非良知本體功用之全矣。道遠末由親承，因尊諭所及，聊盡臆見，非謂能有以當執事之意，少效切磋之義云耳。倘有未安，千萬傾示。

答徐少湖

承惠《學則》《蒙訓》諸書，所論「尊德性而道問學」，真聖門一以貫之之旨；至所謂「君子終身踐行，無往非學」，尤足以砭近時空言無當之膏肓，而詞旨燦然，讀之者皆知入門下手，無所疑惑。蓋本諸深造自得，而立言其入人自別也。良知二字，未見數數提掇，豈尚有疑於此，殆亦言各有當，而偶未之及耳。此二字是吾人精神命脉。孟子言「人之所以異於禽獸者幾希」，放其良心者，其好惡與人相近也者幾希。「舜居深山之中，其所以異於野人者幾希」，蓋其端甚微，人多忽而不察，而致與不致之間，聖愚懸絶矣。《大學》《中庸》必以慎其獨知爲言，蓋必毋自欺而能自慊，然後爲能極其至。外此，則無以見其所謂德性者，而亦無所施其學問之功矣。近與諸生講此，愈見的實，所愧功夫未能精純，尚賴吾兄切琢，庶克有濟。身任師道，以覺來學，繫兄是望。

二

兩浙學政，好音日聞。今之志於學者，往往多談繁説，而於真心實地上未能着實磨礲煅煉、去偏祛蔽，故施爲往往乖戾，反啓人疑學道之無益。如吾兄所至，使人欣服，真所謂以身爲訓，而言教之行有日矣。區區之私，豈但爲年家慶幸也哉！某道不加脩，旁無强輔，明昏起什，日負初心。儻有便使不吝規誨，古人所謂「三益」，非吾兄其誰望也？

三

承諭「致良知則自無不誠，不必更别求誠」，足知吾兄用功真切，洞見頭腦明白。大抵後世之學，只緣不自知其獨知之良，不自信其獨知之良，以爲此外别有一種功夫。雖其所論用功處，亦不容不用着良知，然終是求諸良知之外。夫良知，心之本體也。孟子知愛、知敬、知是、知非，亦是端倪。舍此固無以爲良知，而即此亦未足以盡良知。故良知無外，而有外之學非真致其良知者也。吾兄洞見及此，須有須臾不離之功，自然道明而德立矣。道遠，無任相期之意，望之悵然。

四

使至，知三函並徹記室，爲慰。伏承寵答，詞旨暢達，如獲面承，期於斯道千里同心，斷金如蘭，永矢弗諼。惟吾兄不鄙愚謬，使終受直、諒、多聞之益，區區之望。

良知二字，近日有志之士似頗厭苦其說，以爲數言近聒，專言近泥，不若隨方設教使人易曉。然孔子稱「求仁」，子思道「中庸」，孟子道「性善」，彼豈不知隨方設教者耶？其亦良工苦心也已。且將使學者曉暢經術乎，依文闡說可也；如欲其切近精實，知所用力，而外此以爲說，是誣之矣，即如來教所謂「認意見爲良知，以任意所適即爲合道，入於空虛，便於偷惰」者。此等學徒依傍語言，附託門牆，滋功利之心，長虛浮之見，雖親承孔孟，貫穿經訓，終成墮落。然其不得真實，師友問辨、講學不明，淪胥至此，亦可閔也。夫《大學》之道，要之於誠意，亦既切且盡矣。然而必曰「致知」云者，蓋意與知有辨。意者，心之意念；良知者，心之明覺。意有妄意、有私意、有意見，所謂「幾善惡」者也。良知不睹不聞，莫見莫顯，純粹無疵，所謂「誠無爲」者也。學者但從意念認取，或未免善惡混淆，浸淫失真。誠知所謂良知而致之，毋自欺而求自慊，則真妄、公私昭昭不昧，何至於誤認意見，任意所適也哉？故凡誤認意見、任意所適，皆是見良知未真。當此之時，其中固隱然有自疑自沮，而未能自信自慊者，此正不睹不聞之中，莫見莫顯之幾誠之不可掩也。惟其平日所學，不知此爲精神命脉，苟於動念處認取，補塞罅漏，是以或作或輟，乍昏乍明，終無可據。蓋良知二字講之不明，其弊至此，是以不得不厭其聒且泥也。

來教謂：「欲令學者且絕談論，且勿揣摩，一味於心地上着實體認，先識取良知面目，庶不錯下功夫。」此真實懇到對病之藥。然學者必問於師，必辨於友，談論亦未可廢。顧恐未必學之於己，思之於心，而徒曉曉問辨，空言無益。誠學而思之，則凡所疑所悟而不能自安者，良知自不容已於問辨，而不問不辨，亦非所以致其良知矣。「默而識之，學而不厭，誨人不倦」，孔子以爲「何有於我」，而學者所視以爲的，不外乎此。

然默而識之，則學而不厭；學而不厭，則誨人不倦矣。默識、誨人，初無二致，而吾兄宗主斯文，尤未可因噎而廢食也。如何？

寄黄久菴

新擢，蓋聖眷所注，喜慰何可言。但今日事勢，有非一人一日之力所能轉移而闔闢之者。要在執事誠心實意，乘機遘會，操舍急緩隨乎時，利鈍成敗付之天，而無一毫求可求成、見小欲速之心，則凡百施爲拍拍中節，天下可幾而理矣。用人之道，不必人人如己。苟任之當其才，率之以其道，鼓之得其機，所謂「靈丹一粒，點鐵成金」。向蒙垂諭，謂「必須一一分曉，不可放過」，此自君子取友輔仁之方，恐未可以爲因才器使之則也。如何？

正億弟遠來，諒自有處分。既在彼中，更須周慎，無使女醫之徒得以出入，無使游偵因而有所媒孽。此是第一義。諸僕久無紀綱，須時借威重根究警察，庶幾不至日後不可收拾耳。王明谷須留在彼中，即以此事託之，俟洛村至，更代乃善。餘，來者能悉。

答周良卿

所問良知明誠之説，周知天下之務之説，大人不失赤子之心之説，蓋以周知庶務爲良知，而不知是非之心之爲良知也。

是非之心，自一念之是非，以至於庶務之是非，古今萬變之是非，無不能知。然非必周知庶務，通達萬變，而後謂之良知。若通達萬變而後謂之良知，則赤子焉得而有之也？猶之明能察色，非必盡察天下之色而後謂之明；聰能聽聲，非必盡聽天下之聲而後謂之聰。此聰明自赤子時已有，離婁、師曠者，不失其赤子之聰明者也；是非之心自赤子時已有，大人者，不失其赤子之是非者也。所疑大人與赤子之心，果若是同乎？試觀離婁、師曠之聰明，與其爲赤子時同與不同，則可知矣。知離婁、師曠不能有加於其赤子之時之聰明，能勿失焉耳矣，則知大人不能有加於其赤子之時之心，能勿失焉耳矣。勿失之功，先儒所論種種色色皆是，惟其不知以赤子之心爲主，故支離決裂，泛濫無實。苟知以赤子之心爲主，則皆所以不失其赤子之心者也。

是非之心無所蔽之謂明，無所欺之謂誠，故明則誠矣，誠則明矣。吾人平生安身立命，只此是非之心是個根源。此心一蔽，則顛倒錯亂莫知所極；此心不欺，則千變萬化無不在道。誠知此理，雖今之世俗人情，亦莫非實學，而況先儒之所論種種色色者乎？

寄柯雙華

居鄉理家，此物最難格。非物之難，不欺其獨知而能自慊之爲難也。吾兄於此磨鍊精切，功力百倍矣。好善不擇小，惡惡不擇大。凡世態紛紛，不可人意，非惟不掛諸口，亦且不掛諸心，然後處之無不宜。此非自貶以媚俗，聖賢高明廣大之心固如此也。吾兄以爲何如？

私意一齊放下，則良心流行不息矣。學與思，即是一齊放下的功夫。「無所住而生其心」之説，若善用之，即是「情順萬事而無情」。「情順萬事而無情」之説，苟不善用，即流於猖狂自恣。故君子之學，要其所以用力者何如，言語不足泥也。不睹、不聞、無思、無爲，是睹、聞、思、爲一循其良知，而未嘗有所睹、聞、思、爲，即是「情順萬事而無情」者也。用功精密自見，非言説之所能盡。

答問五條

動而無静，静而無動，物也；動而無動，静而無静，神也。良知是心之神明，貫乎動静者也。良知上用功，則動静自一。若動静上用功，則見良知爲二，不能合一矣。宜體驗之。

格、致、誠、正即是養。孟子言「養氣」，亦只在慊於心上用功，慊於心即是致良知。後世所謂養，卻只守得箇虚静，習得箇從容，與聖賢作用處天地懸隔。

好惡是心之所有，作好惡是心之所無。所謂如鏡之照，研媸者得之。鏡照物必有影，影着在鏡上，則鏡不明矣。用功克治，即是行其所無事。

吾人只是爲道之志不切。若爲道之志如取科第之志，則拈起筆來，無非以明道爲心矣。此學者深痼之病，宜實體察。

答友人

向承翰教，知與諸友切磋不懈，甚慰。今世學不明於天下，人人以爲閒談異論。苟有志於此者，雖其所見所言未必盡同，但能於心上用功，終當一致。譬之泛江、河、淮、濟者，苟沿流不止，終歸於海，蓋海本無外，水無異歸也。

正聽弟避今上嫌名，改名正億。向承諭，蓋傳聞者過，今想漸知其詳矣。此事實有不得不然者，俟相見盡之。

答胡仰齋

來教真切痛快，乃知於吏事倥偬之中，而能實用其力，此格物致知之實學，與億想談説者迥不侔矣。慰羨。

所論：「比來同志但講良知，而遺卻『致』的意思，是蓋億想談説，而未嘗實用其力者，正恐良知亦未能知得耳。」夫知良知，而後知所以致良知。良知與知識有辨，知識是良知之用，而不可以知識爲良知，猶聞見者聰明之用，而不可以聞見爲聰明。此毫釐千里之分，比來同志恐亦只講箇知識耳。夫知識必待學而能，必待慮而知，良知乃本心之真誠惻怛，不學而能，不慮而知者。而人爲私意所雜，不能念念皆此良知之真誠惻怛，故須用致知之功。致知云者，去其私意之雜，使念念皆真誠惻怛，而無有虧欠云耳。孟子言孩提知愛、知敬，亦是指本心真誠惻怛、自然發見者，使人達此於天下。夫致其良知之真誠惻怛，則念念真誠惻怛矣。念念真誠惻怛，即是念念致其良知矣。故某嘗言，一切應物處事，只要是良知。蓋一念不是良知，即不是致知矣。此千聖傳心之學，先師喫緊之意。執事於此當已洞然，承教輒及之，亦欲執事致謹於毫釐之辨也。

答柯雙華

讀翰教，至「誓將與此生俱斃」之語，爲之惕然，若沉冥之頓拔也。道不遠人，然志之者多，而得之者寡，良由未有與生俱斃之志，而種種外好，所以斃此一生者無限，道之所以不明也。心之本體猶之太虛，太虛之中無物不有，而無一物能爲太虛之染污。苟太虛染污一物，則非復太虛之本體，而不能爲無物不有者矣。故凡富貴利達、文章事業、忻戚苦樂，一切愛憎取舍皆足以爲心體之累，而失其富貴利達、文章事業之本然，凡以志之弗專耳。誠志於斯道，斃而後已，則無復富貴利達、文章事業之愛憎取舍於吾心，所謂「欲仁而仁」者矣。

四海之内，同志寥寥。吾兄之所志如是，所造如是，陟山必巔，窮水必源。非兄，復誰望也？

答聶雙江

久不奉教，然聞朋輩翕聚，磨礪日精，光輝潤澤，所被多矣。青原之會，一時風動，然欲篤實切磋，須彼此神思精專，乃能有益。群則難聚，泛則難入，其勢有不得不然者。鄙意執事與東廓諸公，時尋勝境一遊，居止旬日，諸友之深造者先後繼至，相與真切砥礪，既則各於其鄉隨機接引，自然有親有功，可久可大矣。

良知二字，就人命根上指出本體，功夫直是切實著明。謂之「不學而能，不慮而知」，則本體自然，一毫人力不與焉者，學者循其自然之本體而無所加損，然後爲能致其良知。《大學》言「如好好色，如惡惡臭」，自慊而已，曷嘗致纖毫之力？故曰：「大人者，不失其赤子之心。」赤子原無艱難蹊徑，此誠意之旨也。傳聞朋友議論往往不一，殆一時激勵頹惰之言，未必其深造自得之道也。高明以爲何如？

二

聞欲與東廓爲青原之會，甚善甚善。道之不明，大率朋友離索之故。二公會於青原，四方同志必聞風而來，豈惟自成自道，將其所及者亦廣矣。但須常常提掇良知頭腦，使諸友日就平易簡實，無浮泛論議、曲折蹊徑，乃爲有益。惟執事圖之。

答歐夢舉

伏承翰教，謙虛下問，僕罔所知識，而賢者不見棄如此，慰感何可當也！雖然，執事豈真有所疑，殆欲以發區區詞之所未達者耳。僕前書謂「良知與知識有辨」，執事不以爲非，獨未能釋然於其體用無二之說。凡今疑此者寔多，而未察夫言之各有所當也。請以水喻：皆水也，其源一，而其流清濁異。清者不失其本源，濁者失其本源。雖失其本源，然不可以濁者爲别一源。雖則清濁未始異源，然不可不知其源之本清也。

是故不可混也，亦不可二也。良知與知識，何以異於是？良知，至善者也，知識則有善有惡。不知所辨，則認知識爲良知，而善惡混矣。岐而二之，則外知識以求良知，良知何從而見哉？此源流清濁之論也。

來書云：「良知者，知惻隱，知羞惡，不慮而知，繼之者善，而此知已具，由於義理之性者也；知識者，喻利喻義，隨念而起，成之者性，而此知方萌，由於氣質之性者也。」又云：「喻義者根於良知，體用同也；喻利者滯於氣禀，體用異也。」夫既以喻義爲知識，而又根於良知，則非二知矣，獨其所謂「滯於氣禀，體用異」者，語意頗覺未瑩。若以喻利爲非良知之本體則可，若以爲別一體用，則「五行陰陽，陰陽太極」，繼之者善，善即性之體；成之者性，性即善之成。道一而已，豈容有二？故先儒論義理之性與氣質之性，「二之則不是」。人但於其中要識其善端，而擴充之耳。

來書謂僕於致知之要，有引而不發之機。殆執事好學不倦，惟恐言之有未盡耳，豈固以爲然哉？夫《大學》論學之道，自天下、國家而歸之正心，又舉正心之功而歸之誠意，舉誠意之功歸之致知，已是發露無餘。故致知者學之要，不容更復有要，而別有可發者也。今姑就《大學》所言以復。夫所謂誠其意者，在慎其獨知。獨知也者，良知也；慎之者，致知也。凡人意念之善惡，無有不自知者，善則慊，不善則不慊。雖小人之爲不善，無所不至，而其消沮愧悔，自有不能慊於心者。此良知之不容自欺，所謂誠不可掩者也。小人猶然，況衆人乎！夫良知不可欺也，而顧欺之，欺之則有所不慊，有所不慊則有所不致矣；良知不可欺也，而不欺之，不欺則無所不慊，無所不慊則無所不致矣。程子云：「天德王道，其要只在慎獨。」此堯舜之所以精一於人心、道心之間者也。致知在格物，格物是致知之所在，非外致知而復有格物之功。物者，良知之感應酧酢，實有其事，如喜怒哀樂、視聽言動、待人接物皆是也。良知感應酧酢，皆有其事，而人未必皆循其良知。不循其良知，則知善或不爲，知惡或爲之，甚者掩其不善而著其善，而事事不善矣。循其良知，則知善必爲，知惡必不爲，而事事善矣。爲善、不爲不善者，格物也。事事善，則物格矣。事事善，則無所不慊於心，而知致矣。昔者孔子告顔子以「非禮勿視、聽、言、動」，告仲弓以「主敬行恕」，告樊遲以「居處恭，執事敬，與人忠」，與其告諸弟子者不一而足。蓋皆格物致知之實學，即精一之傳也。來書所論格物致知之功，蓋僕未盡其説，而執事以舊聞通之，故中間微有隔礙。執事誠於事事物物無自欺而求自慊，以致其良知，則孔子之本旨，衆説之紛紜，皆不待辨析而自明矣。

來書云：「考聖賢之經傳，參事物之散殊，不過以資吾心之知識，豈藉此以收致知之全功哉？」夫君子多識前言往行，以畜其德，非以資知識而已也。學者誠能於事事物物之間，念念毋自欺而求自慊，則凡考經傳、參事物，莫非畜德之學，致知之全功。苟以資吾心之知識，則亦不得謂之致知矣。

二

承下問，欲僕揭示要領。僕，鄙人也，何足以知之？雖然，執事非真有深疑而不可解也，亦知今之學者未能無疑，而求相與講明之耳，則僕亦何敢不盡其愚？

夫致知格物之學，先須體認良知明白，而後有所用其力。良知與知識有辨。知識者，良知之用，而不可遂以知識爲良知；良知者，知識之本體，不學而能、不慮而知者也，故孩提之童，莫不知愛親敬兄，而見孺子入井者，不待安排，皆有怵惕之心。小人閒居爲不善，無所不至者，見君子而自厭然，而行道之人皆不屑蹴蹴之食，此所謂是非之心人皆有之。蓋其心所獨知，自上智以至於下愚，其體一者也，然而有聖愚之分者，致與不致之間耳。

致之云者，充之而極其至之謂。充之而極其至者，實爲其良知所欲爲之事，而不爲其良知所不欲爲之事。如知愛知敬，而達之天下無弗愛且敬焉；怵惕入井，而不以内交要譽雜之焉；見君子厭然，而因以盡改其不善，而不詐善以掩惡焉；不屑嘑蹴，而不以宫室妻妾之奉喪失其心焉。蓋即吾心感應酧酢之事，而循吾良知之是是非非者而格之，以充其本體之善，非若後世懸空擬議於形迹之粗，以爲格致者也。堯、舜之禪受，湯、武之放伐，伊尹、孔子之取予、久速，非決擇於其良知，則將何所取正？非即禪受、放伐、取予、久速之事，而實循其良知而爲之，則亦何以致其知耶？阿意曲從、割股以爲孝者，果嘗精察其心之是非公私之間，於良知毫髮無所欺也耶？故知良知之所以爲良知，則知所以致知；知所以致知，則知所以格物；知所以格物，則致知之功切近精實，知行合一，非若後世之廣其知識見聞，使初學之士泛濫而無所歸者比也。執事於此固已實用其力，僕何敢贅？聊因虚懷所及，而陳其所見以請正耳。

寄夏東巖

王順渠示執事所惠書云：「近世講學者，好舉良知作話頭，第轉脚處頗與先儒異。」某讀之，未知尊意所在，敢具以請。

良知者，是非之心，人皆有之者也。夫自念慮之微，❶以至於喜怒好惡、視聽言動之發，綱常倫理、禮樂刑政之達，天地萬物、古今事變之散殊，出是則入非，出非則入是，而人心是是非非之良知有耿然不可昧者。凡愚、不肖之放僻邪侈無所不爲，蓋欺其是非之心而不致。聖人正心、脩身以明明德於天下，蓋致其是非之心而無所蔽。學者之博學、審問、慎思、明辨而篤行之，其功至於人一己百、人十己千，亦惟不欺其是非之心，以充其本然之善而已。故講學常舉良知爲言者，正欲學者知學問之所用力，如示農夫以穀種而使之栽培灌溉。不然，則彼將焉所種？焉所培溉？縱復培而溉之，焉知非稂莠荑稗，何以成收獲利養之功也？某之所聞者如此，嘗以爲循此而脩，下焉者可使由之，上焉者可使知之，庶幾徹上徹下之道。自顧用功不精，又無緣親炙大賢，受鞭策、滋灌之益耳。良便不惜鐫誨，至望至望。

寄何益之

比聞益之丁大故，想孝心純切，創甚痛鉅。卜葬之暇，不可廢朋友講習，此與忘哀營私者不同。蓋心體一差，哀痛未必中節，凡所以用其情者必多所缺漏，古人所以居喪而讀禮也。誠者，聖人之本，故聖學以誠意爲要。意之善惡，雖小人無有不自知者。慎其獨知，毋自欺而求自慊，則知至而意誠。故良知二字，是聖學命脉，外此即無可着力處，想益之近日體貼愈親切矣。

---

❶「微」，隆慶三年文選本作「間」。

寄王鯉塘

去歲因差吏便奉書，吏方渡淮，而執事已出京矣。顧道長來，承翰教，志益真切，學益懇篤，敬服敬服。良知二字，吾輩終日講之不盡，似是贅説。然凡運用應酬，善惡紛紜，正惟良知昭然，確然不可欺昧，乃有依據。凡良知之所欲爲者必善，其所不欲爲者必惡，故曰「無爲其所不爲，無欲其所不欲」，如此而已矣。近日朋輩中往往以意念、知識爲良知。意念、知識，所謂「幾善惡」者也，善惡錯雜，則無以用其致之之功；良知，所謂「誠無爲」者也，無善無惡，而能知善知惡。故良知雖不離於意念、知識，而不可以意念、知識爲良知。孟子謂「不學而能，不慮而知」，正以其不離於知、能而不學、不慮者，乃可謂之良知、良能耳。高明於此，固已洞然，便中尚幸賜教。聞彼中有陽明公祠，諒有作新，亦振起之一機也。

答王克齋

承翰教，反覆曉譬，惟恐學失其道，以陷於邪僻，而欲求所謂至當歸一、精義無二者。今之君子，愛人以德，有過於執事者乎？而其惘念不肖，欲振勵而匡翼之，有過於執事者乎？感刻感刻。然鄙見本不異於執事，而其説小異，惟執事微察其意耳。

執事曰：「天地萬物本吾一體，隨感而應，則自然有親疏、内外之分。動於意，乃始不得其理而紊其本然之分者，故君子慎動。」僕則曰：「人心本與天地萬物爲一體，隨感而見，則親疏、内外各有條理。動於意，乃始有親疏、内外之分而失其本然之理。」鄙見以理者，天之理；分者，有意於分之也。不動於意而循天之理，則寬裕温柔足以有容，文理密察足以有别。有意於分之，則所謂有所忿懥、恐懼、好樂、憂患而不得其正者。學者之學，莫先於天理、人欲之辨。雖困勉之極，其學問思辨之功至於人一己百、人十己千，亦莫非所以循天之理，而不可雜以人之意。然其幾乃在毫釐之間，故人不可不用其精明果確之力也。僕蓋有志於此而未能，伏承盛愛，因欲求箴切砥礪，以幸有造焉。而執事果不鄙其愚，開其誠而教之，僕乃今益有望矣。甚幸甚幸。

執事又引第五倫事，以爲「欲忘親疏、一内外，意反動而不得其故」者。夫人心親疏、内外本有條理，而欲忘之，是忘天之理也。天理非人之可忘，而亦不待人之分之。蓋皆未免於有己，克己則復禮矣。

「析之有以極其精而不亂，然後合之有以盡其大而無餘」，此語亦須善看。蓋循天之理，而不雜以人之意，則小德川流，大德敦化，豈人所得析且合者？亦不待先析之而後合之也。

文詞拙訥，不能達意，又匆遽不盡所懷，惟執事裁教。

二

執事貴而能貧，習俗紛靡而能不淆其所自立，每私竊敬服。非中有所主，胡能至是？顧合併無常，未緣承教，恒以爲歉。向者鄙説聊以求正，代面質耳。比承開示，慰幸何如。

來教謂：「此道理一分殊，渾融之中，燦然者在。親疏、内外，皆具於與天地萬物一體之心，其有親疏、内外之分，恐即本體之條理。天理之流行，謂之意動，或者非歟？」此數語，精明的確，執事蓋實體諸心而自得之。誠若是,則雖有親疏、内外,然莫非同體,而吾心實未嘗有親疏、内外之分。雖則吾心不生親疏、内外之分,而等殺又未嘗不行其中。蓋無所分别者,然後能全其同體之心,而親疏、内外各得其理。苟分别彼此,則同體之心未免有間,而其分之殊者皆非其本然之分矣。故一念分别,百種病痛皆依以生。此念不作,亦何至混親爲疏、混外爲内？蓋天理流行,條理自然有不容昧,而後之分親、分疏者,皆未免爲蔽耳。

區區之愚,詞不達意,倘不棄孤陋,推誠見教,感激無任。

三

歲中,故舊、書問一切疏闊,實是求歸不得,慰親無計,心緒常自惘惘,益增懶漫耳。執事寧以爲疏乎？諭及「明道術以正士趨」,誠是急務,仰賴高明率作,駑者十駕以追,不敢自廢。唯是用志不一,精神心術未有轉移變化之實,而徒脩語言、飾文貌,未足動人,載胥及溺,近方悔艾,甚幸匡救。無謂不足以承鐫誨,而姑循誘之也。前書奉答尊教,詞不達意,然卻是學問中一段疑義。心有等殺者,天之理;意生分别者,人之欲。人欲净盡,然後天理流行;寂然不動,然後能通天下之故。

某自覺日用酬酢率由意想,未契本心,因以就正有道,庶幾學必講而後明耳。

寄周㟼山

久不奉教言,想將迎煩冗,政事倥偬,執事臨之,恢恢乎遊刃有餘地者。以義制事,古人格物之實學,然必本諸良知之所慊,而不以一毫自欺,然後可以言義。想近日學力益造精純,良便幸有以發我。胡東衢遭無根之議，見間幸寬譬之，毋以此動心。

答曾龍江

來教：「舊染未得潔淨，種種應酧未免作好作惡，未能大公順應。」又謂：「工夫賴人幫扶，非是自家立定脚根。」此數語，足見體察精密矣。

夫作好作惡，未得其平，只是浮氣妄動。志者，氣之帥也。古人自持其志，終日戰戰兢兢，如臨深履薄，故志定而氣從之。中有主，而夾持自易爲力。吾輩爲氣勝習奪，只可責志而已。依違夾雜，有物足以尚之，即不可以言志。如三軍之帥，并心一力，鼓勇衝鋒，求全於死生之際，乃足以言志。志定欲忘，廓然大公，然後物來順應。

僕蓋愧此而未能者，敢竭其愚，以求是正。惟俯賜鐫誨，幸甚。

寄徐芝南

澄清之政，威而不猛，甚盛甚盛。世季俗薄，吏或詭遇，民或巧持，二者皆足以亂常。三吴民俗，監司猶或難之。河流趨下，恐未可專非吏道之頹也。如何如何？

學莫大乎志。志不精純，則生理息滅，乍斷乍續，乍昏乍明，茫乎未知所際。僕近乃深識此病，時與諸友下榻道院，就實料理。説到精專純一，人人酸澁難受，乃知自己亦是放過，未曾酸澁中討滋味也。聲聞非遠，惟時賜警策，鐫我頑鄙。

寄沈石山

仕途如風江潮海，吾兄今小泊洲渚矣。自此整理舟楫堅牢，自濟濟人，幸甚幸甚。金陵去嘉禾非遠，拉伴微行，爲牛首、燕磯之遊，僕當携榻相就，領教旬日。但不入城，諸公自不相聞，自無許多紛擾。千萬一來。

扞格外物，亦是聖學别派，但恐爲此説者尚多意見想像。果能如其所説，實落用功，亦自有疑有悟，自然覺得先師所教愈更精一，不若彼説籠統闕漏，終不足以盡性也。朋友好立論者，且可默然相與，薰蒸磨礪，切其内省之心。若與一一解駁，秖恐成口説耳。如何？

二

去歲，小僮賫《請告疏》北上，謂當過貴治，附書奉訊，未達而返。奏疏諸公持不肯覆，不知執事何以能得請也？吾輩幸賴師訓知學之方，然此事須從冷澹寂寞中磨煉蕩滌一番，俗情欲根消拔都盡，乃有真意發動，乃有生生不已之機。仕途擾擾，欠此一着，執事先登于岸矣。朋友中器足以任重，志足以道遠，鮮有如執事者，自此精詣深造，又焉可涯哉？

瞻望山林清致，益增飄泊之感。今京中無一人可託，欲俟黄洛村會試之便，專以託之。第恐渠不能了此，則明年夏間給由徑歸矣。浮雲外物，枉卻爲此一大事故出見於世，豈僕之志耶？因風附告，想所欲知。

歐陽南野先生文集卷之二　内集二

書始嘉靖乙未至丁酉

答王鯉塘

承諭：「日用間舉足啓口莫非良知，一不檢點，便有差失。不能檢點之時，不識此知汩没在何處？」夫良知雖不待檢點而有，而檢點即良知之用。一不檢點，即不用其良知矣，然而良知未嘗息也。所謂輿薪之不見爲不用明焉，然而明未嘗亡也。《大學》言「致知」，正欲學者時時檢點，毋自欺而求自慊，則舉足啓口莫非良知。此顔子所以「有不善未嘗不知，知之未嘗復行」者也。吾輩今日不能如顔子之知，正坐因循將就、不能檢點耳。執事高明，斷斷無此，即如來教亦可謂檢點極精者矣。承問，漫及之。

答陳明水

屢辱翰教，知雖流離顛沛、哀痛荒迷之中，而功夫日進，其所以鞭策駑鈍者多矣。

讀吾兄與緒山别紙，謂「近時學者往往言良知本體流行，無所用力，遂至有認氣習爲本性者」，誠然誠然。吾兄謂「須有以救之，不若説致知功夫不生弊端」，鄙意則謂，今之認氣習爲本性者，正由不知良知之本體。不知良知之本體，則致知之功未有靠實可據者。故欲救其弊，須是直指良知本體之自然流行而無所用力者，使人知所以循之，然後爲能實用其力，實致其知。不然，卻恐其以良知爲所至之域，以致知爲所入之途，未免岐而二之，不得入門内也。

好善惡惡，亦是徹上徹下語。循其本體之謂善，背其本體之謂惡。故好善惡惡，亦只是本體功夫；本體流行，亦只是好善惡惡耳。故在今日，良知二字，尤須緊要提掇也。如何？

答馬問菴

屢辱翰教，慰浣良劇。示及異同之説，要之不足深論。此心此知，萬古所同；殊塗百慮，莫非一致。學者誠不失其良心，則雖種種異説，紛紛緒言，譬之吳、楚、閩、粵方言各出，而所同者義。苟失其良心，則雖字字句句無二無别於古聖，猶之孩童玩戲，粧飾老態，語笑步趨色色近似，而去之則遠矣。吾兄以爲如何？

慈湖論學，往往指出本體，使人於此實落用功，積累深厚乃能有得，與近世或忽其易、或疑其徑者正自不同，俟他日更盡之。承下問，草草奉復。

答鄒東廓

來教所論數端，皆學者實病，因之省發多矣。象山先生云：「千虚不博一實。」有真實志念，得真實朋友切磋，虛見自着不得。揔是學未靠實，悠悠可愧耳。鄉中向學者，鶴鳴子和之機，皆盛德所薰。此中諸生，雖日進講，終是勢利塲中，真實切磋者寡。南嚮馳神，若在天上，不得插翅相從耳。

又

近閲邸報，吾兄得返初服，士或以爲戚，而同志莫不爲兄喜。戚者，未忘世俗之念，喜者可知也。童冠浴沂，無適非學。誠使此學日明，是身退而道亨，豈非吾儕之願哉！

聞吾兄以「懲忿窒慾爲聖門第二義」之語爲非，某竊以爲存乎其人耳。學誠得第一義，則懲忿窒慾皆第一義也；苟落第二義，則雖無思無爲，猶不免爲第二義耳。如何？

又

吾鄉同志，得兄爲之宗盟，又得松谿極意鼓舞，疇昔無聞者皆翕然向風，誠爲大快。乃今松谿内擢，豈非好事多乖耶？然在今日，非聞風嚮慕之爲難，必得真實篤切、身明斯道者乃有靠託。此須二三君子精誠孚格，不徒在風聲意氣之間，所謂「寸鐵不掛，斷咽絶吭」者也。若群趨隊習，恐秖成知解宗徒，究竟無益耳。

某昨遣家僮具疏請告，杜門兩月矣。聞部中持之未覆，旦晚當再疏。倘遂所請，得相從於青山緑水之間，傾承至教，甚幸。先師文録《序》，發明精到，有益來學，甚善甚善，但辯疑解謗，似略費詞。儻未入刻，得稍删去，如何？

答郭中洲

承諭：「良知之學，同志講得甚明，但覺致字全無下落。」某竊謂致字無下落，即是良知講得未明。良知果明，致字即不容無下落矣。聞近日同志往往以「爲善去惡」「無聲無臭」二語各執所見，以爲捷徑、積累之別。鄙意人心着不得一毫意必，惟念念爲善去惡而已矣。雖念念爲善去惡，然本無意必之可着也。何嘗不徑捷？何嘗不積累？來教亦是有感於二者之説，細玩答龍溪、東泓諸書，《别鈞州》諸作，警發同志良多，然而捷徑、積累之非二，稍覺未曾拈出，不知如何？

答林子仁

辱手教，諭以「比擬知識之病，此後世學術所以自作障蔽者也」。透此一關，則如來諭所謂「綿綿密密，平平坦坦，不着纖毫氣力，是真實着力者矣」。夫一念不起，則正念長存；萬緣皆空，則萬事皆實。此正廓然大公、物來順應之學，良知之本體也。就此靠實磨礲，毋自欺而常自慊，易簡久大，可馴致矣。知至至之，知終終之，惟子仁留意焉。

答高公敬

昨承翰教，過自謙抑，謂「常以去病爲心而未能」，又謂「覺時則無病可去，不知何以爲砭劑，而使之永不萌」者。僕何知，何以仰承垂問？雖然，執事固言之矣，夫覺則無病可去，然則患在於不覺耳。常覺則常無病，常存無病之心，是真能常以去病之心爲心者矣。然覺有徹底者，有不徹底者。立志精切，凡天下可忿可慾之類，見聞不染，知識不萌，紛紜交錯於吾前，而吾心昭然坦然，纖毫無所動於其中，此徹底者也。外染聞見，内萌知識，習以成心，潛混真志，雖警惕嘗存而無掃蕩廓清之力，此不徹底者也。真覺徹底，則心常無病。雖習氣間乘，忿慾或作，懲之窒之，如烈火燎毛、太陽消冰。蓋不覩不聞，而莫見莫顯，尚何斯須之能忘，而亦安待於把持而死守者也？苟立志之始有所未徹，則雖時時懲忿窒慾，而惡根未拔，徒刈其苗，所以生東滅西，乍縱乍緊，竟墮意見，終非實際矣。

中離第二義之説，亦是爲志未徹底，徒用力於忿慾者而發。人心無聲無臭，一且不可得而見，豈有二義、三義也？執事所見，已非中離所謂「到此正好着實用功」。吾輩德不日進，正坐始志不精，後功不繼，拖泥帶水，悠悠玩日，徒憑一知半解，依傍聞見以自附益。古人所謂「蕩滌邪穢，斟酌飽滿，動盪血脈，流通精神」，吾輩殊未見此等作用，尚何望化氣質之偏，而成中和之德哉？

細讀來教，固將進僕於是矣。謹當服膺，以求無負。

答楊方洲

承罹禍後手書，氣益壯，志益堅，真所謂弘毅之器，任重致遠者也，幸甚幸甚。

良知二字是千古精神命脈。聖人之學，莫要於慎獨。獨知也者，良知也；慎之也者，不欺其知，以致乎其至也。學者莫不講此，而反觀内省，未能澄瑩融釋，自慊於中，則亦不免於自欺而已矣。誠不自欺，則知至意誠，而無所不慊，孟子所謂「反身而誠，樂莫大焉」者也。學至於誠且樂，而凡榮辱得喪之繫乎外者，舉不足以嬰其心。反覆來翰，其殆進於是矣。伏惟日新又新，區區之望。

二

自吾兄罹患以來，屢得翰教，確乎獨立不懼、遯世無悶之志，警發良多。誠如是，則凡利害得喪交錯於前，而此心略無沾帶，如浮雲往來於太虛，倏聚忽散，而不能爲太虛之障礙也；誠如是，則凡應事接物種種作用，莫非根心生色，不假智慮安排，不待意氣激作，所謂君子所性之學，誠有不言而喻者矣。想吾兄數載所造，當已達此，惜無緣飲河，充鼴鼠之腹耳！

答張卿理

承手翰，貶損刻責，惟懼學之日退，足占卿理之日進矣。君子用力於學，仕途之視平居，其難百倍，然而未肯百倍其功者，非自怠則自足，其病皆始於自欺。卿理不自欺且不自足矣，其能自怠乎？世情險巇可畏，凡浮沉俯仰與縱誕抵觸者固不足論，有志於學者，往往操心勵行，以求免於人。夫操心勵行則是矣，而求免於人，則大端已失，大本已蹶。縱使深造實詣，卒歸於作僞而已矣。蓋學者當使此心如石不可轉、席不可卷，利害得喪之途其幾矣乎！

二

古人居喪讀《禮》，又立之相，正恐悲痛哀苦之情或流於太過、不及，而失其本心，則未免事親不以其道，故爲此扶植培養之計，所謂「造次顛沛必於是」者。卿理煢然在疚，其所以扶植培養者何如？求友納誨，想不容緩矣，便中幸示所以處此者。

區區近約王龍溪相與箴切砥礪，始知向來滲漏錯悞，大抵嗜欲割截不盡，真機無由活潑也。

答王士官

執事理此劇邑，繁雜倥偬，而初志不替，日見其進，真可謂「造次必於是」者矣。

人情物理，變化無窮。惟不失其初心，因時因地斟酌變通，日煉月磨，自然文理密察。今之俗情世態，雖未必盡是，然究其本亦人道之常。即如事上接下、送往迎來，於官政最爲末務，然道亦不外乎是。諺云：「獅子捉兔用全力，捉象用全力。」獅子之力，不擇於兔象；君子之心，無間於事之大小。一盡百盡，一虧百虧。洒掃應對，上便到聖人事。化民善俗，古人以百年必世爲期，其間弛張損益，省方觀民，月異而日不同。今守令三歲而已遷，然寛猛操縱之宜，所當隨時變易，亦不可定於初政，而有所意必乎其中。大率莅衆之道，多所縱舍，使人得舒肆游衍，則上下之情浹洽而可久也。

二

來教謂：「人心自静自明，自能變化，自有條理，原非可商量者，不待着一毫力。」又謂：「百姓日用，不起一念，不作一善，何嘗鶻突無道理來？」又謂：「今世爲學用功者，苟非得見真體，要皆助長。必不得已，不如萬緣放下，隨緣順應。」又謂：「人志苟真，必不至爲惡，不勞過爲猜防。」此數語者，足知執事舊學日新。緣平時以猜測、意必爲學，勞心竭慮，未有得力，乃今既悟其非，若披雲霧而見青天矣。然須實有得手用力處，競競業業，不顯亦臨，無斁亦保，乃爲實際。若以意見承當，恐未免認賊作子，漸流入縱恣怠緩去也。執事未有此，聊以相警耳。

夫志真，則不但不至爲惡，而猜防之念亦無自起，然真未易言也。夫萬緣放下，乃可隨緣順應，然平日愛憎取舍習染成性，放下未易言也。要須從血脉骨髓透出，乃能契合此語。不然，恐未得如好好色、惡惡臭之自慊於心，猶未免爲意之也。昔孔子十五志學，此志從血脉骨髓透出，謂之真志，亦即是真體，積累之久，至七十而後不踰矩。今百姓日用，不起不作，亦未嘗鶻突，亦即是真體，就此積累，日精日熟，亦能立、能不惑，馴致知命、從心否？吾儕爲學，只如百姓日用、不起不作，亦即是血脉骨髓否？凡此皆不可不辨也。

承諭，輒復以請，惟高明裁教。

答項甌東

諭以「橫逆突來，初間甚覺費力，惟以古人自處，乃知真能動心忍性，真是法家拂士」，幸甚幸甚。是天所以玉執事於成，而執事可謂善承天意者矣。然既費力而後覺，而後以古人自處，猶是執事前此功夫，想今造淵入微，見在一念，可以配天地、質鬼神，可以考三王、俟後聖，無古無今，無覺無不覺。縱有千妖百怪，猶之薄冰見日、飛蛾撲燈已耳，何足介無我之懷也？

夫賢愚之辨，野有公論，朝有公論，天下後世自有公論。君子固有舉世不見是，而曠懷以待於百世者，況一夫愛憎之口，而四方清議自昭然乎？來教謂「量不足容，誠不能動所致」，反己自脩，固當如此，然亦不必以此繫累，反使心地不坦蕩也。

答王心齋

承諭：「友朋中有志向者，往往有討求之苦。」僕所見誠亦有之。君子之心，毋自欺、求自慊而已。誠求自慊，則雖困心衡慮，勉强其所不逮，究極其所未至，莫非自慊，而何至於苦？學而至於苦，只是認良知不真，非毋自欺而求自慊之功。誠非自慊之功，則雖樂其所樂，亦非良知之所以爲樂者矣。彼中友朋切磋如何？得吾兄點掇提省，宜各有得力處也。

寄魏水洲

久不聞起居，想侍養日歡，且得求友於青山緑水之間，慰幸何如。近日當路稍稍加意於講學諸人，議者輒以爲釁造於連年諸疏。夫釁之所起則誠有之矣，然道之廢興，自有天命。君子得其志則行，不得其志則止。若脂韋俛仰，媚世以爲容，而曰吾將以行道，則所喪多矣。惟是吾儕接人處事，有多少不盡分處，則可因之以自省，學問之功亦緣是而日進矣。先師嘗教云，「惟有允恭克讓是自己本領功夫，不問朝市山林，「不可一日而離焉」者也。若緣此有所驚動悔改，以爲隨時變易之道，固常如是。縱足以自信自安，終歸於私而已耳。

未由披晤，良懷耿耿。行且投袂振轡，❶望雲壑而依歸，當相從以聽春鳥之鳴也。

答裘魯岡

諭及告子之學，所以警發某者至矣。即其言曰「性無善無不善」，而其所謂「不得於心，勿求於氣」，孟子亦以爲可，則告子豈冥悍自用者？冥悍自用，而能不動其心，則後世孰非不動其心者哉？

愚意告子蓋有見於性之無善無不善，吾惟得其性而已。凡求諸心、求諸氣以爲義者，皆不得爲善學也。此其見豈不高明超脱，而何物足以動其心耶？然有見於無善無不善，而不知善不善之莫非性也；有見於後世求諸心、求諸氣者之未爲善學，而不知性之未始外乎此也。其自信以爲自得其性，而不自知其陷於意見，不免於正助之欲矣。以告子之高明超脱，猶未免於意見之病，然則吾輩之所以自陷溺者，可不思所以自拔哉？幸有以教之。

---

❶「袂」，當作「袂」。

答李古原

承翰教，諭以知行合一之説。此固今之君子向所共疑，而近乃釋然者也，敢述以請。夫聖人之學，不失其本心而已。心之良知之謂知，心之良能之謂行，良知、良能，一也。故行也者，知之真切運用；而知也者，行之明覺精察，本合一者也。知而不真切運用，是謂「億度」，非本心之知；行而不明覺精察，是謂「冥罔」，非本心之行矣。故學以不失其心者，必盡其知行合一之功，然後能得其知行合一之體。故事親而知行合一，則得其本心之孝；事兄而知行合一，則得其本心之友；讀書講論而知行合一，則畜其本心之德。以至事物細微，無往而不知行合一，則無往而不盡其本心之條理曲折。此合一之學，所以異於後世之知而不行，行而不知，終入於億度、冥罔而不得其本心者也。

心之精微，言不能宣。何時披晤，傾竭所懷。

又

向承翰教，論知行之義，雖微覺小異，不害其爲相發。然鄙意以爲心之所同者，是是非非之知；學之所同者，致其是是非非之知。致知之功，一念不欺，微疵不存，則雖制行殊方，立言異説，庸何害其爲同？雖然，誠致其是是非非之知，則知行固合一以進，而不容頃刻先後之矣。夫辨别精明之謂知，作用真切之謂行，故孟子以巧力譬之。然巧者，力之巧；力者，巧之力。張弓而射，巧、力俱到，非力則巧無所着，非巧則力無所運。巧有餘而力不足，力有餘而巧不足，皆不足以命中。此合一之説也，微有先後，則兩無着落矣。

高明以爲何如？

答高維藎

比承教劄，諭以立志尚行之説，非獨今世學者對病之藥，實進道之要也。書中詞意懇到，尤見近日深造之實。披讀數四，益我良多。

人心純粹至善，本無許多偏邪回曲。學者必纖欲不留，得其本心，種種榮辱得喪、欣戚喜懼、世俗情態無能干撓此心，直是其介如石，一切應酧皆是真心作用，方可以言尚行。此念篤切，方可以言立志。朋友講習，所貴觀省覺察，謙虚受益，究極病源，痛自刮磨，庶幾所謂麗澤兑者。不如是，則所志所行皆爲苟道，而凡嘵嘵想度、争較於異同之辨，皆不免爲自暴自棄者也。

僕悠悠歲月，學道無成，病正坐此。仰承傾教，輒以所自悔恨者奉復，庶幾相與共勉此學，不負初志耳。

答萬五溪

比奉書，知前此短牘已徹尊覽，且有取於鄙説，而獎誘其進。某無似，豈敢望執事之訓哉？每自念古人之學，以自慊爲至，以毋自欺爲功，然反而求之，未能圓融澄徹，快足於心，只是爲知識聞見以後習染迷蔽。雖覺其非，只在迷蔽中刮磨洗濯，如何會得潔浄？若能反本窮源，覺悟初心，不涉聲臭，不屬思爲，競競業業，自强不息，方是一塵不染、萬化從出之門。而力不逮心，終未知所濟。高明以爲如何？

答霍渭厓

承示復湛甘泉先生書，謂「《春秋》書『春王正月』，實創制垂憲，前古無此書法，蓋孔子作之也。聖人力量與衆不同，堯舜禪讓，湯武放伐，孔子立教垂憲，皆常事也」。盥手莊誦，無任悚惕。自學術不明，人多依違苟且於俗情世態之間，詭詞飾行，曲遂其私，既非聖人心術，又焉知聖人力量？仰承來教，真所謂震雷驚霆，警世聾聵，非但依經闡義而已。所引證周人改子月爲歲首，而不以子月爲正月，《春秋》書王正爲寅正，而非以夏時冠周月，反復詳盡，覺我未悟。然徐而思之，猶有未盡領略者。

經書「桓公八年冬十月雨雪」「十四年春正月無冰」「僖公十年冬大雨雪」「成公十年二月無冰」，皆紀異也。周不改月，則冬之雨雪、春之無冰固其常候矣，而何足爲異？《元史》授時曆法，上推往古，下驗方來。考《左傳》所載日南至者二：獻公十五年，僖公五年，昭公二十年。皆正月朔，則皆改月也。以曆法推之，皆合經書。日食三十六，以改月推之，合者十七，先一月者六，失閏也，先兩月者二，再失閏也。若不改月，則惟再失閏者兩月可合，而其餘皆不合矣，豈曆法盡繆乎？古今制度，雖時異世殊，然朝會大事必於歲首。經書公即位者八，其七皆在元年正月，周不改月，而以子月首歲，❶則即位當在冬十有一月。孔子書「王正」爲「寅正」，豈取子月之事而繫之寅月乎？凡此數端，嘗稽訂紬繹，竟未融會。

❶「首歲」，隆慶三年文選本作「爲歲首」。

某又别有疑義，并附請教。今傳經者，發褒貶之説，立正變之例，竊惟聖人作經以立教，其所褒必其可以爲後世訓者，其所貶必其大本足觀而小節未盡者。《春秋》載五伯之事，莫盛於桓文。桓文蓋無父無君之尤，亂臣賊子之魁，其行事之可稱者，猶不免假仁濟私，爲三王之罪人，而何足褒之以爲訓？夫亂臣賊子、無君無父，則大本已失，亦奚待事事而貶之？今考二百四十二年之間，晉文之命，秦穆之誓，衛武《抑戒》《賓筵》之詩，皆可以爲訓者，則筆之於《書》，取之於《雅》，而葵丘五命、首止盟辭皆削而不録，聖人之情殆可見矣。孟子云：「仲尼之徒，無道桓文之事者，是以後世無傳焉。」凡今之所詳，皆孔子之所不欲道而傳者也。孔子不欲傳之，懼滋亂賊之惡，後人顧繁衍增益，以爲《春秋》之義如是，或者其未然乎？夫亂臣賊子之所爲，泯而不傳，猶懼其傳，直斥其無足道，不足置褒貶於其間；猶懼人之喜談而樂道之，若不正其本，而徒取其彼善於此者，而是非曲直加焉，亂臣賊子將有所藉口矣！故某竊以爲詳載其事爲萬世訓者，《書》《詩》之旨；盡削其迹示萬世戒者，《春秋》之義也。高明以爲如何？

某不敏，竊有志師友講習之益，而荏苒歲月，未諧素心，仰惟高明振斯文以覺來學。伏惟不鄙，俯賜啓迪，幸甚幸甚。

寄羅念菴

久缺脩候，殊歉。《大學》言致知之功，毋自欺而已矣，吾輩皆知此義，然而未能不傳於意見也。當其意見所及，雖古訓格言，或反以附成其蔽。惟有親師取友，日琢月磨，庶幾蔽徹而疑亡耳。然無緣促席，奈何！欽之諸友，想時相聚，講習之益，便中不吝見教，幸甚。

寄沈石山

久不奉瞻色笑，然能知執事進德無已者，真根必發，真源必達，不可遏也。學之大患，在立志不真，凡心洗滌不浄，卻將一種道義見解脩補破漏、彌縫缺失，心體真善真惡忽而不察，卻莽莽蕩蕩，揣料談説，以自附於慎思、明辨者。此等學問，縱是日積月累，終不能凝結聖胎，到得堅定成熟，亦只是光飾凡夫而已。比來深覺前非，方圖改悔，更望石山有以教之。

答確齋兄軾

曰諧姪齎至手教，體認真切，進脩不懈，甚感甚幸。所惜隔遠，無緣披對耳。

去惡爲善，自是格物致知真實功夫，《大學》所謂「如惡惡臭，如好好色」「毋自欺」而恒「自慊」者也。然而惡惡臭、好好色，豈有意乎其中，而曰好色必好、惡臭必惡？惟有感乎外，而好惡自應之，蓋良知之靈如此。去惡爲善者，亦若是而已矣，其要只在慎獨，非意之也。諸兄言「去惡爲善者，滯於有心」，殆亦爲滯於有心者而發，非必謂去惡爲善者皆滯於有心也。滯於有心，則與惡惡臭、好好色者異，不得謂之良知，亦不謂之誠矣。孩提之愛親者，良知也，而亦有惡怒其親者，則不可謂之良。孟子之言，蓋謂良知自孩提而已有，以見知之本良，非謂孩提所發無非良知而無復不良者也。良知自孩提而已有，故人皆可用其致知之功；然自孩提所發，已有不良者矣，故人不可不用致知之功。此聖賢教學之意也。曾點之狂，蓋其心無私累，不爲利害毁譽所局，不爲信果適莫所繫，庶乎得其本心矣，然無聖人戰競惕勵之功，故未免少失之肆，所謂「罔念作狂」者也。若其克念，則作聖矣。故狂者，聖之基。若今之學者，則未免以蕩爲肆，而所謂戰競惕勵者，又未免局於利害毁譽，繫於信果適莫，亦非廓然大公之學也。

匆遽占復，不盡欲言，惟實用其力，久當得之。

寄王龍溪

頃聞訪道吴門，遠想仙踪飄然，自恨宿無靈骨，不得陪奉言笑。浮漚身世，閃電光陰，眼中色色種種，豈有一毫干涉？凡情不能割舍，真是自愚自累。即今斷塞多岐，蹉踏實地，深思猛省，縝密精專，庶幾不負尊教耳。

程松溪到數日矣，約遲遲迎心齋、荆川枉教，弟恐心齋有老親，荆川不肯入鬧場耳。南玄亦約相過，然世緣未盡，但能作倏忽遊。駑馬淖地，幸兄徹骨一鞭也。

二

中離此來，且得與諸兄翱翔台蕩，收拾精神，完養性命，了此一大事。此日不再，此會難得，蓋僕今而後悔之晚矣。十月間想同過金陵，附近同志諸兄期於牛首、燕磯，弟恐不能久居。中離來時，當別作期會也。

老師《年譜》，宜乘時脩集。然前輩脩譜自有法度，須相倣效，不可自出意見。譜無法，言無文，其傳必不遠。成稿幸商訂入刻，未可草草也。

廬陵作宰數月，真可使民無訟，昨略節序入未盡事情。江西之變，獻俘北上，蓋恐西北撤備，東南耗財，倘患出意外，幾不可測，直欲止親征，爲社稷計。逆知上意必怒，諸奸黨必讒，而不暇顧也。親行以當之，又先題知以杜諸奸之口，中間遣回旗牌，不奉大將軍鈞帖，皆有曲折。得宸濠賂餽要津簿籍，立命焚之。江彬欲假此有所羅織，以大將軍牌遣中貴十數輩來詰，遇諸鎮江，氣勢洶洶，諭以禍福，曉之義理，其人羅拜而去。竟以此爲諸奸所沮，不得見上。初欲乘機遘會，撥亂反正，竟亦不得行矣。此二事，諸兄當有能聽其詳者，以無可憑証，未及序入，幸商確何如也。

紀講學一事，所貴簡要包括。《孟子》七篇有發明宗旨處，有辨析異端處，❶即此便可爲法。向見《象山譜》亦略得之，猶有未盡。諸兄細加裁教，當不爲苟作也。

答方三河

政、學本非二事。學以求盡其心，故真誠惻怛充周徧滿。其臨民也，生養安全，非以市恩；懲責督罰，非以示威。其與人也，遠而不携，邇而不褻，非以用知；恭而有禮，非以納交；嚴而不怒，非以寡怨；毀譽不驚，利害不怵，非以作氣，無所不盡其心而已矣。

---

❶「析」，隆慶三年文選本作「折」。

執事之高明，兹固不俟瑣贅，然平日相與規切之義，舍是無所自盡者。高明以爲何如？

二

執事謙光下問，雖邂逅傾蓋者猶感盛意，况素辱相信、相愛如鄙人者乎？嘗聞古之君子視民如傷，故能愛；用財如己出，故能節；見不善而内自省，故能恕；心如太虚，利害毁譽如浮雲，故能應。常應常定，故動罔不當，此非戒懼謹獨、精一之至者未易言也。疇昔相與切磋此道，今執事對局臨境，正受用得力之地，千萬慎重，千萬慎重！百凡惟稽故事，順民情，大度長才，遊刃其間自有餘地。

承愛念之厚，恨未即傾倒，然皆執事素諳熟習，復瀆言之，譬之勸加餐者不能别具異品。惟俯鑒，幸甚。

三

手翰諄諄問道於盲，摸索之見，敢不自盡？

夫人本有真誠惻怛之心，故能脩愷弟之政，而民受其福。心有不誠，則雖文章數度周詳縝密，猶未免爲徒法，而况未必能周詳縝密者也？故君子之學，莫大於立誠。凡榮辱得喪之交錯乎外而感乎其中者，如冰入湯，如雲過虚，堅凝静定，無所妄動，然後爲能誠。是故根心生色，盡己之性而盡人、物之性。否則，種種作爲，或生於榮名功利、較計論量之私，心勞日拙，無以結民心而終成善治矣。

纖息幾微之間，執事蓋已洞察，惟日精日一，區區之望。

寄聶雙江

近日知學者頗多，但未見有志向精專，若所謂「如好好色，如惡惡臭」然者。種種世緣割舍不斷，假饒玄覽超見，終成虛想。《大學》言「知止」，止者心之本體，亦即是功夫。苟非一切止息，何緣得定、靜、安固？便將見前酬應百慮，認作天機活潑，何啻千里！此某之所深悔而痛懲者，惟執事有以教之。

答王在菴

承翰貺，慰浣之劇。所示莊子語，足知吾兄簿書倥偬，而好學不懈若此。莊子雖未能無蔽，要從自己實踐中立言。吾輩因其言以求入，種種嗜欲不全放下，終難湊泊，直須胸中打疊潔浄，不著古人一語而心心相契，乃是吾輩真實命根。此孔子所以欲無言者也。近覺學之不進，皆由談説想像，縻費實踐功夫，每一思之，真是耳熱汗下。良朋日遠，何以教我？

寄季彭山

敝府多有志之士，然講習既久，似頗有以見解爲實際者。尋常談説道理，非不了了，至於當機對境，猶未免一轉兩折，不得覿體真實，豈非見解一路稍作障礙也哉？東廓諸兄相與切磋於下，執事倡之於上，多士之幸，吾道之慶也。

二

頃承翰教，有未了然者，不能一一，姑俟面請。執事意惟恐學者淪虛墮空，甚盛心也。然救人之偏，而自己栽根立命處未免微有繫著，則亦將有浸漬滋蔓而不自覺者。細讀尊教，語意中已微似有之。執事功夫日精，當不俟贅。

吾輩今日之學，直當如世上未有言語文字，自己未有許多知識見聞，從潔浄心地上專精畢力，由本達枝，自有根心生色，不言而喻之盛。則凡言語文字，莫非實理；知識聞見，莫非實得。不然，恐未免沾泥帶水也。明當還南，浣承傾沃。

寄唐荆川

執事才識、節操卓然足以名世，乃盡棄所有，從事於道，舍世之所謂醇醲炫耀，而樂其所謂淡泊寂寞者，誠古之大勇，末代英豪不足言矣。日來匆匆爲别，自後與龍溪聚處，未嘗不念，未嘗不慨然也。

孔子之德，皜皜難尚，然而江漢以濯，秋陽以暴，其洗滌、煅煉豈一朝一夕之故？雖其精一之功非夷所及，然而助發精采，取諸人者亦多矣。吾輩以中人之資，仰賴高賢匡弼，而音容疏遠，無緣取善受益，若之何其能盡削浮華、長養真機也？夏秋間能惠然命駕，竚聞至教，虛懷以俟。

二

頃承手翰，真意藹然。中間下問數語，皆毫釐千里之辯，警發良多。僕近始深覺億想穎悟爲道之障，非痛自洗刮，欲求真心實智終不可得。《大學》言「知止而後能定、静、安、慮」，「止」之一字，須是真心承當乃有根基。方猛省痛懲，旁求夾輔，而龍溪忽又別去。如荊川不鄙其愚，時惠教言以振頹墮，千萬之祝。

寄何善山、黄洛村

近得與龍溪同宿數時，頓覺舊習之非。大抵此心未到澄瑩精純，便起種種作用、言説，認爲真機活潑，不知裏許盡是安排布置，種種作用皆爲粉飾，種種言説皆爲戲論。今須直下了徹，始有進步處也。龍溪直是學問透徹，直是善煅煉人，相與切磋，直是心心相契，更無許多逢迎遷就、門面摺數，誠吾輩所不及。然亦不敢自諉，而不自盡也。

寄徐少湖

士夫自浙來，領面談者，知吾兄職事所繫，亦煞有難處。道之不明，人人蔽於所私，是非愛憎靡有所定，病目眩蒼黄，俚耳混雅鄭，何足怪也？故君子立身於毁譽利害之外，而寂然無所用其心，種種施爲，如身之飽煖寒燠，必求自慊而後已。故獨立而不懼，競趨而不徇，群而訕之而不自信，群而讙之而不自廢，所望於吾兄者如此，吾兄之所以自待者亦如此，復何言哉，復何言哉！堅志熟仁爲大受遠到之地，千萬自愛！

寄吕涇野

近於邸報中獲覩奏略。末世守官君子，多依違於簡陋之政，縱人自便，以苟寬大之譽。法度且無所持循，而況善教之入人乎？六舘諸生改觀易聽，此其漸矣。昔陽城先生一言而多士興孝，信在言前之效大率如此，欣忭欣忭。

經筵勸講，近復何如？「君志定而天下之治成」，念之悚然。微執事，復誰望也？

答戚南玄

虚懷之教，非某所及，然不敢不自勉也。古之人富貴利達、名勢紛華淡然不入於其心，其學之所至，至於見善則遷，聞過則喜。然孟子以爲猶有大焉者，謂其遷善改過，猶未免以己與之也。夫遷善改過，以己與之，猶未足以爲大，況如某者？富貴利達，雖未如世之況溺，而幾微隱約，猶有未能忘情者。其遷善改過，所謂泥裏洗土塊，何足以與於古人之虚懷者耶？近得與龍溪切磋，而後知猛省欲根，澄潔心源。仰冀惠然枉教，庶幾有寸進耳。

答敖純之

承純之手書，慨然欲脱去舊習，期於斯道一日千里，甚幸甚幸。中間推許太甚，殆過於相信愛而不知其惡，然敢不自勉以副盛意？所惜往時相聚，未嘗直從心地真切砥礪，拔去私邪，而徒口吻談説，未有定静安慮之實，則區區自誑、誑人，負諸君多矣，雖悔何及？

來書謂：「天下事理，本諸吾心而自足。君子之學，求其放心而已。」此數語者，真聖學要旨。又謂：「素性喜静，人事、職業兩并，殊覺此心未有脱然之時。」此殆用功未精，未得真静故也。人心本静，只緣名利兩端，變出種種得喪利害、榮辱毁譽、貪愛憎嫌、詘迫苦惱之私。君子學以致道，誠有「飯糗茹草，若將終身」「遯世不見知而不悔」之志，一切情欲真如解枷脱鎖，此心真是其介如石。凡視聽言動、喜怒哀樂、百端作用，皆是真心發見，不染私邪，方是求其放心，方是真静。故灑掃應對，莫非實學；造次顛沛，莫非樂境。人事、職業，自能坦蕩蕩矣。不然，未免徒爲戚戚，流浪光陰。願純之努力自愛，無若僕之時過而悔也。

寄横溪弟

前答渭厓書，曾爲轉致否？意雖直致，而詞亦婉曲，但恐高見已定，舍己從人爲難耳。近與王龍溪信宿山寺，頓覺舊習之非。私意不浄，種種作用雖未必苟同流俗，然毁譽利害、得喪窮通，終未免沾帶不了。譬之煎銀，不起金花，終非足色也。諸友書來，皆道賢弟不替初志，甚慰甚慰。俗緣易染，光陰不待，萬萬努力，萬萬自愛！

寄錢緒山

近得與龍溪兄聚處，盡覺舊習之非。此心未到精瑩澄徹，種種識鑒運用，總是自私用智，總是浮飾，始信静專動直，静翕動闢，心體本是如此。未能充實，必無光輝，分毫假借不得。自今勉力，儻有進步處，幸吾兄惠教之。

答歐夢舉

泉翁三言之教，執事推衍其義累數百言，體究精詳，發明透徹，深服才識超邁。然區區之私，不欲以是爲有道者頌也。聖門之學，以德行爲務，纔涉訓詁便落第二義。德行者，根心生色，默而成之，不言而信，是謂實體。學者於此心善利之間，毋自欺而常自慊，以致其「清明在躬，志氣如神」之實，是謂實功。自古聖賢反復闡明，無非此事。然自實體、實功觀之，雖聖賢之言，猶爲影響，正欲使人因影求形，緣響知聲耳。若復就影響而追逐尋伺，則其去形聲愈遠矣。執事之學，已得其大者，然此等處更願詳察，庶幾精專瑩潔耳。

二

來書惓惓下問以先儒居敬窮理、克己反躬之言，《中庸》學、問、思、辨、篤行之訓，足知執事謙虚受益，而所以啓教僕者亦不淺也。

窮理盡性以至於命，本孔子傳《易》之説。窮理者，盡性至命之功也。明道云：「只窮理，便盡性至命。」

命者，性之原；性者，理之體；理者，性之理。離性，則無從求所謂理者。但不知窮之之功，將何如作用，便可以盡性至命？若如後世所謂先窮理而後盡性，恐非惟與聖門窮理之功作用不同，而所謂理字恐亦未有着落也。學、問、思、辨、行，皆誠之者，所以明善。善者，人心天命之本然，即所謂性，即所謂理，而非博學則無以明之，故君子「有弗學，學之弗能弗措」。學者，學其所不能，學而能之而後已也。聖人所能者安在，吾輩所不能者安在，如何可以學而能之？讀書、考古，皆問辨之事。知學，則問、辨、思始有根據，不至於泛問遠思，勞而無功者矣。孔門以不求安飽、敏事慎言爲好學。門人之好學，莫如顔子「不遷怒、貳過」。「非禮勿視、聽、言、動」，其功也，是故可以時時習之。若後世所謂學，與聖門時習之旨卻恐未相脗合。凡此皆僕所疑，而欲以請教者。

使旋，適倦且病，草略不暇脩辭，惟執事求之言意之外。有以見教，幸甚。

寄劉晴川

某近來始覺從前學力疏繆，種種作用盡非精實，一切私邪往往弄奇作怪。視世之不學者，雖發念有粗細，轉念有遲疾，其爲未得真根、真種則一而已。向時以爲功夫未熟所致，自今觀之，根種不真，縱糞多力勤，終爲荑稗，直須洗骨滌髓，庶復天元一氣耳。吾兄此行，得與中離諸兄真切砥礪，幸推新得以沃鄙吝，千萬之望。

答薛中離

久别，稀聞教言，忽承手翰，喜可知也。某近來始覺師友離索，工夫疏繆。私邪削剥不盡，便起種種作用，總非真體；精神活潑，盡是浮心習氣依附知見，自謂圓通順應，而不知所喪多矣。今當盡削知解，再復渾淪，庶幾可望充實耳。

新録見教，多所警發，意既精真，詞亦明達，殆所謂有德、有言者耶！間覺有未圓融處，恐是鈍根省悟不及。然梅子黄熟，中邊皆甜，間有酸澁，終不失爲真梅也。龍溪有天真之約，專望一來。某非久圖南還，當相從以卒歲耳。

二

承手教，鑿鑿精確，皆從實際裡地説法，非可以虚見領受也，敬服膺矣。天之真精，聚而成人；人之真精，變化而出萬事。此中豈容攙和得？乃今種種攙和，種種虚假，天真日以斵剥。夫積習之污，非積習莫之能去。所望交相警發，交相薰染，隔壁交談固不如覿面真參也。承有意枉教，敬遣奉迓。塵網羈絡，不能擺脱，相就牛首、燕磯之間，坐待傾沃耳。

三

奉别且十年，真朋離索，所與講習者，彼此根脚不實，精神虚泛，意氣浮動，漫濫相扇，淪胥以溺。去歲龍溪相處逾月，始覺舊習之非。新春移居道院，日與諸友求歸根復命之實。細細尋求，只是聲色貨利斬截不斷，所以放舍生産作業不下，自生纏繞，自作障蔽，種種談仁説義只成戲論。始知前輩所謂「在身忘身，在家忘家」者方是格物致知，然非有真志真功，不容以虛見虛説湊合此語也。諸友相與者，亦有數輩漸造真實。悔舊啚新，乃知成己成物實是一事，從前誤己誤人，悔之已晚，惟兄不棄而教之。承文旆抵浙，即遣書到天真，尋訪不得，復以書還。此會可謂樂事無涯，所願諸兄不護己私，不執己是，虛心開懷，相薰相摩，不枉此百年勝事也。

《年譜》當及時成稿，須用考亭、象山二譜作樣，大書分註各有法度。略摘書疏中語，須文簡意盡，於道有足發明，使人不必求全文而大端已自可見乃善。門生似不必附入，前輩無此譜例，且恐同志或生諍論，無益有損。種種神異，似亦可刪，無已，則別爲《紀異録》乎？然聖人所不語者，何爲割捨不得也？譜中已稍附鄙見，隨處批註，尚俟尊裁。

答聶子安

聞邇來上下相信，足見明善誠身之實政，自此順而易矣。然君子之心不爲順遷，不爲逆移，不爲難沮，不爲易肆，惟自己真誠惻怛之心，未充滿處日求充滿，未精純處日求精純。少有順逆難易之見，即未免流入彌縫粉飾。子安於此幾微之際想已洞察，辱素愛，聊致無虞之警耳。

答甘泉先生

近日士夫論致良知之學，往往補良能一語，以爲良知猶有未盡，某竊疑之，乃不知本先生云爾也。然《大學》只言致知，不言致能；孟子亦只言知愛、知敬，而不言能。鄙意能知愛、知敬，即是能致此知，即是成能，即此是學。而問、思、辨者，問、思、辨此學而已；勿忘、勿助者，勿忘、勿助於此學而已。不知先生尊意以爲何如？

二

倏忽間，蒼狗白衣之變如此。太虚無體，豈以絪緼蕩汨於外者爲損益哉？聞暫住維揚，疏且再上。士夫之論，或謂因人言引決，疑於激，未奉温旨，疑於望，或謂鳳山之決，衆所高也。然某以爲聖賢求無疑於其心而已矣。道非高，世亦豈以爲高者？樂行憂違，公固有確乎不拔者在，淺學不足與知也。

唯是數歲間，公在兩都，一時志道之士，如偏裨士卒，望大將旗鼓邁往直前，其氣百倍。公得歸計，衆人能無失望乎？然道之不明，正爲勢利塲中，學者植根不固，摇奪種種，未有深造自得之實。公歸卧煙霞，四方來學，不見異物而遷於斯道，豈曰小補之者？西樵大科之麓，築堵支茆，隨地皆可。某不能負畚先行，然而荷蕢從公，固所願也。

答友人

昨承教，未便裁答，謂當面悉，竟以冗奪未遂參承，奈何？

近日朋儕中，莫不知有致良知之學，然須識取良知着落，則致知功夫始更精切。不然，未免攙和兼搭，只到門外不到門内也。孟子言「不學而能，不慮而知」，又引孩提之童作箇樣子，已是大段分曉了，而學者往往識取未真，則亦不可不察其蔽之所在。

來教謂：「致便是本體，本體果時時存，即是致。學者只致，不必理會本體。」反復此語，良知二字似未見着落。孟子言：「大人者，不失赤子之心。」若識取赤子之心，而曰此心時時存即是不失，則可矣。若曰不失即是赤子之心，卻恐别有説也。如何如何？

答洪峻之

往歲京師之會，峻之志懇意篤，警發僕者不少，愧未有以相益也。比來方覺少進，冀峻之亦更精明，而彼此相違，無緣頃刻披對，少効切磋，徒耿耿耳。

致知之説，近來講論益詳，然見解不可以爲真知，揣料不可以爲實際，一切俗情斬截不浄，良知未到圓融瑩徹，未能自快自足，而徒於一事之間、一隙之明，以爲物格知至，其爲自欺大矣！朋友中幸以此意默相規勉，亦輔仁之道也。

鹽法想既有次第。其大者僕所未知，第聞掣放貴有時，貴有定数，節量遲速使不至壅滞斷絶，自然無甚賤甚貴之患，商民兩便而趨者衆矣。此唐劉晏之意，而前輩行之亦有明驗者。尊意以爲何如？

二

來諭「今日之學，只是戒慎不睹、恐懼不聞，更無別法」，誠然誠然。蓋昔者曾子之戒懼也，曰「如臨深淵，如履薄冰」。夫臨深履薄，真是生死所關，一步蹉跌便喪身失命。故不待强其心以戒懼，而自有不容已者，志切故也。今學者視其心之得喪，果能如其身之生死者乎？則其從事於戒懼，亦未免或作或輟，乍斷乍續，就其作而能續之時，亦未必能如臨深、履薄之真，則志不切故也。凡今從事於學而不能日新，只可責志。志微且眇，而分奪之者甚大且衆，蓋有浸漬攙和而不自知者。峻之特立之志，僕所不及，第未知戒懼之功猶有作輟斷續否？儻未免焉，則所謂未能如臨深、履薄之真者，隱微之際不可不深察也。

答蔡可泉

企望日久，知執事拳拳於僕，猶僕之拳拳於執事也。正喜密邇，而濫叨新除，又將北趨。行且啚南，第恐執事復北召也。相求之殷，而相遇之疏，能無慨耶？朋友薫陶之益，卒未易得。公餘且可稍親簡册，亦足以發，更望時時進庠校諸生一講，匡輔他人，亦以自輔。然須彼此俱有忠信進德之心，乃能有益。不然，談道説理，只是時文套子也。

二

僧寺之别，忽忽餘年。近來無大長益，惟是志益加切，身心病痛一一檢點，不肯放過。大抵學不知病，則洗濯無由，妙詣玄談總來無益，故曰：「自知之謂明，自勝之謂强。」執事何以教之？

寄曾宗堯

聞尊翁之訃時，方請告，謂必歸山撫棺一哭，以泄深哀，而竟不果。欲作書相慰，憒悶不能爲言。比承手翰，有淚潸然。同輩零落如此，縱得歸，誰與優游？况康强者且不得其壽，孱弱者又可望悠長哉？葬宅固須佳山，然不可用計、用數。强所難求，取非其有，非惟損德，抑且速禍。侍旁善自怡愉以悦慈顔，諸弟慎擇師友，毋使狎比匪人，啓家門將來之釁。

學問一事，吾輩今日至切至要。然致知之説，口耳流傳以爲常談，求立志果確，真能毋自欺而求自慊，亦鮮矣！所以精神心術未見轉移，但於外面事爲上彌縫補綴，把捉不定，遂以墮落，反借説以文之，其爲自欺也，亦甚矣！相知中幸默以此意相規，然須含蓄優柔，不可責人太備。若自處，則絲毫不可放過也。

還山非久，諸遲面既。

答谷龍崖

來諭奬借過甚，非所敢當，殆誘之而欲其至於是耶？則不敢不勉矣。

爲學爲官，本非二事。子夏事文學，故有仕優、學優之説。孔門學求仁，以不忍人之心，行不忍人之政，終始典學而造次不違，此豈非執事所反求而自得之者耶？人情世故固有難處者，然君子「匹夫不得其所，若己推而納之溝中」，故不愛其身而求躋斯民於安養生全。一切勞逸、安危、毀譽、利害皆不暇顧，而何人情世故之爲慮也？凡以人情世故難處爲慮者，恐不忍之心尚未能真切懇至而然。苟真切懇至，則凡危懼毀辱皆所以自盡其心，固未有安心快意，而能躋斯民於生養安全者也。執事以爲何如？

寄孫蒙泉

徐德深行，曾致書并附棲溪手卷，想已覽存。家兄按部還，知曾相接，初頗動意，徐遂釋然矣。事上官，固不必趨媚以爲恭，然孔子誾誾侃侃，自有其度，色勃足躩，亦非苟焉而已。蒙泉以爲何如？舍親劉掌教書，報知蒙泉鋭意興學，斯文之幸也。僕近覺人心良知誠不可昧，鼓舞作興亦不在急，惟出之以誠，直從精神心術斡旋轉移，優游涵泳，久自得益。因思前此虛談泛説，自己未有道學、自脩、恂慄、威儀之實，而徒以意氣語言動人，使有志者習高談而騖外，無志者疑實行而生厭，誤己誤人，罪不可逭。近方深悔痛艾，日征月邁，但有懔然。蒙泉何以教之？

寄汪道甫

去歲聞遭變，士夫莫不懷忿含懟。小醜逞凶，毒辱衣冠至此，人人欲得而甘心焉。徐觀事勢，爲道甫深遠慮，乃皆自解化，謂「迫困獸而激之鬬，反致自戕」，此皆愛道甫厚者乃有是言。其他休戚不相關者，則皆漫然洶洶忿懟而已。

有苗負固，益贊禹以謙受，而道舜之事。夫舜何罪可引？何慝可負？以爲毫髮有所未盡，猶可自致其力，不必責之人也。父子兄弟免后世喋血禁庭之慘，蓋謙損之益、仁義之利如此。道甫憂不如舜而已矣，彼罪惡貫盈，天誅固不能逃，道甫何患焉？人惟不見未形之禍，故亢而有悔，故智者不窮忿以及身，仁者不固敵以危己。道甫鑒古達今，區區之言，或有合乎？

寄江尚賓

石玉溪、蔡可泉以公事寓此，因與松溪兄數下榻鹿亭、翠菴諸處。諸公猛進虚受，皆不可及，但不榖慚負爲多耳。大抵精神滲漏，意氣發揚，則不得歸一沉著，有欲罷不能之勢。千頃之水，漫流滿地，則悠揚散渙；歸之一渠，可以轉石，此致一之驗也。想尚賓于此，必有獨覺其進者矣。

答項甌東

披讀條約，躍然以喜，喜故人有善政，舊民得所庇也。中間數端，往往鄙意所及，殆所謂「同心之言，其臭如蘭」者耶？鋭意興學，尤是切務。道不遠人，童子可喻而知，然須學者立志真實，真從精神心術轉移變動，乃能深造自得。某從前空談漫説，未有至誠動人，兩下虚負，念之惘然。根心生色，大畏民志，非執事，吾誰望也？

承諭相國之云，某豈足以辱執事之薦？豈足以辱相國之知？執事蔽于所愛，不知其惡。某雖欲欺人，寧能自欺也耶？君子之學得其本心，寂無聲臭，若赤子之初；種種毀譽利害，若無所聞；一切可憂可懼、可驚可愕之變，若寒暑晦明之固然，無所怵于其中，然後庶幾古人膽大心小之云，然後可以任重致遠。如某者，何足以辱執事之薦、相國之知也？第恐相國之意，異乎某所以自期，執事愛深望切，遂謂其果如所期，而不察其所至者也。感荷盛德，莫知所云，惟日俛焉以求其至，抑亦期執事共至乎是，庶以爲報而已矣！

答劉生

堯舜之學，只是精一於人心、道心之間。孔孟求仁、養性，同此道也。當時雖有多識立言之士，上焉者，始終本末一以貫之；其次猶知有本原，以此事爲傍門。漢唐以來，暨起作正門正路，而精一之學遂衍爲講説矣。今日迷蔽良知，妨廢格物之實，莫此爲甚。辭而闢之，而後可以適道。每與友朋談此，往往安於所習，惑而不信，亦其未有真造於道之志然也。

歐陽南野先生文集卷之三　内集三

書始嘉靖戊戌至乙巳

答季彭山

承示惕龍諸説，僅讀一二過，諸生轉相傳觀，併其本亡之。尊意慮今之爲學者淪於空寂，甚盛惠也。夫良知常寂常感，無爲而無不爲，淪空執有要皆失真，慮之誠是也。第未知執事蓋常淪於泱漭虚蕩，識其病而亟反之，故爲是誠耶？抑亦逆料其必至於是，而預誠之也？今之學士，僕未見其能盡除情欲之累，而入於空寂者也。若其誕蕩不羈，則是志未篤切，縱恣自是，恐未可以此爲淪虚之似。至於執有而不化者，則居然可見矣，執事其何以救之？

二

往歲，朋友喜聽吾丈敷析經義，然亦有以是病吾丈者。僕竊意喜者固未爲得，而病者亦復失之。吾丈講經，本是發明此學，使人知所用力，懲忿窒慾，遷善改過，日進於道，非但爲經書添註脚、立新論，以資學者談説、助其文詞已也。而學者乃以爲談説、文詞之資，如是而喜，則已舛矣。有志實踐者，所貴問辨討論，明是非善惡之實，無狥偏見，無蔽曲説，然後可以造道。以講經爲病，則將任胸臆之所裁，幾何不狥於所蔽，而去道愈遠耶？此僕所謂喜者固未爲得，而病者亦復失之者也。然吾丈於經義，自童年時已能深思默悟，有出於舉業之外者。既知學脉，引伸觸長，精研妙詣，所自得者益多。然則精神之所流注，恐未免習心根據其中，將有潛滋密蔓，爲廓然大公之累而不自覺者，亦未可以爲小小疵病而不之察也。吾丈臨政處事，光明磊落，自是學力所到，至於時以才氣智識攙和，未能純是性靈作用，或亦緣此。

堂下之言，不足以仰契高明，聊效芹曝之私，亦渴欲聞教，庶以來吾丈之盡言云耳。

答張紹中

僕之學，何足以爲人師？而紹中撝謙執下，僕亦冒然當之不辭，以紹中真切懇到之意，不可虚且不可逆也。夫學莫大於真切懇到。「三軍可奪帥，匹夫不可奪志」，真切懇到故也。「朝聞道，夕死可矣」，真切懇到故也。悠悠虚度，言行不相顧，表裏不如一，則不能真切懇到之爲病耳。紹中寬裕温柔，仁者之度，而或者謂宜濟之以發强剛毅，鄙意以爲只真切懇到致其良知，則自然弘毅，足以勝重任而遠到矣。惟紹中念之。

答嚴節推

先儒論人之不幸，以無耻與不聞過爲大。夫過未易聞，雖有告者，未必能盡。古之聖人設誹謗之木，欲盡聞過而已。故謗者，聖賢之所幸。至於聞譽則惕然如負芒坐針，以爲未能無一毫之不稱也，知耻故也。

僕每當毀譽之際亦自動心，但提起此意，便覺有進步處。此未足爲執事道，聊效進脩之助耳。

今人有志者少，無志者多，寮寀之間，欲求一德一心，傾竭肺腑，豈可多得？但在我者，坦然蕩蕩，如天包海涵，使皆囿于其中，則莫不樂爲我盡。凡易之道，近而不相得，則凶或害之，亦其常也。

二

來書「恣喜怒、播威福」之説，足知哀矜惻怛，異乎深文巧詆者也。斯民何幸，斯民何幸！萬事皆本於心，凡法官心刻則法刻，心恕則法恕，心精法精，心粗法粗。推之，又不但用法爲然，故心學不可斯須離也。然今世有志者少，志純潔凝定者尤少。執事之志卓立如是，更加純潔，更加凝定。前書所謂「未發以前氣象」，有不思而得，不言而信者矣。

答王仁仲

往時承面談，似謂政事繁冗，不得專意於學。此恐講之未明，或泥於後世之説耶？《大學》之教，只在格物。物者，事也，意之所用爲事。事得其當爲格，不得其當爲不格。當與不當，在獨知欺與不欺之間。故無政非學，無學非政，顧恐志不專確，時或出入。此在仁仲内自鞭策而已，顒望顒望。

二

心無動静，學亦無動静。惟是志向堅定真實，則雖紛紜膠擾，如有柁之舟，縱遇風波摇蕩，一捩便轉矣。用力與静時難易固有不同，然官職既脱謝不得，且須隨分如此。若待静而學，則虚靡歲月多矣。高明以爲如何？各以事牽，未及款承，然此事不在多言，但辨得徹底真心，即無適非道，惟仁仲念之。

寄沈石山

目病尚未愈，幸不加劇耳，然視物猶若隔煙霧，或謂須服硝黄之劑。今屏居寺中，避遠人事，少待病勢如何。静中殊覺滋味深長，乃知從前疏漏多矣。古稱「朝聞、夕死」，聞道直是抵得一生，拚得一死。吾儕於種種外物，可欲有輕於生者，猶自貪慕，可惡有輕於死者，猶自割捨不得，豈能扎定脚根、立得命脉耶？

寄聶雙江

數年間，吾鄉賴諸公率作，文風大振。今東廓不免一出青原主盟，執事與念菴諸兄有不得辭，而亦吾鄉諸同志之所屬望者也。

親民是心之本體，本體如此，功夫亦合如此。常善救人則無棄人，常善救物則無棄物，所以親之也。棄而不救，救而不善，是亦自棄而已。某每覺與人猶自別擇同異，以此欠真誠惻怛，未能親得在，雖往往自訟，終未造實際。乃知聖凡只差毫釐之間，而相去天壤矣。

周崦山卓然自樹，又能虚己從善，朋儕中所不可及，此來必有相長之益，便間示知之。

二

兩奉書，皆謂兄之謗可以無辨。讀罪案始末，則真有不待辨而明者。君子能以身死天下之事，而後足以成天下之事。設身死天下之事矣，而是非未明，朋讒紛議，又當誰爲辨者？某每當謗議之來，念此輒自悟。來教所謂「氣定乃見本來」，則又有進於此者矣。凡今之謗議者，亦其未見本來而動於氣者耳。氣久自定，則雲開日見，萬象各復其常，有不待一一剖剥者矣。然辨案一出，將使同志之士，知謗議自外，誠有所不可避而亦不必避，益以堅其行法俟命之志。又知好惡不平，能使白黑混淆、是非顛倒如此，益以消其作好作惡之私，則辨案之有益於同志爲不小矣。面承有期，不贅及。

寄吴伯升

書院想已結期，近日諸友精進何如？朋友群居，貴開心相告，虚心相授，乃能有益。古人脩身，如今人業舉。業舉者，欲其中選；脩身者，欲其中道。欲舉業之中選，則必出其所業與朋友商之，一字一句務求極純無疵，而後爲有志於中選者；欲身之中道，則必吐露真心與朋友商之，一念一言務求極純無疵，而後爲有志於道者。近世學者，於舉業亦不肯傾心商量，少被指摘便赧然、憤然，不能堪受，故人亦曲意阿承，相與爲諛而已。至於心之病痛，逾加遮飾掩護，不肯吐露，故見人之過，亦姑與之遮飾掩護，如所謂「恕己量主」者。蓋其心惟恐人之報之以忠告，而自己無所躲避也。此正切要之病，幸相與共戒之。

答戚南玄

賤體外强中乾，老親又久羈宦邸，日切鄉思，《請告疏》儻蒙諸公見亮，是天所以憐不肖者深矣。君子不易乎世，不成乎名，遯世無悶，不見是而無悶，然後爲龍。德未至乎此，遽可自欺自誑，以爲能見能躍者耶？

昨心齋過此，極承砥礪之益，亦恨不得南玄同會，約待僕行時復來。南玄不能過金陵，不妨同遊於金、焦之間，款承傾竭，庶愜夙心耳。龍溪歸自白馬，備言南玄愈加平實沉默，真能退藏於密者。此外又更有密意乎？

答林子仁

承諭「本性自然，合下便是，不容人力，直指真際」，啓我多矣。古人所以兢兢業業，終日對越在天，文理密察，絲毫不肯放過，正是此體。所愧僕未有深造自得之實，恐於尊教未免認指爲月，要不敢不自勉耳。亦望執事日精日一，非久合并，沃枯焦而潤之，幸甚幸甚。

答張維時

書至，知得與波石諸君常聚，甚慰。「一真一切真」，此雖佛氏語，然聖學亦不能外也。志向真僞，毫釐之際。精一不二，則小德川流，大德敦化，無不在我。種種外慕，只是不真，一真則萬僞消除矣。惟及時自强不懈，因風有以助我，區區之祝。

答陳盤溪

「良知」二字，朋友講説日精，求其真實擴充，盡釋塵累，真得赤子未有學問、思索、見解、知識以前純一無僞之心，亦未見有承當得起者。静思厥由，則如某漫談無實，徒以意氣爲諸友倡，欲人務實而反道之虚，過惡滋大矣。乃今循省知懼，入路日見明白，第氣習纏繞，不得了手耳。聞公德學日進，斯文主盟，非公其誰？無由縮地，但有悵仰，幸有以教之。

答友人

明日東行，今日促裝方遽，忽拜翰教，喜慰無量。來教「無自欺」三字，是心學真訣，吾輩正坐自欺耳。人心，赤子之初本自澄静無欲，後來染習種種多欲。夫種種欲之，種種克之，是自纏自縛，逐旋自解，必無盡脱之理。要得脱盡，不如不縛。孟子言良知，是指赤子之心；《大學》言致知，亦是完全赤子之心。吾輩旦晝所爲，多是牿亡，而徒想像心體，展轉話言，自欺莫甚歟！某歸來應俗，始知學力未至，嗣此當别求實地穩步，惟兄教之。

寄王遵巖

過杭，讀執事《天真祭文》，棄故如蜕，向道若趨，非振古豪傑，何以有此？過省，適旌旆東巡，無緣披對以卒所請，歉歉何如？同仁諸友，賴數公相與匡輔振作，精采一新。「用志不分，乃凝於神。」學者無精一志向，未免以意氣爲發憤，以談説爲問辨，以億度爲思睿，以把捉爲躬行，與真志作用尚隔一層。執事道義先覺，幸有以警發之也。

答魏莊渠

向承示《六書精藴》，首卷數十字發明古學，皆平日所嘗聞教，意思精到渾成，不假安排，嘉惠多矣。第其他未緣遍觀盡識。竊意古人制字本少，後來增廣日多，作者未必皆有至德，所作未必皆根至理，今欲一一發明，以意逆志，恐未能盡如首卷數十字之渾成無瑕也，故鄙意以爲此書不必盡備。執事推自得之實以淑諸人，莫如别爲論著，如《體仁説》等，指示學脉，開闢路徑，使人實踐而深造之。要之，此心此理，自可俟後聖於百世。縱使前聖之精，制字以示後聖之藴，不必因字以發，亦未爲不可。尊意如何？

某困學無聞，唯是粗浮病痛，日漸體察明白，乃知真根真命之學，誠不容鹵莽滅裂、聲音笑貌爲也。執事不棄愚陋，有以教之。

寄横溪弟

常州不得會荆川，乃緒山亦先過二日矣。王龍溪信宿而别，從前過失更煅煉一番。大抵學不必過求精微，但粗重私意斷除不浄，真心未得透露，種種妙談皆違心之言，事事周密皆拂性之行。向後無真實根脚可劄定得，安望其有成也？ 願與賢弟共相鞭策，時光不待人矣！

答王湛塘

近來學者心口相違，固多有之，然教衰道微，苟有一念相尋，已是難得。其間賢、不肖固當有辨，然亦須并包兼容，有涵育薰陶、俟其自化之意，所謂「常善救人，則無棄人」。不然，則自戕自賊，未如之何。雖惡絶之，亦無益耳。執事以爲如何？

奉甘泉先生

數年間，雖未得朝夕領教，然沾溉所被亦既多矣。郭外之餞，水次之語，且感且佩，誓當無負也。聖門惟顔子不違，曾子一唯，自餘諸子，於夫子皆不能無異同。然則師友之間，固不可以同聲相和爲貴，非分彼我也。而人遂因之有他説，豈所謂癡人前不得説夢耶？ 某嘗謂朋輩不得因異同生彼我，不得因彼我起異同，然後此道可明。因尊教輒及之，知雲卧之志日切，儻可得遂，某當於白鹿、青原之間，奉迓歸棹也。

答朱芝山

伏承手翰，謂「此學卻是失真，卻難得真實意思」，訓詞精切，感激佩服。但謂「良知無下手得力處，稍得萌芽又被摧折，而況果是萌芽否耶」，此卻恐求良知太深，是以自信而復自疑也。良知即是獨知，顯淺易知，簡易易從。蓋雖童穉愚蒙，獨知未嘗不明；雖放僻邪侈，獨知未嘗不良；雖昏迷蔽昧，獨知未嘗可以自欺。孩提知愛敬，乞人不屑蹵蹴之食，小人見君子而厭然，況學者乎？愼其獨知，日精日明，五常百行皆由此出。苟自欺自迷，則旦晝所爲，牿之反覆，雖其事親從兄，亦「義襲」而已矣。故學問之道，惟此知最真最近，不假强爲，不待遠取，上智下愚皆可持循。吾兄猶謂「無下手得力處」，何耶？

「夜氣」之説，是爲已斲喪良知者指點端倪，使旦晝有用力處，故曰「好惡與人相近」，言羞惡、是非之知不容泯滅，佳章所謂「非待夜始清」者也。後世舍獨知而求之虚明湛一，卻恐茫然無着落矣。「知者不言，言者不知」，自是老氏宗旨。老氏致虚守静，窈冥玄默。夫杳冥玄默則不可言，故知者不言，言者不知。若聖人之學，曰「脩辭立其誠」而已，曰「言顧行，行顧言」而已，曰「言不盡意，不言而信」而已，豈若老氏所得者耶？老氏所得在此，所蔽亦在此，其流爲爲我、爲自私，亦不可不察也。

答陳履賢

履賢資質甚美，志向甚正，惟是求之急迫，是以欲速不達。急迫與立志真切不同，急迫只是私己，反爲不誠。來書所謂：「憤激病重者既自知矣。惟憤激，故不能慮以下人；不能慮以下人，故種種拂亂而矯僞狂妄之譏皆所不免。」夫譏者固不能亮履賢之志，然志既未誠，則固有僞妄在。到此不痛懲僞妄，盡檢點平生大欲，洗濯蕩滌，使德盛禮恭，可以養人於善，而徒委之魔業，付之無可奈何，則終於不誠而已矣！誠則動静合一，細微曲折，心無不到，而亦自脱洒磊落，又焉有牽纏架漏之病？誠則常精常明，又焉有當局則迷、事往則悔之病？履賢欲求深根固本，只在立誠。來書所謂「將虚興認作堅志」，正是以賊爲子。此憤激所從生，而百種病痛所由出也。消此一病，則無適非道，然非師友夾持，恐不能以離索之力消磨得也。

寄徐少湖

頃得聞北江書，知已過浙，想今綵侍歡娱之日久矣，喜與東廓、念菴、荆川諸兄，先後彙征朝家之慶。第南都失友，江右失所師資，然豈敢以偏而不咸之情，致私憾於盡取也？

功利之習，入人已深。居養於人，猶能潛移默奪，而況群衆相扇成風。以吾兄精明之志、堅定之力，周旋其間，必且化人而不受化。第無虞之戒，諒亦未能忘者。養晦所以順時，然養之云者，養力而使之足，養氣而使之充，養心而使之壯。此中作爲，固未可泰然、晏然而已也。謙虚自牧與獨立不懼，二者固並行不悖，惟兄念之。

寄劉三峰

書院中朋友聚散何如？道學志切，則會友自不容已。然數聚數散，而於身心病痛包藏掩覆，不肯指點洗刷，責善之言不肯虚受，則猶之無會而已矣。古之人去不善，真如惡臭之著鼻，如疾病之在身。志不如是，則亦只是改换念頭，病根依然俱在。如此悠悠蕩蕩，而欲心體瑩徹，是拂浮塵、存積垢，而望鏡之明也。朋友會聚，幸爲致此意。相去千里，無任拳拳。

答曾雙溪

執事與商甫同官于浙，皆有政聲，學問之力不可誣也。然精神須用完固，功夫須是嚴密。近日有志之士，亦有於世情上調停得無病痛，時調上補湊得無缺漏，亦能有益於民。然只是調停世情、補湊時調的心，亦即是調停、補湊的學問。此中多少漏泄，多少放過？須是以真誠惻怛之心，行真誠惻怛之政，然後能內省不疚。想執事正如此，因論輒及之。

答友人問

善者，人心所同好；惡者，人心所同惡。學者誠能於日用踐履間，著實爲善去惡，改衆人之所同惡，脩衆人之所同好，鄉人將薰其德而良焉，何一齊衆楚之慮？苟未能着實爲善去惡，徒以空談拂俗，則於忠信、篤敬之道既有愧矣，而欲望州里可行乎哉？因問略及之。

答李古原

來教謂「儒者專以著述爲務，其教人又專以存心爲言，不知已馳心於言語文字之末，其所著述非其所急務」，誠然誠然。

著述所以明道，豈足以害道？然專以爲務，則務外矣。存心是聖賢第一義。君子者，以仁存心、以禮存心者也。仁者愛人，有禮者敬人，而孩提無不知愛，無不知敬。大人者，不以貨色名利，自私用智斲喪其赤子之心者也。如是而學，是謂身教。徒以爲言，則非教矣。夫道，由之而後知，知之而後言。億而知之，億而言之，則於己於人皆不足以達道。故好學則無物非學，言語文字亦學也；身教則無行非教，言語文字亦教也。來教所謂「即行以明理，❶因心以爲學」，僕何足以及此？而亦安敢不自勉哉！

甘泉先生諸著述，亦各發其所藴。吾輩治身心之病，諸書皆如藥方，取其對證者服之，則邇言莫非精妙。不然，則五經四書未必爲功也。何如？

答孫蒙泉

近日江陰之政，上下交贊，甚慰。然而謙虚下人，猶若未盡以與執事。雖世俗溺於所見，然吾輩反躬之學，亦不可不自省也。來教「絲毫假，即全體假，無此絲毫，即本體直達」，警發多矣。説到此，須造到此，始是脩辭立誠。不然，總是虚見虚談，無益於學。

《朱子抄》未曾詳觀，大意與先師采刻《定論》同意，而序中發明卻似未盡。末後引朱子新得數語，其命意發端猶是舊學，以此爲定見，恐未足破疑解惑，而反助之波也。以「合之盡其大」爲存心，朱子意本不如此，異時恐有援此爲辨者。「省去文字，休養静觀」，亦起人疑。學得其道，多識前言往行，亦是畜德；苟失

❶ 「理」，隆慶三年文選本作「心」。

其道，雖休養静觀，省去文字，亦未有入手處也。尊意如何？「以通其故」一語，上下不相承，「註述」二字，古不並用，此猶是小疵。凡此等論學傳世之文，前輩往往反復商榷，不肯輕出，今即入刻，猶可及改否？然語意雍容，氣象寬大，殊無矜逸猛隘之態，足知近來學力所進，而觀者之所感必深矣。中間數覺有局縮處，卻恐是氣習消磨未盡，而用意收斂調停，簡擇不得，矢口而發故爾。以此益見得學尚有可進步處，須精義乃入神也。

道遠無由面承，語多直致，諒不以爲罪。

答王鯉塘

來教謂「千病萬痾，皆軀殼生出」，誠然誠然。夫不從軀殼起念，雖富貴功名，何者非道？從軀殼起念，雖道德仁義，何者非私？今脩身學道者，要得自家種種皆好，似是爲己，而究極根源，未免猶是務外好勝，裏許盡軀殼之私。須是善與人同，方能脱離軀殼。不然，卻恐七重鐵城内，天君出頭不得也。如何如何？

答李克齋

執事到任未及兩月，而四境之民歡若更生，士大夫皆以爲數十年僅見，皆有愛莫助之之意。此雖飢渴易爲飲食，亦誠之所感然也。

昨奉告：「韜閟光采，愛養精神，自是積誠之道，而調停世情亦在其中矣。」末世學術不明，人心憤妬成性，尊貴者至與下賤争能，而況比肩齊驅者乎？ 況法行豪家，必多所不便，萬一乘嫉妬者之釁，指摘其中一二峻切處，相與騰播，反使良法美意因而阻閣。 故僕以爲，才人志士雖深自韜晦，頭面已不可掩。 苟非盛德若虚，難乎免於今之世矣！ 此在克齋，固可以意會也。

諸生固當兼收並畜，雖牽纏文義者，亦須假以詞色，不可峻拒。 舍文義，則諸生無學可講，法堂前草深一丈矣。 然亦須擇其中可與者，於血脉骨髓處提掇一番。 此意久不拈動，恐自己亦日漸生澁，亦漸漸流入文義科臼中而不自覺，不可不察也。 萬萬慎自愛重！

答楊子大、魯伯慎諸友

諸友手狀至，中間悔恨真切，足知志不少替。 然只如此数数悔恨，亦未必有益。 須真見得良知是自己性命，真實自致將去，種種富貴利達真如浮雲，種種凡情俗態真如毒藥，自然陷溺不得，自然無祇悔。 不知諸友於此，卻何如也？ 相去遠，徒以筆札論心，不欲爲浮泛之説，故語多直致，知能諒者。

答補之、玄略、純甫、思畏

得書，知補之病痾初愈，玄略遭大故，兼承保嗇之諭，極荷眷念。 大抵喪中亦須常得朋友提撕，不然或哀傷大甚，或牽泥浮文，皆足以耗斁精神，而所謂必誠必信者反有所不盡，勢則然也。 古人居喪讀《禮》，亦是涵養孝誠，玄略於此想自分曉。 補之諸友，卻須時常相過，無使玄略寂寥也。

學無巧法，惟是此心真實，即無復可言。苟此心不實，則亦無復可言。純甫、思畏書中所謂「習心乘間竊發而不自知，覺而悔之則已無及」者，恐亦只是欠真實之故，不可謂有真心而舊習猶爾也。不自慊即是自欺，此中容分毫解說不得。

區區草土餘生，無復他志。襄事後，即爲深林長谷之計。儻不即死，爲諸友作異日匡廬主人也。

答王龍溪

遭喪以來，精神大覺耗損。靜居點檢半生種種作用，與所謂「靜專動直，靜翕動闢」者，寔相背馳。如之何其能有諸己？如之何其能充實輝光？夫志，專之本也；慾忿，翕之賊也。一放過，則無學可講；一透過，則亦無學可講。要須真實朋友夾持，乃不虛浪。往在南雍，兄拳拳拯我、藥我，當時自是心勝，未有以承之。乃今又不得朝夕繼見，念之悵然。儻便差南來，索我於浩溪，幸甚。

二

久聞衡山之遊，連書奉促，兼請因過匡廬、青原之間，披對一兩月，遂了先師《年譜》，不知俱曾達否？夏間還自青原，棲息南明，日與諸生從脚根下檢點，將從前種種世味濃處冷淡一番，始覺吾人赤子時心地本自平易真實，種種障蔽盡是自起自作，徒自受累，目今警惕頗深，日望枉教。倘遂能發山陰之舟，甚幸甚幸。

答友人

自先師提掇孔門「致知」二字，士大夫始諄諄然良知之學。相傳浸久，習其説不既其實，知字或未有的確，若之何致之？

蓋孟子良知徵諸孩提，言「赤子之心」也。吾人爲赤子時，意慮不作，慾習未染，愛敬中出，是非内明，不由學問，匪涉思爲，「『上天之載，無聲無臭』，至矣」。博學學此，力行行此，問此辨此，思此得此，聖功也。而或意必内萌，功利熾然，離真起僞，日迷以遠。覺而脩之，所貴息黥補劓，復歸其真。而顧憑其意必不浄之體，輔以聞見思索之知，展轉混惑，各安其習，語上達者淪虚，語實踐者逐物，雖復邁往篤切，要爲假借近似，歸于失其赤子之心者也。蓋今之真見良知者或寡矣！故或失則忽，或失則滯，或失則無忌憚，或失則多顧慮，皆起於功利，蔽於意必，根基穢雜，知見緣飾，迷似爲真，離本愈遠。既居之不疑，則欲反無由，誠可懼也！

答劉晴川

邇來深悔昨非，與諸生憇南明，痛懲宿習，頗覺心地日有發明。「大人者，不失其赤子之心者也。」吾輩赤子時，心念何如？因何失卻？今如何不失？得非頓息諸愛，從前種種起作一切忘卻，恐去此日遠也。先師云：「致知存乎心悟。」某以爲了此即轉盻可了，不了即是拖泥帶水，縱饒勤勤懇懇，懲忿窒慾，遷善改過，亦終未有了期。兄以爲何如？幸數教之。

寄黄久菴

某去冬闋服後，新春會東廓、念菴諸兄於青原，尋同遊石屋、玄潭，夏初始歸，與諸生栖息南明。静專切磨，頗覺心地日有發明，第違遠無緣就正，殊切悵望耳。彼中從遊爲誰？渴欲知之。道有本，德有基。「大人者，不失其赤子之心者也。」基本不立，種種脩爲盡是勝心浮氣、私智小慧。講習之餘，頗覺昨非，而未能亟反也，幸有以教之。

答友人

近與友朋講習，始覺吾儕大患在未有真志。獨知耿耿，誠不可欺。然志不立，則亦因循鹵莽，言行背馳，亦勢所必至者。執事作興文教，此處更須提掇。志立，則道不外求。君子愛人，小人易使，所以成政者也。惟執事念之。

寄羅念菴

歸來承諸友相尋，日相與切己點檢。從前只於嗜欲上轉換粉飾，不曾徹底息滅，於世間種種淡然無復滋味，所以合下不是赤子之心。種種講説持行，只成畫餅炊沙耳。九月三日爲先君忌辰，須忌祭後乃可啚合并，共究此懷。風便先有以教之。

答人問學經

承下問孔顔之學，幸甚幸甚。蓋堯舜相傳曰：「人心道心，惟精惟一。」孔子得其道以教當世，其答顔子之問曰：「克己復禮爲仁。」仁，道心也。夫道心之微也，而充周不可窮，故行之而千變萬化不可勝用，言之而五經四書不可勝載。

五經之言，言其行也，教人行之，非教人言之也。由漢以來，講五經四書，精研其義者爲不少矣，然而如孔顔之自得者，或未之見，何也？求之書，不求之心；言其言，不行其行。蓋孔子之學《易》曰：「所居而安者，《易》之序；所樂而玩者，爻之辭。」夫居安乎《易》之序，而後能樂玩乎爻之辭矣。世之學經者，能如孔子之學《易》者乎？孟子曰：「大人者，不失其赤子之心。」今之學經者，其果求以不失其赤子之心者乎？學之不講，數百年於兹矣！今世通患，大患無志。有志矣，患無師友講明，安於所習，自以爲得不傳之學於遺經，而不自知其違道遠矣。

凡執事所以致力於孔顔之學者何如？所得於經者何如？能一來講求其志，幸甚幸甚。

答王蒙泉太守

來諭有「提掇大端大本」之説。夫學，正患大端不明耳。良知之靈，於義利、公私、誠僞，分毫不可欺蔽。

某嘗謂：無功利之心，則通體是義，出義則入利矣；一體萬物，則通體是公，出公則入私矣；不失赤子之心，則通體是誠，稍有起作即入於僞矣。大端既明，則禍福利害莫之能二。二則間，不二則無間。

來諭謂：「中間遭値不偶，吉凶、禍福、死生、利害以之，此殆大端既明之效耶？」又謂：「志不篤，行不力，而間斷居多。」則恐所謂明者，尚未能澄瑩精一，抑執事望道未見之心也。良便尤望惠教，幸甚。

答何善山

得書，知上下相信，可以觀政矣。高蹈之志，且未宜動。古人内度諸己，外觀諸人，得則行，不得則止。若人無所忤，己可以自盡，即不必屑去也。有此一念，亦足以累心病政。如何如何？

君子隨其所至，遏惡揚善，順天休命，故弦歌、簿書、催科、鞭朴，只是一心，只是一事。若判爲兩途，便未免涉於意必。故或失則愛，或失則忍，或失則疏，或失則迂，皆意必爲之蔽也。來教以幾微作用不能潔浄精純爲懼，足知用功精一，意必不能爲蔽，宜其無不達者矣！

答曾思極

來書皆從身心踐履體貼發問，非苟爲浮辭飾説，足知爲學不鹵莽也，喜慰何如。所謂「中無定主，馳騖紛革」，學脉病源已曉然明白，僕何言哉！

夫良知本靈，良知本誠，千變萬化，中主常定，非强作之也。毁譽榮辱、得喪禍福牽誘於外，心生愛憎，情存取舍，自蔽其靈，自賊其誠，故主宰摇奪而内多疑沮，如來書所謂「心有所不屑爲，而事不得不爲；有所欲爲，而勢不容以爲」。此正是良知本靈，是非本明，而未免爲毁譽得喪、愛憎取舍牽制摇動。凡此只緣志不真切之故，苟有「朝聞道，夕死可矣」之志，則「所欲有甚於生」，「所惡有甚於死」者。死生大矣，欲惡不存，而況毁譽榮辱、得喪禍福之小者，果孰爲可愛，孰爲可憎者耶？無可愛，故無可取；無可憎，故無可舍。愛憎取舍兩忘，故心同太虚，常明常定，千變萬化，真實無妄。當行則行，當止則止，當生則生，當死則死，又何疑沮之有？

來書述僕嘗言「心有不善，事無不善」。夫事之不善皆生於心，心善則自無不善之事，故曰事無不善，非謂心既善矣，則百無所擇，而可以無所不爲也。若一心有所不爲，一心爲事不得已曲爲之，即此曲爲，已是毁譽榮辱、得喪禍福所牽，已失其有所不爲之心矣。心曲事曲，事曲心曲，未有隨俗習非而良心昭然獨存者。故《大學》言身、心、意、知、物，一是都是，一錯都錯；所言格、致、誠、正、脩，一了都了，一不了都不了，合外内之道者也。

大抵學莫大於立志。孔子言「志學」「志仁」「志道」「匹夫不可奪志」，濂溪言「志伊尹之所志」，陽明先生言「志者，人之命，命不續則人死」。病源學脉，端的不外乎此。千里拳拳，言不盡意，願思極無忽乎其志而已。

二

立志之説，雖淺近語，卻是吾人劄定脚跟實着。志即良知精明堅確之體，立志即致知精明堅確之功。

學問、思辨，已百、已千，只在此毫釐間精純。於此有立，自然神氣清明，義理昭著，可以上達。不然，則種種講究，種種脩飾，參往稽來，準今酌古，只成得曉了時務、調停世故底人，不可與入道也。

答魏水洲

來教知同此懷，慰浣之劇。示以：「痛處知痛，非是未發功夫，功夫只在已發處用。已發似爲成男成女，非無極太極混然之體。」又云：「一二論篤知，已不免義外之論。」又云：「接引固盛德事，然舍己從人，何時得超彼岸、臻實際？」足知兄所悟入不淺淺也。第根尋語意，猶未免以動静、内外、人己相待爲二，猶未能澄然兩忘，如來教所謂「常一而止」者。雖與事外者病證不同，其爲未得良知本體則一而已。然來教卻已入微，當是静養中得之，惟是毫釐之間不精察明辨，則未免一塵之蔽爾。幸更垂教。

二

往歲令親以兄所作行狀來索鄙文，知兄文學大進，想心學亦如此矣。兼聞從事玄牝之學，此與吾儒功稍同而志逈異，所謂「彌近理而大亂真」者，不可不察也。

數歲不得一會，良以爲念。青原、螺渚之間，幸數與東廓、念菴諸丈求切磋之益，望兄不至，未嘗不增慨也。吾輩開山法主，豈可使木魚絶響如此其久？先師如綫之脉，將誰續耶？悵念悵念。

答戚補之

象山先生分别學者之病有二種：一是情欲，一是意見。吾儕以情欲未了之心，而又文之以意見，則二病兼受之矣。然意見作障，亦只是情欲未了。補之日侍東廓、龍溪，計於此當有掃除廓清之功。無緣面承，附致區區。

二

初聞海鹽之除，頗訝補之乃不得府倅、縣令，而顧得丞。既又思，此念猶是計校崇卑，習氣所發。孔子乘田、委吏，丞不猶愈乎？則又爲補之喜。官愈卑，則所事愈多，佐令以治一邑，則民之求望者亦不少。所事者多，則容有難事易説者參乎其間，不容不思其難，而徒伺投其所易；求望者不少，則親之不親、治之不治、立之不立、道之不從，不容置之弗問，而漫焉以尸乎其上。然則所以誠之於身，而動心忍性，增益其所不能者宜何如？必不容以虚見虚説謬悠苟且，而可以獲上治民者也。僕所以爲補之喜者如此，想補之之心亦無異於僕所云也。

梅純甫推台州，劉虞讓令慈谿，周良卿教平湖，得相聞否？緒山、龍溪、石山、荆川，時相過否？學無朋友之助，則平日凡心習氣消磨未盡者，不免潛滋暗長，以是行乎毁譽、利害、得喪之途，將有陰移密陷、日戕賊而不自覺，不可不警也。千萬自愛！

三

來書謂：「涉歷得喪、死生之際，外面雖若整暇，而透裏檢察，終有不妥貼者在。」足見補之用功細密，不苟且放過也。凡私意甚微處卻甚真，卻是聖凡大界限，然須從根本究竟始得。❶昔人謂「齊得喪、一死生」者，言得喪、死生皆循其良知耳。良知本體，生亦自愛，死亦自惡，得亦自喜，失亦自憂，皆其虛靈之因應變化，如太空浮雲，起滅無礙，即是死生、得喪處之一也。今俗人以死生、得喪爲心，固有所著；然以齊死生、得喪爲心者，亦是從死生、得喪上發心，亦有所著。有著即是作好作惡，即是凡情。惟循其良知，無所倚著，即是真好真惡，即是王道，即是天則。此須立心之始，有著、無著一一分曉，則凡情自別，天則自見。若只於不妥貼處洗滌，卻恐是支流辨濁清也。

來書又謂：「官極小，精神力量須極大。」此是補之仁爲己任之志，然就中亦須檢察。若從官大官小處發此心，則猶是凡情俗根也。此根不拔，宜其於叢脞之中，利害、安危倉皇躲閃。如來書所云者，皆枝葉之發生，有不容自已者耳。到此更不可於倉皇躲閃處着力，揚湯止沸不如火滅而沸自息矣。

相別之後，相念益深。來書「脱樊籠，就陶冶，以了平生」，幸甚幸甚。然亦不必以此累心，即當官有種種不誠處矣。乞休之舉，恐亦未便，得間則脱屣而往耳。用志精一，則無地非陶冶；自作障礙，則無地非樊籠。此亦不可不知也。

---

❶「竟」，隆慶三年文選本作「意」。

寄敖純之

別純之甚久，數從洛村諸兄知京中相與講學之詳。騏驥奔軼，駑駘望風長嘶矣。學患無志，有志矣，患不知良知，不足以適道。尤爲大患者，志不精一，而遂以意見爲良知，非徒無益，而又害之矣。吾輩講習日久，豈不各見大意？然於世俗富貴勢利之習，雖未嘗沉溺根著，而隱微之間要亦未能盡忘，則亦豈得爲精一之志？而意見之爲蔽，亦不可不察也。自謂寬裕温柔，焉知非優游怠忽？自謂發强剛毅，焉知非躁妄激作？忿戾近齋莊，瑣細近密察，矯似正，流似和，毫釐不辨，離真愈遠，居之不疑，則欲反無由矣！然非實致其精一之功，消其功利之萌，亦豈容以知見情識而能明辨之者？純之志道篤切，又得良友之輔，行著習察，深造自得，幸有以助我。

寄蕭文奎

移舟言别，擬夜泊荒漬，對榻論心，而事勢左阻，惘然分袂。兹承手書，謂：「離合忻戚，有主張之者，非惟不當容心，抑亦不必容心。此聖神所以樂天，哲人所貴知命者也。」又謂：「吾輩受用，只是此學，更無分毫可疑。」幸甚幸甚。

夫學以性命爲宗。然性也有命，君子不謂性；命也有性，君子不謂命。何則？天人一體，性命無二。謂性者，以强力必致爲功，故不足以知天而盡性；謂命者，以縱任無作爲賢，故不足以知人而至命。凡此各有所倚，未免二之，意見爲蔽，迷本喪真矣。昔子思語盡性，而察鳶魚、推鬼神、闡隱微之旨，蓋言命也；孟子語知命，而遠巖牆、避桎梏、立順受之教，蓋言性也。道不可以用智求，理不可以無心得。故君子無所不盡其心，而未嘗有所容心，所以順性命之理，通神明之德，豈容毫釐倚著，將遂千里謬迷矣？

把玩來教，因偏示朋儕，莫不矇發醒解，深省惕然。第稍疑執事「不容心」一語，似有所倚，得無深信乎「性之有命」，而微忽乎「命之有性」耶？知容心爲病，遂并與盡心爲疑耶？夫强力必致，非所以言學。懲此不爲，將入於縱任無作。蓋有懲而輕，將有激而重，其勢必然，其究且疏脱缺漏，因循玩弛，故兩忘則無事矣。然豈易言哉？今執事種種酧酢，視文理密察、强毅齋莊者如何？反省精思，則百尺竿頭，豈更無步可進耶？蓋孔子四十而後不惑，然猶發憤忘食，不知老之將至，況吾儕乎？便中千萬裁教。

書末「閔時艱危，至欲流賈生之涕」，此亦在吾輩藏器待時，總怨天尤人不得也。如何如何？

寄張仁伯

别來相念甚切，每朋友胥會，未嘗不歎仁伯之相遠也。中間得一書，甚慰。然無便裁答，計仁伯自此遂入仕途，則後會益未可期矣。立志雖淺近語，卻是真實根脚。稻種結稻，稗種結稗，假托不得也。來書所謂「友朋喪敗」，亦只是此處欠分曉耳。敝府士夫，如曾思極、周賢象，皆志學懇切，而敝邑新舊諸舉，亦皆可與同學者。幸相與商之，無徒塵埃中滚過，幸甚。

答劉虞讓

邑劇政繁，而敏贍之才何施不可？想平日講學，亦當大有得力處。箕子言：「無作好惡。」《大學》言：「有所忿懥、好樂、恐懼、憂患則不得其正。」程子言：「易發難制，惟怒爲甚。」第怒時遽忘其怒，而觀理之是非，此古人格物致知真訣也。病泄，草草不盡。

答吴蘇山

僕自歸來，友朋時集，得數數商量舊學。但真實有志者固少，而徹悟良知者尤少。中間世情遮迷猶易警發，意識襯貼卒難破除。因思吾儕雖與後來諸友精粗、淺深稍有不同，然不免落此二病，其爲不徹悟良知則一而已。良知不得徹悟，縱有格致功夫，終是影響。蘇山以爲如何？登壇開講，雖非巡按事，然時從講論，及考校中略發端緒，爲汴中諸生種後來善根，鄙人至望。諒蘇山廣教之志，於此當加之意矣。

答周良卿

兩得書及啚説，知進學不懈，爲慰。士之學，教官之教，猶農之耕田，畯之勸相不力，則民失其所以爲生。然世之人去農而業商，舍五穀而事荑稗，誤已久矣。今欲盡去其所誤以歸於正，非大勇不能。所幸良知在人，無有提而不悟、呼而不醒者。然須真有爲聖人之志，直截將有識以來種種習氣徹底勘破，全體放下，則赤子之心本自光明瑩徹，本自充拓變化，如日中天，如水行地，真不假知識湊泊、意氣幫助者。想良卿久已洞然於此。比來磨礲煅煉，新得如何？千萬寫示。

答陳明水

去夏承面教，兹復辱手翰，深造自得，真意盈溢，讀之躍然，受益多矣。學無巧法，惟是此心當體即真，纖塵不染，不由解悟，不待思惟，真如赤子之初，然後種種色色莫非真覺，莫非實用。卻愧從前浮想，認假爲真，往在太學，徒以口吻動人，畢竟無益。始知知見談説，非成己、成物之實也。

二

先師謂「致知存乎心悟」，故古聖有精一之訓。若認意念上知識爲良知，正是粗看了，未見其所謂「不學不慮，不係於人」者。然非情，無以見性；非知識意念，則亦無以見良知。周子謂「誠無爲」「神發知」，知神之爲知，方知得致知；知誠之無爲，方知得誠意。來書啓教甚明，知此，即知未發之中矣。

格物二字，先師以謂致知之實。蓋性無體，以知爲體；知無實，事物乃其實地。離事物，則無知可致，亦無所用其致之之功，猶之曰形色乃天性之實，無形色則無性可盡，惟踐形然後可以盡性云爾。大抵會得時，道器、隱顯、有無、本末一致；會未得，則滯有淪虚，皆足爲病。學苟知本，但當於日用實履處蕩滌習氣，盡其本心，居處必於是，執事必於是，與人必於是，自然上達天德矣。兄謂如何？

答徐波石

別來十年，殊無進長，愛根未斷，凡情不除，俛思聖訓，良用慨然。青原、玄潭小聚，亦不能久。大抵哲人既遠，微言湮晦，人各以質之所近、意之所見者爲學，煎融習心一着，皆不敢自謂能瑩徹也。執事何以教之？書末「險僻機阱」之云已領，惟虛心應之而已。

答張維時、曾思極

兩得書，知雖在仕途，能奮拔自立，慰甚慰甚。

人自有生以來，心識浮動，加之事物牽引繫累，天真不胥而泯滅者，幾希矣。君子洗心退藏，反之未發之前，以得吾赤子之初，而真見夫良知之體，如太虛之沖漠無朕，種種事物如萬象往來於太虛之中，初無所礙。則凡世俗所貪好慕戀者，何啻流霞浮彩，過目而不可留？情欲染汙，何啻穢臭之涴體？其戕賊吾心，何啻鴆毒之害命？所宜大愧大懼，務絶遠之爲安，然後爲匹夫不奪之志，然後爲「見大心泰」之學，想二君反觀默識，當已洞然於此矣。情欲之溺人也甚於水，仕途，水之海也。潰足不已，遂至揭厲，揭厲不已，滅頂爲凶矣。可不懼哉？

答程松谿

自頃奉手翰并二疏之教，嗣後邈不相聞矣。每念哲人云遠，微言日晦，朋舊四方星散，各以其質之所近、意之所見者爲學，無緣聚首以砭偏去蔽，雖同志如吾兄，自金陵下榻之後，不奉色笑者五六年矣。南鴻北鴈，悵望何如？凡有教言，幸附東厓便使，當不滯也。

答聶子安

承貴治諸友拳拳，極深感念，别後能數相見否？沉密謙虛，最學者對病之藥。致知固是大頭腦，然常提省此意，尤覺得力。朋友互相規切，須是信在言前，一點便化，始爲善道。如僕資質駁雜，子安卻不妨痛加箴砭，無所忌避，自度頗能堪受得也。

二

玄潭之會，過承虛聽，第愧無能爲益耳。子安天性豪邁，自是任道之器，又學有師承，知作意矜持之爲病，不至墮落第二義者。第未知旦晝脩習，果如古人所謂「小心翼翼，昭事上帝」與否？亦不可不自省也。子安若只作後世豪邁人，則更無可説；必欲追踪往哲，則百尺竿頭豈無步可進也？亮之亮之。

答唐荆川

往歲兩奉書問，不知達未？憶南都領教，嘗談及慈湖先生之學，兄直謂曉解不得。某嘗聞諸師友，慈湖有受病處，亦有得力處。想比來精思妙詣，必得其所謂受病者何如與得力者何如，幸不惜遠示。近日友朋中有謂：「古今學術與我相牴牾、大疑難處，須將較訂一番，彼己端緒畢見，庶不至於自用。」某嘗以其言爲然，兄謂如何？

寄萬鹿原

不奉教札，忽忽兩年，馳仰何如？聞西遊還，造詣益精，惜無由請教耳。往承率真之論，敬佩至言，但人自有知以來，動習於妄，非致精一之功，則認習爲性者有之。此某近日所自覺者，執事以爲何如？便風不惜遠教，至望至望。

答彭雲根

某於執事未嘗瞻奉顔色，而相聞有日，殊切馳嚮。遠勤翰教，奬借過情，非所敢當，然頹惰因之警發，不啻拜百朋之賜矣。

致知之學，傳自孔門，而後世求之聞見知識，以影爲形。先師陽明公闡慎獨之訓，而爲之言曰：「獨知也者，良知也。戒慎恐懼，毋自欺而求自慊，所以致之也。」於是學者恍然，知明物察倫、精義妙用，不遠於心而得之。然邇來亦未免求之講説想像，亦歸於聞見知識而已矣。人心虛靈，雖小人閒居爲不善者與聖人同，然涵養擴充，不以欲蔽，使虛靈之用火燃泉達，足以保四海，則君子之所以「克念作聖」者也。

擁爐諸作，皆執事精詣之見，既聞教矣。更願静觀默識，姑置古人種種論議，如生在未有文字以前，直從自心虛靈獨知，涵養擴充，以得其炯然不可欺、勃然不可已者。則凡荀、程、歐子之言，其精純者皆發吾心所自有，而其疵駁者亦足以知其受病之所自，以爲内省之助。此固古人「多識畜德」之道，計執事用力於此既深，當有以教我也。迫冗占復，須面承盡所欲言。

寄蔡可泉

南都別後，忽忽數載，訊牘且復疏闊，況望促膝款承？念之殊惘然也。頃聞督學敝省，私心願見如渴，顧執事有公期，而僕又不能遠造，馳切何如！昨辱馮午山使翰，僕復之書云：「漓俗莫挽，志士寔同此慨，然須自世人心髓入微處撥轉，亦須自自己心髓入微處精神透出。此天德王道之所以貴慎獨也。」所欲與可泉相砥爲益者，亦不出此。便間尚幸有以教之。

答周以介

東廣藩臬諸公相會者，能道以介政聲甚嘉，良慰遠懷。方特之操，在宦途愈礪，雖居今之世不無矯拂，其視隨俗浮沉者，相去遠矣。吾人良知，非但不沾惡習，雖善亦未有着處。於此有得，則融化痕迹，削磨觚稜，内不失己，外足以同人，庶幾「矜而不争、群而不黨」者矣。如何如何？

寄李汝貞

儒、佛異同之辯，不必急急於此。而彼之言説近吾儒者，亦不必故加排斥以求異。要在念念不欺良知，自强不息，到得精義入神，則千古是非只在目前，毫釐彷彿如見黑白矣。不然，流入意見想像，終無自得也。治心病如治身病，紛紛衆言莫非方藥，惟對病求方，苦口服藥，❶則邇言俚語無不爲益，況其近道者乎？方非對治，藥不猛進，則聖人經訓徒長意識，況其不出于聖人者乎？

來書所謂「時時内照，惺惺不昧」，果能如此致其良知，喜如此，怒如此，哀樂如此，目于色，耳于聲，口鼻、四肢于臭味、安逸莫不如此，則五賊不能爲盜，七蔀不能爲翳，莫非吾良知之用矣。

來書謂「敬字不如覺字喫緊」，此恐是泥文着相，意見所蔽。心常惺惺，即覺即敬，不敬則亦不得謂之覺。此亦不可不察也。

---

❶「口」，隆慶三年文選本作「心」。

答張士儀

來書極是懇切，讀之警策多矣。虛浮傲物，是人生障道因緣。然傲非必以輕忽爲心，肆陵侮之行，而後謂之傲也。見己之是，而不自見其過；見人之不若己，而不見其勝己；不能善與人同，而樂取諸人，皆傲惰之心也。故虛浮之氣，日隨知識以長而不自覺。今士儀自覺其傲，則傲不能爲士儀病可知矣。然僕豈敢謂吾輩精神志意，果無纖微之近乎傲與虛浮，而謂士儀之言爲無病認病、刻責過甚者耶？昔顔子有不善未嘗不知，故知之未嘗復行。今吾輩誠能于己之不善，知之者則不復行，如是而致其知，則凡幾微隱伏必不可得而欺，亦如顔子之未嘗不知。故非謙則不足以復，而非深自刻責則不能謙，願士儀益勉之。甚冗，草草作復。諸友相見，出此見意。久不得玄略書，殊縣念，便中亦望道此。

寄柯少海

意外之厄，君子所不免，惟不易其志，則反身内省，莫非進德之地。《傳》稱「困而不失其所亨」，亨非自外也，處險而説者也。説非有假於物，吾心不自欺，而獨知常慊焉，所謂「遁世無悶，不見是而無悶」者也。往歲固常與少海切磋此學，别雖久，知少海用功加密矣，豈以外至者爲輕重哉？

世道日降，爲治者不務於遏惡揚善之實，而行其苟且驩虞之私，有志之士又往往加以憤世嫉邪之心，而少哀矜勿喜之意。是二者均之不得爲中道，然皆學之不講、道之不明之故。少海山林優游，力明此學，自當有聞風而起者，蕩蕩平平之化，且將身親見之矣。少海幸自愛，身雖遭抑，名無所損。異時士大夫想望風采，且將爲少海伸屈，況區區素愛者乎？脩身以俟，無任拳切。

答希冉

來書謂：「欲因事勉强、收拾放心，何爲事至之時，將欲勉强者又不能自致，而此心茫然不知所之？」足見别後省察不懈，然亦是學問頭腦不甚分明，所以有此。夫心者，仁義之心。放其良心者，不仁不義之心。收其放心者，去其不仁不義，以復其心之仁義，蓋己所自有而自得之者也。夫學道莫先於立志，志苟真切，如饑之求食，渴之求飲，欲仁斯仁，欲義斯義矣。凡欲勉强而不能自致者，志不真切故也。希冉去吾千里之遠，然志欲通書，便能通書，豈有自己仁義之心，不假外求，顧欲勉强而不能自致耶？於此可以責志矣。

明德者，明其明德於天下國家；親民者，親其天下國家之民。民非對君而言，如「務民之義」「民可使由之」，民即人也。如必對君言，民則庶人，豈復有親民者哉？夫言「親親、仁民、愛物」，則民與親對，物與民對。若專言民，則親與物皆舉之矣。若專言物，則如「厚德載物」「成己成物」之類，親與民皆舉之矣。豈亦以人爲禽獸草木耶？

小試暫屈，且可脩己待時。菽水可以盡懽，禄養不如善養，古之孝事其親者如此，千萬努力。薄遽草草。

寄袁督學

別後静養功夫何如？督學校文，未免勤勞，夙夜求静，恐不可得。周子以無欲爲静，程子亦謂「致知在乎所養，養知莫過於寡欲」。故聖人之學，要在慎其獨知。静亦知，動亦知，静亦慎，動亦慎，所謂「動而無動，静而無静」者也。幸體驗之。

答劉成卿

來書足見爲學真切，然尚有可論者。謂「良知之學無間動静」，則誠然矣。謂「隨事精察，觸處皆理，暇則静坐，更覺此心靈瑩不昧」，卻似微有動静之分也。夫意念之知覺爲感，知覺之感應爲事。覺接人，即意在接人，是爲接人之事；覺静坐，即意在静坐，是爲静坐之事。故事者非他，意念知覺之感應者也。静坐非暇，接人非擾，静坐非無事，接人非始有事也。意有善惡，故事有格、不格。格物致知者，良知文理密察，知善必爲，知不善必改，是謂各得其理，是謂靈瑩，非有二也。今往往二言之，恐是語病。然毫釐不察，則接人與静坐有兩種境界，各得其理，與此心靈瑩有兩種功夫，其於精一之旨將不免於千里之謬矣！

來書又謂「學者所以疑良知之説，皆習見口耳之知，遂以爲外，初不知達天德之知」，誠然誠然。然口耳在外而知，即天德之知也。無天德之知，則口耳無知；離卻口耳之知，亦無從而見其所謂天德之知者。故知一而已矣，無内外也，無自欺以自慊，其知者亦一而已矣，亦無内外也。今之疑者，恐未嘗有正心誠意之志，尚何內外之能辨哉！

來書又謂：「浮氣橫生，遇事過於慷慨，峭而不裕，益無柔克之道。」知峭而不裕爲浮氣，即是良知。既知之，即警惕懲艾，氣自不浮，即是柔克，即是致知。然浮氣亦只是好勝與功利之私根着於心，故感觸則勃然而動。能蕩滌好勝與功利之私，浮氣自無由生，所謂「持志以養氣」者也。若不知於志上着力，而別求柔克之道，恐未免如扶醉漢，扶起一邊，倒着一邊矣。

先塋工方嚴，作復草草。

寄貢玄略

二生來，得手書，兼悉尊堂高壽，不能遠出。前周仲含行，曾附數字相期，今乃知不可來也，悵念悵念。致知之學，本自簡易明切，但吾黨未能毋自欺，未能恒自慊耳。事事慊於知之謂格，是謂知本；念念不欺其知之謂誠，即是無念。人己、本末、主宰流行，本非二事。近日言人人殊，只是牽於意見文句，未能身心實體，徒多言耳。默而成之，不言而信，則自無此病矣。諸友每會，望以此意警之。

敝邑諸友亦不時來會。東廓諸丈以暑暫止，秋涼當往南明小舘，其時敝邑諸友當有久住此舘者矣，想欲知之。

答郭平川

武功勝會，欲從無由。示以講習所疑，警發良多，感服感服。

性有七情，欲居一焉。欲也者，性之情，天之理也。循天之理，是謂「道心惟微」；動於意必，至於不節而縱，是謂「人心惟危」。危、微之幾，如水湧爲波，波平爲水，間不容髮。窒慾者，警省戒懼，窒其意必之萌，以不至於縱而無節，致知之學也。知之本體，本自文理密察，本自齋莊中正，本自發強剛毅。警省戒懼者，密察、莊毅之本心也。此心晝夜不舍，至於終月、三月、無終食而不於是，則良知常致，而意必無由萌，欲無由縱，如是而曰「欲本無根，當下即是，不必外取，不假遠求」，是謂切近精一，善學者也。如其乍警乍怠、乍省乍忽、乍戒乍肆、乍懼乍逸，意動而心覺，覺動而意止，止者忽復動，動者忽復止，如是而以暫止、暫覺之間謂爲無根，謂爲即是，則足以滋怠忽肆逸之私，而非所以藥外取遠求之病，孰切近精一之功矣。

夫精切懇到，乃又以目前爲不足，而求之或遠，與警忽無恒，乃遽安之，而謂不可更事他求，二者之失其本心則一，而病則有間。聖賢立言，如良醫立方，要在因病投藥，若不察病症，執一而用，則未免因藥生病矣。

來教諄諄切實，祗領佩服，聊述所聞以求嗣教。

歐陽南野先生文集卷之四　内集四

書始嘉靖丙午至辛亥

答敖純之

友朋間亟稱純之之學識其大者，喜慰無任。嘗聞白沙先生云：「分殊處更須理會。」蓋謂識其大者，發盡精微而道中庸，君子之所以致廣大而極高明者也。純之深造自得，便間有以示我，因此得各盡所懷商之。

寄唐荆川

違遠不得時承動定，尊體想頤養完固。龍溪金、焦之期，曾一踐約否？

自入京，益覺善與人同之難。平居所與遊處，志同氣合，相敬相愛，自謂有根心生色之實，至遇齟齬拂逆，未免憎嫌，又自以爲好善惡惡之本心，而不知黨同伐異、是己非人固已潛滋暗長。乃知舍己從人、樂取諸人以爲善，真大舜之所以爲大。然非「有不善未嘗不知，知之未嘗復行」者，亦未易以深造乎此也。

日月于邁，白髮披鬟，主盟斯文，在二三君子。向見思齋寄書，念菴鋭然於此道，過從間爲道瞻企。

答曾思極

仰齋還，承手翰，諭及近功，足見冗不廢學，甚慰遠懷。兹撿查原書，偶不見，略記憶大意，似謂「處俗事多生厭懆，所與共事者非吾黨，易動客氣」。夫厭懆非必因俗事而後生也，要之，有厭事之心，故遇事輒發耳。客氣亦非必非吾黨而後動也，吾心客氣本未消除，故拂意斯萌耳。苟心不厭煩，則無事非道，安有可厭之事？客氣消盡，則衆寡小大處之如一，又安有動氣之時？故曰：「與人忠，執事敬，此仁者之事，蠻貊可行。」思極試驗之此心，以爲如何？風便更希往復。

答陳豹谷

唐照磨來，承教翰腆貺，感慰無任。

良知之學，來諭所謂「篤志用功，死生一念」者，既盡之矣。審如是，自能毋自欺而常自慊，自能見過内訟，不善未嘗不知，知之未嘗復行，自能精義利用，窮神知化。今之學者，卑之則泥于粗淺形迹之末，而不足以致精；高之則玄悟妙詣，未免流于意想知識，而無補于實用。要皆未嘗「篤志用功，死生一念」之致然也。如是而欲格物致知，以明明德於天下，猶之卻步而求前也。

夫明其惻隱羞惡之德于天下，而仁義不可勝用；明其恭敬是非之德于天下，而禮智不可勝用。故近之爲愛親敬兄，遠之爲仁民愛物，本皆實事，莫非躬行，非志篤而不以忿欲二其心者，不足以與此。執事師帥一郡，身教言教，當與諸共學者立志處警省提掇，使之自成自道。正恐志之一字未有著落，則所謂篤而不二者俱成閒談，而凡識見之所到、思索之所及，俱爲捕風捉影，竟無着實跟脚也。僕近日所身親試驗者如此，惟高明念之。

先師倡絶學之緒，所賴以承傳不墜翳，二三同志是望，惟高明念之。鄧仲質不及作書，幸出此見意。

二

黄生來，展手翰，鈍峰、龜峰諸作，子游、子羽之誼，於斯見之，喜甚慰甚。諭及：「盡力民事，稍稍就緒，而士民安靖，講習舊業漸漸開明，而入聖有徑。」又云：「良知二字，非既竭心力，下死工夫，終不易得。」足徵新得日益，吾道幸甚！古之人有明明德於天下之志，而從事於格物致知之學，故時時盡力民事，即時時是良知妙用，根心生色，如斯而已者也。外此無所謂政，亦無所謂學矣。執事深造自得，惜無緣面請入聖之徑，爲耿耿耳，尚希教之。苦志用功，近日同志正少此，吾以此知鄧子、駱子進矣。相見爲祝無懈，不及另書。

三

執事仁民一念悠久不息，自然政善事理，德博而化，所願優游寬裕，毋以欲速之心乘之。欲速之心生，則優游寬裕反而爲怠緩不振，然精竭神疲，則倏忽之間易流於苟且而不自覺。其妨政害事，視所謂怠緩者反有甚焉矣。

承委記文，正欲因之發明此學。第平素拙於文詞，又繕治寢室，獨勞心力，坐此無暇豫紆餘之思，其中義理不明、詞氣不暢者，幸不惜批抹，更煩一使見教。所貴啓今覺後，改定而後入刻，未爲晚也。某嘗以爲君子之學，貴不自足而受盡言。不自足，則日知其非；受盡言，則直諒者至。願與執事共進此道，倘不以爲非情乎。

答王堣齋

兩承手教，謂「良知之體未能洒然」，謂「心不專一，爲事所亂」，足知執事學以致道、内省精密如此，幸甚慰甚。

夫良知至虚至靈，是是非非本無方體，本自洒然者也。忽而不戒，私意時作，於是拘牽攣繫而有不得洒然者。是非之心，一而不二，雖事物紛擾而是非常定，所謂道心也。戒而不精，人事時雜，殆有不能專一、物交而引而爲物所亂者。孟子言：「思則得之。」思也者，戒慎密察之謂，精之功也。故能得其本心，而物莫能奪，一之用也；物莫能奪，故是是非非圓神不滯，無往而不洒然者，精一之極也，故曰「齋戒以神明其德」。戒懼慎獨之外，别無巧法矣，然非真有志於大人之學，欲明其明德於天下者，不足以語此。故莫先於辨志，志精斯精，志一斯一。夫用志精一，而氣習意見消融不盡、力不逮志者有矣，未有志不精一而能精義入神者也。執事天常甚厚，往歲傾嚮誠切而欵會不數，未卒所請，至今常以爲憾。連發兩緘，良切得朋之喜，輒此奉答，尚竢來教。

二示以續《疑》數十章，反復潛玩，知皆體驗所得，而非若世之入耳出口者也。然其中亦有沿習舊聞、察之未精者，鄙見所及，不敢不盡，輒因良便，粗陳梗概。

《疑》云：「意者，心之發。未發之時，本體常明，非意也。以意爲心，則心常有意，有意則有所。意之發以時，是常無意也，常無所也。」又云：「心者，知之體，而寂感有時。意者，感之始，而變動不一。」

人心生意，流行而變化無方，所謂意也。忽焉而紛紜者，意之動；忽焉而專一者，意之静。静非無意，而動非始有。蓋紛紜專一，相形而互異，所謂易也。寂然者，言其體之不動於欲；感通者，言其用之不礙於私。體用一原，顯微無間，非時寂時感，而有未感以前别爲未發之時。蓋雖諸念悉泯而兢業中存，即懼意也，即發也；雖憂患不作而恬静自如，即樂意也，即發也。「喜怒哀樂之未發謂之中」，蓋即喜怒哀樂之發而指其有未發者，猶之曰「視聽之未發謂之聰明」，聰明豈與視聽爲對而各一其時乎？聖人之常以其情順萬事而無情，是常有意而常無意也。常有意者，變化無方而流行不息，故無始；常無意者，流行變化而未嘗遲留重滯，故無所。「伊尹任的意思在」，是所重在救民，故不得爲聖之時，蓋異乎無所重滯而時出之者耳。故有所者，意有所重，非謂常有意爲有所。必有時未發，有時而發，然後爲發之以時而無意無所也。

《疑》云：「世之言正心、格物異者，格物之説紛然而不得其本。既知其本，而又過於合一，不言先後，其於格物之際猶未喻也。」又云：「心與萬物同行，而感居其中。聖人患人之不能常寂，有感累之，故獨致意於感，曰『先誠其意』。意既有所累，非由心之本體，則不誠矣。故誠亦正也。又患人以其出於心者爲誠，而有我之心非心也，必其本體之常明，至虚至明，而後謂之心，此誠之所自出。本體常累，意不可得而誠也，故曰『先致其知』。致亦正也。誠意者，正心之中舉其尤要者言，互爲先後，體用一原之道也。」

《大學》言先後，蓋秩然有序，而不可少有交互者。今夫心之不正，由其意念有妄，非但邪妄俗情也。凡遲留重滯而有所着，與隳墮斷滅而無所在，皆妄也。心無妄念則得其正。誠者，念念不妄，正心之功也，故「欲正其心者，先誠其意」。正則念念無妄，誠之極矣，故「意誠而後心正」。此正秩然先後之序，有不可亂者也。知也者，夫人各正性命，誠立而神發者也，故莫神於知，亦莫誠於知。雖小人習爲不善，而其厭然之意誠中形外，自不能已。故意本誠，其不誠者，自知而自欺之耳。致其自知之不可欺者，而一毫必無所欺，誠之功也，故曰「欲誠其意者，先致其知」。如是則内省自慊，獨知之明無少虧欠，而意無不誠，致知之極矣，故曰「知至而後意誠」。此又秩然先後之序，有不可亂者也。今曰：「聖人患夫欲正心者，不知意感之始心體易累，尤爲切要，故示之以誠意，而意非心體則不誠，誠亦正也；又患夫欲誠意者，誤認有我之心，不知常寂而至虚至明者乃爲本心，故示之以致知，致亦正也。」如此，則是就正心工夫中提掇兩種救病之要，其於先後可以交互爲用，未見其秩然不可亂者。此恐是泥舊聞之辭。若經文，卻是就身心上遞遞指出用功切實處，以見其所當先；又從用功上遞遞指出得效處，以証其必在所先，簡易明白，無牽纏繳繞、艱難險阻之態。夫人皆可用力，而所以救兩種之病者，亦未嘗不在其中也。

《疑》云：「心本與天地萬物同體，但牿於形體，則不能相通。故時静而存，時動而察。誦詩讀書，考其道於古；講習討論，質其道於人，無非欲使其心與天地萬物同流貫徹而毫髮無間。是謂真見其所當然而不容已，『不惑』是也；真見其所以然而不可易，『知命』是也。如是則不以物爲外，以心爲内，合一不二，至於物也。至於物，然後無往而非寂矣。格物，學者事也；知至而意誠，盛德事也。故各有先後。」

格物雖未嘗離卻天地萬物，然卻是身心上踐履立誠功夫，孟子所謂「萬物皆備於我」「强恕而行」以至於誠者也。夫人神發爲知，五性感動而萬事出。物也者，視聽言動、喜怒哀樂之類，身之所有、知之所出者也。視聽、喜怒之類，有禮有非禮，有中節不中節。苟密察其心之不可欺者，則莫不自知之。故知也者，事物之則，有條有理，無過不及者也。物出於知，知在於物，故致知之功亦惟在於格物而已。格也者，循獨知自然之則，視聽格之，喜怒格之，以至於曲折細微莫不格之，改非禮以復禮，改過、不及以就中，然後能慊其獨知而無不誠。事親從兄如此，即是格事親從兄之物；親師取友如此，即是格親師取友之物；讀書學文如此，即是格讀書學文之物；事神治民如此，即是格事神治民之物。自家以至於天下，自天下以至於庶人，自始學以至於成德，不可須臾離者。故格物之功，於身心則切近精實，於事爲則周徧詳悉，於天地之間則備矣。今以天地萬物爲物，以静存、動察、考古、質人，真見其所當然與其所以然，而不惑、知命，内外合一，然後爲格至於物，然則農、工、商、賈必有所不能爲，而何以誠其意？何以脩其身？况不惑、知命，豈初學所及？又焉有不惑、知命者尚未誠意，而意誠德盛者乃遂無格物之功乎？若意誠、心正者，格物之功猶不可廢，則所謂先後者，特未定也。《大學》心、意、知、物四字，正爲後人差認，謂動有意而静無意，故外意以求心，而正心之功幾流於禪寂；謂見識爲知而外物爲物，故即物以求知，而格物之功不得以着己。格、致、誠、正，其功既異，則如適遠者，水陸山途，舟車輴轚之用，雖道歸於同，而或交互相爲，非必秩然有序者矣。或者謂：道同功同，則惡有先後，何必序言？夫得天下，在得其民；得其民，在得其心；得其心，在聚其所欲，違其所惡。《大學》之所謂先，亦若此矣。君子深造以道則居安，居安則資深，資深則左右逢原。《大學》之所謂後，亦若此矣。豈聚欲、違惡之外，别有得心、得民之道，而深造以道，然後用居安、資深之功耶？亦可以知《大學》本末、始終、先後之序矣。

答何益之

頃承翰教，恍如面對。數年間，四方學者益衆，講説益詳。然究其爲功，乃非反身切己，相與磨礱粗厲、蕩滌邪穢；而其爲説，亦非汲汲於志行、公私、義利、誠僞之辨，而騖於廣大微眇之論。自以爲超詣獨得、理明義精，而於忠信進德之道日益以遠，則豈非吾徒爲之倡者躬行不逮所致然耶？近聞京師文會，頗不如往者之密，乃今有望於執事矣。甘棄林壑，實以八旬老親菽水繫念耳。乃承知舊諸公猥眷，欲汲之同升，第恐才不適用，終負知己。執事其何以教之？

寄聶雙江

昨承枉教，正憂懷無緒，倉卒舉所聞中和之説、知是知非之説，以請正於左右，而執事以爲或失則太精，或失則太粗，未蒙首肯。忖測尊意，必以知是知非者，心之用也，感物而動，莫顯莫見者也。心體貞靜隱微，所謂未發之中，不可以知是知非言者也。體立用行，靜虛動直，而是是非非各中其節。不得其體而從事於用，則末矣。執事蓋操存涵養，實見此義，非得之口耳想像者，故參稽證據，自信而無疑。某之所聞，無以異此，然亦微有未盡協者。

夫隱顯動靜，通貫一理，特所從名言之異耳。故曰中也者，和也，中節也。其名則二，其實一獨知也。故是是非非者，獨知應感之節，爲天下之達道，其知則所謂貞靜隱微、未發之中，天下之大本也。就是是非非之知而言，其至費而隱，無少偏倚，故謂之未發之中；就知之是是非非而言，其至微而顯，無少乖戾，故謂之中節之和。非離乎動用顯見別有貞靜隱微之體，不可以知是知非言者也。程子謂：「言和，則中在其中；言中，則涵喜怒哀樂在其中。」蓋體用一原，顯微無間之道。至其答蘇季明之問，謂：「知即是已發，已發但可謂之和，不可謂之中。」又謂：「既有知覺，卻是動，怎生言靜者？」蓋爲季明欲求中於喜怒哀樂未發之前，則二之矣，故反其詞以詰之，使驗諸其心未有絶無知覺之時，則無時不發。無時不發，則安得有所謂未發之前？而已發又不可謂之中，則中之爲道，與所謂未發者，斷可識矣。又安得前乎未發，而求其所謂中者也？既而季明自悟其旨，曰：「莫是於動上求靜否？」程子始是其説，而猶未深然之，正恐其端倪微差，而毫釐之間猶未免於二之也。夫體立用行、靜虛動直者，蓋聖人内外兩忘、一以貫之之學，而端倪微差，未免於二之，則雖與後世是内非外及内外交養者不同，然其未得精一之旨則一而已。

秋涼，期造雲門水閣，清風一榻，幸公傾竭以教。三陽開泰，壽膺多祉，牽阻未緣躬慶，先遺薄儀，東望馳遡。公進於化，我愧知非，耿耿此心，將以俟後聖於百世者。蹉跎積歲，念之悵然。近作二篇奉覽，千萬批教。

二

王生手得抵舍佳報，令姪至，備悉水雲起居，喜慰無任。來書乾乾惕厲，謹聞教矣。天佑斯文，置公於背水陣，使盡察其平生招讒致嗔之所未盡者，而益進其格物之功，以自得其亨困貞屯之道。種種世情，乘危幸禍，若古人所憾，溺復然之灰、書羅雀之門者，一切勘破，不能作纖埃於太虛之中，此其爲堅志熟仁之助，良非小小。豈將以公爲虛舟載道，而泛於無涯以待後之學者乎？寶惜寸陰，與二三朋輩了此大事，知公所惓惓也。

向承諭未發之中，昨來未得卒請。程子謂：「赤子之心，發而未遠乎中。」然則心如赤子，乃能漸近，方有更進步處；未能如赤子之初，則雖有契悟，終涉意見安排，去實際益遠，反作良知障礙矣。高明究竟何如？幸有以教我。後進中有志向者，幸循循引誘，養之以善。古人着誘字、養字，直是意味深長。從此玩省，進德仁知，將不兼盡矣乎！

三

誨諭諄切，皆深造自得之言。其中有小異於某所聞者，於吾輩學問頗緊要關係，執事皆援據先師訓語而推極其蘊，然或未盡先師之意也，敢具以請。來教云：「先師謂良知是未發之中，此是骨髓入微處。若從此致之，便自能感而遂通，便自能物來順應。『便自能』三字，先師提省人，免得臨事揣摩，賺入義襲科臼。」

誠然誠然。「便自能」之説，其義有二，如曰視能明，便自能察五色；聽能聰，便自能别五聲，體用之義也。先師所謂「未發在已發之中，而未嘗别有未發者存」，「無前後内外而渾然一體者也」。如曰能食便自能飽，能飲便自能醉，是執事所主功夫效驗之義，蓋微有先後之差，而異乎體用一源者矣。夫良知者，常寂常感，常應常廓然。未能寂然，則其感必不通；未能廓然大公，則其應必不順。故致知之功，致其常寂之感，非離感以求寂也；致其大公之應，非無所應以爲廓然也。蓋即喜怒哀樂而求其未發之中，念念必有事焉，而莫非行其所無事，時時見在，刻刻完滿，非有未發以前未臨事底一段境界、一種功夫，免得臨事揣摩，入於義襲者也。夫念念有事，毋自欺而恒自慊，即是集義，即是致和，即是致中。故曰：中也者，和也，中節也，一也。二之，則所謂未發者，或近於二氏之虛静；其發而臨事，或未免以揣摩、義襲爲感通、順應而不自覺，亦勢有必至者矣。

來教云：「虛靈、知覺，自全體不得岐而二，自功夫又不可混而一。要之，虛靈是體，知覺是用，又必虛而後靈也。無欲則静虛，静虛則明；無事則虛，虛則明。此是周、程正法眼藏，可容以所知、所覺混能知、能覺也耶？」夫知、覺一而已，常虛常靈，不動於欲，欲動而知覺始失其虛靈者。虛靈有時失，而知覺未嘗無，似不可混而一；然未有無知覺之虛靈，而不虛不靈亦未足以言覺，故不可岐而二。然此皆爲後儒有此四字，而爲之分疏云耳。若求其實，而質以古聖之説，則知之一字足矣，不必言虛與靈，而虛靈在其中；虛之一字足矣，不必言靈言知，而靈與知在其中。蓋心惟一知，知惟一念。一念之知，徹首徹尾，常動常静，本無内外，本無彼此，焉有虛而後靈與夫能知、所知種種分别也？凡種種分别者，蓋未免因數字之義，依文生解，展轉附會，非從一念之知徹底直透，而不見有所謂體用先後者。以執事之高明，未必有此，然毫釐之間亦不可不精察也。周子立無欲之旨，動静皆無欲也。程子所謂無事，蓋情順萬事而無情，内外兩忘而澄然無事者也。有動静内外之分，則用功未免有取舍、有先後，雖未必是内非外，然要之未能兩忘則一而已。

來教又謂：「以能知覺爲良，則格物自是功效；以所知覺爲良，是宜以格物爲功夫。」此執事自謂推見先師之意，而不盡同其説者，然恐未然也。夫知以事爲體，事以知爲則。事不能皆循其知，則知不能皆極其至。故致知在格物，格物以致知，然後爲全功。後世以格物爲功者，既入於揣摩、義襲，而不知有致知之物；以致知爲功者，又近於圓覺、真空，而不知有格物之知。及其宛轉湊補，斐然成章，愈習愈熟，去道愈遠矣。故格物致知之學，既不失於揣摩，而亦不墮於空虚。此先師所以發千聖之秘者也，而尊意則稍異矣。雖反復究竟，自以爲説異而意同，無乃意有所主，可以推而同之，而非必自然契合也耶？惟濯去舊意，姑無自信以爲同也，姑自疑以爲或未能無異也，則千聖之秘昭然矣！

執事力行卓識，非某所及，而某必竭其愚，若無所讓焉者，望執事爲吾黨宗盟，不敢自外，姑聽其小異而遂已也。東廓、念菴諸兄，望傳示，相與裁訂見教，幸甚。

答萬安徐司訓

頃聞諸生亟稱盛德，殊切企慕。兹承遠使長箋，拳拳問學，謂「學者，學爲人而已矣」，切要切要。又書中反覆惟踐履之爲務，口耳談説之爲戒，與世之空言無實者天淵懸絶，敬服敬服。但謂「六經、四書皆爲人之法度，學爲人者按其迹而學之」，卻恐未及深考六經論學宗趣，未盡古人爲學之道，此則僕之所願聞教者也。

夫堯舜精一於人心、道心，《大學》定、静、安、慮以止至善，《中庸》戒懼、謹獨以致中和，至善得、中和致，則大本立而達道行。此古人近裏切己、須臾不離之學，而學之弗能、辨之弗明，則人一己百、人十己千而不能自已者。不知執事所謂學爲人者，其亦若此也乎？則不當徒按其迹而已也。即如來教謂：「《論語》中『弟子入則孝』一章甚明甚近，只一二時講之便了，而未有能盡行之者。」又謂：「孝弟中如冬温夏凊、昏定晨省、出告反面之類，易知易行，而未有能盡行之者矣。」夫甚明甚近、易知易行，又孩提之所固有，而卒未之能行，亦可以深思其故矣。此豈非少艾、妻子種種外慕，有以奪其根心之愛耶？夫人子非深愛根心，則於温、凊、定、省之類，雖一一擬古迹而行之，猶未足言孝，而況外慕既奪其心，則雖欲擬迹古人必不可得。譬之風寒痰濕戕賊元氣，筋節痿痺，支體本强，則揖讓拜起、周旋進退，雖欲學無病之人，勢不能矣。故道有本，學有源，古人踐履之學，養性以達道，根心而生色。其親師取友，如病就醫；審問明辨，如飢求食，如渴求飲，彼誠有不能自已者也。故堯舜君臣之間，都俞吁咈自相師資，如恐不逮。孔子憂學之不講，喜起予之益，發憤忘食，不知老之將至。子路、顏淵，親老、家貧，從師於患難之中，幾遭死亡而不舍。此非用力於仁，既竭吾才，真見道之無窮，真知己之不足者，未易以矯强爲此也。

兄來教中，僕所疑而欲請者尚多，第以踐履二字，世所常言，然往往未究其義，未盡其道，且又來教中所拳拳者，故即此奉問：以爲與古人所謂踐履者何如？

夫爲學如樹藝，知田之所在，種之所宜，然後耕播皆有實物，培壅灌溉皆爲實事。日事耕播、灌溉，而田與種之不辨，雖與談禾説稻者不同，亦無益於得食。然未有真事耕播，而田與種之不辨者。田與種之不辨，則亦意在耕播而未嘗真事耕播，終亦無所耕播而已矣。

意所欲盡，言不能宣，尚需面承，得遂傾竭，惟高明亮之。

答應傚菴

承手書，教以學問之道，幸甚幸甚。且復拳拳以不得相與講明爲憾，鄙心更切也。謹略具請教，惟高明裁焉。

來教謂：「陽明公道學自脩之功未嘗有缺。」又謂：「孔子教顏子以博文約禮，其他如問仁、問孝之類，皆因材而篤，未嘗輒語以高遠之事。」誠然。至謂「陽明公教人，略下學而語上達，及門之士，能者從之，然不能者則多矣」，此殆承傳之誤，未盡公立教之旨也。公之教，本之《大學》，其言曰：「學莫要於致知。」知也者，已所獨知，誠不可掩，不慮而知者也。應物處事，慎其獨而毋敢自欺，格物以致之也，至於事事物物能循其知而自慊焉，則物格知致而意誠矣。小人見君子而厭然，若人之見其肺肝，其獨知之明誠中形外，至微而顯，苟由此而慎乎其獨，改不善而遷於善，則亦可以爲君子。蓋古之所謂下學者如此，而陽明述之，雖閒居爲不善、無所不至者，亦可使與能焉。執事乃病其略下學語上達，而及門之士有能與不能，殆狃於後世以心學爲上達，而專謂讀書考古者爲下學歟？審若是，則凡所謂道學自脩、博文約禮，或亦未盡先聖之旨矣，敢并述所聞以請。

夫學者，學其所未能；脩者，脩其所已學。良知，知惻隱、知羞惡、知恭敬、知是非，人皆有之，不學而能之也，欲動私勝而後有所未能。故學焉以求能，而學之弗能則弗措焉。處事應物，慎其獨知而不自欺者，學之功也。讀書考古，則所以問辨其所學，而亦博學之一事。問生於有所不知，辨生於有所不明。有時乎爲之學，則無時無事而不習焉者也。孔子曰：「博學於文，約之以禮。」文非獨《詩》《書》、六藝已也。「物相雜，故曰文。」若視、聽、言、動之類，燦然有文者也。於視、聽、言、動，物物而學之，其要克己復禮而已。故博學者，博學其禮，禮一也，故曰約；約禮者，學禮於文，文不可窮也，故曰博。其實則所謂非禮勿視、聽、言、動者也，本非二事，非有先後。孔子之言可考也，謂先博文而後約禮，孔子無是言也。謂通古今、達事變爲博文，尊所聞、行所知爲約禮；謂格物致知爲博文，克己復禮爲約禮，孔子無是言也，皆後儒以己意附益之也。今之學者習於附益之説，牽聖訓以就之者不少矣。其爲教，謂必求文字，索講論以明其知，而後慎獨知以誠其意，若秩然有條，然獨知無間可息，不可得而後也；文字講論，莫非良知之用，而亦莫非慎獨之所在，不可得而二也。其流以知識爲良知，知識甚廣而良知之蔽日深；以詞説先踐履，踐履日衰而詞説之文日盛。執事所謂兢華忘實者，亦嘗深察其端，識其重而亟反之乎？

來教又謂：「宜使人誠意、正心以脩其身，庶幾士有實用，而淳厚之治可復。」嗟乎！執事及此言也，斯民之幸也。然自三代而下，亦居可觀矣。要之，格物致知之道不明，而浸淫以至於今。先講説以廣知識，漢人之蔽也，而今則以爲聖學之宗；務踐履以充良知，孔孟之教也，而今則以爲近日之特倡。二者孰實孰虛？孰淳孰漓？宜若黑白之易辨者，其在高明當既有定見矣。惟無惜諄誨，區區之祝。

答聞啓明

使至得書，知抵家及入陝消息，爲慰。承論：「客況頗足，頤静淵默中，覺有春意。遇事叢遝，亦順應得去，不至動意念。今益決志守師訓，以此學時時覺照，更有滋味。不識此意流通既久，便可語廓然大公，便可語良知否？」又云：「關中無可語此者，間與儒學師生一論，意頗懇切，思欲鼓舞數人以共此學，然亦不過唯唯，未見其出而辨論者。」反覆披誦，知别後進學不懈，内以成己，外以成物，使朋輩皆能若是，善人不浸多乎？幸甚幸甚。其間功夫有當商量者，輒因來論及之。

良知未嘗不静，然不可專求頤静。凡感應酬酢紛紜轇轕，良知昭然不動於邪妄，莫非静也。淵默中固有恬愉春意，然七情感發，喜怒憂懼各有所當，得其當，良知之所自慊，莫非春意也。順應固不至大動意念，然事有當熟思審處者，雖至於困心衡慮、夜以繼日，亦良知所不容已。非自私而用智，莫非順應也。要之，良知一念覺照，即一念大公順應；念念覺照，即時時大公順應，在志之決與不決何如耳。啓明既決志，則其深造自得、安居資深非難矣。

良知人所同有，孩提之童皆知愛敬，見孺子入井皆知怵惕，後長皆知徐行，嘑蹴之食乞人猶知不屑，放僻邪侈者見君子猶知慚悔，相師以及階及席，即豎子爲之，無以異於聖人。凡告人而唯唯無辨，安知非至易至近之道，有以感其同然之心也耶？然亦有蔽於舊習之久，而茫然不知所謂，如醉迷强奔，忘返其家，雖告之諄諄而聽之藐藐者。惟先覺者真誠惻怛，誨語不倦，既其醒然以悟，則問途求導，自有所不容已，而精神之所風動日遠，將不但師生數人而已。即如來書所謂「省刑薄賦，與民休息，荒餒作急處賑，番夷內寇，常費議處，未敢安枕而卧」，即此是良知怵惕惻隱、敬事好謀之念。循此知而充之，實爲其事，即是格物致知之學。與有司事此，即是與有司共學；與將校事此，即是與將校共學。推而達之，將無不可與語此者矣。承啓明遠問，不覺縷縷，然心之惓惓，猶有非言語所能盡者，惟啓明亮之。

二

曩承差還，嘗附答來教，茲領華翰，知尚未達。同儕中好學篤信如啓明者，誠不易得。每一接書，輒用增快。

來書云：「立志向學，期以此生。」志乃作聖根本，孔子由立以至於不踰，只是志到極真純處。顔子「欲罷不能」，亦是志不罷。孔子稱顔子「未見其止」，亦是志不能止。惟益厲此志，日加精專，如「三軍不可奪帥」，即學、問、思、辨種種功夫，此自有不容已者矣。風便不惜時示新得，幸甚。

地方饑饉，想發賑之後民瘵漸蘇。衄血之病，多因過勞，惟少加節息是祝。僕去秋偶患胃痛，兩旬始安，承遠念，輒此附謝。

三

承示賑濟及墩堡諸議，委曲詳明，救時急務，經國遠猷，爲之有序，成之以漸，足徵明德新民之實學，幸甚慰甚。

君子隨其所居之位，事事物物循其是非之知，毋自欺而求自慊，所是必爲，所非必不爲，果斷縝密，無所不盡，故物格而知至。此知是心之明德，是天理之昭明靈覺處。知常不欺，即是天理常流行；知致於事事物物以達之天下，即是明德明於天下。

啓明謂「日用動静，先明諸心，以致良知本體，務使念念覺照、天理流行」，既得之矣。又謂「有未能豁然處，還須指點，方得通快」，無乃自生疑貳，自作滯礙乎？凡人心疑貳滯礙，未能自快，皆未免功利之私牽制顧慮，雖與顯顯自欺者不同，然亦未得爲無自欺也。啓明於此更加斬截，當無不豁然者矣。「先明諸心，然後力行」，伊川先生此語意亦未瑩。明道先生謂：「明得盡，渣滓便渾化，卻與天地同體。」然則不力行者，豈得謂明諸心乎？啓明引用此語，意思何如？毫釐千里，亦不可不察也。

心之精微，言莫能宣，加以煢疚之餘，語無倫次，萬萬心照。白崖道長，儻出此商之。

答陸主政子翼

昨者竟日淹留，然鄙懷尚未盡也。格物致知，是吾人日用間身心上著實踐履功夫。心必有意，意必有知，知必有物。物也者，知之感應酧酢，若視聽言動、喜怒哀樂之類，所謂「萬物皆備於我」者也。知也者，自知之明，視聽言動之非禮，喜怒哀樂之不中節，一切善與不善，誠密察而不自欺，則莫不知之，所謂物之則也。格如「格其非心」之格，是正其不正以歸于正。凡感應酧酢，察其自知之不可欺者，物物格之，視聽言動去非禮以復於禮，喜怒哀樂去過、不及以中其節，一切事爲必不肯掩不善而著善，使吾自知之明常自快足，極乎其至而無有厭然不滿之處。於身如此，是謂脩身；於事親從兄、宜其家人如此，便是齊家；於事上臨民、錢穀甲兵、用人立政莫不如此，便是治國、平天下。吾人舍此一段工夫，更無安身立命處，然非真有明明德於天下之志，亦只是空談。

子翼明敏特達，僕所望於子翼者，不但爲一代名世偉人。然名世偉人事業，亦不能舍此格物致知別有著力處也。先師《大學》古本，提掇此事頗明，今往一册觀之，請於日用間切己體驗，必有所得，亦必有所疑。更能迂程過我，信宿而别，則後會雖未可期，亦庶幾不負子翼拳拳之愛矣。

答王新甫督學

王節推來，領手書、講義及《祭陽明先師》文，知别後新功精進，且啓迪諸生，大有發明。夫如是，德安得而不日崇，業安得而不日廣也？喜幸之餘，聊因來書所及，少效區區，以助進脩。

來書謂："官不得暇，未能以心照事，纔煩輒有静想。静想既生，惡外之心益甚，病痛自覺，然終不能强。"夫自覺則不待强，不能强則覺未必真切也。蓋猶是厭煩想静之心，覺厭煩想静之病，譬之夢中輕醒，與寤後尚有間耳。夫厭煩殆起於以心照事乎？夫心，知覺運動而已。事者，知覺之運動。照者，運動之知覺，無内外、動静，而渾然一體者也。以心照事，則未免有内外、動静之分，必以爲非静則不能照，非暇則不能静，事煩則不得暇，而愛憎取舍展轉相尋爲病矣。夫官不可以求暇也，民未遂其生，與未復其本心，何啻水火之焚溺？治民者，將以救焚拯溺也，焉得厭煩？厭煩求静，得非救焚拯溺之心有所未切乎？新甫誠體察此心之或未切，與以心照事，或未能無内外動静之分。於此得力，則厭煩想静之病自當釋然，無有自覺而不能强矣。

來書謂「此心本體，原自與天地上下同流，一着念起，旋爲障礙，而本來分量有未能盡」，誠然誠然。心之良知，本自真誠惻怛，於親本自能親，於民本自能仁，於物本自能愛。此真誠惻怛，周流於親親、仁民、愛物之中，而變動不居，皆其本體之自然，而不容一毫意必著於其間，真如天地之覆載而與之同流，稍着意必，便不能周流變通而充塞天地矣，所謂「上下同流而着念旋生障礙」者如此。近時朋友乃欲於自心體認個上下同流體段，而應用隨作，應語隨答，任運騰騰，無作無住，以是爲見本體，爲無障礙，恐駸駸流入玄虚漭蕩。此固非新甫所云，然亦不可不知此蔽也。

來書謂：「孔孟所謂致知，所謂盡心，工夫只是去私，如磨出鏡之本體，則萬物靡不停當。此是合下自得自悟，决非湊泊襲取。如是下手，則本體原自高明廣大，功夫亦自切實。」此論極精當，然須知得良知是個真誠惻怛、温恭退讓的心，五倫、百行皆此一念，故致者致此，盡者盡此。而所謂自得自悟、高明廣大者，原無毫髮不切實也。

來書謂：「後進甚聰明，但卑弱不敢承當之病深入骨髓。近聚百餘人於省下教之，必拔去其根，方有可進。」凡不可承當者，必以爲高遠不可幾及故耳。夫堯舜之道，孝弟而已矣；孔子之道，忠恕而已矣。今語人以堯舜、孔子，或不敢當；若語人以愛親敬兄、「己所不欲，勿施於人」，又何不敢當之有？故夫子循循善誘，而善救則無棄人，新甫念之。

來書謂：「誠未能動，任性往往枘鑿，甚至有已行而思之，久而自慚者。」足見體察之密。夫性無不善，故其發無不惻隱，無不恭敬，所謂良知者也。念念任其良知而無不致，則愛人而人恒愛，敬人而人恒敬，故凡牴牾枘鑿者，或未嘗念念致其良知者也。誠念念致其良知，又焉有已行而後思、既久而後慚乎？此可以知未能動物之故矣。

講義直寫自心所見，於學者極有益。首篇言聲色之非，禮自外來，此殆亦相沿之誤。蓋孔子所謂非禮勿視、聽者，乃視、聽之非禮，己之私也。如聽法語而弗從弗改，聽巽言而弗悅弗繹，即是己私，即是聽不由禮。視之非禮，亦如此類。勿者勿此，非在外也。他篇亦有欲論者，且未能一一，姑俟後便。

新除殊出意外，辭疏發已月餘，倘更有嚴命，則服闋後戒行遂不敢緩。相見未期，凡可益我者寄書示知，幸甚幸甚。

答朱鎮山督學

鎮山以作人爲職，「民之秉彝，好是懿德」，在鼓舞之者何如。此世道治忽生民，休戚所關，故僕嘗謂「爲天地立心、爲生民立命」者，其本在於督學，鎮山諒亦謂然也。官各有體，末世飾以世情，而自信以爲達道。惟世情絲毫不染，則本體自見矣。倘因便見示作新之方，幸甚。

答楊汝容

抵家凡兩承手翰，知貴恙已平，甚慰。第念別久不得一會耳。世路難處，自古已然。孔孟所以處難處之時者，禮行遜出，甚有委曲，然以義爲質，信以成之。蓋利害、毁譽不入其心，則本心自有妙用。雖至於舍生取義，非期於立名；至於安身存位，非期於爲利。故未嘗違心以從人，亦未嘗咈人以從己。毫釐善利之間，更願體察精一，有以往復，甚幸。所諭時事，足徵留心，自此將有不能委者，幸珍重啚之。

答王武陽

得書知近況，爲慰。且聞彼中士友向學者衆，雖大邦自宜有此，亦吾兄有以感之也。近日東廓、晴川諸公枉會南明小舘，留十餘日，兩邑士友聚者數十人，卓然者不少，反復講習，甚受麗澤之益。

昨有患私意不能消盡者，僕告之曰：「志不真，則放逸而爲私意；志真，則不放逸，私意無由生矣。」其友乃自敘：「立志未嘗不真，即今親師取友與凡應事接物，莫不專心致志，而放逸竟不能無，宜別有消除之方。」則喻之曰：「今人行康莊坦途，固未嘗不專心致志，然而行欹仄險徑者，則心又加嚴矣。若夫羊腸鳥道，左右深淵，全生殞命係於慎肆之間，則其專心致志，比之欹仄險徑者已自不同。回視康莊坦途，則幾於無所用心者矣。今諸君亦嘗以心之存亡爲軀命死生乎？則其專心致志恐未必如行羊腸鳥道者之戒嚴，而凡所以放其心者，間隙未嘗窒塞，其與所謂『無以尚』『不可奪』者相去何如？ 恐未得遂謂之志真。 聖人言戒懼、毋自欺，言見賓承祭、臨深履薄，已是進脩要訣，外此别無方法可設也。」其友曰：「心體平易如此，卻似意必。」則告之曰：「君子必誠其意、必慎其獨，亦是意必乎？ 以此爲意必，卻恐以怠緩縱弛爲平易，則終於放逸而已矣。」時諸友皆惕然有省。

令郎在會中告行，輒書奉聞，或可爲彼中切磋之助也。 諸友向學得力者爲誰？ 便中幸示知。 馬獅山兄、朱損巖年兄，見間幸致萬一意。

答周以介

頃承枉顧，以迫歲除不能久留，鄙心殊未盡也。

來書謂：「主宰流行，真念起念，心意、志氣本是一物而二視之，日用變化，似不相合。」夫性一而已，惡得有二？ 然危者爲人心，微者爲道心，危微之幾，如水湧爲波、波平爲水，間不容髮，則亦不可以其本一，而不精察其所以二者而致之一也。

吾黨爲學，須要欲明明德於天下之志真切篤實，而日就身心感應處物物格之，懲忿窒慾，改過遷善，以不欺其自知之明而求至於自慊，然後能止於至善。 後進喜脱略而惡拘檢，只是未嘗實有此志，或粗有志，而攙以意氣認爲真志。 志既不實，則其以妄念爲真，乃是自迷自悞，恐未如來書所謂「異端啓之」也。

答湯繼寅

陶新岑、鄒東廓相過，亟稱愛民之政，知繼寅之所以獲於上下者如此。今人動稱作縣之難，殊以爲苦，然古聖兢業克艱，何敢以易心乘之，而未見其苦者，何也？蓋其所以不敢易者，精密於人心、道心之幾，知好生之德有未易盡，而功利在所不計。乃今之所以難者，則皆功利之私，而於所謂以不忍人之心行不忍人之政者，或忽而不察。是古人難今人之所易，而今人易古人之所難也。僕於繼寅，蓋不徒以今之能吏、循吏相望，輒效此致愛助之忱。

答項甌東

頃者陶新岑遣使以尊教至，立候占復，既卒卒附短狀矣。所示地方事宜，皆切民隱，《私録》警發尤多。第二條謂：「能知能行方是學。」又歷舉諸書，如「學於古訓」之類，皆兼知行；如「學問思辨」「好學近智」之類，皆單主讀書屬知而言。鄙心切有未安者。

夫學何爲者也？人性本善，故其知本良，自親長之愛敬以達之天下，皆良知本然之用，不學而能者也。蔽於私而後有不能，必學焉以求能。學焉以求能者，去其蔽以復其良知之本能者也。故學者學其所不能，必無時、無處、無事不用其力，其用至博，而學之弗能則弗措焉。學而有所不知則問，問而不得於心則思，思而不明則辨。誦詩讀書者，問辨於古人；親師取友者，問辨於今人。篤行，則學問思辨而不已焉者也。問辨者，學之一事；讀書者，又問辨之一事。而曰學問、思辨單主讀書，竊所未安者此也。

孔子稱：「好學近乎智，力行近乎仁。」又曰：「知及之，仁守之。」而其論智則曰「不惑」，其論惑則曰「愛之欲其生，惡之欲其死」，曰「一朝之忿，忘其身以及其親」，論好學則曰「不遷怒，不貳過」，曰「不求安飽，敏事慎言，就正有道」，然則無纖毫忿慾惑乎其心，而後可以言智；必不以纖毫忿慾惑其心，而後可謂好學，而後爲知之功。讀書，則就正之事，問辨之謂也；力行，則學之不已，篤行之謂也；仁，則智之不息，及則守之之謂也。知及而仁不能守，則雖得之，必失之。然則必得之，而後可以言及矣。夫道豈有未行而能得者？未有所得，則亦安所守也？則孔門之所謂知行，所謂知仁，斷可識矣。而專以讀書爲好學近智，竊所未安者此也。

學古訓之説，始於傳説。昔者高宗恐德弗類，恭默思道，蓋師事甘盤，既知脩道、脩德之學，知思道之功，受師友之益矣。其命説曰「納誨輔德」，曰「爾訓朕志，予邁乃訓」，蓋以甘盤望説也，故説稱「學於古訓」以對訓志、邁訓之命，若曰「維古有訓」「匪説能訓」，蓋不敢以甘盤自居云耳，然必如古人之訓而學焉。自脩其道，自脩其德，孫志時敏，終始典於是而不已，然後「道積厥躬，德脩罔覺」。故曰「古訓是式」，則説之所謂學古訓者然也，與孔子學《詩》、學《禮》、學《易》之説一也。夫學《詩》則可以言，是故必有興也；學《禮》則可以立，是故必有立也；學《易》則可以無大過，是故必居而安乎《易》之序也。不然，則三百之《詩》不達於政，不能專對，蓋知誦而不知學，雖多而無益。如此則古之所謂讀書，亦不輕矣。而後之所謂讀書，則通其詁文、識其意義而已矣。以是爲知，不亦輕乎？於是以存心讀書，分先後内外，而不知其非二也。不知其非二，則將二之，二之則失其道，非徒無益，而又害之矣。夫存心猶之乎養生，讀書猶之乎飲食也。養生、飲食，果可二乎？果有先後内外乎？飲食以養生，或失其道，毋寧反以喪生乎？此不可不察也。

「道學自脩，博學反約」諸説，及吾兄向時答李三洲格物之説，僕皆欲別有所請，而使人行迫，不能一一。

又，答三洲書檢尋未得，更煩寫示一通，幸甚幸甚。蓋僕所欲請者，皆身心功夫幾微之辨，而非徒文義訓詁之末，正吾輩講習麗澤之道也，千萬垂教。

《録》中所載漱縣楊東里公女必嫁解公編置之男，本無此事，不知兄何所聞？又王忠肅公卒於成化丁亥，未嘗爲弘治間宰相。公以景泰壬申召入吏部贊助，漱縣王文端公同爲冢宰。天順丁丑文端致仕，公始獨爲冢宰，是時王三原由庶吉士爲大理評事已十年，未幾陞楊州知府，未嘗遇忠肅公考察。蓋考察京官，正統以來皆屬之本堂，至天順甲申始屬吏部，其時三原外補久矣，且三原亦未嘗爲户部主事。況謂念菴得之曾公，不知曾公何所據也？故僕素不敢輕信傳聞，《録》中恐須删此二事，或別寫一條明其誤聞。何如何如？

答湯懋昭

頃當路諸公過我，亟稱懋昭政事有條，而尤切望其有終。苫塊中聞之，亦爲解顔。蓋古人之論齊家，曰「宜兄宜弟」；論治國，亦曰「宜民宜人」；其論人情，曰「虐我則仇」；其論虐，則曰「剛而無虐」，曰「善戲謔而不爲虐」。然則必以處家人之心處國人，而後能得其宜之之道；必不過用其剛，雖辭色之間，如戲謔之可以傷人者，亦在所必察，然後爲能無虐。此僕所學焉而未能，願與懋昭共勉之也。

往時貴同年諸君問僕以爲政寬嚴之宜，僕舉成王之誥君陳者告之，其曰「狃于姦宄、敗常亂俗者不宥」，則未狃與未至於敗亂者猶在所可宥；曰「必有忍乃有濟，有容德乃大」，則不容不足以言德，而不忍不足以濟事。故辟宥必求厥中，而作威以削必在所戒，此寬嚴之宜也。諸君往往以爲然。今所致愛助於懋昭者，固不能有以易此。懋昭其亦亮之乎？

答孫宗禹

來書謂：「終日百爲，此心少有蔽翳，便有可悔。真覺志學之密，不可以造次顛沛或離。」又謂：「毁譽一念，尤爲大病，聲負其實，輒不免於動心。」此皆近裡著己實語，但不知宗禹所謂志，是何等志？志既辨，則學無蔽病，所覺自别。蓋古人之志，欲明其明德於天下。明其明德於天下者，欲發揮其親親、仁民、愛物之德於天下也。故隨時、隨處、隨事無非學，盡其親親仁民、真誠惻怛之本心，雖造次顛沛，念念必於是而不離。少有私意間之，即中心耿耿，真如塵沙之翳目，如楔石之蔽塞口鼻，必去之而後爲快。蓋終日兢兢業業、臨深履薄者，以本心之存亡爲生死，惟恐私意微動，即陷溺以死而不復可救也。故凡毁譽之來，皆益以感動其心，曰「是告我以過，而導我於善者」，用益省其所未至，而不敢足乎其所已能。「君子無入而不自得」之學，「正己而不求諸人」者如此。諒宗禹既已昭徹懇到，聊因問及，述所嘗與諸友切磋者云爾。

答毛伯祥、沈惟順

二君書中謂「斯道聖凡無所加損，而愚夫愚婦可以與能」，謂「處身勵行，當磊落軒豁」，皆慨然自任，甚幸甚慰。人之身心，自朝至暮，視聽言動之感應，喜怒好惡之酧酢，或作或止，無非事物。然念有善、不善，故事物有格、不格，而獨知昭然不可欺也。君子身心之學，於凡事事物物，密察其昭然不可欺者，改過遷善，懲忿窒慾，做得恰好到極處，以自慊於其獨知，方是格物致知，方是誠意。如此，則事上使民、錢穀訟獄，無非實學，而二君慨然之志始不孤矣。

答鄭元健

曩者榮上未幾，聞爲政尚嚴，頗有病之者。僕以爲豐城之縱弛久矣，非加之繩檢，雖有惠政終不得行。古之人以不教而殺、不戒視成、慢令致期爲嚴之過，至如信賞必罰，雖堯舜舍此難以致治。惟以不忍人之心，行不忍人之政，則嚴與寬皆仁之用，想元健固有得乎此也。比聞上下交孚，知政體必久而後定，化理必恒而後成。「居之無倦，行之以忠」，聖人不我欺也。凡百惟敬慎圖之，以永終譽，區區之祝。

答陳履旋

來書謂：「應酬過多，輒自厭煩，既覺不免降心順俗，愈覺不静。」是蓋有意求静，故厭應酬之多。厭之而不能去，故降心以應，而静意未嘗忘也，故愈覺不静。周子云：「無欲故静。」今有意求静，欲也；厭煩，又欲也；勉强順俗，又欲也。心惡得而静哉？

又云：「不知未感之前還須用功，抑仍在事上磨練，使之慣熟，以至自無煩惱而後已？」如此，則是别有無事之時，而所謂事上磨鍊者，只作得半截功夫，非《大學》格物致知宗旨也。夫身必有心，心必有意，意必有知，知必有事。若有無事之時，則亦當有無心、無意、無知之時耶？身、心、意、知、物，未始須臾無，則格、致、誠、正之功，亦不可須臾離，又焉有未感之前？又焉有還須用功之疑耶？夫格物致知者，就身、心、意、知感應之事，精一於有過無過、善與不善之幾，無過則已，知過則改，無不善則已，知善則遷，於以自慊其獨知，而未嘗有意、必、固、我於其間。夫改過遷善以慊其獨知，則物格而知至，未嘗有意、必、固、我於其間，則意誠心正而身脩，此古人「孳孳爲善，必有事焉」之功也。故雖紛紜勞擾，而不以爲苦；雖淵默澄静，而不以爲樂。蓋此心之知無間於紛紜勞擾與淵默澄静，不可得而厭，不可得而貪，故惟「日孳孳，斃而後已」，不容以意之所便爲取舍也。承問學拳切，輒述鄙見以復。

答馮州守

來書云：「心齋專以天德爲知，而惡聞見，此其不由文字而頓悟者，有天資之高則然。其次，聞見亦不可無。某以天德之知與聞見之知初無二理。聞見之知，即所以致天德之知。」

良知不由聞見而有，而見聞莫非良知之用，猶聰明不由視聽而有，而視聽莫非聰明之用。心齋傳習師訓，必不至專以天德爲知而惡聞見。專以天德爲知而惡聞見，是以聰明爲聰明，而惡視聽矣。

吾契又謂：「天資高者可無聞見，而其次則不可無聞見。是耳聰目明者可無視聽，而其次則不可無視聽矣。」夫良知者，見聞之良知；見聞者，良知之見聞。致其良知之見聞，故非良知勿視，非良知勿聽，而一毫不以自蔽；致其見聞之良知，故見善則遷，聞過則改，而一毫不以自欺。是致知不能離卻聞見，以良知、聞見本不可得而二也。然「多聞，擇善而從」「多見而識」，則以聞見爲主而意在多識，是二之矣。二之，則非良知第一義，蓋已著在聞見，落在第二義，而爲知之次矣。今謂天德之知，與聞見之知初無二理，謂聞見之知即所以致天德之知，是知其本無二，然於所謂第二義者或未深察，而語意之間猶有彼此，則於所謂本無二者，亦未免察焉不精。至謂天資高者頓悟不由聞見，其次必由聞見，則已居然二之。而究其實，則有大不然者。

夫孩提知愛敬，乞人知耻嘑蹴，皆不由學慮而自知，豈皆天資高者耶？伏羲至聖，然仰觀俯察、遠求近取，豈無聞見而能類萬物之情耶？先師云：「良知即是獨知時，此知之外更無知。」吾契但於居處執事與人之際，視聽言動之間，念念慎其獨知，無自欺而求自慊，則良知一以貫之，有不假言説而自明者矣。

來書云：「諸生讀書作文，不可謂之非學，不可謂之非良知。」

自天子以至於庶人，皆以脩身爲本，故皆以格物致知爲本，而隨其位分各有其物。物者，事也。讀書作文者，諸生之事，猶知人安民爲天子之事，耕田鑿井爲農夫之事，制器通貨爲工商之事，洒掃應對爲弟子之事，皆其意之所用者。而意有善、不善，故事有正、不正，惟慎其獨知而格之，必盡其本然之善，而正其不正以歸於正。幾微之間，一毫不以自欺，則洒掃應對便可到聖人事，而况於讀書作文？苟自欺其獨知，不盡其本然之善，則雖一匡天下，民受其賜，猶不得謂之仁義，不得謂之學，而况若今之讀書作文以功利爲心者乎？明道寫字時甚敬，曰「非是要字好，即此是學」。其看史逐行看過，不蹉一字，及上蔡舉史書成誦，又戒之曰「玩物喪志」。吾契試以此二事，令諸生於自心精察，如何謂之學，謂之喪志，則讀書作文便可到聖人事矣。

《良知解》云：「陽明不宗於堯舜，而宗乎孟子，蓋以孟子殁而聖人之道不傳，故從孟子説起，以明聖人之道。」又云：「陽明言良知，而不言良能，此知行合一之説。言良知，而良能在其中矣。」

陽明先師本《大學》格物致知爲教，因後世學者以知識爲知，以凡有聲色貌象於天地間者爲物，失卻《大學》本旨，故爲之説曰：「致知是不欺其獨知。」獨知之知，孟子所謂良知是也。物是身心上意之所用之事，如視聽言動、喜怒哀樂之類，《詩》所謂「天生烝民，有物有則」，孟子所謂「萬物皆備於我」是也。格物，是就視聽、喜怒諸事，慎其獨知而格之，必循其本然之則，至於其極，以自慊於其知，如《書》言「格其非心」之格是也。蓋先師發明《大學》致知本旨，而引孟子以正後世之誤。近時乃又有不及良能之疑，又失卻先師言良知之旨矣。舉良知，則良能固在其中，然非别有所謂良能而故以良知該括之也。能者，知覺之運動；知者，運動之知覺。舉良能，則良知亦在其中。如孟子言「降才爾殊，不盡其才」，則又言能而不及知。蓋身心工夫，一真俱真，一得俱得。若不於功夫上求實際，而於文義上求分曉，則將有無窮可疑，而辨之雖明，亦無分毫于己者矣。近日學者固已皆知有知行合一之説，然皆未嘗用知行合一之功，故精一之旨終亦未明。

夫人惟一心，心惟一念。一念之中，明覺精察之謂知，真切懇到之謂行。知不能真切懇到，是知而不行，知而不行即是病，即不得謂之知；行不能明覺精察，是行而不知，行而不知即是病，即不得謂之行。故心之知行本一，而人之不能一者，失其本心者也。故學之道，必念念明覺精察，念念真切懇到，然後爲道心精一之功。讀書如此，即是讀書知行合一；應事接人如此，即是應事接人知行合一。蓋心體本如此，學亦如此，非若後世以讀書考古爲知，應事接物爲行，判然二事而欲合之一也。惟慎其獨知，念念毋自欺而恒自慊，則知行無不合一者矣。

《同志約》中云：「静中觀良知本體，如何驗諸天理動處？果從良知發見，便是自然天理，有物有則，至易至簡。若有造作安排，則是自私用智，支離駁雜，非良知也。」

良知即是獨知，獨知非閒居獨處之謂也。静亦此知，動亦此知。雖稠人廣衆中，視聽言動、喜怒哀樂紛交錯應，而此知之明，是是非非毫髮不能自欺。即此是獨，即此是良知本體。從慎獨不自欺處發用，即是良知發用，即是天理物則，雖至於勉强困衡，亦不爲造作安排。若專於静中觀察本體，又於天理動處驗其果爲良知與造作安排與否，卻恐認虚静爲良知，以動念爲天理，以不費心力爲無所造作。此或語意未瑩，然亦或良知有未徹處，幸更察之。

答沈思畏

來書謂「區區常言格物之功，不問時之順逆、事之煩簡、地之險夷、人之難處易處，皆可以用其力」，是真實不誑語，足見思畏體驗所得。然必立心之始，不見有所謂順逆難易可以取舍，惟見吾心是非善惡，從之如不及，去之如探湯者，然後爲能與於此。苟分别種種順逆、種種險夷、種種難易如彼如此，則既有所擇取，而順逆、難易之心爲之主矣。順逆、難易之心爲之主，則雖有時而主宰不亂，精神亦凝，猶不足謂之格物。何者？從其好惡、順逆之心也。而況遇逆且難，支吾牽强，意興沮撓，尚何格物之可言乎？譬如惡笋穿地，不務去其竹根，則堅實之土，雖笋不能穿，不得謂之無笋。而虚疏之土，必且茁然有萌，顧以磚石軋之，尚得謂之能去竹笋使不穿地者哉？來書「欲脱泥淖以就清泠」，此是順逆、難易之心分别去取。此意熾然，則雖不肯甘過惡，如身處溷穢，罪犯刑戮，汲汲焉不敢自欺，無乃磚石軋笋之類乎？故學不可不慎其主，然非底裏洞徹，則不能得其所主。

來書謂「同志中講學者，謂必得心之本體」，此是至論。顧恐吾輩所執爲本體者，或非其本體耳。人心本自寬裕温柔，本自發强剛毅、齋莊中正、文理密察，而後爲得心之本體。然非底裏洞徹，而徒以意見傅會，則或失於矜持，或流於緩弛，歸失其本體而已矣。

草草布復，所不能盡言者，思畏以意會之可也。

二

來書檢察病痛精切，足知進學不懈。知病是藥，但不得輕放過，即此是毋自欺矣。所云「潔身尚志有所不能，隨世逐塵有所不忍，而取譬籠鳥，左羈右絆，不得振羽雲霄」，凡此兩念相牽，即是自欺根本。如此不了，卒歸於隨逐而已矣。不若兩忘之，亦不必羨慕高潔，亦不必卑鄙塵俗，只不欺獨知，是是非非處直而行之，即身未嘗不潔，而世亦未嘗不諧矣。

三

來書推究立心之始、受病之原與功夫未能真切之實，此正思畏虛心體察，不自滿足，故能自覺自脩如此。學者大病，只緣自是，故有病而不覺，故進脩不勇。「有不善未嘗不知，知之未嘗復行」，雖是顔子已復後自覺功夫，然未復者履以爲基，謙以爲柄，亦未有不自覺而能履、能謙以進於不遠之復者也。思畏既覺，吾是以知其必日進矣。

時勢之難，僕已知之。惟是至誠動物、無意必固我，尚未能如來書所期者，然亦安敢不自勉以副思畏之惓惓也？聞有論刻之疏，而部中不以爲然。此間只見報略，未見疏草之詳，便中尚幸寄示。此亦來諭所謂時勢之難者矣。

瓜期想不遠，相見可跂俟，諸遲面既。

答王汝學

别久，渴思一會。去夏得榮擢之報，甚以爲幸，而叨轉北來，又甚悵然。

成己成物，原是一事。學於己者不厭，即是不倦之誨，故孔子云「無行不與」。良知彼此完具，歉慊之幾，人所易知、易能。精專在我，則人自應之，將有不言而信者，此謂以身教者從也。

聞與三溪諸君常尋鷄鳴之會，兹幸渠復南，朝夕切蹉，於此當深造而自得之矣。迫除多冗，聊此布謝。

答翁東崖

曩邊圉孔棘，恃公爲長城，豐功慶譽，簡在帝心，嘗叩之當塗、稽之輿論，無不敬公者。坦懷展布，罔失法度，天休將自至，近事無足介介也。

所諭莊生「齊物」，要亦近吾儒「見大心泰」之旨，惟其縱恣脱略，不知致知格物之實，故未免於有蔽。而後之用其説者，或生于憤激而假以自寬，或取諸見解而非其自得，故亦未足以窺莊生之至。如公學有本源，功有實地，「見大心泰」于己取之，「齊物」未足論也。

使還，草草布復，佇俟來教。

寄張浮峰

僕往歲家食，則浮峰在諫垣；比出山，而浮峰正分守敝邦。南北相避如此，嘉會信難諧耶，但有悵望南都。

接去春翰教，謂：「數年涉事對境，覺意見想像毫髮不得力，日用酬酢，只是是非非兩端感應無窮。自知自覺，自省自改，極是直截，極有精微，所患只恐欲不能割，纖微苟安，俄頃變換，平直之中便多窒礙。乃假玄虛粉飾暗昧，日進退于意見之中，積歲累時，總無日新之益，此其病甚于自晝者矣。」誠然誠然。僕以爲欲不能割，更別無可解説，只是志不果確。志確則止，止則感應酬酢湛然虛靈，寂無所動，於世間種種色色澹泊無味，不見可欲，又焉有欲不能割者？

近時有謂「見本體則欲自消」，但不知見本體之功如何作用？又有謂「有所作用即非本體」者，此語雖未爲無見，第恐茫無可入，誤己誤人不淺也。浮峰倘得其意，幸有以教我。

答柯雙華

别來忽十五年，殊用飢渴，展翰如面，爲一浣矣。宦轍所至得友，知執事學日益進，何時一遂傾竭耶？學無頓漸，慎獨爲要；根無上下，善反爲良。而遭變故、罹誹詈，正辨于困之時，然非復以自知，鮮有不欺其獨者。執事定見、定力，猶云收之桑榆，無亦昔人五十而知昨非、進學不已之心耶？願示我新得，幸甚幸甚。

外疏知有所感，既反復籌之，可以勿行。當路果不相信，即疏行亦無益，徒增猜忌而已。如已稍釋，則先舉反動人心，而部中又添一疑，不若泯其迹，而以無心處之。君子行法俟命之道，固如此也。千萬珍重。

答雷古和

睽違兩月，無任悵念，忽奉手書，恍如面即。

書中所稱：「天地逆旅，升沉浮陰，榮名委蜕，好毁幻劫，而人以身游乎天地之間，所與日月争光者，此心而已。」此古和超然之見，非世俗所可企及者也。夫人未有不見其大而可與共學，未有不實致其知而能立乎其大者。心之良知，本自虛靈，本自高明廣大，不自欺而常自慊，則虛靈之用充周而不窮。故於其身也，見善如不及，見不善如探湯，而未嘗有所激作也。其於人也，尊賢而容衆，嘉善而矜不能，而未嘗有所忿嫉也。其於得喪毁譽，若浮雲之聚散於太虛，而不能爲碍；若鳥音之過耳，別擇分明，而未嘗有所留滯也。其撫世酬物，是是非非、隱微之幾莫見莫顯，如權衡之推移，而輕重各得其平也。古和於此庶幾近之矣。

劉元城所善「秤停」之說，殆亦有見於虛靈之用如權衡之於輕重者，然而未易言也。故學莫大於無欲，聲色貨利，常情之所溺，而志士所不屑。然志士之志，直欲行高一世，名垂不朽，則亦未免於意必之累，而激作忿嫉交鬭於中，亦足以汩其虛靈之用。以古和之高明，世俗嗜好自不足以干之，然而志士意必之累，則亦不可不察也。

庠士談經之暇，有可以助我者，無惜遠示，庶因之效其一得，以相切磋耳。

答劉華峰

一別甚久，展翰教如對面談，浣慰可知。

漸脩、頓悟，理本無二，而悟非可以曉解言也。譬如人在夢中，諸景見前，紛紜雜擾。既覺，即景相盡滅，湛然澄寂，如是而後可以言悟。徒事曉解，未有不涉於想像者矣。簿書期會，即此是學。古人立斯立而道斯行，亦不外乎法制禁令之間，故曰「洒掃應對，便是形而上者」。顧恐道心未能精一，則無往而非俗矣。來書「脱去時俗，效法道化」之説，亦恐外俗以求道，未得爲一貫之學也。海門土地坍没，人民逃移，生養撫輯，正賢者別利器于盤錯之秋，其要在愛民之心真切懇到而已。

來書文法拘繫，亦恐是此心未能真切懇到之故。今人誠于求名、誠于趨利者，雖有文法，莫之能拘，曾謂愛民誠切，而文法又能拘繫之也？

相見未期，輒因使還，少效區區。

答顧日巖

金陵數承切磋之益，方以爲快，遽爾逖隔，俛仰增慨。

使至，領教翰，謂「蔽習深痼，明晦不常，存亡互勝」，在執事未必有此，聊以自警耳。然古之人云「惟聖罔念」，以聖人或未能無罔念，則執事所云，殆亦自覺其有近似而非，故爲泛詞，可不謂「能見其過而內自訟者」歟！

夫見其過者，知也。內自訟，則若兩造之求勝，而不容有所掩匿覆蓋，故改過必力，遷善必勇，慎獨致知之功也。夫良知未嘗不明也，忽而不察，則有時而或晦耳；亦未嘗不存也，舍而不操，則有時而或亡耳。雖有時或晦，而未嘗不知其晦也，察之斯復明矣；雖有時或亡，而未嘗不知其亡也，操之斯復存矣。僕以是知執事之決非明晦不常、存亡互勝者也，決非蔽習深痼者也，殆亦以是不忘其臨深履薄之心耳。當以尊教徧告諸同志，庶幾各有警焉，以不負執事之遠念。

答章希文

别來十餘年，音耗都不聞。頃者小兒與令弟爲文會，始知希文已入仕知濮矣，然無緣一通尺牘，爲耿耿也。

來書謂「良知於事上磨鍊」，頗見端緒，足徵邇來切實功夫。所謂磨鍊者，若磨鏡鍊金，去其塵垢查滓，而求其明瑩精純者也。人在仕途，毁譽、利害、窮通、得喪之念，皆足以惑其心，則凡應事接物，其趨避取舍未嘗不精且明，而實則良心昏雜，卒以速毁召害，則志之不一故也。故士必有真明德、親民之志，而後能盡磨鍊之實。此固昔日相與諄諄言之者，希文今有所試矣。

努力自樹，三軍莫奪，區區之祝。

答徐波石

披誦手書，如奉面對。所諭「淑人者，忘己爲先，能自得師，則可以師天下」，望之厚而教之至，知感知感。夫人莫病於自見其善，莫善於自見其不善。自見其善，則謂人莫能己；若自見其不善，則與人莫非我師。然見過内訟，孔子發「已矣」之嘆，以爲能此者或鮮，則豈非真志未易立，而勝心之易爲蔽歟？

此中會友，拳拳以真志勝心爲言，僕誠賴諸友交警互惕，相與各自見其不善而自勉焉。所恨會聚不能數，講習不能繼，故未能大有所發耳。來教謂：「相逢莫非友，相觀莫非道。」僕以爲勝心除而真志立，則於斯其殆庶幾。雖未之能，亦安敢不自力也？

披晤未期，有懷耿耿，何時合并，慰此傾渴。

答貢玄略

耿生至，得手書，知玄略進學不懈，又知連得侍龍溪之教，受益不淺，喜慰喜慰。書中所論功夫病痛，皆朴實真切，非想像語，足徵近功。學問功夫，唯當於知上理會，此一點靈明，即性命之理，萬化之原。此處不欺，即種種皆真；此處一欺，即種種皆假。邇來想於此有得力矣。

初望玄略、士儀得第後爲京師聚會，乃復不偶。相見未期，珍重是祝。諸同志相見間，皆爲道勉學。

答陳明水

出山來，不覺三春矣。塵緣冗冗，與日作息，又復不逢臨川之便，遂不及一通音問，徒有馳嚮耳。詹生來，領手教，兼承惠寄大作，三復，無任喜慰。

來教謂：「覺妄滅妄，不論遲速，已與先師無照無妄宗旨尚隔幾塵。」此吾兄省察至密處，教我多矣。然既知得無妄無照之良知，則覺妄滅妄亦即是無照無妄。古之人知過即改，知非即復，從兢兢業業、不顯亦臨中來，是良知本體如此，則亦常常是個兢兢業業、不顯亦臨底良知，亦即是無過無非、無改無復。本體、功夫，原無有二。後之不知良知，而覺妄滅妄者意見所蔽，自不能不二之耳。

吾兄學日益精，未緣面承，尚賴嗣教，助我着鞭也。顒望顒望。

寄李子實

初聞子實得第，既甚喜，比得及第報，又甚喜。非爲子實喜得美官也，此官清閑，無他責任，惟有預養天德，自成其才，以爲大受之地。想子實所以自慶、自許者亦如此。此境難得，慎勿蹉過也。喜仁伯同登，而趙大洲、敖純之、王子難諸君皆爲同官，旦夕切磋，日就月將，當於此學益精益密矣。

第區區之私，所望削盡見解、聞識，直從心地上改過遷善，此君子慎獨之學，天德王道之要也。然須真有必爲聖人之志，然後可以語此。今初入仕途，種種意氣，種種激作、感憤，未可便認爲真志，更須静思而精察之。根本既立，百凡培擁灌溉之功庶有實用。若但從富貴中感發意氣，轉換念頭，此與真志大有逕庭，譬之植桂枝於棘稍，其葉蓁蓁而枯槁隨之，不足恃也。子實舊學既有得力，此等處諒不待贅，所願常以此意與諸君相砥礪，彼此當日進無疆矣。拳切之望。

歐陽南野先生文集卷之五　内集五

書始嘉靖辛亥至甲寅

寄王龍溪

聞鬱攸之變，先師遺稿并作煨燼，良可慨也。洛村匡廬之期，久候不至，何耶？昨過此住數日，期七月復來。匡廬之興未已，兄能不孤夙期否？東廓去冬來會南明，直是功夫縝密，須臾不離。朋友中往往起發，然求其真辨個明明德於天下之志、真格物以致其知者，亦未可多得。嘗思譬之行路，吾輩直須穩步疾走，作後來人引導。此實切望於兄，而弟亦不敢不竭力撑持也。良便布此，不多及。

答殷時訓

得書，知近況，極慰。所云：「比年以來，惟知天地間止有此學，一生止有此事。」又云：「不全放下，終難湊泊。」可謂用志不分，必欲纖塵净盡、一疵不存者矣，甚善甚善。又云：「世間一切無益可省之務盡欲屏捐，而矯枉之過，漸成迂陋。」此則有可論者。

夫一切世務，知其無益而可省者，則省之誠是也，此正格物致知之學，不得謂之矯枉。若以矯爲心，則於事物之應，雖有益而不可省者，將爲矯之一念所蔽，或一概屏而不自覺，或覺其過而又不肯勇改。此則於物爲不格，於知爲不致，未免有喜静厭動之偏矣。夫「萬物皆備於我」，而「天生蒸民，有物有則」。則者，非他也，良知是是非非，「其則不遠」，不待「睨而視之」彼者也。事事物物循是非本然之則，而處之必得其正，爲之必用其極，則貧賤、富貴、夷狄、患難、出處、進退皆有實，而不容以任意爲之。此僕所願與朋輩共勉焉而不舍者。因便附致區區，幸與諸同志商訂如何，便中還示知之。

答梅純甫

純甫外補後，選部傳來一二誹謗，僕爲之愕然。夫多言爲躁，而簡默則又以爲厚貌；雷同爲比，而謇諤則又以爲好高。士大夫誠難於今之世乎！然在吾黨，聞謗則喜，正可因之爲切己受益之地，想純甫亦真能如此矣。

來書謂：「民風士習，朝夕疚心。」知風之自，内省不疚，則化民有出於聲色之外者矣。純甫乃欿然自謂：「師正無本，僅惟守法信度，節用愛人，與斯民享和平之福、安静之休。」夫守法信度、節用愛人，必小心翼翼，而後能與斯民和平、安静，非自致其喜怒哀樂之中和，不足以及此。此正格物致知之實學，而純甫猶謂之無本，然則外此而别有所謂本耶？

道不可須臾離，學不可須臾離，龍溪諸兄諒相與切磋不懈，萬萬自愛！

答陳督學

比聞鋭意興學，士子翕然向風。得書，知創建書院，選士而教之，誠可謂拳拳於此矣。近時士大夫，雖名爲有志於學者，未免藏頭改面，不肯直下承當。其稱名借號，以爲但當潛脩默進，不必立此名色，不知裏許盡是媚世趨避私意，果何所脩而亦何所進也？故僕嘗謂，爲小人而有忌憚，則不能爲真小人；爲君子而有忌憚，則不能爲真君子。如來書所云，可謂直行不忌者矣。近日王新甫督學廣西，其邁往亦如此。誠得督學如二君者十數輩，又何患此學之不明、善人之不多也？

科舉仕宦，猶之舟棹，將以載濟人之物而布之四方者。故舉業之學，脩之於身則濟人之體立，達之於政則濟人之用行，顧恐學之者未有欲明明德於天下之志耳。如即舉業之物，循其獨知而格之，必藴之爲德行而發之爲文辭，必以行吾之志而非以爲榮身肥家之計，則亦所謂洒掃應對便可到聖人事。顔、孟、周、程復生，其道必不易此。由此而推之，凡爲官者簿書期會、税斂刑罰，亦莫非格物致知之功。蓋善惡邪正不必應物，其要只在定志，志邪而物邪，志正而物正矣。

凡此諒已曉然明析，啟迪諸士之餘因以自考，幸甚幸甚。

答沈思畏侍御

《傳習録》得廣布之，甚幸。序文發揮明白，且平正通達，非苟作者矣。朋友中欲易「投戈」二字，亦知思畏本諸「操戈」而反用之，不易亦無害，第以其疑於投戈息馬之云，未刷者得易之，尤善也。所論「日每悠悠，亦若無大惡者，然德不神明，則知齋戒功夫尚未能耳」，誠然誠然。夫警惕是良知，悠悠即非良知。非良知即是昏昧，昏昧即是惡。今既云悠悠矣，豈得謂無大惡耶？

又云：「費盡氣力，病痛愈多，卻不如侍師側時，雖若不甚費力，意思反覺妥帖。」此似是厭困勉而樂順易，以能無病爲心體，而不以能覺多病爲功夫，即是一念亦是悠悠。縱令時時妥帖，未必真洒然無累之本心也。然費力亦是病，蓋古之欲明其明德者，其志意誠切，真如惡惡臭、如好好色，故雖用力困勉，人一己百、人十己千，皆心之所自慊，未嘗費力。故凡費力撑支，只是此志未能誠切之故。費力撑支，其病小；所以費力，由未能誠切，其病大，最宜精察也。

書末所云當時傳聞之誤，或亦疑似億度之詞耳，然其人亦云，失不在思畏。但鄙意卻恐思畏自反無失，未免少動，故以消除客氣，致無虞之儆耳。閩士向未知學，今得思畏道之，朱憲副督之，但數與提掇良知，工夫自當有進進不懈者。承欲此中擇一人往彼主會，思之不甚穩便，且亦未有可往之人。鄙意思畏當身任此事，方便説法，其二司及太守中往年嘗與共學者，時一叩其操志、用力，視舊何如，因托之分教一方，未必無一倡群和之助也。

二

來翰自見己過，痛自刻責，是致良知切實功夫。果若是，將駸駸不貳過矣。中間有箇意思爲主，是「學利困勉」工夫與「生知安行」不同處，然卻是良知覺得必須如此。如睡者欲醒，眼自不容不睁；扶病者欲行，足自不容不撑拄。既自不容不如此，則勉强亦即是自然。若只以不費力爲自然，卻恐流入恣情縱意去也。戰戰兢兢，臨深履薄，何嘗不用力？然皆良知自覺自脩作用，何嘗於本體上添得此子，又何嘗不自然？今人不知良知，則自然亦正是安排耳。愛人不親反其仁，禮人不答反其敬，無一毫門面客氣見之詞色間，則至誠未有不動。❶聞諸公於此等處甚服思畏德厚，幸更勉之。《傳習録》後附以《或問》及《定論》，於學者極有益，甚好甚好。承欲擇一人，往彼中登壇説法，恐須東廓一行，他人不能任此也。

三

得書，知政事匆冗中，用工略不少懈，誠如是，德安得而不日進？業安得而不日脩？四方同志皆能真切如是，此學將不待講説而自明於天下矣！所疑數條，皆從自心上體貼出來，非想像談説者，然致知功夫進進不懈，自當涣然冰釋矣。適得新除之報，冗且偶病，書不能詳，聊發其端。

來書云：「惻隱、羞惡、辭讓、是非，乃人所必有者，但爲私欲間隔，不能常常流行。然當事之時，自反此心，亦無别念，卻不甚懇到真切，不知何故？且如寵爲兒童時，一時不侍母側，遑遑若無所歸。今離老母一年餘矣，雖有感觸，不無思念，平居則又淡然，非兒童時油然之愛。於此欲求懇到，則又自生枝節；若只任其本然，又非真愛本體。至如臨親故之喪不盡哀傷，覺隱微之過不甚羞耻，凡此之類，不知

❶「至誠」至下第三則「不知何以致吾力也」，原脱，據北大甲本補。

何以致吾力也？」

四端七情之發，其輕重厚薄，良知各有自然之則。致其良知，一毫不以自欺，則隨其輕重厚薄，莫非真切，莫非懇到，不必皆厚且重者而後爲真切懇到也。即如父母之喪，自初喪而既葬，而小祥，而大祥，哀以漸殺，而未嘗不真。若必以厚且重者爲真愛，則小祥、大祥之哀，皆不得爲真愛乎？孺子入井，自父母而旁親，而路人，莫不怵惕，然輕重則有間。若必以厚且重者爲真切，則旁觀、路人皆不得爲真切者耶？隱微之過不甚耻，固非勇改之心；然形顯之過甚耻，亦非務實之志。務實之志薄，則勇改之心微；耻形顯之過，則隱過必不甚耻，其病一也。惟致其獨知而不欺，則諸病皆去矣。致其獨知而不欺，便是自反。來書謂「當事之時，自反此心，卻似別起一念，此念起則念念係縛，四端七情不能曲暢旁通以盡其本然之則，不免自生疑惑」，或者由於此乎？

來書云：「『敬者，主一無適，只主一箇天理，非是讀書則一心在讀書上，作文則一心在作文』，是矣。然凡如讀書、作文之類，不專心致志則不可得，然專心致志幹此一事，又似逐物。若曰只在此間去其欲速爲人一切雜念，則此心亦不免着於其上。竊日間所行之事，夜夢仍復來擾，則此心不能無着於此。專心致志，又能無着，不知何如而後可也？」

天理即是良知，良知即是獨知。獨知不欺，心常惺惺之謂敬；獨知惺惺，私欲不雜之謂一。凡讀書作文，專心致志，獨知惺惺，更無私欲之雜，是爲格物致知。稍不惺惺，私意萌動，乃是逐物，乃是有所着而蔽其知，非專心致志便爲逐物也。程子云「洒掃應對，只看所以然如何」，正是此意。夜夢煩擾，固是心有所着，然亦不盡是日間所行之事，但日間惺惺工夫不曾真切，故心常浮動，則夜間愈益浮動矣。寵於日用間，亦只憑此作主。

來書云：「良知，心之本體，處事之尺度規矩，達之天下，更古今而不易者也。然其所爲之事，有昨以爲是，今則覺其爲非，己以爲是，因人講論則又以爲非者。若謂或爲毀譽得失之念所蔽，則如迎送賓客、發落事務、細行小事，其得失毀譽亦無上念，然亦有見得前後不同者，何也？又如一事自見未當，必須考証講求，然後停妥，則良知猶有不足，乃待於外面幫補耶？且伯夷、伊尹、柳下惠已造聖人之域，良知豈不能全？卻各見一偏者，何也？若謂其稟賦未得中和，則三子尚不能變化氣質，何以謂之聖人？」

良知無方無體，變動不居，故有昨以爲是而今覺其非，有己以爲是而因人覺其爲非，亦有自見未當、必考証講求而後停妥，皆良知自然如此，故致知亦當如此。然一念良知，徹頭徹尾，本無今昨、人己、內外之分也。今朋輩中致知之功未甚透徹者，正緣不知良知變動不居，而以爲有方體，有人己、內外之分，故聞良知之說者，亦遂疑其專持己見，不復講求，而以致知爲未盡也。聖人只是良知通明，不雜於欲，其氣質偏勝處，卻有化得盡與未盡其深盡者。所謂未純乎天道，如夷、惠諸聖是也，雖未純乎天道，然不害其爲聖；雖不害爲聖，然不得爲純乎天道之聖。假之以年，功深力到，則亦純乎天道矣。

來書云：「『克己工夫，必拔去欲根方爲實學』，是矣。然自有此身，則有此根，故佛、老之學因其根之難拔，將一切人事俱從斷滅。今聖賢之學，正要人事上用功，則飲食男女俱不可去者。既爲此事，欲拔此根，則實不能也。如何則可？」

要去此欲之根，便將此事斷滅，然則要拔去好生惡死之根，亦須從性命斷滅耶？佛、老恐未必如此。欲亦是七情之一，循良知則爲性之欲，不循良知則爲私欲。如飢欲食、渴欲飲，良知之本然也。甘食甘飲，則動於氣而不循其良知矣。故拔去欲根，在致其良知；而不動於氣，其要只在慎獨。

來書云：「『致知工夫，不論有事無事、造次顛沛，只是一箇天理爲主』，是矣。然無事之時，則覺此心精明靈爽；事物紛擾，不免撓亂。縱使用心省察，亦不能虛明平妥，且如臨深蹈險或意外變故，心即不免驚動，必是强制。雖則强制，亦難安穩，況强制又非致知之學耶？若曰：死生得喪，俱有定命，何必如此？則又自爲解説，自生枝節，非良知本體。不知何如而後可也？」

良知有不思不慮時，亦自有千思萬慮時。但千思萬慮，而此心是是非非文理密察，則紛擾亦即是精明靈爽，亦即是虛明平妥。今以紛擾爲撓亂而惡之，此是好静厭動，乃又用心省察以求所謂虛明者，卻似捏目生花，而又摇頭以避之也。臨險而驚與臨事而懼，皆是良知本體，但恐吾子之臨險而驚，或動於氣而失其本體，未必如孔子臨事之懼耳。謂臨險驚動爲非，而强制以止之，則非致知之學。惟念念致其良知，則氣不能動，而得其驚懼之本然，亦即是虛明平妥矣。

來書云：「師云：『學問費力，亦不是工夫。且如好好色、惡惡臭，何曾費力？亦即是志不真切。』是矣。然好色、惡臭一到面前，自然好惡。今好善、惡惡之心汩没既久，自覺不甚懇切，不能自然。如寵之不肖，一有過惡，必須痛自尅責，以爲如是則生，不如是則死，如是則可以爲人，不如是便是禽獸，費多少周折。若不如此，又是悠悠，不知好善、惡惡如何能如好好色、惡惡臭之不費力也？」

用力與費力，懇切與迫切，相去只毫釐之間。同一開眼也，平時平開，困時睜開，睜開亦是困時。開眼之道不得不如此者。故費力亦即是自然，但不可太迫切耳。困時眼以睜開，而遂謂睜眼爲常，是因藥而生病也；困眼必須睜，而謂睜非眼之本體，是治病而不以藥也。此等處良知一一明白，則自了然矣。

來書云：「知、行本體原是一箇，陽明先生以飲食痛癢發揮已甚明白矣。但孟子曰：『金聲也者，始條理也；玉振之也者，終條理也。』又曰：『智譬則巧也，聖譬則力也。』夫曰『始、終』則不免有先後，曰『巧、力』則不免爲二事，不知孟子之意何如？抑別有説耶？」

知之真切篤實處即是行，行之明覺精察處即是知，無二心也。金以始玉之振，玉以終金之聲，無二條理也。巧者，力之運用；力者，巧之充拓。引弓發矢，巧力俱到，而後可以中的；應事接物，知行合一，而後可以中道。然必念念明覺精察，念念真切篤實，乃爲合一。始以此始，終以此終，無先後之可言也。

來書云：「孔子『假我數年，卒以學《易》，可以無大過』，先儒謂『聖人深見《易》道無窮，言人不可不學，而又不可以《易》而學』，是矣。然聖人心與造化爲一，其無過固不待學《易》而後能。然學者欲寡其過，不在此心天理人欲上用功，如何學《易》便能寡得？若曰學《易》便是存天理、去人欲，便是趨吉避凶，則功夫何如着力？若只看其文字，自爲警省，則又不止學《易》便能如此。且伏羲畫卦取陰陽奇偶，文王重卦是加一倍法，不知如何本於圖書？若謂不過只是陰陽，則人心一呼一吸、一動一靜，已即是矣，何必仰觀俯察？圖書之理，雖不外於陰陽，然其交錯變代之妙則不能知。吾人學《易》，不知亦當究竟否也？」

易，變易也。良知消息盈虛，變易無方。聖人先得良知之所同然者，於是立象以盡意，係辭以盡言，皆所以發明良知消息盈虛、變化無方之妙，故象辭亦謂之《易》。致其良知，循其消息盈虛之理，盡其變化無方之用，是謂居而安乎《易》之序。如此，則觀象玩辭、觀變玩占自不能已，是謂樂而玩乎爻之辭。此君子學《易》之道也。良知本無過，而人之消息盈虛，則雖上聖未必能盡循良知變化無方之妙，非獨孔子爲然也。故孔子發憤忘食，齋戒神明，而於象、變、辭、占韋編三絶。其學《易》之功，須臾不離，以求免於大過。如此，知孔子學《易》之功，則凡觀天察地，遠求近取與夫則圖書、極蓍數，其功皆可得而推矣。

答陸汝成秋官

往在京師，相與究格物致知之説，愧未能盡，然知汝成真能用心於内，不徒以鄙言爲足悦而已也，鄙人亦安能不拳拳於汝成乎？夫格物者，即日用踐履之事物而格之，必循其獨知，務極其當，而不雜以私意之謂也。致知者，致吾獨知於踐履之間，必自慊而不自欺之謂也。即以簡刑言之，動於賤惡忿疾之意，則有當宥不宥；動於親愛哀矜之意，則有不當宥而宥；動於憂患恐懼之意，則或宥或不宥，皆不得其當。此惟吾心自知之，故必循其獨知，務求其當，而不雜以私意，然後爲能格簡刑之物。各極其當，而無私意之雜，則獨知始快然滿足而簡刑之知致，夫然後仁愛之德克明於簡刑之中矣。由此而推之，欲明其德於天下者，其道誠無以易此。所望汝成加意體念，終身由之。誠有不能盡者，沈思畏道長談間亦曾商之乎？

答黎本静僉憲

曩得外補之報，心頗疑之，曾二守轉致手書，始知爲高堂計。此區區疇昔縈念，故知本静情所汲汲，必如此而後慊，而其他非所計者。别來許時，每念不得與諸君朝夕論心，輒抱耿耿，乃今幸本静官此近地，猶得書問相聞也。

象山先生謂：「爲學在人情事變上用功。」自事親以至治民，皆事變也。愛親信友，與夫忠君仁民之心，皆良知之發、至善之情也。如本静今日即事親之事而格之，千思百慮，無所不用其情，則事親之良知始慊而無少虧歉，愛親之善明諸身而無不誠矣。推之信友、獲上、治民，無不皆然。則物無不格，知無不致，而善明於天下，此正仕學切實功夫。而今人或視爲長物，故别求當官之法，當官之法豈有更要於此者哉？向與本静拳拳言此，想今亦自覺果有實用。

人便適病倦，草草裁答。有新得不吝遠示，得因效切磋也。

答朱子和

來書謂「涖任以來，未嘗得一日休暇，以從事於問學」，足知子和好學之志念念不忘。然猶講之未明，未免如子夏所謂仕優則學云者。夫子夏以文學爲學，故必如來書所謂「得休暇以從事」。若孔子之學，所告顔冉諸賢者可見矣。居處執事、出門使民、州里蠻貊、造次顛沛，無時無處不用其力，此豈有待於休暇哉？來書所謂「體察此心以求無負」，正是孔門求仁宗旨。既知此意，便當時習而説，又何至以案牘之事爲蒿目薰心者乎？僕幸賴先覺啓迪，真見此學是萬事根本，是生人命脉，真有不可須臾離者。正欲與子和諸賢時復商訂，顧未緣面晤，有耿耿耳。儻公程之便，一枉敝廬，庶幾盡所欲言。

答錢緒山

先師格物之學，真是如古人切磋琢磨，瑟僩赫暄，精粗表裏密切周遍，然皆良知本來如此，未嘗於良知上增添得些。海内同志，如兄與龍溪數公，直是如此用功，近來朋友卻是看得忽易。某嘗謂舜格事親一物，❶千變萬化，夔夔齋栗以終其身，若聖人能忽易得，即是罔念作狂矣。如何如何？未緣親就，企望教音。彼中同志會聚，幸道此，少見區區愛助之情。

答周以介

以介尋繹鄙言，復枉書問，甚善甚善。聊就所及，少效區區。

來書謂：「水湧爲波，波平爲水，以此狀心，誠有如明訓者。第水本無波，而心則有念，謂無波爲止水，則謂無念爲本心，可乎？」夫水一也，湧則爲波，不湧而平，則爲止水；念一也，危則爲人心，不危而微則爲

---

❶ 「物」至「答周以介」條「故念不能無」之「故」字，原缺，據北大甲本補。

道心，危微之幾，間不容髮。知念之常有，而不知有之易以危，知念之本微，而不知微而未嘗無，則皆未免失其本心。此正不可以不精察者也。

來書又謂：「此念有着物時，有不着物時。妄念固爲人心，而着處未必皆妄；察之固所當精，而去之似非心體。」夫心必有念，念必有事，如鏡必明，明必有照；耳必聰，聰必有聞。無照則焉有所謂明？無聞則焉有所謂聰？無事則焉有所謂念？無念則焉有所謂心照？鏡之明，照色照空，而無非色非空之時，惟着色與空則昏矣；耳之聰，聞喧聞寂，而無非喧非寂之時，惟着喧與寂則聵矣；心之念，靜專動直，而無非靜非動之時，雖着靜與動則妄矣。故念不能無，而着不可有，此亦毫釐之間，不可不精察者也。

書末所論虛玄易惑而忠信難入，此最近來好尚空談、不務實行之深病。然高明、中庸本無二致，則吾黨實學全功，亦不可認忠信、虛玄爲二，或倚於一偏也。

與鄭篁溪

執事主盟斯文，固將以文進多士而教之。僕竊觀近日敝邦之文，殊切疚心，而未知所救，固知執事之疚心有甚於僕，而必思所以救之者也。

夫脩德於身而吐之爲辭，如居燕而談京華之壯麗，居越而談湖山之明秀，莫非實履，親切有味。所謂善言德行，其與善爲説辭者固皆不可易及，而實學文之準則也。若程試之文，前輩工爲之者，其學亦自可見。蓋猶欲往燕越或慕説奇勝，日從其嘗往返者，參稽圖誌，問辨而思索之，必審必熟，如是而立言，亦往往得其近似。乃近日則直取近似之言，剽其緒餘，以爲圖誌所載京華之壯麗、湖山之明秀盡於是矣，則惡能有萬一得其彷彿者乎？

象山先生嘗自笑「只闢得時文」，然象山蓋闢其挾功利之心而工於文藝以濟之者也。若志欲自明其明德於天下，而以舉業進，如陽明所謂「脩見君之贄」者，則孔孟之所貴，又惡得而闢之？故僕以爲救時文之弊，必使士子脩德而講學。蓋導之實往燕越，則其稽圖考誌、審問熟思自不敢苟，而其言之似與不似，亦將自求而自知之。若徒咎其文之繆由於經之不明，而不率之以脩德之學，則終將各以其意治經，而未必經之明；各以其意作文，而未必文之則也，弊滋甚矣。高明以爲何如？

二

使還，領手札，知諸生奉白鹿之教，幸甚幸甚。

諭以「良知自無不能」，誠然誠然。自無不能者，乃其本體；擴而充之，以增益其所不能，而弗能則弗措者，乃其功夫。《大學》所謂「毋自欺而求自慊」，《中庸》所謂「己所不欲者勿施於人」，《孟子》所謂「推不忍以達于所忍，推不爲以達於所爲」，則擴而充之之功也。蓋孩提能知愛親敬兄，而堯舜之道不外乎孝弟，夫子之忠恕亦惟推所求乎子與弟者以事父兄耳。及其至，則人人親其親，長其長，而天下平。豈非至近而至遠者哉？

執事天常甚厚，誠于此體驗擴充，則深造自得，左右逢原，有不假外求者矣！

答葛子才

來書謂：「前書憂懼之説，非爲毁譽利害而然，蓋懼其事之有未當，而憂其心之有未盡。」夫如是，則即戒懼謹獨之功，格物致知之學矣。然亦有疑似之微，不可以不察者。夫懼其事之有未當，則求當其事而已；憂其心之有未盡，則求盡其心而已。求當其事之謂懼，而未嘗有所懼也；求盡其心之謂憂，而未嘗有所憂也。故其心常如臨深履薄，亦嘗如鑑空衡平，故戒慎恐懼亦即是不憂不懼。不如是，則未免爲有所憂懼，失其大公順應之體，而涉于自私用智之蔽，雖其屈伸往來之常，而毫釐倏忽猶不免於利害毁譽之雜矣。子才誠於此益加精密，如古之所謂「切磋、琢磨」者，固區區之所深望也。

相見未期，有懷耿耿。

答項甌東

來書：「身心性情之德，人倫日用之常，在所當格；天地鬼神之變，鳥獸草木之宜，豈能盡格之也？惟或爲意之所注、知之所及者，便不可以不格。如『仰以觀乎天文，俯以察乎地理』：曰仰觀，則天文是吾意知中一物矣，觀之而必上律天時焉。或躔次之失其度，惟戚戚焉脩省，而無一毫怨天之意，此即格吾意中天文之物也。曰俯察，則地理是吾意知中一物矣，察之而必下襲水土焉。或崩騰之失其常，亦惟戚戚焉脩省，而無一毫咎地之意，此即格吾意中地理之物也。格者，格吾意之所注、知之所及者之一歸於正，非是格天地鬼神、鳥獸草木之不正以歸於正也。」

程門論格物，有謂「物物致察，宛轉歸己」，如察天行以自强，察地勢以厚德，來教正亦相似。然物在彼而格在我，猶有彼此之分也。夫意用於仰觀，則仰觀爲一物；意用於俯察，則俯察爲一物。同一觀察也，而用心不同，有鹵莽滅裂者，有沉溺倚着者，有以盡職業者，有以謀功利者，有以爲暴者，有以禦暴者，有如來教反身以脩德者。蓋敬怠、善惡異，而格與不格由分。其心之獨知，有昭然不可揜者，即觀察之事而格之，主敬勝怠，改惡從善，正其不正以盡其當然之則，然後知至而意誠。是觀天察地，亦莫非日用身心性情之學。蓋意即觀察之意，知即觀察之知，觀察即是知之事。來教所謂「格者，格吾意之所注、知之所及者之一歸於正，非格天地鬼神鳥獸草木之不正以歸於正」者得之，但上文語意尚未瑩耳。

來教云：「朱子解格字已不同，而又謂必欲盡格天下之物。如今年雷從何處起，吾聽其起處起可也，又何必格之？況一草一木，其榮瘁開落、始終本末之故，吾又何能盡格之？格之又何用哉？是不求於内而求於外，不求諸心而求諸物，此陽明所以有『格者，正也，正意知中之物之不正以歸於正』之謂也。」

意用於播穀種樹、芟草斬木，則播穀種樹、芟草斬木爲一物。即播種芟斬之物而格之，則於草木之榮瘁開落、始終本末一一用心講究，以盡吾播種、芟斬當然之則，然後吾之知始自慊而意無不誠。如此，則講究草木亦是誠意正心之功，非不求於内而求於外、不求諸心而求諸物者。蓋所主不同，作用自别。推而至於士之讀書作文，商之通功易事，仕者之事君治民，童子之洒掃應對，莫不皆然，程子云「洒掃應對與精義入神通貫一理，雖洒掃應對，只看所以然如何」，正此意也。故播種、芟斬，亦即精義之地。蓋凡盡人之性、盡物之性，莫非吾良知之事。格吾盡人、盡物之事，以致吾良知、仁知之用，合内外之道也。又，陽明所謂格物者，格其意之物，格其知之物，意、知、物爲一。今云「正意知中之物」，着一中字，似未免爲二，幸更察之。

來教云：「若指物字爲視聽言動，便屬身字；指爲喜怒哀樂，便屬意字；指爲身之所以接乎天下國家者，便屬知字矣。」

身、心、意、知、物，雖各有所指，其實一好惡而已矣。好惡根之心，著之身，而達之家國天下。知即好惡之知，物即好惡之事，格好惡之事以致其好惡之知，而後好惡之意誠。故逆推功夫，則自脩身而本之格物，其用力於好惡一也；順推功效，則自物格而達之身脩，其收功於好惡一也。名言雖殊，實體無二。若泥名執言，則無由得其實矣。

來教云：「孟子謂『萬物皆備於我』，正以身心性情之德、人倫日用之常、天地鬼神之變、鳥獸草木之宜，其理皆備於我也。如以『發育萬物、峻極于天』爲聖人之道，以『鳶飛魚躍，察于上下』爲君子之道，則何一物而不備於我者耶？若反身而誠，便是聖人窮理之學；强恕而行，便是君子格物之學。所謂格者，非止講究思索之謂；所謂物者，非止視聽言動、喜怒哀樂之謂也。」

天地鬼神，鳥獸草木，莫非日用、身心、性情之學。前觀天察地一段，既略言之，兹不必復論矣。夫道塞乎天地之間，所謂陰陽不測之神也。神凝而成形，神發而爲知，知感動而萬事出焉。萬事出於知，故曰「皆備於我」；而知又萬事之所取正焉者，故曰「有物有則」。知也者，神之所爲也。神無方無體，其在人爲視聽、爲言動、爲喜怒哀樂，其在天地萬物，則發育峻極者即人之視聽言動、喜怒哀樂者也。鳶之飛、魚之躍，以至山川之流峙、草木之生生化化者，人之視聽言動、喜怒哀樂者也。故人之喜怒哀樂、視聽言動，與天地萬物周流貫徹，作則俱作，息則俱息，而無彼此之間，神無方體故也。故格吾視聽言動、喜怒哀樂之物，則範圍天地之化而不過，曲成萬物而不遺，神無方體故也。

來教謂「反身而誠便是窮理，强恕而行便是格物」，又謂「格非止講究思索」者，皆得之。至謂「物非止視聽言動、喜怒哀樂」，卻恐未然。夫非禮勿視、聽、言、動，而天下歸仁；喜怒哀樂中和致，而天地位、萬物育。視聽、喜怒之外，更有何物？蓋古之言視聽、喜怒者，有見於神，通天地萬物而爲言；後之言視聽、喜怒者，有見於形，對天地萬物而爲言。通則一，對則二，不可不察也。

來教謂：「知行合一，先因陽明之言，而僭爲之論，自謂愚者之一得。先後二字，如志至、氣次二字之意，非今日知之、明日而後行之也。若謂君子隨時、隨處、隨事念念明覺精察，念念真切懇到，纔是知行合一，此與陽明所謂『知是行之明察處，行是知之真切處』『知是行之主意，行是知之工夫』『知是行之始，行是知之終』等説，亦似不同。蓋學問宗旨在先德行而後文藝，學問工夫必先講學而後自脩。」

尊意似主先儒所説，以講論文藝爲學問、爲知，以執事與人爲自脩、爲行，以講論、自脩先後相資爲知行合一。此説之蔽久矣！而後世心學不明，有志者方汲汲於讀書，以廣其知識爲首務，不知讀書乃問辨之一事，問辨乃學之一事，而學之全功固有所在也，故其蔽不能以遽解。夫聖人之學，精一於人心、道心而已矣，故必一念之中發强剛毅足以有執，文理密察足以有別，乃爲知行合一之功。夫執事與人，必有講論，必有文藝；講論文藝，亦必與人。蓋莫非吾心視聽言動之用，而豈有知行之分哉？惟講論文藝時，吾之用心或純乎道，或雜以人，必於二者之間致其發强剛毅、文理密察、知行合一之功，然後講論之物格，講論文藝之知致，然後念念精而不雜，一而不二，意誠、心正而身脩。如此，則文藝亦即是德行，講論亦即是自脩。不然，則未免於二之，非精一之學矣。

來教謂：「聖人論學，如曰『學而時習之』，是便專言之，而包力行在。既以自脩對道學，以力行對好學，以篤行對博學，以尊德性對道問學，則所指便不只倒一邊矣。今曰始學之謂學，加功精密謂之脩，然則《中庸》『好學近乎智，力行近乎仁』，力行固可謂加功矣，好學亦可謂始學乎？孔子『不知老之將至』，只是好學，其於門弟，只許顏回爲好學，然則孔、顏亦爲始學而未及於力行乎？雖其所謂好學者，皆專言之學，非如《學》《庸》所舉，皆偏言之學。然若以好學爲始學，不宜聖人立言如此之不倫也。且學便是行，則好便是力，如何卻舉好學而歸之智，舉力行而歸之仁也？」

《中庸》言「博學之」，而「學之弗能弗措」；「審問之」，而「問之弗知弗措」。《孟子》言：「不學而能者，其良能；不慮而知者，其良知。」皆以學屬能，以問辨、思索屬知。蓋良知本能愛親敬兄，本能忠君信友，汨於私意始有所不能，必學焉而後能。夫學所以求能其事，而人未有不行其事而遽能者。夫不行不可以求能，則知不行之，不可以爲學矣。讀書考古、親師取友，皆問辨、思索之功，學中之一事，廢其一則非學。故學偏言則對問與思，如《論語》「學而不思」、《中庸》「道問學」、《孟子》「學問之道」之類是也；專言則兼辨問與思，如《大學》「道學自脩」、《論語》「學而時習」及「好學力行」之類是也。偏言、專言雖異，而皆未有不以篤實踐履爲學者。今謂專言則包力行，殆以學屬知而不屬能，沿後儒之悞，而非先聖之旨也。

夫始學謂之學，加功精密謂之脩，有味乎學謂之好，悦親信友、事上治民無所不學謂之博，學而時習謂之力行。有味乎學，則得其本心，是謂知及。及之者，得之者也。學而時習，則無復私意之雜而本心不息，是謂仁守。守之者，拳拳服膺而弗失者也。故「知及之，仁不能守之，則雖得之，必失之」。夫謂之得，則行而有得；謂之守，則守其行之所得。然則知及豈未見於行，仁守非始見於行矣。知仁始終之義，知行合一之功，豈不昭然矣乎！

來教謂：「孔子三知三行之説，其先後固昭如也。」

三知三行，孔子常言之，先知後行未嘗言也。若謂序知在先、序行在後，遂分爲兩事，而以爲功夫有先後。然則經傳所載「敬以直内，義以方外」「以義制事，以禮制心」「言忠信，行篤敬」「義質、禮行、孫出、信成」之類，先後序言，不一而足，其功夫亦將有先後耶？細詳尊意，切切於知行先後之辨，似疑恐缺卻讀書一段功夫。然不必疑也，讀書考古、親師取友，皆博學者問辨之一事。讀書考古是問辨於古人，親師取友是問辨於今人，誠學之，斯問辨之矣。故學作詩，則自然誦讀古詩與質之善作詩者；學作文，則誦讀古文與質之善作文者。況誠有欲明其明德於天下之志，而用力於格物致知之學，則其讀書考古，其容以自已乎？惟讀書考古，亦必如前所謂格觀天察地之物、格播穀種樹之物、格講論文藝之物者，而精一於人心、道心之間，必念念發强剛毅、文理密察，盡其知行合一之功，乃爲讀書考古之學。蓋孔子所謂知及、仁守者如此，而非若後世之知行；所謂學詩以言、學禮以立、學易以無大過者如此，而非若後世之讀書者也。

答聶雙江

伏承翰教，反覆諄切，惟恐吾黨迷繆，失卻先師宗旨，幸甚幸甚。然鄙見尚有欲請者，敢粗陳其略。

來教謂：「立本之學，《傳習録》中自有的確公案，不可以其論統體、景象、效驗、感應、變化處俱作功夫看。以此作功夫看，未有不着在支節而脱卻本原者。」又云：「以知覺爲良知，是以已發作未發；以推行爲致知，是以安排爲涵養。其於公案，不但隔幾重而已也。」竊意本體、功夫、效驗，誠不可混，然本體是功夫樣子，效驗是功夫証應。良知本戒慎不睹、恐懼不聞，無自欺而恒自慊，功夫亦須戒慎、恐懼，無自欺而恒自慊。果能戒慎、恐懼，無自欺而恒自慊，即是效驗矣。良知本文理密察、物物各有其則，功夫亦須文理密察、物物各有其則。果能文理密察、物物各有其則，即是效驗矣。良知本無少偏倚乖戾，無内外、動静、先後而渾然一體，功夫亦須無偏倚乖戾，無内外、動静、先後而渾然一體。果能無偏倚乖戾，無内外、動静、先後而渾然一體，即是效驗矣。故不用功夫，即是不循本體；功夫不合本體，即不是本體功夫；用功不能得效，亦即是不曾用功。故用功以本體作樣子，以效驗作証應，而不可遂以本體、效驗作功夫。以本體、效驗作功夫，是謂知能自致也。感應、變化，固皆良知之物，而不可遂以感應、變化作功夫。以感應、變化作功夫，是謂物本自格也。則是道能弘人，非人弘道也。此豈惟「着在支節、脱卻本原」而已耶？

夫良知之感應變化，如視聽言動、喜怒哀樂之類。無良知，則感應變化何所從出？然非感應變化，則亦無以見其所謂良知者。故致知者，致其感應變化之知也。致其感應變化之知，則必於其感應變化而戒慎不睹，恐懼不聞，密察其昭然不可欺者，以懲其忿、窒其慾、遷其善、改其過，如孟子所謂「無爲其所不爲，無欲其所不欲」，然後爲涵養本原之功，然後良知無少虧歉，無不快足，而能極乎其至。故曰「致知在乎所養，養知莫過於寡欲」，然皆循其明覺之自然，而非以意見安排布置者也。

先師《大學古本序》中謂：「動而後有不善，而本體之知未嘗不知也。意，其動也；物，其事也。致其本體之知，而動無不善。然非即其事而格之，則亦無以致其知。故致知者，誠意之本也；格物者，致知之實也。不事於誠意而徒以格物者，謂之支；不務於格物而徒以誠意者，謂之虚。」此正來教所謂「多少體驗、多少涵畜、多少積累、多少寧耐」。若謂「知覺所發即是良知，推而行之即是致知」，此豈但不得爲涵養，設知覺發爲縱恣，亦因其所發而推行之，必且爲無忌憚之小人，亦惡有所謂安排者哉？知覺固是發，然非別有未發，固未必皆良，然良知亦不外於知覺。知覺之無欲者，良知也，未發之中也。夫喜怒哀樂，本無未發之時，即思慮不生、安閑恬静、虚融澹泊，亦有名可名，名之曰樂。故未發非時也，言乎知之體也；喜怒哀樂之發，知之用也。即喜怒哀樂之發，而有未發者在，故曰喜怒哀樂之未發謂之中，猶聰明者視聽之未發，而非視聽有未發之時。《傳習録》中謂：「未發在已發之中，已發在未發之中，不可以動静分者也。」故心無時而不知，知無時而不發。發而過焉、不及焉，其獨知必不慊矣；無過、不及焉，其獨知必慊矣。此所謂自然之節、自有之中也。不失其自有之中，所謂中也者；和也，中節也，所謂致中和者也，亦不可以動静分者也。《傳習録》云「格物無間動静」，静亦物也；《孟子》言「必有事焉」，是動静皆有事，此之謂也。以知覺爲已發，以良知爲未發，以發上用功爲安排，以未發用功爲涵養，卻似微分動静，幸更察之。

來教引考亭晚年有云「向來講究思索，直以心爲已發，以察識端倪爲格物致知實下手處，以故缺卻平日涵養一段工夫」，此數語雖似是，然卻自是考亭之意。蓋考亭分心與理爲二，以主敬爲静養、爲存心，以講究思索爲格物致知、爲窮理，以誠意、正心、脩身爲反躬實踐、爲力行，其本原功夫已自不同。則其所謂以心爲已發者，既未察識其未發之體，如晚年之所自悔；而其所謂涵養者，又或以發與未發爲二，亦非所謂一原無間者也。蓋先師之所默契往聖而異於諸儒者，正在於此，宜不得比而同之矣。

來教舉考亭引程子云：「未發之中，本體自然。敬以持之，使此氣象常存而不失，則自此而發者自然中節。」又舉考亭言：「延平先生每令於静中以體夫喜怒哀樂未發之中，未發作何氣象，存此則無不中。」又舉先師謂：「位育只從未發之中養出來。」此言誠是矣，但不知所謂敬持、所謂存、所謂養，作用當何如耳？存養二字，本於孟子，存對喪而言，養對害而言。人之所以喪其良心者，旦晝所爲多欲牿之；所以害其良心者，行有不慊，自反不直故也。則夫所以存且養之者，亦惟反其所以喪且害之者耳。蓋顔子之「非禮勿視、聽、言、動」，仲弓之「如見大賓，如承大祭」「己所不欲，勿施於人」，樊遲之「居處恭，執事敬，與人忠」，皆格物以致知，此正存養之功無間於動静者也。

來教謂「復生於坤，震出乎艮，巽辨於井」，蓋以爲動根於静之證。然坤六二之傳言「直内方外，敬義立而德不孤」，艮彖傳言「時止時行，動静不失其時」，九卦之序，履以和行，謙以制禮，而後能復、能恒，能居其所，則主静之功，果專在於静耶？後儒所謂静而存養者，果孟子之所謂存養者耶？夫程、李二先生所言未發之中，亦只是二先生之意，未必子思旨也。子思以率性脩道爲宗，獨知，其本體也；慎獨，其功夫也；中和，則其效驗也。慎獨之功念念無間，則良知念念精明。其未發之體無少偏倚，故謂之中；發用之節無少乖戾，故謂之和。稱名雖異，其實一獨知也。言良知，則中和在其中，而不可遂以中和爲良知。程子所謂，猶稱天圓地方，而不可遂以方圓爲天地者也。故觀乎天地則方圓可見，致其良知則中和在我矣。乃二先生獨提出未發之中，使人反觀内省，蓋亦有爲言之，然自此辨説紛紛，又添出已字以對未字，遂破碎分裂。謂致中於未發以立大本，致和於已發以行達道，既以遠於子思之旨，其後又或以未發字對中節字，而深求其義，以爲未發不可淺言也，必若所謂「寂然不動，無聲無臭」云者，而後謂之未發。夫無聲無臭，蓋贊嘆上天之事；寂然不動，蓋贊嘆至神之變化。不離變化與事，而聲臭俱寂，猶之曰「大而化之」，化不離大也。辭若玄，而義亦不甚深也。乃若未發之云，則本無深義，而又鑿之使深乎，遂使聖門明白平易之學，反成晦僻難曉。故先師於答問中發其義曰「良知即是未發之中」，正欲人知致知即是致中，破前此深求之蔽，易爲通曉，庶幾念念慎其獨知，文理密察，無自欺而求自慊。縱令精詣深造，亦只是於獨知精詣深造。靜時此密察，動時此密察，靜時此不欺，動時此不欺，即靜亦此知，動亦此知，涵養養此，體驗驗此，擴充充此，窮神知化窮此。蓋愚不肖可以與知與能，而聖人所不能盡者矣。若謂未發之中是良知常存，未發氣象是致良知，會得大意，即順説、反説無不可者，然比之慎獨，卻似反更深奥。何如何如？

來教疑心無定體與有定體之説。竊意形生之後，神發爲知，所謂心也。此知因應變化，故謂之易；其變化不動於欲，不礙於私，故謂之寂然，謂之感通。夫有變有化、有感有通，則固有用矣，有用則必有體，有體則必有定。然其體，神也；其用，易也。故神無方而易無體，其定體也；私欲渾化、常寂常通，其定體也。

定體無動静，故精義入神以致用，隨時變易以從道，其功夫亦無動静。來教謂「定體炯然在中，寂然不動而萬化攸基」，此是涵養所得，非若空想虚談者。乃略不言及感通，卻是專主静養，鄙意微有未協耳。然體得未發氣象炯然在中，恐亦未可遽謂之中。如前所陳，敬持存養卻自是致中要道，到得動静無心，内外兩忘，不見有炯然之體，則真炯然矣，允執厥中矣。《大學或問》引延平先生言：「爲學之初，且當常存此心，勿爲他事所勝。凡遇一事，即當就此事反復推尋，以究其理。待此一事融釋脱落，然後循序少進，别窮一事。如此既久，積累之多，胸中自當有洒然處。」其云「且當存心、勿爲事勝」，殆所謂静中體取未發者耶？「遇事究理」，殆先生格物致知之功耶？此雖與《大學》本旨未盡脗合，然其就日用事爲上磨礲煅煉，循序積累，消化氣習，破除意見，以求融釋脱落，胸中洒然，亦可見其不以静存未發氣象遂爲立天下之大本、盡性學之全功矣。居處、執事、與人，何處無視聽言動？何處無喜怒哀樂？何處非格物致知？何處非存養未發之中也？如何如何？

來教謂明水駁辨甚嚴，未蒙寄示，無由得知其説。近讀前輩一二辨駁之書，往往執己非人，殊甚不安。嘗謂人之爲學，但當各自立個欲明明德於天下之志，而各格其物，各致其知，各以脩身爲本，各務親師取友求啓助之益。凡有問辨，各務相下相師，見善思齊，聞過則改。其於他人所見苟有未協，則陳述所疑，忠告善道，而不敢遂以爲非；己之所見，苟有自得，則傾吐底裏，就人求正，而不敢執以爲是。非故爲是不情也，自大賢以下，學固未必盡是，不善固未必盡知，過固未必能盡見而内自訟，所資於問辨者正惟在此，非必以己爲權度，而一天下之長短輕重也。況至於詆讁辨詰，如訟如仇，此中不無亦有心病。故嘗疑魯論「攻乎異端」一語，恐非謂專治異端之道者。蓋雖同志同學，而端倪必不能無小異，惟取以相輔，則皆得益，苟執以相攻，則將增勝心而長己見，爲害不小。且彼一是非，此亦一是非，使天下之人，無志者得藉口以自委，有志者亦皇惑而莫知所從，此其害又有不可言者。當時孔門諸賢，恐亦不免有此，故聖人言此以警之。其在吾黨，則朱、陸以來，爲鑒固不遠也。此雖鄙淺之見，然或愚慮一得，公以爲可采，幸爲告諸同志。倘蒭言得借重以取信，杞憂將因之而頓釋，豈非幸歟！

二

翰教反覆諄切，展玩至再，乃知前書尚有未盡尊意者。然而翰教云云，則又未盡劣者之意矣。朋友輔仁，有相同而相助者，有相異而相發者。凡某所聞，其偶同於公者，既皆默而識之，聊述其小異者，以待公之發我。公或反求而得其所未盡，則亦足以相發，庶幾不失輔仁之道。然尊教皆是從隱微處伐毛洗髓、奪胎換骨功夫，是先師所拳拳於我後人者。大本既同，小異自當歸一矣。

來教云：「良知本寂，感於物而後有知，不可遂以知發爲良知，而忘其發之所自。心主乎内，應乎外而後有外，不可以其外應者爲心，而遂逐外以求心。故學問之道，自其主乎内之寂然者求之，使之寂而常定，則感無不通，外無不該，動無不制。譬之鑑縣於此，而物來自照，此謂無内外、動静、先後而一之者也。是非愚之見也，先師云：『良知是未發之中寂然大公的本體，便自能感而遂通，便自能物來順應。』又云：『袪除思慮，令此心光光地，便是未發之中，便是寂然不動。』」謂良知本寂，又謂感於物而後有知，則寂無乃爲無知耶？夫神發爲知，主於身爲心，自生至死無間可息,無知則無心,無心則無寂之可名,又焉有所謂感也?又謂「心主乎内,應乎外,不可以外應爲心,而逐外以求心」,其以所應者爲外耶?以能應者爲外耶?譬之親親長長,親長在外,親親長長之心有内外乎?心之良知,無間可息,惟動於欲而後不良。不良者爲不寂不通、不虚不靈、不中不和。精一其知,不動於欲,斯復其良。良者爲寂爲通、爲虚爲靈、爲中爲和。故寡欲養知,是爲無動静、内外而渾然一體之功。來教卻似以静爲功,而動爲效,功在内而效在外,兼功夫效驗而渾然一體,尚覺小異也。

所引師説,意旨似亦未協。蓋師以思慮無邪,光光是心之本體,爲中、爲寂、爲公。尊教以祛除思慮,心光光地爲中、爲寂、爲公。然既曰心光光地,則有光光地之心,有心必有知,則中、寂不得爲無知,知非感物而後有矣。師嘗云:「無有作好作惡,方是心之本體。有所忿懥好樂,則不得其正。正心只是誠意裏面體當心體,鑑空衡平,便是未發之中。」夫本體只是好惡無作,鑑空衡平,只是誠意裏面,則中不當在喜怒哀樂未發之前矣。師《答汪石潭書》謂「君子之學,因用以求其體」,謂「非别有寂然不動、静而存養之時」,謂「且於動上加功,勿使間斷,動無不和即静無不中,而所謂寂然不動之體當自知之」。此可見致中功夫不離乎喜怒哀樂,而所謂中立和出者,體用一原,非若標本源委,有彼此之可言也。

來教謂某良知感應變化之説,「似以原泉爲江、淮、河、漢之所出,然非江、淮、河、漢則亦無以見其所謂原泉者」。此非鄙人意也。夫源委與體用稍異,謂源者委所從出可也;謂非委則無以見源,源豈待委而後見乎?蓋源與委猶二也。若夫知之感應變化,則體之用;感應變化之知,則用之體。猶水之流、流之水,水外無流,流外無水;非若源之委、委之源,源外無委,委外無源,首尾相資而非體用無間者也。知之感應變化，體用無間，故致知者，致其感應變化之知；致其感應變化之知，則必於其感應變化而致之，猶之曰達其流之水，則必於其水之流而達之。若曰濬水之源，必於其委而濬之，寧有可通者乎？

來教云：「人固有時乎不喜，亦有時乎不怒，感物而動，與化俱徂，安得遽無未發之時哉？今曰『未發，非時也，言乎心之體也』，猶云喜怒哀樂之本體謂之中也。誠若是，則致中焉止矣。乃謂『中，非體也，致中非功也』，而於致中之外別提出一箇獨知爲頭腦，而於子思之意微有不協。『樂是心之本體』，先師嘗有是言，言雖喜怒哀樂而心之本體脱然無所累，至誠惻怛動以天，而不雜之以人，非對喜怒哀樂而言之樂也。父母之喪、赫然之怒，尚能閑静虚融哉？執閑静虚融以爲體，未有不流而爲佛學之無情也。」

鄙意謂性之七情，更互而發，無一刻無性，則無一刻無情，無一刻非發。雖思慮不作、閒静虚融，俗語謂之「自在」，則亦樂之發也。閒静虚融不得爲未發，則又焉有未發者在閒静虚融之先乎？故未發，言其體；發，言其用，其實一知也。此知無形無聲，故謂之不睹不聞。非他人所與，而各各自知，故謂之獨。此知體無偏倚，用無乖戾，常存戒懼，則念念精明，復其本然之體用，謂之中和。中和者，獨知無偏倚乖戾之名；知者，中和之實。舍知，則無從求其所謂中和者，故慎其獨知爲致中和之功，精一於危微之間爲執中之功也。其於子思之意本無不協，尊意不以獨爲知，則見其有所未協耳。慎獨之説，始於《大學》，謂誠意必先致其知，致知在毋自欺而求自慊。所謂自欺者，欺其知；自慊者，慊其知也。欺爲自欺，慊爲自慊，而知爲自知。自知而謂之獨者，對共指、共視而言。獨不可以訓知，而實以言知也。

來教云：「歸寂之功，本無間於動静，而動静一以歸寂爲主。寂以感應，自有以通天下之故，應非吾所能與其力也。與力於應感者，憧憧之思，而後過與不及生焉。是過與不及生於不寂之感，寂而感者是從規矩出方員也，安有所謂過與不及哉？而不免於過與不及者，規矩之爽其則也。今不求天則於規矩，而即方員以求之，宜其傳愈訛而失愈遠也。何如？」

鄙意亦大同小異，聊一述之。人心常知，而知之一動一靜莫非應感。雜念不作、閒靜虛融者知之靜，蓋感於靜境而靜應也；思慮變化、紛紜交錯者知之動，蓋感於動境而動應也。動則五官俱用，是爲動之物；靜則五官不用，是爲靜之物。動、靜皆物也。閒靜虛融，五官不用，而此知精明不欺，不減於紛紜交錯之時也；紛紜交錯，五官並用，而此知精明不欺，無加於閒靜虛融之時也。動、靜皆知也。此知精明不欺，而偏倚無從生矣。或乘間生焉，而精明不欺者自知之，則去其偏倚以復於無偏倚。此知精明不欺，而乖戾無從作矣。或乘間作焉，而精明不欺者自知之，則去其乖戾以復於無乖戾，致知以致中和也。精明不欺於五官不用之時，是爲格靜之物，《大學》所謂「瑟僩恂慄」、《中庸》所謂「齊明」者也；精明不欺於五官並用之時，是爲格動之物，《大學》所謂「赫喧威儀」、《中庸》所謂「非禮不動」者也。蓋動靜皆有事，皆即此知之感應變化，而用其精明不欺之功，格物以致知也。

規矩方員之喻，誠然，然規矩出方員者，心之本體；方員不踰規矩者，聖人之得其本體。即方員以求規矩者，棄內逐外之學；離方員而得規矩者，虛寂遺物之學；求得規矩由之以出方員者，內外二本之學；不離爲方、爲員之際而員必不違規、方必不踰矩者，內外動靜一貫之學。然此喻猶未也。規矩方員，有彼此者也。方員有時乎不爲，規矩有時乎不用也。若知之感應變化，如水之流，澄之而不使其沾泥帶沙，平之而不使其觸石起波，導之而不使其泛濫横溢，無彼無此，無時不然者也。然此喻猶二也。流者，水也；澄之、平之、導之者，人也。若知之感應變化，則自得自失，自知自脩，一念精明，萬物皆備。假喻以明，未必切當，知道者默而識之可也。

夜來具此數條，後曉起復有他事，家僮行期已迫，復欲作他書，故來教中所欲請者遂不能一一。然鄙意本欲述所聞以就正，聊藉來教啓端耳。則雖不必一一，而鄙見亦略可推矣。仰俟裁教。

答陳華山

承翰諭：「簿書之間，庶務叢委，無非實學。惟洗滌舊知舊聞，種種向外精神打疊一處，直自獨知一念根實理會，即物致知，循吾本心以往，立見真體，期無負於門牆而未能也。」幸甚幸甚。

夫人心獨知，萬物皆備，是是非非應感而通，各有自然之則。惟旦晝所爲，計功謀利，向外馳求，即自作欺蔽而不能自慊，故無以致其極，而陷於不誠。此亦只緣欲明明德於天下之志未能真切，以致如此。今能以真志真知於事事物物，打疊種種向外功利之私，而一意於正義明道，信乎簿書叢委無非實學，一切舊知舊聞自不致流爲虚見虚説，又焉有期無負而未能之慮也？惟是志難立而易奪，難精而易疏，良心難純一而私僞易以攙和，此僕所深病，而願與同志共勉之者。千萬毋忽！

答朱鎮山

鎮山與沈思畏同時按閩，亦是斯文一大機會。鎮山又官爲督學，開塲演法正是職業。但不求近功速效，直從自己獨知精實不欺處隨才接引，因機開導，則良知人人固有，當有勃然興起、莫之能禦者。近時學子大患，未有欲明明德於天下之志。明德，吾心之良知，是是非非虚靈不昧，衆理具、萬事出者也。誠欲其昭明暢達於天下，則必隨其所出之事，循其所具之理，一切視聽言動、喜怒哀樂、居處、執事、與人，皆不敢苟焉自欺以昏放其良知，夫然後視聽言動、喜怒哀樂、變化云爲達之天下者，莫非良知之發見，而明德無處不昭著明察者矣。此古人格物致知之學，蓋欲明明德於天下之志爲之主宰也。苟無主宰，則物誰與格，知誰與致？而種種講説總是聲音，種種事爲有同笑貌矣。故今日接引開導，須就學子真志提醒，所謂殺人從咽喉着刀也。承欲躬行有氣魄者，大聲詔告，開示藴奥，此正今日鎮山所能自任者，尚可諉之何人乎？

僕早歲頗躭静養，一意省事，便覺事事非我所能。及作州，思得無所退避，只就自己力量所及，忠信篤敬，不敢苟且，亦自勾當得辦。乃知爲仁由己，未必不係乎志。此未足爲鎮山道，因問聊一及之，以爲任重之助耳。

答楊武東

頃嘗寓書，自林縣丞轉寄，不識曾到否？仕路誠易溺人，承來翰所謂「不敢渝」者，心知武東於此有着力處，幸甚自愛。危微之幾，不能以髮，君子所以必慎其獨知也。維時、思極諸君商量何如？便中不惜示教，顒企無任。

所諭事機，要亦在得人以乘之。治不由道，則將驅人而納之苟且趨避、矯僞文飾，雖機之可乘者未免當面蹉過，所從來久矣。轉移變化，豈一二人之力、一朝夕之故哉？所願同志如武東諸君，俱真實辦個欲明明德於天下底心，從格物致知上真實用力，則轉移自我，變化及物。佛氏所謂一身清浄，百身清浄，一世界清浄，百世界清浄，苦惱境翻爲極樂國矣。如此，則僕得養拙一丘，所蒙已厚，豈復更有他望？然武東所期於僕者，亦安敢不自勉也？

答賀龍岡

來教皆切近精實，體驗所得，受益多矣，幸甚。抑其中有欲請者，敢布其略。

良知本虛，致知即是致虛。真實而無一毫邪妄者，本虛之體也；物物慎其獨知而格之，不以邪妄自欺者，致虛之功也。故格物致知，則至虛至靈皆我固有。若有見於虛而求之，恐或離卻事物，安排一個虛的本體，以爲良知本來如是，事事物物皆從此中流出，習久得效，反成蔽障。程子謂：「横渠言清虛一大，使人向別處走。」此亦不可不精察也。凡事求討格子，固是舍本逐末，然心之良知怵惕必於入井，慚憤必於嘑蹴，恭敬必於賓祭，雖屢變而不亂，至於凡事莫不皆然，謂之有格子可也，所謂「有物有則」者也。然變易無常，惻然而怵惕矣，忽赧然而慚憤，又忽肅然而恭敬，雖不亂而屢變，至於動静、有無莫不皆然，謂之無定格子可也，所謂「無方無體」者也。夫動静、有無，亦是良知變易之名。紛然而錯擾者，良知之動而有，然未嘗增也；凝然而專一者，良知之静而無，然未嘗減也。動極而静，未嘗有静，有静則不復能動矣；静極而動，未嘗有動，有動則不復能静矣。故有見於動静，則動時無静、静時無動，物則不通者也；有悟於良知，則常動常静而無動無静，神妙萬物者也。周子言有無、動静，本誠神以爲言，猶夫《易》言神，而不言有無。若諸子執動静、有無以求神，《易》則失大易之旨，宜横渠以爲陋矣。來教謂「無動無静爲虚，虚故静無而動有，有無二者循環於一虚之中，故虚能通有無、貫動静而神」，語意似未甚瑩，幸更察之。

來教舉近時同志「元來渾成，不用功夫」之説，而闢之以「聖賢非性生，必寡欲致之」之説，甚善甚善。然又謂「堯舜以後，渾成之聖賢爲誰」，卻似未盡。夫良知本自知愛，本自知敬，然必擴而充之，然後能火燃泉達。故自本體而言，則平旦之好惡、小人之厭然，何嘗不渾成？自擴充而言，則堯之兢兢、舜之業業，何嘗無功夫？不用功夫，即昏即放，所謂渾成者安在？然離卻渾成，則亦何從而用其功也？

吾兄好學不倦，每得一書，輒用警發。承下問，不覺喋喋。青原夏會，未能領教，蓋府縣諸公俱未謁謝，然不可以麻枲入公門也。

答曾雙溪

頃辱枉教，匆遽未得欵承，殊抱歉歉。學者勝心與真志相爲消長。志真，則自能見過内訟，真見良知之無窮、無體、無二、無我，自不至求勝，亦自無勝可求，第真志未易言耳。《大學》言「如惡惡臭、如好好色，此之謂自慊」，吾黨但當念念在此，此外别無巧法捷徑矣。如何如何？

苗事甚欲備聞，少釋杞憂。有書見教，幸付張綏、寧炫寄來。舍姪在彼訓其子，當有人還往也。

二

别久，曷勝馳企。尊教數條，皆切實語，見兄體認功到也。僕每欲有請，而多冗未遑，輒因來誨，附請數語，幸與王新甫同商之何如。

來教謂：「嘗讀先師《惜陰會序》有云：『天道之運，無一息之或停；吾心良知之運，亦無一息之或停。良知即天道，謂之「亦」，則猶二之也。』愚初意運動之氣，恐未可以語良知本體，及後體驗日久，乃知理氣原不相離，直是真切混一。故自氣之條理而言，謂之理；自理之運行而言，謂之氣。氣即理，理即氣，匪有二也。故孔子云『一陰一陽之謂道』，朱子釋之曰：『陰陽迭運者，氣也，其理則所謂道。』如此，則知吾心運動之氣精精明明、條條理理，即所謂理也。何者？天以輕清之氣運浮於上，即所謂天道；人得天輕清之氣以爲吾靈明之氣，是氣即天之氣，非有二也。直是與生俱生，其生生不息之機，化化不已之妙，有難以顯言者，是『謂之「亦」者則猶二之也』，其旨始明矣。」

天人、理氣本一，尊見甚是。然不必如此一一分疏，卻未免泥着文句。學只要念念皆知、刻刻皆知，即此心精一無二矣。

來教謂：「嘗聞先師有云：『不覩不聞是良知的本體，戒慎恐懼是致良知的功夫。學者常覩其所不覩，常聞其所不聞，則功夫始有着落。』門人有執此爲問者，則曰：『須要信得本體原是不覩不聞的，亦原是戒慎恐懼的，戒慎恐懼不曾在不覩不聞上加得些子。若見得真，便謂戒慎恐懼爲本體，不覩不聞爲功夫，亦得。』蓋『亦得』云者，良以道理本是活潑潑地，見得明時，橫説豎説皆得。近時遂舉此以教人，乃云『戒慎恐懼是本體，不覩不聞是功夫』，頓令用功淺者驟聞駭異，致生疑惑，無所依據，無處下手。又云『戒慎恐懼二句，與視之而不見二句語意相類，其中各有轉語二三字』，則明以戒懼爲功夫，尤爲易知、易從也。」

合本體方是功夫，用功夫即是本體。良知本戒慎不覩、恐懼不聞，用功亦只戒慎不覩、恐懼不聞。初學如此，深造亦如此，本無二也，生熟之間而已矣。

來教謂：「嘗聞先師有云『本體要虚，功夫要實』，玆言不知何爲而發也？但以本文推之，亦只謂良知本體原無一物，何等虚明，但致良知功夫須得懇切篤至，使吾良知本體無有夾雜，方是實落，此乃一連説下來也。近時同志有謂『良知是虚，格物是實，虚實相生，天則乃見』，似以良知、格物、天則分爲三事，合并相助乃爲協一也，是良知尤須格物幫補而天則始見，將以本體原無格物、天則之説，須待參入乃始有耶？恐非一貫之道。究竟其意，亦因先師前言而分析太過耳。俾學者驟聞駭異，以爲良知本體尚有缺漏，殊不知萬物皆備，何嘗有偏耶？　蓋良知本虚、本實，一虚百虚，一實百實，初非有待於外物相參而后全也。　若云良知是虚，致良知以格物卻是實，則亦不啓人之疑矣。　其下二句，旨意稍殊，固未敢以爲確論也。」

視聽言動、喜怒哀樂，皆知之用，所謂物也。　知無體，以物爲體，無體者虚，有體者實，虚實一原，顯微無間。　故致知在格物，格物以致知也。「虚實相生，天則乃見」，語雖未瑩，然其意本謂用格物致知功夫則良知日精日瑩，似未嘗分爲三事。　如何？

來教謂：「致良知以格物，則於事宜無不盡心矣。　但事當冗劇，亦容有照管未到處。　惟於静時體驗，則見良知本體炯然明白，固已識得本來面目。　須得常常如此，無有夾雜，乃成片段。　但默坐久之，亦有纖毫浮念隱隱飛過，覺得不相染着。　後來良久，雖有善念萌動，而雜念亦有來參入者，覺察克去，又得明浄。　昔延平有云：『人於惡念易爲驅治，只是一種閑思雜念未易掃除耳。』觀此，則知病根未盡拔去，有時露出端倪，蓋由功夫不能常用，是以良知未得純一耳。　若能養得此心如明鏡止水，然則動静皆定、内外協一矣。」

冗劇照管不到，只是不照管，未有照管而不到者。　念念能照，即是念念皆知；　念念皆知，即是本體炯然。　此功夫無間動静，非静時體驗得成片段了，冗劇自然得用也。　浮念即是染着，若謂「浮念飛過，覺得不相染着」，是二物矣。　又謂「良久有善念萌動，而雜念亦有來參入者，覺察克去，又得明浄」，卻似有個明浄的本體，又起善念，又參雜念，是三物矣。　此雖語意未瑩、小疵，然於精一之旨，未免有毫釐未徹，不可不察也。「功夫未能常用，是以良知未得純一」，此真實不誑語，敬聞教矣。

歐陽南野先生文集卷之六　内集六

家書抄

一壬辰正月二十九日

二子姻事，須仔細斟酌。可來則來，不可則止，早遣書至，可定歸計也。田租所入，約可供三十許人，則吾歸無衣食之慮矣。不然，亦當散遣人口，節縮費用，但免凍餓，即可終身。安能舍父母俱存、兄弟無故之樂，以奔走於風塵之中，使進不得行道於時、退不能明道於身，擔閣此生，辜負壯志，竟何益哉？吾弟啚之。

二壬辰十二月十一日

來書援溺之説，吾豈溺而不援者？吾其豺乎？若其播弄風濤、死而無悔者，固將百計而登之岸，固忍成之哉？吾恐淪胥以溺，而莫我拯者矣！夫恤人之貧、解人之鬭，謂之援溺可也，其他則胥溺而已耳，無謂爲迂。

老親平安，時談二姪事，令人不覺忻慰。無道之以機械，無教之以紛爭，至望至望。晶兄未得奉書，然亦無可言，惟願諸兄勤生節用、相親相睦耳。望以此告之，并告早、昇諸兄也。

三癸巳五月晦日

處家庭鄉黨，只如尋常村夫野老，文貌不足而情實有餘，乃是聖賢之道。孟子稱堯舜之道乃在徐行後長，孔子終身只是忠恕，無許多蹊徑、議論、曲折也。處家事直須平實，然須有衣敝緼袍與衣狐貉者立而不恥之心，乃不爲飲食之人。此須心中實實體認，懸空想像、論説皆無益也。曰動尚在衙，欲爲覔生計，猶未有處，可報老伯父慰之。

四癸巳八月朔日

吾弟今來，所與切磋者爲誰？進學如下棋，不遇國手，對壘終無高着，此最不可不察。君子之道，欲行高遠，先自卑近。然知微之顯，然後可以入德，非精一之至，不足以與此。凡事奇特不足貴，惟此心平實有恒爲難能也。不知近日所見如何？此中諸生，勃勃有生意，爲之一喜。

五癸巳九月望日

身心須實用其力，習染既深，克治倍難矣。程子云：「君子之學，莫若廓然而大公，物來而順應。」吾弟試體驗，如何乃能廓然？苟非大公順應之心，縱用智用數十分周密，無罅可窺，與君子作用天地懸隔也。某處紛紛若此，殊足爲戒。所惜此輩不知持盈，刁風日長，恐向後善人難立脚耳。

六（缺）❶

---

❶「六缺」，原無，今補。

七甲午閏二月五日

當柄之臣，初甚重陽明公，已而漸生釁端。蓋始而薛中離，繼而唐子忠、朱子禮、魏水洲諸人，皆不利於柄臣。黄致齋、王定齋又嘗爲水洲解怨於柄臣，而水洲竟有論劾，遂併疑二公相黨以相害。諸公皆陽明之徒也，忌疾競進者因而進讒，將以抑人之進而伸己，而有怨者又復醖釀其間，故諸公皆落職。近日爲鄒東郭告病擅自回籍，吏部忽然查奏，併及南禮部行勘不報，追罪黄久菴、季明德皆外補。久菴乃柄臣之最厚者，以其所甚厚之人而排之至此，此非有所激於中而又有醖釀之者耶？況鄒、季二公又皆吾黨，奏中又以學爲言，其意居可知矣。

君子見幾而作，不俟終日。恨無間可乘，苟有間，吾即爲投簪之計。若吾弟得捷，則吾去益有名矣。努力努力。即不得捷，歸計亦未可緩。君子得其志則行，不得其志則止，況吾事君之日長，事親之日短，向時徒以仰事俯育牽制，乃今則可以無累矣。復何所係哉！對江海智寺傍近，不妨買一莊，吾將於寺中杜門謝客，須有所資賴乃可，宜早啚之。

八甲午閏二月七日

老親漸就休閒，不理家事，甚喜甚喜。吾弟尤宜善爲將順。嘗見王文正公有傲弟不可馴，一日公歸自外，適其弟盡碎酒缸於庭，酒流滿地，公攝衣循無酒處徐步而入，竟不復言。韓忠獻公與歐、曾諸公同在政府，每議事，二公至厲聲相攻不可解，公一切不問，俟其氣定，徐以一言可否之，二公皆伏，事亦無不濟。此最可爲處昆弟、鄉族之道。若嘵嘵揭揭，辨己之是，折人之非，所謂以善服人，人未有能服者。然非真實從事於誠意、正心之學，則客氣妄動，倉卒自主張不得。致力於學，日消月磨，則習與性成矣。然其發端，則順父母尤爲切要，和妻子、翕昆弟、睦鄉族，舉斯心加諸彼而已。勉之勉之！

聞家中疑某，其説云云，亦未必盡然。宋景文公論治民云：「吾與之生，故能爲吾死；吾與之樂，故能爲吾憂。」吾常謂御僮僕、處鄉鄰莫不皆然，不足疑也。四鄰皆火，不及吾家，誠可堅爲善之志。睦宗恤鄰，亦不可後矣。念之！

九甲午五月十九日

連得書，甚慰。如此處事，庶幾平實精練者矣。然鄉族中未肯遽以此四字歸吾弟者，豈舊習未盡除耶？不可不自盡也。言語便捷，折人之非，談人之短，伸己之見，自是學者病痛。惟聖人爲能好問、好察，隱惡揚善，恂恂似不能言者。

石江兄可時相親，雖吾弟明敏，然一人之見，鄉俗薰炙，人情物理未必能盡，宦達者歷練更多，虛心聽之可也。差徭既有新例，但當從衆。龍瑞之業苟善，消息之。此外節嗇家用，常如平時，差亦不能累矣。二姪及早教之，使稍知人道，久則習而安焉，不至爲浪蕩者。老伯父近日安好何如？諸昆弟、叔姪友于之情何如？便中示知。

十甲午八月十三日

舉業二篇俱佳。讀首篇，竦然動心，其所以規切我者亦至矣，豈但文義之工？敬佩敬佩。吾弟誠如此用心，使吾不出家庭而有尚友之益，程氏昆弟獨不可追及也哉？

答某書甚是。老親誠休休若是，爲子者可幸免於罪乎！老伯父安否何如？聞晶兄近亦多疾，念之悵然，爲一道善自保養也。

十一 甲午十一月十二日

得失但當付之命。來書雖頗能自遣，然皆以怨憤之意而爲和平之詞。凡事當自察其志，志於富貴而處之以道，終不若以道爲志而處乎得失之間者也。此最宜猛省。

府縣及鄉士夫一切慶問之禮，皆不可廢，此非以爲媚。府縣，吾父母官也；鄉士夫，吾斯文骨肉也。於此不用其情，惡乎用其情？但近世欲以此爲干求之資，故不事干求者遂并其禮而廢之。夫我不加禮於人，往往不自覺；人不加禮於我，我心若之何哉？此强恕而行之道，不但府縣，過往士夫不相聞則已，相聞亦不可不自盡。處人之道，最宜有情有禮，更要精實，不可一毫虛飾。凡怪人、怨人、防人、慢人之意，一毫不可萌之於心；他人過失、醜惡，一切不可形之於口，即此便是天下歸仁氣象。

畜臣妾之道，規矩貴嚴，情愛貴厚，檢責貴薄，任使貴稱才。來書所謂能盡力、能幹事，有一於此足矣，不宜求備也。

十二 同前月日

用人不必其才之備，可任耕種雜役，可當門差，可使商販，各節取其長。惟總領提督者更難得其僕，此時不免吾弟身自總之。異時子弟長大，隨擇一人，不惟其長，惟其賢，但量其資不能讀書，即可使治家。合衆人之中而擇一賢，合衆人之力而理一家，雖使之世世可也，然規模須自今爲之。若求備，則不能皆得其人；用不當其才，則不能皆理其事；而提督非人，則不免有一國三公之患。此一僕誠不可不擇，其餘但器使之可矣。

姊家零落，念之悵然。家中須時時濟之，遠不能爲力也。

十三乙未正月二十四日

星岡叔平生孝友之行，敬長上以禮，訓子弟以義，今不復可見。吾欲作一墓表，以寫予哀，且使後輩子弟知前輩有此風也。葬在何所，寫來。

聞家中於某頗有芥蔕，此大不可。凡有情於我者，當記善忘過，可以全交。或一言不合，一事不稱意，而遽相違忤，此豈有忍有容之道？家中歲用有常者，定擬於何項取辦，不測之用以何項待之，皆須酌爲定規。更取義門鄭氏家範，觀其量入爲出及分職課功之道，稍與斟酌損益，使後有驕怠陵蕩者不得自肆，亦所以納之於善也。二姪宜漸使知禮義矣。

十四乙未二月初九日

吾家於府縣官事之殊簡略。豈惟官爲然，雖吏卒亦不可忽之。鄉里士夫朋友，以愛憎爲毀譽，雖非所當計而待之，亦不可草草。大抵不簡一人，尚不能必人之不簡我，不怪一人，尚不能必人之不怪我。孟子云：「反求諸身而天下歸之。」君子雖不期天下之歸，而反身之功不可緩。然天下歸之，亦君子之所喜者。吾願從事於此而未能，吾弟勉之。到得精力所不及，則無可奈何。古人所謂人倫之至者，其實在此。非此心精一、無自欺而求自慊者，未易言此也。

十五乙未七月二十三日

伯父喪葬，賴吾弟周旋，閭鄉人以爲榮幸，豈知吾之悲哉？十三日午後，聞伯父訃臨，三日始設祭。中元之薦，以有喪移之仲月之吉，蓋權宜也。

鄉間水患異常，鄰近諸省旱蝗相屬，今南都米價踊貴，後此恐更可憂。民貧盜起，雖富足之家其能獨利？吾家今歲租入，須稍減時價糶之，以惠鄉族，貸者可輕其息。佛經以得遇貧乞爲幸，謂舍此無由種福田，亦善喻也。

凡處人處事，去盡輕率玩戲之習，則真實義理自見。然苟以富貴爲心，則全體先蔽，所處未必中節，但得爲俗人之巧於趨避者耳，不可不察也。

十六乙未九月望日

吾弟今歲共講者爲誰？文須語贍意明、骨肉匀稱爲上，諸家文字宜從容諷詠，到讀得多後，下筆又長一格。凡接人處事，亦因見得多後别有會意處。乃知古人學與年進，真不可誣也。吾弟勉之！得付屬家事，一味理會學問，又有勝己之友，自然日進無疆矣。

十七乙未十月十六日

某書至，甚稱吾弟撝謙，此固某德進，亦足以驗弟之進德矣。謙與諂，相似而不同。謙以進德爲心，諂以希合爲心。因謙獻諂，固是假公濟私；惡諂忘謙，不亦因饐廢食乎？如某避匿不見，殆亦惡諂忘謙者矣。此公性雖不常，而雅好禮名士。大抵處人不當憂人性之無常，但當憂我不能處無常之性。不能處無常之性，則吾性亦無常；能處無常之性，則其人亦有常矣。吉人爲善，惟日不足。吾弟年已三十，正當洗濯澡雪，順爾成德，無若兄四十無聞也。

前書云云，此等事只隨時應酧，不必營營。無百年不死之人，無數世不貧之家，但據見在，盡其有事，使後人有所賴而爲善耳。

十八丙申二月二十七日

近來深思猛省，頓覺舊習之非。原平日此心定静之力，未到澄瑩精純、纖欲不留，便起種種作用、言説，以爲真機本自活潑，不知裏許盡是粉飾鋪排，未有根心生色之實：可謂四十無聞。半生精力陪奉種種情欲，究竟無益。自今須當下了徹，始有根基可培植也。吾弟勉之！了得真心，自能處己處人無不當可，自能須臾不離，前後書詞所論事體皆可以不言而喻。家業漸殷，須痛戒種種熱鬧，甘忍恬淡寂寞。非必强爲於外，直從心體洗濯，得恬淡滋味，乃能有常。不然，則自謂高賢，猶不免爲俗人。古之稱聖人，必曰「飯糗茹草，若將終身」，必曰「遁世不見知而不悔」。得此滋味，則雖袗衣鼓琴、榮華顯盛，有之而不與，居之而不染，亦不失其爲恬淡寂寞者也。吾歸興已動，蓋不免今是昨非之感。家中内外大小，浸淫薰蒸，頂踵骨髓，莫非富貴氣習。吾輩耳濡目染，漸亦漸習其中。泥淖中拔起脚根，亦須就平地頓放。幸早整葺廬舍，不必華美，但求牆垣堅實，免鼠輩覬覦耳。

十九丙申四月二十五日

老親歸計，當在冬春間，其勢須自侍行。吾亦自覺外强中乾，欲因此暫息肩耳。傍寺之業宜早計，陂垓上花廳可拆來，樹在新買從學基地上，賓朋至可以停頓。此屋留之彼則無用，此地新造則不能，移來則兩有益，幸無牽繫葛藤不斷也。

恩童仔，吾初意以昇兄當有所濟，欲假此爲名，今既如此，但可遣還親戚。骨肉之間，彼有惡不怨，此有功不德，然後能彼我一體，共享和平之福。不然，則一榻之外皆胡越，自家亦不得安枕而卧矣。君子之學，喜怒憂樂發必中節，然非此心如止水介石，則意動情勝不能行於妻子。此賢者之事，愚者不足責也。

二十丙申六月初五日

細觀前後書，到心平氣和，言語自別。此所謂通人之過，今想洞然矣。凡處事不可作好作惡，且不必論聖賢，就鄉中作尊長能鎮服得人者，亦自凝重端詳，不因人而遽喜，因人而遽怒，然後心定而慮事精。否則，未免因一時相與之厚薄以作好惡。所謂眼花則五色眩，非定論也。如某末後乃幾於相詿而不自覺，何耶？此可見用智未必知人，立誠乃能不惑，學之爲益大矣！

擇友須勝己，古人耻爲鄉人。吾弟居鄉，所與真實切磋者爲誰？恐未有能知切磋人者與弟遊處，而凡相與朝夕遊處者皆鄉人，不己若者也。東郭、水洲、洛村諸君，吾所願從遊，吾弟亦不得數承欵教，外此，又孰爲勝己者耶？然勝己之友亦自難親。吾在此，每遇諸兄真實箴砭，始知取善之難，非反身脩德之志切，未易言也。到得志切處，同行莫非我師，雖與鄉人處，告善規過者亦不少矣。勉之勉之！

二十一丙申八月十六日

老父近日兩足遞痛，老堂亦腰痛許時，雖不甚重，然長笻蹣跚，老態畢見。如此，吾尚忍一日離侍傍，使獨往來江湖耶？家事吾弟夫婦自能料理，吾更不究心，但操心行己之道，得則無施而不可。刊落浮華，真實乃見；消融客氣，良心自妙。此語不可忽也。

每書來，不見問及自己身上事，雖尋究語意，頗見端倪，然不敢懸斷，便着一針。通人之病，要之當自悟耳。

二十二丙申九月二十五日

鄉族諸人須寬着心、忍着忿，乃能全婣睦之義。此古人明德、親民之道，直須以爲己任，未可草草。於世俗中支撑補湊，粉飾得過，便謂作得箇人，試仰頭一看，前輩多少豪傑，豈是吾輩這般樣子？千古之後，多少豪傑，豈不將吾輩作唾核相待？尋思到此，今日所作種種氣概，無纖毫着實，便知自家安身立命下落矣。此不可以意氣激作，須貼底真心、蹉踏實地，乃有出頭處。不然，終身包裹在流俗裡，無由得世緣浄潔也。

杜門三月，前日始出。酧應人事，辰出酉歸，甚勞倦。

二十三丙申九月

再疏請告，諸公見教尚未行，俟兆元歸議之。今幸石江兄復起爲操江，待渠到畫策耳。石江此擢，非但門户之光然，衙中長幼無不懽然相賀，豈非一體之感然耶？

老親自身欲歸，又不欲吾棄官，昨始徐徐進説：「親年八十，子年四十，萬無親南子北之理，且衰態歷歷可見，兒何所恃以安心，而能久官於外？所恃者朝夕不離目前耳。縱有弟男奉迎以歸，然旋踵兒亦且歸侍。自此以後，出處視親之衰徤何如，豈當復遠離膝下？」老親聞吾此言懇切，雖陽若麾之，而其中惕然曰動。今歲商販頗得利，人情事變亦大長進，但得渠欿然不自滿、退然若無能，則大幸矣。曰：「尊尚有童心，奈何其婦頗知事。」蓋貧家曾經淡薄，此一舉亦甚費財費心，有難盡言者。但念全體安樂，而一指獨痛亦徹心肝，雖有種種可惡、可怒，念之輒化爲悲憐矣。

二十四（缺）❶

二十五丙申閏月三日

吾家畜僮僕，病在不寬。夫强奴悍僕張威福以恣叱咤者可責，惰奴盜僕不足責也。「不盡人之力，然後能得人之力；不盡人之情，然後能得人之情。」此語真實可行，非虚文也。又，苛察以爲明，亦非美事。人君有此，則群臣百僚不得宣其職；家主有此，則諸僮群僕不得效其能。惟其假借威福者不可不知耳。如玄閏者，屢爲舘駟諸猾所用，過客畏吾家而不敢言，而吾家實未之知，此正張威福以恣叱咤。寧有盜臣，無寧有此僕！凡過客，雖承差軍舍，其勢甚微，亦不可易之。要之，舘駟事，雖親戚亦不可使之依勢，此事最宜留心。

凡養人須寬腸大肚，半痴半啞，乃得其力。若銖銖而秤之，寸寸而量之，賢者且不堪，況愚人乎？惟使之各稱其才，則愚可使、貪可使、詐可使，不必皆賢；與之各以其誠，則怨可使、叛可使，不必皆親。此須自

❶「二十四缺」，原無，今補。

作主宰，豈婦人之見足以及之？親戚骨肉，須是不藏怒、不宿怨，親之欲其貴，愛之欲其富始得，浮文虚禮不足用也。念之念之！吾言無倫次，而心無不盡、慮無不周，亦是學問就實、經歷世事所得，與一種高談闊論迥異，無易聽之也。

寄竹山諸弟姪

近聞諸弟姪頗因小忿彼此不協，甚乖區區之望。家在遠鄉，正宜相友相助以共扶門户，豈可蹈自侮自毁之覆轍耶？

夫人但知争之利，而不知讓之利；但知使詐、使術之爲巧，而不知誠心、直道之有益。試舉往事觀之，其利害昭然可見。蓋争者非惟不得利，而搆結所損，未有不至於大失利者；使詐、使術非惟不得爲巧，而人以機詐報之，未有不至於反害己者，但未之思耳。故相帥以仁讓，相與以至誠，則省事息争，守分遠禍，其得利反多。而和睦所感，不但可相助以禦外侮，而外侮亦自少矣。然所以不能仁讓者，惟自恃其智能足以自立，視至親若無足倚賴，但有怨忿，輒成秦越，遂至幸灾樂禍，或坐視不相救援，或反陰圖潛算，唆人而與爲敵。及其計行，欣然自以爲得，至于唇亡齒寒，則雖悔無及矣。今願吾諸弟姪惟相勖於仁讓敦睦之行，平日或尚氣好勝，即自克以恭讓；或好用智術，即自反以真實；或骨肉之念少緩，即務篤於友愛。誠如此，則百人一心可以當千，雖在遠鄉，無異聚族而居。不然，則舟中敵國，不但異鄉得侮之矣。

聞科舉與者八人，此良可喜。然鄙心所大喜者，尤在前所期耳。昔冉求爲宰，未嘗曠職，獨以得罪夫子之教，遂鳴鼓攻之，故在此不在彼。今諸弟姪慎無墜前人之遺德，庶不致鳴鼓之絶也矣。所欲傾吐者盈懷，恨不得聚諸弟姪出肝膈相示。不得已，諄諄于紙筆之間如此，惟深體此意，使鄉里咸稱頌前人慶澤有延，豈不快哉！念之念之。

歐陽南野先生文集卷之七　内集七

序

送許廷陳歸省序己丑

許子廷陳蚤有志于道，經傳子史必探其賾、必鉤其玄，古今治忽興替之故、政教兵刑弛張損益之宜必覈其實，性命、道德、仁義、禮樂必窮其原而究其用。異日，聞陽明先生致良知之説，若契焉，若疑焉，曰：「聖人無所不知，無所不能也，良知豈足以盡之？」已而聞史某嘗學于陽明，則就而告所疑。史某曰：「夫人能外良知而有知、有能矣乎？雖然多知、多能，非所以語良知。今夫目不眩於朱紫曰明，無不見矣，天下之色固有不及見者；耳不爽於雅鄭曰聰，無不聞矣，天下之聲固有不及聞者；良知不惑於是非公私曰聖，無不通矣，天下之故固有所不知、不能者。堯舜不精曆象，稷不審八音，夔不明五種。孔子於禮不如老聃，於官不如郯子，射御、軍旅、詞命、稼圃不如當時之名能者。諸侯喪禮，孟子不如國之祝史。其所以大過於人者，其惟人之所不見乎？後世以必不可徧物之力，窮必不可徧窮之物，皇皇然欲以大知先天下，其亦厚自蔽矣。」

許子曰：「聖不遠觀，奚以制器？智不博綜，奚以應變？」史某曰：「聖希天，智希聖，天之生物，其聲色象貌皆有所取諸而肖之耶？其無所取而肖之，則物遂易其常耶？故天道静專動直，五氣布而百物生；良知静無動有，四端見而萬事成。道不遠人，心非外鑠，致知焉盡矣，此謂知本。」

許子曰：「古訓之稽前言往行之識也，其謂之何？」史某曰：「良知、宇宙，一者也。覺之所及，匪古匪今；心之所安，孰彼孰我？故古訓也、前言往行也、稽也、識也，莫非良知之用，一以貫之者也。夢説而審象，象，象説也，得説忘象可矣。謂所夢、所象與説三也，則人孰謂之知者乎？今天下之不二三説者寡矣。不爾，則執象以爲説者也。」許子豁然釋，躍然喜，惓惓然相與切磋而不舍。居久之，許子歸省，告行於史某，因請書以爲贈，曰：「庶無忘其相契之初也。」

吕巖野别言己丑

巖野吕子往令泰和，泰和人士寓京師者相謂曰：「邑其治乎？吾未見剛而不武、能而不恃、明而好問、辨而罔給，有令如此，而不達於政者也。」巖野聞之，告史某曰：「噫！政固易歟？夫善政惟德，孰德之弗脩而政有成？雖然，其敢弗學？」某曰：「休哉！古之人曰：『念終始，典于學，厥德脩罔覺。』士大夫弗講於學久矣！夫學，學盡其心也。人心無不惻隱，無不是非。盡其惻隱而無不仁，故民親；盡其是非而無不知，故民治。是謂大學，是謂王政。吾未見典學而政弗臧者也。」

巖野曰：「雖然，士異俗，民異志，禮異齊，道異宜，君子難焉。」某曰：「其難乎？東鄰之子、西鄰之子嘻嘆號泣，莫測其端也。保赤子者曰：心誠求之。使赤子而非人也，慈母無所用其誠；固人也，豈其性獨爾殊耶？抑耳目、口鼻、手足、筋骸種種異適，而愚夫愚婦畢力圖之，無不自得者。君子患愛民弗如其身耳，彼慈母者以子爲身者也。故曰：『所惡於上，無以使下；所惡於下，無以事上。』將天下之情，取之吾身而得之，況一邑乎？傳稱生財有大道，曰：『生之者衆，食之者寡，爲之者疾，用之者舒。』兹農商謀生之策也，而聖人固大之，譬之摩痛搔癢，豈有秘計哉？是故可以知政。後之仕者，矜智負能，衒奇侈譽，夫速化之術，非愛民之誠也。故曰：『忠信以得之，驕泰以失之。』齊人有事作業者，種稻田以花果，樹桑地以椅桐，雞豚之食以食鹿馬，其室人進耕桑之説而弗聞也。既而嘉卉在庭，琴瑟在几，良馬在廄，鄰里華之而其子凍餒以斃。今天下華齊人之作業者多矣，曷其忘耕桑之説？」巖野曰：「休哉！吾乃益信興學之訓，其何敢不盡其忠信？」

于時，吾邑諸君皆有言以贈巖野，遂書以終之。巖野名調羹，字夢卿，蓋有志于傅巖之野之道者，是故非説之學不敢陳也。

贈鄭室甫序 庚寅

致知之學不明，學者舍其良知，求道於外，外襲愈精，去道愈遠。夫道不遠人，遠人不可以爲道。執柯伐柯者，彼此之間耳，猶以爲遠，況彼柯之長短未必足法者乎？於戲，蔽也久矣！孟子云：「仁義禮智根於心，非由外鑠。」故能充無欲害人之心，而仁不可勝用；能充無穿窬之心，而義不可勝用。道豈遠乎哉？雖然，以言餂人，猶爲未充其類，矧曰尚同以爲中、潔身以爲正、崇勝以爲强、逆億以爲明、刻責以爲公、徼以爲知、訐以爲直，習俗潛移人心，密陷良知之致，豈鹵莽滅裂所能也？切磋琢磨，日精日一，須臾不可離，而終身不能盡，故曰任重而道遠。

某也有志于道，無助爲懼，乃得吾幼淳、窒甫諸君子者，日翼之進誠，相與講習而未能，而窒甫又請告以去，吾何賴哉？夫至道難聞，而舊習易牿；獨知難慎，而半途易畫。故窒甫之别，不容無言，然道一而已，亦不容外良知而有言也。

徐子别言 辛卯

心之良知之謂性，循其良知之謂道。道不遠，人不可須臾離者，故君子慎獨。獨知也者，良知也，視之無覩，聽之無聞，而體物不遺，「微之顯，誠之不可揜」也。君子戒謹不覩，恐懼不聞，勿之有昏昧放逸焉耳。故己所不欲者，勿施於人；所求乎人者，反求諸其身；無所昏昧放逸者，以之而明則誠矣。是故君子慥慥，而富貴、貧賤、夷狄、患難，無入而不自得。自得者，自慊於其良知者也。夫是之謂遵道而行，是之謂依乎中庸。

予蹇劣，志於道而未能。頃入史館，得一二君子者，相與期於深造，而少湖徐子子升復别予以去。徐子與予志相屬也，言相發也，思相啓、行相翼也。君子以友輔仁，徐子行，吾無所取爲輔矣，能無戚乎？徐子之行也，謫也，言不用也。徐子未始戚戚於謫，然而孝子欲得其親，忠臣欲得其君，徐子則拂其所欲矣。而又憂予之失其所輔，而且自憂其憂也，亦能無戚乎？徐子艤舟潞河，以待冰泮。李子正之於予二人友也，而戚予二人之戚者也，省徐子信宿焉，相與倡和者數十篇，皆期致乎其道，且悔其覺之晚，又恨其時之邁而別之遽，皆發予之所欲言者。

雖然，天將降大任於是人，必苦其心志，拂亂其所爲，奪其所欲而投之以其所悔恨。蓋動心忍性，憂患之所以生也。夫人之所遇，凡其可驚、可愕、可憂、可懼、可喜、可恨者，其果有可驚、愕、憂、喜者乎？其果生於吾心之驚之、愕之、憂懼之、喜恨之，而後見其有可驚、愕、憂、喜者乎？凡驚、愕、憂、喜之生於吾心也，其能若太虛之浮雲，倏而有、忽而無者乎？夫視驚、愕、憂、喜若浮雲之聚散於太虛，而後無所昏昧放逸於其心，是故廓然而大公，物來而順應，皆良知本體之自然，而非待於外者也。

夫良知本體之自然，塞四海，亘古今，無物不有，無時不然。是故先覺非早，後覺非晚也；聚樂非聚，索居非離也。何後時之足悔，無補之足懼？雖然，習心難消而流俗易溺，故離群之患，君子患之；損友益友，孔子惓惓焉。夫今溺人者，莫大於美文詞、崇機變以失其本心。昔者舜之温恭允塞，不異深山之野人；文王之所以爲文，純亦不已，故君子貴乎道也。知所貴者，知所以脩身；知所以脩身，則知所以取友。今日之言，尚無忘之哉！

贈麥元實序壬辰

某與麥子元實同舉進士且十年，然未嘗一日欵也，而其謀道之志不謀而同。歲壬辰春二月，元實被簡命，督貴州學政，某承乏南司業，兩人者聯舟而南，而后得朝夕見也。相與論教，某曰：「其學不厭乎？」論學，曰：「其教不倦乎？」論教學之要，曰：「其致其良知已乎？」

夫學，學爲仁也。仁者，欲立立人，欲達達人。於人之善也，開導誘掖，惟恐其或失之也；人之不善也，誨諭勸率，惟恐其弗遷於善也，故學不厭而教行矣。夫人之善而教之弗失，人之不善而教之遷於善，乃所以盡其立人、達人之心，是謂求仁之學，故教不倦而學恒矣。夫學非强習，教非外設也。良知本與天地萬物爲一體，故見善之在人，猶飽煖安逸之在吾身也；不善之在人，猶疾痛痾癢之在吾身也。蓋其明覺之自然，有不待學而能、慮而知者。學不厭者，立其天地萬物一體之體；教不倦者，達其天地萬物一體之用。體用一原，教學無二，無非致其明覺之自然，而不蔽於有我之私己耳。故曰默而識之，識知也。良知不假言説，而自得之也。夫自得其良知，而教學備矣。

元實曰：「夫三言者，孔子以爲何有於我，而學者顧易言之乎？」夫道即之至近，而充之不可窮。故愚夫愚婦之可能，而聖人之所不能盡者，固夫婦之可以與能者也。故良知通聖愚而一體，致知合安勉而同功，夫是之謂一貫之道。元實曰：「吾子之言豈獨裨益孤蒙，將惠貽荒服，亦吾子之澤流矣！」

蔡道卿贈言癸巳

晉江蔡君道卿始舉進士，授户部主事，大司徒而下皆賢之。未幾，乞便水土，改南京刑部，大司寇而下又皆賢之。癸巳秋九月，復調官於北，僚友交惜其去，謁予贈言，相與稱不容口，曰端、曰慎密、曰謙、曰老成典則、曰篤厚、曰不事矯設，凡皆君子之德也。夫便儇皎厲者難與適道，若道卿，所謂任重致遠之器，其志又卓爾不群，雖未吾與，猶將因諸君之請而進吾説，況與之久而信之深耶？顧吾與道卿言屢矣，兹復何言？道卿常謂「静以成學」，請言静之道，可乎？

聖人之學，心學也。堯、舜、禹相授，曰「人心、道心、精一、執中」，學之源也。孔子言「克己復禮爲仁」，孟子稱「仁，人心也，所以放其良心者，猶斧斤之於木」「學問之道，求無放其良心而已」，精一之功也。濂溪承先聖，而有主静之論。夫心無動静，動静，時也。時動時静，而無動無静，是謂主静。主静者，無欲也，故養心莫善於寡欲。寡之又寡，以至於無，則静虚動直，明通公溥，人極之所以立也。主静之學不明，故遺外累、泯思慮以求静於内者，其蔽也自私，非所以立感通之本；以心觀物，即事求理，以矯静之失者，其蔽也用智，非所以達順應之用；静中有動，動上求静，以爲克協於中者，其蔽也二本，非所以爲内外兩忘之道。是皆不知動静之體精一不二，而意所謂動静者而學之，故其端微失，其流靡極，學不可不慎也。

道卿之學既識其大者，吾已無所容言。然端必辨而後明，學必講而後精，則亦不容於無言也。嗚呼！吾豈但爲道卿言之而已乎？

醯鷄見序甲午

述史五十四篇，始天皇紀，迄周敬王之朝。剖疑訂舛，必析其微；贊善絀惡，必放於義。蓋歐君夢舉述其讀史之所得者，而名之曰《醯鷄見》，致書予曰：「願辱一言之教，使有聞也。」予雜學罔知，君所述論啓予多矣，尚何言哉？

自書契作而紀載悉，追述或罔徵，博綜或罔訓，其甚者疑耳目、蕩心志矣。孔子删脩之，以納民於軌，則謂結繩以往冥遠難言。抑其時如童真稚齒，倥侗顓愨，雖靡所戕賊，而典要疏矣。東周以降，雅頌不作，王者迹息，齊桓、晉文，亂賊奸宄之魁，其事無足道者，無寧使後世傳焉以滋口實？是故稽唐、虞，述《詩》、《書》，鴻荒削而不録，《春秋》録而不詳。蓋經之所以爲教者如此，學之者約情和行，迪德正志，罔淫於荒誕機詐，則其所薰者然也。今所傳百家史，其善者附益經訓，而或駁焉；其他聖人所削與其所不欲道，而傳者則備矣。予以爲君子正義立教，明孔子之道以道之，百家在所存乎，在所廢乎？雖然，苟資於辨惑脩慝以畜其德，亦聖人之所善者。百人入市，各以貨還，而精粗、美惡、貴賤，或相十、百、千、萬，資於市者異，而所獲隨之矣，故君子必慎其所志。

君好學，致書下問者數矣。其詞旨視述史諸篇，尤見其近裏著己之志焉，其剛健、篤實、輝光者耶？充其志，極其所求，日新其德也，孰能禦之？

贈茅稚卿擢刑部主事序甲午

性也者，沖漠無朕，而變化行焉。百慮殊途，其致一也。誠者盡性，誠之者脩其性而復之，故知性而後學問有所措，兹孔子所謂「一以貫之」者也。孔子之道，曾子爲得其宗，故曰「忠恕而已矣」。忠恕者，性之德也。子貢多學而識，蓋蔽於所見者，至其問一言而可以終身行之，嘆性與天道不可得聞，於是群疑亡矣。故予嘗謂道之不明，非明之難也，意見易滋而習心難覺，枝詞易淆而微言難擇。君子取友，貴乎直、諒、多聞者，能相警發，有相之道存焉耳。

予頃在京師，得從大夫君子遊，皆益我者也，而茅君稚卿最契。予來南雍，君爲六合，數見於金陵，若有數焉。君之學識其大者，故漸進而數變，逾久而彌精。比歲蓋確乎若得所操，汲汲乎若趣所歸，坦乎若履康莊而不踐岐徑。予寡陋罔知，得良朋彊輔，賴以無恐，而君擢刑部主事以去，予能無介然于懷耶？夫學苟有見於性，克覩厥一，雖變化萬端寔同其歸。惟默而成之，自强不息，則四海相違，千載相望，心志恒融通焉，何愛於一别？惟夫任重道遠，未知所際，乃奪予所輔而遠之，是故不能以無懼焉耳。

諸生金鴻、史銓輩皆承君指授，知所向方者，率厥同學來徵贈言。夫贈者，增益之也。性一而已，豈復有奥義、他道以相增益？而予望君之助，則有甚於諸生者。嗟乎！君其何以裨我？

刻薛先生約言序甲午

《約言》者，薛西原先生所著，其曰約，惡夫言之侈也。夫言有屢出錯陳不病其多，而一詞以爲贅者，譬之笑歌悲啼，鬱於中斯泄於外，出之也不妄，斯聽之者不厭。若夫狥人而不由其誠，縱意而不循其則，是邪淫之道也，言之無物者似之。夫言始諸嬰孩啞啞呪呪，相命以聲，兹性情之端，言之祖也。宣之詞以相酬，書之簡以相告，而言有章矣。闡難顯之情，開未達之意，近加一時，遠播百代，及其至動天地而感鬼神，惟不失其赤子之初者能之，故曰「有德有言」，而君子欲其自得之也。

初，先生爲考功郎，以儒術知名當世。既移病歸亳，杜門謝紛，大肆力於學。其學以志意、威儀之美爲疏節，以知其性而養之，退藏於密者爲至德，綜六藝，覈百家，卒會於所歸。嘗集解《老子》，推無爲無欲，見素抱樸之旨，以爲不繆於聖人，蓋其深造之道如此。夫學一其志，竭其才，研磨剔濯以適於道，而年富力贍，作之不止，其可涯也哉？其可涯也哉？先生病世儒託聖言而疑真，競浮文而無實用，是以正學微而世道降，以爲賢人君子宜道而反之本，故約言以見志。嗟乎！兹其有所鬱而泄之者耶？

沱濱賈子，東陽先生門下士也，隆師重道，尊其所聞，故刻以傳焉。

南江子贈言 乙未　南江今改號遵巖

南江王子思道，蚤以文學知名當時。嘗爲司封郎，直行不忌，坐調常州别駕攝守，未朞而政令大和，稍遷南主客郎，擢山東督學僉事，人謂南江子。非但文學之精，其節操、政事無不可師者。

南江子曰：「噫！是世之所務者也，非聖哲之所崇。吾闇於大道，師聖哲而未能，而能爲人師乎？」某曰：「南江子可以爲師也已矣！夫文學、節操、政事脩之而未至，猶有翹然自多而好爲人師者，南江子既竭其才、精其能矣，而慨然以爲未達於道，欲改途易轍以遵聖哲之軌。夫爲而不執，成而不居，世所共寶而視若土苴，廓然太虚而形色、貌象聚散往來於其中無能爲礙，距逸馬而障奔湍不足喻其勇矣，其於作聖也，不既幾乎？然猶曰『師聖哲而未能』，古所謂自知不足者，南江子哉！抑予聞至道未嘗外世之所務，而世務亦莫非道德之用，惟狥世者脩之以成能，狥道者脩之以成德，志有不同焉耳。成能故可與名世，成德故可與遯世。可與遯世者，非世所囿者也，然後能範圍天地，裁成萬化。孔顔所以爲百世師者，忘名世之心、成遯世之德而已矣。世務豈足病哉？」

南江子行，龍溪子曰：「山東，孔顔之鄉也。南江子將身孔顔之道，以師其鄉之人，子何以贈諸？」某曰：「身孔顔之道，以師其鄉之人，若是足矣，又何言之爲贈？雖然，志易惑而難定，習易溺而難拔，狥世易群而嘐嘐然曰古之人者難獨立也，然則交儆相翼，予於南江子有深望焉，又惡能無贈乎？『投我以木桃，報之以瓊瑶。』嗟乎！南江子其亦無愛於瓊瑶也耶！」

壽槐軒易翁七十序戊戌

蘄水易子文訓汝式偕計罷還，卒業南雍，見南野子，問事親之道。

南野子曰：「不辱其身，可以事親矣。」汝式退而思其身，肢體髮膚也，受之父母者也，弗可傷也；性情道德也，父母全而生之者也，弗可虧也；令聞廣譽也，以顯父母者也，弗可損也。蓋惴焉以瀕於危戮爲懼，乃見南野子，問治身之道。

南野子曰：「不辱其親，可以治身矣。」汝式退而思其親，睦婣慈讓，惇族恤鄰，仁可宗也；扶顛拯難，有功而不德，義可由也；軒岐倉扁以成其業，瘳厲虐而全夭枉，術可擇也；典謨訓誥以名諸子，尊帝德而崇王道，志可則也。蓋俛焉以忝於繼述爲憂，乃又見南野子，問事親脩身之要。

南野子曰：「要在致知。」汝式退而省其獨知，微而顯，隱而不可欺，至虚而萬物備，至静而百行出，泯其私智以全天真，皇皇焉惟日不足。蓋去親遠遊且餘半歲，未皇歸省，曰：「吾乃今知至德之奥，乃今知仁親之爲學、敬身之爲孝，乃今知師友之益，庶以是養志乎？」於是尊甫槐軒翁七月二十八日七袠屆誕，告歸爲壽，且曰：「向也，猶將假外物以爲懽，今而後知其果無待於外也，然將若鄉人之情何？」南野子曰：「壽者，天之所篤也。孝子壽親以爲樂，樂天者也。故君子樂親有三，而富貴不與焉。廓乎其無累，澹乎其無營，心融神泰，視與之化，一樂也。妻孥晏如，昆弟翕如，家庭穆穆而親以無憂，二樂也。施愛人愛，施敬人敬，鄉黨歸德，宗族稱仁，尊榮逮親而菑害不至，三樂也。此三者，君子之所以樂親者也。得其樂，斯得其壽，人道盡而天道從之矣。」

汝式歸也，賓筵有秩，籩豆旅陳，親戚伊邇，州里具在，人人所慕望以爲悦者，匪勢伊榮。汝式所志，謂何忍胥溺也與哉？其亦以君子所以樂親者，與人同之乎？則庶幾爲能錫類，而槐軒爲有孝子矣！

贈鄒東廓召宫洗序 己亥

是歲春二月，上行幸承天，册立皇太子監國，詔慎選宫僚，於是東廓先生自南考功召爲太子洗馬。將行，門人程原静輩進曰：「言贈，古也，而二三子未知所言，顧敬從先生，悉聞其説。」予於東廓有回、由贈處之義，兹之别固將乞言，可無先乎？而況二三子之請也！

夫宗社生靈所係，夫人知之，故曰「養太子不可不豫」，然而未易言也。入蘭室者與香化，傅齊語者引而置諸莊嶽，非貴乎薰習之多且久歟？宫中、府中，内外相隔，進講有時，情曲不浹，頑鄙雜侍，奇衺靡禁，若之何其能薰？薰不可得，則將晏然而已乎？或曰：君子者，固求諸己。古之至人，目擊而道存，不言而飲人以和，物被若風。是故以身薰身，以人薰人，邇相薰，浸而遠；醜夷相薰，淫及其上。王豹善謳變河西，綿駒善歌變高唐，藝猶若是，而況至德者乎？夫莊嶽者，一齊之倡也，東廓之所以自致，其亦可知也已矣。

抑予乃有大患。學之爲自致，以致德也。孩稚之年於愛愛致，於敬敬致，其諸應感情生，靡所不致，而今也真純不逮其初。嘗試思之，曰志弗勤歟？然而罔敢弛矣。思弗精歟？然而罔敢疏矣。知弗辨歟？然而罔敢淆矣。行弗力歟？然而罔敢畫矣。則何爲其然耶？功利之習淪浹肌骨，其穢濁滑亂，微密沉隱，神汩氣移，匪直意念知識顯顯疵戾已也。虞廷養胄子之德，教以詩樂，其用蕩滌邪穢，斟酌飽滿，其究也，精神血脉流通動盪，然後爲至。故學貴深造，道在自得，而嘗惡夫似之賊真也。中酒者之期醒也，意識不迷，視聽罔眩，則足以自信自安矣，而榮衛經絡，餘醒浸漬，卒用重困似之，不可不察也。如此辨志之真，志乃可寧；知智之似，智乃不賊。志寧智明，無思思精，神應仁行，至德真純。予病茲久矣，固欲庶幾焉而未知所進。

二三子其以前所陳者爲予致贈，以予後所患者請之東廓，其亦何以處我？而胄子之教亦在其中，又予所以贈東廓之大者也。

送劉晴川北上序 壬寅

陽明先生倡學虔臺之歲，某從晴川子日受業焉。當是時，默坐澄心，游衍適性，詩、書、禮、樂益神智而移氣體者咸備，若春風被物，生植而不自知，《詩》所謂「遐不作人」者歟？去今餘二十年，山頹梁壞，朋侶離索，晴川子既卓然有立矣，而某猶故吾也。

自孔孟闡致知之教，濂洛諸儒衍之，周子「主靜立極」，程子「寡欲養知」，途逕洞達，旋復榛塞。先生不避艱險，斬艾蓬藋，固將與天下後世共由斯道，以立天地之心，造萬民之命，豈謂及門之子遽碌碌若是？夫事有所先、有所繼，先者不極，斯繼者不力。西河之民，疑子夏於夫子，某之罪固無所逭矣，晴川子亦有概於中乎？

先民有言：「學莫病於畫。」人雖至愚，豈其曰畫以爲志？或陷焉而弗覺，則有蔽之者。爾今夫鏡蒙翳晦蝕，刮之汲汲，磨之勤勤，斑垢稍除，光彩漸發，雖與瑩徹者相遠，然且以爲明矣。中酒者委弛眩瞀，亟沃面濡首，吸清冷之漿，酒力既微，動作復故，餘酲浹肌淪髓，然且以爲醒矣。凡情世累之昏酣人心也，不滅不忘，不足以致道。然用力之既有足以自信自安，❶而浸淫以入於惰，亦何以異此？乃從爲之辭曰：「情不可滅，世不可忘。」滅情忘世，斯墮於禪寂，其亦似矣。夫不能滅者，其性也，非存之也；不可忘者，惻隱根心，莫之能禦，非意之也。無不滅，以至於無所滅，而後不能滅者存；無不忘，以至於無所忘，而後不能忘者真。苟以滓穢之心而冒其似，將謂塵翳之照爲鏡貞明，而餘酣薰浹爲血氣之常耶？將禪寂之爲避，而遺餘染習，亦歸於畫而已矣。此其深痼之痾。診候既得，而莫知所瘳者，晴川其何以藥我？

晴川擢虞部郎北上，諸友徵予贈言。夫贈之言增也，增益其所未至。晴川篤志力行，訥言敏事，孝友孚

---

❶「力之」至文題「諸儒理學語要序」，原缺，據北大甲本補。

於家，忠信行於鄉，廉惠達於政，禄頒三黨，家不蕲贏，直躬事人，宦不蕲達，其於情累薄矣。今之病講學者，曰多談不掩，高虛無據，矜己非人，黨同伐異，是數者晴川固切切病之，其必不由也審矣，奚所未至而待增益之也？言無乃贅乎？惟是疾之望瘳，如前所陳者云爾，是以不能無言，京師同志類聚，爲某問焉。凡今飲餞諸友，皆有志於斯者也，其所望於晴川者，其亦有以異乎？

諸儒理學語要序 乙巳

性者，生之理；知者，性之靈也。親知愛，兄知敬，入井怵惕，爾汝慚忿，以至親疏貴賤，厚薄知殺，聲色臭味、嗜欲知節，五常百行千變萬化，皆吾心自然之明覺，而燦乎其有倫理，故謂之良知，亦謂之天理，純粹至善，不學而能者也。動于欲而後有不善，則雖愛親敬兄之理，孩提所不學而能者，成人秀士或有所不盡能，故君子有窮理之學。學者，學其所不能，然非增益其所本無者也。窮之也者，盡之也。慎其獨知，孳孳於善，無爲其所不爲，無欲其所不欲，而慎思以通之，審問、明辨以精之。親師取友、讀書考古，皆問辨之事，致精之方也。惟精惟一，盡吾心之所不學而能者，而天下之理得，學之能事畢矣。夫窮理盡性，以言乎天地之間則備矣，而良知其要乎？佛氏以覺爲至，然謂空爲真，諸相爲妄，圓明寂照而非吾心燦然倫理之知；世儒以物理爲功，然謂物爲外，謂理在物，毫分縷析而非吾性自然明覺之理。故佛氏卒淪於寂滅，而儒者之論則未免博而寡要。六經、四子「一以貫之」之道，或幾乎息矣！

予友曾明卿氏，采有宋以至本朝諸大儒語，爲《理學語要》一編，將以順性命之理，明精一之學也。夫濂溪、明道之言見於《通書》《遺書》者，純粹精矣。某嘗以爲，士有志乎窮理而從事於學問者，六經、四子之外，如二先生語固宜樂玩深造，身體心會而沛然自得，然後旁觀諸子百氏，則精粗、淺深昭然自別。其醇者固同道足以相發，其未醇者亦足以考見吾心疵駁偏蔽之微，以致其精，固不必去彼取此，莫非畜德之益。是編於諸先生語皆有所擇而取之，殆以其語入德之門者，於始學爲尤要歟？粤人適燕，導之者即其發軔所在，而示以瞻極望斗北向之途，使之決意邁往，千里必至。而中途之旁曲岐徑、五通九達之辨，與夫京都百官宗廟、宏偉佳麗之觀，俟其自行自見、自疑自求、自至自得，有不必概而語之者。所貴言約指近，而陟遐自邇，索之易獲，斯善導也，玆固采編摘取之意歟？

然爲卷如干，爲語如干，亦既繁矣。蓋《詩》三百，蔽之以一言，曰「思無邪」；曲禮三千，蔽之以一言，曰「毋不敬」；某於是編，亦請誦濂溪一語，曰「無欲爲要」。嗟乎！同志之士，誠能寡欲以至於無，致吾心天理之知，以窮吾心良知之理，則是編也，可謂「一言而可以終身行之者」。苟未志伊之志，學顏之學，而徒以講究研磨爲益，則雖「無欲」一語，猶未免爲泛遠而不得其要者矣。

繆子入覲贈言丙午

政與學有二乎哉？良知酬酢變化而萬事出。事者，知之事；知者，事之知。學也者，致其事之知以廣業；政也者，致其知於事以崇德。其知一也，致其事之知，所以致其知於事也。今分地建官，或百數十里以爲縣，而名其令長曰知縣，若曰縣之事無巨細遠邇，令無不知之，而後足以長乎縣之人。夫以百數十里，合遠邇，總巨細，皆令所職，令居乎其位，固不容不知乎其事。而良知明覺密察，周徧庶務，如目周視，如耳周聽，皆其體之固然，非有待於外者，雖衆人亦無以異於聖人。然必兢兢業業，慎獨而不欺，故事無不慊其知，知無不盡其用，然後爲能通乎遠邇巨細而知之者。故致知者，天德之學，知致而王道達矣。

道術不明，爲吏者狃功利之習，以行其巧宦之私，謂學爲無益於政。爲學者又或以多聞博識，滋其意見之惑，謂良知不足以盡學。東洲繆子時化之遊南雍也，予與言良知之學，繆子不以爲未足。舉進士，來知予泰和，予與言致知之政，繆子不以爲闊遠而非益。夫繆子豈好予而遂信其言乎？抑自信其良知，而無所疑於學也？夫道必徵之不爽，然後行之益力，試與繆子徵之。繆子令吾邑垂二年，凡先之而民樂趨，被之而民懽戴。爲德者，非心所自慊者乎？自不能慊，顧能欺民而强之懽樂者寡矣，是故可以知政。今從諸司長貳朝正京師，以治民者告之君，無所愧於詞，以告君者聞之友，無所怍於色，非心所不欺者乎？自不能無欺，顧能内慊而無愧怍者寡矣，是故可以知學。知愧、知慊，根心而生，充周不窮，是故可以知知。謂良知不足以盡學，謂學無益於政者，自繆子觀之，信以爲何如也？

繆子行丞金子清，亦予門人也，與邑簿張子某以寮友有相贈處之義，來徵予言。予曩與繆子常言之，今不能有加也，爲致其丁寧之意以復。抑繆子所以處二子者，宜亦無以易斯矣。

題椿萱並茂圖序 丁未

銅仁陳子珊奉其母王孺人寓金陵，是歲上春官，罷歸。其友翰林編脩張子春，以書爲容，問學於南野子。南野子曰：「夫學，孝焉而已矣。」問孝，曰：「夫孝，學焉而已矣。」敢問何謂，曰：「孩提知愛其親，斯長也，知敬其兄。學之爲大人也，德加百姓，教刑四海，其本則愛敬盡於事親而不失其赤子之心者也。故知孝，斯可與言學矣。孝始於事親，中於事君，終於立身。凡事君不忠，蒞官不敬，朋友不信，戰陳無勇，皆不得爲孝，而脩身行道，成名以顯親，斯爲孝之大者。故知學，斯可與言孝矣。」

于時，珊尊甫碧溪翁罷景陵丞家食，以某月某日届誕辰，王孺人之誕則某月某日，蓋並躋六袠矣。陳子將奉其母歸銅仁並尊甫爲壽，問所以悦其親者於南野子，南野子曰：「安子之分，順親之志而已矣。蓋吾嘗求之聖門，得四人焉。百里之外爲親負米，子路氏之所以爲悦者也；禄不薄三釜，養必有酒肉，徹必請所與，子輿氏之所以爲悦者也；簞瓢僅足而從師遠征，畏匡厄陳而不愠，子淵氏之所以爲悦者也；老母躬機織而遊學不返者七年，孟軻氏之所以爲悦者也。數子者之於養，或仕或不仕；其於親，或離或不離；其安分以順志，則一而已。吾子曷擇而從之？」陳子俛而思，作而對曰：「命珊矣。」

既乃持「椿萱並茂圖」來請，曰：「願徼惠一言，將以爲高堂歡。」「夫孝子知所以悦親，故親樂，樂故忘憂，忘老之將至。夫自悦親而達之，而仁不可勝用，故德成而名立。能使其親樂以忘憂，忘老之將至，故親之德成而名立。名立斯傳，傳斯永，八千歲爲春秋未足云也，是之謂椿萱並茂之道。」陳子復俛而思，作而對曰：「命珊矣。」遂書以貽之，俾歸爲壽。

別楊季卿序戊申

脩德以志爲本，而持志莫如謙。謙之於人大矣，然豈易言哉？夫與人相傴僂磬折爲禮，側足隨行，踧踖不敢前，怡色柔聲，語若不出口，即有辨詰，逡巡而不敢質，蓋亦似矣，然而其文焉耳。曾子曰「以能問於不能，以多問於寡，有若無，實若虛」，謙之實也。然學者未得其本，則亦未足以盡謙。夫曾子爲其友言之也，士之自脩者，若曰：「吾將以能問於不能，則既自以爲能，自居其有矣。如是而悃悃欵欵，若無若虛，無乃爲僞乎？」蓋君子之志於道也，接人應物無不自盡其心，故常慎其獨知而不敢欺也。夫心，夫婦之愚可以自盡，而及其至，聖人有所不能。惟慎其獨知而不敢欺，則自知其所不盡，而常求所以自盡。故自視不足而取人無厭，由他人觀之，則以爲己能而好問、己有而若無焉耳。故自視不足、取人無厭，自謙之實也；慎其獨知而不敢欺，自謙之本也。其志自不能已，而其德日進無疆矣。

昔者舜，大聖人，至孝也，子職無不共矣，而猶自以爲未也，故能負罪引慝，夔夔祇載以見於瞽瞍。雖象之傲，苟以愛兄之道來，輒誠信而喜，喜象之可以誠動，而反己未足以動之也。故德必如舜，而後爲能謙，然禹猶戒之曰：「無若丹朱傲。」嗟乎！豈易言哉？人情各有所蔽，而其大者，莫如勝心之爲累。勝心忘，則雖一善可稱，一言之幾乎道，皆足以爲我師，樂取諸人，而常以人不吾與爲憂。勝心生，則忌賢棄不足，而常以獨居寡與爲快。故凡自用而不能群，大率勝心持之爾。非將日長德，惡乎其能進謙也者？勝心之藥，君子之所以有終也。

楊子季卿將使江南，便道還蜀，謁予言別，因以平日所告共學諸友者爲贈，且因季卿以告其從父明之。明之亦嘗問予學者也，投桃報李，其將有以復我。

贈陳司訓之常熟序戊申

永豐陳君廷言選授訓導常熟學，將行，踵予言別，且曰：「官以教爲職，綸將奚用爲教矣？」嗟，予何足以知教？然君之意誠不可虚也，請誦所聞而賢者裁焉。夫教者，導士於學，使各尚志惇德，脩其仁讓、忠信、廉潔之行，行成德立，布諸庶位以行其道於天下者。夫仁行則民相親，讓行則民相睦，忠信行則民無僞，廉潔行則民不貪。去貪僞之習，興仁讓之風，教其本矣。教得則師道立而天下治，玆豈易言哉？夫師之言，帥也。帥之也者，身之也。故王豹能以河西善謳，綿駒能以齊右善歌，身之者也。況道得志行，非有諸其身而能帥諸人者乎？故爲師者愛士有恩，休戚胥共，可以教仁；恭敬撙節，先彼後己，可以教廉。夫人神智交物，斯感而動，動斯變，變斯化。聞鍾鼓管籥而幽鬱生懽，見干戈劍戟而懦夫作氣，動也。況仁讓、忠信、廉潔之道，言於斯，行於斯，故聞之莫不信之，見之莫不悦之。其感動變化，奚啻樂律解愠、威武起懦然者？故知學，斯知所以教；知脩身，斯知所以爲師矣。陳君躍然曰：「綸乃今益知身之爲本，請書諸軸，日懸之堂壁，以代座右之銘。」

使汴贈言

行人徐子克敬奉使汴藩，將行，謁南野子而請曰：「承嗣旦暮侍師，聞良知之教，心戚戚若有萌焉。兹使事南行，便歸于蜀，期而後返於京，去師遠且久，誠懼夫暴之時少而寒之日多，暢達無幾而摧萎可待也。」

南野子曰：「子奚懼爲？夫暴與寒，莫不在子。子無自寒焉已矣，而又何求焉？夫子之良知，果待師友而後有耶？果有須臾之離、頃刻之息，微師友則莫能續之而使之不舍晝夜耶？抑不學而能、不慮而知，造次顛沛、終食之頃，本不可離而無待於外也？子慎其良知而不欺，則視聽言動，知也；喜怒哀樂，知也；惻隱、羞惡、恭敬、是非，知也。知善知遷，知過知改，無須臾不慊於其心，而其爲暴也有恒，雖有寒焉者寡矣。子欺其良知而不慎，則視聽言動，欺也；喜怒哀樂，欺也；惻隱、羞惡、恭敬、是非，欺也。善欺而不遷，不善欺而不改，無須臾慊於其心，而其爲寒不可極，雖有暴焉者寡矣。良知非他人所能與，而豈師友能爲子慎而慊之哉？

昔者堯、舜身作君師，朝夕與其子居，而未能以朱、均賢。孟子去孔子百餘歲，私淑諸人，而親炙者或未之及也。故師不在近，亦不在遠，在學者自得而已矣。子自京而汴、而蜀、而返於京，凡所事、所與、所使無慮數千百人，其善、不善無慮數千百狀。苟見人之善，因以知己之善而知遷焉，見人之不善，因以知己之不善而知改焉，是子一行而得數千百師也。縱吾與子接膝而居，携手而語，亦無以踰此矣。吾聞天道布氣，期而寒暑温凉成焉；地道産物，期而枝葉花實成焉；人道媾精，期而男女形氣成焉。子行矣，繼今以自汴、自蜀來者，吾願聞子之得師。期而見，吾且遹觀厥成，將具體而微，不異矣。」

送李子督學山東序己酉

學校所以明倫，故建師設教必申之孝弟之義。蓋愛親敬兄，孩提所不慮而知者。温之斯日新，敦之斯日厚，愛敬四達故孩提之知致，而明德光天之下，仁至義盡，人倫各詣其極，故曰：「堯舜之道，孝弟而已矣。」「大人者，不失其赤子之心」，兹政治之本，教學之實也。六經、四子爲説雖不一，然精一於心，以達天德而脩人紀，其實則不容有二。學經者居其實而樂玩其説，上也；循其説以深造其實，次也；其流爲訓詁詞章，實未至而説已詳，甚者徒以其實爲説，或并失其實，斯爲下矣。

國家建學，以經術造士，督以憲臣，因課第其文，而升之以布諸位。蓋其養之也，將使篤其實以暢於文；而其取之也，將因其文以考其經之能通，而信其實之能脩，非徒以訓詁詞章爲也。降本流末，浸淫趨下，然學之堂曰「明倫」，其齋曰「志道」「據德」「依仁」「游藝」之類，猶不失乎古。士出而材諸位者，其爲用必綱常倫理、道德仁義之實，而詞章訓詁無所用之。顧其所自養或日非，而督之者又揚其波而助之瀾，則大悖矣。

李子汝承以按察僉事督學山東。山東，孔孟之鄉也，六經、四子蓋自此而播之四方。當孔孟時，聖王不作，道術分裂，以區區布衣尋先聖墜緒，設空言以誘來學，猶能使弟子遠至，通六藝而肖其德者日衆，功加當年而澤流後代，則身作之教然也。今天子統一聖真，師無異術，憲臣奉璽書，秉政權，簡脩進良，黜其不率，以恢張孔孟未墜之教，而幸惠其鄉之士，謂宜力半功倍，顧所以身之者何如耳？ 李子以文學魁關中，舉進士上第，其所操端嚴而恭靖。其爲主客郎，寮友稱其能讓，交游稱其能信，所賓接夷蠻戎貉朝貢之使，畏且懷之。其能立愛、立敬，篤六經、四子之實以施於政，而非徒善於其説、以美其文詞而已者耶？ 蓋孔子之學，經也，曰：「學《詩》可以興，學《禮》可以立，學《易》可以無大過。」今鄉之後進，必有能履其實而知所養者，李子爲之師而督之，率之自身而動之以風，其能以山東爲古鄒魯無異矣！

古者邦教典于司徒。道德弗一而彝倫弗明，風俗弗美而善人弗多，則司徒爲曠官。乃今掌之禮部，而予忝從鍾石公以率屬爲職，故於李子之行有厚望焉。子部諸賢義重官聯，將公之命曰：「宜有贈也。」嗟夫，督學之職重矣！ 世所稱善於其職者，曰明，曰公，曰寬嚴當可，故文優者拔而業墮者警。果若是，不亦善乎？ 然吾黨所以厚望李子者，如是而已乎？ 抑予豈徒厚望於李子而已乎？

贈葛子序 己酉

初，葛子子才往令儀封，過予言别，問所以爲政。予曰：「政不可以徒成也，其學哉！ 夫道體事而無不在，君子敬事而無不學。是故政貴威，威生於廉，學廉而民罔不畏矣；貴惠，惠生於恕，學恕而民罔不懷矣；貴達，達生於斷，學斷而上下罔不任矣。」葛子曰：「之奇奉以周旋，罔敢失墜。雖然，學則博矣、廣矣，願聞所以守約。」予曰：「學不可以徒約也，其致知哉！ 夫事能慊其獨知，而各極其至之謂道；事不欺其獨知，而必至於極之謂學。是故知外慕之欲而窒之，斯良知清淨淡泊，無或汩焉，斯廉矣；知作惡之過而節之，斯良知寬裕温柔，無或賊焉，斯恕矣；知利害毁譽不足動而立命以俟之，斯良知發强剛毅，無或撓焉，斯斷矣。」葛子曰：「之奇奉以周旋，罔敢失墜。惟先生時其可語而時教之，無我遐棄也。」

既而數月，則聞儀封有牧馬之議，有治河之議，有賦税、徭役、荒政、軍政、教化、禮制、讀法、鄉約諸議，上官咸韙之曰：「州縣官正百不啻，然卓識如儀封者何鮮也？」咸報以温詞，而責其實効。又數月，則聞儀封馬政有條，河功有成，太僕丞若河道御史中丞咸嘉之曰：「州縣官正百不啻，然言不踰行、事不違言如儀封者何鮮也？」咸獎以羊酒綵幣，令校官弟子導送用樂，於是撫按藩臬亦知葛令不徒侈於其言，而占其能慎終如始。儀封士民亦皆懽然，謂葛侯能父母，我百十年所未見，恨其來暮，而懼其遷擢之速。或告予曰：「葛子乃使人畏且懷，而任之若此也哉！」

他日，葛子以書詒予曰：「某敬奉教言，幸不獲戾，大懼聲聞之過情也，而嗣音久不聞，其無乃以爲不率而遽棄之？」嗟！葛子誠所謂志士非耶？雖然，子無求言於人，求行之於身而已矣；無憂名浮，求實之可繼而已矣。今夫有告我以善，非必吾師也，朝聞而朝遷之；有告我以過，非必吾友也，夕聞而夕改之，斯諛佞不至而規箴日來。兹其於言也，不徒以辭求之，於身求之也已。有稱我者，曰「非義雖千駟弗視，非道雖一介弗取」，則曰：「伊尹何人也？」早夜以思，去其不如伊尹者，成其如伊尹者。有稱我者，曰「民飢猶己飢之，民溺猶己溺之」，則曰：「禹稷何人也？」早夜以思，去其不如禹稷者，成其如禹稷者。故志以名厲，行以志篤。兹其於名也，無往非實也已。

邑庠王生在，予同年中川司馬之子也，述士民之情，謁予文以賀葛子，則書其所欲語者復之。蓋孔子之論政曰「居之無倦，行之以忠」，人未有不忠而能無倦者。曩予告子曰「慎其獨知，而不欺忠之道也」，子無棄斯語也，則知予未嘗敢棄子也。

贈青厓胡子督學江西序 己酉

聖人之學，不喪其本心而已。心之良知，性也。性不可須臾離，可離非性，而奚喪乎？目之喪明也，膜翳之，刮之浄而明復矣。翳有生滅，明非得喪，良知亦若此耳。然翳之與明猶二也，而刮膜者有待於外，心無二者也，虛靈變化一以貫之。故惻隱、恭敬、羞惡、是非流動而不可息，惟慎弗慎異焉耳。弗慎而有所著，斯或過或不及，而姑息隱忍，卑諂、畏忌、忿戾、猜疑參和雜出矣。覺而慎之，動而無著，斯精純而不雜，猶水之流也，汩之而渾，澄之而清，此豈有二而有待於外乎哉？《大學》曰：「致知在格物。」良知虛靈感動而萬變出，故「萬物皆備於我」，物非外也。是非善惡，自然之明昭不可欺，故「有物有則，民之秉彝」，則非外也。審是而行，慮善以動，似是必辨而不善必改，順民彝，循物則，以極其虛靈之變，而自慊乎其獨知，格致非外也。明明德於天下者，致良知虛靈之用於天下，而萬物各得其理，有外也歟哉？

世之學者，顧疑良知爲不足而求之外，有知其無外而不假他求者，又或未有必爲聖人之志，以必明明德於天下爲心，故未嘗實致其知於感應酬酢之間，以改惡而從善、審非而成是。踐履未至，論説已詳，故不能深造自得，而疑也滋甚。傳稱「君子約言」，約言者，檢約其言，先行而後從之，求諸己者也。夫誠有必爲聖人之志，而後能反求諸己，孳孳反求而後能不自欺，不欺而後能知周萬物，行著習察以不喪其本心，故曰「用志不分，乃凝於神」。志可不慎歟？

青厓胡子仲望督學江西。夫學之不明，督之者或非其道爾，胡子蓋有道矣。胡子欲明其明德於天下者也，而行稱其志，文稱其行，其督人于學，將必有出於法制禁令之外者。夫帥之以希聖之志，道之以反己之行，開之以先行之言，守之以訥，出之以時，敷之以寬裕，成之以忠信，而勸相以拔擢黜辱之法，吾知士之必有造矣。胡子行哉！朞月、三年之間，士之篤志慎行者比肩于鄉，接踵于朝，人皆稱之曰「此胡先生弟子也」。將四方聞風者興，而善人不愈多乎！

送王新甫督學廣西序庚戌

王子新甫督學廣西，士大夫喜新甫得英才而教育之，且爲南野子喜曰：「子嘗患聖人之學不明於天下，新甫學于子，今以其學及遐方矣。」新甫顧悵焉，憂師友日遠，猶懼未知所教也。南野子曰：官以督學名，故知學斯知所以教。心爲嚴師，焉往而不得師？是故可以爲師矣。

夫學所以致道，道非外也。心無私累而明達無礙，變化無方，是謂道心。「道心惟微」，不動於欲之謂也。欲動斯危，人自危耳，故曰「人心惟危」。夫危微之幾，猶水湧爲波，波澄爲水，動不動之間耳。新甫既知精一其心，可與共學而適道，勉勉不已，其進於立與權也，孰禦？其立人達人，亦取諸己而已矣。人之言曰：「立未易言，權尤未易言。」然非立與權之未易也，欲未易忘耳。欲之大端曰名曰利，其變無窮，細入於杪忽，人莫不知其爲心之病，而未有不爲其所病者。試語人曰：利足好乎？必奮然以爲不足好矣。名可好乎？必確然以爲不可好矣，則其心之明然也。苟反而自察其微，果能以名與利爲不足好，而確然弗之好乎？或弗能矣。豈惟弗能，蓋有陰蔽默奪，弗自知其弗能，而顧以爲未嘗有好焉者矣。

夫自知、自欺，相出入者也。然則士志於道者，雖未必恣意爲僞，然志或未切，察或未精，潛流密陷或入於自欺而罔覺，固亦有未免焉者歟？孔子稱「見過而內自訟」，顏子「有不善未嘗不知，知之未嘗復行」，不自欺者也。故曰：「復以自知，恒以一德。」既復且恒，而後能巽以行權。蓋得其精純之心而盡其通變之用，非自外也。此義不明，求道於迹者，或迂而不達。故建功廣業之士，以爲不足學，始用其知慧圜轉給捷，以爲非此不足以達權而濟事，不知其心非道矣，而惡足與語聖人之權？求權於術者既譎而不正，故奉法循理之士，以權爲不可學，始執其意見方格重滯，以爲非此不足以立德而通變，不知其道非心矣，而惡足與語聖人之立？故精一之學由之大敝。

新甫勉哉！由前之欺，必也深察其微；由後之敝，必也深究其端，則學與教兩得焉矣。凡今爲新甫喜者，若曰「精一之學行於遐方，斯師道立而善人多」，誠若是，則豈但足爲新甫喜焉而已哉！

歐陽南野先生文集卷之八　内集八

記

復儒林書院記乙丑

嘉靖己丑夏四月，鈞州復儒林書院，元州人楊可道建者也。孰復之？知州事劉君焕吾，用元郡守門信麗澤堂址也，而堂并復焉。始，堂廢爲道宫，其前楹祠，所謂三官者，道士屏聚奸法，君還諸編氓，撤神像，祠二程，配以魯齋。鈞邇伊洛，魯齋，鈞密産也，有闢邪之功焉。

初，君爲州，布其紀綱，和其法禁，示民寧戢。既而曰：「多禁多慝，弗循本也。人心弗正，法乃滋弊。」是故復書院，進諸士於學。夫儒學失真，猶之曰儒居之爲淫祠矣，諸士亦思其所當復者乎？心之良知之謂性，率而達之之謂道。是故孩提知愛知敬，乞人不屑嘑蹴之食，是是非非，行道之人皆有擇焉，不學而能、不慮而知者也。慎其獨知，弗蔽弗鑿，發微不可見，充周不可窮，以順父子、正君臣、和夫婦、敦親睦，以經綸上下、長幼、貴賤、親疏，以言乎天地之間，備矣。先王之世，政教學術、百姓日用莫不由此，故曰「升於大猷」。王迹熄而覇功興，儒學晦而詖行作，聖人作經以明道，撥人心而反之正也。學之者，淪於漸習而失其本真，下焉者必信必果，硜硜然小之爲道，不足以光輔聖業；上焉者假道德之末，襲仁義之迹，皇皇然思以易天下，反以浚功利之流而助之瀾。詁訓之徒，又多識爲賢，泥文爲精，枝詞蔓説，寡要而無功。浸淫爲詞章，徼榮干利，崇私積嫉，視四民相濟以生，何啻五穀稊稗？然猶自附於儒，誣也甚矣！

今學校遍天下，明倫爲教，書院之立，其惟曰「古者有正業必有居學」，亦曰「教弗教，學弗學」矣。新耳目，作氣志，庶有興乎？是故祠正學，示所興也。魯齋淑諸程門，二程受之濂溪，其曰「靜虚動直，無欲爲要」，其曰「廓然大公，物來順應」，大人之學也。大人者，不失其赤子之心，故有「正蒙社學」。蒙養而禮義出，故曰「義路」，曰「禮門」。禮義不可以無友，故次之「麗澤堂」，朋友講習，麗澤兑也。其凡以直内方外致其良知已矣，故齋曰「敬義」，曰「格致」。知致焉至矣，故終之曰「會心處」。合而名之曰「儒林書院」，儒學備矣，諸士慎哉！孔子曰：「女爲君子儒。」君子脩道以仁，不可以不知天。良知，天德也，諸士慎哉！

是舉也，劉君以請巡按胡君汝愚、提學楊君達甫胥率作之，藩臬諸君亦罔不省成。孟子曰：「豪傑之士，無文王猶興。」矧上之教化勸迪若是，鈞之士其興也勃矣！

壽州學藏書記 癸巳

書之所載，人心醇疵、貞僻之迹具焉。貞僻作於心，動於言，行而載之書。讀之者感乎其心，隨所薰而化矣，故善學者博觀而慎取，精研而自得。雖然，未易言也。洙泗群賢，親承夫子而炙之，然惟顔氏終日不違、曾氏唯一貫之旨，自餘諸子，或疑而未達，或不悦於其所爲，至以爲迂，及其涵養深厚，而後各有所聞，況未見聖而得之書，其果真知默契者乎？楊氏、墨氏、子莫、許行固學於神農、堯、舜之言，而自許以爲不畔者，其意見所及，未嘗不傅於大訓，其於所謂自得者何如也？夫人之心未至於化，其聰明各有所蔽。其蔽有淺深，其用力於袪蔽有精粗，其聞見同，其契悟異矣。傳曰：「視斯明，聽斯聰。」聰、明者，人心之靈也，惟精惟一，不以私意自蔽，而凡耳目覩記、方策紀載、醇疵貞僻莫不有決擇取舍、浸灌磨礱之益，故曰「多識前言往行，以畜其德」也。嗚呼！非剛徤、篤實、輝光者，其孰能與於此？

國家以經術造士，使各致其聰明以利於用。學而不知所自致，致知而不能精，求於書者悖，而得之者淺，士之咎也。知致其精，而所謂經史百家所以爲浸灌磨礱之具，有所未備，造士者之事也。壽州學舊有尊經閣，閣頒降經籍，而諸史缺焉。御史李君仲謙按壽，以爲是諸士畜德之資也，發贖金令蓦之。南雍州守王君某，雅意興學，曰「是不可後」，使魏生圻董其成事，謁予請記。未成，而王君遷去，李君得代，代者御史何君道充。始成之時，督學御史聞人君邦正，方汲汲以興賢育才爲已責。諸君者，皆予友也，皆篤志古學，而以訓迪諸士。凡聰明之通蔽、致精之功、畜德之道，蓋嘗爲諸士言之矣。諸士其慎思之，其無求之悖、得之淺也，庶不負藏書之意矣乎！

大西洞書院記癸巳

大西山華妙洞，在辰陽西北，道書所謂二十六洞天者。相傳洞中石室，穆天子藏書處；山巔水壑，張果煉丹池也。今居民斸地，往往得丹砂滿缶，而書不可見。或云，往有樵夫取書出洞口，見風輒應手成灰矣。

《莊子・讓王篇》:「舜讓天下於善卷,卷辭曰:『吾冬皮夏葛,春種秋斂,出作入息,逍遥天地之中,心志自得。吾何以天下爲哉?』遂不受,逃之枉山。」枉山即兹山也。莊子蓋寓言以明其志,非必實事,然可見兹山爲至人高士慕寂凝神者之所羈棲,其來遠矣。

予友山西僉憲王君晉叔,辰陽人也,未仕時搆書院兹山,與遠近來學講業其中。其堂曰「讓王」、曰「逍遥」,本莊子善卷事而名之。君爲孔氏學者也,孔、老不相爲用,學孔氏則斥老莊,君顧取其説而題之堂,豈非以其解内膠、釋外累、絶欲無營、泊然而往以全其性命之真,聖人所不能違耶?故老莊不可以名斥,而宗孔氏者不可不既其實。傳稱:「隱居求志,行義達道。」志也者,學之實也。孔子之言志,曰「志仁則無惡」「志於道而耻惡衣惡食則未足與議」。夫耻,非必深懷慚憤,若無所容,蓋緼袍、狐貉並立而美惡之念或未能忘耳。其於道心,若杯酒而投涓滴之鴆,全體皆毒矣。志可不慎歟?

昔者舜飯糗茹草,若將終身,及其爲天子,有天下而不與,廓然兩忘,而無所累乎其中,道心精一如此。學之爲志,求如舜而已矣。苟以有累之心,而自附於孔氏,吾恐其名則似,而其實不爲老莊之所誚者幾希。故予嘗謂士不求其志云爾,苟求其志,則不暇訾老莊而且自訾,不暇病其忘世絶物之偏,而且自反其役役於物,未能遯世無悶,以爲心病,將苦口於對證之藥,而豈以知見意説彌縫文飾、自詭於中道哉?

予無似,恒懼夫志未精專,僕僕焉繫世累以決真性,思所以自立而未之有得。因君屬記,而推其所求乎志者以質焉,且使登斯堂者,知君不以名斥老莊,所以既孔氏之實也。

九華山陽明書院記 乙未

九華山，東去池陽且百里，殿青陽南境，巒嶂迴複，奇秀盤鬱，稱江南名勝。先師陽明王公每躡履茲山，幽探遐覽，動彌旬月，欲結精舍化城寺西偏，與諸生講業其中。前御史柯君喬始從鄉賦，告諸縣令祝君，即其處成講堂三間，堂後闢荊榛莽，夷阜爲原，搆亭曰「仰止」。公薨，巡按御史虞君守愚、督學御史聞人君詮奉木主於亭，庳隘弗稱，虔恭弗展，乃檄同知池州府任君柱改作爲祠，其間架視講堂而閎麗有加，廡序門垣罔不完美，唐陳堦阤罔不廉飭，瞻祭有田，奠獻有儀，以爲公所卜地神或眷茲，且使受學於公若感而興者藏焉脩焉，庶幾嚴奉遺矩，罔有失墜，甚盛厚也。

公倡道南服，本良知爲教，所謂是非之心不由外鑠者，蓋自善繼而性成，誠立而神發。知也者，神之所爲，性命之靈，德行之則也，雖淫邪無忌之尤者，其掩惡飾善，若或見其肺肝而無所容，神明內融、潛伏、孔昭若此。精一執中，造端於茲矣，而五性感動，牿之反復，迷真喪本，淪胥以溺，匪知弗良，弗能致其知者也。在昔孔門傳心之要，必慎其獨。迨夫孟子，示乍見之怵惕、蹲蹴之慚忿、孩提之愛敬、平旦之好惡，達之足以保四海，亡之不遠於禽獸。周子稱「靜虛動直，明通公溥」，程子論「明覺自然，大公順應」，其揆一也。公之教，原人心天命之真，足以質往聖、俟來學，然予猶懼其闇鬱弗章而無以消天下之疑沮者。

夫良農之子，鹵莽滅裂，田卒汙萊，而父受其呰。大賈有實，貧傭櫝而沽諸市，則日號而不售。凡吾黨道揚師訓，罔有深造自得之實，則有以異於是者乎？故講學以崇德，或謂立異；尊師以廣教，或謂樹私。

孔、孟、周、程相傳之學，因拒而弗信，無怪也。故某以爲脩公堂宇，貴脩其道；依公宫牆，貴依其教。闡之以言，貴先之以身，慎自欺、自慊之幾，默而成之，遯世不見知而不悔，然後德孚於人而師訓益尊。瞻堂起敬，聞風知慕，學者益篤，興者益衆，豈曰小補之哉！嗟乎！由前之説誠可懼，由後之説，吾黨其可爲也。

講堂成於嘉靖戊子秋，改亭爲祠成於甲午夏，先後相協者，池州守侯君緘、陸君岡，通守徐君子宜、聞人君、柯君、任君，皆公門人。明年乙未冬十月，門人南京尚寶司卿泰和歐陽某記，祭田祭器識諸碑陰。

維揚書院記 乙未

嘉靖乙未夏，御史芝南徐子理鹺兩淮，成維揚書院，聚校官弟子講業其中，示之規約，時臨誨之，贍之廩，既置田畝以爲可繼。六月初吉釋奠，告始事于先師，於是馳書幣徵記，而予適道維揚，徐子賓諸資賢堂，曰：「堂固有待也，而會逢照臨，神殆聽之，庶幾信宿，徼惠一言以迪兹多士。」

予惟國家設學育才，其漸磨訓習、勸相程督之道備矣，書院豈有加焉？而異之爲教者，嘗試思之。士窮經爲業，旁羅深抉，曉暢義趣，其發爲文章，彪炳淵博，不詭於經，世所謂精於其業者如此。然或不免焉遺本事末，稿中而澤外，其規進媒利未論矣，沿習之久，以爲道固如是，莫省其惑。是故作人者通其變，異其名物，新其觀聽，以竦其志意，辨惑解蔽，不易其業而成教焉。今夫人心天性之良，譬諸嘉穀；其仁義忠信達於百爲，猶苗之秀，秀之實；師友詩書之益，則其芟柞而培溉之者，故曰「多識前言往行以畜其德」。嘉穀不播，惡草芽蘖，則糞多力勤者豈惟無益，毒之滋也。文詞，心之精華，惟有德者能篤其實而美於文。其次思之所至，辭亦至焉。其下有其辭，而行違矣。故脩辭立誠所以居業，躬之不逮，君子恥之。嗟乎！善利誠僞之幾，學者察而決之，無蔽於所惑以戕其天性，徐子爲不徒勤矣乎！

維揚書院自前侍御覺軒雷子廢東嶽觀，因之草略未備，繼漸荒頹。巽峰陳子稍稍加葺，徐子始新其故殿，設先師木主，配以四賢。殿前之閣，以閣六經。搆兩堂，東曰「資賢」，賓至舘之左右翼室，燕寢在北；西曰「志道」，學舍旁列，講業者廬焉。各有門塗，會歸於一。重垣周繚，綽楔外標，規制完美，教學始待而興矣。徐子病夫不能兼收並廩，恒以爲歉。雖然，樹之風聲，則教行而作者衆；建旆伐鼓，選鋒先登，而三軍之氣自倍，豈必人賈之勇哉？

是舉也，協相經始則揚州府通判譚君某、推官徐君某，其程功慮材、贊督厥成，同知今主客郎中周君延實終始之。徐子名九皐，字遠卿，浙江餘姚人。

英山縣重脩儒學記丙申

英山縣儒學，舊在縣治西北隅，地勢僻仄，風氣涣漫，不足以孕靈毓秀，令數患之。葉君邦榮爲縣，進吏民語曰：「令以阜民興賢爲職也，而儲賢之地若是。夫尼丘毓聖，崧嶽降神，沃壤敏靈苗，斥土萎佳木，地道也，不徙不可。」乃相得稍東寬平環會之區，勾稽得積逋餘千金，請諸當道而成之。閱數月，廟廡、堂齋、廨舍、門垣巍然秩然，既完且美，山擁川迴，獻祉發祥。士學於兹，意氣勃如，咸相謂言：「侯甚盛厚德，育我於成，思周慮遠，靡所不至，宜有紀載以志事始，且俾休嘉後可考見。」於是學生程謨、陳偉輩，奉學諭簡君宗儀狀謁記，予諾之。而縣令某增脩加葺，與訓導某輩申予舊諾，咸請有言以訓諸士。

予惟人生而善，天之性；神發而靈，性之知。性無不善，故知無不良。地氣所鍾，清濁、昏明相十百千萬，而良知不容有二，由致與不致。而善端通塞，彝倫敘斁，聖愚、賢不肖，非天地所制，而致其良知者所以輔相乎天地。良知致，而天地之道立，人之能事畢矣。藝文宦業，莫匪良知之用，然必根諸心，得乎其實，而不徒習爲其説，襲取其故，則未有積而不光者。本之不務而末是圖，其成焉幸也，其無成焉分也，而諉諸土地之興廢，然則申侯、孔子不世出，豈崧嶽、尼丘遽失其靈也耶？孔子之好學也，發憤忘食，樂以忘憂，不知老之將至。夫軀命莫切於食，情莫甚於憂，而老者死生之際，三者能忘，則無所弗忘。用志精一如是，是以德成，道充周不器之用，然而曰地之靈爲之也，無乃誣聖人且自誣矣乎？雖有沃土，種之嘉穀，然培壅灌溉之不繼，而以天澤地利爲足賴，人未有不誚其惑者。土之沃也，而嘉穀不播，日規規而望之曰「粒食産乎是」，則其爲惑也滋甚。

嗟乎！入斯學者，務脩其身以成德；嗣爲斯縣者，務脩其教以成人之德。上下交脩，庶幾勿壞前人之績，不負兹山之靈也歟！

學徒於某年月日，成於某年月日，嘉靖十五年八月朔記。

六安州龍津精舍宗賢莊記己亥

龍津精舍，在六安城北龍潭之上。宗賢莊去龍潭里所而近，不易之田可百畝，歲任上農，而入其租精舍云。

初，尚書郎林子華謫倅六安，成精舍，集諸生講業其中。考郡之故，程伊川先生長子端中嘗知六安軍，以死勤事，於是祠二程子爲先師，所宗也；以知軍從祀焉，所因也。買田一區，以供粢盛，而學徒廩既若吉凶補助，咸於羨取之。歲推擇諸生佐鄉士夫參主出納，州大夫與知焉而不主，義不制於官也。知州事姚子璋實贊厥成，相與取《定性書》，雜諸格言，揭之壁曰：「性學充塞久矣，良知虚明靈覺，常應常定，用智自私乃汩厥靈。故致知在乎所養，養知莫善於寡欲，兹二程子所以順性命之理也。吾將與斯民宗二程子之道，庶無負於居斯、食斯也與！」乃顔其祠曰「宗賢」，而莊之名從祠焉。凡以志精舍所有事者云爾。

精舍自嘉靖丁亥某備員六安時改淫祠爲之，會遷官，功未及竟，已而督學御史聞人君銓檄知州韓子某完葺之，名「懋中書院」，載在籤志。至是姚子、林子交倡協作，撤舊創新，乃以地名，而鄉宦給舍潘子子正、進士丘子玳暨文武庶士，捐貲出謀，翕然胥和。舍基中高，厥趾四頹，斸頹而夷之，基若加崇，趾若加廣。齋寢門垣，亭臺翼室，增故所無，又斥其餘財以置斯莊，而後大備。斸土得斷碑，蓋宋神霄玉清萬壽宫址，而莊則道士齋糧田也。衆愕且喜，自有兹地，幾世幾年而淪入異教，又幾世幾年而田歸農民，宫毁爲祠，卒復於儒，鬼神蓋有待以遺其人乎？乃咸曰：「曩舍之復也，俄頃耳。歷十有餘歲以逮今兹，志同力并而規制始成，而田始復。兹田之復也，俄頃耳。茫茫宇宙，所望於後來者，其詎有涯？言其可已乎？」於是州學師生謂某與聞始事，必也終之，而周生傑、章生宗堯寔來。

嗟夫！地之復，人猶胥快焉，況所復有重於地者耶？良知在人，如明在目，瞑而張之，晦顯頓殊矣，復果難乎？雖然，去眩眊羞澁之積，還清朗瑩徹、精鑒洞矚之常，非一旦夕、一醫藥之所致也，復果易乎？功利暝心，神知眩瞀，省己覺非，馴致於蕩釋昭融亦若此矣。故志貴專篤，道在積久，忽易者輕，憚難者惰，警惰矯輕者激而鋭進，或速達之爲快而小成之爲安，是故居之不弘。不弘者自用而狹人，則寡助而罔功。有志於道者，觀斯舍斯莊之復，可以鑒矣！

泰興縣重脩儒學記己亥

泰興縣儒學，在隆興橋之東，蓋自宋紹興間縣徙今治，學與俱徙。徙所從，莫可考矣。元季兵燹蕩盡，明興，復創建，嗣而葺之，規制猶湫隘。正德丁丑，知縣鄭君浙撤而新之，稍移易位置，宏敞矣。嘉靖癸巳，朱君篪復闢地爲講業、肆射之所，增故所無。顧地勢下，或斸之多窪，三面環渠，潮汐日再至，嚙岸，岸故善崩。丙申夏，大雨雹，屋瓦毁落，柱欹牆剥日甚。越四年，己亥春正月壬午，有事重脩，秋八月既望告成。大率用鄭之舊學，門稍東移，夷高堙窪，培甃以當潮衝，築土爲岡，樹木其上，殿厥後。於是學基周正，負山臨流，陂陁起伏之勢，視舊規爲偉。師生歡然，適厥攸居，若工有肆矣。

夫肆以成藝，學以成學。藝弗脩，肆爲虚；學弗講，學爲虚；士無學，國家爲虚。今天下郡、邑莫不有學，大夫、士莫不曰：「予學博誦廣演，探賾鉤玄，道稱堯禹，文規周秦。」談政之經，若鑿鑿可績，曰「學於古訓」云爾，而其志或異然矣。

天地之性，人爲貴。人者，仁也，親親爲大，親親至矣。親親之至，匹夫不獲，若痌厥躬。古之人所以格於皇天，由此其志也，古訓訓之者也。利狥私謀，式賊厥志，將父子寡恩，矧有能念於邦？人胥感格言閔論，則足以自文而已矣，故志不可不慎也。《説命》曰：「爾惟訓于朕志，予惟克邁乃訓。」是故匪志曷訓？匪克邁，雖訓無訓，曷云能學？訓無乃爲言説，學舍無乃爲談塲，矧曰其以敝終？

是役也，御史覺山洪君垣允學諭陳九逵之請，出贖金百兩爲費。御史疏山吴君悌來代，允知縣高策之請，使任人而督之成。高子殫厥心，視如其家之塾，費不啻再倍，皆出高子畫。凡諸君惓惓，其亦曰：爲國興賢育才，譬爲百工肆，將取器乎是。而督學御史午山馮君天馭，身迪諸士，成其器，時而出之。嗟乎！多士念諸，其以是學爲談塲，使繼今者謂無益而弗之省也；厥惟多士，其以爲藏器之肆，使求利用者必之焉，相與時葺而不忍壞也。厥亦惟多士志哉，可不慎歟！

從予學者蔡生勳劵，將高子命曰：「願有詔策，將率師生允蹈之。」予曷敢多言？惟是令誠能率師生，誠能蹈志若是，古訓不啻足矣。

集義堂記

義者，性之德，非自外也。心之良知之謂性，成性存存之謂德，動不拂性、慊於其心之謂義。精義入神，協於克一，百慮殊塗，充周不窮之謂集義。聖人所以盡性至命，集義其至矣。

告子之徒，離義言性，而曰「性無善無不善也」；離心言義，而曰「義，外也，非内也」，曰「彼長而我長之，非有長於我也，猶彼白而我白之，從其白於外也」。故其學直主於不動其心，而以義爲不必屑屑者，若曰心不動而性定，長長白白，以至於善善惡惡與物因應，吾何庸心焉？ 蓋告子自以其道爲至，將以易天下，謂聖人無思無爲、寂然不動、老安少懷、物各付物者亦若此耳，而孟子不與也。

夫聖人之盡性也，離義無心，離心無義，内外動静、有無隱顯通一無二，而告子則未免於二之。大本既乖，其究是内非外，「不得於言，勿求於心；不得於心，勿求於氣」，則二之爲蔽。而其心之不動，自聖人視之，乃所謂無所事事、正焉而助之長者。其説之近似，惡足以蓋其實之毫釐千里者哉？ 當是時，佛未入於中國，然其言真性空寂、非善不善、諸相無性、緣生爲幻、不假脩證、頓契真如者，與告子實相表裏。故予嘗謂中國之佛學，自告子既萌之芽，而集義之訓，孟子所以直告子者，苟得其實，則儒佛端倪之異根極無餘矣。然後之言集義者，以心行義，以義慊心，未免彼此之間。其與孟氏内外、隱顯通一無二之旨，不能不差之毫釐，則惡得以其似是而正他道之非也？

夫告子之學，蓋究心性命，志於深造自得，非若耽耽於富貴爵禄、見利忘義，以性命爲無益者也。意見之蔽，卒叛儒歸佛，而其流之禍，儒者以爲烈於洪水猛獸。則道術小差，惡可以爲細故而莫之辨者？ 故學之不講，孔子以爲憂，況狥利棄義，謂性無益，謂身不能，謂不學無傷，禍將何所不至耶？

吉安舊有講學之地，曰白鷺洲書院，在洲之上。自宋逮今，興而廢，廢而復。今郡守何白坡先生始移置郡城西，因廢寺基材爲之閣，爲中堂，爲東西堂，皆東向。各有退息之室，有左右學舍，門塗午錯，會歸於一，繚以周垣，前爲都門，集九邑士講學其中。堂各有名，其西堂之名曰「集義」，來屬予言。

先生之意，無亦以佛宇廢爲儒宮，則將祛佛學以崇儒術，則莫若孟氏之訓爲深切著明矣乎？ 抑以後世集義之學少異於孟氏，而狥利者又昏瞀迷惑，棄義而弗由，揭其名使反求其實乎？嗟夫！吾黨之士，誠知學之不講、道術不明，其禍尤烈於洪水猛獸，必無躭躭於富貴爵禄，而以性命爲無益、不學爲無傷也，庶其不負先生嘉惠之惓惓乎！

樂昌縣遷復舊學記丙午

性者，心之生理也，其虚靈明覺，酬酢變化而愛敬隆殺之等、是非好惡取舍之分有條而不紊，所謂良知也。孩提之童未嘗學問思慮，而親親長長有觸斯動，若宿火之必燃。小人習爲放僻，欺己罔人，然往往慚沮内作，若人之見其肺肝然者，良知誠不可掩、明不可息如此。學之爲盡性也，致其知焉已矣。上焉者，孩提不失其養，無所誘於外以動其欲，圓神方知、藏往知來而不窮，是謂生知之學。其次有所染污，而洗濯澡雪，無爲其所不爲，無欲其所不欲，瞀迷未遠而清明靈瑩完復其初，是謂學知之學。又其次，則窒深蔽重，困心衡慮，百倍其功，窒通而復虚，蔽徹而復靈，是謂困知之學。其用力有難易而其知不二，其致之之道同，其於盡性一也。

先王立教，群士於庠序學校，和之以歌咏、舞蹈、弦誦之節，肅之以升降、俯仰、揖讓、進退之儀，觀之以憲老、鄉射、飲賓、獻馘、獻囚之禮，習之以干戈、羽籥、琴瑟、弧矢、俎豆之器，游之以文字、訓詁、算數、詞章之藝，迪之以師，輔之以友，漸磨之以古訓，皆所以發其志意、暢其精神、閑其邪僻、蕩其穢濁，其要不失其良知而已。及其至也，自親長之愛敬，而功加百姓、恩及殊類，無不洽比自身之是非取舍，而人倫物態、天地鬼神之情、古今往來之變無不明察，是謂德立道達，教學之成也。

今學校之教，雖不盡古若，然隆師親友、誦習古訓，猶夫古也，顧士所資於古訓者異耳。博誦詳説、曉暢義趣，以美其文詞，則往往矣；學之身心，考正其踐履之實，以自得其虚靈變化之理，服之膺而弗失，蓋亦有之乎？附益己見、輔行意説，亦豈少哉！蓋高朗者之言知性也，曰真性無體，真情無所，故有作爲妄，而無妄爲真。沉潛者之言明理也，曰理散於物，知涵諸心，故真静立本，而聞見發知。凡皆依良知以爲功，祖古訓以爲言，然各因其質之所近，或失則内，或失則外，或淪於空寂而無用，或流於知識而迷真。非精一其心者，惡能明辨似是於毫釐之間哉？

嘉靖丙午，韶州府樂昌縣學成，知府陳君某使來請記，且曰：「願有以進諸士。」

學初創自宋，東去縣治千武而近，山水迴復，武溪横亘，龜峰扼其下流，桂山後峙，文峰前聳，足稱勝地。國朝洪武間始城樂昌，而學在東城之外。正德間峒傜騷動，士弗寧厥宇，徙學於北城之内，湫隘宣囂，恒病弗稱。數十年來文風湮鬱，數欲徙之舊，弗果。陳君始至，縣教諭陳某輩率諸生以請。君與其僚相地度役，請於撫巡若督學諸君，僉議胥協復舊爲宜。乃以夏六月甲子經始，爲大成殿，爲兩廡，爲戟門，爲櫺星門，爲啓聖祠，爲明倫堂，爲兩齋，爲道義之門，爲敬一亭，爲諸生學舍，爲教官居室，焕然更新而無侈於故。費取諸羨，役取諸傭，踰月而工次第告成。是歲當大比，比士於新學。秋八月上丁，秩祭於新廟，咸欣欣色喜，謂風氣宣暢，人文將爲昭焉。

夫學宫徙非其地，則知病之，不憚勞力費財擇所宜處，而亟復之舊。學失其宗，性失其真，擇善而遷之，以反乎其初，財力無所勞費，顧置之弗思，猶有待於人也與哉？遷學之説，曰「嵩嶽降申，尼丘毓孔」，固也。然孔子十五志學，忘食、忘憂、忘老之將至，稱無求安飽、敏事慎言、就正有道爲好學，其達於知命、耳順、從心不踰者，蓋在此而不專在於彼也。天地真精，人鍾其秀；智水仁山，不遠於心。良知至靈，萬物皆備；師友道立，古訓具在。某不佞，願聞諸君子所以教，諸士子所以學。

益菴記戊申

益菴，虞部郎芷江鄧子名其尊甫崇仁翁燕處之亭也。初，翁搆亭居室之左，日游息偃仰其中，而未有名。居常念殖貨而不能用，徒以爲身累，非智；昆弟親戚胥遠，而有無不能相通，非義；見人之急，漠焉不加欣戚於其心，非仁。以告語子姓，日諄諄焉。其治生不席世資，不苟非分之得，勤劬嗇縮，身致贏裕，然舉以濟物，殊無難意。宗族貧而負官租者，代爲之輸；先世堂室廛肆，悉讓諸弟之孤，以善其後。歲大侵，發粟助賑，不待徵令；小飢，則折券已責，曰：「度吾力可及者爲之。」

虞部承考用德，篤志求仁之學，念翁志意行業，思章往詔來，乃以益菴名亭。因追稱翁益菴，來謁記，曰：「先人生平所爲損道也，然其志殆肫肫焉益人爲悦，故見人之可益，而莫計其所損。苟有見於損，則將重自爲而輕爲人，或莫之能益矣。名也，舍曰損而曰益，我後之侗務焉，庶無墜先烈云爾。」

嗟！益之時用大矣，而出之有本，益道乃行。夫人者，天地之心。心之虚靈，其真誠惻怛與物同體，始於親長，達之天下。無弗愛焉，而非以爲德；無弗敬焉，而非以爲恭。故分人以財，非以爲惠；教人以善，非以爲忠。推有餘而不知其損己，補不足而不知其益人。誠感神應，若血氣周流於四體百骸，而渾然無間者也。忿慾萌孽，仁義充塞，懲之窒之，以全其虚靈之體，極其真誠惻怛之用，而明德旁達，光被四海，其益無方矣。故損，德之脩也；益，德之裕也。己德之立，人德之達也。弗脩弗裕，弗立弗達。

翁所自脩與其所既立，予不得而見之，得從虞部聞其髣髴者如此，故述焉以記其亭。陟降斯亭者，於翁志意行業常若有見焉，以動其心而深明乎損益之義，廓然人己之間，將斯亭也，其不爲天下之廣居矣乎！

汀州府崇正書院記壬子

汀州府城外靳山，奠于巽隅，書院翼然臨於其上，負離向坎，枕岡面原，爽塏高明，於附郭稱勝。其地舊爲東禪寺，僧徒零落，寺就圮。知府陳君洪範還殘僧於農，請改爲講學之所，選府縣九學俊士聚而教之。時提督都御史張公烜、巡按御史曾君佩暨藩臬諸君咸重興學、急育才，合詞報可，而曾君行部至汀，適觀厥成，名之曰「崇正書院」，嘉闢邪也。督學副使朱君衡謂：「諸生始學，宜如古者釋菜先師。」移書考求前哲，得郡人楊澹軒方爲朱晦菴高第弟子，文丞相文山嘗開督府於汀，並祠三賢，用示標的。祠及講堂及號舍，皆陳君撙節區畫，飭故增新，費省而民不勞。

山之東麓有洞呀然，峭壁奇石錯峙環立，是爲蒼玉洞。洞之上築映溪臺，皆覆以亭。洞與講堂之前，皆跨衢爲坊，由洞前直衢横折而西，又斜折而南，則歷階以登堂。徑洞左登臺，則磴道逶迤，西歷三賢祠，西達于堂。凡諸生講習遊憩與夫迪之仰止者，亦既略備。

夫儒佛邪正，犁然辨矣，而儒有所謂小人者，何哉？夫豈放僻無忌，胥淫於邪，而正道大悖者耶？無亦所務者小，不能志乎大人之學，而見乎其大者耳！昔者子夏名能文學，乃其爲人篤信謹守、必信必果，而第孔門諸賢者以爲僅得聖人之一體，況文非游、夏，又未嘗脩諸言行，而規規焉執以爲學，其於大人之道不逾遠乎？雖然，浮屠之宫，地與廬無改於舊，旦易其人而暮即反之儒，儒之爲大人也，豈必改廢舊業哉？亦志意轉移，旦暮之間而已耳。

夫讀書纂文，儒者所以應舉，蓋將明其明德於天下，道固如是也，而或情存榮肥，見局近小，則陋乎其爲志，於道悖矣。儒，名也；道，實也。設科求儒，豈其曰惟名是圖，而不期乎其實？必不然者。今儒之求仕，殆急於上之求儒，然或未知所以反求也。誠自辨其志，以明德、親民爲道，其讀書以誠諸身，以興以立，以寡其過，其爲文必根諸心，可學可教，可適於用，則雖三月遑遑，未爲己急。兹三賢所以震耀百代，而曷嘗不自科舉進耶？故志不可不辨也。晦翁嘗云：「爲天地立心，爲生民立命，爲往聖繼絶學，爲萬世開太平。」言則廣矣大矣，而豈遠人以爲道者？人者，天地之心，仁則人之心也。以仁存心，則天地賴以立本，生民恃以立命，此古聖所以開來學而施太平於萬世。蓋雖耕稼陶漁者可學而至，而況讀書纂文者哉？

於是御史君移府遺教諭郭文達來請予記。夫知體仁而後知天地之心，知天地之心而後知崇正之義。嗚呼！教於斯、學於斯者，誠知崇正之義，斯知書院所係之重矣！

嘉定縣重脩儒學記壬子

嘉靖壬子夏，嘉定縣重脩儒學，知縣事萬子思謙請於督學御史黃君洪毗、巡按御史徐君洛而成之者也。學之建，莫考其始，國朝百八十年間屢壞屢脩，而頃歲乃復大壞。歲庚戌，萬子來爲縣，諸所振頹舉敝，而於學尤加之意。屬連歲大歉，萬子欲阜其民而後用之。民既欣欣然樂生矣，乃進諸生相與脩其學業，而後程工慮材，飾厥宫宇。時公帑不盈，民財猶匱，會有僧以富干法，而刑疑宜贖。萬子執而諭之，行其義罰，使損財爲費，工成得釋。於是自先師廟以及兩廡，若櫺星門，若啓聖祠，自明倫堂以及東西二齋，若尊經閣，若敬一亭，自教諭、訓導宅舍以及應奎、興賢、育材諸坊，凡材木之朽蠹者，瓴甓之毀裂者，砌礎之隤陁者，圬墁之漫漶者，欹者、圮者、缺漏不葺者，咸易而新之。祠若宅舍，位置失宜、人情未愜者，更而置之。自始事至訖，工不踰時，煥然偉觀。學校師生咸謂「邑侯斯舉，寔同肇造，而官不知費，民不知役」，乃撰事狀，謁予記。族兄訓導杲代申其懇，而萬子亦以書請，謂：「學所以明倫，今學舍飾矣，而明倫之道不猶有崩壞未脩者乎？脩將自今始，願聞所以脩之之要。」

夫人倫非自外至，根於心者也。心之良知，至誠至明，愛親敬兄，孩提不學而能，所謂仁義之實也。大舜明物察倫，亦惟率由仁義，非能增益其孩提之初者。故致其良知，而火然泉達，彝倫攸敘矣。孔子之道，「己所不欲，勿施於人」，其事父與兄，則其所求乎子與弟者也。凡人之所求與其所不欲，雖愚不肖者無異於聖人，良知無二故也。顧愚者求諸人，聖人脩諸己，斯日見其不足而有不能自已焉。茲孔子所以爲人倫之至，而能祖堯舜、述六經，以垂憲於後世，致知之極也。

今學之堂，以明倫名，廟祀孔子以及其徒，祠申不先父食之義，閣尊六經，亭揭皇上敬一之訓，匡直輔翼之具亦云備矣。親師於斯，取友於斯，必反諸其獨知，求其所以爲賢爲才，上應奎壁，而無愧於出入道義之門者。蓋其用至遠而功至近，其道甚大而其端甚微，不假勞力費財，而其深造也由己。其自得也，無待於外，顧係其立志何如耳。顏淵曰：「舜何人也？有爲者亦若是。」孟子曰：「乃所願，則學孔子。」夫是之謂志，兹固萬子之所經始，而將與諸君遹觀厥成者耶？

於時黄君遷秩，趙子鏜來代。趙子蓋志於學而有得焉者，固將振起南畿諸郡縣士，脩正學之廢壞，以復其初。師道立而彝倫明，豈獨嘉定有足望乎？

歐陽南野先生文集卷之九　内集九

雜　著

從叔格菴先生别言己丑

從叔格菴先生懋之試松陽學教諭，時石江兄崇道以少常遷光禄卿而南，暨乾沙兄崇亨、横溪弟崇儒胥以别言屬某。某曰：何言哉！至愛無文。文之盛，情之衰也。敬述平日所請於先生者，以志不忘云。

格菴之學，日見其進，試春官不偶，不以爲困，而以學弗明爲懼，志亦篤矣。夫孔子之志學也，曰「發憤忘食，樂以忘憂，不知老之將至」云爾，又曰「食無求飽，居無求安，敏於事而慎於言，就有道而正焉」。故學必無以尚之，而後可以言志；親師友，惟日不足，而後可以言志。志哉，學之樞也。

學以明人倫。聖人，人倫之至者也。後世學失其實，而堂名「明倫」，猶餼羊之存焉，挈名索實可矣。夫倫非外也，良知於父子兄弟、師生朋友、親疏上下感應酧酢燦然也，是謂天敍。或欺以私，或蔽以僞，倫弗倫矣。雖然，弗慊於中，顧安之乎？抑其所求乎人者，則如何？是故所不安弗爲也，所求人以自求也，而人倫庶物備於我矣，是謂善學，是故聖人不失其赤子之心。彼未學而自謂其能，不學而自謂不能者，未之思也。今之學，曰讀書考古而已矣，然未探其本也。嘗聞學《詩》之道於孔子矣，曰「可以興」，興其良知也；「可以觀」，觀其良知也。是以能群、能怨、能事君父，是謂讀書。孟子曰：諸侯之禮未之學，班爵之制聞其略，而在我者皆古之制也。周公思兼三王，以施四事，夜以繼日，坐以待旦。其仁天下之心若飢渴之不容已者，是謂考古。故致其良知，則無適而非學。不然，非周公、孔、孟之學也。

有德者必有業，脩業以脩德也。舉業，業也，良知出言而有章者也。是故知孝言孝，知弟言弟，雖然，亦嘗試之矣乎？夫誠立而辭達，辭不盡意者有矣，未有意弗誠而其辭美以愛者，故脩辭立其誠，是謂致知。是故善學舉業，大人之事備矣。

良知以天地萬物爲一體，故見人之善，若得其所欲，而愛護之也；人之不善，若疾痛在躬，而撫摩之也。有善必以及人，若解衣推食於其昆弟也；不能，必以問人，若足之行而取決於目也，豈有妬善嫉惡、矜能耻負之意哉？故學者必視天下無物非我，無人不可入於善，然後爲致其知。是故師友之聚，日進無疆。

良知，是是非非不容已也。君子是其是，非其非，學而不已，達之天下，是謂致知。惟致知者爲真知，彼聞而省焉、見而覺焉、思索而明焉，罔有真切懇到不能自已之實而曰知也，然則見君子而厭然者，亦謂之知乎？善乎，程子曰「知道必如知虎」！故見善則遷，聞過則改，如好好色，如惡惡臭，然後爲知之功，是故知行合一。

人弗道，夫人耻之，然而言道學，則退然遜。夫道者，性也，人之良知也。率之而喜怒哀樂達，故曰達道，是故易知也，易從也。遠良知以爲道則難，難斯畏，畏斯弗學，弗學弗道，耻曷已諸？故君子致其良知以致道也，是謂易簡之學。

贈徐遠卿庚寅

徐子遠卿知信陽縣，二三君子過予曰：「贈言，道歟？」曰：「道也。雖然，議不達於事，文不根於情，如無贈耳。予惡夫僞也，乃類平日相與講學之言以贈遠卿，其無忘於學。」

大學，明明德而已；明明德，親民而已。親也者，身親之也。《書》曰「恫瘝乃身」，是故止至善而已。至善，良知也，一體萬物，莫非己也。致良知，而民乃罔不親，是謂明明德於天下。致知，治之樞也。

言政者，必曰才智。才智，末也。致其良知，故民一身，天下一家。是故痛思摩，痒思搔，疾思藥，饑寒思食衣，勞思逸，憂思釋，樂思達，淫思節，田疇思易，垣牆思固，外侮寇攘思禦，是故才智罔不周。彼以才智而已者，多見其爲僞，何以親民？

人有恒言，曰「末世滋僞」。夫良知之於情僞、險阻也，如目於色、耳於聲，是故無庸逆也，無庸億也。逆億故憧憧，憧憧靡定，不足以燭物，視眩者色迷，聽亂者心訛矣。日中天，不懼屏伏，不索幽隱，敬業者趨，作慝者息。彼以逆億爲先覺，何啻千里？

民之多僻，非其性也。氣蔽習狃，迫勢而動，弗得已焉耳。人之言曰「惡惡若有疾」，是故求其標本緩急，而理之生道也。不然，剛愎褊隘，視民之不善若不欲其生，夫投之無所往，而欲民不忍於爲惡，難矣。《書》曰：「無忿疾於頑，無求備於一夫。」

久於其道，天下化成，天道也。天道四時而成歲功，易田疇者，播耰耘溉，日至乃熟。孩提之童，撫摩抑搔，飲食衣服之，既而總角，既而弁矣。欲速助長，未有能濟者。孟子曰：「非徒無益，而又害之。」政貴宜民，痛痒之摩搔，饑寒之衣食，慊焉止矣，是謂達道。違道以干譽者，泥古以咈民，奚其宜？奚其宜？故周公志兼三王，有不合者，日夜以思，思合民情也。民情土俗，聖人不能豫待。「事豫則立」，立誠而已。「入野問禁，入國問俗」，有所誠然者耳。是故立誠者爲能宜民，故君子慎其獨知。

民習於故而否臧淆，政乃弗達。然良知弗可息也，覺之則明。士者，民之耳目，覺民其自士始矣。故善政者明教以達政，善教者因政而寓教。教哉，政之機也。

守官者曰「苟無過焉而已」，其上者曰「有述焉而已」，利害耳，毀譽耳。夫人者，天地之心；萬物，其身也。心不體天地，不足以爲人。利害毀譽以爲趨避，牿也甚矣！夫趨不可就、避不可免者，命也，矧萬物云云，各歸於自利，是耳目手足不相爲用，能獨存乎？是故知命者安，知勢者全，知天者樂，致知焉盡矣。

今之人，稱之功名之士，弗樂也；曰富貴之徒，艴然矣，良知也。然而非知之艱，致知爲艱，故曰「功崇惟志」。志者，自致者也。孔子曰：「士而懷居，不足以爲士。」孟子曰：「爲宮室之美、妻妾之奉、所識窮乏者得我，此之謂失其本心。」是故必「飯糗茹草，若將終身」，而後可以言志；必「不以三公易其介」，而後可以言志。志定而知至矣，此謂知本。

書柯行可卷癸巳

長樂柯行可，求見南野子而問學，南野子與之言致良知之道，行可唯唯。明日又言之加密焉，又唯唯。明日又言之加密焉，又唯唯。居頃之，辭歸省，出卷請書教言，以爲别後之警。南野子曰：「子遽歸乎？吾數爲子言致良知之道，子以爲奚若？」行可曰：「時偕已知之，已信之。」南野子曰：「子自信其知致良知之道而信之也，然吾未能知子誠信其良知而知所以致之也。盍試爲我言之？」行可於是自述其視聽言動之能由於禮也，富貴貧賤之能安其素也，得喪榮辱之能不累也，聞善見善之能樂從也。

南野子默然良久，曰：「子之言，固自信其可以造於聖人之道者也。然古之聖人見其所未能，而不見其有所能。見其德之未成、業之未廣，而汲汲焉求以進德而脩業。今子之言，蓋德之成也，而未及夫所以進其德者也；蓋業之廣也，而未及夫所以脩其業者也。無乃與聖人之心異乎？吾子志於學聖人之道，而乃異於聖人之心，則無乃與聖人之學異乎？然則子之所自信者，無乃所當自疑者乎？」行可憮然曰：「先生則何以教時偕？」南野子曰：「子自信其心，則無所用其學矣，而人何所施其教？子蓋自疑其有所未能也，而後知學者有以爲學，而後人有以爲教矣。雖然，庸詎知斯言之非教子也耶？」行可再拜而言曰：「時偕今乃知非矣。」曰：「知非者，良知也。格其非以復於是者，致良知也。誠致其良知，則凡是非善惡，細微曲折無不自見自脩，而況其顯顯者乎？」

遂書以復行可，以爲别後之警。

答董兆時問 癸巳

良知即是非之心，性之端也。性無不善，故良知無不中正。故學者能依着見成良知，即無過中失正。苟過中失正，即是不曾依着見成良知，若謂依着見成良知而未免過中失正，是人性本不中正矣，有是理乎？大杖則走，可以施於必欲殺子之父，而不必施於愛子之親；可以施於父盛怒之際，而不必施於親微怒之時。此等因應變化，良知自能知得。「色斯舉矣，翔而後集」，飛鳥猶然，而況人乎？此心所謂非思而得，非勉而中，天理之自然者也，只是人不能一一依着耳。

曾參本可愛之子，曾晳本愛子之親，而誤斬瓜根亦非可以盛怒之事，曾晳建杖而擊，曾參想亦薄示譴戒，其斃之者，誤過於重耳。若非誤過於重，則頃刻之間不復能甦矣。此等情態，曾參當時良知自是知得明白。若知其可以不走而不走，正是依着見成良知，雖誤而斃之，不失爲中正也。若其父建大杖，含盛怒以行重譴，良知亦自能知得，然而不走，則正是不曾依着見成良知，而不得謂之中正矣。孔子所以責之，蓋亦意其或出於此。若必以大杖則走爲中正，而不依着良知因應變化，則今之蔽其良知、不受父譴而走者，皆可以謂之中正乎？申生之事，可以類推矣。

良知固能知古今事變，然非必知古今事變而後謂之良知。孔子曰：「或生而知之。」生而知之者，非能生而知古今事變者也，生而無私意，不蔽其良知而已。夫生知者，以其生而無私意，而不蔽其良知。則學知者亦惟學去其私意，以不蔽其良知而已；困知者亦惟困心困力，去其私意，以不蔽其良知而已，非謂其學而知古今事變，困而知古今事變者也。蓋不蔽於私者，復良知之體，知古今事變則良知自然之用。良知誠不蔽於私，則其知古今事變莫非良知；苟有私意之蔽，則其知古今事變莫非私意，體用一原者也。今不憂私意蔽其良知之體，而憂良知無通達事變之用，亦舛矣。故君子之學，惟務去其私意，以不蔽其良知。

夫學去其私意，以不蔽其良知，則於公私理欲疑似未明、不得於心者，自然知問、知思、知辨，自有不容已者。故學問思辨，莫非良知之用，而亦莫非求去其私意，以不蔽其良知之本體而已。不然，則所學、所問、所思、所辨者，果何事耶？夫學問之功，求以不蔽其良知，則雖未純乎良知，然蔽漸去而知漸復矣，故曰「好學近乎智」。由是而力行不已，則良知無復私意之蔽矣，故曰「力行近乎仁」。今之學者汲汲於知古今事變，而不學致其良知，卒至於泛濫無歸，乃是好知不好學，其蔽也蕩，不可以不察也。

贈陶仲良 癸巳

誠者，性之者也。其次致曲，復其性者也。性具於心，其達於綱常倫理之間，無一念不真，無一事不實，無一物不體，無一處不到，細微曲折充周徧滿。蓋其本體如此，故盡性者則曲無不致，而致曲者必性無不盡，安勉之間而已矣。是故念念必真，事事必實，物物必體，處處必到，細微曲折必充周徧滿，然後爲能致曲而有誠。誠則具體而微，故形；形則微而顯，故著；明則渾融脱落、無方無體，故動、變、化。積累之漸，雖非朝夕所致，然其造端立基，非全體真實不足以言具體，而亦無所用其積累者矣。後之學者，鹵莽滅裂，斷續作輟，種種疏漏缺失，而瑣瑣於一端一節，以爲致曲之功如是，其於盡性也，不亦遠乎？而況徒求之聞見知識之末者也？

陶子仲良，蓋不以聞見知識爲悟而以真實懇到爲功者，遊太學歸，請予教言。其友趙性甫定、林德温文瓊、徐孔霖霈、劉一舒陽、孟伯生源伯、通津楊子大宇、施邦大偉、魯伯慎機、楊維起鵬、湯應天夢鯨出軸請書，遂書以贈之。

書朱、徐二生卷甲午

永豐朱生效忠、徐生源達來南雍問學於予，臨别出此卷，請書教言。生之志亦既知所向方矣，請於人亦已屢矣，人之教之亦已詳矣，予復何言？

道者，人之本心，坦夷平直，無所回曲，故曰：夫道若大路然，豈難知哉？人病不求耳。然世固有求之而不得者，旁蹊曲徑亂之也。夫旁蹊曲徑之於大路，其險夷迂直、通塞廣狹則有辨矣。行路者苟足目俱到、問聽必審，蹊徑豈得而亂之？故凡爲蹊徑所亂者，皆未嘗實用其力者也。生勉哉！

至德至道根諸心性，聖賢經訓具在方册，「三人同行，必有我師」，顧生自求之者何如耳。生勉哉！吾亦何以教生矣？

書贈蕭子羽甲午

蕭君子羽有志進取而折節爲掾，以干於有司。君涉獵群籍，學爲古詩文，蔚然有章。數從名士大夫游，故士大夫亦多知君。秋試連不捷，論者惜其數奇，而君恬如也。予以爲名位繫乎天道，德存諸我，學古人之文，必規規焉而擬之；學古人之心，無待於外，不失吾赤子之心而已。君如得其道，則可以遯世無悶，而世之榮名豈足道哉！索予贈言，書此答之。

徐任夫贈言甲午三條

學莫大於主静，非虚静之謂也。無欲之謂真静，聲色臭味、富貴聲利、種種世情不作於意，故其止也，廓然無體；其出之也，根心生色，如草木之暢茂，如機緘之發，不假造作，是謂動静無心。凡動静未能無心者，猶是聲色臭味、富貴聲利爲之礙也，正當洗濯蕩滌，得所謂真静，而無静之可得，方是真實安身立命處矣。

仁者萬物一體，與人無智愚、賢不肖、是非、美惡、同不同，相薰相磨，相取相受，同歸於善。是非同異之意作，則物我立，故擇可而同，而不能大同；以善服人，而不能取人爲善，賊仁莫大焉。仁者，人也；不仁，則不人。其端甚微，可不慎乎！

道體無盡，心體無盡，故無所得，故學問無盡。古人親師取友，磨礲煅煉，耄期不厭，有以也。覺有得力處，則不見無盡，足以懈精進之志，滿虚受之心，道之害也。目翳微膜，則與重盲者等。重盲者知懼，能充養元氣，忍受金箆之刮，微膜者或忽焉。嗚呼！兹其可忽哉？

書劉子卷 乙未

劉子提孩失恃，鞠於祖母，以長以立，以既有室，而祖母字之猶孩稚也。晨出必問，夕歸必勞，旦日而不見，必使人覘之，雖偏慈諸孫，而莫劉子若者。劉子於祖母，雖有室，猶孺子慕，出必告行，恐相問也；歸必告寧，恐相勞也；間日必使還報，恐覘者之不時也。諸孫罔不眷眷，而亦莫劉子若者。

夫至情不可加損者也，然亦有激焉而過其常者。客鄉加密，艱險加親，疏遠者且然，況骨肉患苦之際乎？李令伯於其祖母，韓退之於其嫂，情有所鍾者，獨劉子然哉？劉子遊太學，離祖母且再朞，問勞省候之使交往數還，朋游聞而歌之，積成卷帙，而告於南野子，曰：「某辱於先生久，先生則何以教？」

夫歌以道人志，而勸之勿壞者也。祖孫至情，又結於患苦之相激，宜有加無損，而何事於勸者？然君子以爲父子之不可解也，而移於妻孥、奪於仕宦，能終身慕者何少耶？故德未有不以交脩成者，宜諸君之歌之也。劉子念哉！無祖母，誠無以至今日，而諸父、諸昆孝友藹如祖母，所待以卒餘年者，則有所分矣。子獨孺子慕，爲常也與哉？

夫幼而待鞠，長而自鞠，待鞠者慈於人，自鞠者自慈以慈人。是故慎其身，至於細行必矜，終身不違，而其爲鞠也大矣；存其心，至於斬一樹、割一獸必以其時，而其爲慈也廣矣。是謂以自成爲悦，是之謂大人之道。膝下繫戀者，小子之事，未足爲劉子言也。

贈鍾生貴丙申

鍾生貴業南雍，歸，請予致知之説。予告生而勉之學且三十年矣，復何説哉？夫致知者，誠意之功，其在《大學》曰「必慎其獨」。獨知也者，良知也；慎之也者，毋自欺，求自慊，以致乎其至者也。雖小人放僻邪侈，無所不至，其掩惡飾善若無所容，良知之不可已者如此。故小人而能慎其獨知，則知至意誠，可以進於聖賢；君子不慎其獨知，則牿之反復，將不遠於禽獸。生行矣，以獨知爲嚴師，遷善改過，不顯亦臨，庶乎其可也，其無求之言説之間哉！

書贈張生寅丙申

張生寅業南雍，將歸，因之論責善之説，曰：「親戚不責善，全恩也；朋友相責，以善行義也。然古之責善者，隱惡而揚善，故與人同歸於善；今之責善者，是己而非人，故與人俱陷於惡。」生竦然，以爲當服膺吾言。臨别請教言，書此以贈之。

耐軒卷丙申

耐者，忍也，勤勞困苦、拂亂湮鬱，無不能忍者也。耐之品有二，其義亦有二。志於功利者，忍人所難，然後才通慮精，可以成其私；志於道者，忍人所難，然後志堅仁熟，可以成其德，是謂二品。以志耐者，有動於外，必剛制其中，境隨事遷，吾志不撓焉；以道耐者，物無所好，中不爲之動，境隨事遷，吾心無與焉，是謂二義。州倅鍾君某，以耐名軒，其子太學生貴請言於予。予欲貴知所擇也，爲是説，使質之君，君其以爲如何？

樊存智明卿字説丙申

西安鄭子粹來遊南雍，其徒樊生存智從。子粹日聞南野子言致知之學，退語樊生，生恍然若有覺也。異日，以生見南野子，南野子曰：「吾無以益其説，惟生實致其知，無漫談焉。」生竦然，又若聞所未聞也。生將歸，子粹申生之意，請命之字而教之。乃字生曰「明卿」，而申其説曰：

智者，是非之心，所謂良知也。良知，人所固有，是故莫不好仁而惡賊、貴義而賤利、榮忠信而鄙詐佞、崇恭敬而耻傲惰、尚孝慈而羞狠戾。其見之行事，得其所好，而所惡者不加乎其身，則其心泰然矣。失其所好，而所惡者躬自蹈之，則其心歉然、厭然矣。夫良知本明也，而至於躬蹈其所惡，欲蔽之耳。然未免於歉且厭者，則其明曷嘗遽息？而凡昏塞之極、恣爲邪僻者，人苟以其所惡加諸，其責人亦曷嘗不明？然則雖小人之良知，亦未嘗不存，惟有以蔽之，而無以致其明，雖有存焉者，寡矣；雖君子之良知，亦不能無蔽，惟有以明之，而不受其蔽，雖有不存焉者，寡矣。慎其獨知而罔有所欺，充其所惡而勿施於人，改其所歉而求快於己，明之之功也。及其至，查滓渾化，而明著動變，我固有之，豈待於外哉？

夫卿者，古之尊稱，又六官之長曰卿，所謂大人者也。命生以明卿，蓋尊其字，嘉其有成，期其爲大人之事也。生勉乎！吾所以告生者，亦無所益於平日之説，惟生實致其知，無漫談焉而已。於是子粹顧生拜教，且起拜曰：「先生之言，有志於進德脩業者其胥聞焉，豈獨以訓樊生？」

吴伯敘卷丙申

先師陽明夫子講學于虔，發明静專動直之旨，然聞其教者，或各以其意爲學，而未究見夫所謂真静真動者。

人有本心，渾然天成。功利之欲不萌，得喪毀譽、利害成敗之見不作，好樂憂患、忿懥恐懼之私不熾，其止如水，其介如石，其應物也，行止疾徐如鼓荅桴。親疏厚薄、情態曲折，如孩提之語笑，非由經營，非由慕羨，是謂真静、真動，是謂天德。君子終日乾乾乎此，是以廣大生焉。

吴子伯敘，昔在師門最稱篤志，時或凝然端坐，若澄神内顧然者，朋友疑其偏静。比歲會諸南雍，則吴子已改其舊轍，非復是内非外、喜静厭動者矣。夫真静、真動之學，吴子其誠能終日乾乾矣乎？欲根不斷，則種種活潑莫非私智，其亦警懼於此矣乎？

吴子歸，書此贈之，因問訊同志諸友，信以爲何如也？

教思無窮卷引丙申

《教思無窮卷》者，甘泉山書院諸士贈鶴阿高子公敬者也。鶴阿教授維揚，諸士受學焉。既遷爲刑部，咸惜其别，謀贈以言，以申師弟子之義。

予惟學術謬而師道廢，士習爲文詞，百家習爲技藝，相訓相督，則立之師，而明道解惑、稱師弟子云者，或駭然怪其所爲，其亦悖矣。百工衆技，其志將以謀食。士，事道者也，弗志於道，則其文干禄之藝已耳。師之設，獨爲謀食干禄者耶？道之不明，惑之不解，文未有能至焉者。導其流，顧窒其源，求其華實，不溉其根，吾未見其爲善教與善學也。而以明道解惑稱者，文詞進取之心或未能忘，則默成自得、遯世無悶之實虧，其爲悖也滋甚。

有如鶴阿之爲師弟子者，斯其無愧焉爾矣。鶴阿學于甘泉先生，其於諸士未嘗外文詞以爲教，而非教人以文詞；未嘗不欲其進取，而非以進取爲悦者。夫古之人精一於人心、道心之間，其畜也厚，其發也時，其敷納以言也根於心，可試於功者也，是故學非以爲文而詞無不達，文非以覔舉而舉賢者求之。兹鶴阿之與諸士所以教學相長、涣然其相得者歟？

在《易》，澤上有地，其卦曰臨，其象曰「君子以教思無窮」。澤漸漬而能入，地疏通而能受其入也，匪思爲其受也，匪知識、性神相契混融而無間者。夫如是，又奚屑屑於離合遠邇之間哉！雖然，凡以物相酧者，必書之質劑，將徵信焉。師友交脩以道，其爲物也大矣。臨别之言，重質劑也。予不敏，辱諸君命，何敢愛言？然竊懼夫徒言之，而未能無愧焉。嗟乎！鶴阿其亦無忘脩我也哉！

書蒙汝化卷丁酉

盛玉華公、吕涇野公嘉蒙汝化之能慕其親也，勉之以曾參、孟軻之學。夫子之慕親，非以報德，非以飭行，而人之貴之，亦非以其能報德、飭行爲孝也。天地之大德曰生，人心之生性曰愛，匪愛弗慕，生之性息矣。桃杏之核之仁，其性息則根幹枝葉無從生，棄爲空殼。人耳目口鼻、四肢百骸具而枵然空殼也，則如勿生而已矣。故君子察此，養以弗二，弗二斯一，一以貫之，浩然塞乎天地。斯固曾子之所唯，而孟子之所爲難言者也。

汝化請益於南野子，南野子無以益之，爲申玉華、涇野之意。

書感慕椿萱卷壬寅

予讀周君所爲《感慕椿萱》詩，蓋傷其禄足以養而親不逮也，豈不悲哉！夫父母之愛，天性也，幼而純，長而遷以雜，甚或邈焉忘之矣。然及其身都富貴，則莫不悽然感於其心，而或無以繼之，亦終於泯滅而已矣。周君之詩，其亦思所以繼之者歟？來請予，願聞一言之教。

往歲，門人有以是問予者，則問之曰：「父有别子乎？」曰：「有。」「有昆弟乎？」曰：「有。」「有别子若昆弟之子乎？」曰：「有。」「母有諸舅乎？」「有。」「從母乎？」「有。」「從母若諸舅之子乎？」皆曰：「有。」則告之曰：「父母雖不逮也，而以養父母者及其所親，則猶之逮也已矣。」曰：「雖然，終無以盡吾心。」則告之曰：「子謂親没而無以自盡，則萬物收藏，而天地之心遂息乎？夫親親始於孩提，達之足以保四海，故曾子以事君不忠、涖官不敬、朋友不信、斬伐草木不以時爲非孝，而孔子稱不毁髮膚，立身行道、貽父母令名者以爲孝。故知所以事親，則知所以立身；知所以立身，則焉往而非自盡哉？」是時門人唯而退。今於周君之請，不復能有易説也。輒具以告周君，其亦有唯於斯言乎？

聽鶴對壬寅

聽鶴先生過南野子講德，既退，客有問者曰：「王君何規規焉惟鶴之聽？以其鳴陰而和、鳴皐而聞也耶？聲萬不同，豈獨無加於鶴者？」南野子曰：「客何王君之訝也？昔者孔子歎逝川，子思子詠鳶魚，豈規規於川與魚？道匪外至，學貴神悟，感於所遇，會心焉耳矣。故觸目皆川，觸目皆鳶魚，然則謂王君所聽無非鶴也，不可乎？」客曰：「有心哉，聽也已固。」南野子曰：「心不可有也，而亦弗淪於無。予謂孩提之愛親敬長，爲有心者耶，無心者耶？知此，則知聽鶴之心。」

平易解壬寅

張子奇之令南海也，石江家兄詮五難爲贈。子奇嘗學於予，告行，而申其説曰：夫五難，人情事變略備矣，其難，豈其難乎？人惟自難，故無往弗難。致平易之道，無弗易焉者矣。人有恒言曰「平天下」，平者，平之者也，未有己不平而能平人、心不平而能平政者。夫心本静而易摇，得喪、稱譏交搆而勃鬬，喜怒、憂懼中炎而外熾，故施用乖戾，其於人也，斂怨作仇。蒙莊有言：「平者，若停水，内不摇而外不蕩。」思靡側邪，行無險陂，爲上易事，爲下易知，臨之者不疑，事之者不怨，上下交與而政治四達矣。皇極之敷言曰：「無有作好，無有作惡」，言平心也；「王道蕩蕩，王道平平」，言平政也；「會其有極，歸其有極」，天下平也。五難其難乎？

曰：「今之以平易爲政者，事不亟集，而民多玩之。《傳》戒『水弱』，《易》善『威如』，奚取爲平易者？」夫道匪平不立，匪易不行，達之人心而同，放諸四海而凖，施諸後世而無弊者。竊似以冒真，蔑實而蒙名，鮮不隳矣，而顧以病道。夫古之平也，清省以直内，而今則頹靡不振而已矣；古之易也，簡直以宜民，而今則縱弛無備而已矣；古之威也，静而正，不惡而嚴，而今則苛猛殘刻而已矣。論官，方曰「廉斯生威」。夫廉匪直，不貪得已也。精淑慝之分，嚴趨舍之辨，意不苟思，事不苟爲，故神凝而完，志定而恒，氣純而守，故好惡不汩而公生，是非不惑而明生，賞罰不撓而易生，勢利不奪而威生。平者，公之至也；威者，易之極也。致平易之道，而人情事變有難焉者，鮮矣，事不亟集而民玩之，吾未之見也。

甘泉先生與先師陽明公友也，講平易之學，以淑諸人者。子奇日造而問焉，其於仕也優乎！

書贈鄒氏昆季丁未

多文足以喪志，多財足以損志，二者德之害也。君子質直以養，心志乃寧；澹泊以養，神智乃明；養而無害，德乃大。人之言曰：「文無溺焉而已矣，財無貪焉而已矣。」志道之士皆曰：「貪與溺，我無是也。」夫欲，不必沉溺，只有所向便是欲。明道自謂無田獵之好，所以十二年而猶未忘也，可不慎歟！

右敬甫

有諸己之謂信，充實之謂美。良心，人所固有，孰爲無諸己者耶？本有也，動於欲而亡之，若無矣。亡非實亡也，水動爲波，而水體失焉耳。既亡矣，不動於欲，而復存焉，若有矣。存非始存也，波澄爲水，而水體復焉耳。感物者，爲耳目口鼻；物之感者，爲聲色臭味。動者以此，不動者以此，動不動之間，志其樞乎？故學莫先於定志。

右信甫

天地之道，不一則不能繼，不繼則不足以成性；人心之善不一，則亦不能繼，不繼則不足以盡性。故君子定志以致一，時敏以持久。二三其志，或作或輟，欲與天地合德，難哉！爲大人之學者，棄童子之習；有四方之志者，無房闥之戀。繼甫勉之！

右繼甫

歐陽南野先生文集卷之十　内集十

雜　著

林平泉贈言戊申❶

平泉林子之志於學也，邁往篤行，弗極弗已。予駑劣，得林子而益壯。茲奉使而南，索予言别。嗟，予何言哉！夫天不言，而四時行焉，百物生焉；良知無言，而四端充焉，萬善達焉。故致知所以希天，知至而與天同德矣。林子其將求之言哉？雖然，相要以言而徵諸悠久，亦君子之道也。予惡能默於林子，然亦惡能有加於疇昔相與常言者乎？

夫學，學爲大人而已矣。大人以萬物爲一體，非本二而故欲一之也。天性虚靈，應感無心，何人何我，何者非一？意動而我立，人己始相形爲二。蓋生於有心之私，而非其虚靈之本然矣。致其虚，弗汩其靈，則視人休戚無不在己，故於身未嘗自有其善，於人未嘗不欲其入於善，然非悻悻焉以己先人，若將驅而納之

❶ 此篇，原有錯版重複，且下篇《王汝文贈言》亦有文字混入此篇，今據北大甲本移正。

也。脩善於身，相養以成而已。是故脩吾之愛以愛人，而人莫不勸於愛；脩吾之敬以敬人，而人莫不勸於敬。愛敬出乎身，而仁義達之天下。故古之欲明明德於天下者，先脩其身，是之謂志尹之志、學顔之學。

脩身之要，致知而已矣；致知之實，格物而已矣。致知非增廣其知識之謂也，不欺其獨知，而内省常自慊焉，慊斯致矣；格物非泛觀已往、懸擬將來而講説思索之者也，吾心視聽言動、喜怒哀樂、感應酧酢之物，一循其良知之不可欺者，改非禮以復禮，節過中以就中，而無不各得其正焉，正斯格矣。顔子有不善未嘗不知，知之未嘗復行，格物以致知者也，故曰「不遠之復」。小人既厭然自知其非，然日昏日放，卒淪於迷復，非其知有異然也，掩其不善而著其善，其所爲未免於自欺而不足以自慊，梏之昏迷焉耳。故知非格物不致，物非躬行不格。

知愛知敬，自赤子已然。大人者，達其赤子之愛敬於天下者也，故仁義不可勝用。今見人溺於不善而不思援之，是忍而弗之愛也，弗愛賊仁；謂人不足與爲善，是慢而弗之敬也，弗敬賊義。故善與人同者，然後爲愛敬之至，而盡仁義之道。不如是，而曰我能愛人、我能敬人者，色焉而已，貌焉而已，豈所謂不失其赤子之心者哉？

士志於道而恥惡衣惡食者，未足與議。寒衣饑食，道也，免死而已者也。然情存免死，猶爲悖道而從欲，況擇美恥惡，悖益甚矣！小人貪富貴，厭貧賤，日放於邪僻而喪心賊性，此其根也。故古之立命遂志者，不以殀壽二其心。殀壽猶忘之，而況衣食之美惡乎？

獨知，一也。小人不慎，故有待而發；君子戒慎，故無時而不知。今于學知所用力矣，然親師友則惕，離則或少弛焉，無乃猶有所待而異於慎獨者乎？ 古人戰戰兢兢，臨深履薄，不以出門使民而少忽，不以大賓大祭而加嚴，是之謂無待於外。不如是而能致其知者，鮮矣。

王汝文贈言戊申

曩王子汝文家食，問齊家於予。予與言致知之學，曰「事事致其良知，而家齊矣」。兹往推池州府刑獄，問政於予。予復與言致知之學，曰「事事致其良知，而政理矣」。蓋當官之道，曰清、慎、勤；理刑之要，曰中正、明達、果斷。凡人有不致其良知，而能清、能慎、能勤者乎？有致其良知，而不中正、不明達、不果斷者乎？ 汝文往哉！ 其以學爲政，予且因政以觀子之學。於是，申平日所與汝文語者爲贈，願夙夜無忘之也。池陽爲先師陽明公過化之地，九華山有祠在焉。士之被教者，遺風猶未泯也。汝文時拜瞻祠下，進被教諸士，述予贈言商之，常若今之握手面談也，於政萬一其有助乎？

大學之道，在明明德。明德者，人心之虛靈明瑩，性之德也。親民，其蘊也。以親民之心，行親民之事，自家而國，放乎天下，無弗仁且愛焉。而明德昭著，無遠弗被，大人之所以爲大也。古之欲明明德於天下者，志乎其大而脩之自身，斯能充實而光輝。小之爲志者，脩身則同，而其所脩者異，小人儒也已矣。

志，其學之幹乎？ 果確無二，悠久不息，學乃有成。今以欣羡激作之氣，未有果確、悠久之實，而自謂有志，然則説巽言而從法語者，皆得稱志士矣。而孔子猶以爲末如之何者，何哉？ 故非知耻發憤、學之不厭者，不足以言志。

性之靈明爲知，知之聞見爲識。執識爲知者，誤影爲形；舍踐履而言致知者，迷夢爲寤，於明德也遠哉！然而言踐履者，或亦未離於識，則豈非志之弗篤而虛浮積習之爲深痼也歟？

有不善未嘗不知，知之未嘗復行，知而能致，顔子「不遠之復」也。小人既厭然自知其非，然掩其不善而著其善，故梏亡其知，而終迷於復。然則知過弗改、知善弗遷者，迷復之道，猶之乎弗知也已。

有情則有所，故滯而失其常；無情則無在，故蕩而淪於空。良知者，情順萬事而無情，無所而無不在者也。然不務格物以求深造自得，而談玄索隱，居之不疑，歸失其良知而已矣。

知好知惡者，性之靈，而作好作惡反以爲蔽。莫知其子之惡，莫知其苗之碩，有作而汩，汩而蔽者也；好而知其惡，惡而知其美，無作而虛，虛而靈者也。知好知惡與作好作惡，猶之水湧爲波，波平爲水。危微有無之間，非物物格之以致乎其精者莫之能明，而聞見思索豈足以了此？

己所不欲者，知之明；勿施於人者，知之致。知，其物之矩乎？格物以致知，其絜矩之道乎？物格知至而明德明於天下，故曰：「一言而可以終身行之者，其恕乎。」

學於古訓者，從古人之訓，而脩其道德於身也。故學詩斯可以言，學禮斯可以立，學易斯可以無大過。道積厥躬，德脩罔覺，學之獲也。以講説爲學者，以知識爲獲，其於道德乎何有？

善性存存，愛敬四達，明瑩光顯，不學而能，誠明之道也；脩善於身，弗能弗措，形著昭明，美大而化，明誠之學也。親師取友，讀書考古，問辨其所學者也。外明誠而言博學，所學何事？學失其道，而問辨思索孜孜不厭，雖依於謨訓，然於身爲已遠，謂之切己近裏，得乎？

良知，一而已矣。知不能，斯知學；知不知，斯知問；知不得，斯知思；知不明，斯知辨。學問思辨，皆知之用也。致知而學問思辨時出焉，一以貫之矣。謂學問思辨以開吾之知，多學而識者之所以二之也。一斯無外，二斯外。故謂多學而識爲求之於外者，言乎未知致一之道，二而外之也，非良知之有内外也。

載籍者，已往之師友；師友者，見在之載籍，其用一也。然人往往樂獨學於載籍，而不樂共學於朋友，可不察其故哉？朋友規切則人己相形，情僞將無所容，而勝心爲之牴牾。載籍則其人已往，或得緣附意見，而勝心無所拂逆，故凡學載籍而無朋友之助，鮮不錮於勝心而流於自用。多識以畜德者，其無以取友爲末也哉！

二子贈言 己酉

陰子子寅令餘干，高子以達令海寧，問政於南野子。南野子曰：「愛斯民附，廉斯民畏，任斯民任焉。雖然，未有不愛人而能廉且任者，亦未有不學道而能愛人者。曩予嘗語子以學矣，兹其爲爲政之本也已。」二子者曰：「二三子受先生之教，誠願學而時習之，兹懼其遠而或斁也。曩王子鳴臣倅池，熊子琦守滁，先生有訓辭二子者，書之册以自隨。願請所以訓二子者，揭之以觀省焉，庶幾若先生之臨之也。」南野子曰：「聖人之學，不聞亦式，不諫亦入，不顯亦臨，無斁亦保。子懼其或斁，欲聞予言而若臨之，其卒以無斁也已。」遂書所嘗語二子者貽之。

贈張德卿守雅州

政與學有二乎哉？學也者，盡其親親、仁民、愛物之心者也；政也者，行其親親、仁民、愛物之事者也。未有無其心而有其事，亦未有不行其政而能盡其心者。而後之言政與學者二之，殆未得其道矣。人心良知，虛靈明瑩，知愛知敬，匪學而能，務自慊而毋自欺，斯愛敬四達，充周不窮，故致其良知而明德明於天下，學政、人己兼致矣。

贈畢介卿己酉

畢介卿將奔其繼母之喪還楚，何國珍、高以達爲之請曰：「介卿以聞教未久而别之遽也，誠懼夫日就頹惰而不自知，願奉一言以朝夕警發，常若師之或臨之者，二三子將亦與有聞焉。」嗟！數子者，可謂篤信好學者矣，因書以贈之。

古之明明德者，非徒飭躬正行已也，親親、仁民、愛物之心，充實光輝，明於天下，是之謂大人之事；古之欲明其明德於天下者，非徒意念及之已也，廓焉通天下爲一身，孳孳以萬物各得其所爲悦，是之謂大人之志。夫志乎其大而務誠諸其身，則所以格物致知者，莫非廣大精微之實功矣。獨知也者，良知也，而感應酧酢，萬物皆備矣。視聽言動，感應之物也，而是是非非，良知其則矣。物循其知而不自欺，故各得其則；知周於物而無所欺，故各極其至。夫物循其則而無不格，斯知周於物而無不致，脩身之要也。然必有欲明明德於天下之志，而後可以與此。志之不弘，則其從事於脩身者，或未免爲硜硜、信、果者也，其究爲小人儒也已矣。

以萬物各得其所爲悦，則不私有己而心公矣；以不欺其獨知爲慊，則無所作僞而意誠矣。公以誠，舜之徒也。出於公，必入於私；出於誠，必入於僞。私以僞，蹠之徒也。舜蹠之分，毫釐倏忽，間不容髮，故志不可須臾不辨，而獨知不可須臾不慎，蓋不忍以其身須臾而爲蹠也。

心不專，志不致，雖小數不能有成，矧曰其克成於大人之學？昔孔子發憤忘食，樂以忘憂，至於不知老之將至，則無所不忘矣。孔子既没，其徒依冢塲而居者，蓋三年、六年而後歸。嗟夫！非用志不分，而其他或有所未能忘，亦安能學而不厭若此也？介卿居父母之喪，前後廬墓者六年，推此於學，則專心致志之道得，而誠立、明通可馴致矣。

道無窮盡，無方體。即以居喪論之，五十不致毁，六十不毁，七十唯衰麻在身，皆隨其力之所能，以即乎其心之所安，變動不居，果有方耶？然自七十以往，以至於未斃之年，隨其力之所能，以即乎其心之所安，皆有足以自致者，果有窮耶？君子於道，知無方，則形迹、度數莫之能礙；知無窮，則謙虚受益，惟日不足，有非勉强以狥外而爲人者矣。

送魯伯慎令招遠庚戌四條

學以志爲本，而志不可不辨也。古之人，以明明德於天下爲志。明德者，親親、仁民、愛物之德，不忍人之心也。充其不忍人之心，暢於四肢，發於事業，以保乎四海，光輝昭著，無遠弗達，是謂明明德於天下。志乎此，則凡貪忿忮忌、驕吝鄙詐之私，可以戕賊吾心者，必洗濯蕩滌，纖毫不留，念念如是，而後可以言志。故心無精純、果確、悠久之實，則雖有憤發激昂之氣，未足謂之志也。

人皆有不忍人之心，皆能以天地萬物爲一體。貪忿忮忌、驕吝鄙詐之私萌，而善心始賊，近之且不能，而況能仁民愛物乎？然方其狥私長惡，其獨知之微厭然不自慊者，固昭然而不可欺也。君子之學，慎其獨知，滅私去惡，以長其本然之善，而學其所不能。故凡詩書研摩，師友講論，皆所以辨別其公私善惡之端，蓋省察克治之心所不能自已者，如療病而問藥，行者而問途，莫非實事，而非徒空言也。故篤志好學，則問無不切，思無不近；不學而問且思焉者，雖即其身心之事，猶爲泛遠，而況其遠於身心者乎？故問之切不切，思之近不近，當於其志之篤不篤者辨之。

學者於人之是非得失、義利公私，雖其疑似難明者猶能辨之，至於吾身，雖昭著可知者或莫之辨焉，自欺耳矣；於人之隱過微惡，猶憤然惡之，至於吾身，雖大且顯者或未嘗惡也，自欺耳矣。孔子曰：「君子求諸己，小人求諸人。」察己之善惡而誠，好惡之求諸己者也；察人之善惡而誠，好惡之求諸人者也。出此入彼，間不容髮，可不慎哉！

人之病，莫大於自是而好勝。自是，則不能見己之非而內自訟；好勝，則不能見人之是而反己以自盡。曾子曰：「以能問於不能，以多問於寡。有若無，實若虛，不自是者也；犯而不校，不好勝者也。」是蓋孔門諸賢之所從事，而曾子稱之，以警其門人弟子。後世顧謂惟顏子足以當之，無乃以爲成德之驗，而未知其爲入德之功歟？今學者自是好勝之病，雖精粗深淺不同，未必能脱然而無有也。苟自諉曰「惟德成乃能脱然無病」，則立心之始既已容留潛伏，而未有拔本塞源之志，將不終爲自是好勝而已耶？

宜生橋義塾警語庚戌

堯舜之道，孝弟而已矣。故弟子之職，孝弟先於學文。庠序設教，尤必申以斯義。其極則人人親其親、長其長，而天下平矣。昔孔子，大聖也，猶自謂事父事兄有所未能，然孩提之童無不知愛其親、知敬其兄，則又豈有甚高難行者？故聖人者，惟不失其孩提之心，而童蒙養正，則作聖之功，治國、平天下之本也。潘子闢義塾，蓋將使斯民爲堯舜之民，教於斯、學於斯者，舍堯舜之道，奚以哉？道不遠人，童蒙之良知與堯舜同，無以欲勝義，無以文先行，惟在所養何如耳。

洗心箴庚戌

心本虚靈，寧有方體？無體奚污？無污奚洗？污之所由，意必潛起。滯而不化，太空雲翳。洗之伊何，惺惺獨知。好惡靡作，自慊罔欺。喜怒憂懼，與物推移。天高地下，萬象無爲。執方狥象，以心洗心。瞠目而視，欲見其睛。睛不可見，目失其常。遂令懲噎，餐廢卒狂。聖訓孔昭，繆迷厥指。齋戒神明，敬哉勿二。

易説癸巳

乾、坤、坎、離，上經之主，故重卦居上經；兑、震、巽、艮，下經之主，故重卦居下經。乾、坤，六子之本，交於上經；六子，乾坤之用，交於下經。乾、坤交六子者，各十二卦，惟兑居上體、巽居下體者居下經。兑、巽皆陰卦，兑主上，巽主下也。坤、離重陰之合，亦在下經。乾與艮、震，重陽合也，而乾上艮下則陰在内，象巽；乾下震上則陰在外，象兑，亦在下經。其餘皆在上經。震、艮皆陽卦，震主下，艮主上，故震居下體，艮居上體，順也，除重卦及反對卦，餘皆在上經。艮居下體，震居上體，陽失其所，主逆也，皆在下經。巽、兑皆陰卦，故兑、巽交六子者皆在下經，惟巽風居下，山澤之氣上騰；兑澤居上，雷風之氣下降，陰陽之交也，則在上經。坎、離惟重卦及交震、艮二陽卦者居上經，交震則爲上體，交艮則爲下體，震主下，艮主上也。其餘皆在下經。此二經卦之分也。

乾、坤純爲上經之始，乾、坤交爲上經之中。兑、艮、震、巽初交爲下經之始，再交爲下經之中。坎、離純爲上經之終，坎、離交爲下經之終。上經首乾、坤，繼坎，坎陽中也。坎合震、艮爲三陽始交，震主下，故居下；艮主上，故居上。坎合乾爲男，從父；合坤爲母，從子。皆自内而外，從之之道也。次乾與四陰卦合，合巽則居内，合兑則居外，五陽包陰；兑外巽内，則不包也。合坤則三陽、三陰迭爲内外。合離則五陽包陰，自外而内，包之之道也。次艮、震合四陰卦，合坤則艮下震上，五陰從陽，自下而上也。次震合兑居下，艮合巽居上，震主下，艮主上也。震、艮既合坤、兑、巽，而三陰復合爲震、艮，故兑居坤下，象震；巽居坤上，象艮也。次震、艮合離，震下艮上，外陽包陰；艮下震上，則不包也。次艮合坤居上，陰載陽也。震合坤居下，陽主陰也。次震、艮合乾，震下艮上，四陽包陰；震上艮下，則不包也。次艮、震自交，兑、巽對，而坎、離終焉。下經兑、艮、震、巽初交，繼以乾、坤、離、坎。乾合艮則艮下，陰在下，且象艮也；合震則震上，陰在上，且象震也。坤合離爲母率女，自内而外，率之之道也。離合巽、兑，巽上兑下，從長女，則爲之下；率少女，則爲之上也。坎合艮則艮下，合震則震上，外陰包陽，艮上震下，則不包也。次艮、兑、震、巽再交。次乾、坤、坎、離交於兑、巽，兑主上，故皆居上；巽主下，故皆居下。次六子用事而二老不用，始震、艮，長、少二男也。次震、艮合巽、兑，艮下巽，長女，上也；震上兑，少女，下也。次震、艮合離，震上艮下，離爲中女，處長、少男之間也。次巽、兑、長、少二女也。次巽、兑合坎，巽上兑下，坎爲中男，長女上之、少女下之也。次巽、兑自交，震、艮對，而坎、離爲既、未濟終焉。此二經卦之序也。

九卦説贈蔡衡州 戊申

白石蔡子子木守衡州，將行，過南野子，論九卦之義。

南野子曰：「夫德非踐履不進，而履必謙以持之。履也者，非徒正行檢、立事功，脩飾於形器之末已也。人之所不學而知者其良知，性之德也。慎其獨以致之，立愛立敬，達之天下，斯用利而德日崇。故踐履之於崇德，如堂之有基矣。夫謙，非徒恂恂煦煦於容貌色詞已也。以行檢、事功爲學者，日積而加多，故自視常有餘而其進易以怠。致知之學，謹其精神心術之微，日新而無窮，故自視常不足，而其脩益以密，故謙所以持踐履之志於不墜而爲之柄者也。謙以持志，志以正履，而良知始復矣。

「天地之復也，一陽初動，浸浸而長，充而至於六陽，其機莫之能禦，誠故也；人心之復也，善端初動，生生而不能已，充而至於五常百行，其變化莫之能窮，誠故也，是謂天下之大本。本立則不息，不息則久，久則固，而後能懲忿窒慾以脩身，遷善改過以長善。蓋良知既復，則凡忿慾之萌、過失之遷，如湯消冰，如陽明之破陰翳，異乎未復者之懲窒、遷改矣，是故可與處困。困，剛揜也。良知天德至剛，順逆通塞無所著於中，雖頓挫拂鬱而不見其有所謂頓挫拂鬱者，故心不失其所亨，非若中有所著者。困鬱之來，内懷憤懣，而奮志以勝之，抑意以待之者也，故困可以辨德，德立而後能達。養人不窮，如井勿幕，良知之達也。達而無執，過而不留，旁行曲暢，周於萬變。無所擇也，而無不各盡其精微；無所不入也，而無不各得其至善。故曰：巽，德之制，復之極功也。

「良知未復，意必未融，而隨事以求可，因時而處宜，多見其爲機變之巧而已矣。大哉，復乎！天地之心見矣，顔氏之子所以其殆庶幾者也。非履而能謙，惡足以與此？夫履如足之踐踏，自趾至踵，無寸膚不著於地；夫謙如谷之虚而容，如海之下而受。故一念不實，非履也；不虚不下，非謙也。自賢，非下也；自是，非虚也。昔者孔子自謂『道有未能』，而『庸德之行，有所不足，不敢不勉』，故發憤至於忘食，自賢乎哉？《書》稱舜之謙，謂『負罪引慝，夔夔齋慄，祇載以見瞽瞍』，自是乎哉？舜與孔子猶若是，而況困知勉行者，履不必如孔，謙不必如舜，乃欲復其天地之心以造於巽制而不流，其將能乎？」

蔡子曰：「善哉！履如孔，謙如舜，而良知不復者，寡矣。良知未復，而能巽以制事、不入於機變者，亦寡矣。吾安敢不勉且戒，以無忘先生之言？」於是蔡子行，遂書以贈。

策問南雍諸生癸巳

昔者，孟子息邪説以正人心，其所以闢告子者尤爲費辭，豈非近似亂真而有未易辨者耶？夫學必有所主，而後能有所造。告子學至於不動心，可謂深造而自得者，故能與楊、墨之徒並駕其説以鼓天下。楊主爲我，墨主兼愛，許行主無爲，鄉原主媚世，其端易明，惟告子則有難言者。今其言曰「不得於言，勿求諸心；不得於心，勿求諸氣」，就其言而推之，其所主者安在？其於所謂「性無善無不善」，所謂「以人性爲仁義」，似若各出而互異，然則無乃二三其主者耶？夫二三其主，而何能至於不動其心？先儒論告子曰：「冥然無覺，悍然不顧。」夫冥悍自用而無所主，則不足以惑世而鼓之從。而世之稍知自立者，苟不至於冥悍自用，則其過告子遠矣，而學道者豈至於爲其所惑，而孟子顧屑屑而闢之，不亦舛乎？夫辨異端而不得其所主，則將惑焉而不自知。不自知，則亦異端而已矣。諸生有志於孟子之道，則於孟子之所闢者，不可弗之講也。

聖人之心無窮論庚戌會試程文

聖人仁覆天下，而未嘗足乎其已能，故自視常未盡。自視未盡，斯其爲盡仁者乎？夫仁，天地之大德，而性於人人，所以體萬物而爲天地之心者也。其爲道，至大而至近，至微而至神，并包兼濟，被於天下也，莫得其極；而溥博淵泉，出於人心也，莫竟其所際。是故於物有濟，可以爲仁，而有一物之不濟，未足以言全；一念公溥，可以體仁，而有一念之或間，未足以言純。聖人安仁，無違者也，而天下之大，未必能兼濟而無不及，故常以其所不及爲未全，而未嘗以其無違爲已純。兹堯舜所以上下同流，而猶以脩己安百姓爲病也，故曰「聖人之心無窮」。非天下之至仁，其孰能與于此？

人之言曰，凡人所孳孳而不敢苟止者，蓋事可能而已有未能，雖未之能而必不可不能者也。脩己之道，其事爲視聽言動，其情爲喜怒好惡，皆於身取之。夫人可以與能者，聖人豈猶有所未能耶？天下之大，百姓至衆也，欲盡舉而安之，勢有所必不能，豈聖人顧汲汲焉必能之也？噫！聖人之於百姓，豈敢曰勢不能盡安，遂委之於不必能耶？人以天地萬物爲體，其安百姓，蓋安其四體也。委四體於不必盡安，惟不仁其身者能之，仁者之心，固宜有汲汲不懈者矣。則夫脩之己者，亦豈敢曰吾已盡己能，而不復有所進邪？

夫人以脩己爲易能易盡也，蓋以身爲己，而未嘗於其感應者觀之也。今夫視聽言動之用，喜怒好惡之情，凡接物而應焉者己也，而莫非物也。微物，則惡所視聽而好惡喜怒之哉？親疏遠邇，智愚貴賤，與夫貧窮煢獨，凡對己而感焉者物也，而莫非己也。微己，則惡覩其爲親疏與煢獨者哉？故聖人之於天下，視惟明，聽惟聰，而休戚誠僞之隱靡所不周；言忠信，行篤敬，而順逆睽合之志靡所不通；喜怒不遷，好惡無作，而愛憎取舍之情靡所不同。兹其脩之己也，皆加乎民而安之者也。其於百姓，惇親及疏，篤近舉遠，皆在所懷，而各得其敘；貴貴下賤，尊賢容衆，皆在所愛，而各得其辨；老老幼幼，恤不辜、矜無告，皆在所慈，而各得其所。兹其安之也，皆出乎身而脩焉者也。故脩己者，脩安民之道於己，百姓安而後己之分盡，自脩之事畢矣。聖人有見於感應之一也，以爲己之分無時而可盡，自脩之事無時而可畢，何也？百姓之衆，惡能盡舉而安全之也？夫天地之大也，而萬物有未生未育，人不能無憾於天地。聖人之大也，而百姓有未安，人不能無望於聖人，而聖人豈能自安於其心哉？

昔者堯舜，大聖人也，其明德以親民者，蓋至於萬邦協和而四方風動矣，然其訓迪庶官，勸之勿壞，與其所以慎脩思永者，孳孳爾也。蓋舜之稱堯也，謂「舍己稽衆，不虐無告，不廢困窮，惟帝能之」，則知人安民之道矣。而禹又以爲「知人則哲，安民則惠，雖帝亦難能焉」。豈非道未易盡，而堯之所能者，堯亦有難焉者哉？則舜之所以孳孳如堯，又可知也矣。故當時之戒群臣也，曰弼違，曰無面從，曰汝爲汝翼、汝明汝聽；群臣之進戒也，亦曰怠，曰傲，曰違道干譽、咈人從己，喜起交脩、時幾交勑，昌言交拜，惴惴焉若勉，脩其德而未能，若經綸屯否而未底其績者。此豈不見天下理亂之形，而故以爲未理，不見己心危微之幾，而故以爲未盡哉？心同天運，無有止足。其視天下之大也，阻饑之民豈盡康食？五品豈盡遜？五刑豈盡措？典禮豈盡敘？神人豈盡和？蠻夷之猾夏者豈盡率服？鳥獸草木、上下之物豈盡欒生？則吾之所以明峻德於天下者猶有未至，而豈能泰然忘戒也？夫堯舜聖神，與天合德，其必不至如禹益諸臣所戒也，夫人知之矣，然未能泰然忘戒也，則惟諸臣知之。諸臣之克艱，與君同心，其不以無虞而忘自儆也，堯舜信之矣，因而致儆其君之所或未儆也，亦惟堯舜能行之。推堯舜之心，即庶績盡凝、萬物咸若矣，然所以制未亂之治者，猶未可以已也，況天下之大，有必不能盡慊其志者耶？推諸臣之心，非不知帝德廣運、萬邦作乂矣，然所以致無斁之保者，猶未可以已也，況人心靡常，有未能必其無動於罔念者耶？故唐虞之德，光被上下，真如天地之化，雖未能無一物之未生未育，然不害其爲無不生育，而其屈伸往來，闔闢變化，則未嘗因物而有所加損，蓋穆然常運而不已也，是聖人之心也。

聖人豈有特異於人者哉？亦曰純乎仁而已。仁者，心之德也。人心虛靈，天地合德，其真誠惻怛，明昭不昧。一夫不獲，惕焉恫瘝於厥躬，而一念必謹，戰戰焉若冰淵之臨。是心體本然，聖人無以異乎衆人者也。衆人之異於聖人，則自雜之也。是故物我相形，私利相奪，忿疾暴慢、猜疑刻忌紛然交作，故不自見其過，而常自覺其所能，則其於人也，寖見其可惡，而不盡見其可愛，見我之愛人者無不至，而人之不蒙吾愛者爲自絶，而不知愛人之心久矣其窮也矣。然其始，蓋亦善端之動而過焉者，意有所向，忽而未察其究也。浸淫固滯，日入於頗側而罔覺爾。聖人，純乎仁而不蔽於我者也。無蔽故常覺，無我故常愛，故不待熾然之過，而能密察其意向之萌，兢兢業業，日乾夕惕，若有迫乎其中以追及乎其前，雖欲已之而不得者。蓋不徒以己之未易盡、百姓之不能盡安而始汲汲若是也，其常覺而常愛者，無待於外也。故聖人之心，非警之使無窮，仁本無窮也，脩己以敬之極也。

仁道不明，外安民以脩己者，是内非外，而不知萬物之備於我；外敬以安民者，狥外遺内，而不知强恕之本諸心，是皆未得夫精一不二之道。縱使作之不怠，然有所舉者必有所廢，有所作者必未能常而無輟，即斃而後已，猶未足以語聖人無窮之心，未仁故也。孔子曰：「仁者，人也，親親爲大。」故思脩身不可以不事親，思事親不可以不知人。事親者，安民之始；知人者，知仁者也。雖然，仁亦惡可易言者。何也？仁者，性之生理，非有聲臭方體可求而執之者也。無體故無盡，無可執故無爲，而成人之道也，實天之命也。《詩》

有之,「維天之命,於穆不已」,蓋曰天之所以爲天;「於乎不顯,文王之德之純」,蓋曰文王之所以「緝熙敬止」者也。故知天斯知性,知性斯知仁,知仁斯知道,斯知所以脩。故戒慎不覩,而常若有覩;恐懼不聞,而未嘗有所恐懼。此篤敬之奥,脩己以安百姓之要,聖人之心所以純乎仁而無窮者也。

策 庚戌會試程文

問:「性者,德行之本。知性而後不謬於學,知學而後可以成德,則性之實誠不可不明辨也。然孔子而上,性説甚略,而士多才賢,民亦渾樸;孟子而下,言性善者寖詳寖明,蓋皆左右孟氏之説,昭然而行之矣,然人才、民俗寖不逮古。豈性説之明,固無損益於世道之隆污邪?然則惡在其能有功於聖門也?其他紛紛駕説者各有所見,其用歸之從善背惡,於民行良非小補,乃不得與孟子同功。顧辭而闢之,無乃執其説之異,而未既其用之同邪?諸子之學,所習各異,然摩頂放踵以利天下者,豈無見於性之善而能然乎?乃無救於其習之偏者,何也?夫言必稽諸致用,而後可以審其是。實用不究而槩之空言,則雖性善之説折諸所謂不論氣者,得無有所未備,而何以異於紛紛者歟?故願與諸士深究其實也。」

性貴盡也,非貴言也。其言之者,示人盡之之功也;言貴行也,不貴辨也,其辨之者,欲人行之無惑也。蓋人性本善,而或牿之,聖人有憂焉,於是言其所深造自得者,牖人心而反之善。故其言非使人通曉辨説已也,欲其好學力行,得之深而居之安,故言必可教,教必可學,學必可以成己成物,而徒言非所貴也。蓋嘗觀古之言性矣，言乎若性而有恒焉，言乎節性而日邁焉，言乎率性以爲道焉，言乎誠善以盡性焉，凡以教力行也，教慎習也。蓋聖人恒其性之中矣，欲夫人若焉而無敢戾；致其性之和矣，欲夫人節焉而無敢縱；盡其性之善矣，欲夫人率焉而無敢賊；全其性之誠明矣，欲夫人思誠而無敢妄。不戾、不縱、不賊、不妄，而聲色臭味得其正，喜怒哀樂中其節，君臣、父子、兄弟、夫婦、朋友盡其分，習與性成，教之極功也。

道與時降，勢以時異。堯舜、文武之時，教立於上而君師之道一，道德齊禮而人莫不敬應，故行有枝葉，言略而功倍；孔子、孟軻之時，教立於下而君師之道二，百家殊方而人各爲異説，故辭有枝葉，言詳而功半。蓋至於言詳而德行之教衰，意見之習盛，於是人才風俗寖不逮古矣。

嗟乎！三代而下，何其紛紛也？孟子道性善，而群喙競起，衆言淆亂，曰性惡者，曰善惡混者，曰善惡各有定者，曰無善無惡者，各是其是，互相評譏。其意則皆欲人爲善易惡者也，而孟子闢之不遺餘力，豈好爲嘵嘵者？自今觀之，孟子之言善也，本之天命，徵之正情，若曰能率其性，斯無不善，不可反其性而爲惡也；諸子則或離情以爲言，或雜習以爲言，若曰人當治其性以爲善，不可以其性入於不善也。故孟子之學，順理而無爲也，若決江河以注之海而無汎溢焉，雖困勉之功至於人十己千，皆無爲而爲，性也，非意也；諸子之學，刻意而有作也，若堤江河而鑿之道使無汎溢焉，即功力之熟至於不待思勉，皆有作而成，意也，非性也。

夫一陰一陽之道，在天曰命，命之流行曰氣，氣之凝聚曰質，質之虚靈曰心，心之生理曰性，性之發動曰情，情之作止反復曰習，本末一原者也。性者，習之體；習者，性之用。性習而善惡分，習與性成而善惡不移，始同終異者也。故無不善者，性之常；習而後有不善，則逆其常者也。然爲善斯慊，不善斯不慊，蓋根諸心而不可欺者，未始易乎其常。孔子言「性近習遠」，以至於上智下愚，此本末始終之别也。孟子承之，謂「善端爲固有」，謂「得之失之出於求舍」，謂之「倍蓰而無算，非才之罪」，此明其順逆常變者也。諸子則迷其本始，故混其順逆而以爲皆其常然者，以是爲教而道人於善，其究也反害之矣。何也？意見作而天性賊也。

夫楊朱無見於性之義，則取爲我以爲義；墨翟無見於性之仁，則兼愛以爲仁；子莫無見於性之中，則執一以爲中。告子之不動心、鄉愿之德、許行之無爲，皆無見於性之本，故以其意見者爲學，而思以易天下。使天下皆能爲爲我之義、兼愛之仁、執一之中，猶未免爲矯情鑿真，況必不能爲也。必不能爲，而又不知所爲，則恣情迷真者仁義充塞、中庸晦蝕，而天下日入於亂。譬諸養生然，黍稷稻粱，其常也，而必熊蹯猩唇以充膳，豈惟自伐天和，將世之不能皆得者，有坐而甘餓，或相食以斃耳。至是而後知諸説之紛紛，不啻驅人於溺，而率之左衽。而孟子之論，所以距詖行、正人心者，其爲實用，真足以比功禹周，非無益之空言也矣。

後人又推所未備，將以輔行其説，乃以善歸性，以不善歸氣質，則信辨矣。然氣之沖和偏勝也，質之剛柔明暗也，本天命之流行凝聚，繼善而成性者也。故曰「性相近」，言其成性小異而皆善也。有不善，則判然如寒暑晝夜，不待習而已相遠矣。故不善者，習之所成，非氣質之本然，孟子所謂「弗思弗求」者也，故又不可不慎其所習。習於善，雖柔且暗，善也；習爲不善，雖剛且明，不善也。故困而不學者，然後爲下。中人以下，不可語上者，未嘗不可使由之也。

後世徒見自幼而惡者，疑非習所成，而又不可以污性，則推之於性習之間，曰「此氣質也」云爾。蓋徒知視聽言動之習，而未知不視聽言動之習也；知有心之習，而未知無心之習也。居養之移氣體，胎有教而子多才，此其漸習，豈以心思耳目哉？知胎之教與居養之移、漸染之習，則自幼而惡者皆成於習，而非天賦之一定，故無不可反而之善者。士之自成自道，無所可諉矣。若曰氣質所成也，則言非禮義，與自謂不能者，且諉於天之困，而堅其自暴自棄之心，又何教之立哉？

今孔孟之教如日中天，而紛紛者不得行矣。明問猶反復辯詰，豈非示承學以不謬所從且使慎乎？其所習以見諸實用，而不爲徒言矣乎？愚也，何敢以自賊也！

歐陽南野先生文集卷之十一　外集一

奏　疏翰苑應制

郊祀議

嘉靖九年二月十一日，欽奉勑諭議郊祀大禮，令臣等各陳所見者。臣淺陋庸愚，何以對揚？

竊惟二儀定位，天高而地下；先王制禮，天尊而地親。故我太祖皇帝兆圜丘於鍾山之陽，兆方丘於鍾山之陰，用《周禮》也。行之十年，乃更爲大祀之殿，定合祀之儀，又行之二十餘年，而太宗皇帝承之。百十年來，論者類疑其非古，然以太祖非無爲而變，太宗非無據而承，況土木一興，財費不貲，事干國典，不敢易言耳。兹遇陛下博稽古典，先定睿志，大小臣工何容異議？雖然，古不可悖，亦不可泥，參之酌之，與時宜之，在陛下聖明而已。況《周禮》固有不可知者，臣請先舉其略而後效其愚。

謹按《周禮》，冬至圜丘，夏至方丘，可以見天地之分祀矣，然未知其兆於南郊歟？抑南北二郊歟？不可考也。及考大宗伯掌建邦禮，則禋祀祀天，血祭祭社，而無祭地之禮；小宗伯掌建神位，則右社稷，左宗廟，五帝四郊，而無地祇之位；司服則祀天大裘，祭社希冕，而無祭地之服。乃若大宗伯蒼璧禮天，黄琮禮地，圭璋琥璜禮四方，則無禮社之玉；典瑞四圭祀天，兩圭祀地，璋邸射祀山川，則無祀社之圭。何其闕略如此耶？或謂天子之社，非諸侯各祭一方者，比古無北郊社以祭地也，故尊與郊等，親與廟並。故武王伐商，類于上帝，即宜于冢土；成王遷洛，用牲于郊，即社于新邑。《周禮》蓋言地即不言社，言社即不言地耳，信斯言也。則既謂右社稷，又曰澤中方丘，何其乖錯如此耶？意者國門之内除地爲澤，而築丘祭社，如古者壇墠之制歟？或社稷在國都之右，因澤爲丘，不必於門内歟？是又未可考也。臣故曰：古不可悖，亦不可泥，得其意不踐其迹，時之爲貴可也。臣請備言之。

臣按圜丘、方丘，《周禮》之文也；南郊、北郊則漢儒之説也；不屋而壇，虞夏之禮也；明堂祀帝，則周人之制也。周人不能盡用夏殷之故，漢儒不能盡明周禮之義，後世又安可盡以爲據也哉？臣惟地配天而無疆者也，上下陰陽之辨耳，故異郊可也，同郊亦可也；天無往而不在者也，惟精禋馨香之格耳，故于丘可也，于屋亦可也。況大祀殿蓋取諸明堂，且又聖祖已成之制也。

陛下孝子慈孫之心，宜未忍有他議。聖意惓惓者，獨以合祀非古，亦非聖祖之初耳。雖然，古者茅茨土階，掃地而祭，簡朴之道尚難盡復矣，而聖祖更定古制，固將求爲可繼也，臣愚何足以知之？無已，則請仍大祀殿以祀天，而日月等天神各爲壇以從；改山川壇以祀地，而山川等地祇各爲壇以從。至於各有廟食者，各歸其廟；不在祀典者，不秩其祀。庶幾事簡易從，古禮不悖而聖祖之制亦不廢矣。

議者以爲「祭於屋，親之也，人道也，於帝則可，於天則不可」。臣竊謂天、帝一也。《書》言「類于上帝」，《詩》言「上帝居歆」，皆天之稱也。其謂郊祀后稷以配天、宗祀文王以配上帝者，蓋周人報本之祭則於郊，因事而祭則於明堂，異其名號以爲識别耳。况籩豆璧帛，莫非人道矣，屋何爲其不可？且明堂乃國門之内聽政之所，猶可以祀帝，今殿以專祀，不以聽政，而且遠在郊外，亦何害其爲尊？臣伏覩聖祖有云：「今之不可爲古，猶古之不能爲今。禮順人情，可以義起，所貴斟酌得宜，必有損益。」大哉言也！臣願陛下率聖祖斟酌損益之道，垂百世可繼之統耳。

議者又以爲「仍大祀殿以祀帝，而别兆圜丘以祀天」，臣以爲嫌二壇也。夫祭莫尊於天，莫親於祖。親者之祭尚不欲數，而况於尊者乎？祀祖不可以原廟，祀天可以二壇乎？周之明堂，王者之堂也，而因用以祀，猶之國學以教也，而養國老於是，釋奠於是，獻馘於是，故無二壇之嫌耳。臣伏覩洪武二年翰林院學士朱升議齋戒之期，聖祖諭之曰：「齋戒之期，大祀以七日，中祀以五日，不無太久。大抵人心久則易怠，怠心一萌，反爲不敬。可於臨祭齋三日，務致精專，庶幾可以感格神明。」大哉言也！七日尚恐其久而易怠，二壇不慮其黷而不精乎？臣願陛下法聖祖防怠致精之意，垂百世可繼之統耳。

議者又以爲「冬至祀圜丘，季秋享明堂，周禮也。今從其明堂之享，則用冬至也何居？」臣竊謂大祀殿非明堂也，稽明堂用屋之義耳，况冬至亦據一時言之也。《記》曰：「郊之用辛也，周之始郊日以至。」夫周始用至，則古者各從其始，不必皆用至矣。《記》又有「卜郊作龜」之禮，《春秋》有「卜郊不從」之文，蓋周人始用至而遇辛，其後則用辛而卜吉，然則繼周者卜日而祀可也。抑周之用至也，十一月爲歲首也，敬事也，然則繼周者卜歲首之吉可也。况今祭器、祭服、祭樂皆非周禮，獨至日從周乎哉？臣伏覩聖祖有云：「祭於歲首，正三陽交泰之時。」大哉言也！臣願陛下法聖祖通變從時之意，垂百世可繼之統耳。

議者又謂「山川之有壇，古也，今改以祀地，則遂廢矣」。臣竊謂山川從祀於地，有專壇焉，惡得謂之廢？日月山川，一也。我聖祖初有朝日夕月之禮，後以既從祀矣，遂皆罷祭，則亦謂之廢乎？且山川之專祀，臣固疑之矣，疑古者社以祭地也，而在國内山川不得望也，故别爲壇也。今既望矣，而復專祀，不已繁乎？《書》曰：「禮煩則亂，事神則難。」我聖祖亦云：「自洪武十年更定社稷於闕右，比前人之所以禮殊式異，去繁就簡。」大哉言也！臣願陛下法聖祖去繁就簡之意，垂百世可繼之統耳。

臣又聞，時損則二簋可享，時絀則舉嬴非宜。陛下視今爲絀耶？嬴耶？損耶？益耶？夫敬天莫大於勤民，崇禮莫要於脩政，仰惟陛下究心民瘼，恫瘝在身，皇天享德，勿問可知。惟願陛下益脩勤民之政，上克當於天心；深致舉嬴之戒，下不傷於民財。則成周之儀文不必備，而三代之治功可復見矣。臣愚不勝惓切恐懼之至。

敬天監以昭聖德疏

臣伏覩陛下以雪澤愆期，齋戒躬禱，曾未浹辰，靈應沛答。陛下昭格之誠，天地祖宗仁愛之至，誠宜紀述休徵，以詔無窮。顧臣愚陋，何能少贊其萬一？

臣竊惟天人感通，捷於影響，蓋神氣充塞兩間，在天成象，在地成形，在人爲心，人君一心，天地、鬼神、民物之主也。幽獨動念，神明效靈。桑枯於朝，雉雊於鼎，其端甚微，其應至著，故詩曰：「無曰不顯，莫予云覯。神之格思，不可度思，矧可射思？」言不顯而人莫之見，然鬼神聽之，不可忽也。古先哲王兢兢業業，顧諟明命以承上下。神祇其弗率者，或慢神而廢享，或黷祀以儌福，理亂所由分矣。臣又觀古之陳説於君、告成功於神明者，如《書·無逸》之篇，《詩·七月》之風，《楚茨》《大田》《雲漢》之雅，《臣工》《載芟》《良耜》之頌，皆言天子、公卿、大夫憫農重稼，以不懈於位。蓋民爲邦本，食惟民命，民食足而驅之善，則將有不賞而勸，不怒而威於鈇鉞者矣。

仰惟陛下敬天恤祀，勤民重農，雖善頌善禱者無能對揚，況臣庸謭萬萬者乎？敬撰古詩一篇十章，上塵聖覽，雖詞慚大雅，而志效微誠。伏願陛下勿替欽若之心，懋昭勤恤之德，立天下之大本，贊天地之化育。漢儒董仲舒有云：「正心以正朝廷，正朝廷以正百官，正百官以正萬民，正萬民以正四方。四方正，遠近莫敢不一於正，而無有邪氣奸其間者，是以陰陽調而風雨時，群生和而萬物植，諸福之物，可致之祥，莫不畢至，而王道終矣！」臣愚，不勝惓惓。

奉聖旨：詩留覽，禮部知道。

靈雪詩有序

明明，敬天監也。聖德昭升，靈雪應禱，天人之際，感通之幾，可不敬歟？謹稽首、頓首，陳明明十章，明哲王之道焉。詩曰：

明明在上，天監不忒。保兹天子，永綏四國。綏之維何？稼穡如茨。保兹維何？庶徵曰時。

歲云暮矣，雪愆其候。嗟此田功，皇心如疚。曰予無良，無以萬方。以齊以稷，以對於穹蒼。

避殿徹縣，膳夫不舉。省觀于微，陟降帝所。昊天上帝，庶無悔怒。豈曰予躬？下土之故。

乃詔司空，馳道勿除。乃詔僕臣，勿輅勿旟。匪安匪舒，業業兢兢。庶士烝烝，丕命其承。

月離參井，翌軫將中。肇稱禋祀，自郊徂宫。籩豆亶時，禮儀卒崇。心之惕矣，無俾民恫。

維皇時邁，有嘒其星。于邁于壇，載陽載陰。我將我享，于豆于登。載拜載興，玄雲既凝。

雲之同矣，雨雪瀌瀌。下土是肙，如瓊如瑶。雨雪其雱，農夫之慶。四國歌謳，天子降康。

群工稱慶，皇讓弗有。曰予弗類，天維純佑。籥舞笙鼓，以答高厚。咨爾無狃。

昊天曰明，皇德惟馨。皇德之馨，匪今斯今。飢饉瘨民，皇曰予飢。寇攘弗靖，予政之貽。

臣拜稽首，惟天輔德。惟謙受益，惟皇作極。臣拜稽首，敬天之佑。粒我烝民，天子萬壽。

明明十章，章八句。

進昭格賦疏

今月初九日，欽蒙出鄭府所貢白鵲於左順門，令百官環覩者。臣獲覩奇瑞，欣歎盛美，仰惟皇上純誠敬天，精白不緇，帝心悦豫，瑞應疊至。「惟德動天」，昔聞斯語，不謂今日親覯殊徵。皇上恭承靈貺，仰思配答，必無所不用其極。群臣眇昧，何以對揚？

臣竊惟皇上事天，猶群臣之事皇上也。皇上眷恤庶僚，恩禮浹洽，凡百有位，豈不思靡身殞首不足爲報？苟不昭厥德，徒思無益，終不能爲篤棐之純臣，然則皇上敬答天休，迓之無疆者，匪昭德亦何以哉？

古之聖君，堯舜性之，而精一於人心、道心之幾。成湯反之，而顧諟明命，昧爽丕顯，坐以待旦，無非内省不疚，自昭明德。是以好惡不忒，庶正惟和，皇天降格，申命用休也。

臣叨塵侍從，日親明哲之光，愧不能有所獻納以贊皇猷，敬撰《昭格賦》一篇，陳昭德格天之道。文詞蕪陋，不足以鋪張閎休，而區區之心，無任悃欵。伏願皇上存堯兢兢，法湯栗栗，無爲而治，誕保滋至之祥不易，惟王光昭可繼之統。謹繕寫賦詞，隨本親賫奏聞。

昭格賦

聖皇迪哲兮，誕思道而恭默。精白秉心兮，莫予覯而翼翼。約情以歸性兮，遵王路而作極。淵衷洞其炳烺兮，契往聖之懿則。惟古祀事孔明兮，肆式禮而莫愆。穹昊蕩其難名兮，肇圜丘以報天地。順承而資生兮，乃瘞埋以致虔。日月運行歲功兮，壇坎共其豆籩。紛叔代之無稽兮，視古朔而弗類。蹐后土並昊天兮，奚取夫幽明上下之義。羅百神而列六宗兮，曾弗思其瀆易。重華邈以遠兮，棼罔中而焉視。帝眷皇明兮，闢千載之鴻荒。兆四郊兮，啓嘉績于高皇。神孫亶聰明兮，稽逸緒而用張。謂恤祀爲大兮，詎莽鹵其敢康。相古典之昭昭兮，矧高皇之初迹。作龜策于祖禰兮，播朕志于百辟。卜吉土爲丘兮，因下濕以爲澤。二曜貞明兮，壇壝有奕。離坎震兑兮，位奠陰陽。數度比類兮，高下圓方。物色區分兮，赤白蒼黄。尊天親地兮，禮隆殺而卒度。宸謨廣運兮，咸飭新而靡故。允離照而乾斷兮，雖僉謀其奚助。乃耀靈南至兮，氣潛萌于黄宫。穆端玄以齊潔兮，耿精誠其上通。法駕邁于南郊兮，舞雲門而奏圜鍾。肅顯相以將享兮，帝儼雅而雍容。皇若時以克配兮，育初陽之沖融。既日纏于北陸兮，姤一陰之肇滋。乃時邁于方澤兮，奏函鍾而出陰祇。崇厚德以載物兮，戒冰堅而陽疑。攝提貞于卯酉兮，春秋茲其中分。春朝日於東郊兮，秋夕月於西門。剛毖祀之歲周兮，儼乎顒之存存。旁作德以迓衡兮，協大道於典墳。肆親藩之貢珍兮，雙鵲翯翯而禳褷。宗伯按圖考占兮，偉古昔之稀奇。惟約己而弗侈兮，敬宗廟而尊耇耇。誕至和之宜感兮，肆休徵之在茲。古姒氏之克艱兮，孝鬼神而卑宮室。文無淫而即康功兮，皇懋德而作匹。彼鳳儀九成之庭兮，白雉來于重譯。亶嘉瑞不虛生兮，洵昭德之攸格。惟圜丘兆報兮，零寶露于禰陵。乃靈鵲駢祉兮，六龍初駕乎夕月之乘。信天道弗遠兮，古聖慄其履冰。矧鵲匪思而知來章，大智之弗鑒也；色不涴而應乾表，天珍之弗琢也。超乎世類，昭純德之首出也；産于中土，徵中和之洋溢也。帝懷明德兮，特敷錫此休祥。皇謙沖而弗假兮，企遺軌于明王。憶旅獒之貞度兮，勤一簣以無荒。詠鳳鳴之遂歌兮，逝豈弟以爲綱。定基命于永孚兮，纘祖考而有光。

講　章

文皇后内訓

逮下章第十九凡四條

逮是及，下是衆妾。后妃不得專其室寵，令衆妾與己一般進御於君，這便是逮下。這《内訓》第十九章，都是説這逮下的道理，故用逮下做總名。

君子爲宗廟之主，奉神靈之統，宜蕃衍似續，傳序無窮。故夫婦之道，世祀爲大。古之哲后賢妃，皆推德逮下，薦達貞淑，不獨任己。是以茂衍來裔，長流慶澤。

這是説后妃當逮下的意思。君子指天子，説宗廟是祭祖宗的太廟，神靈是祖宗的神靈，蕃衍是衆多的意思，似續是繼續自家的子孫。説傳序是代代相傳的次序，哲是曉道理的，薦達是引進的意思。貞是正，淑是善，都是説衆妾德性純良的。茂衍也是衆多的意思。來裔也是指後來的子孫，説慶澤是福澤。文皇后説道，君子有天下之大，爲宗廟的祭主，奉祖宗神靈的統緒，關係這等重大，正當廣立宫嬪世婦之類，蕃衍子孫，次序相傳，没有窮盡，纔是大孝。故夫婦之道爲要多子多孫，世守祖宗祭祀，是第一的大事。上古哲后賢妃都明曉這箇道理，没妬忌的心，推恩愛與衆妾，引進那德性純良的，使他承事君子，沾被恩澤，不專專任我的情、固我的寵。所以後來生的子孫衆多，流的福澤綿遠，都是這后妃的德行。漢朝明帝的明德皇后，憂嘆皇子未廣，引進左右衆妾，惟恐有不到處。後宫有進見的，便慰安容納他，正與我文皇后一般，繼哲后的賢德。今有望於中宫。

周之太姒有逮下之德，故《樛木》形福履之詠，《螽斯》揚振振之美，終能昌大本支，綿固宗社。三王之隆，莫此爲盛矣。

這是取古賢后能逮下的來做法則。周是國號，太姒是周文王的妃。樛木是樹枝屈曲向下的，福履是福禄。螽斯是蟲名，這蟲成群和集，一生九十九子。振振是盛的意思。《樛木》《螽斯》都是《詩》篇名，都是文王的衆妾頌太姒的詩。一篇説樹枝屈曲向下，葛藤便都纏着他；太姒小心逮下，福履便都綏着他。一篇説螽斯和集成群，便這等滋生蕃盛；太姒寬和逮下，便這等子孫衆多。本是嫡子，支是庶子，宗是宗廟，社是社稷。三王，夏、商、周三代之王。隆即是盛。

這説道上古哲后賢妃，如周的太姒，貞静寬惠，心不妬忌，衆妾皆進御於君，有這逮下的恩德，所以衆妾和樂，作《樛木》詩歌詠他，願他有福有禄；作《螽斯》詩稱揚他，願他多子多孫。一家這等和氣，故文王十有六子，似績蕃衍。嫡子世世爲天子，庶子世世爲諸侯，宗廟社稷綿遠鞏固至八百年之久。夏、商、周三王雖都有賢妃以致興隆，然莫有過於太姒的。文皇后明曉這道理，配我太宗皇帝，無愧太姒，所以譔這説話，教訓后人，今日慶澤長流，傳序無窮。中宫正當取法。

故婦人之行，貴於寬惠，賤於妬忌。月星並麗，豈掩於末光？松蘭同畝，不嫌於俱秀。

寬是寬大，惠是慈惠，妬是嫉妬，忌是忌刻。月比妻，星比妾，並麗是月星都依於天象，妻妾都依於夫。掩是遮掩，末光是星的微光。松比妻，蘭比妾，同畝是松蘭共一畝地，象妻妾共處一家。嫌是嫌疑，有相妨着意思。秀是顔色新鮮。

這説道婦人的德行，可貴重的在寬大慈惠，可賤惡的在嫉妬忌刻。且如月與星並麗於天，月這等大明也，不遮掩那星的微光；又如松與蘭同栽於地，蘭那等小草，自不妨着這松的秀色。這等看來，妻與妾雖同依於夫，共處一家，然妻不掩着妾，妾也不能比並着妻。爲妻的正當寬惠，取人的貴重，何苦妬忌，取人的賤惡？

自后妃以至士、庶人之妻，誠能貞静寬和，明大孝之端，廣至仁之意，不專一己之欲，不蔽衆下之美，務廣君子之澤，斯上安下順，和氣蒸融。善慶源源，實肇於此矣！

士是如今官人每，庶人是百姓每。大孝之端，指承繼宗祀。説君子指夫主。説上是夫主，下是衆妾。蒸如火氣薰蒸，融是蒸得透的意思。源源是相繼的意思。肇是始。

這説道上自后妃，下至官人每與百姓每的妻，若果能貞正幽静，寬大温和，這等好心没些妬忌，知道子孫承宗祀是大孝的端，推廣恩愛下逮群妾，不專狥一己的欲，不隱蔽衆妾的美，使他每皆得進御，使君子的恩澤所被者廣。這等賢德婦人，夫主自安他，衆妾自順他，一家的人和氣薰蒸的融透，没有間隔，似續定是蕃昌，福祚定是綿遠。慶澤這因婦人賢德所致，所以説善慶源源，實肇此。一婦賢，一家和。中宫帥天下以婦道，則天下太和矣。

章聖太后女訓

慎静第十一 凡四條

居安寧也，戰戰乎如蹈虎尾，兢兢然若履春冰。奉巵於手，若將傾焉；擇地而旋，若將陷焉，所以慎之至也。

這是《章聖慈仁皇太后女訓》第十一章，教婦人慎静内道的道理。

安寧是平安的時節，戰戰是恐懼，就象如今説害怕一般。蹈虎尾是蹈着虎的尾，兢兢是戒謹，就象如今説小心一般。履春冰是踏着春月的冰。巵是酒盃，傾是覆，擇是揀擇，旋是脚步旋轉，陷是墜下去。

這説道婦人之德，要緊的是小心謹慎，便是平安没事的時節也。要謹慎，謹慎怎的樣？心裏戰戰兢兢的，象如踏虎尾，怕虎傷了一般；踏春冰，怕冰融了一般。奉巵怕酒傾了，旋轉怕地陷了。這都是心裏極謹慎的模樣，所以説慎之至也。婦道關係一家，中宫關係天下，尤當加謹。

是故不惰於冥冥，不驕於昭昭，行之以誠，持之以敬。念慮有常，動則無失，思患預防則無禍。此則良婦之静德，貞女之幽行也。

惰是懶散，冥冥是暗處，驕是粧大樣的意思。昭昭是明處，誠是誠實，持是持守，敬是恭敬。念慮有常，是以裏念頭没雜亂。動是舉動。

這説道人多在暗處懶散，明處卻粧大樣。謹慎的人，隨處一般行的真實，没些子虚假；持守的恭敬，没些子放肆念頭。定定的没雜亂，舉動便没差失。思量有禍患，預先防備着，便没禍患。這等謹慎，纔是良婦的静德，貞女的幽行。大凡女子婦人，最要心裏幽静，所以説静德幽行。若一念躁動，便是不謹慎的。

苟或一息不慎，災害攸萃，少有一失，損德終身。雖至静之中，若十手之所指；至幽之處，若十目之所視。《中庸》曰：「戒慎乎其所不睹，恐懼乎其所不聞。」誠能慎之如此，則百福來臻矣。

一息是鼻裏一呼一吸時，萃是聚將來的意思。終身如今人説一生。《中庸》是前代賢人子思做的書，不睹、不聞是指心地説。心地是眼看不着、耳聽不着的處所。來臻是來到。

説道婦人要常常謹慎，若是一息的時節不能謹慎，便惹着灾害，都聚將來了；一事少有差失，便損着德行，一生補不過了。因此，雖至静之中，便没有指着我的，我心裏常警覺，象如十手指着一般；至幽之處，便没有看着我的，我心裏常警覺，象如十眼看着一般。又如《中庸》説，自家心地眼看不着也要戒慎，象看着的一般；耳聽不着也要恐懼，象聽着的一般。這等謹慎，便事事合理，百福來到自家身上，那有災害？那有損傷的事？

凡發一言，行一善，爲一事，皆要和平，使夫婦、子妾、大小、上下相安。如有不和，則調順之。夫主之怒，則勸解之。若群小之微過，則隱藏之，使内外、大小相安。此爲賢德之婦與？

和是和氣，没忤逆的意思。平是心平，没計較的意思。群小是衆服事的人。這説道做婦人的，凡發一言語，做一善事，都要氣和心平，没些忤逆，没些計較，纔是家和。如有不和順的，便要調他和順。若夫主有發怒時，便與他勸解，免他忿忿不平。若衆服事的人有小過時，便與他遮掩，待他暗地自改。婦人這等小心，使内外、大小都没有忤逆，没有計較，大家安好，這纔是善理家的賢德之婦。這説話句句都是婦人做得的，句句都是家道有益的。中宫爲天下母儀，正當以身率先。

内訓詩四首

地道無成，婦德惟順。欽哉二女，畝畝事舜。帝子弗驕，同居無釁。克諧在兹，協和啓軔。

長舌厲階，婦言勿易。思齊大任，克敬克忌。敖無出口，道必正事。文德不瑕，徽音可嗣。

執禮莫忒，婦容斯臧。穆穆姜后，不狎有常。永巷請過，威儀靡忘。周室中興，内相孔章。

婦無公事，婦功斯寅。懿彼太姒，夙夜惟勤。爲絺爲綌，采蘩采蘋。南國烝化，王業肇新。

樂章七首

萬寶告成，惟神敷祐。式陳明禋，無德不酬。再拜稽首，庶幾來覲。祥風飋飋，雲輿弗驟。
百卿就列，華樂在庭。寒泉既冽，嘉茗惟馨。酌言薦之，以通仙靈。明神陟降，光景熒熒。
神既寧止，穆穆皇皇。酒醴維醹，藹藹令芳。紛羃既舉，初酌用觴。若聞其聲，或見其嘗。
旨酒思柔，三爵既羞。願扳鸞馭，於焉夷猶。神之聽之，澹兮若留。綏我百禄，以嗣春秋。
奉觴再進，清酒既旨。笙鼓悠悠，將將其儀。辰良日吉，嘉事孔時。眷言胥顧，神豫以嬉。
靈寶是享，于殽于饎。禮成無斁，庶徹不二。樂舞祈祈，威儀遂遂。言餕之餘，以沛大惠。
無來弗往，無迎弗將。旌麾冉冉，天際其翔。金石在懸，籩豆載藏。嗣歲匪懈，報賜有常。

歐陽南野先生文集卷之十二　外集二

奏　疏

二王禁中成婚

查得《大明會典》親王婚禮：洪武年間，成婚在皇城内。妃家於親迎前，擇日將房奩、牀帳等物至王府鋪房，禮部預先奏知。至日，妃家備鼓樂迎引，從午門東角門入，鼓樂止於闕西，妃母或親戚入内陳設。弘治年間，諸王先期移出皇城外府第，妃家鋪房各於其府。前項禮制，先後不一。

臣等看得親王婚禮關係大典，而先後異同如此者，蓋緣我太祖高皇帝以父皇婚子，是以就禁中成禮。將之國，而後出就外府。我孝宗敬皇帝以兄皇婚弟，是以移出外府。既成婚，而後之國。仰惟皇上德配皇祖，天錫純佑，二王睿質夙成，選婚協吉。皇上以父皇爲子納妃，蓋自太祖、成祖之後百八十餘年所僅見者，比之宣德以至弘治年間皆以兄皇爲弟納妃，事體既殊，禮制自異。臣等竊惟今日二王婚禮，似當從皇祖之制，鋪房合巹皆就禁中成禮，臨當之國乃出外府。伏乞聖明裁定，庶臣等開擬儀注不至錯誤。

嘉靖三十一年十一月初四日具題，初六日奉聖旨：着於各府行禮。

二府職官不必概設

照得親王成婚，先設置王府文武職官，例應本部欽奉勅諭，轉行各衙門銓選，及照裕王、景王，節該工部。奉有聖諭：「朕二子將舉婚禮，一王留京，一王封國。欽此。」仰惟聖諭明析，二王事體既別，臣等竊惟王府官僚，蓋建國奉藩，則拜進表奏、開讀詔赦及廟社祭祀、官員朝賀、刑名聽斷等項，必須專官職掌，而長史、典寶、典儀、奉祀、審理、儀衛等員，皆有不可缺者。若留在京師，則一應禮儀、護衛等事統於朝廷，自有本部及鴻臚寺、錦衣衛等衙門分掌。比之建國奉藩須備官以行者，事體不同。況聖諭所稱留京，蓋待以繼體之重，比之暫留京師後復就國者，尤爲有間。前項府僚似不必一概設置。仰惟聖謨淵宏，籌慮至熟，見今婚禮將舉，勅諭將頒，臣等職司典禮，不敢不預以請，伏乞留神裁定，庶臣等欽奉之日不至急遽煩瀆。

嘉靖三十二年正月十八日具題，二十日奉聖旨：這執事官役，且着各衙門取用。

册二王妃并授妃父官

照得二王成婚，先應册封二妃，及授妃父官職，以便行禮。查得先該本部欽奉勅諭選婚，選得錦衣衛百户李銘女李氏應配裕王，太醫院醫籍王相女王氏應配景王。今照例，李氏封爲裕王妃，王氏封爲景王妃。該用金册、冠服、册文、儀仗等件，通行各衙門，撰造完備，至期遣官册封。行禮所據，妃父李銘既見任錦衣衛百户，似難擬授別官，合無移咨兵部，題請量加副千户，於原衛帶俸。王相合照例授以兵馬指揮職銜，移咨吏部銓註銜門。臣等未敢擅便，伏乞聖裁。

嘉靖三十二年正月十八日具題，二十日奉聖旨：是。

請醮戒詞

照得二王婚禮已行，欽天監選擇各項大吉日時去後，所有儀注例該開具上請。及查累朝婚禮，數有改定，今日所當參酌者更有數事。如親迎醮戒詞當有擇，廟見先後不同，朝見盥饋時殊事異，回門未有定期，俱合議擬。

臣等查得《大明會典》所載醮戒之詞有二：其一云「往迎爾相，承我宗事」，爲承宗者言也；其一云「往迎爾相，用承厥家」，爲承家者言也。前奉聖諭「一王留京，一王封國」，是留京將以承宗，封國所以承家。戒命之詞，伏乞聖明裁定。

廟見古以三月，後世以三日。蓋首日告祖考而親迎合巹，成其爲妻，明日夫率以見舅姑，又明日盥饋於舅姑，成其爲婦，又明日始率以見祖考。先後之序如此。累朝率與合巹同日，至成化二十三年東宮納妃，儀始改從古禮。今宜以改定者爲正。

朝見盥饋，先朝有太皇太后，有皇太后，有中宮，儀文各異。今二王率二妃詣皇上前行禮之後，宜於各母妃前行禮，以章婦順。又《會典》開載，「東宮不回門，親王回門」，然亦未定日期。今宜待之國時前一月，擇日而行。已上數事，皆臣等參酌古典遵行，未敢擅便。

嘉靖三十二年正月二十日具題，二十二日奉聖旨：既曰王禮，便當依典制行，又何不同之有？今不必欺擾君上，如五臣奏議，急速擇日降勑命官。奏告、祭告、册立太子、分别成婚、舉事御殿等項，勿煩朕躬，一切該行造辦，即日各各具奏便行。

請册立東宫儀注

該本部題爲婚禮事，奉聖旨：「既曰王禮，便當依典制行，又何不同之有？今不必欺擾君上，如五臣奏議，急速擇日降勑命官。奏告、祭告、册立太子、分别成婚、舉事御殿等項，勿煩朕躬，一切該行造辦，即日各各具奏便行。欽此。」欽遵，即行欽天監選擇吉日徑自題請，外其册立、頒詔等項儀注，恭候降勑之日具題。今將一切該行造辦開坐，謹題請旨。

計開：一、皇太子金册、金寶、冠服，皇太子妃金册、冠服等件，并各合用儀仗，行内府各該衙門成造。一、奏告、祭告南郊、北郊、大明、夜明、天神、地祇、太廟、太社稷、帝社稷祭品通用酒果脯醢，南郊、北郊加一牛，行太常寺辦，告文行翰林院撰。一、皇太子、皇太子妃册文，行翰林院撰。一、詔告天下并報知各王府、諭朝鮮國用詔書、御書，行翰林院撰。

嘉靖三十二年正月二十二日具題，二十三日奉聖旨：該衙門知道。

二王應行禮儀

仰惟皇上茂膺天眷，慶流胤祚，兹者二王殿下既成冠婚之禮，當備成人之道，一切應行禮儀，臣等謹按舊典議擬開坐上請，伏乞聖明裁定，勅下遵行。嘉靖三十二年二月十八日具題，二十一日奉聖旨：遵批條行。

計開：一、講讀，先該本部題奉欽依，於奉天門西廡、右順門之北及照二王府，各有書堂三間，但不得在一處。今春和時候，正當講讀之期，合無仍於舊所，惟復於各王府書堂，乞命内監官整理，早請二王務學。奉御批：着各府書堂於三月中旬行。

一、《會典》開載，凡各王大朝行八拜禮，常朝一拜叩頭禮。及查得正旦、冬至，東宮、親王及妃俱于乾清宮朝賀，則親王常朝亦當在乾清宮。兹者恭遇免朝，二王殿下宫中每日常朝之禮，似應暫免。惟聖節、正旦、冬至及每月朔望，雖當免朝之期，合於乾清宫前如儀行禮。畢退，詣母妃宫中行禮。其母妃及二王殿下生日禮儀，臨期奏請。奉御批：大朝、常朝都暫免，只於朔望入宫拜見生母。生母并王及妃之生日也，入宫於生母前行禮，未可冕，須重父前着具皮弁。

一、《會典》開載，凡進賀表箋，皇太子、親王於天子前稱曰「長子某」「第幾子某王某」，今照二王殿下宫中朝賀，似不必更具表箋。奉御批：此不用。

一、《會典》開載，凡上郊祀，皇太子留宫中居守，親王戎服侍從，雖不陪祀，一體齋戒。今照各項祭祀，齋戒歲有定日，太常寺合行内監啓知，一體齋戒。奉御批：依典禮。

一、《會典》開載，洪武二年詔，太廟凡遣太子行禮，止稱「命長子某」，勿稱皇太子。今照二王殿下，或遣代祀，亦合稱第幾子某，勿稱某王。奉御批：還查親王遣例來看。

一、《會典》開載，永樂間命皇太子躬代郊祀，禮畢，遣本部尚書復命。今照得彼時因是兩京隔遠，所以遣官復命。今二王殿下或命代祀，應合面復。如遇免朝，具本差内官齎赴御前投進。奉御批：依典禮，如今擬。

一、正旦、冬至次日，百官具常服於奉天門東廡朝賀親王，今二王殿下既出府第，合於各府行禮。奉御批：朕御殿受賀，此禮行遇暫免，都不可行。

太廟遣代祀查例疏

先該臣等議擬二王殿下應行禮儀，開坐題請，奉聖旨：「遵批條行，欽此。」恭覩御筆批條，内太廟遣代祀一條，奉御批：「還查親王遣例來看，欽此。」謹欽遵，查得《會典》所載，止有洪武間太廟遣皇太子行禮，永樂間勅皇太子攝祭宗廟、社稷等神，而未見親王遣攝之文。緣當時親王雖皆皇子，然其分不當越皇太子以承遣攝。至宣德以後，則親王又皆冠婚於兄皇之朝，未幾即遣之國，不得久在京師，故亦未有承遣攝者。臣等竊惟二王殿下今日事體，似與累朝不同，一應禮儀仰煩皇上聖裁，即著爲令，所謂「可以義起，而不必相沿」者。

嘉靖三十二年二月二十二日具題，二十四日奉聖旨：太廟、奉先殿遣代，俱候命下遵行，祝稱未可用皇太子例比，仍用分封之爵稱之。

二王講讀

看得二王殿下講讀，合於五月初旬輟講，但今春有閏三月，立夏在閏月中旬。今歲四月，即是常年五月，入夏浸深，天氣浸炎，合無不爲常規，暫於四月初十日輟講。内侍書官，每日啓二王殿下，將讀過、講過舊書，次第尋温，仍照常或用影本、或對法帖，日寫百字送内閣圈注，及照業精於能勤，學進於有勸。今二王殿下荷蒙皇上慈教，又睿智夙成，宜不待程督，自能勤學。但講讀、侍書等官數月不接，似非日益之道，合無行各官每半月恭詣各府，啓請誦書有無精熟，講義有無浹洽，及影本應否更换，因致勸學之意。如王欲别授新書，别進講章，及質問疑義、字法等項，各官亦因得以自效，其於進學不爲無補。

嘉靖三十二年四月初一日具題，初四日奉聖旨：是。

聖節乞許二王慶賀

該本部題二王殿下遇聖節、正旦、冬至，雖當免朝之期，合於乾清宫如儀行八拜禮節，奉御批：「大朝、常朝都且暫免，欽此。」今照萬壽聖節在邇，臣等仰惟萬壽聖節，大小臣工莫不懽呼慶忭，祝延萬壽與天無極。每歲雖遇暫免朝賀，猶懇請皇上容令於奉天門前行五拜三叩頭禮，少盡愛君微誠。及照二王殿下祝誦父皇之誠不能自已，宜有切於群臣者，今乾清宫大朝既蒙暫免，合無容令就宫前行四拜禮，庶俾愛親至情得以少伸。

嘉靖三十二年七月初三日具題，初四日奉聖旨：二王非群臣比，但兹歲初次，且未奉廟殿之遣，權免，明秋行。

裕王暫免出講

題爲傳奉事。

臣等看得講讀例於二月初旬，即今正及其時，但裕王殿下主生母饋奠尚未百日，講讀日期似應别請。合無行講讀官每十日一赴府起居，仍撰講章一篇，進王睿覽，少寓納勸之意。

嘉靖三十三年二月初九日具題，十一日奉聖旨：暫免出講。

元旦日食次日賀正

嘉靖三十二年正月初一日，正旦令節，例該文武百官各具朝服，先於嘉靖三十一年十二月二十七日、二十八日俱赴朝天宫習儀，至日早行慶賀禮。案照先該欽天監手本開稱，是日申時日食。查得本朝永樂、宣德至正德等年，凡遇正旦日食，俱免朝賀，百官具服於本部救護，及照來歲元旦，天下諸司官員入覲，比與常年不同。除救護如常外，所有慶賀禮儀應否照常，題請案呈到部。

臣等仰惟皇上敬天致誠，凡遇災眚，寅畏警戒，不寧夙夜，矧兹歲朝日食，正皇上避殿徹樂、申飭百工省愆脩政之時。伏乞勑下本部，通示諸司，是日免行朝賀，俱赴本部救護，仍各齋沐省躬，釐正蠹弊，以仰贊皇上警畏天戒至意。及照一歲伊始，臣子感戴聖恩，各欲少效覲祝微忱，天下諸司來朝，布政使、按察使等官至自數千里外，尤有不容已者，合無容臣等於正月初二日，比照上年題准事例，文武官及來朝司、府、州、縣官，各具朝服，是日早恭詣奉天門前，行五拜三叩頭禮，則皇上警畏天戒之誠既仰伸於上，而臣子覲祝君父之忠亦少盡於下，内外、大小臣工，不勝惓惓至望。

嘉靖三十一年十二月初九日具題，十一日奉聖旨：上天示戒，百官免朝賀，各赴救護，依擬次日詣門行禮。

康妃杜氏喪禮

嘉靖三十三年正月十一日，該左順門遞出揭帖，奉聖旨：「康妃杜氏今日申時薨逝，着查照例，行禮部知道。欽此。」欽遵。臣等查得先朝及近日薨逝諸妃，其葬祭儀節無大隆殺，然或未生皇子，或子非居長而受封就國，或子立爲東宫而先薨，俱與今日不同。又查成化十一年六月，内淑妃紀氏薨逝，所生皇子倫序居長，正與康妃事體相類，但彼時皇子年幼，而今裕王既已成婚，應成服主喪，送葬出城，禮節亦不甚同。臣等謹查照諸妃薨逝事例，略加議擬，除葬所及發引、啓土、安葬、掩壙日期另行題請外，所有一應應行儀節開坐上請，伏乞聖裁等因。奉聖旨：輟朝五日不合，一切擬的俱非禮正，再遵旨酌議來看。

再上康妃喪禮

先該本部題嘉靖三十三年正月十一日，該左順門遞出揭帖，奉聖旨：「康妃杜氏今日申時薨逝，着查照例，行禮部知道。欽此。」欽遵。臣等查得先朝及近日薨逝諸妃，其葬祭儀節無大隆殺，但事體不甚相同，謹查照諸妃薨逝儀節，略加議擬開坐，題奉聖旨：「輟朝五日不合，一切擬的俱非禮正，再遵旨酌議來看。欽此。」又節奉聖諭：「該斟酌賢妃鄭氏例行，欽此。」

臣等謹欽遵，備查賢妃舊儀，再加斟酌，增以裕王祭奠、送葬等儀，開坐上請，伏乞聖明裁定，勅下遵行，謹題請旨。

奉聖旨：「且都依擬行，輟朝着十七日始。焚黄是制命，非王可行，仍用常例。謚字如例擬請。」

康妃賜謚焚黄儀注

先該臣等議奏康妃焚黄儀注，裕王詣靈前行禮，節奉聖旨：「焚黄是制命，非王可行，仍用常例，欽此。」臣等因思皇妃焚黄禮節一向錯誤，蓋自先朝或所生皇子及親王行禮，或司禮監官行禮，皆拜而獻酒，跪而讀祝，乃參用上尊謚之儀，而未思賜謚爲制命，其祭文稱皇帝遺諭，與上尊謚不同也。今既奉前項明旨，其行禮儀節亦當更正。臣等議得賜謚當如賜祭，上香、奠酒、讀祝、宣册者皆立，乃於禮制爲得。臣等未敢擅便，謹題請旨。嘉靖三十三年正月十四日奉聖旨：是。着著爲令，若非賜謚，則臨期另擬。

康妃墳園

照得康妃葬所應合預定，先該臣等議奏喪禮，節奉聖諭：「斟酌賢妃鄭氏例行。欽此。」查得賢妃葬孝潔皇后陵寢左近，其神主祔于后之享殿。今康妃塋葬，合照例本部及工部各堂上官一員，帶領欽天監官，前往孝潔皇后陵寢左右相看風氣，完聚吉地，奏請欽定。其祔主一節，臣等看得諸妃無子者，歲時一體御祭，則并祔爲宜。其有子者，每御祭外，其子俱別祭一壇，或有事親詣墳所告祭，以申其私。若祔主一處，恐於行禮不便。今康妃墳園合無照常蓋造享殿，奉安神主，所貴裕王便於行禮，得盡子情。臣等未敢擅便，謹題請旨。

歐陽南野先生文集卷之十三　外集三

奏　疏 宗藩

江西王府分管府事

竊惟名正而後言順，言順而後事成。今日江西宗室之爭，大要始於名分不正。若復處失其當，將來爭競大起，禍變無端，重費朝廷處分，臣等有不得辭其罪者，故敢冒昧爲皇上陳之。

照得管理府事之名，蓋郡王故絶，而其府各枝宗室不得獨以其官稱，如將軍則必曰某郡王府鎮、輔、奉國將軍，如中尉則必曰某郡王府鎮、輔、奉國中尉。其府之名不可革，其府之印不可毁，乃推將軍、中尉一人，授以管理府事名目，一切名封等項得行使該府印信，啓請親王轉奏，其署銜則稱某郡王府管理府事鎮國將軍某，此臣等所謂名正而言順，於事理宜然者也。

且各枝宗室悉受親王約束，而管理者止是承行啓奏，其分不失，其防微慮遠之意甚深，故得以息其覬覦之爭，久而愈定。若親王府，則事體與郡王萬萬相懸，而江西之事則又有大不同者。緣宸濠既以謀反伏誅，其國應除，其寶已毁，其爵永不應襲，其府名已不復存。一時宗室郡王，據其各相攻訐，雖與反者干涉各有淺深，而皆不能無染。荷蒙皇上赦除其罪，復其爵禄，各得掌其印信，以其爵自達於朝，非若將軍、中尉之官，必係郡王府名而不得獨以其官稱者。當時本部以兵部題行撫按勘議，遂定管理府事名目，而不敢復冠某府二字於上，亦以爲得權宜之道矣。但既云管理府事，則所管理者爲何府之事？是顯除其國而陰存其名也。至於防微慮遠，倉卒之際未及詳議，遂使管理者以郡王鈐束郡王，事體幾與親王無異，是不與其名而顯與其實也。此臣等所謂名不正而言不順，事理未宜者也。

夫陰存其名，焉知不有循名以責實者？顯與其實，焉知不有據實以求名者？今纔一易世，遂競起而争，雖以管理爲説，竊恐意不徒在於管理，非分之望或根於心矣。故彼則恐此之久據，而多方以摇之；此則恐彼之傾奪，而多方以持之。此臣等所謂將來争競大起，禍變無端，重費朝廷處分者也。夫始議成於倉卒，其失猶有可諉，今事勢已定，事機又可測知，且郡王既得以其爵自達於朝，而爵同者欲其承受鈐束，勢必難久，又事理之顯然者。臣等不言則始一誤，而今再誤，罪誠有不得辭矣，伏望皇上俯采愚慮及撫按、三司等官翁溥、蕭端蒙等勘報之議，革去管理府事名目，比照交城、襄垣、慶成等府事例，將建安、樂安、弋陽三府有郡王者，宗儀人等各聽該府管束，及奏請名封等項。其冠帶，石城王未奉明旨復爵，難遽比照郡王行事，當與瑞昌等四府一體，照支屬遠近分附三府。今據其宗派，則鍾陵與建安爲近，臨川、宜春、瑞昌、石城四府與樂安、弋陽爲近，合無將鍾陵一府分附建安，石城、瑞昌二府分附樂安，臨川、宜春二府分附弋陽，一應該奏請事務附府轉奏，拜進表箋、慶賀、救護隨府行禮，其三麻迎接詔勅則輪遞從尊。庶覬覦之漸可杜，大競之端可息矣。

及照獻、惠二王大宗廟祀，本非小宗支子所得專主，合無每一易世，請奏欽定一王奉祀宗廟，禮以義起而制命自君，既不得專管，亦不許專擅，輪遞庶於事體爲順。再照各該府并分附府，分各宗室儀賓，仍乞降敕一道，俱照嘉靖十五年題准事例，朔望赴各府畫押，聽各郡王鈐束關防。其樂安、建安二府，止照原降印信行事。弋陽王府管理府事印信，行令繳進，另行具奏鑄造。弋陽王印，候册封之日頒給。中間尚有未盡事宜，仍令撫按官逐一議處停當，作速回奏，以憑題請施行。臣等再三參詳各官陳奏之詞，似謂彼中人情事勢無以易此，但事干宗室，予奪出自朝廷，臣等未敢擅擬，伏乞聖裁。

嘉靖三十一年十一月十九日具題，二十一日奉聖旨：是。這事情你每既議擬停當，着各府分管，不許再來擾奏。

鄭府管理府事

竊惟朝廷睦親之恩以明倫爲重，而世及之義以與子爲先，故親王有罪，自非謀反大逆，必不遂因其父而并廢其子；世子既封，自非不才無道，必不遽棄其人而復議其他。今據撫按官所議，鄭世子載堉於其父本無干連，而世務又頗諳習，在聖心或未忍遽廢。廬江王祐棉，賢能雖亦可取，而倫序既已稍疏，則輿情或未必盡歸。先該本部備查，岷庶人罪廢，其府事以世子譽榮管理；慶庶人罪廢，其府事以鞏昌王寘銂代理。然管理者終自有其國，而代理者國終歸於人，事體既異，則己之所以自待與人之所以待之，亦自不同。故慶府後以互相攻訐，竟歸其世子鼒櫍管理而後已，人情事勢亦自可見。今撫按官保奏，雖以載堉、祐棉並舉，而參詳語意，則皆歸重於載堉，似亦有監於此。但事干宗室，予奪出自朝廷，所據鄭王府事，或用世子載堉管理，或用廬江王祐橏代理，伏乞欽定一人。恭候命下之日，本部請勑一道前去，令其脩舉一應事務，鈐束闔府宗儀，庶國事不廢而争端可杜。

嘉靖三十一年十二月初八日具題，初十日奉聖旨：載堉雖與厚烷無干，乃係父子，不許管事，府事着祐橏管，寫勑與他。敢有争辯奏瀆者，罪之。

饒陽王訐奏代王

看得饒陽王充蔙所奏入本，除今奏及乞賫書籍二本外，其餘六本内，二本係與代王及各宗室争辨禄糧，又三本係奏訐代王罪過，及辨明代王所奏伊不忠不孝等項事情，又一本引祖訓親王來朝爲例，奏要詣闕面君，内稱代王訐臣細務，臣亦當分理以明心迹。前後情詞俱爲代王而發，奏内開稱差人奏聞不獲明旨，誠恐代王差人中途謀害，或於鴻臚寺買截等語，則其用意甚深。行據該寺查無前項月日該府所差校尉王鎮等投遞奏本，其情亦自可見。蓋欲爲詆訐張本，雖涉於欺罔而不顧矣。及照賜書係出特恩，原無郡王奏討事例其奏要面君一節。臣等伏讀祖訓，既無郡王來朝之文，况欲假此辨誣，又豈臣子尊君之禮？所據充蔙本當重行參究，但因代王參劾，中懷憤激，急不擇詞，情出有因，除今奏并乞赴闕及賜書籍，俱該本部查無事例相應立案，其餘奏詞係户、刑二部掌行者，俱粘抄移咨各該衙門，徑自參詳事情應否施行。外伏乞皇上俯念親親，寬貸充蔙，姑戒令安分守禮以保爵禄，無得冒干憲典自取重罪，傷朝廷惇睦之恩。代王亦乞諭令包容荒穢，以全大體，毋得忿疾已甚，致相攻訐，失上下維持之分等因。

嘉靖三十一年十一月初十日具題，十二日奉聖旨：是。充[illegible]屢次訐奏，有失大體，姑且不究。事干違法的，着撫按官從實勘明來説。

睦榮男越關

看得周府汝陽王府已故鎮國中尉睦榮嫡長男先次違例越關，蒙恩寬宥，伴送回府，奏詞備行巡按御史查勘。蓋以本男奏稱年已二十餘歲，而玉牒册内睦榮位下並無娶妾高氏及生有本男名位，必係姦生或花生之子，故須行勘明白，而後可以照例參題。今已二年，尚未回覆，在本男止宜於撫按衙門告催勘報，以聽題請處分，乃敢仍違明例，復來奏擾，且捏稱二十九年十月已經回文，尤屬欺妄，本當重究。然玉牒既無名字，則不得謂之宗室，難以引用送發高牆之例，合無再賜姑宥，差官伴回，啓王嚴加戒責，所奏仍行都察院轉行彼處巡按御史立限勘報。如果爲寒窘失誤起結是實，則情猶可原，若係姦生、花生之子，則照依山陰王府輔國將軍成鍬庶長男事例，徑自參奏，編發當差。再照該府長史及教授等官，既奉有本部明文，自當作速勘報，乃遷延二載，以致本男仍行越關，上累光禄寺之支應，下不免於有司驛遞之需索，玩法長奸，莫此爲甚，宜併行令巡按衙門，將經該查勘人員從重參究罰治，以爲怠慢不職之戒。其彼處該日守門人員，從沿途軍衛有司，各失盤詰，本屬有罪，但本男既非宗室，則覺察爲難，似合一體姑宥。

嘉靖三十二年二月二十日具題，二十二日奉聖旨：是。

安濎男越關

看得「周府汝陽王府奉國將軍安濎第六男越關奏乞賜名」一節，爲照宗室子女奏報名封，各有定制，中間往往年歲未足，那僭冒請，希圖早封者有之，未有無故踰時而不請者。今本男據奏則生已二十五年，按册則方纔八歲，既大相矛盾。長男乃嘉靖十二年生，而第六男反稱在七年生，尤爲悖妄。況奏内止云「家口衆大，用度不給」，是安濎既無死喪革罰違碍之，故而該府亦無抑勒稽遲之由，何故坐視其子之窮困而不爲陳情耶？不特違禁犯法，揆之事理，似非安濎之男。所據越關情罪，難以照常參題，合候命下本男劄送順天府，嚴差的當人役遞回該府交割監候，一面將奏詞移咨都察院，轉行彼處巡按衙門作速備查，安濎第六男的於何年月日何母所生？越訴之人是否安濎之子？緣何奏詞與册背戾？逐一勘報。若止係姦生、花生之子，追究明白，比照隰川王府輔國將軍成鍬庶長男浩淵事例，着落有司收管當差。如係棍徒詐冒宗支名色，即行從重問擬，奏請發落。

及照安濎所生七子，據册則第一子係嫡生，見年二十一歲，尚未名封；第二子係庶出，反得受封鎮國中尉；第三、第四子異母而同年同月同日生，已二十歲，俱未請名。中間非母之來歷不明，必子之生育有碍，亦要備行該府教授，拘集親鄰知證人等，嚴審各男有無見在，的實具由回奏。再照該府輔導等官失於防阻，彼處該日守門人員，沿途經過各該衙門失於盤詰，均屬有罪，合候本男勘明之日，一併參來處治。

嘉靖三十二年二月二十四日具題，二十六日奉聖旨：是。

安淚女越關

看得周王奏稱「據胙城王勤熼啓，奉國將軍安淚聽信起滅詞訟，生員秦釗等捏寫虛詞，撥置有奸刁婦馬氏引領伊女越關赴京，及鎮國中尉睦樒原犯持刀砍毆嫡母、生母，打毀父柩，該府拘問，抗拒逃避，攔截問官，捏詞越關煩奏等情」各一節，爲照安淚始既逃罪越關，有違祖訓，蒙恩姑宥，奏詞行巡按御史查勘，繼復阻撓會問，毀辱親王，長惡不悛，該周王參奏前來，本部題奉欽依，先將安淚革爵，參詞併勘去後，未經回報，乃敢又令幼女赴京奏擾；及照睦樒先次越關擾奏，該本部照例參送高牆，荷蒙聖慈，止罰禄米半年，差官伴回，正宜感恩悔罪，乃以朝廷寬宥之仁，益肆欺玩，持刀砍毆嫡母、生母，毀父屍棺，既該周王據啓查勘，亦合聽候處分，乃敢仍將原奏改换硃語，添捏虛詞，希飾己罪，再犯越關，肆行瀆擾，俱屬故違訓例。參照將軍安淚、中尉睦樒幸出宗藩，叨膺厚禄，不知安分守法，卻乃恣習頑兇，即其抗違明命、蔑棄法紀，則周王所參敗倫傷化、致死人命等情可據非誣，若不重加究治，無以警戒將來。伏乞聖明，特賜乾斷，先將睦樒送發高牆居住；安淚事情，候命下移咨都察院，轉行彼處巡按御史作速查勘，參奏送發，奏内撥置之人務要嚴提問遣。其安淚幼女，係父使令，難以加罪，本部查有公差内官伴回。再照輔導官既會律檢舉，相應免究。其沿途經過軍衛有司等衙門，各失盤詰，俱各有罪，轉行巡按御史照例提問發落。

嘉靖三十二年三月二十五日具題，二十七日奉聖旨：睦樒罪惡深重，大違祖訓，着送發高牆居住。安淚事情，巡按御史作速查勘具奏。

都昌王風顛行撫按勘奏

看得巡撫湖廣都御史屠大山會同巡按湖廣監察御史胡宗憲題稱「荆府都昌王因忿喪心，風顛不已，各官勸阻弗聽，又非法紀所繩，欲乞皇上天語，叮嚀荆王善加約束勸諭，務要都昌王載塔省悟回府。若本王有别項抑鬱，及欲有所陳，不能自達等情，聽親王照例轉奏」各一節，爲照宗室私出禁城，國有明例，郡王將軍而下聽親王約束，祖宗定制。今都昌王屢肆出城，本應重究，但稱因忿風顛，情有可原。先該巡按御史胡宗憲題稱輔國將軍厚熸訐告擄財僭産，致生心疾，合行經該官司作速從公勘處。及照荆王有鈐束之責，平時既不能約諭，事後又不復奏聞，輔導等官俱應治罪。合候命下行移彼處撫按衙門，將長史、承奉等官提問發落，仍乞皇上天語，叮嚀切責荆王，務令善加約束，及省諭都昌王即行改悔，毋蹈前愆。如果事不獲已，抱鬱無伸，即將實情代其轉奏，以憑題請處分。其都昌王若再怙終不悛，或聽信撥置，故作風顛，違訓玩法，亦要窮詰明白，奏請究治。

嘉靖三十二年閏三月初八日具題，初十日奉聖旨：是。

晉府奇濠等女封參勘

看得輔國將軍奇濠第三女，節年册俱開夭亡，今乃以死作生；奇濞第八女，册開第五妾亢氏所生，今乃冒奏第一妾劉氏所生，顯是該府輔導等官狥私納賄，通同奏請，希圖冒濫恩典，法屬有違，相應參究。合候命下本部移咨都察院，轉行彼處巡按御史，將該府輔導官等，并節年造册經手人員，行提到官，逐一查勘。奇濠第三女節年册俱開夭亡，緣何復稱見存？奇鴗第八女册既開第五妾亢氏所生，緣何今奏稱第一妾劉氏生？中間受賄扶同情弊，審究明白，參奏定奪。其將軍奇鴗始既縱恣私情，濫收妾媵，終又故違憲典，冒請婚封，亦應照會山西布政司，轉行該府教授具啓西河王，嚴加戒飭。其庶第八女，止該給與婚嫁之資。

嘉靖三十二年閏三月初十日奉聖旨：這開報所生女前後不同，該府輔導官并造册人員着巡按御史提了，究問明白來説，干碍奇濠、奇鴗，一併參治。

安湝請名查勘

照得宗室所生之子，三日後即當奏報，五歲請名，十五歲請封、選婚，此累朝之明例，而宗室所共遵守者。今安湝第五男既在嘉靖十年所生，乃至二十三歲方與請名，及行駁查，又復遷延至今。若非其來歷不明，遽難抵飾，必出於保勘人員索賄留滯，應行參究。合候命下移咨都察院，轉行河南巡按御史，即行彼處分巡道嚴加查覈。其始之稽誤奏請與今之遲違勘報，中間情弊，詳審根究，務見真的。如果無碍，而該府長史、教授等官故行抑勒，躭滯名封，經該人員固爲有罪，合行照例提問，作速回奏，以憑題請施行。若本男原因來歷不明，係花生、乞養等項，而納賄行私，通同作弊，即將前後遷延回護事迹從實追究，如律應發遣者，徑自發遣，應罷黜者，參奏罷黜。仍將安湝參究前來，以憑覆請罰治，以爲玩法肆欺者之戒。伏乞聖裁。

嘉靖三十二年四月初九日具題，十一日奉聖旨：是。

將軍規眩私出全州

看得靖江王參奏「奉國將軍規眩等私出全州等處遊蕩，經攄等不行畫押，俱抗違勅命，乞要究治」一節，爲照宗室、將軍、中尉各聽本王鈐束，祖訓甚嚴，明例尤悉，正所以防縱恣之漸，杜凌僭之階。今規眩等乃不守禄位，夥衆私出鎮城，規眩倡率，尤難輕貸。經賫等各恣情宴安，不赴朝賀畫押，各於訓例有違。既該靖江王參奏前來，委應究治。伏乞聖明，先將規眩爲首者革去爵秩，降爲庶人。約謂、經諵等九人，各罰住禄米，候命下本部移咨都察院，轉行彼處撫按衙門，作速差人分投尋訪，追獲回府監禁，具由參究，以憑題請處分。如越關至京之日，不拘事情輕重，俱聽本部參送高牆居住，以爲將來之戒。其餘抗違勅旨、不赴畫押，如經攄等，至糾衆五十餘人，群黨習非，其漸尤不可長，合行撫按官查究省諭。如果恃頑撓法，蔑視本王，明白具奏前來，通行降革，重加懲罰。如經攄等有能悔禍思過、聽受鈐束，則朝廷有宥罪之恩，靖江王亦宜洗心包容，毋偏忿疾，以全國家敦睦之義。不然，則相怨一方，猜嫌兩積，其於人情、國體所關不細。伏望聖明裁斷，不惟少杜奏訐之端，亦所以保全各宗之禄位矣。再照該府輔導等官并守門人役及沿途經過所司，防守欠嚴，各失盤詰，均屬有罪，合候得獲之日另行照例參奏發落。

三十二年四月十二日題，奉聖旨：規眩革去爵秩，降爲庶人。約謂、經諵等各罰住禄米一年，其餘依擬。

旭柱子女不准封

看得刑部咨稱「韓府襄陵王府奉國將軍旭柱收買媵妾陶氏，係長安縣流移民人陶春妹，冒作平涼縣人陶梅之女；劉氏，係邠州流移失記名姓劉人女，冒作縣民劉千里之女。及行該縣申結，並無陶梅、劉千里姓名，陶氏所生子融爍、劉氏所生女及子融炕應否请封食禄，查例奏請定奪」一節，爲照宗室越境選婚，禁例甚嚴。旭柱既違例收買流移民女爲妾，又敢欺隱朦朧，捏報户籍，已經刑部題奉欽依，將旭柱革去禄米三分之二，長史錢錫問罪，教授史官革職爲民，似難再究。其陶氏、劉氏既冒籍是實，例該革退，但成婚年久，似應免革。及查冒籍選婚事例，止罪營求撥置保勘人員。所生子女未經議擬題請，今據融爍等，欲照不良婦女所生，削去玉牒屬籍，則似非其倫；欲照例内妾媵所生，仍准請授官職，則違例冒籍之人無以懲戒。合無比照擅婚事例，將旭柱庶第一子融爍革去濫請中尉官職，給與庶人婚資口糧三分之二，其誥命、冠服、房屋、從人等項，盡行追奪，并行各該衙門查照施行。其庶第二子融炕并庶第一女，以後止許照擅婚子女請給口糧婚嫁之資，不許朦朧請授官封。及照劉氏父失記姓名，無從究治。其陶氏兄陶春，合候命下移咨都察院，轉行彼處巡按監察御史嚴提查勘。果有營求撥置情弊，照例問擬發落，以警將來。

嘉靖三十二年五月十四日具題，十六日奉聖旨：是。

周府安涏男名封

看得周王奏稱「胙城王府鎮國將軍安涏，弘治二年授封，正德元年選配郭氏，起結間安涏風疾，正德十二年成婚。嘉靖十三年生長男，十五年安涏病故，乞要賜給名封」一節，爲照宗室子女名封、婚配各有定期，俱合奏請，豈容擅冒？今安涏婚配郭氏於正德十二年，並無奏報申結到部，已屬擅婚；又稱久患風疾，本無生子之理，乃於嘉靖十三年遽生一子，計時安涏年已六十歲矣。卻於生子之後，又不及時奏報造入册内，縱令所生長男果出安涏，已難免於擅婚之罪，況又來歷不明，顯有奸生情弊。今乃妄捏侍奉湯藥并前疾稍可浮詞，希冒名封，混亂宗支，情法難容。若復據奏行查，則縱長奸欺，何所不至！及照周王不審虚實，據啓轉奏，顯是長史等官受賄扶同，朦朧奏擾，事屬違法，亦應究治。合候命下將安涏長男照成鍬奸生男浩淵事例，行令有司收籍當差，其長史等官合咨都察院，轉行彼處巡按御史提究有無受賄扶同等情，問擬應得罪名，照例發落，庶奸欺知警，天潢不亂。

嘉靖三十二年五月十七日具題，十九日奉聖旨：是。

周府安治等奏給口糧

看得巡撫河南都御史謝存儒咨稱「議定宗室例前花生例後傳生口糧，題請遵守」一節，爲照花生乃樂女并不良之婦所生，而傳生則花生者所傳子孫也。正德四年禮部始請嚴花生之禁，五年復會議，題准自本年以後違例所娶樂女等項花生子女者，例不請名，不許造入玉牒，悉聽生理自便。其花生於五年以前而傳生於五年以後者，止許請給名糧，不許請封，自此遂爲定例。至嘉靖二十七等年，禮部覆給事中李珊之奏，蓋專指例後花生例不請名者而言，故不許其朦朧比例，奏討名糧。三十一年，户部覆鎮國中尉睦樻長男勤㴓之請乞，則指例前花生例後傳生例許請名者而言，故許其口糧得減庶人之半也。及查口糧之給，據各省造報糧册，往往多寡任情，事體互異，誠不可不及今定議者。

臣等查據節年原議，凡傳生者則減庶人之半，擅婚者則減庶人三分之一，皆以庶人爲降殺之則，今庶人口糧之議先後相懸，奏擾未定，故傳生者無所據以爲準。查得各王府奉國中尉每年該禄米二百石，本折相兼，實該支米一百石。今庶人口糧，若據成化十三年户部題准庶人及妻妾每月各支米三石事例，則一歲所支，多至二百餘石，少亦不下一百四十餘石，比之中尉禄米乃反過多。若據嘉靖四年及三十一年户部題准庶人及妻妾每月總支米三石事例，則一歲僅支米麥三十六石，似乎減損太驟。臣等竊以爲，庶人口糧當準中尉應支本色以爲等差。在中尉，歲支本色米一百石，而安人、媵妾及所生子女未出幼者，衣食皆在其中，未嘗計口别給。在庶人，相應減中尉三分之一，歲實給米七十石，亦通連妻妾、子女及使女名口，衣食皆在其中，亦不必計口支給。庶人口糧既有定則，則擅婚者減庶人三分之一，歲實給米五十石；傳生者減庶人之半，歲實給米三十五石。降殺有等，損增適中，無容再議矣。

但妾媵之制，若不爲之處裁，則其弊又有不可言者。查得嘉靖三十年該禮科給事中王鳴臣題，禮部議准郡王年三十無子者，方許其奏，娶足四妾；將軍、中尉年三十五歲無子者，方許其奏，將軍娶足三妾，中尉娶足二妾。又查得《大明律》一欵：「庶民年四十以上無子者，方許娶妾。欽此。」今庶人出幼之日即許一妾，於分於律俱爲未可。臣等竊謂，庶人年四十以上正妻無子者，方許查照律例，具啓親王轉奏，准娶一妾；其正妻有子者不許娶妾，乃爲得宜。然議者又謂，限其妾媵不如限其子女，乃不至以花生捏作妾生，以抱養捏作親養，息冒濫口糧之奸，免瀆亂天潢之弊。

臣等又查得嘉靖九年該豐林王台瀚奏「要限定宗室子女以杜詐冒，其多寡以爵爲差，數内者照舊授封，其餘止給冠帶榮身，隨其農商自便」，又該都察院右都御史汪鋐題稱「豐林王所請當行，但其中須更加寬厚，稍增所限之數。多餘者雖無爵禄，仍各月給食米二石」。該本部覆請會議，奉聖旨：「是。這事情且待朕從容審處，欽此。」臣等竊詳二臣所奏未必得中，然其意亦見宗室蕃衍而土地財賦未有加益，其勢必不可繼，故不得已而爲此言。但欲限及親王、郡王子女，義則未安；若在庶人及花生等項，則似有可議者。然限其人數，不若限其口糧，合無備查見在庶人、傳生等項食糧名數，自今爲始，除子女未出幼者從父養育及女將出嫁者給與嫁資、從夫自贍外，其子已出幼成婚、應請口糧者，查其父生子多寡，三子以上者則不分長子、衆子，各與減半支給；若止一子、二子，俱給口糧全分。傳世以後，原係減半者即照原減半之數支給，原係全給者仍查其父生子多寡，照前定擬，庶幾下有一定之志，上無難繼之恩。

如蒙聖明俯從今議，容臣等恭候命下行各王府欽遵。此後敢有違例奏請名糧、奏買妾媵等項，即將該府輔導等官坐贜重論，其各該庶人并擅婚、花生、傳生子女名數，各府務要查攷明白，分别條欵，備造文册，一樣五本：一本送宗人府，二本解户、禮二部，一本存留該府，一本送布政司收貯，各備查考。如該府仍將花生、傳生子女概作庶人，該布政司仍將擅婚、傳生子女概同庶人支給者，查出聽臣等從重參究。禮部移咨都察院，轉行有王府地方撫按衙門，行令各布政司轉行各王府長史司及教授等官，遵照題准事例，啓王知會，仍嚴加約束各庶人等，俾各安分守法，毋得妄希恩澤。如有仍前不遵禁約、越關違奏者，至京之日，通政司、鴻臚寺連人開送禮部，比照山陰王府成鍬第八男姦生之子事例，徑送順天府嚴切遞回，奏詞照例立案。其在各省敢有故違告擾、妄生事端者，布政司具呈該省撫按官參奏前來，以憑題請處治。

及照安治等奏稱「一向俱照庶人事例，月給口糧三石，被布政使曾鈞無故停革」，今據該省造報該府糧册，自嘉靖十五年以來，傳生子女本身并妻俱止照庶人減半支給，嘉靖二十九年以後亦開有安治等名數。乃敢妄肆援引，越關奏擾，本應重究，但已奉欽依，姑宥伴回，難以再擬，亦合嚴加禁諭，庶法制嚴明，人心知畏。

嘉靖三十二年六月初四日具題，初六日奉聖旨：是。

覆給事徐綱遷代府議

看得禮科給事中徐綱題稱「將代府所屬十三郡府，量移一、二府於別地，方聽其自便」一節，爲照宗支蕃衍，地方狹隘，代府尤甚。今徐綱所奏，量遷二三郡府建置別地，不但預爲遠慮，實是切防近憂。但本部於二十四年，因代王及總督官之請，已經會議，題奉欽依，行移彼處鎮、巡等官，及令該府長史啓王查勘相應改遷宗支，并堪建府第，地方尚未回報。查與今奏事體相同，別無議擬相應查催，合候命下本部移咨都察院，轉行山西大同撫按衙門，仍行代府長史啓王知會，各查照先今奏内事理，作速查勘回奏。撫按官仍將各項事宜，參酌人情時勢，委無窒碍，一一區處停當，議擬明白，具由奏請定奪，毋得仍前遲延。

嘉靖三十二年六月十八日具題，二十日奉聖旨：是。

表櫬越關

竊惟宗室來京，不論事情輕重，俱送發高牆，奏詞立案，此本部節年議奉欽依也。立法未免於過嚴，故其後或不能盡法。抄奏到部，酌量行勘，然後請旨罰治及送發高牆，此因該科之奏而覆議也。行法漸至於過寬，故宗室之越關日衆，甚者樂於遊蕩，聽信撥置之人掇拾浮詞，假此出城。然事當查勘，姑宥伴回，出京之後無賴棍徒投充跟隨，傳行牌面，所至地方有司，驛遞衙門奉承稍緩，極其凌辱。夫馬、酒席、廪給、鋪陳俱需索折乾，每處不下數十餘兩，已而復將馬匹、鋪陳强挾而去，驛遞無可奈何，有司不敢聲言。及撫按行勘，事每寬假，縱有罰治，又從末減。計其道路需索所得，比之一年禄米反爲加倍，此宗室之所以無所畏憚越關而至，如表櫬者絡繹而不已也。至於因此縱恣，必貽將來大患，猶有不能言者。臣等以爲事貴執要，法當用中。自今以後，各宗室有越關來京者，已是悖違祖訓，不遵明旨，合先革爲庶人，差人伴回，然後將所奏事情應行查者，轉行巡按衙門查勘。如果情出迫切，事非得已，曾啓親王轉奏而輔導官刁難，曾具告守巡等衙門而各衙門阻抑，則罪當歸於刁難、阻抑之人，而出城越關之罪猶有可原，合與題請恩宥，敘復爵秩，仍行沿途巡按備查經過府、州、縣驛遞衙門，若有需索折乾，挾去馬匹、鋪陳等情，爵秩雖復，禄米仍須減革，以示懲戒，則法行而恩亦篤。如或情非迫切，事本得已，既不啓王轉奏，又不曾具告撫按、守巡，輒便聽信撥置，驀越赴京，或犯有別項情罪，應合革降、送發高牆等項，悉照節年題准事例施行，則仁至而義亦盡。

及照表櫬所奏，明是擅婚所生之子，既不啓親王轉奏，又不具告撫按會奏，妄引事例，冒請名封，據法即當送發高牆。但據奏稱：「始因知㒰誣捏，及暗差伴當拽車詐娶，以致逼迫成婚。後經按察司勘明，呈詳察院，及經撫按行布政司，行查一十三次，俱稱明實，又被知㒰阻撓刼脅。」若果有此事，則雖不能免於擅婚之法，猶可少諒其赴京奏擾之情。未委虛的，相應行勘，合候命下將表櫬姑依今擬革爲庶人，差官伴回。待查勘明白，應否敘復及送發高牆等項，悉依節年事例，奏請定奪。該府輔導等官，與彼處該日守門人員，及沿途經過軍衛有司等衙門，各失覺察，均屬有罪，相應併行各該巡按御史通行提問，照例發落，以警將來。臣等自擊諸宗室縱恣紛擾，若不申嚴禁例，非惟目前多事，實恐後患難言，伏乞聖明俯賜裁允。

嘉靖三十二年七月初二日具題，初四日奉聖旨：是。表櫬革爲庶人，各官役人等，都着巡按御史提了問。欽此。

襄垣府子女名封過期

看得宗室子女名封婚期，法制明備，今襄垣等王府將軍聰灝等請各子女名封，卻乃過期太久。臣等竊詳其故，必是宗室貧難，而經該人員索財不遂，任意刁措，或係宗室子女有花生、姦生、抱養等項，又或其生母來歷不明，有碍啓請，一向遷延停閣，今方用賄彌縫，意圖冒濫。此等情弊，相應查究，合候命下本部移咨都察院，轉行山西巡按衙門，將襄垣等王府輔導官，行委該道守巡，行提到官查勘。果有前項索財刁揹及受賄彌縫等弊，即便從實參奏；如無違碍，即與明白聲説過期之故，取各府縣并各地方兩鄰人等并宗支五位結狀，作速回報，以憑題請。

及照此弊不但襄垣、西河等府爲然，合通行天下有王府去處，今後宗室子女年歲及期，應請名封者，除照常啓奏外，仍各差人呈告撫、按衙門。巡撫先咨本部知會，仍行布政司案候巡按，遵照先年題奉欽依，即行按察司，轉行該道守巡官督同府縣官查勘，各子女果無花生、姦生、抱養等弊，取具各官并收生、媒證、地方兩鄰人等并宗支五位無碍，甘結在官，按季類奏本部備查題覆。如巡撫知會文移已到，而王府題奏延久不至，必是長史、教授等官需索刁揹；如王府題奏已到，而巡按御史勘奏未至，必是長史、教授等官彌縫冒濫。本部查明，轉行巡按衙門勘實參問，果被刁揹者，即與奏請名封；冒濫者，即照花生、姦生等項事例施行，庶宗室無鰥曠之人，天潢免瀆亂之弊。

嘉靖三十二年七月初三日具題，初五日奉聖旨：是。

襄垣王長子論祭乞遣官

看得各王府喪禮遣官致祭，其親王世子以布政司官，郡王長子與親王同城居住者以王府長史官，隆殺有體，上下俱安。今襄垣王與親王另城居住，其長子聰瀸祭禮，不得遣長史，而以本藩陪臣掌行，是以本王再行奏瀆，蓋王與其教授之心，必交有不安者。但分守乃布政司官所據奏，要遣祭長子於分非宜，合無止遣蒲州掌印官致祭，以後分封另城郡王長子病故遣祭者，准此爲例。其同城居住郡王長子，原有長史行禮者，不得妄行援比奏擾。

嘉靖三十二年九月十七日具題，十九日奉聖旨：是。

周府朝壇等越關

看得革職送發高牆庶人子女，例不准封；其未革以前所生者，例應開具伊父罪犯，奏請上裁。如朝廷憐准，授以官封，則自有本等禄米；若罪重延罰，從父革爲庶人，則子得歲給庶人口糧，而女得及時招選庶婿。今朝壇兄弟，本部先因周王請封太蚤，伊父方纔送發，難遽題請；及其越關齎奏前來，去伊父受罪之時已及五年，當即題行該府長史司查勘。蓋以恩威予奪，朝廷自有定裁；而子女婚封，本部須當覈實。該府官卻乃淹久不報，以致男長女成，不得其所，冒犯明禁，奔走道路，殊失朝廷所以優恤宗室至意。所據朝壇等情既迫切，又無官職可革，合差官伴回，啓王戒飭。所奏事情，合咨都察院行彼處巡按御史備查，紀善張誼。有無刁勒索財情弊？朝壇等男女四人，是否伊父未經革職之前所生？查明奏來，以憑題覆。仍行各該巡按御史備查朝壇等沿途經過府、州、縣驛遞衙門，曾否需索折乾等項，具奏前來，題請定奪。其輔導官與彼處該日守門人員及經過軍衛有司衙門，俱失覺察，均屬有罪，相應通行提問，照例發落。

嘉靖三十二年九月十八日具題，二十日奉聖旨：是。

崇陽王子英㷡不准襲爵

該禮科參看得宗室罪犯深重、降革爵秩者，郡王、將軍不得冒亂請封，所以嚴遏惡之義也。鎮國將軍英㷡生雖在于例前，但經該部法司會議，降封擬斷合乎衆論，褫奪取自上裁，法從重典，理難輕議，宜從抄出查處施行等因。又查得奏内所比仕壇、鍾鈵、彦汰、當沍事例，内彦汰係詔書復爵，難引爲例；仕壇賜死，本支子孫不得承襲；鍾鈵、當沍子孫承襲者，原係送發高牆，不係賜死。況鍾鈵受罪，奉有孝宗皇帝聖旨：「鍾鈵打死人命數多，革去冠帶、禄米，着戴頭巾閑住。欽此。」當沍受罪，奉有武宗皇帝勅諭：「罪止當沍一人，並不及於子女。欽此。」今顯休前項罪逆賜死，正與仕壇子孫不得承襲者相同，與鍾鈵、當沍前例不合。通查案呈到部。

看得崇陽王子降封鎮國將軍英㷡要襲祖爵一節，既經該科參出前因，該司查出前例，且係十惡者子孫，曾經法司會題，明旨降革，别難再議，伏乞勅下楚王戒諭英㷡，不許再行妄奏。如再瀆擾，聽本部從重參革。再照祖訓、累朝政令，郡王無嫡子者，許令庶子襲封；絶嗣者，其宗支止許以本等官職奉祀管理府事，遵行已久。及至襄垣王仕壇，其父襄垣恭簡王係太祖高皇帝之孫，又係分藩蒲州始封之王，仕壇既以罪死，子孫削籍，若恭簡王之爵不繼，則將軍、中尉、儀賓無所統束。故本部題請聖裁，比郡王無嫡子事例，許令恭簡王第五子仕坯襲封。又有交城、懷仁二王故絶，其宗枝亦得襲封。蓋交城分藩平陽，懷仁分藩霍州，皆與親王另城居住，事體不得不然。若郡王與親王同城居住，故絶者其宗枝自奉親王約束，故止許以本等官職奉祀。惟河清王嘗朦朧奏准襲封，既而會議查革，雖蒙特旨宥免，而此後並未有准令比照承襲者。蓋宗儀有親王管束，郡爵不須復繼，亦事理當然者也。

近來往往妄行瀆奏，率比襄垣等王爲例，如英燚者不止一人。蓋緣不知例本不合，或明知不合而意圖僥倖，又或本府投托之人希求齎奏赴京指稱打點，得肆誆騙，而長史、教授等官貪圖賄賂，曲爲啓奏。事雖不行而紛紛不已，若不申明禁止，無以杜絶將來。合候命下行移天下各王府，今後凡郡王故絶，與親王同城居住者，仍遵累朝政令，止許宗枝以本等官職奉祀管理府事，不許奏請承襲，違者聽本部該科參題。投托誆騙及貪圖賄賂等項人員，從重究治。若分封别城而故絶，其宗枝奏請承襲者，仍行撫按官，查果宗儀人等别無統束，備奏前來。本部查見故郡王果係帝孫，或去帝系已遠，止係王孫，酌量親疏，或准繼爵，或世授嫡長或庶長一人爲鎮國將軍，頒降敕書，令其管理府事，約束宗儀。其次子止授以世次本等官職，不得夤緣遞陞。前項親疏隆殺，俱臨期議擬，備開題請，取自上裁。

嘉靖三十二年十月初一日具題，初三日奉聖旨：是。英燚着楚王嚴加戒飭，再不許瀆奏。今後郡王故絶，與親王同城居住的，不許承襲分封，别城的奏請定奪。欽此。

安置都昌王

看得荆王奏稱，都昌王狂行狂言，已極悖戾，但奏内所稱，據其行已爲喪心，察其辨又似佯狂。及備先奉欽依，載埁父死不顧，婚利是圖，事母逼索囊橐，打死閽使，抉人眼目，好生有違祖訓。又稱本王殺人敗倫，神天共憤，不敢顯言其過，以傷親情。則本王素行原是未易誨化之人。

臣等切思王果風病，則雖諭之以禮，非巽言之所能入。若是佯狂，則當制之以法，使邪念不得自逞。且前此解慰省諭至再，而及今悖戾愈甚，又似非盡出風病，今不禁制，誠恐後來禍出不測。合候命下本部移咨都察院，轉行湖廣撫按衙門，行令都、布、按三司會同荆王府承奉、長史等官，前去宣諭載埒，無得悖違祖訓，佯狂自恣，其第一子亦無得藉父風狂，相助爲非。就於本府内擇嚴密宫院一所，安置本王，令妃妾宫人伴守，外鎖宫門，使不得放縱；内去其傷人器械，使不得逞兇。其府第大門，荆王府差内外官校關閉護守，無得縱容奏内所稱買刀等人私自出入。其一應護守事宜及傳通内外言語、接遞本王服膳，俱要處置得宜，務令安便，無致窘迫，所貴足以制本王狂悖之行，而亦不失朝廷親睦之恩。其該府教授官，宜令加意輔導長子飭躬勵行，用蓋父愆。

嘉靖三十二年十月初四日具題，奉聖旨：是。

晉王表榴互奏行勘

看得巡按監察御史李一瀚題稱「晉王與中尉表榴互奏情詞，干連人衆，欲得專官勘問」，及晉王奏稱「表榴蒸淫故兄表櫢妻妾，打死媵妾」，并中尉表榴奏稱「承奉張堂與已薨端和王宫人尚氏私通，事干宫闈，乞差内官并法司官各一員前去勘處」，又該晉王奏稱「乞先將表榴照例送發，或移置别所，仍行巡按御史作速勘明處治」各一節，爲照宗室訐奏，必宫闈大變、人証俱存、事有左驗者，方得請差内臣；又必犯在大逆、干連地方、非撫按所能勘問者，方得請差法司。今表榴所奏尚氏私通承奉張堂之事，理所必無；晉王所奏表榴奸淫兄嫂之事，則迹屬指姦，且證人已死，俱不必查勘。其餘情節，則俱非撫按所不能勘者，已經本部題奉明旨，着巡按御史從公勘明具奏。使承問官員果能秉心公直、不畏强禦，則是非曲直推極至當，下可以得各犯之情，上可以服宗室之心，復何俟於專官勘問爲哉？

但據稱表榴手持利刃，挾制勘官，抗違勅旨，毁駡親王，占恡人犯，不容問理；又且家産耗蕩，居無定止，内無妻室，輕生犯法，每不惜死，則表榴之素行兇悖，有非勘官遽能追究問斷可知。今該晉王參奏前來，俱應議處，合候命下先將表榴革去官秩，咨行都察院轉行山西巡按御史，即行守巡等官將表榴安置嚴密處所，委官防守，仍查照本部先今題奉欽依事理，吊提人卷，於隔别府分親自勘問。如果是實，併將越關情罪參奏前來，以憑題請處治，仍將撥置之人嚴拏究問，從重發遣。如或仍前占恡有名人犯，及挾制勘官等項，許據實申呈巡按御史奏請送發。

再照朝廷之於宗藩恩禮至厚，而宗藩之於國法奉行當謹。然有等無賴棍徒投托跟隨，教唆撥置無所不爲，而宗室之中亦有縱惡逞兇、蔑棄法紀、敗倫傷化，樂於誘引者。一被親王鈐束，遂至捏奏親王；一被撫按查究，遂至捏奏撫按。已而題奉欽依委官勘問，乃復逆探問官意向，多方羅織，挾持摇撼，或親自出名，或左使他人，掇拾危言，設計誣奏，務令勘官畏縮牽制，不敢追問，得以恣行兇惡，無所忌憚而後已也。前項刁風，實不可長，仍乞勅下法司及都察院等衙門，今後凡各宗室有互相訐奏，行勘未結，而輒誣奏勘官，及以不干己事捏奏撫按者，不論事情輕重，一概立案不行，仍將賫奏人員從重究問。庶宗室之僭陵可杜，朝廷之體統益尊矣。

嘉靖三十二年十月初四日具題，初六日奉聖旨：是。

歐陽南野先生文集卷之十四　外集四

奏　疏宗藩

覆御史蔡朴請勑代王

看得兵部咨稱巡按直隸監察御史蔡朴題稱「代府宗室驕縱不檢，聽信撥置，濫放錢債，非刑逼取，致傷民命，乞勑代王鈐束參究」一節，爲照代王分封歲久，宗室繁衍，其恪守祖訓、樂善好禮乃其自求多福，卻乃驕淫縱肆，蔑棄禮法，多收投充之棍徒，深聽撥置之巧語，廣放私債，收息違例，逼取無償，輒用酷刑，甚將有隙之家，無故扳引，准折肆行，致鬻男女，慘毒不可勝言，民命深爲可惜。而被告法司，復爾窩占拒捕，法守不振，士民含冤，誠有如御史蔡朴之所奏者。竊惟大同密邇强胡，居民多占軍伍，特封親王於此地者，蓋欲鈐束宗室，爲國家建屏翰也。宗室之中不知自愛者，親王當訓教而嚴束之，教之不從，當據實而參究之，必使其畏法守分，乃於祖訓無違。若因强宗肆拒，逞刁捏奏之故，遂并其當爲防檢者一概寬縱，萬一民不堪命，因而別有疏虞，其爲國家之害當何如哉？

所據御史蔡朴具題前因，無非保愛宗室、以全國體之意，委應議處。合候命下行移翰林院請勑一道，齎赴代王，令其戒諭各該郡王宗室儀賓，今後務要仰體聖心，恪遵祖訓，追訟既往之愆，以求自新之實。如有仍前濫收私債、酷刑逼追、准折子女、扳引傍人等項，許被害之人具告按察司，一面啓王從實參奏處治，不得狥情故縱；一面呈撫按官，咨呈都察院查究。其撥置之人，都察院轉行彼處撫按衙門，嚴加拿問，照例發遣。各該宗室，敢復有窩藏、占悋，即是抗違國法，許撫按官指名參究，將本爵、本職禄米停革，俟罪人既得之後，果與宗室無干，奏請關支。庶幾國法嚴明，而宗室亦各知所保全矣。

嘉靖三十二年十二月初四日具題，初六日奉聖旨：是。

中尉女授宗女宗婿名號

切惟國家大事，祖宗之制所當申明，時勢之窮所當變通，二者議政之大經也。照得郡王孫男，祖訓有「六世以下世授奉國中尉」之文；孫女，則縣君、鄉君之號止於曾玄，而五世不復及焉。夫祖訓於起居飲食之宜、宫室器用之制纖悉曲盡，豈獨缺略於此？蓋孫女至於五世，親屬疏遠，若一概授以封號，給以禄秩，非惟勢有所不能及，而恩亦有所不能溥者，此祖訓之所以不載也。今觀郡王之女，其禄米比曾孫，孫女禄米僅比六世孫，聖祖深遠之慮可推而知矣。況女既有歸，則其夫家生業足以自贍，朝廷稍加光寵，即足爲恩，固不必强勢之所不能而盡授以封號、禄秩，此則祖宗之制所當申明者也。

若以時勢論之，洪武間初封親、郡王、將軍纔四十九位，女纔九位；至永樂間，增封親、郡王、將軍四十一位，女二十八位。通計百二十七位，未爲多也，而當時禄米已不能全給。瀋府纔本色六千石，秦府、魯府、唐府各五千石，代府三千石，遼府、韓府、伊府各二千石，岷府一千五百石，肅府僅七百石，慶府雖七千五百石，而郡王又嘗於數内分撥，俱不滿萬石之數。蓋天派日衍，税糧有限，祖宗預計其必然而遠爲之慮者如此。今各親、郡王、將軍、中尉計九千八百二十八位，女計九千七百八十三位，通一萬九千六百一十一位，其位數多國初一百五十倍，其來者尚無紀極。而親王本色禄米，又無不給萬石者，計天下歲供京師米四百萬石，而各處禄米凡八百五十三萬石，視輸京師之數不啻倍之，皆國初所未會計者，且民間税糧有減無增，豈惟將來莫知所處，即今在在已無措矣。即如山西一省，存留米麥一百五十二萬石，而宗室禄米該三百一十二萬石；河南一省，存留八十四萬三千石，而宗室禄米一百九十二萬石。是二省之糧，即無水旱蠲免，升合俱完，猶不足以供禄米之半，況官吏俸廪、軍士月糧皆取給其中，如之何其能供？

前此豐林王台瀚奏：「要限定郡王、將軍、中尉子女，其限外之數，止給冠帶口糧。」夫台瀚亦郡王也，豈其獨不欲富而爲此言哉？蓋以宗室禄糧雖有定額，而有司不能全供，必數懷觖望；有司缺乏未能辦給，而宗室勢欲全得，必數受侵侮。政令因之阻格，國計無由充足。不若使各受冠帶月糧，從其自便，各治生業，爲兩利也。夫祖訓所載者，祖宗時亦不盡足其數，而豐林王尚欲爲裁限；況中尉之女，在祖訓所不載，乃當禄米無措之日，而欲於祖制之外盡授封號，徧給廪禄，臣等實未見其可。此則時勢之窮，所當變通者也。

又查得靖江王府鎮國等中尉之女，俱遵奉祖訓，例不授封。今秦、晉等府，其初則與靖江府親疏少異，既傳至中尉，則其女同爲皇家袒免以下親之女矣。伏乞皇上推廣聖祖之意，裁成昭代之制，凡各王府中尉女，及選配子弟，合無聽本部題請聖恩，授以宗女、宗婿名色，仍給與冠服婚資。其冠服，宗婿視文職，宗女視命婦。出鎮國位下者，冠服七品，并婚資共給銀百兩，猪羊各十隻；出輔國位下者，冠服八品，并婚資共給銀九十兩，猪羊各八隻；出奉國位下者，冠服九品，并婚資共給銀八十兩，猪羊各六隻。俱行各該布政司關領，其宗婿就各該王府冠帶謝恩，不必赴京。仍聽其自便，不必在府隨衆朝參，有司以禮相待，照品官例免其雜泛差役。如有志科舉者，聽提學官比照教官科舉例考選進場。蓋郡王子孫，祖訓猶許其出仕，則宗婿可以類推矣。擴祖宗有限之制，而溥皇上無窮之恩；酌時勢之窮，而盡變通之道。臣等愚昧，不勝拳拳。其秦府奏請鎮國等中尉秉樫等各女婚選，如蒙皇上允臣前議，裁爲定制，容臣欽遵題請施行。

嘉靖三十二年十一月初四日具題，初六日奉聖旨：准議行。

經茜等越關請建閒宅安置

看得魏國公徐鵬舉奏稱「靖江王府今革禄奉國中尉經茜私赴南京，欲照知疚事例，差官送回廣西識認」一節，爲照國家之待宗室極其優厚，然各該宗室聽信撥置，往往不思祖宗創業之難，蔑棄典法，不體皇上好生之德，虐害小民，捏奏赴京，絡繹道路，規利賊物，無所不爲。前此本部欲請送發高牆，但念廣西七八千里之外，差官取押，往復騷擾，民甚不堪，況鳳陽守臣又數告高牆供給缺乏，以此數次止請革爲庶人，使圖省改。不意其稔惡不悛，以爲朝廷之法止於如此，益加恣肆，重爲民毒。廣西委係獞猺出没之地，恐將來事出不測，如代府充灼、俊桐等之謀投虜，趙府載墱等之謀從賊者，亦難保其必無，又不但如巡按御史陳善治之所參者也。合候命下行移南京兵部，將經茜查照知疚事例，差人押送廣西，并咨都察院備行撫按衙門，轉行該府輔導官，啓王知會，識認果是經茜，即查照本部題准出城越京近例，革爲庶人，仍遵奉嘉靖十五年欽奉勑諭内事理，將經茜、經排、經賚、邦蔦先行拘禁。

及行三司官會議，於該省城内擇空閒、寬厰地方一處，蓋造閒宅一區，其中多分院落，多造房室，及備一應合用井灶家火，四周繚以高垣，外設總門，嚴爲扃鑰，啓王將經茜及經賚、經排、邦蔦移家安住其中。王府差委内官校尉，有司差委的當官員防禁，仍封閉宅門，伍日一啓，巡風人役晝夜守護，不許其私自出入，交通外人。日用飲食，查照本部題准庶人口糧事例支給，毋令失所。若能悔罪省愆，改過自新，輔導官啓王及呈撫按衙門，備行守巡府縣官審問，果能去惡從善，事有証驗，會本奏請釋放。此外，如有不服鈐束，或刼掠財物、打搶平民、假借奏事越關私行等項，一應背違祖訓，罪犯頗重，如經茜所爲者，聽王及撫按官參題前來，本部覆請照經茜等例送住閒宅。都察院通行有王府去處撫按官，行各輔導官啓王，一體欽遵會議，蓋造施行。南京守備衙門，此後如有盤獲自稱王府名色來京者，一面具題，一面送兵部，差人伴押回府交割，并行該省撫按官，查明參奏，照例處治。庶幾宗室曲全，而民不受擾，事不阻於難行，而法可垂於求久矣。

嘉靖三十二年十一月十三日具題，奉聖旨：是。

靈丘王奏充烶行勘

查得嘉靖十五年八月内，該本部題「各王府宗室不守禮法、肆意遊蕩、不服鈐束者，親王及管理府事郡王拘收本府監禁，一面參奏處治」，奉聖旨：「依擬，欽此。」及查得充烶等係皇家袒免以下親，俊榊係充烶等小功尊屬，臣等伏覩《大明律》，「八議」條一曰「議親」，謂皇家袒免以上親；「十惡」條七曰「不孝」，謂居父母喪身自嫁娶，八曰「不睦」，謂毆小功尊屬。八議者犯罪條，犯十惡者不用此律。今充烳等既非應議之人，乃敢蔑棄禮法，恣惡逞兇，將堂伯採頭毒毆，搶去金冠，居親喪包姦樂婦，開場賭博，又犯十惡之科，況其占奪嚇詐，違法多端，情尤可惡。即今宗室日繁，恣肆日甚，若不重加懲治，切恐倣傚成風，既該靈丘王聰㵸參奏前來，委應查究。伏乞勅下本部移咨刑部，轉咨都察院，備行山西巡按御史，行靈丘王府教授啓王遵奉嘉靖十五年勅諭内事理，將充烳、充熫、充熡先行拘禁，巡按官仍將儀賓李杙等家人李芳等查提到官，將奏内所開各項事情取具衆證，究問議擬，應發落者先行發落，應參奏者參奏定奪。其充烳等及李杙等應得禄米，即日住支，候取旨另議。

嘉靖三十二年十一月十三日具題，十五日奉聖旨：是。

慶王請復父爵給卹典

看得慶王奏「父冠帶閒住台浤病故，乞要賜復原爵及祭葬、謚號」一節，爲照台浤先饋寘鐇銀幣以助其逆繼，欲謀殺撫鎮以成其私，又復溺愛少子，賤辱長男，節經多官會議，請旨革爵，降爲庶人，遷置省城居住，其後回府冠帶閒住。蓋詔書曠蕩之恩，非以其能改過而宥之也。先年本部因弘農王台泙等奏保復爵，題請革罰禄米，提問輔導官員，蓋以台浤所犯，若非朝廷俯念宗室，則律令照然，妻子或不免於緣坐，安能保有其身，況又請復其爵乎？今台浤病故，止合撥地一方，循安葬革爵庶人之例。但先年賜葬伊妃王氏，已曾併造夫壙，既予之恩，今難追奪，似應容令合葬，不廢朝廷已成之命。若其夫匠、料價，不許煩動有司。其掌行喪禮，不當差遣行人，止令布政司委屬官一員，會同該府官，扣支慶王禄米，買辦雇倩，整理開壙。命自上頒，得蒙恩於君；財自己出，以致孝於父，慶王亦可無憾矣。

其奏内援引岷王彦汰等復爵、賜謚爲詞，雖事體間或稍同，但賞善罰惡，予奪自上，若比例陳乞，是朝廷之恩可以循例而得也。所據慶王輕率陳奏，輔導官不能以理匡正，俱應參究。但念子爲父乞，急不擇詞，況身蒙聖恩，得襲祖爵爲王，而父罪未釋，仍稱庶人，書寫銘旌與題主入廟俱有未便，則其不得已之情似亦有可察者。但台浤生前未有改過之實，身後豈得蒙赦罪之褒？及照慶王鼒枋，襲封伊始，雅意爲善，如蒙皇上俯賜矜察，姑用父以子貴恩典，追贈台浤封號，以伸人子不容已之情，仍申勑慶王益加勉勵，用承恩命。若善名靡終，父愆罔蓋，則國法可畏，天寵無常。

再照朝廷睦親之恩，固不可以不隆；而罰罪之義，亦不可以不嚴。查得魯王檀、伊王㰘，俱太祖高皇帝之子，生前素行不飭，薨逝之後，高皇帝賜謚魯王曰「荒」，文皇帝賜謚伊王曰「厲」，二祖創業垂統，不以父子、兄弟之親而廢法者如此。伏乞皇上仰體二祖賜謚之意，勑翰林院查謚法字義與台浤素行相應者，擇取數字奏請，欽定一字賜與台浤爲謚，庶幾祖宗之法不以恩廢，而國人之論不以情奪矣。惟復止許開壙合葬，其謚號一切報罷。

嘉靖三十二年十一月十四日具題，十六日奉聖旨：是。台浤准追贈并開壙合葬，謚號所司定擬字義來看。

永新王長子乞贈母妃

看得永新王選配黄氏，先以不係本土人氏，不准封妃，今其所生子女既已授封，而長子載壕他日又當承襲王爵，黄氏縱係妾媵，亦有母以子貴之義，况原係奉旨選配，又非妾媵之比。其不係本土人氏之禁，所以約束宗室無得選婚他境，不致擾害多方，今黄氏本是選者之罪，卻與婦德無干。所據生前不准封妃，以正婚娶違例之罰，身後似應追贈，以伸人子孝思之情。祭葬不宜濫與，而名號猶可假借，但恩典出自朝廷，臣等不敢擅便，伏乞聖裁。

嘉靖三十二年十二月初三日具題，初五日奉聖旨：是。

崇府懷安王内助不准繼封

看得崇王奏稱，懷安王厚熑内助周氏生有二女，今周氏病故，乞要比照襄府棗陽王妃單氏例，委於事理不順，祖制有違。既經該科參出，所據懷安王厚熑應合戒飭罰治，該府長史教授等官應合查提究問，但緣祖制久未申明畫一，以致率意瀆請。伏乞皇上姑宥其罪，聽臣等再加議擬，以塞將來煩瀆。竊惟親王妾媵有所出者得稱夫人，乃我高皇帝稽古定制，萬世所當遵守者也。其後親王生母，得請封次妃，郡王子將軍生母，遂得請封夫人，夤緣倖恩，寔從兹始。如單氏子爲將軍，而得請封繼妃，已是大踰典制，乃至生女之妾亦遂援比爲例，以圖僥倖，則益甚矣。今不申明，後將無紀。合無今後親王之妾，有子者許請封夫人，其子襲封親王而嫡妃不存者，許請封爲次妃；郡王之妾，其子襲封郡王而嫡妃不存者，許請封爲夫人。仍照例請勑知會，不給誥命冠服，及裁減身後祭葬。此外不許妄意濫請，違者聽該科參出，本部覆請從重究治，庶名分正而恩典益重矣。

嘉靖三十二年十二月初六日具題，初八日奉聖旨：是。

江西王府廟祀

看得禮有常變，因事而制，有不可以執一論者。江西寧府親王以謀反伏誅，而大宗祖廟已毁，然郡王、將軍等蒙恩昭雪，而小宗支屬猶存其始封之王，不可無祭，而已毁之廟不當復建，此所謂禮之變而當議處者也。

先該本部題奉欽依，行撫按官勘議，獻、惠二廟，每一易世，欽定一王奉祀，蓋即本有之廟而定其祭祀之禮，以息覬覦争競之私耳。今撫按勘議未報，而諸宗室各執一説，紛紜奏擾，雖其言各有據，然皆不知毁廟無復建之理，而郡王有不可踰之分。蓋溺於情而蔽於私，不可不斷之以義者也。

臣等竊惟獻、惠二王墳所各有享殿，而樂安、弋陽、建安諸府各有家廟，合無每歲正旦、清明、中元、霜降、冬至等節，諸府總遣儀賓一員，就享殿致祭。其祭品各府輪流供辦，而祝文序列諸王之名，則祭既不黷而追遠之孝各伸。惟獻王則每歲立春用古者祭先祖之義，諸府各設位於家廟致祭，而以始封郡王配食，其祭儀當用生者爵禄，不得僭用親王禮樂，則情既得盡，而郡王之分不踰。其原設齋郎、鋪排、屠户、厨役及添撥校尉等項，俱各裁革。每年撫按官行所屬於均徭內編銀一百五十兩，解布政司，行三府教授分領回府，供辦祭祀。其樂工共撥一十二户，每府分管四户，以供各府私祭及冠婚等項諸役。至迎接詔赦、進賀表箋之時，則一十二户通行供事，各府不得縱容下人凌害以致逃竄，再無撥補。其禮生照各郡王府例，有司臨期撥用，事畢即回，不得占留。如蒙准奏，合候命下行撫按官轉行知會，一切未盡事情，仍聽撫按遵前奉欽依議奏，庶禮制曲盡而争端永息矣。

嘉靖三十二年正月二十八日具題，三十日奉聖旨：是，欽此。

韓王襄陵王奏争樂户

查得正統元年英宗睿皇帝復襄陵王書内一欵欲添校尉云：「比年旱灾，流民未復，兼以邊境多務，民無暇者。安府原有典仗王隆校尉一百名，及女户七名，見在平凉衛帶管。今令於韓府長史司帶管食糧，仍供惠園祭祀及洒掃墳園，閑暇則聽叔祖使令。欽此。」又查得嘉靖十八等年，該韓王、襄陵王各節次奏訐，至三十二年四月，欽差内官張朝會同陝西撫按官勘報，刑部覆題奉欽依，將韓王侵占及受人投獻地土各退給業主，各僧人創建寺院各拆毁入官，有罪人犯各分别發遣，及請勑省諭韓王正身循理，勿蹈往轍；切責襄陵王并戒論諸宗室改過守法，聽王約束。

又查得近該韓王奏稱襄陵王慆淫侈縱等情，該本部議得各處絶嗣親王墳所並無郡王奉祀，及照彼時莊穆王以文皇親弟韓王之子奉文皇帝親弟安王之祀，情理順當。今既族屬疏遠，而校尉出一時特恩，且召釁起争，合將惠園比照各處絶嗣王墳事體，不以郡王奉祀，仍行陝西巡按御史將惠園供祀樂户、看守校尉一併議擬具奏，題奉欽依去後。今該前因，臣等看得襄陵王融焚所奏，參詳前後年月，安惠王以永樂十五年薨逝，王府官屬盡行搬取回京，存留典仗王隆并旗校女户看守惠園，供辦祭祀，附籍平涼衛帶管，此舊章也。其後二十年爲正統元年，襄陵莊穆王始奏奉勅諭，將王隆并旗校女户改入韓府長史司帶管，仍供安惠王祭祀洒掃墳園，閒暇則聽其使令。驕縱之端，寔自此始。後四十二年爲景泰五年，莊穆王始奏准督辦祭祀。後一百餘年爲正德十二年，襄陵王徵鈐始奏查撥樂户，又奏准原蒙欽降與安王旗校巾帶爛壞，自備工價脩補。夫巾帶既經百年，豈有存者？名爲脩舊，實則新製。況守墳辦祭，何用巾帶？假借僭踰，其所從來有漸。日淫月侈，非復祖宗舊章矣。

先該本部查例題准惠王墳園不用郡王祭祀，今據該司查得先年英宗皇帝復莊穆王書内惠園供祀校尉一欵，止云「閑暇則聽叔祖使令」，蓋優待叔祖特恩，原未奉有永遠該府供役聖語，則莊穆王子孫自不當世世僭用，況可因而製造巾帶、擺列儀仗，僭踰禮制乎？前後事情既明，合就議擬上請，伏候命下備行彼處撫按衙門，將惠園前項校尉查照永樂、宣德年間舊規，附平涼衛帶管食糧，就委武職官一員專督，令其看守墳園、供辦祭祀。莊穆王以文皇帝親姪、睿皇帝親叔祖一時特恩聽其使令，非爲常典。子孫自有郡王體貌，不許借名僭用。其惠園四時例祭，韓王每次遣儀賓一員行禮，及撥樂工一十二户作樂，原設樂户各回原籍當差，不許占留隱蔽。布政司仍轉啓襄陵王，欽此前後題奉欽依，恪守郡王禮制，宫居簡出，無得僭踰，有違祖訓。及照萬壽聖節，襄陵王執稱避害，不赴韓府一同朝賀，但韓王止與襄陵王相搆，未必有謀害闔府宗室之意，而襄陵王約束閫府宗室輒於該府行禮，似有自專威柄之情。再照韓王既奉勑省論，自合洗心省愆，若果如襄陵王所奏，則於勿蹈往轍之諭有違，身既未正，何以率人？襄陵王既奉勑切責，自當畏罪安分，若仍如韓王所參，則於聽王約束之諭大悖，法既不守，何名改過？使天下親王郡王接踵效尤，則祖宗典制、朝廷紀綱蕩然陵蔑，誠非細故也。合行巡按御史查韓王前奏及襄陵王今奏内事情，逐一勘問，將主謀撥置之人從重擬罪，干礙韓王、襄陵王，一併奏請定奪。各奏内稱有打點人員在京潛住，合行緝事衙門嚴加緝訪，得獲拷訊下落，請旨究治，以正國法。

嘉靖三十一年二月日具題，奉聖旨：是。

紹興王奏母妃祔葬

看得巡按江西監察御史蕭端蒙奏稱「紹興王妃周氏不得祔葬於莊王之墓，係是淮王過信祖妃傅氏之言，别無撥置離間，合令於莊王墳右隙地祔葬。及參各府長史、教授等官鄒楊、潘佐等不能匡正，俱合提問。及乞天語戒諭淮王、紹興王」一節，爲照厚㷉之訐奏淮王，蓋緣情切爲母，而不知事由於祖妃；厚燾之聽周氏别葬，止因命由祖母，而不知有違於明旨。今該御史蕭端蒙勘稱，莊王墳右尚有隙地，可以啓遷周氏祔葬，並無撥置離間等情，具題前來，參之情理，委爲詳盡，别難議擬。及照長史鄒楊、承奉張淮職叨匡輔，不能諫阻；典膳正等官余梧等，既知奉有欽依，乃敢承順故違，雖無撥置之情，亦有啓釁之罪。紹興王府教授潘佐、典膳俞道中、火者夏琳俱有輔導之責，全無諫正之言。兵馬指揮周文獻不能以理勸諫，又不行啓王實奏，妄引已結之事情，致王攻訐之過甚，原情固無離間，論罪亦失救正。以上各官俱屬有罪，相應究治。合候命下移咨都察院，轉行巡按江西監察御史，照依原擬轉行該府長史啓王知會，將繼妃周氏行令改遷祔葬於淮莊王墓右，長史等官鄒楊等行提問擬應得罪名，照例發落。仍乞天語叮嚀戒諭淮王、紹興王，自今以後各宜捐棄小忿以全大體，毋得忿疾攻訐，殘傷骨肉，重干憲典，則朝廷敦睦之恩、兄弟孝友之情均得之矣。

嘉靖三十三年二月初二日具題，日奉聖旨：是。周氏着改遷祔葬。厚燾、厚爀各要親睦，不許再行爭擾。鄒楊等，巡按御史提了問。欽此。

樂昌王奏遷蔚州

看得朝廷議分徙宗室於寬鄉，計慮甚遠，而宗室之願徙者，或未免規圖便利，人各有心，若非區畫詳悉，安敢遽議遷移？今樂昌王府一遷九十七位，雖稱搬移營建自備諸費，不勞民力，但府第及各將軍等官堂宅基址，蔚州城内曾否相有空地九十七區？若官爲處給，勢必不能；若自行價買，中間或礙民居。官舍應否聽其擇取，另行撥住改建？又，營建之際，各管事人役收買諸種物料，應否差何項官員，監臨鈐束，禁革奸弊？搬移之日，脚力雖各自備，自大同至蔚州三百餘里，宫眷人等晝行夜止，作何頓宿防護？各宗儀九十七位，即今應否一時同遷？或且先遷郡王及將軍等三五位，其餘待此諸位安居之後，隨年豐稔，陸續遷移？

本部前奏，行令撫按官參酌人情事勢，區處停當，正要一一明白。奉旨之後，不得別生事端，致有窒礙。

今據巡撫都御史侯鉞所奏、兵備守巡等道所議，一切事宜尚未詳盡。及照宗室房屋，係隸工部掌行，合候命下本部咨行該部，移咨都察院，轉行各撫按官，務須酌量事勢，參會人情，委曲計畫，區處詳明，具由奏請定奪。

嘉靖三十三年二月初五日具題，奉聖旨：是。

勤熑等越關

准鴻臚寺主簿廳手本送到，勤熑等五位前來，已經送赴會同舘，安插光禄寺支應外，看得所奏開稱被布政司各官辱駡鎖禁，各郡王具啓周王轉奏訖，又稱各官恐其申奏，預先妄捏參誣。今查得先該周府汝陽王府奉國將軍安灣等奏行法司，與勤熑等事干一連。該周府奏爲檢舉宗室出郭事，内稱「安灣等先因禄糧具啓，宜當守候代奏。今乃私自出郭，於例有違，乞要戒諭，及將輔導等官寛宥」，並未奏有司官毁辱等情。又查得巡撫河南都御史楊宜奏爲歲存税糧不敷禄糧歲支，乞亟賜議處等事，内稱「欠少宗室各季禄糧，因連歲災傷，庫藏空虚，稍待處補。雖宗室不時擁門遮道，亦不能神運鬼輸以速副其意，備行長史司啓王知會戒諭訖，仍乞户部會官議處」，亦未曾指名參奏。顯是勤熑等遮擁人衆，未免紊亂過甚，既而自知其非，内懷疑懼，抑或利於沿途需索，借此爲詞。

及查得見行條例，凡郡王、將軍、中尉故違祖訓，親身赴京奏擾者，原詞立案不行，長史等官通行參究。又查得本部議准，各宗室越關來京者，已是悖違祖訓，不遵明旨，合先革爲庶人，差官伴回，然後將所奏事情應行查者轉行巡按御史查勘。若果情出迫切，事非得已，合與題請恩宥，敘復爵秩。如或情非迫切，事本得已，聽信撥置，驀越赴京，或犯有別情，應合降革，送回高牆等項，悉照節年題准事例施行。

今該前因，看得周府、鄢陵等王府輔國等將軍勤熑等，止因兵荒之後欠缺一季禄糧，自宜稍待處補。果有應奏事情，亦須啓王代奏，聽候處分。今乃結黨成群，赴京擾瀆，則周王且不得約束，又何有於撫按有司也哉？周王一府，宗室、儀賓四千九百餘位，去京僅十二三日之程，若相率效尤，則縣驛騷擾無已，司府政令難行，非細故也。所據勤熑等本當送發高牆以爲衆警，但念荒年歉缺，情或可矜，伏乞俯賜寬宥，容本部查照近年題准事例，將勤熑等革去官職，移咨吏部，取差辦事官二員送至前途府分交割，遞相接送，回本府收管，取文回繳。一面移咨户部，轉行巡撫官，將拖欠禄糧作速處補，其巡撫楊宜奏請議處事理另行議奏。一面咨刑部，將勤熑等今奏同安灣前奏移咨都察院，轉行河南巡按御史查勘。中間若果有迫切不得已之情，應與題請復職者，即徑自題請。若有别項情罪應合參問者，徑自參劾。若别無應請、應參事情，止應立案不行者，徑自立案，具由回報。再照該府輔導等官，既與周王先奏檢舉事干一連，亦應免究。其彼處該日守門人員及沿途經過衙門，各失覺察，均屬有罪，并今勤熑等回府，沿途有無需索等弊，亦合通行各該巡按御史照例提問發落及查勘回報。謹題請旨。

嘉靖三十三年三月初八日具題，初十日奉聖旨：是。勤熑等着革去官職。該府輔導官既檢舉，免究。該日守門併沿途經過人員都提了問。

襄垣府婚配過期

看得襄垣王府輔國將軍聰范等、陶莊鄉君等，已該本部題請選婚，今乃有過七八年而猶不得配者，良由軍民之家將子女避匿，不肯報選，而宗室又棄貧慕富，選擇過嚴，以致嫁娶失時，怨曠年久，委應急處。合候命下移咨都察院，轉行山西巡按御史，嚴督蒲州及縣所掌印官作速選取。如有將子女隱匿，應拏問者徑自拏問，應參奏者指名參奏。仍轉啓襄垣王戒諭各宗室，毋得貪慕富室，揀棄貧家，以致失時難處。及照民間避匿子女、不願與王府結婚者，一則以仕宦不得選除京職，如襄垣王所奏；一則宗室於結婚之後，往往恣意求索，至或盡其家産而奪之，故民間相戒以不婚王府爲幸，而不以連姻帝室爲榮也。合無通行天下有王府去處，今後宗室虐害婚姻之家及吞騙其資産，許呈告撫按及具啓親、郡王參奏前來。先將撥置之人問擬充軍，其宗室聽本部會法司酌量所犯事情輕重，奏請罰住禄米，或降革官職，庶幾人不畏避而樂與爲婚。其王親不許選除京職一節，容臣等另行議奏。

嘉靖三十三年三月初十日具題，十二日奉聖旨：是。

襄垣王奏庶人成鋭花生子女冒封

照得宗室違例濫娶樂女花生子女，不許冒請名封，節有明禁。今革職庶人成鋭，違例擅娶樂婦吕石姐女張美兒爲妾，所生子女孫一十五人，已朦朧冒封七人，歲支禄米三千二百石；未封八人，將來冒封歲支禄米二千石，共歲支五千二百石。以歲計，支禄米幾十萬石。今日冒封一人，將來繁衍不知幾千百矣，天潢之派，豈容紊亂？既該襄垣王成鍈遵例舉奏前來，委應查革。合無將聰濩、聰瀑、聰沱、俊椒、俊榱并商縣縣君等及儀賓王良載等，俱照例革去名封職事，聰濩弟二子等未封者，俱不得朦朧冒請名封。及照革職庶人成鋭違例濫收樂女，例應革罰，但係庶人，原無職禄可革，相應免究。合候命下移咨都察院，轉行巡按山西御史，即行該府教授再查成鋭違例娶張美兒，果係樂人張諒妻吕石姐所生女是實，即將聰濩等削去名籍，有司收掌當差，以杜將來。及照各王府管理親、郡王、將軍，俱如襄垣王遵例查舉，則冒濫可杜，而天潢之派不敢瀆亂。合無通行天下王府長史、教授具啓管理親、郡王、將軍，如有濫收妾媵并乞養過房、來歷不明樂婦花生、傳生子女捏作嫡庶所出，冒請名封，查出從實具奏，以憑題革。長史、教授知而隱匿不舉，本部查出及被人奏告事發，定行參究罷黜。庶法禁嚴明，冒濫寢革，而宗藩之派得全尊貴之體矣。

嘉靖三十三年三月十二日具題，十四日奉聖旨：是。

祀典

黄河祭告諸神

看得黄河舊稱神河，以其或淤或決，倏忽有神。往歲興工疏淤塞決，必遣大臣祭告，仰祈神明默相。今次大工，尤須仰藉聖誠感孚，庶幾神效其靈，人宣其力。所據大河之神、東岳泰山之神、東鎮沂山之神，徐州洪金龍廟及吕梁洪神廟、清河天仙水母廟、邳州河神廟俱應祭告。臣等恭候命下行移翰林院撰告文，太常寺備辦香燭帛，選差該寺屬官賫捧前去。本部移文漕運都御史連鑛、管河都御史曾鈞、山東巡撫都御史沈應龍，轉行各該有司，動支官錢買辦牲醴祭品，各該都御史務要齋戒擇日，各隨所近地方分詣竭誠致祭。其徐、邳沿河一帶靈感應祀諸神，仍聽各官備奉欽依，分委府、州、縣正官一體竭虔祭告，仍將祭告過神祇各另具奏。

嘉靖三十二年二月十六日具題，十八日奉聖旨：是。

城工告廟

題爲欽奉聖諭事。

嘉靖三十二年閏三月十五日，伏蒙召臣某等至迎和門，該司禮監太監王利傳奉聖諭：「朕惟城工之建，其工非常，必告聞祖考，遣元臣公希忠行禮。欽此。」仰惟皇上建重誠而設險，保兆民以安邦。四面周羅，協聖祖之初制；百世宏遠，樹神孫之丕基。上良日以畐功，遣元臣而告廟。萬邦永賴，列聖咸懽。臣等恭捧聖諭，無任忻戴，謹此欽遵，即行翰林院撰告文，太常寺辦祭品，及行公希忠於是月十九日卯刻恭詣行禮外，原有聖諭一道，理合進繳，謹具題知。

柳將軍建廟

總理河道副都御史曾鈞奏「柳將軍之神原無廟宇祀奉，相應建立以便供祀，仍乞勑賜廟額」等因，奉聖旨：「該部知道。欽此。」看得奏内未見明開柳將軍之神生前原係何代人氏，向於地方曾否著有靈應，見於河道有何利賴，有碍題覆。咨行查報，行准本官。咨報「柳將軍之神查係姓柳名匡，原籍山東人，宋時因從軍陣亡，以故英勇之氣未散。父老相傳從來血食，沿河地方自許建廟供祀之後，愈加顯應。如六七月間天雨大作，河流暴漲，勢衝新築缺口，堤壩幾潰，本院晝夜督夫捲埽堵護，不住焚香，竭誠懇祈護佑，果獲天雨稍霽，湍流少息，夫力可施，幸保無虞。且近日往來糧運商販船隻，經行到彼，有感必通，實於河運有賴，煩爲查照題覆」等因。

看得柳將軍之神，該都御史曾鈞查有前項名籍，況係宋朝從軍陣亡，英氣未散，既合以死勤事之義，今又能效靈著應，使河道安流而往來舟楫經行無滯，又有禦菑捍患之功，委應祀典。所據建廟奉祀并請賜廟額，似應俯從。合候命下行移翰林院撰擬額名上請欽定，仍行工部轉行本官，如擬於新安鎮適中處所建立廟宇，如儀致祭。

嘉靖三十二年十月初一日具題，初三日奉聖旨：是。

祥異

類奏灾異

仰惟皇上饗帝事親，曲盡仁孝，愛養黎元，惟恐失所，一切召和致祥之道，固已無所不至，而臣等内外臣工，不能致身竭力爲皇上分猷任事，以仰贊聖神功化之萬一。兹者一歲之間，四方所奏地一日而動者數處，一處而動者數次，至若颶風、雷雨、流火之異，其焚燒漂溺，爲害尤烈。此皆臣等内外臣工奉職無狀，干天地陰陽之紀，以貽皇上宵旰之憂，夫復何辭？惟人君事天，即子事親，以祥見爲親喜，災至爲親怒。誠喜矣，不敢謂喜自己致，猶深察其德之未稱；苟怒矣，不敢以怒或難回，惟痛省其職之未脩。皆所以仰承天意，而不敢有一之或忽者。

所據前項災異，合無容臣等恭候命下，通示内外大小臣工，各齋沐脩省，深思微隱之慝，詳察明顯之非。凡邇年以來官爵濫而吏道淆、財貨耗而民膏竭、威愛倒行而武備弗振、情法混施而刑罰弗清、工役失調度之宜、商賈乏懷來之道、官邪狥而不糾、讜論懷而不盡，凡可以致灾召變者，一切猛省痛革，無或因循苟且，益重前非。如臣等職司典禮，不能寅清夙夜，以致神人弗治、上下弗和，尤當矢心澡慮，脩慝格非。仰體皇上敬畏天戒之實，而不可徒恃彌文者，尤望皇上以唐堯儆予之心，脩商湯責己之政，德已至而益求其全，功已盛而益責其備，則天心仁愛，鬼神效靈，自然灾異日弭，瑞應迭臻。昔武丁枯桑穀於七日，齊景退熒惑於一言，矧皇上聖德格天，其感應尤當甚速，而臣等内外臣工奉職無狀之罪，亦仰賴聖神功化，庶幾得以少逭矣。

嘉靖三十一年十二月十四日具題，十六日奉聖旨：上天示警，各處災異屢見，朕切祗懼，着通行内外衙門官員，痛加脩省，盡心職業，共啚治理，不許徒恃虚文。

王喬齡奏鴉瑞

該江西等處承宣布政使司左參議王喬齡奏云云，臣等仰惟皇考獻皇帝至德得天，皇上纘承益茂，用集大命，遂能紹隆祖烈，追古帝王之盛。《傳》稱五百年而聖人出，誠非偶然也。一時禎祥迭應，蓋先儒所謂理之先見，信有不可誣者。前此史官紀載如黄河清之類，適當皇上肇生，且曾經奏報者則書於實録；如靈芝産之類，適在皇考藩國，且奉有訓詞者則備於寶訓。其餘或在皇上未生以前，或非皇考封藩之地，且未經奏報，未奉訓詞，則略而未録，如王喬齡所奏者宜不少矣。夫鴉鳴固是常事，然龍江乃聖祖肇基所在，又當皇考泊舟之際，萬餘來集，向舟鳴噪，禽鳥得氣之先，不可謂無所感者。本官以比之玄鳥、白魚，奏要宣付史館昭示無窮。蓋感仰君德而推原天命，乃臣子忠愛之心，似應俯從所請。合候命下本部備行翰林院存記，以備編纂，仍行本官益殫忠赤，觸類而長，凡關吏治、民隱諸事，遇便次第疏陳，以罄愛君愛國之忠。本部仍照會江西布政使司，轉行知會，仰悉皇上優奬至意。

嘉靖二十二年九月十二日具題，十四日奉聖旨：是。

科舉

增進士名額

爲照國家求賢惟進士之途尤重，而牧民則州縣之官尤親。近因邊圉有警，内地多災，財貨匱乏，民生困蹙，而進士所治州縣，緣其自待不輕，而上官下民視之加重，志氣不懾，法令易行，故其政事猶多可觀，於是中外臣工皆謂宜多取進士，以備守令之選。今尚書萬鏜等，取給事中賀涇、御史樊獻科、吉澄、趙宸、朱綱等先後論奏，爲之反復申説，無非欲奉宣德意，軫恤民艱，誠爲救時急務。況會試取士，原係臨時請旨，用之多則取宜加多，非若鄉試有一定之額者。伏望皇上俯採尚書萬鏜等所議，今科取士合無查照永樂二年或嘉靖二年名數以備選用，庶邊方緊要及腹裏疲敝州縣舊選科貢者，今亦得間選進士，宜於治理有補，民生多賴。及照奏内要將所增之數以十分爲率，北卷取五，中卷取二，南卷取三，蓋爲邊方守令須得籍貫相近者爲之，庶風氣相宜，土俗易諳，誠亦劑量通融之道。但額數原無預定，今日取自上裁，難以定擬若干名外爲所增之數，其南、北、中分數，合無仍遵舊制，不必增減。均乞聖明裁定，勅下遵奉施行。

嘉靖三十二年二月十六日具題，十八日奉聖旨：照嘉靖二年取四百名，南、北、中分數如舊例行。

進士姜雲鴻乞復名子羔

看得進士姜雲鴻奏稱「原係紹興府餘姚縣人，幼名子羔，先年曾與伊同高祖伯父姜立爲養子，今思伊伯已有一子二孫，乞要復名，及於《登科録》内開寫本生父祖名氏」一節，爲照《禮經》立後之文，爲其無嗣；朝廷養子之律，許其還宗。今姜立既有親男，壯而抱子，況雲鴻上有老母，貧而寡居，於律於禮，雲鴻自不當曲狥姜立而不歸侍其母，姜立亦不得强留雲鴻以啚必遂其私。況雲鴻十八歲時乃養於杭城，而三四年間即薦於浙省，比與自幼抱養長育成就者尤爲不同。雲鴻自謂德不敢忘，蓋禮義出由賢者，所以從厚；姜立如或心有所蔽，則法令守在有司，豈可狥情？所據雲鴻具奏前因，又該同鄉官保結並無别項違碍，相應准行，合候命下行令雲鴻復其幼名子羔，及將原貫本生祖父名氏開報本部，以憑登録。仍咨吏部及照會浙江布政司改正施行。

嘉靖三十二年四月十一日具題，十三日奉聖旨：是。

歐陽南野先生文集卷之十五　外集五

奏疏　卹典

指揮黄世勳乞假祭掃

該錦衣衛帶俸指揮僉事黄世勳奏稱「乞要比例回籍祭掃」等因，查得本部節年事例，皇親等官祖父母、父母病故者，准其給假安葬。祖父母、父母先日稾葬淺土及舊塋被水衝滲等項，係出情不得已者，准其給假遷葬，並無給假祭掃事例。又查得嘉靖二十六年，該黄世勳奏稱「祖黄約在籍病故，奏乞給假安葬」，已經本部題奉欽依，准給去後。今該前因，看得黄世勳奏要給假回籍祭掃，既經該司查無事例，況本官曾經給假安葬一次，今復奏要祭掃，其奏内又有争競訴訟之情，不無乘此安生事端，難以准允。合候命下行令本官知會，不得再行奏瀆。

嘉靖三十一年十月二十六日具題，二十八日奉聖旨：是。

侍郎衛道祭葬

題爲懇乞天恩，照例俯賜祭葬，以光泉壤事。

看得原任南京刑部右侍郎衛道致仕在家病故，伊男知縣衛東吴陳乞祭葬一節，本部查有《會典》事例，合無照例與祭一壇，翰林院撰祭文，河南布政司轉行屬支給官錢，買辦祭物、香燭、紙，遣本布政司堂上官致祭。及照本官行己無玷，從征有勞，所據葬價例應半給，别無議擬。合行工部如例施行。

嘉靖三十一年十一月十二日具題，十四日奉聖旨：准照例與祭葬。

侍郎嚴時泰祭葬

題爲比例陳情，懇乞天恩俯賜卹典，以光泉壤，以啚補報事。

看得南京工部右侍郎今故嚴時泰，歷俸三品，未經考滿，該減半造葬。雖經論劾，止論其衰老過恭，别無他疵。跡其平生清謹，且有白草番都蠻功次，所據伊男嚴祥陳乞應得卹典，似難別議革減。除録廕移咨吏部參詳外，合無照例與祭一壇，行移翰林院撰祭文，浙江布政司轉屬支給官錢，買辦祭物、香燭、紙，就遣本布政司堂上官致祭，仍行工部減半造葬。

嘉靖三十一年十一月十八日具題，二十日奉聖旨：准照例與祭葬。

府尹孫懋祭葬

題爲比例陳情，懇乞天恩賜給祭葬、贈謚，以光泉壤事。

看得原任應天府府尹今病故孫懋，伊男孫炤陳乞祭葬贈謚一節，除謚不敢輕擬及贈官隸屬吏部掌行外，所據本官歷俸三品，後以引年致仕，未經考滿，例應賜祭，減半造葬。及照本官剛介有稱，進退無議，例所應得者別無議擬。合無照例與祭一壇，行移翰林院撰祭文，浙江布政司轉屬支給官錢，買辦祭物、香燭、紙，就遣本布政司堂上官員致祭，及行工部照例減半造葬。

嘉靖三十一年十一月二十四日具題，二十七日奉聖旨：孫懋准照例與祭葬，謚罷。

尚書唐龍祭葬謚

看得原任太子太保、吏部尚書後爲民病故唐龍，既蒙聖恩察其真病不欺，又曾有邊功，准復原職，正與楊一清事體相同。及照本官雖兩經論劾，止云處置未善、防範不周，而官箴士行未有訾議。所據伊男脩撰唐汝楫奏乞卹典，於例別無違礙，除贈官移咨吏部施行及輟朝日期另行具題外，合無照依楊一清前例，與祭九壇，行移翰林院撰祭文，浙江布政司轉屬支給官錢，買辦祭物、香燭、紙，遣本布政司堂上官致祭，工部應付棺木等項，造墳安葬。再照本官學有師承，志存經濟，功著邊圉，望重中朝，易名之典似亦相應。但恩典出自朝廷，臣等未敢擅便，伏乞聖裁。

嘉靖三十二年二月二十二日具題，二十五日奉聖旨：准照例與祭葬，還與他謚。

右都御史端廷赦祭葬

題爲比例陳情，懇乞天恩賜給祭葬、贈謚、録廕，以光泉壤，以啚補報事。

案呈到部，除謚號本部奉有孝宗皇帝聖旨不敢輕擬，及贈官録廕係隸吏部掌行外，看得南京都察院右都御史端廷赦在任病故，伊男端鈇陳乞䘏典一節，爲本官曾經論劾，但已奉旨勘明無碍及准推用，累官二品，又一年有餘，是前之心迹既明，且後之勞勩可録。所據應得䘏典，似難減殺，合候命下查照盛應期事例，與祭二壇，行移翰林院撰祭文，直隸太平府轉屬支給官錢，買辦祭物、香燭、紙，就遣本府堂上官致祭，及行工部造墳安葬。但恩典予奪出自朝廷，臣等未敢擅擬，伏乞聖裁。

嘉靖三十二年三月初十日具題，十二日奉聖旨：准照例與祭葬。

副都御史張愚祭葬

題爲邊臣死事，乞恩優恤，以慰泉壤，以勵忠勤事。

看得巡撫延綏都察院右副都御史張愚在任病故，係兩京文職三品官員，合照例與祭一壇，行移翰林院撰祭文，直隸河間府轉屬支給官錢，買辦祭物、香燭、紙，遣本府堂上官致祭，其葬價未經考滿，例該減半。但查有前項邊功，該總督尚書王以旂具奏前來，兵部查覈是實，比與趙載事例相同，且又以死勤事，尤宜厚加優卹，激勸邊臣。雖先經該科論其原任僉事時督理錢糧不嚴，然於行檢無干，況又勳勞已著，一應卹典難議減半，合無俯從所請，查照趙載事例，給與全葬。但恩典出自朝廷，臣等未敢擅便，伏乞聖裁。

嘉靖三十二年三月二十二日具題，二十四日奉聖旨：張愚准與全葬并祭。

大學士楊士奇祠額

看得巡按江西監察御史蕭端蒙題稱「已故大學士楊士奇，建祠崇祀已被褒恩，而名額、祭文未膺備典，乞要比照劉珝等事例，議賜祠額、祭文」一節，爲照已故大學士楊士奇，學行名德照耀當時，其在永樂年間，所以佐佑文皇、經綸草昧、輔導儲貳、調攝危疑者，世皆得而知之。至正統初年，承平法弛，主幼權移，其陰翊密贊，維持國是，猶有簡册之所未得載者。巡按御史蕭端蒙稱其勛存社稷，委非溢美。先該本部覆題，奉欽依建祠致祭，而祠額祭文未曾請給，實是缺典。既該巡按御史論奏前因，似應俯從所請，合無恭候命下，行移翰林院撰擬祠額、祭文，仰候聖明裁定，勅下本部，行令江西布政司轉行吉安府泰和縣查照遵行。

嘉靖三十二年三月十四日具題，十七日奉聖旨：是。

尚書翁萬達祭葬謚

看得已故兵部尚書翁萬達奉旨復職，即同見任，原係二品文官，雖未如王憲等加有太子太保職銜，然已經考滿，並無論劾，又非趙載之比，其應得二品卹典，似難別議。合候命下與祭二壇，行移翰林院撰祭文，廣東布政司轉屬支給官錢，買辦祭物、香燭、紙，就遣本布政司堂上官致祭，工部照依品級造壙安葬。及照本官籌邊著禦虜之績，體國蒙盡心之褒，賜謚易名似亦相應，但恩典出自朝廷，臣等未敢擅便。

嘉靖三十二年四月二十日具題，奉聖旨：准照例與祭葬。

大理寺卿葛浩祭葬

題爲比例陳情，懇乞天恩俯賜卹典，以光泉壤事。

看得大理寺卿葛浩持己有恒，守官無議，所據伊男葛臬陳乞卹典，難議減革。及照本官自嘉靖六年十一月起，至嘉靖十年六月止，由南京太僕寺卿從三品，歷兩京大理寺卿正三品，緣正從不得通理爲滿，而實歷三品之俸將及四年，似與其他未經考滿者稍異，而與陶諧事體相同。合無照例與祭一壇，行翰林院撰祭文，浙江布政司轉屬支給官錢，買辦祭物、香燭、紙，就遣本布政司堂上官致祭，其造葬合無行移工部，比照陶諧全給，惟復減半給與祭葬。

嘉靖三十二年五月十七日具題，十九日奉聖旨：准給與全葬。

尚書王以旂祭葬謚

題爲比例懇乞天恩，俯賜祭葬、贈謚、録廕，以光泉壤事。

看得原任太子太保、兵部尚書、總督陝西三邊軍務王以旂在任病故，除贈官、録廕移咨吏、兵二部施行外，合就照例與祭九壇，行移翰林院撰祭文，轉行應天府買辦祭物、香燭、紙，就遣本府堂上官致祭，工部應付棺木，差官造墳安葬。再照本官飭行有恒，守官無缺，勳勞著於督府，威望重於邊疆，體國悉心，殞身勤事，所據賜謚易名似亦相應。但恩典出自朝廷，臣等未敢擅便。

嘉靖三十二年十二月初二日具題，初四日奉聖旨：准照例與祭葬，還與他謚。

孫堪母夫人祭葬

題爲比例懇乞天恩，俯賜卹典，以泉光壤事。

看得署都督僉事孫堪奏稱「母夫人楊氏病故，停柩在邸，乞查例賜葬，並祭伊父，併給驛還鄉」，除給驛移咨兵部查覆外，其乞要賜葬一節，既經該司查得楊氏當賜葬伊夫之時，止封宜人，不應祭葬，未曾行令并造妻壙。今已授封夫人，查有節年題准二品文官妻、三品文官母已授本等封者祭葬事例，似應俯從所請。合無恭候命下，楊氏照例與祭一壇，伊夫孫燧列名並祭，行移翰林院撰祭文，浙江布政司轉屬支給官錢，買辦祭物，香燭、紙，就遣本布政司堂上官致祭，及行工部查照葬例，於伊夫塋内造壙合葬。以後文官之妻，若例應造壙安葬而夫故之時已曾併造，及雖未曾造壙而例不應祭葬者，俱不許妄行比援陳乞，以重恩典。

嘉靖三十二年六月二十九日具題，奉聖旨：是。

伏羌伯毛漢祭葬

查得《大明會典》，凡公、侯、伯爵承襲病故者，祭二壇。若管府事有功績，加太子太保以上，及守備南京者，公侯祭十六壇，伯祭十五壇。伯年幼襲爵不久而故者，祭一壇，葬禮照依定制。爲事病故者，祭葬等項恩典俱無。凡公、侯、伯，母、妻俱祭二壇。看得洪武年間公、侯祭葬之典，蓋以待開國功臣，故其數甚隆。至永樂年間，始令承襲而年幼襲爵未久者猶與祭一壇，病故者與祭二壇，所以貴其爵也。若管府事有功，加太子太保以上者，各有加祭，則所以勸功。而爲事病故者，祭葬恩典俱無，則所以罰罪。罪功兼録，勸懲有辨，《會典》所載已經詳備，惟爲事二字，臣等反覆參詳，不得其説。若以被劾閒住爲爲事，則都督例與祭六壇，後閒住者與祭二壇，而侯伯乃祭葬俱無，輕重似若不倫。又本以才能可用推舉管事，既經論劾，其爵禄未嘗革，朝請未嘗絶，乃不惟革其管事所加之祭，遂并其本爵應得恩典而盡削之，反不與無才可推不得管事及年幼襲爵未久者爲比，論罰似若太嚴。若以犯罪參提爲爲事，則犯有輕重，勘有虚實，恩典一概削奪，論罪似若太混。及爲事者之妻，若并革其祭，則罪非身造，命未追奪；不革其祭，則本從夫貴而妻獨蒙恩情，理似若未安。且《會典》原未開載，亦應并議。

竊惟恩施當乎人情，乃可守爲常典。合無今後公、侯、伯管府事有功，被劾閒住者，止削其管事有功所加之祭，仍與本爵應得例葬，并例祭二壇。若參提罪重，勘問得實，果於倫理有碍、行檢有干者，并本爵應得祭葬一概盡削。如其罪狀頗輕、勘問無實者，當與閒住同論。若未經勘實病故，減其半葬，止與祭一壇。其夫人命未追奪者，似應不當并革其祭，而祭文内亦應許并及其夫，以示恩從夫得，庶幾祖宗貴爵之義與罰罪之法並行不悖矣。

及照伏羌伯毛漢雖被參提，未經勘實，如蒙皇上俯允臣等前議，裁爲定制，則本爵應得減半恩典，合從今擬施行。臣等未敢擅便。

嘉靖三十二年七月十三日具題，奉聖旨：准議行。

都督僉事孫堪祭葬

該署都督僉事孫堪男孫鈺奏「乞俯賜卹典，及容令給假歸葬，以盡子情」一節，查得《會典》并見行事例，署都督僉事病故，祭一壇，無葬。又查得先該錦衣衛都指揮使王佐病故，該兵部題稱「本官禦侮以勇，折獄惟公，懋著勤勞，極圖報稱」，奉欽依准贈。後軍都督府右都督移咨前來，該本部議得「本官才職敏練，謀慮深沉，漕渠之績効既多，禁衛之忠勤尤著，受知聖明，切圖報稱，其身後卹典似應優厚」等因，覆題奉聖旨：「祭葬照右都督例給與。欽此。」又查得錦衣衛管衛事、後軍都督府都督僉事陸松病故，該本部照例題奉欽依，與祭五壇，造墳安葬去後。今該前因，除贈官、給假移咨兵部施行外，爲照致仕署都督僉事孫堪，孝友篤於家居，廉勤著於官守，誠武臣中之難得者。今伊男孫鈺奏乞比照王佐、陸松事例給與祭葬，但陸松係都督僉事，原非署職，王佐乃以勞勳蒙特恩照贈官給與祭葬，本部不敢援比爲例。所據本官今照《會典》事例，與祭一壇，行移翰林院撰祭文，浙江布政司轉屬支給官錢，買辦祭物、香燭、紙，就遣本布政司堂上官致祭。但本官先荷皇上俯念伊父忠烈，其敘廕之時即蒙特旨優厚，准令見任管事，不比尋常敘廕，今其病故，合無量與加祭一壇，以示始終優厚之恩。臣等未敢擅便。

嘉靖三十二年十月二十九日具題，十一月初一日奉聖旨：准與祭二壇。

尚書張潤祭葬謚

題爲比例陳情，懇乞天恩，俯賜贈謚、祭葬，以光泉壤事。

看得已故户部尚書、督理西苑農事張潤，係二品文官致仕在家病故，合照例與祭二壇，行移翰林院撰祭文，山西布政司轉屬支給官錢，買辦祭物、香燭、紙，就遣本布政司堂上官致祭，工部差官造墳安葬。及照本官屢乞身而未俞，參論殊非其實，後蒙恩而得謝。聖明既諒其誠，況素履廉正有稱，而邊陲功勞尤茂，所據乞要賜謚，似亦相應。但恩典出自朝廷，臣等未敢擅便，伏乞聖裁，謹題請旨。

嘉靖三十三年正月二十八日具題，奉聖旨：准照例祭葬，還與他謚。

董綸、陳聞詩建祠

該巡撫河南、都御史楊宜題稱「逆賊師尚詔率領賊衆擁入歸德府，檢校董綸督令家丁對敵，力屈被執，罵不絶口，與伊妻賈氏、姪男董逵、家人董路俱被殺死，乞要贈官、廕子、建祠以慰忠魂」，奉聖旨：「該部知道。欽此。」又該本官題稱「歸德府柘城縣舉人陳聞詩亦被虜脅從行，旋即縊死，被師尚詔用火燒屍，乞要將陳聞詩量贈一官，立祠歲祀，仍優免雜泛差役」等因，奉聖旨：「該部知道。欽此。」欽遵通抄送司。題覆間續奉本部送，准兵部咨，爲查勘失事地方官員，分别功罪，以昭國法，以勵人心事，内開「檢校董綸素懷滅賊之志，竟成死事之忠，被執而駡不絶口，致身而禍及一家；舉人陳聞詩被脅不屈，慘至焚屍，俱應褒恤。恭候命下將檢校董綸照先年大城縣知縣張汝舟事例，贈官、賜祭、廕子，仍照例入祠，將舉人陳聞詩量贈官職，與之同祀，以勵人心」等因，具題，節奉聖旨：「董綸贈本府同知，照例廕子、立祠、賜祭。陳聞詩贈鳳陽府同知，並祀。欽此。」欽遵咨部送司，案呈到部。

看得檢校董綸、舉人陳聞詩，身家之慘，良可憫恤，而節烈之高委應褒尚。既經奉有欽依，追贈官職，立祠，賜祭，並祀，合行翰林院撰擬祠額、祭文，備行河南撫按衙門轉行該府動支無碍官錢建立祠宇，歲時並祭。其合用羊豕品物俱令該府出辦，就遣掌印官行禮。

嘉靖三十三年三月初八日具題，奉聖旨：是。

官　政

山東巡撫請減徵藥材

題爲地方異常饑荒，議處糧賦，以安生民事。

爲照額辦藥材，係備内府供應之物，本難缺乏，但據巡撫、都御史沈應龍所奏，前項地方災傷，比之往年尤爲重大，相應議處。合候命下之日，移咨都察院，轉行彼處撫按衙門，將兖、東二府所屬沂、費等州縣，嘉靖三十一年分歲辦并三十年以前拖欠各項藥材，俱暫免徵解，姑候豐年照數帶徵，庶災傷之民力可紓，而供用亦不致缺乏矣。

三十二年閏三月初十日奉聖旨：是。

再覆山東巡撫請停徵藥材

照得藥材係内府供用，難以缺乏，兖州、東昌二府，近該都御史沈應龍奏，已經本部議覆，將嘉靖三十一年分歲辦并三十年分以前拖欠，暫免徵解。所據今次本難再議，但據奏二府灾傷計至八分之上，民且無以自存，豈能有力辦納？合無將三十二年分藥材仍行暫免，連前通候豐年照數徵補。其濟、青等四府損熟相半地方，難以一概停免，致使藥餌之供有缺。

嘉靖三十二年十月十五日具題，十七日奉聖旨：是。

覆府尹雷禮條陳

該順天府府尹雷禮條陳八事，奉聖旨：「這所條陳各該衙門看了，議處來説。欽此。」查得八事内與本部有干者，有蠲歲派、省雜徭二事。除省雜徭近該兵部覆題，將不係欽差取用皂隸即行咸革，奉聖旨：「是。欽此。」欽遵，無容别議。其蠲歲派，内開「乞勑各部以後一切額外加派，止行各省外府，不及順天府所屬，使得休息」。案查本部所派該府，除御用女轎夫、太常寺告祭兔隻，俱難定數，亦難分派外省。光禄寺麪料、麥穩、蘖芽，欽天監燈油、木炭、曆日版片，太常寺餧猪、糠麪、蘆蓆、葦火把，國子監紙劄、白麪、香油，俱經先年題准定額，各無加派，難以查減。惟光禄寺俱應牲口、銀兩，近准户部咨，於原額外加派二萬四千二百七十七兩七錢五分，以補供應不敷之數。

看得加派錢糧，合因正派原數酌量增加，但順天府所屬，虜寇殘破之後繼以水患，委的災重，合無將嘉靖三十二年分加派牲口、銀兩，暫行分派各省并直隸府州，免派該府，少紓目前之困。以後仍與各省一體通融加派，亦庶乎寬一分，民受一分之賜也。

嘉靖三十二年七月二十九日具題，八月初一日奉聖旨：是。

菜户額辦

看得菜户吕文等所奏及該寺所查報，一則謂取菜過多，辦納不及；一則恐納菜減少，供應不敷。本部便欲議覆，但不知各民儘足地畝所產果轂辦納，而該寺未經題請所取應否酌裁，合劄本寺會同巡視科道及上林苑監掌印官從公議處，據實斟酌，務要計日所需與民所堪，議爲中制，使供需不致有缺，而辦納不致稱難，開報前來以憑題請遵奉。

又據各菜户口稱，種菜地土見有妨占，納菜雜費又多濫泛，儻因釐正其宿弊所積，自可取盈於惟正之供。行據該寺備將與上林苑監反覆駁辨，及會科道巡視官酌議緣由，開呈前來，大要謂各菜户實在承種當差地九十二頃五畝有零，每畝辦納各樣菜一百四十六斤八兩，各樣瓜五個，總較前項地畝所産菜蔬斤重，除供應外該署尚有餘剩，本寺各處解到俱係牲口、果品、雜糧等項，原無買辦菜蔬、銀兩等因。隨審據各菜户又稱，地有肥瘠，歲有旱潦，況進菜雜費甚多，委果艱難，以致人户逃亡。嘉靖十二年因是不堪虧苦，奏准日減二伯斤。後該寺又題准日進青菜九伯斤，先進六伯斤，次進三百斤。此雖加添，止復舊額。至嘉靖二十六年又加添青菜四百斤，原爲一時權便，今遂沿爲常例，委的辦納不前等因。

看得光禄寺取菜以供上用，用如可省，則掌醢之官豈敢濫取？上林苑辦菜以納地租，租果彀納，則種地之人豈至逃亡？是取菜者誠非得已，而納菜者亦非易辦也。及照原取之菜本有規則，而一旦增加，則未免煩言；然添取之數各有事由，而一旦裁革，則何從補湊？是菜户之難固所當恤，而掌醢之用亦不可不議者也。合候命下之日，備行光禄寺將因事添取菜斤，遇事止，即便住取，無得執爲常額。又於數外加添，仍行上林苑監令菜户添辦菜斤，待住取方許免辦，無得藉口舊額，輒欲於數内告減。各項進菜雜費，合行巡視科道官加意查革，以蘇菜户之困。

嘉靖三十二年月日題，奉聖旨：是。

申明會議建言民情

該通政使司題，湖廣等布政使司、武昌等府、大冶等縣民盧俊傑等各奏緣由，看係建言民情事理，合着禮部會官議處等因，奉聖旨：「是。欽此。」查得《大明會典》一欵，凡天下官吏軍民人等建言民情，每歲本部會官議定可否，俱赴御前奏過，其間可行者，移各衙門施行，若泛言不切，立案不行。又一欵，洪武二十四年，令在京衙門奉旨爲格爲例，及重事須會多官計議，然後施行。又一欵，景泰四年，令建言者該衙門詳細參看，果有利國利民，可行則行；有假以言事報復讐怨者，具奏治罪，欽此。參詳例意，前後互發，蓋凡事體重大及應該議擬裁斷、著爲格例施行者，然後多官集議。凡建言民情，亦須各衙門參詳應該會議之事，然後本部會官定議，非不論小事一概會議及未經各衙門詳看而輒會議也。近來各處建言，有稱撫按見行，要得久遠遵守者，則不待議；有須行撫按勘報乃知的確，則不能遽議；有累經題奉欽依，著之令甲，難以變更者，則不當復議。若概行會議，似涉泛濫，與先後例意不合。

及照洪武年間，有直陳得失、無事繁文之式，永樂年間，有驀越合干上司，徑赴朝廷干冒之禁，通合申明。合無今後凡有建言民情，本部即行各衙門參詳，係撫按見行、小民稱便者，徑行查照遵守；應該撫按查勘，不能遽議者，徑行勘覆；累經題著令格，不當更改，或中間稍有損益者，徑自題覆；違式違禁，挾讐報怨者，徑參治罪；其事體重大，應該議擬裁爲格例，而一向未經題定，或雖曾題定，而時異勢殊，應更革者，然後回報本部，年終會議，取自上裁。其各該衙門參詳過徑行、徑覆、徑參等項事件，亦隨報本部，年終俱節略開坐題知，庶幾會議不濫，事體可久。

嘉靖三十二年十一月十六日具題，十八日奉聖旨：是。

外　夷

朝鮮王請收買律管

准朝鮮國王李峘咨，稱「議政府狀啓，該禮曹呈備奉常寺申，本寺原貯律管倶各損舊，致使編鍾等器不相和應，又兼本寺該用各樂，原習於中國，近來訛誤居多，無從校定。查得洪武三年二月内，該高麗恭愍王移咨都省，乞於中國樂工内擇取精通衆音者二人發送傳習。當准回咨，着將合用樂章，令習學人親齎，赴京習學。永樂三年四月内，又該本國爲因宗廟社稷樂器損舊，咨請禮部齎價。當蒙本部奏，奉太宗皇帝聖旨：『樂器與他。欽此。』將樂器給賜，外竊蒙屢朝皇恩，實出尋常。即今原用律管歲月既多，所差益甚，兼該寺訛傳已久，漸失其真，合無差委樂官前赴京師校定等因，爲此今差樂官一員、樂師三名，齎帶價布，跟隨賀至陪臣前赴京師，煩爲轉達，特許收買，及行太常寺選取樂工校定，以同聖朝律度量衡之制」等因，備咨到部。

看得朝鮮國王李峘咨，稱律管損舊、音樂訛誤，乞要收買及校習各一節，爲照朝鮮之事，朝廷職貢甚謹。朝廷之待朝鮮恩禮素優，其所稱洪武、永樂年間事例，蓋備述我太祖、成祖恩遇之隆，以深致其慶望之意。於今日且正朔所及，量衡必同，而況管籥音律爲禮樂之大者，豈敢不請聖朝，擅自制作？所據陳請，似應俯從。合無恭候命下本部，行移太常寺選取精通音律、樂舞生二名，與差來樂官、樂師逐一校正，其律管合無俯從收買，惟復特恩頒賜，以示優禮。

嘉靖三十一年十二月二十二日具題，奉聖旨：律管着賜與。

勅諭倭夷

臣等看議得聖王馭夷，因時制便，各有攸宜。日本於國家雖非請封、受册、頒曆、朝正之國，然自永樂以來，許令十年一次入貢，至則豐其賞賚，通其互市，蒙恩甚厚。乃今納我逋逃王五峰潛藏彼國，糾引夷醜入寇沿海州縣，大肆焚掠。所據巡視浙江右僉都御史王忬、南京吏科給事中張承憲各奏請勅旨責諭，一則欲因其懷恩，曉以大義，使縛送叛華之賊；一則欲絶其封貢，震以天威，使殄殲猾夏之夷。蓋目覩事勢急迫，多方消引，足見諸臣悉心籌慮。但要責付朝鮮、琉球傳諭，須待二國使至，令通事譯審，果與日本原無仇隙，舊通往來，然後請給，庶幾付而必受，受而必達。及查祖宗朝，未有勑付鄰國宣諭之事，防微慮遠，蓋有深意。又日本素稱貪狡，習爲悖驁，先朝數因事頒降勅旨曉諭，俱未見輸誠悔謝之奏。至嘉靖初年，貢使宗設搆亂，擄我職官宋璡等以去，聖怒赫然，阻絶其貢。既而鎮巡官爲之懇請，荷蒙天度優容，不追既往，而彼王亦未曾將宗設等縛解、宋璡等送還，止據夷使呈稱「諸人俱已遭風亡没」，竟亦莫究的確。跡其平素如此，恐未可徒以言語化誨而震懾之者。夷情叵測，國體攸關，臣等參詳各官所請，本欲紓急目前，今倭寇既退，似可且停。合候命下備行巡視都御史王忬深察。此夷譎詐反復，即今但申嚴祖宗備倭之法，其勅旨宣諭一節，付與琉球、朝鮮既無舊例，合待日本貢使至日，酌量時勢緩急，另行奏請。臣等奉命查議，不敢不竭其愚。

嘉靖三十二年七月十八日具題，奉聖旨：是。

朝鮮擒獲倭犯

該朝鮮國王李峘奏，奉聖旨：「禮、兵二部看了來説。欽此。」臣等謹欽遵。

查得嘉靖三十二年四月内，該欽差提督軍務、巡視浙江兼管福興泉漳地方、右僉都御史王忬題稱「倭寇流刼閩浙沿海地方」，又該巡按山東監察御史馮蕙奏報「山東靖海衛地方，倭寇登岸放火殺人」等因，節該兵部題奉欽依，通行沿海地方嚴加隄備去後。又查得嘉靖二年十一月内，該朝鮮國王李懌奏稱「倭奴打攪上國，仰仗皇威，勦殺幾盡，并將賊倭二俘首級三十三顆差刑曹參判成洗昌賫領前來」等因，奉聖旨：「倭賊搆亂，懼罪奔逸，朝鮮國邊臣擒賊幾盡，又搜獲被搶人口，國王李懌差官押解伴送前來，具見忠順，寫勅褒諭。奏内事情，該部看了來説。欽此。」

該兵部議擬「國王并領兵官俱應賞賚，其賫本押解官員人等宴賞之外，比照各邊報捷人員事例加賞」等因，節該題奉聖旨：「是。朝鮮國王李懌忠順可嘉，照前旨寫勅賜銀一百兩，錦四段，紵絲十二表裏，差來陪臣成洗昌及領兵官蘇洗讓、李繼長、鄭永謙、吴堡、黄琛、孫仲暾各賞銀二十兩，紵絲四表裏，就着成洗昌賫去。其餘從人、押解等項人員，着禮部查例加賞。中林等二名，都察院擬罪來説。欽此。」又該禮部查無外國獻俘賞例，止查照本國進貢賞例議擬，題奉欽依，各陪臣於賀至欽賞外，刑曹參判賞織金紵絲衣一套，綵段四表裏，折鈔絹五疋；書狀、通事并押解官，俱每人賞素紵絲衣一套，綵段二表裏，折鈔絹布各二疋；從人每人賞絹衣一套，折鈔布各二疋，俱與靴韈各一雙。

今該前因，行據禮部主客清吏司提督會同舘主事張東周呈稱，譯審得朝鮮國差來陪臣二起，内一起刑曹參判李澤，書狀官成義國，通事安自命、崔洗協、高彦名、金希緒、吴洗良，軍官洪守讓、吕門望、唐彦弼、睦諄、鄭壽聃、李碨、權士禮，從人朴孝欽、李福齡、末享、石伊、莫同、李漢芿、孫李、原宗，共二十二員，名係慶賀冬至令節，順押捉獲倭犯人員。據此，臣等會看得倭奴無道，寇我海濱，朝鮮國王李峘一聞賀節陪臣傳説，即令沿海地方整點嚴備，預防奔逸。既擒獲倭犯及銅銃、木牌等器，即差賀至陪臣管押解獻，仰候朝廷處斷，具見本王恪慎守藩，忠誠效職。伏乞皇上降勅褒諭，仍特加賜賚，用旌奉藩之忠。領兵等官南致勤、金中烈、金景賜、金賛、金鎔、李善源、金仍、慎之祥，或指授方略，或奮勇接戰，俱各有功，與管押功曹參判李澤，相應比照嘉靖二年例，給賞銀兩、紵絲、靴韈。書狀官成義國等，通事安自命等，軍官洪守讓等，從人朴孝欽等，俱各押解有勞，亦應比照前例加賞段絹、靴韈。合候命下，禮部開赴内府該衙門關出銀段等項，先將李澤等委官，於賞房前唱名給散，其欽賜國王并欽降勅書，俱付陪臣李澤賫捧回國，啓王祗領。其賞賚領兵官者，亦付李澤順帶，啓王頒給。仍備云會議緣由，一咨法司，將望古三夫羅等犯，并銅銃、木牌等器，究問審驗明白，徑自奏請定奪；一咨都察院，轉行巡視海道都御史王忬，益嚴姦民私通倭奴防禁；一咨行本王知會，一體欽遵。

嘉靖三十二年十一月初十日具題，十二日奉聖旨：是。

旌　勸

旌節婦以勵風俗疏六安州上

臣伏覩嘉靖三年四月十九日詔書内一欵：「孝子順孫、義夫節婦，有司開具實跡奏聞，以憑旌表，不許里書人等勒掯刁難，致令展轉，無由上達。若守節年久，果有貞節實跡，例應旌表而身故者，一體奏聞舉行。其已旌表，年及六十，孝子冠帶榮身，節婦照八十以上例，給賜絹帛、米肉。欽此。」欽遵外，本年十一月十六日奉本府帖文，該蒙巡按直隸監察御史李東批，據本府經歷司呈，蒙批：仰該州徑自奏聞，至日本院據此覈實查覆施行。

此繳案照先據本州儒學申，據興詩等齋廩增附武生員黄牧等呈，切見本州南隅居住、已故六安衛軍餘何珊妻冷氏，係本州故民冷福次女，成化十五年十一月二十四日憑媒慕蓮行娶過門，恪守婦道。成化二十三年何珊隨伊叔何瀾任山東臨邑縣儒學教諭，次年五月内何珊回至途中病故，遺冷氏在家，時年二十四歲，懷孕六個月。後生一子，衣食不充，惟以針工紡績織紝終養。舅姑親族鄰里憐其少而執義，貧乏難以自存，諷令奪志，本婦抱孤大慟，哀毁骨立，絶而復甦者數次，斷髮閉户，誓不再醮。遂撫遺孤，漸長，立名何金，嚴訓不怠。伶仃孤苦，貞白愈堅，每言及夫，哀慟迫切，路人聞之莫不嗟泣。迄今守節三十九年，閨門清潔，人無間言。見年六十三歲，始終一致，士夫善之，贈有永節孝思詩文。先該本州前任知州姚嵩體勘是實，備辦節義牌匾、羊酒、花紅，督率僚屬師生先行奬勸，及該本衛奉例纂脩《實録》，亦將本婦節義緣由造册賫府，類報外緣，本婦委的志行卓異，堪以旌舉等因，呈學申州。行據本州儒學師生及該衛官吏旗甲并鄰佑人等，各勘得冷氏夫故之後，委的志堅冰蘗以勵婦操，善撫遺孤以續夫嗣，家貧而清德愈彰，年老而初心不懈，志行卓異，無玷鄉閭，實堪旌表等因，各另結報前來，由府駁查無異，回呈定奪去後。

今奉前因，合行遵依具奏。臣竊惟節不必異，惟其堅；賞不必徧，惟其當。今何珊妻冷氏不貳其德，從一而終，方其夫死而孕，安知其必得男也？及其子生而孤，安知其必成人也？成人而貧，安知其必可賴以終身也？苦其心于呴嫗之勞，忍其性於貧窘之迫，而忘其前後左右之無可顧藉，以有今日，其節不可謂不堅。夫堅而不渝可以勸忠，死者不悖可以勸義，託孤而有成可以勸仁，有勸之行可以承賞，興行之賞可以光化。伏乞皇上察操持之不易，念風化之所關，特勑該部將冷氏照例旌表。豈惟勵女流自立之節，亦以作凡民維新之志，而凡無文猶興、不賞而勸者，益將精脩於風移俗易之中矣。

行　移

大學士楊士奇祠額祭文

爲乞全褒祀名臣恩典以彰激勸事，該本部題云云等因，嘉靖三十二年三月十四日本部尚書兼翰林院學士歐陽等具題，十七日奉聖旨：「是。欽此。」續該翰林院具擬祠額，一名崇功，一名褒德，奉御批：「可褒功。

欽此。」通將欽賜祠額、祭文一併抄捧前來等因，案呈到部。

照得祠宇係先朝勑建，而祠額又欽奉皇上御批，聖意至隆，非同常典，禮儀貴備，乃稱殊恩。爲此合就連送仰付該司，類行江西布政司轉行本府縣，欽遵明旨，仰體聖心，製扁務求渾堅，書額須極端楷。仍行分守該道親詣懸掛，就舉秋祭。所貴朝命初頒，而方面大臣躬執祼將，庶足以彰我皇上褒功盛典。以後春秋歲祀，本縣掌印官按時舉祭如儀，則加隆以重始，而簡便以居常，其於典禮斯爲得宜。仍將舉行過緣由回報查考。計開一祠額，名褒功。一祭文：

維嘉靖某年，歲次某某月某朔某日，某某官某欽奉朝命，致祭于少師、兵部尚書、華蓋殿大學士、贈特進光禄大夫、左柱國、太師、謚文貞楊公曰：惟公先朝碩輔，名世偉人。學裕經綸，功茂社稷。表範具存，禋祀宜舉。時當仲春（秋），爰薦常儀。公其來歆，以風永世。尚饗！

宗聖孫乞增祠祭

看得臨川縣儒學生員曾傳奏稱「系出宗聖，欲要比照孔氏、朱熹兩地，增建祠官」一節，本部查得宣聖祠衢，本宗子扈蹕所寓；文公祠建安，乃生前遷徙之鄉，比之曾傳所奏，事體不同。今宗聖山東祠墓，已經設授五經博士主守，其臨川係子孫避地所居，似難再行題請設官祠祭。但據奏稱「不煩官財創建祠宇，而本生冠帶主祭，以明曾氏之有後」，此則撫按所宜酌量作興而不煩題奏者，似可俯從。爲此合咨前去，煩爲轉行江西撫按衙門酌量作興，以廣朝廷崇重儒先之意。

交城王奏討樂户

看得交城王奏稱「該府分封另城居住，獨無樂人應用」，及稱「各樂雖解府應用，原非管束，以致隨奏隨逃，要奏討管束」一節，該司查據節年事例，慶成等一十一府俱另城居住，俱是遇有公務暫撥樂人應用，則不特交城一府獨無撥與樂人。又本府自正統二年分封，至今二百一十餘年，未見缺少樂人、廢失典禮。又，樂户郭義等素隸有司管束，亦且不免逃亡，豈有王府管束，便能使之不逃？及照各王府設有樂户去處，往往致各宗室縱恣淫慾，甚者花生子女，瀆亂天潢，以至奏革名封，本部方欲題請議處，用圖保全宗室。兼恐有等無籍樂人，利於投入王府，公行影蔽他人，躲避有司繁雜差徭，又或各王府下人借此招引無賴，增樹爪牙，張勢生事，甚則窩隱盜竊、賭博之徒，有司不能禁捕，俱屬不便。以故本部每遇奏討樂户，未敢輕易題覆。今本王又有此奏，必是府縣有司肆意慢忽，凡遇本府行禮之期，不以樂户人等依期撥送，以致奏請不已，抑恐或有前項躲差及招引等情弊，俱合查究。爲此合咨貴院，煩轉行山西巡按御史，即查各樂人，如有營求投入，影蔽避差情弊，徑自究治。或是本府下人意圖招引無賴，就行本府教授啓王嚴加禁約。如是府縣有司不行依期撥送，亦要着落守巡該道督責，不許怠忽取罪。仍查西河、陽曲二府與交城同分封平陽府地方，見今二府迎接詔勅、拜賀節令及冠婚喪祭等禮，合用樂人，府縣作何應付，應否與交城府事同一體？希將查過緣由回報，以憑施行。一咨都察院。

太監李向等姪請給田房

爲懇乞天恩、比例供奉香火、以圖補報事。祠祭司等官案呈湖廣承天府原任太監等官李向等下姪孫李節等奏，奉聖旨：「禮部知道。欽此。」查得先該顯陵祠祭署故官舍人張泰等奏稱：「先帝憫給田房，養贍隨任家口。各官在任陸續病故，正德十六年四月内，恭遇皇上嗣登大寶，推恩群下，將故官張良等賜祭、追贈，令臣等以舍人名目衛護顯陵，侍奉香火。續奉特旨，給臣等每名地五十畝、房一間住種。乞要侍奉隆慶殿香火。」該本部題奉欽依：「依擬送府内供役。欽此。」案呈到部。

看得張良等係先帝憫給田房，及奉皇上賜祭、追贈，其張泰等給與地畝、房屋住種，係出特旨。今李節、陳貴、馬喜、李完、李經等，未審是否原任太監李向、馬俊、李文學、何富等下姪孫？其李向等隨侍先帝之國，曾否效有微勞？先帝有無憫給田房？皇上御極之後，曾否追贈李節等？應否張泰等事體相同？見今有何空閒田房堪以撥給？本部漫無可據，合就連送仰付該司，類行湖廣布政司轉行守備衙門，逐一查勘明白，議處停當，具由回報，以憑施行。

陝西番僧乞撥軍匠護勑寺

該陝西都司岷州衛大崇教寺番僧令占惡竹奏「先於宣德二年，奉欽命差太監王錦、羅玉、杜馬林等起調陝西都、布二司軍民人夫勅建寺院一所，給與護勑二道，賜額大崇教寺。奉兵、工二部勘合，本衛撥發軍匠劉友弟五十名，專一在寺看守。後成化三年，有寺前、中殿被火燒燬三十餘間，後遺鑾駕等項、殿宇二百餘間見存，將軍匠劉友弟三十名各調城操。成化十三年七月内，奉兵部職方清吏司勘合，本衛仍撥原額軍匠郭玉、徐來保等二十名，在寺看守鑾駕、供器等項。本衛亦不係調用人數，俱係木、鐵等匠，至今一百三十餘年，見有勘合本衛印信帖文存照。近年以來，被本衛千户張德、軍吏孫大經、于文周、官羅四、張鈔二等，不遵朝廷勑諭，勘合朦朧，往往攬差軍伴到寺，將原撥軍匠郭玉等二十名内調去朱友亮、楊保兒、原保、曾義、姚李、加狗等六名，俱發各項當差。本寺止遺郭玉、徐來保等一十四名，又不時差發占用。今本寺年久坍塌數多，缺乏人匠，無人脩補殿宇，有壞鑾駕等物。是令占惡竹等衆僧，倘蒙各邊調遣撫化番夷，後遺鑾駕、勑書等項無人看守，係是邊境，一時有失難辦。伏望皇上恩念太祖舊制鑾駕等項，乞行禮部轉行鞏昌府巡按御史，照舊免撥差役，撥補二十名看守脩理勑建寺院。臣等僧衆祝延聖壽，撫化番夷」等因，看得大崇教寺遠在邊圉，其僧素能撫化番夷，宣德、成化年間欽賜護勑併給軍匠者，無非所以優示柔服之意。所據令占惡竹奏免軍匠差役一節，事在彼中，本部無憑查處，爲此合咨貴院，轉行彼處巡按衙門，即查該寺原撥軍匠若干，是否專爲看守？其千户張德等應否差用？如無他碍，徑自酌處，或照舊額二十名追給補完，或據見在十四名准免差撥。期在處置得宜，不失軍衛之體，而又有以服番僧之心，庶争端可息，而地方亦有攸賴矣。仍將查處過緣由轉咨本部，以憑查照施行。

北京大學《儒藏》編纂與研究中心 編

《儒藏》精華編選刊

歐陽南野先生文集（下）

〔明〕歐陽德 撰
王傳龍 校點

北京大學出版社
PEKING UNIVERSITY PRESS

歐陽南野先生文集卷之十六　外集六

奏疏　賀謝陳乞

賀九廟成疏

伏以聖人有作，道允協於三王；清廟時成，法可傳於萬世。幽明畢洽，謨烈重光。恭惟皇帝陛下，好問用中，典學遜志。事必師古，耻後代之因循；禮有貴多，及是時而釐正。乃稽九廟都宫之制，聿變同堂異室之規。定聖志而斷以必行，同人謀而成之勿亟。廟祧式序，昭穆有倫。高皇正太祖之尊，丕戴鴻烈；文皇奠太宗之位，永綏燕詒。獻考啓祥於中興，新宫作卜於吉壤。祖宗異區而相望，子孫奕葉以同瞻。文必稱情，祀無豐昵，誠倫制曲盡而尊親兼隆者也。乃者鼙鼓戒嚴於東堧，裳衣暫設於内殿。虹流電繞，屬當聖壽之辰；華祝嵩呼，峻卻明堂之賀。是以士不戒而競勸，功未朞而有成。

臣某職繫留都，躬逢盛典。旅楹梴桷，氣象宛瞻乎翬飛；執豆奉璋，班列莫陪於獸舞。伏願肅肅在廟，湯敬日躋；濯濯厥靈，周邦咸喜。神明感格，惟至治之馨香；世德作求，俾緝熙於純嘏。

皇第一子薨逝奉慰疏

嘉靖十二年十月十一日太監張欽傳奉聖旨：「朕第一子十月初十日夜丑時以疾薨，禮部知道。欽此。」又該本部於内閣抄捧聖諭：「前日朕速親作旨，曰『初十日夜丑時』，今思十日之夜四鼓，已合曰十一日丑時，令禮部改正。欽此。」

臣等駭聞驚怛，忽如昏瞶，捐身莫贖，隕涕無從。仰惟陛下軫元良之不淑，念慈聖之嬰懷，宸衷鬱悼，倍萬常情，臣等瞻望闕廷，兢惕曷已？竊惟皇天眷於有德，聖人壽而多男，載徵前古，如持左券。陛下道冠群倫，仁懷庶類，至誠動天，純孝格祖，景命有待，天道固然。臣等以爲熊羆占筦簟之夢，麟趾衍弓韣之祥，聖德之致，可指期而俟者。伏望仰察泰來之祉，俯鑒師錫之忱，寬聖心以怡聖母之情，寧聖躬以保神靈之統。臣等不勝犬馬至願。

上兩宫徽號賀疏

伏以奉先禮，隆曠典，紹休於千載；尊親道，達徽稱，崇極於兩宫。萬邦維懷，一人有慶。欽惟皇帝陛下安安堯智，日照月臨；夔夔舜心，天明地察。典惇自我，得萬國之懽心；立愛惟親，究百王之理本。商廟七世，禮既洽於湯孫；周寢三朝，敬益隆於文母。載崇慈號，式表徽音。惟昭聖恭安康惠，保皇躬以嗣帝圖；惟章聖貞静慈仁，生聖人而作民主。永綏燕喜，並集鴻禧。吉日上儀，寶册交輝乎蘭殿；清時盛事，泥書遥下於鳳墀。尊尊親親，恩推有等；樂樂利利，福錫無疆。臣某瞻望楓宸，恭攄葵悃。戴文武之德，達乎卿士、庶人；仰姙姒之風，行於閨門、萬國。祝慈壽後天不老，頌王猷與日俱升。

皇太子册立賀三宫疏

毓胄春宫，奉皇圖而作之貳；荷休慈極，承帝祉而施于孫。盛美丕昭，慶由親始；詢謀僉協，善則尊歸。兹蓋伏遇昭聖恭安康惠慈壽皇太后陛下，秉茂含章，保純履素。虽承乾道，播母儀於四方；晚翕坤貞，斂皇極之五福。歷年高而慮彌遠，涉事多而智益明。重念先朝，恒虚守祧之位；忻逢令旦，虽正主鬯之名。是以因人望之攸歸，贊聖志之先定。爲民立命，匪夷所思。臣等瞻佳氣鬱鬱葱葱，五百年聖人之瑞；想慈顔融融洩洩，億千倍恒品之情。樂與昆虫共際洽，賀同燕雀争噪呼。伏願優游爾休，等岡陵而朋壽；柔嘉維則，齊日月以流輝。天子萬年，孝養殫九有之貢；聖孫千禩，共歌衍四重之章。

伏以禮秩東闈，元良奠四方之本；祥開中禁，文母奉萬年之懽。凡厥恒情，孰不樂乎有後；雖甚微物，猶將遺於厥昆。矧秀挺金枝，寅承寶歷，道貞萬國，貺協三靈。兹蓋伏遇章聖慈仁康静貞壽皇太后陛下，儀慎温恭，問流聖善，和順中積，輝光日新。輔佐先皇，鶴鳴皋而聞野；擁翼今上，龍躍淵以飛天。履盛彌謙，政不制於房闥；持盈是懼，慶聿集於宗祧。用啓有道之孫曾，長初陽而出震；爰受介福於王母，麗重明以繼離。臣等敬仰娀娥，肇殷武詒孫之緒；永惟莘姒，衍周成纘祖之休。萬里尊宸，瞻褘褕而生色；九天慈極，馳函錦以攄誠。伏願長樂晝閒，勤問豎之栗栗；承華春煖，觀齒胄之雍雍。陋彼含飴之娱，惟事姑息；稽古虧膳之教，以相義方。

伏以青殿儲英，紫庭凝秀。鼎器必歸於震長，坤貞克贊乎乾剛。喜溢長秋，藹椒塗而並馥澤；覃函夏逮，藿食以同懽敬。惟中宮皇后殿下，敦篤思謙，含弘體順。教先穜稑，淑問川流；敬始紘綖，小心冰履。衍螽斯之繩蟄，則百斯男；比鳲鳩之均平，弗二其德。勗率宮壼，從王事而無成；端處禁闈，知邦本之攸重。仰參宸斷，俯協師虞。元良萬國以貞，宗社億年之慶。

臣等遥瞻璇極，如拜玉除。兩曜重光，戴照臨之罔極；萬物並育，資博厚於無疆。庸展蟻忱，式申燕賀。有子爲樂，與四方陳芣苢之風；生民厥初，願奕葉綿瓜瓞之頌。

賀皇太子册立疏

伏以弓韣啓祥，誕啓神明之胄；匕鬯承重，靈承天地之心。震一索而得男，名尊六子；離重明以麗正，光被四方。華夏懽騰，臣民抃蹈。敬惟皇太子殿下睿資天挺，淑度幼彰，岐嶷邁倫，覃訏載路。玉質謝江漢之洗濯，龍種凝造化之絪緼。元德足以有臨，宸衷眷於克類。仰遵慈諭，曰受祉而施孫；俯察輿情，咸懷忠而徯后。庸建元子，用弼丕基。臣册鐫金，紫誥炳丹書之訓；高膀題碧，青坊依皇極之尊。惟高祖創業傳家，符三代夏、商、周后；惟獻考詒謀燕翼，萃一門文、武、成王。是以天紀敘而人倫明，邦本定而民心一，誠休明之景運、聖哲之令猷者也。

臣等心戀東華，轍縻南服。鸞旌雲擁，莫陪鵷簉之雍雍；函錦星馳，遥瞻鶴駕之翼翼。伏願年所多歷，哲命自貽。敏學惟時，春夏誦絃而不怠；懌成厥德，禮樂内外之交脩。

皇太子加冠禮成賀疏

嘉靖二十八年三月十五日，恭遇皇上勅舉皇太子加冠禮成，臣等誠懽誠忭、稽首頓首稱賀者。

伏以景協昌辰，春先四序；禮隆元嗣，服備三加。賴一人之燕貽，光九廟之鴻烈。萬方歌重海之潤，二聖慰在天之靈。恭惟皇帝陛下稽謀自天，敬德作所。膏澤漸濡於下土，馨香昭格於上玄。長發其祥，克昌厥後。仙源羨錫，奇表顒瞻。屬當齒胄之年，誕備成人之禮。文謨丕顯，飭仁義而戒怠驕；啓賢敬承，謹令儀以順成德。神人于焉嘉樂，天日爲之清明。

臣等職忝儲闈，躬逢熙典。冠裳蹌濟，叨陪小相之班；弁冕巍峩，快覩大君之子。羨賁文之中節，喜倍鵷行；懽震鬯之得人，抃先獸舞。伏願聖敬日躋，天休滋至。光華旦而復旦，德業新以又新。鶴禁春熙，茂衍百世之胤；龍樓晝永，長奉萬年之觴。

賀皇太子加冠疏

碧鏤青宫，宿隆元胄之望；朱纓玉藻，誕備成人之儀。服允稱身，禮正及候。仰惟皇太子殿下，温姿天挺，淑質神扶。日未動於扶桑，已蒸雲而成五色；鳳尚潛於丹穴，即舒翅而揚九苞。屬此茂齡，顯膺元服。皇州春滿，太史贊時月之良；幄次香清，元宰勤奉將之節。衮葳蕤而暎日，冕嵳峨以切雲。顒顒昂昂，居然帝子；皇皇穆穆，允矣邦基。千官儼瞻視之尊，九重釋顧復之念。

臣等職忝宮屬，喜倍廷工。往切傾心，徒聞若干尺之服；今諧快覩，允卜千萬世之基。歡忭實深，揄揚莫既。伏願秉幼志以從規矩，出大廷以就師資。日有就而月有將，繼承千聖之統；威可畏而儀可象，敬慎萬福之符。

賀靈雨疏 己酉五月

邇者時入首夏，雨澤少降。皇上懇祈玄潤，遂獲霑濡。臣等誠懽誠忭，稽首頓首稱賀者。

聖德昭升，上帝鑒精明之悃；神功溥博，下民荷優渥之恩。仰一人之焦勞，康四海於粒食。澤流遠邇，懽溢寰區。恭惟皇上道洽神人，德參覆載。視民猶子，爰迪知其所依；事天如親，靡誠感而弗屆。乃者自春徂夏，甘雨愆期。惕皇衷而靡寧，謂民命之攸繫。旱非湯代，憂勤已切於桑林；民匪周黎，憫惻獨深於雲漢。天聽不遠，靈貺孔時。皇上念膏澤之未周，期蘊隆之畢殄。旰食宵衣，虔脩匪懈；連旬踰月，冥感既通。油然作雲，覩絪緼之倏忽；沛然下雨，忻霑足於須臾。榮生稿荄，潤回枯壤。彼雨珠雨玉，曾無益於衣食；即遊鳳遊麟，何足語於禎祥？信天佑勤民之誠而皇敷建極之福者也。

臣等慚莫助於昭格，幸竊沐於生成。和上苑之鶯聲，同矜帝力；與中原之草色，並育皇仁。伏願堯德競競於儆予，文心翼翼於臨女。時暘時雨，省惟歲之庶徵；多黍多稌，歌屢年之大有。

又賀靈雨疏壬子

恭遇皇上以旱霾虔禱，甘霖隨降，臣等謹稽首頓首稱賀者。

伏以聖德升聞，允隆格天之實；皇穹降鑒，聿昭時雨之徵。慶實賴於一人，懽已騰於六合。恭惟皇上道高邃古，神游太初。德洽好生，矜匹夫之不獲；仁垂憫下，與萬方而同憂。協氣暢宣，屢兆嘉祥之應；淳風洳穆，長迎豐樂之休。乃者逾春未雪，啓蟄無雷。禱已竭於桑林，憂彌深於雲漢。爰厪聖諭，罔事虚文。既奔走以徧百神，特齋戒而事上帝。祗祈明貺，敷錫蒸黎。日秉虔恭，雲切層霄之望；天回昭應，風生少女之占。膏酥普垂，誠旋乾而致福；旱霾如掃，即轉沴以爲祥。入夜滋生，正值向榮之候；無聲潤物，共慶甘澤之時。萋萋有渰於堯天，祁祁盡沾於舜畝。三農滿慰，已占大有之秋；五穀咸登，因識太平之象。

臣等無功深慚於飽食，際時竊幸於豐年。均動植以涵恩，囿乾坤而戴德。伏願道洽致治，雨暘徵若敘之常；天清民寧，海宇蒙乂安之祜。聖壽綿於有永，皇澤被之無疆。

賀瑞雪疏壬子

仰惟皇上以雪祥應念，但尺瑞猶慳，籲帝抒誠，爲民請命，玆者靈澤大降，四郊盈積，天從聖願，人感神功。臣等誠懽誠忭，稽首頓首稱賀者。

伏以皇穹錫祐，鑒一人昭事之誠；嘉瑞應祈，啓四海豐登之兆。信無高而不格，蓋有願而必從。慶溢堯衢，懽騰禹甸。恭惟皇上神通玄極，道濟蒼生。念稼穡之艱難，冀雨暘之時若。禱祈孔夙，競業無忘。頃占嗣歲之豐，預卜隆冬之雪。將求昊賜，日軫宸衷。屬聖意之方萌，荷祥霙而徧灑。連霄寸積，未覩尺盈。惟帝命之不違，在至誠之無息。寅諏良日，式罄初忱。既躬叩於殿壇，復徧告於宫廟。精禋斯徹，靈貺大來。始雰霏以瀰空，倏堆積而匝地。飄颻琪樹，恍上苑之飛花；煥映瑶臺，儼清宵之朗月。大寒節後，增凜冽之威以滅蝗；嘉臘旬中，助潤滋之澤而消沴。式顯太平之象，允彰豐稔之徵。百物咸嘉，萬民交喜。自非聖德潛孚之素，曷致天心響應之神？

臣等幸際昌辰，叨塵近列。均霑瑞澤，慶忻寔倍於尋常；普戴皇仁，贊頌無能於萬一。伏願帝眷永隆，天庥滋至。玄機默運，四時行而百物生；大化旁流，萬國寧而九夷服。永迓無疆之慶，益綿有道之長。

賀聖節疏 己酉八月

伏以盛德在秋，太和保合之候；陳常時夏，聖人震育之辰。鞮譯來同，衣冠忭舞。恭惟皇上文明濬哲，中正齋莊。神穆穆以淵潛，與道爲體；心乾乾而夕惕，事天如親。化日舒長，方中照天之下；皇風清穆，無爲象帝之先。敷五典於蒸黎，開八荒之壽域。春秋鼎盛，天地泰來。頃大火之既流，玉律應於南宫；屬新涼之初動，珠斗建於大梁。吉日維丁，遐齡伊始。箕疇福斂，康寧壽考之徵；禹會儀隆，玉帛梯航之貢。粤自黄流澄徹，河伯效靈於西津；乃者朱曜晶熒，老人薦瑞於南極。寧羨雹虹之異，將觀龍馬之圖。蓋神勞豈弟以作人，天佑君師之建極者也。臣某樂熙皞於堯年，瞻光華於舜旦。金鏡唐臣之録，莫助熙明；玉巵漢殿之懽，恭陳頌禱。伏願鴻禧天保，龍德日新。四海永清，億萬年如日月；百禄是總，八千歲爲春秋。

賀長至疏己酉十一月

伏以黄鍾應律，元氣潛萌於地中；紫極迎祥，帝德光昭於天下。道逢來復之候，物對起元之初。萬邦咸和，一人有慶。恭惟皇上溥博堯仁，慎徽舜典。齋戒以神明其德，兢業見天地之心。御六龍以乘乾，静專動直；撫五辰而履泰，小往大來。戒冰堅於霜凝，噓陽和於陰沍。聖文廣運，動康衢擊壤之歌；神武布昭，鼓邊圉抱桴之勇。嘉禾呈兩岐之瑞，甘霖應三日之祈。五行賴以財成，二氣在乎掌握。時維冬仲，運際天開。斗柄貞於玄枵，歲功伊始；日躔極於南陸，陽德方亨。閉關以養微萌，掃地而崇大報。播皇風之浩蕩，迎化日之舒遲。閶闔九天，玉帛冠裳之會；梯航重譯，元龜象齒之琛。臣等猥以凡愚，叨塵禁近。芸芳荔挺，忻萬物之昭蘇；獸舞鳳儀，快四方之來賀。心懷補衮，況逢添線之辰；情切垂衣，恭申獻履之頌。伏願王道與天同大，四海一腔；聖壽如日方長，千春寸晷。君子道長，多士爲姬周之楨；皇極福綏，萬年竇軒轅之鼎。

賀加冠啓皇太子疏

詹事府掌府事、吏部左侍郎兼翰林院學士臣歐陽等，謹啓爲禮儀事。該臣等奏該禮部題稱，本年三月十五日皇太子加冠，次日文武百官於奉天門前稱賀，行禮畢，就詣文華殿行賀皇太子禮。奉聖旨：「是。都准擬行。欽此。」查得舊制，凡遇行慶賀禮拜、進曆、進春等事，本府例該啓皇太子知，必先奏聞，俟得旨方啓本進。

今照前因，臣等應合啓皇太子知等因，奏奉聖旨：「知道了。禮部知道。欽此。」欽遵。臣職忝輔導，理合具本啓知。

謝　疏

賜大狩龍飛録謝疏

嘉靖十八年八月十八日，南京禮部轉賫到御著《大狩龍飛録》，頒賜臣一部者，臣誠懽誠忭、稽首頓首。

竊聞王者省方，必觀民而設教；聖人垂裕，爰作命以爲經。蓋惟有德而有言，是以可法而可則。恭惟皇帝陛下，王道登三，帝德咸五。仁及民而愛及物，誠饗帝而孝饗親。乃者奠二聖之玄宫，戒群工而星駕。惟承天舊邸，龍飛虎變之鄉；而純德名山，鳳舞鸞翔所萃。肇基元后，寔眷先皇。自京爰徂，涉漢于邁。庸快争覩，永綏孝思。告報祇脩，先上帝而徧群祀；訓錫迭至，自宗藩以逮烝黎。樂作明堂，舉周室配天之禮；詩成大雅，陋沛臺歌風之章。地察天明，於昭舜德；乾經坤緯，有焕堯文。固將徵諸庶民，必先由乃在位。用播中興之丕烈，以垂後嗣之嘉猷。帝典祇承，俯愧皐謨之贊；王言莊誦，仰歌文德之純。以身率先，與庶民式敷皇極之訓；服膺弗失，願奕世同覩天子之光。

遣祭三皇謝胙疏丁未十一月

伏以禮嚴醫祖，牲牷申特薦之誠；恩重秩宗，賑膰兼庶品之賚。臣欽承綸命，叨將事以爲榮；肅拜匪頒，慚荐恩之多辱。仰惟皇上道參上聖，心契高玄。大德難名，奄八荒而開壽域；神功不宰，撫五辰以凝天和。凡厥有生，均臻勿藥。臣與萬物而並育，荷三錫以難勝。贊禮無能，夙夜敢忘乎清直？引年勿替，日月永祝於升恒。

春祈遣祭都城隍廟謝疏戊申二月

恭遇皇上軫念黎元，躬舉春祈吉典，伏蒙遣臣於都城隍廟告祭，謹欽遵，候初九日子刻具服行事。臣誠懽誠忭，稽首頓首稱謝者。

伏以惟辟奉天而司牧，厚下土萬姓之生；惟皇斂福以錫民，嚴上帝百神之祀。濫叨分遣，感懼交并；誤荷殊恩，捐糜莫報。恭惟皇上智周八極，道洽三靈。物與民胞，唐帝仁深於覆幬；服卑食菲，周王功即於康田。時維仲春，念東作之伊始；所其無逸，祈西成之有初。昊天孔昭，籲穹窿而請命；靡神不舉，飭臣庶以同寅。臣盥手孚顒，敢對揚於匪懈；秉心淵塞，庶奏格於無言。伏願聖德日升，幽谷猶蒙其光被；天休川至，槁壤恒漸於潤餘。時和歲登，四海忘帝力而謡耕鑿；民安國泰，萬年作神主以潔粢盛。

遣祭三皇謝胙疏戊申二月

嘉靖二十七年二月初八日，祭三皇于景惠殿，欽蒙遣臣行禮。禮成，以收回牲、醴、脯、果祭品頒賜到臣，臣稽首頓首祇領者。

伏以三皇與天無極，開養性延命之方；五禮自我有庸，脩崇德報功之典。盥薦侈榮於再命，脤膰祇荷於疊頒。稱塞惟艱，省循彌厲。恭惟皇上道追隆古，爰邁五而登三；德洽好生，允得一而康兆。念醫之濟物甚博，老與安而少與懷；原聖者先天弗違，前有作斯後有述。式陳禋祀，孔惠孔時；飭遣儒臣，有嚴有翼。臣尸官多懼，贊邦禮以無能；受命滋恭，紓皇眷而莫報。筐承爵奠，在廟儼古聖之臨；腥薦熟嘗，闔門榮大君之賜。伏願仁風廣被，庶徵敘而百草蕃；壽域弘開，一人慶而兆民賴。

春祈遣祭都城隍廟謝賜表裏疏戊申二月

嘉靖二十七年二月初九日，恭遇皇上躬舉春祈吉典，伏蒙遣臣於都城隍廟行禮。禮成，欽蒙聖恩，頒賜彩段一表裏、鈔五十錠及臣。臣謹稽首頓首祇領者。

伏以文織發玉府之藏，于焉章德；實鏹拜金門之賜，所以勸功。兼茲寵頒，實惟殊遇；無功可録，何德能勝？此蓋伏遇皇上仁急惠鮮，心存懷保。祈年孔夙，粒食重萬姓之天；感神至誠，齋心徧群神之祀。無文咸秩，奉綸遣以將虔；有事爲榮，承匪頒而滋懼。感逾庶馬，裁而服之以昭恩；珍比朋龜，襲而篋之以待匱。伏願峻德克明于四表，海宇同春；鴻禧永集于一人，脩和有夏。桑麻徧野，天降康而人皆煖衣；貨貝流泉，民藏富而家有餘鏹。

地震遣祭延福宮謝胙疏戊申七月

兹者恭遇皇上以京師地震，帝心仁愛，於嘉靖二十七年七月十二日寅刻，欽蒙遣臣寀于顯靈宮、臣德于延福宮，各祭告行禮。禮成，伏蒙聖恩以收回祭品頒賜，謹稽首頓首祗領者。

仰惟皇上禮隆秩祀，德懋應天。萬靈默佑，天地爲之清寧；五福用敷，海宇于焉康乂。臣等肅將懼忝於綸命，寵睨祗荷於神餕。省災所由，知奉職之無狀；洗心自效，承誤恩而若驚。臣不勝感幸惶悚之至。

帝社稷陪祀謝欽遣疏戊申八月

嘉靖二十七年八月初七日，致祭帝社、帝稷，合用陪祀大臣。該太常寺題奉聖旨：「遣公朱希忠代祭，張溶、侯崔元、伯陳鏸、王墐、焦棟、輔臣嚴嵩、尚書聞淵、費寀、夏邦謨、孫承恩、侍郎徐階、歐陽德陪祀。欽此。」臣謹遵恭候行禮外，臣誠懽誠忭、稽首頓首稱謝者。

伏以舉鴻儀於禁苑，報祀隆土穀之司；效駿奔於壇壝，寵光祗綸綍之重。榮叨有事，感極誤恩。恭惟皇上德配上玄，仁覆下土。周王無逸其康事，夏后克勤於田功。東作西成，欽若昊天之道；六府三事，爰知小民之依。御廪御田，耕斂時省；帝社帝稷，祈報有常。頃者雙穗之禾，垂及百本；允矣一人之慶，施于萬邦。臣德忝貳秩宗，愧直清惟寅之職；快瞻殷禮，陪肅雍顯相之班。庶奏假於明神，用對揚於休命。伏願庶徵惟敘，遂及於私田；嗣歲以興，恒裕乎公廩。千萬斯祀，典神天而潔粢盛；億兆有民，忘帝力而謡耕鑿。

歷代帝王分奠謝欽遣疏戊申八月

嘉靖二十七年八月二十二日，祭歷代帝王，該太常寺題節奉聖旨：「遣侍郎歐陽德分奠。欽此。」臣誠懽誠忭，稽首頓首稱謝者。

伏以鴻儀孔時，崇百代帝王之祀；駿奔在列，荷九天綸綍之温。戴德難勝，省躬多懼。粤自書契以來，神聖代作；咸垂衣裳而治，德業日升。肆皇祖繼天，肇開殷祭之典；凡宗臣翊運，亦載咸秩之文。皇上禮法地卑，行同天健。宗軒祖昊，道隆五帝之先；越宋超唐，治追三王而上。眷惟古聖，佑啓後人。爰率彝章，作清廟於京邑；申嚴夷夏，黜穢德之胡君。盥薦式陳，春秋不忒；禮樂明備，觀聽維新。臣肅雍秉文，慚顯相之濟濟；祼將分命，仰聖謨之洋洋。敢不齋祓一心，儼衣冠以執事；虔恭群辟，于俎豆而得師？伏願帝德光天，皇躬作極。天地治、神明至，用咸五而登三；府事脩、功敘歌，允得一而康兆。

遣祭三皇謝疏戊申十一月

仰惟皇上道契聖神，明禋式陳於冬仲；禮隆飭遣，賑膰遍及於春曹。臣奔走祼將，忝王言之已重；拜登寵錫，叨神惠之且多。荷優渥之荐恩，自天有隕；循眇綿而滋懼，蹐地難勝。品嘗以頒，魯論不宿之義；腥熟而薦周雅既醉之懷。仰皇心上協於三王，萬年心法未墜；祝帝壽高出於五帝，八荒壽域弘開。

謝兼學士掌詹事府疏己酉二月

該大學士嚴題爲印信事，奉聖旨：「歐陽德改吏部左侍郎兼翰林院學士，掌詹事府事。欽此。」除赴鴻臚寺報名、廷謝外，臣謹稽首頓首稱謝者。

伏以邦禮清曹，愧隆恩之未報；儲端重寄，荷簡命之復臨。責任倍逾於前，地望迥崇於舊。寵將榮至，感與懼并。仰惟皇上乾坤爲度，日月同明。深觀治忽之原，永念宗社之本。宜資廷彦，用長宮僚。蓋惟脩正通方之人，庶裨恭敬温文之德。如臣者，文墨徒持，章句自守。駑駘下乘，徒能飽秣於豆芻；樗櫟散材，何足沾濡於雨露？皇上特加剪拂，班諸天廄龍種之間；曲賜裁成，置諸斤斧繩墨之末。然馳驟豈能追驥？雖礱斲未必中楹。官貳天卿，循名難於稱實；秩兼翰長，揣己愧於先人。而況將脩齒胄之儀，待啓横經之幄，豈庸虚之克贊，詎優渥之能承？敢不畢力酬恩，矢心竭節。期於一物斯行，而三善皆得；嘉與二坊同寅，而百辟咸懽。伏願駿德光天，虞帝尊富而多壽；燕謀翼子，周文作述以無憂。海宇蒙熙皞之休，國家賴靈長之慶。

皇太子加冠謁奉先殿頒賜祭胙謝疏己酉二月

嘉靖二十八年三月十五日，皇太子加冠禮畢，謁奉先殿。收回猪羊祭胙，奉聖旨：「三臣每一卓，内閣、禮部、詹事、春坊共四卓。」分賜到臣，臣謹稽首頓首祇領者。

章服咸加，神孫脩謁祖之典；籩豆有楚，聖皇廣逮下之仁。慶宗社之靈長，幸瞻禮儀之備；蒙天地之高厚，叨餕神嗜之餘。在列無能，戴恩有靦。先嘗以飽，祝鴻烈之彌光；既醉而歌，頌燕謀之益遠。

祭都城隍謝頒素饈疏己酉九月

本年九月十八日，恭遇皇上欽舉秋報大典，蒙遣臣於都城隍廟致祭行禮。禮成，伏蒙聖恩，以收回素饈頒賜到臣。臣謹稽首頓首祇領者。

丹悃宵嚴，肅奉絲綸之重；素饈晝錫，祇承籩豆之餘。豈神惠之是珍，惟聖恩之罔極。先嘗知味，頒親舊以分甘；徒飽懷慚，敬君事而後食。祝天地之長久，民乃粒于萬年；沐雨露之沾濡，心敢忘于一飯？臣無任感戴天恩之至。

遣祭都城隍謝賜彩段疏

伏遇皇上欽舉秋報大典，蒙遣臣於都城隍廟行禮。禮成，伏蒙聖恩，頒賜臣彩段一表裹、鈔五十錠。臣謹稽首頓首祇領者。

文綺輝煌，色奪丹霞之彩；寶鏹綿麗，光耀蒼龍之紋。晝錫自天，冰兢無地。恭惟皇上乾行廣運，離照文明。唐帝敬乎人時，周王重者民食。爰毖祀于上下，恒匪懈于春秋。雨暘寒燠以時，庶徵來備；鳥獸草木咸若，六府孔脩。乃者內苑呈祥，外田多稼。皇上奉若天貺，對揚神休。無德弗酬，恭脩報崇之典；靡神不舉，分將謁告之虔。臣夙夜在公，薰沐從事。方懼絲綸之忝，遽叨筐篚之頒。惶汗浹淪，豈直温逾于挾纊？傴躬負載，奚啻重倍于兼金？服以文身，彌切解衣之感；推而濟物，敢存懷寶之私？伏願帝鑒有嚴，神聽不忒。萬年佑于一德，彌壽而康五福。錫厥庶民，既富方穀。

永明後殿代拜先聖先師復命疏己酉二月

題爲復命事。

嘉靖二十八年二月十四日，該內閣遞出揭帖，二月十五日望日，永明後殿先聖先師堂用果酒，上尚黄袍行禮，奉聖旨：「着侍郎德代拜。欽此。」臣謹欽遵恭詣行禮畢，理合復命，謹具題知。

永明殿代拜謝欽遺疏己酉二月

嘉靖二十八年二月十五日，永明後殿先聖先師堂上香，伏蒙欽命臣德代拜，臣欽遵恭詣行禮外，謹稽首頓首稱謝者。

伏以尊道崇師，肇脩曠典；因時隆禮，祇奉温綸。戴德難勝，省躬滋厲。仰惟皇上制心以禮，執中惟精。嘉孔樂周，浸遡三王而上；宗軒祖昊，直追二帝之先。睠惟書契聿興，聖神代作；曁乎删述斯定，啓佑攸存。往行前言，默承師資之益；禁庭秘殿，虔脩瞻奉之儀。臣忝貳春曹，惟寅夙夜。宫牆快覩，企清霄以無從；俎豆榮趨，荷鴻恩而有惕。焚香拜起，仰古聖之洋洋；退食思存，慕秉文之濟濟。伏願古訓有獲，相上帝以作師；大猷允升，本皇躬而建極。六經教衍，彝倫厚而禮樂興；九敘功歌，天地治而神明至。

先聖先師堂代拜謝欽遣疏壬子

嘉靖三十一年十月十五日，永明後殿先聖先師堂上香，伏蒙欽命臣德代拜。臣謹欽遵恭詣行禮，具本復命。

仰惟皇上德運聖神，紹前王而立極；教闡精一，相上帝以作師。肇先聖寅奉之儀，舉曠古闕遺之典。臣曩承人乏，幸瞻望於宫牆；兹荷眷私，復肅將於綸綍。進思由聖之訓，退懈致主之心。祝聖壽兼總於羲黄，作人有造；願臣工效法於周孔，事君勿欺。

辭免陞禮部尚書疏壬子

嘉靖三十一年四月二十五日，接到吏部咨文，該本部題爲缺官事，奉聖旨：「歐陽陞禮部尚書，守制滿日，作速赴京供職。欽此。」

寵命遥臨，驚悸莫措。伏念臣一介草茅，粗通章句，幸際飛龍之期，叨承臨軒之問，既又超越常調，簡列侍從，長養培植，凡三十年於兹。頃者備員卿佐，四歷歲年，皇上頻有使令，優示眷遇。每自循省，草木至微，能欣欣於陽春之澤；犬馬何知，猶戀戀於豢養之恩。而臣虚糜廪禄，荏苒歲月，未嘗少效尺寸，仰答鴻恩，乃今復叨寵渥，晉職邦禮，而又俯察其烏鳥之私，仍令終制供職，誠踰涯分之常，特出意望之外。聖恩天高地厚，臣何功何能，荷蒙曲成如此？竭力以報，糜隕爲期，臣之分也，亦臣之心也。

顧惟今之禮部，古宗伯之職，天工時亮，寔難其選。矧恭遇我皇上德兼堯舜，敬脩人紀。禮樂明備，率斷自宸衷而默契於往聖；文思淵微，皆根諸聖學而垂範於後王。所謂神聖之君，其臣莫及；雖有博達之士，對揚尤難。而臣才識淺陋，學術迂疏，豈足以堪任使？夫人臣之義，力能任重，則委身致命，而不敢以避難；才不稱官，則推賢讓能，而不敢以冒寵。臣雖愚昧，自量已審，伏望皇上念官必得人而後可以熙績，察臣本量才而非故爲飾詞，收回成命，簡畀賢能，容臣終制之日仍以舊官俟命，則於臣愚分庶幾獲安，臣不勝受恩感激、隕越祈籲之至。

禮部尚書到任謝恩疏

奏爲恭謝天恩事。

准吏部咨，該臣奏爲乞恩辭免重任事，奉聖旨：「卿學行兼優，秩宗重任，特兹簡用，着照前旨來京供職，不允所辭。吏部知道。欽此。」臣欽遵兼程前來，於九月二十九日到京，十月初三日朝見訖，謹稽首頓首稱謝者。

中和建極，六官際喜起之朝；上下承休，三禮重寅清之選。詎期甄録，誤及凡庸。榮極愧增，恩深懼集。仰惟皇上峻德克明，光被乎四表；神功廣運，賴及於萬方。明物察倫，追虞帝而獨盛；制禮作樂，紹皇祖而有光。競業萬幾，用咸凝於庶績；翕敷九德，以允釐於百工。惟春卿掌治神人，稱職非易；乃宵旰旁求俊乂，授任不輕。臣博學未能，躬行弗逮，徒持文墨，無益事功。幸當五百年見聖之期，荐蒙三十載作人之澤。涓埃未效，通顯躐躋。遂於詢岳之辰，濫膺咨伯之命。俯垂慈軫，曲全烏鳥之私；仰奉嚴程，祗戴絲綸之重。懷淵冰而中切，敷悃臆以上聞。荷獎答之彌温，豈綿薄之能副？天威赫其孔邇，敢俟駕以遲回；帝載期於惟熙，念負乘而戰栗。誓當效十駕而策蹇，竭千慮以攄愚。宣清穆之皇風，用移民俗；贊馨香之至德，以格神明。伏願聖壽無疆，皇圖孔固。萬年禮樂，節民性而和民心；百世本支，崇天道以凝天命。臣無任瞻戴感激之至。

禮部交代謝恩疏

臣某謹題臣猥以凡材，誤蒙聖明，即家召拜今職，仍命大學士徐階署掌部事以待。伏惟天地之恩，超逾涯分之外，捐糜百軀，豈足爲報？臣下情無任感戴激切之至。除具本廷謝外，恭詣迎和門叩頭謝恩，謹具題以聞。

謝仍兼翰林學士疏

嘉靖三十一年十月初二日，該吏部題爲到任事，奉聖旨：「歐陽德着到任管事，仍兼翰林院學士。欽此。」欽遵。臣謹稽首頓首稱謝者。

伏以蘭省清華之司，繆膺特簡；玉堂侍從之職，復荷殊榮。感渥恩之荐加，揣涯分而逾望。仰惟皇上道同上聖，德配重玄，合庶類以兼容，念中材而曲貸，遂令凡品累被恩私。臣識闇會通，繆忝春曹之選；文慚經緯，虛叨翰苑之名。徒比夭喬，並育乾坤之覆載；詎云爝火，能裨日月之光華？誓當攄千一之愚，庶幾圖尺寸之績。皇猷期秋毫之或補，聖壽祝朝旭之方昇。

裕王率妃謁奉先殿頒祭設謝疏

嘉靖三十二年二月十一日，伏蒙皇上以裕王率妃謁奉先殿，收回祭設，頒賜到臣，臣謹稽首頓首祗領者。

廟見禮成，神孫重人道之始；胙頒恩渥，聖主優秩宗之司。嘗饈品之苾芬，拜牲體之肥腯。臣霑賜單厚，相禮無能。徒懷後食之心，彌切素餐之耻。天休滋至，祝聖壽於萬年；胤祚彌昌，綿本支於百世。臣無任。

遣祭先師孔子謝疏

嘉靖三十二年八月初三日，祭先師孔子，該太常寺題奉聖旨：「遣尚書歐陽行禮。欽此。」欽遵備行到，臣謹稽首頓首稱謝者。

伏以聖主隆師，興上丁之秩節；禮臣承帝，舉令甲之鴻儀。温綸夙拜於明堂，文篚宵將於禮殿。顧慚弗稱，感激良深。仰惟皇上德奉三無，功參二極，恢弘化理，經緯人文。天載無聲，斡神機於不測；道心惟一，入聖域而獨優。壽考作人，庠校日新於吉士；齋莊恭己，羹牆時見於先師。文華肇朔望之曠規，大學謹春秋之盛典。臣繆緣邦禮，祗奉王言。學俎豆而未能，豈堪小相；儼冠裳而有翼，恐負殊恩。念生民以來，六經垂憲莫盛於孔；由列祖而上，五禮和衷莫備於今。惟孔子集群聖之大成，惟皇上冠百王而首出。神乎曠代，明薦亶時。顧大人興禮樂之期，宜辨賢而序事；矧天子建中和之極，多顯相而秉文。將命爲榮，詎意凡庸之忝竊；得門或寡，仰瞻高美以凌競。趨進不遲，省循增懼。臣敢不嚴惟寵命，懷見聖克由之心；欽若休光，勵事君勿欺之訓？伏願帝懷明德，天保聖躬。作君作師，五典弘敷於四海；遵義遵道，兆民永賴於萬年。

頌告東岳廟祭設謝疏

嘉靖三十二年十月初七日，伏蒙聖恩，遣臣某告祭東岳廟。禮成，賜臣收回祭設，臣謹稽首頓首祗領者。

岱宗有赫，瞻庭廟以伸虔；報典惟時，執豆籩而趨事。方懼綸言之辱，遽叨俎實之頒。祖考薦嘗，昭天寵之既渥；妻孥厭飫，頌帝德於無疆。願山川之效靈，庶徵時序；祝泰華而等壽，萬福來同。臣無任。

遣告東岳廟賜鈔幣謝疏

嘉靖三十二年十月初七日，伏蒙聖恩，遣臣告祭東岳廟。禮成，頒賜綵段二表裏、鈔五十錠，謹稽首頓首祗領者。

服勤乃職，將命爲榮。神惠先沾，已慚素飽；天休滋至，益荷洪仁。鏹出寶源十朋，踰龜貝之重；幣頒玉府七襄，絢雲霞之章。裁以爲衣，拜天庭祝延於萬壽；推之濟物，願聖世藏富於兆民。臣無任。

歲祫告廟頒賜祭設謝疏

嘉靖三十二年十二月二十八日，欽蒙聖恩，以歲祫先期告廟。收回祭設，頒賜臣等一卓，臣等謹稽首頓首祗領訖。

馨香分神饌之餘，優渥荷皇慈之被。烹腥以薦，正席而嘗。祝神孫受歲祫之釐，而綏和於萬壽；承聖祖致時雍之治，以覆育於九圍。臣等無任。

謝賜大紅獅服

禁庭儤直，瞻儀鳳之餘光；絺繡榮頒，捧威猊之異綵。懽生拭目，感極銘心。恭惟皇上至德憲天，覆萬方而育物；至誠享帝，斂五福以錫民。澤及饑寒，靡匹夫匹婦之不獲；道尊慈儉，愛一笑一顰而罔輕。臣謬膺三禮之司，忝預五臣之召。如聞獅吼，每撫躬以若驚；載詠鵜濡，慚其服之不稱。詎意解衣之賚，荐蒙出紵之温。藻麗煒煌，機杼自天孫之素手；毛群辟易，金緋絢絶域之殊姿。豈有功能，輒冒寵渥？兹蓋伏遇我皇上人文經緯乎天下，施五彩於九章；帝德覆被乎域中，視群臣猶四體。遂使周行之末品，濫叨殷笥之奇珍。身若弗勝，既曳婁而多懼；力之不逮，秖傴僂以滋恭。雖慚搏象之能，無以報德；苟效辟蠅之助，敢或愛身？伏願廣運皇仁，嫗民生於挾纊；永延聖壽，昭治象於垂裳。貢通重譯之琛，道洽百獸之舞。

謝遣中官賚賜問疾疏

嘉靖三十三年三月十四日，伏蒙皇上遣内侍官郭宦賚賜臣鮮羊一羫、酒十瓶、白米二石、甜醬瓜茄一罈，臣謹伏枕叩頭祗領訖。

切念臣遭際聖明，叨承眷遇。每期委身以自效，不意福過而灾生。上廑宸衷，特垂憐念，珍品蕃錫，充溢私庭。視勳輔之寵數，顧何功以克堪？高厚之恩，實兼覆載；體恤之慈，不啻父母。

臣感極涕零，身雖在恙而心戀左右，思捐糜未足爲報也。臣昨初十日，幸得遍體大汗，傷寒之疾得汗即可保生全，此皆荷蒙皇上恩庇，非人力可致者。醫謂自今調理更須加慎，每日止可啜米飲數口，不敢過多，又數日乃可用粥，亦不敢過多，恐傷胃氣。而臣神氣奄奄，尚不思食，惟當益加慎調，早冀痊復，速出供事，仰寬聖懷。此臣區區不敢恣逸之愚，所以上答洪造者也。臣無任。

陳　乞

患病乞復原職放回調理疏

臣江西吉安府泰和縣人，由嘉靖二年進士授直隸廬州府六安州知州。嘉靖六年陞南京刑部廣西司員外郎，調刑部廣西司，便道歸省。七年正月内，領到吏部劄付，奉欽依：「在京在外各衙門，有堪任翰林官的，吏部便會禮部、都察院從公選取，具名奏請簡用，務要衆議協服，勿得苟且充數。欽此。」會同推舉，題奉欽依：「既會同選舉停當，吏部還酌量各官年資歷履，定擬改除職事來説。欽此。」該吏部擬改臣前職，俸給、服色俱照原品，題奉欽依：「黄綰等都依擬。改授在外的，行文催取，着上緊前來供職。欽此。」欽遵備劄到臣。臣量才不稱，慚懼實深。素患羸病，輒欲疏乞休養，誠恐皇上未察臣才之不逮，而謂故違新命；大夫、士不諒臣心之不安，而目臣立異好奇。扶病前進，沿途醫治，以四月到京謝恩供職。靦顔在列，黽勉追隨，延至今春，咳喘大作，卧病兩月。旋幸小愈，隨該大學士楊一清題准臣經筵展書及纂脩《大明會典》，力疾供事。不意八月初旬偶感風寒，助發火邪，胸膈熱結，連吐血塊、血絲。給假調理間，該言官以改選翰林事體未便及甄别欠精奏，蒙陛下下吏部查奏，謂臣學識可觀，伏荷優容，令臣照舊辦事。臣病伏床枕，感恩不勝。竊思兼收而不遺者，聖主之仁；自量而不欺者，人臣之義。敢以心所不安者爲陛下陳之。

切惟性各有近，資各有能。翰林編脩等官，號稱儲養，養其學以資啓沃，養其識以達政體，養其才以代王言，以任史事，必其資性近似乃克有成。臣自試已久，自知甚明，任之史事或可自强，如曰儲養備用，譬之局藝之工，雖日立工輸之門，終不可以代大匠斲。臣之不安於心者，一也。

資格用人，聞見已習。陛下舉祖宗立賢無方之典，正宜其難其慎，不及匪人，則上不累美政，下不啓私議，進者無愧，群工競勸。今同臣改官者，皆極一時之選，獨臣名實未孚，負乘爲羞，況不在選者，清才遠識數倍於臣。臣之不安於心者，二也。

服采用章，食禄有差。翰林院大學士、學士，俸給、服色僅止五品，皆積累數十年而得之。臣七年甲第，初任館職，俸給、服色亦冒五品。無所事事，居然享此，況資望既深，猶有未得者乎？臣之不安於心者，三也。

人臣事君，必信於朋友。臣與致仕尚書桂萼，皆江西人也，既同鄉里，即涉親舊。素無雅望，忽進清階，臣心不能自信，何以見信於人？臣之不安於心者，四也。

臣懷此不安之心，而又抱未能即愈之疾，重念父母年皆七十，展轉病困，必須回籍就醫，方可獲痊。但非分之官，外慚朝士，歸愧親朋，輒敢昧死陳請，伏乞皇上察臣之心、憫臣之病，特勑該部仍復臣部官職銜，放回醫治。草木虫魚猶泳聖化，臣固愚昧，敢忘曲成之恩？病痊之日，即當趨赴闕庭，啚效涓埃。臣不勝感激祈懇之至。奉聖旨：歐陽德係纂脩官，着照舊供職，不准養病。

乞罷不職以弭災變疏

頃者，南京太廟火。臣某已附部院諸司疏，聞群臣退自戰兢。仰思皇上仁聖之德，内檢百司弛慢之政，正惟有君而無臣，足以召災而致變者也。顧臣品秩雖卑，而官居太學，職聯祭酒，凡士習罔中、學政弗舉，祭酒提其綱，固不若臣理其繁者之尤爲瘝曠也。陛下惕中脩政，則汰邪黜濫實爲首務。臣某奉職無狀，伏乞寬其誅隕，賜之褫罷，下以懲怠廢之愆，上以裨脩弭之實。臣無任顛越待罪之至。

乞養病疏

奏爲懇乞天恩，調理危疾，保延殘喘，以圖補報事。

臣原籍江西吉安府泰和縣人，由嘉靖二年進士授直隸廬州府六安州知州，陞南京刑部廣西清吏司員外郎，調刑部廣西司，改翰林院編脩，陞南京國子監司業。嘉靖十四年五月陞授前職。臣粗知章句，素乏才能，遭逢聖明，洊叨侍從，進貳璧雍，冒榮符省。十餘年間，徒尸官禄，曾無涓埃可以裨補，惟自甘糜殞以答鴻造，臣之分，亦臣之心也。

顧臣於去歲勞傷過度，致有怔忡眩暈之疾，日增月劇，元氣虚弱。醫者謂臣宜解官静居，壹意完養療理，否者且有後憂。臣玩忽其説，謂未必然，以致病患浸深。今年五月二十二日，忽兩眼黑花，昏跌仆地，喘息斷續，久乃醒覺，如死復蘇。自後眩瞀恍惚，往往失後忘前，不知所爲。又左足痰濕，遇天陰久雨，即麻木縱緩，寸步難移，摩熨踰時，稍知痛癢，旋復痿痺。臣竊惟人臣效忠國家，所恃以奔走運用者，外之筋力，内之心神。而臣内外俱傷，狼狽不支如此，及今不亟投閒静、調養平復，將來氣血愈傷，醫藥益難，殆死亡之無期，寧生全之可望？雖欲捐軀報國，其道無由。臣二親年且八十，叨竊俸廪，得遂迎養，每戒臣致身明主，無以鄉園爲念。今見臣病勢，亦復憂嗟羸瘠，催臣乞身圖報將來，情事迫切，甚非得已。如蒙勅下吏部，容臣回籍調理，苟未填溝壑，是陛下賜之餘生。誓效犬馬以畢初志，死無所恨。臣不勝戀恩感激、懇迫祈望之至。

比例送親還鄉疏

奏爲懇乞天恩，俯矜下情，比例送親還鄉事。

臣原籍江西吉安府泰和縣人，由嘉靖二年進士歷陞今職。猥以凡材，誤蒙器使，職思效力，詎忍圖閒？不意今年五月内，舊患痰火、眩暈、濕痺之疾復作，内外俱傷，狼狽不支。臣父封六安州知州庸，臣母封宜人蕭氏，久從迎養，已動鄉心，忽感憂危，益切歸思，寤言夢想，無日能忘。伏念臣父年七十有七，臣母年七十有五，扶筇緩步，衰容倦態。臣今朝夕侍養，稍足自慰，而父母久客懷鄉，志不願留。夫志所不欲而固强之，非所以爲悦。南京去家可二千里，非老人所能獨行。且親念子病，子念親衰，而親南子北，不相扶携，亦遠於人情甚矣！

查得近年光禄寺寺丞彭黯、行人司行人魏尚純，俱奏乞送親，荷蒙矜允，臣情悰懇迫過於二臣，如蒙皇上憐察，大布興孝之化，曲全戀親之私，特勑吏部容臣比例給假，依限供職，臣二親衰暮，幸保餘歡於丘園；百身捐糜，莫酧鴻造於天地。臣無任迫切控籲之至。

再乞比例送親還鄉疏

奏爲懇乞天恩，比例送親還鄉事。

臣江西吉安府泰和縣人，由進士先任南京國子監司業。臣父庸、母蕭氏去鄉未遠，因得迎養前來。及轉南京尚寶司卿，朝夕相依凡六年于兹。陛下孝理之賜天高地厚，不可以名言者也。頃蒙欽陞前職，臣父母上感隆恩，亟命促裝偕行，懽然忘其鄉土之思，而益勵臣犬馬之志。不意入夏以來，臣父忽嘔痰數升，加以泄瀉，頭目眩暈，左腿麻木，調理踰月，未獲痊可。竊念臣父今年七十有九，比于少壯之人不同，欲奉侍偕行，則老病侵尋已是可畏；欲就寓留養，則方寸糾棼不能自解。

查得翰林院編脩鄭一統具奏送親還鄉，蒙恩俞允，臣之衷情寔與相同。伏望皇上憐臣父母年老，察臣兩難之情，乞勅吏部寬臣赴任期限，容臣就便送父母還鄉。儻未即顛隕，臣尚當兼程赴闕效用。臣不勝祈望控籲之至。

歐陽南野先生文集卷之十七　別集一

序

送大宗伯嚴公赴任留都

介溪嚴公之爲大宗伯南都也，自少宰遷焉。陟六列，典三禮，厥惟重矣。始，天子咨諸大夫以南宗伯，諸大夫僉推擇可者上聞，凡再上，再弗可。天子若曰：「宗伯重任，其罔曰南都，其惟資望并者慎以聞。」諸大夫僉乃頓首：「群臣愚，誠如聖諭，莫臣嵩、臣若水宜者。」上乃詔吏部左侍郎嵩可南京禮部尚書。上方興禮樂，蓋重禮也，而公前爲國子祭酒，數進講經筵，遷侍郎，禮部典禮，多所與議者。進吏部，會吏部缺尚書，公署篆，數典選，諸所蓋有當上心者。上所簡注，云乃朝士則顧胥嘖嘖：「如嚴公爲冢卿、爲相，詎不可者而陟之南耶？」

夫禮達之國，國理；於天下，天下均。南京，南國紀也，大夫、士於焉聚，民所瞻也。而嚴公前以翰林侍讀綰院章南京，當是時，植身者法其端，與物者樂其弘，持論者尚其大，履事者服其縝，雖未顯陟，人業以慕望嚴公。夫慕者，興於德者也；興者，感於入者也。惟德茂者能入。周之隆，周公爲政，召公敷化於南，卒禮樂旁達，黎庶敏迪，則召公入之也。天子蓋命公以召公之事矣。

夫禮者，體也。惇情著文，順時理事，猶其有四體也。文匪情根，事靡時宜，枝指贅疣者也。夏質殷忠，有周監之損益，惟時出之以情，情衷而弗二。文儉而弗浮，事時而臧，簡而易從。逮其季，文郁郁乎彌矣。文彌罔情，罔情罔事。當年不能殫其禮，累世不能究其學，故夫子夏殷思焉。而秦漢以降，日毁裂趨之苟且，則亦彌文澈之，故曰：「人而不仁，如禮何？」君子敦厚以崇禮，乃介溪公秉心仁厚，事必由衷，不矯飭爲文貌，而隆殺卒度，所謂古之達禮者非耶？是故乃克欽天子命矣。

夫計要散、量遐邇，恒品之慮也。無散弗要，惟其職；無遐弗邇，惟其共，貞臣之義也。遠而弗忘，可以觀忠；孚而達，可以觀德。故欲近其人，試之遠；欲尚其德，艱大焉投。驗之孚達，天子之明也，乃介溪公則可以南矣。

鄉大夫、士聞之僉曰：「公可以南矣。」相與餞公于郊，再拜而道之。

送周君南喬判太倉州

嘉靖戊子冬十有一月，周君南喬選拜給事中，尋以言事忤旨，詔補外，得判太倉州。人謂某：「南喬愠乎哉？」或曰：「無之也。志士撫壯棄穢，耻脩名之不立。默以爲容，穢莫大與，苟其有述，又何愛焉？抑君父也，天也，水火浮沉之惟命，曷其曰容有弗敬？矧曰其有適然者，善巧不能爲之所，奚敢意必於其間哉？」抑人之言曰：「君子耻爲之而無成，故日月以告君，覬達也；齋戒以告鬼神，覬格也。孚而弗達，心其謂何？」某曰：「其愠乎？其弗愠乎？其愠而弗愠、弗愠而愠乎？夫棄穢可與立名矣，敬令可與行義矣，順適可與知命矣，要成可與圖功矣，抑亦南喬之心乎哉？」

夫君子之事君，其愛之若愛其元也，故其憂國，若股肱腹膂者也；其論議國事，若疾痛之號呼；其宣力，若撫而摩之也；其敬以承也，若耳目臂指之相聽；其安于所遇，若暮即枕而早作也，無非慊其不能自欺之心焉耳。夫心，欺之，逆也；慊之，順也。是故君子無適不順，善學者也。天子聖明，納天下於皇極，維兹誕告有衆，庸詎不曰「勿欺乃心」？南喬之志，固宜終有所遇乎？

行矣！天無絶物，父無棄子。任重道遠，士之職；有孚光亨，需之貞。惟弘毅者能之。某不能自盡於師，以自盡於君，所謂無所容於天地之間者，有靦視人。南喬則實既之，匪躬之脩而猶騰口説焉。誠懼夫弗盡於友，抑亦以爲報也。

送胡子南遷

嘉靖己丑冬十有一月壬子，調兵科給事中胡君子中補外，以言謫也。

上初即位，聽言無忤，即未可，猶答之温語。大禮大獄之議，上意言官有所希合，數黜謫之，乃曰：「自今無黨無忌，無事浮泛。」是秋，用言者策免二相，論議遂紛紜。上惡之，會有白二相者，遽罷首相，復二相，因詰責言官。未幾，以軍變罷雲南撫臣，六科合詞請，不許，皆奪俸。尋相繼言事不稱旨者，亦奪俸。而御史劉君汝勉又上言用明、用察之異，上以爲市直，付詔獄。時子中爲兵科僅一月，上疏論救，略曰：「古者聖王有誹謗奚取焉，以來天下之善耳。昔禹以傲虐戒舜，説以從諫訓武丁，豈二君瑕德？無虞不忘儆也。人臣事君，如子事父，安之心，誠有不得已焉者耳。」疏入，會勅誡言官，遂併逮治。人曰：「是婉切可省，殆薄震之，將與御史並宥乎？」竟坐貶。汝勉典史餘干，子中簿攸縣。

或曰：「子中無乃舛乎？智士先務爲急，誠貶秩而已矣，有大焉者，即指畫索言之不可乎？繫御史奚論焉？抑機會以順成也，寧未見顔色耶而又戾之？」或曰：「子中愠乎？父母具存，貤封可覬矣。」或曰：「此大資也，可以得志，先聲達矣，其誰不與？魚可舍也，惡用愠！」某曰：「子中何可舛也？夫言適弗用耳。如用之，主心悟、士氣作，其細故哉？仁人之志，豈其不貴悟主，而徒以爲直？夫順成，言乎其利耳。如以利，何所不至？忠告善道，順莫大歟！且榮親是覬而枉道爲容，三年之辱，亦以久矣夫！是故孝子成親也夫，子中寧愠於致孝？抑君子立其道，不市其資；正其志，不求其得。慮以下人，不患其與；篤其實，不侈于聲。奚所取舍焉？語曰『慎厥終，惟厥初』，是行也，既基之矣。

「夫大道既隱，人各以其私，君臣上下之志弗交，大夫、卿士弗既厥心，群黎百姓弗軌於則，志士皇皇，莫之救也。故孔孟急於明道，而二三子者相與切磋，不舍終身，誠知本乎哉！夫道不明於天下，欲捄其邪詖而正之，猶治洪水者不事決排，而徒堤堙焉，弗可得矣。身不行道，欲人之明也，猶越人于貨以禁其逐利，弗可得矣。志不一也，欲道積厥躬，猶之左畫方而右畫圓，弗可得矣。夫君子所欲、所樂、所性不存，是故根于心，不願乎外，致一也。致一而後志精，志精而後道凝，道凝而後化神，化神而後性盡。

「於戲，敬哉！善利之道，晦明通塞之幾，子中知之。知而弗去之謂一，體物不遺之謂精，故曰格物致知，言精一也。古之人燕冀其極而齊魯爲歸、五穀不熟而稊稗爲食者，吾聞之矣，豈其志不欲以易天下？玩物者喪，得言者迷，潔己者賊，用智者鑿，二之爾。「於戲，子中敬哉！一致焉百慮，大公而順應。」

涇野吕先生考績序

君子博學以畜德。其施未行，則厭飫優柔，含弘深厚，而資之者不匱。山下出泉，停而爲泓，瀦而爲澤，放之四注，川澮皆盈，灌溉洋溢，萬民以利，久畜之效也，是以君子貴之。

涇野吕先生始舉進士第一人及第，爲翰林脩撰，充經筵講官，上書陛下，言「政事闕違，臣職在勸講，不能以道悟主，罪當黜」。坐落職，判解州，遷南京考功郎中、尚寶司卿。居三年，循例考績，人謂先生昔在講筵，以正心誠意之學陳説納誨，婉切明暢，有足感悟人者。當是時，百僚動色稱嘆：「今乃知論道之功，非作事者所及。」先生亦慨然以格君行道爲志。逮今十年，尚在散地，謂宜旦夕召還禁近，庶以行先生之志、荅大夫士之所望者。

予姪曰「大受教于先生」，偕同門諸友問其説於予。予應之曰：「先生之志，則焉往而不得矣？今夫澤匯則旁浸，決則遠播，其致一也。先生充養完實，緼藉閎深，而好學不倦。往在解，解之士薰其德而興，並近郡縣聞風來學，隨材啓迪，皆能有所開明。比至南郡，四方就學者日益衆，僚友朋儔相與考德而問業，上公鉅卿時就而咨謀焉。源泉混混，隄而陂之，演迤汪濊，其決彌遲則其畜彌大，其浸彌廣而其播彌遠，固不必以速決爲快也。」

憶予會試禮部，今國子司業西玄馬公得予試卷，謀於先生，先生謂：「是子蓋有志於學者，宜置上第。」竟以對策未狥主司意，格不果。然先生所以期予者，意已獨至。故因諸君之請，述澤之説，以爲先生賀，且欲諸君知滁源瀦流之道，而無快於決之速也，則先生之施益不可窮矣！

送從姪仁註選南還

予隨計北上，予兄浙川掌教先生送予江滸，握而酌之酒，誨之欵欵，望之惓惓。洎予授官還，則聞兄疾革，時或報予成進士矣，便欲强起爲賀，家君固止之，乃止。嗚呼！此豈可以貌爲哉？

予召直史舘，先生仲子仁應貢，來自竹山。予别仁餘十年矣，思先生而不見，見仁如吾兄見焉。仁循謹，知大義。進與語，依於孝友，慎長幼之節，明義利之辯，視其他横決浮蕩、敗禮陵德者不相爲謀，予心重之。仁去予，卒業南雍，註選吏部，將歸省坵隴，需次於家。而予適承乏南雍，思吾兄喜予之有成，而不及見其子之成，而予乃見吾兄之子之成，爲之惘然，慨然而告仁以君子之道。

夫道根諸心，心立而道達。競利尚勝，乃賊厥真。君子操其良心，勿之有賊，故出有惠政，居有仁聲，達之徵也。捨而弗操，所以賊其心者滋焉，讐斂敵召，州里不可行矣。仁念之。

我祖觀瀾先生當元之季，累善植德，惇信明義，遠邇著聞。我松坡先生革除間殫謀畫策，忠於所事，得罪靖難之朝。今吾宗蕃，碩人胥謂：「君子之後，其積慶食德，如持券取償，固當如是。」此仁所聞也。《詩》

云：「無念爾祖，聿脩厥德。」吾與仁均有責焉耳矣。

仁歸，見吾宗子姪，其遂以是諗之。

兩淛南關志序

予同年薛君尚遷，既成《兩淛南關志》，馳使示予。關始成化間，主榷徽、嚴、金、衢之材木貨于杭者，以及清江、衛河二塲漕艘之費，若宫府百器之需，事領之都水使者。而兼督兩淛造艘之役，則自近歲始。始，漕艘分造于二塲，民運賦粟以入淮、徐諸倉，卒受之艘，而轉輸于京師。其後，漕卒以艘就民，兑其粟而漕焉，而大江以南始逐便置塲矣。艘之賦，民十七，軍十三。已乃議取於榷，惟逐便造者賦如故。然或輸將后時，又役無稽責，久乃滋弊。故浙之艘，監榷使兼督之，立之程限，嚴其出納，察其堅窳，誅其不用命者，功始有績。君子是以知事之難。故餘十年間，集衆思，通時變，而漕政始得其理。其可苟哉？其可苟哉？

予聞榷之説，曰：「取諸農不若取諸商而苛者，民以籍口。」夫榷課重則物價昂，用物者獨非農耶？吾未見農之獨益也。艘之法禁，日詳以密，然獨不聞執事者私用無窮，則官物堅完乎？故予嘗謂天下之事成於相資，善於相利。民出粟，漕卒出力，商出材木，匠出技，凡事事者出勤勞，皆有所利于官，而官以其所利利之，故相濟而不匱。苟偏厲焉，則潰以敗。如是而繩之以瀍，譬折鼎之足，從而綴之，而維以徽纆，鮮不覆矣。非察於民之故者，其孰能與于此？故志不可以已也，將使後人循其故，求其所以利敗而變通之，可無稽乎？薛君當監榷倥傯之餘，而留心于志。嗚呼！可謂遠慮者矣！

敘羅半窻先生別

予髫時得文一帙，讀之雄深雅健，力追秦漢，予意浮文熟爛之餘而有好古博雅若此者，想見其爲人。或曰：「羅半窻先生作也。」先生是時官省署，已乃出守，歷袁、贛、南昌、南康四郡，遷江西副按察使，飭饒州戎備。諸郡士民，往往道先生才識天授，每訟牒滿前，披剖詰折若不經意，頃之庭無留迹。公移獄牘，下筆立就，黠吏竊睨之，縮首吐舌，相戒不敢舞文。縣都賦役，幾其高下而約爲中制，民便其法，乞久久不變。與上官論議，獨持侃侃，可否是非堅不可奪，坐是多齟齬。而先生念太夫人春秋高，上章乞侍養。未報，揖上官，徑東歸，人莫能留。故士大夫知先生者，率稱其文章、政事、節義、氣概以爲賢。

予官南雍，謁先生於家，則見其淵懿曠遠，即之粹如，而慷慨磊砢，若將抗埃壒而孤厲者。視所與游，久菴黄公、涇野吕公、鶴田王子、九峰胡子，皆志于道者也。金陵萃四方之彦，豪於詞章、昌於氣節、勇於動名者何限？而先生日與數公者輪肝膈焉。夫躭貨近賈，躭伎近工，予是以知稱先生者，或未盡其藴也。予聞五臟之氣偏盛則色見於面，故肺盛者白，肝盛者青，心盛者赤，復其天和，沖然無可象之色。然則稱者之云，殆未見其沖然者耶！宜其知先生與予異也。

先生除太夫人服，復除山東。山東，孔孟之鄉也，山有太岳，水有溟海。登泰山者小天下，觀于海者難爲水，而況見孔孟之大者耶？孔孟遠矣，而心之所同然者實備于我。反身而誠，則高明矚無外，廣大涵無際，小德川流，成章而達。先生行也，登泰嶽而觀溟海，無負於仕孔孟之鄉，在此行矣！

送吴君東原節推鄖陽序

君子内畜厥德而外慎于行，非求爲可用也，盡己而已矣。而脩日詳，日見其不足，是故宅心弘而習事熟，其動也罔括，其酬物也不滯。故君子之盡己也，而用在其中矣。於予觀天下凡建奇樹偉、垂無窮之聞者，率欿然若無，退然若拙，兢兢然若不能集事，恐恐然若將隳之。而凡用壯、用罔，自視有餘，忽易世事以爲無難焉者，鮮有能濟者也。故良賈若虚，良士若愚。

東原吴君之爲南臺幕也，於兹三年矣。上自御史大夫，下至諸道監察，日相與周旋，罔不亟奬交贊，而無有訾病之者。君淵夷恭慎，不事表暴，美辭翰、富才術而未嘗掛諸其口，非與之久，不知其有所負挾也。遇事可以立剖，然嘗周回顧慮，懼有所不盡。幕中諸務，雖米鹽瑣屑，一經綜理罔有疏漏。其縝密性成，凡勉爲之者，皆自以弗及也。是歲冬，君擢爲鄖陽府節推。鄖號難理，而節推推鞫爲尤難。昔賢有情僞微晻之懼，然知君者以爲必能善於其職，譬諸花不待蓓蕾灼爍，觀之根荄、枝葉而其品可知矣。

君去南臺，予兄石江先生來爲中丞，不得與君共事，而吾宗徙居于鄖者縣有之，父兄子弟得君爲司牧，以有所庇覆。予既以失之於此爲憾，而又以得之於彼爲喜，因監察諸君來徵贈言，而述情之所屬者如此，以爲諸君之憾且喜，宜有甚焉者也。於戲！君其念哉！

香泉志序

香泉山北去和州一舍，而遥下有香淋湯泉，迸珠沸鼎，隆冬可浴，相傳梁昭明太子嘗浴乎是，因名「太子湯」。其後甃池，引泉稍區别之，以便浴者。泉傍有香社寺，有書院，有堂，有亭，歷代創搆增飾，浴斯憩斯，題詠篇章日富，而未有編載以傳者。和州去南都百里，縉紳大夫或不知有此泉，無論遐域。巔泉胡君曰：「文悪可已也？自古天下大故，文籍缺略而湮微弗顯，若此泉者豈少哉？」巔泉篤志古學，自司寇郎謫倅和州，將崇文立教，接邦人於道也，則姑與脩《香泉志》以爲之端，而士未知其誰與也。訪於屬邑，得太學生劉子良習，則姑以脩志爲羅。羅而致之，又將因以爲媒，以盡致其他可與者與講業焉。劉子慕賢使君，學道興化，日幾其成也，則躬示率作，以濟賢使君嘉惠邦人之心。志成，來謁予序。

夫湯泉，或水性有固然者。後世鬼物之論怪誕不經，獨所謂其下有硫黄、丹砂者，宜若近之，然亦揣摩想度。如日中之烏、月影山河，渺茫冥昧，莫得其真，乃必欲究極其故而爲之説，然則火井、鹽池、黑水、弱流，將有無窮可説者耶？予以爲雖聖人有所不知，殆此類矣。

凡浴泉而詠者，莫不爲説心澡德之言。夫詠以宣志，言以表行，不可苟者也。蓋成湯昧爽丕顯，坐以待旦，與日俱新，觸物滋警，於是有盤銘。銘豈徒焉已哉？學之患，大率索隱以爲之，脩詞不立其誠，故曰「悖於道」。孔子曰「知之爲知之，不知爲不知」，「君子先行其言，而後從之」，兹致道之要、聖功之本也。誦説忘義，詭經判訓，其文存，其實則湮微而弗顯，其可患乃有大於文籍缺略者。巔泉其亦有感於斯夫？

夫將與邦人共學而適道，既發其端，固且有以繼之。予言其萬一有取焉，則茲志也，非但使茲山、茲泉有聞於人人而已矣！

送吴梅山地官考績序

謙，其至矣乎！夫謙，君子所以厚德載物者也。地附山澤而載之，天包地而載之，謙也者，下也，人道所以配乎天地者也。物之情，下體博以大，樹之根、山之麓、百谷之海，皆大者也。地之於山澤，天之於地，愈下斯愈大。謙也者，豈非德之至大至大者歟？

夫人而能謙也，豈不謂之大人者歟？雖然，未易言也。昔者孔子蓋無所不能，而曰「我未能一也」；無所不有，而曰「於我何有也」。由他人觀之，孔子謙而弗居也，然孔子之心，誠以爲無能、無有也。夫誠以爲無能、無有者，而後能謙。曾子之論曰：「能而問於不能，有而若無，犯而不校，爲他人言也。君子之心，苟自謂云爾也，則其滿也甚矣。」故君子者，不自能，不自有者也。夫不自能、不自有者，而後能謙。嗟乎！豈易言哉！豈易言哉！

頃歲，傅石淵爲御史，按南畿，爲予言宿松吴令賢也，曰：「其政渾渾，實惠其民，而廉於取譽。」已而，吴子入爲南司徒郎，寮采咸曰：「梅山子，故厚德人也。既其實，不耀其文；循乎内，不炫乎外。」予心識之。於是吴子考績，其寮吕君輩來徵贈言，予請問吴子之政之績，則皆曰：「宿松之聲，諸大夫罔不聞，然吴子常欿然以爲何足道云爾。吴子爲郎三年，廉勤公慎，諸大夫罔不聞，然而常赧然曰：『拱辰何以免於尸禄、尸官者也？』」予乃言曰：「兹吴子所以底績也。」

夫吴子所謂不自能、不自有者，夫是故視己常不若人，而視人無不己若者也。反己常若不盡，而視人之不盡，皆己之不盡也，兹吴子所以能下下而厚載之也歟。易卦六十有四，謙最善，其繇曰「不富以其鄰」，曰「利涉大川」，曰「可用行師」。夫德孚於鄰，而涉川、行師時乃罔不利，况其他乎？吴子行也！慎斯以往，吾將見其君子之終矣。

送東塘茅君守平陽序

山之西，平陽爲上府，地廣千里，州縣三十有五，其屬知州以下大吏數十，小吏數百，編户十餘萬，丁中任職無慮百萬餘，庠校俊秀幾千百人，郡守臨其上，而君長之重矣，然亦難乎。東塘茅君新之自南户部郎中擢守平陽，其僚安君子静輩謁予，曰：「重若是，難若是，又堯、舜、禹故都也，民風猶有虞夏之遺，治將若何？」

予曰：「堯、舜、禹故都，而民風猶有虞夏之遺，治之則固不遠矣，而又何求？鄉有善士化去千百年，而入其野者必問，過其閭者必式，覽其遺迹必思其儀刑，如親見之，而况大聖人乎？蓋孟子言必稱堯、舜，而事君不如舜、治民不如堯者，以爲上慢而下賊，况官其國都、感其流風者乎？今人謂聖人不可幾及，亦未既其實耳。典謨所稱，曰『欽明恭讓』，曰『温恭允塞』，曰『勤儉不伐』，皆世所謂經德庸行，豈有絶智異能、非民彝所秉者耶？其授時秩事，任土作貢，制器利用，敷教慎刑，官授之職而屢省其成，兹百世所因而今之郡縣率爲章程，卒未有異焉者。至於失法度，淫佚樂，違道干譽，咈民從欲，聽言罔稽，用謀弗詢，怠荒傲虐，從逆興戎，其心未嘗以爲無復可戒，則亦猶夫人耳，而顧視歆焉，若將絶望。使賢聖、衆庶如水火各一其性，而古今異政，若冬夏裘葛不相襲也，則何如其可也？無乃自諉不能、畏難折枝而坐嘆脩途者耶？故君子志大心小，期於高遠而行自卑近，故德立而政無不達。

「君嘗語人曰：『某何知？惟是先大父檢菴翁、先父南畦翁之訓，奉以周旋，罔敢墜也。自入官，所事所友，下逮所臨，禮之罔弗答，法之罔弗從，以幸不大獲戾，惟先訓是賴。今位任益進，然其道豈異哉？夫檢者，約也，以約鮮失也。畦也者，稼圃之外罔敢知也。先人之志也，約心無放，約身無佚，耻素餐而息外慕，某所以繼先志者，如是而已矣！』

「嗟乎！士所以希賢聖者，亦不過如是而已矣。而凡務外自高者，身都貴顯，其祖父隱約，輒自賢自用，狹小前聞以爲不足。君稱引不出家庭，而遠大之期於是乎存充是心，所謂徐行後長而可以入堯舜之道者非歟？

「往也！平陽之民且以爲父母，且以爲師保，而政不足成矣！」

送吴蓀塘守襄陽序

是歲春三月，上行幸承天，襄陽守坐不恪罷，吏部奏以南京儀部郎中吴君仲敬往補其缺。承天，上潛邸、皇考妣陵寢在焉，襄壤地接，又水陸道所由出。上孝思篤至，其視襄重固當異他郡。君名上，即報可，是必有當聖意者。

人情樂暇逸而惡勤瘁，一不適則懼，懼則罔。或謂：「君如居震屋下，將無索索矍矍者歟？」君顧曰：「人不知懼，故計慮不周，以墜於不恪。誠不恪，微襄，豈有免乎？吾今知懼矣。雖然，臣子事君，獨奔走爲能也與哉？吾亟欲聞襄之故，其孰以告我？」於是同寮曾君某輩使余言之。

夫襄亦多故矣，君不以奔走爲能，則所當懼者宜進於是，而予何足以知之？蓋嘗有感於羊叔子之事矣。晉、吴交争，叔子厲兵贏糧，驅罷敝之民以控强敵，折柳樊狼，一不戒，即風霆雷雨在几席下，豈非至危事哉？而叔子乃輕裘緩帶，登山陟巘，置酒高會，無異平時，又何暇也？人之生，利害得喪其伏也，若符而判；其至，若約而期，無所逃焉。有動其中，必摇其神，神蕩而失守，則萎薾疏脱，足以僨事速戾而已。故懼患而怯者，與禍爲招；無怵於物者，臨事而能戒。兹叔子所以爲善道者。今之與叔子，蓋不同日語也。

上給復全楚當歲租五之二，凡以園邑故爾，其視吏亦有以異乎哉？雖然，天下事弗懼罔戒，弗戒罔濟，而君子嘗恐其過而怯也。君知懼，故廣之以叔子之事，其以此思暇矣。

同年履歷録序

江西正德丙子同年舊有録，越十餘年，而出處存亡、東西南北日疏逖矣。

嘉靖己丑春，試禮部者、入覲者、官朝著者胥會於京師，俛仰興嘆：昔之日，大同以爲志，世講以爲信，而至於出處存亡，或不相知也何居。乃議刻履歷録，命某爲序。是歲，李邦吉、胡思貞第進士。思貞以其暇采集之，而序未及作，弗果刻。

壬辰春復會時，會者餘二十人，而以覲至者三之二：李可受自閩，李應元、陳德徵自浙，聶鳴卿、傅天祥、甘夢徵自楚，胡立之自廣，黄文韜自河内，李本陽、夏廷乂、王如悔自畿輔，陳佩之、黄元静、程文純、思貞自南畿。同年同覲之盛，前此未有，胥顧愕以爲奇，且胥責序不亟、録不能以時成爲某罪，遂各捐金爲梓費。而某適承南雍乏，且因以梓事見委。時徐九達爲學正，黄正之來卒業，胥在南雍，乃屬二君集所未備，屬湯鳴和刻諸繁昌，以成諸君之志。

夫諸君之志則善矣，然某竊有望焉。自昔爲同年者，其所自許，孰不曰大同？孰不曰世講？其既也，或人各有行，或躬自爲簿，未有績實以要之悠久，凡以未知其本也。夫人之所同者良心，如目同明，如耳同聰，故五色異而天下一視，五聲異而天下一聽，其聰明不待强之然也。故得其良心，則或出、或處、或默、或語，爲行不同，然其可以質鬼神、可以俟后聖，有不可得而異者。失其良心，則私僞交錯，情態紛糾，室分户牖，工專枘鑿，有不可得而同者。得其良心，則始於家邦，施及蠻貊，被諸草木禽獸，罔不並生並育、引養引恬，況其情義相紝者？失其良心，則氣通呼吸、情均休戚猶胥戕胥虐，不相爲謀，況其以義合者？故良心其本也。

凡我同年，撫録而興思，慨往而創今，慎終以酧初，必自良心始。無侈意氣，無滕口説，無使後之視今亦猶今之視昔，則兹録也，不但爲吾輩講好之資而已矣！

松岡詩序

松爲木，黛色，參天而結根，失所則拳蹙而不遂，故於平岡廣阜爲宜。岡雜植凡卉，則穢翳榛塞、無足適者，故亦以松勝。灌溪尹君儲用，負岡而宅，宛延數里植松成林，日考槃其間，栖遲偃仰，自適也，因號松岡居士。

或曰：「君奚取此名？無亦以自況耶？尹，茂族也，先宫允公以詩書發家，以忠孝飭身，禮義之澤百年，十世鄉人猶襲餘休，矧曰託於厥宗？茲其爲岡也，將萋梧雝鳳于彼朝陽者耶？抑松有君子之德六：柯葉貫四時；樛密之蔭酷陽，暑、雨可依而芘也；微風過之，聲音和切律吕；凝脂零露，餌之者引年；僊禽相而栖焉；其才大可棟，小可榱。君貌古而莊，語簡而和，瞻之威如，匪其人，莫之能即。然良夫、端士狎而聆其論説，有味乎其言之也。身自植立，蔭芘及遠。施始諸昆，捐發無所愛。居常若從風婀娜，至其矜重然諾，庶幾凜凜有雪霜之姿。或違衆持議而卒以立事，雖有巧慧，莫之能奪。人曰：『如君謂棟隆不撓，可矣！』夫仁者於山，知者於水，惟其似之，是以樂之。君之於松，亦名其所似者耶？」君聞之曰：「松若是，予何敢比德？抑予猶未免爲凡植，依倚長養已矣，於岡無乃爲辱？」既又曰：「松哉！松哉！徂徠之巔，曳萬牛而求之，乃區區一隅，混蓁穢之間爲？」或告以蒙莊樗櫟引年之説，笑而不對。

君以子妻吾兒。紹慶癸巳春，過予南雍邸第，諸從君遊者，贈之詩歌詞賦如干篇，其言松岡之適備矣。君間謂吾兒：「尊公能無訓乎？傳稱百仞之松，其下必深入厚壤，盤屈糾結，言綿密其枝葉，在本根先植也。既培既溉，枝且爲柯，蘖且爲幹，須材者且相尋而至，兹岡且埒美於徂徠不異矣！蔦蘿之施，尚亦永有賴哉！」

送廷尉周公北上序

慷慨激烈，直色正詞，苟可以利國家，弗恤其患者，節之厲也；炳幾矚遠，剖紛理劇，苟可以濟民生，弗憚其難者，才之達也。節以立義，才以行智，出之以遜，成之以信，而其用不窒，德之裕也。吾觀士君子砥廉隅，矜氣概，蹇蹇而不失其正，自愛者猶將能之，至於明敏疏豁、隨試而輒效者，何寥寥也？備有之而能將之以德，尤鮮矣哉！

厚山周公始舉進士，爲大理評事，恤刑閩中，已隱隱名動京朝。武皇南巡，令群臣敢言者罪無赦，公率僚輩上書留駕，詔獄械繫，廷杖之幾斃，謫丞永嘉，禁終身。於是直聲震海内，然而懷抱磊魂，未有所試也。今上録用忠諫，超拜韶州守，居三年，韶民惟恐旦夕去公，走當路上狀，乞勿以公考績，竟留弗得行，而人望益有所屬矣。尋遷憲副，憲使陟左右，轄歷巴、蜀、晉、秦，治行顯於西土，廷臣交薦公，謂可屬大事。當邊圉重寄，遂以副都御史撫遼東，布德宣威，軍將死令，蕃戎死要，東部寧焉。公堅貞挺特，然恢廓坦于，不爲瑣細、嵬崖、樹奇、設巧以自表揭，宜其投之所如，罔不有濟，蓋所謂遜出信成、不窒於用者歟？

癸巳秋，進佐南院，督江洋操備。衆方仰公先事制防，建宏大久遠之規，而公被命入爲理卿。理卿，古廷尉，正執法典以聽獄成，下與士官相可否，上與天子相重輕者也。廷尉首稱張釋之。釋之事漢文帝，帝納其言，止不拜上林嗇夫，即召驂乘，徐徐行，問秦敝，其受知既深矣。及其當犯蹕、盜環者罪，帝大怒，釋之反覆陳對，至免冠頓首謝，帝猶持之，良久，與太后言之，乃許廷尉。以帝之寬仁，當其意有所怒，雖深知篤信者反之，若是其難，然則廷尉天下之平，可易易言哉！釋之對辭，今具可誦說，慎斯術以動主聽，其能必有濟乎？未可知也。嘗觀釋之稱絳侯、東陽侯長者，言秦俗急疾苛察，亡惻隱之實；公卿廷會，善黄老言者王生顧謂釋之結襪，輒跪而結之，意其爲人，必也剛塞而能愛、朴直而能恭，其悟主以濟幾事，固有出於言語之外者耶？

公行矣！德盛者其光遠，誠積者其動速。天子仁聖，知公非一朝夕也矣，艱大豈足道哉？某不佞，惡能贈公以言？北湖侯公暨其同鄉諸公固以屬某也，故不敢辭。

送湯洞西序

洞西湯君鳴和，令繁昌二年，將入覲。繁昌士民相與言曰：「湯侯，吾父母、師保者也。侯於民，賦之若恐匱其財，役之若恐竭其力，刑罰若恐戕其生，聽斷獄訟若慰諭同室之鬭，於士禮之恩意、訓之行藝，若養其子弟之才賢，吾儕誠不能以旦暮違吾所父母、師保者。侯今入覲，其往以六月反者也，反又將奏績於朝，孰能使侯今弗行者？吾與之！」邑幕何君經世、大學生徐渡、汪儒具以告予。予與湯君同舉於鄉，喜君能善其政以得民心，而又惜夫士民之情無以達於上也。

述職、考績，皆帝王馭臣之柄，然用其一，足以綜核功能、黜陟幽明，而兩行之，以煩動群衆乎？嘗稽

《虞典》《周禮》所載，參稽其制意，古者考績以廢置朝廷之卿士，述職以誅賞邦國之侯牧，其用各有所當，豈後世循習而一施之乎？當時諸侯世守其國，聖人猶恐其道路弗息、曠廢民事；而使方數千里數易之守宰，三歲再如京師，往復數數，政未及成，化未及洽，而會期已嚴，奚取於張官爲民者也？

然竊觀聖祖創定經制，列聖潤色祖烈，其初令百司歲朝，凡考績者必注代、親上狀，考功部覈遷調焉。後更三歲一朝，長吏任淺者勿親朝，滇僰邊遠特免其朝。凡朝還而當考績，或踰其期者，若滇南五品以下一考、再考者，俱勿如京師，所司受其功狀，以殿最聞，蓋亦漸變之簡，以追古帝王之道，如前所稱，殆有意焉而未之及，將使後有作者善繼其志乎？有如因人情事勢，稍酌地里遠邇、品從上下、歲月久近，以制其疏數，其於舊章、古道宜亦無悖，而如前所稱者庶幾免矣。予是以惜士民之情未達於上也。

雖然，湯君亦寧爲徒行者？自金陵至京師，幾郡縣百司長貳集銓部者幾百千人。民情休戚、吏治臧否歷覽合聽，則知見博而政理益精，所以對士民之望者，其在兹矣。士民亦何憾於君之勤動也哉？

歐陽南野先生文集卷之十八　別集二

序

贈琴溪陳公致仕序

始，琴溪陳公以南司業在告，用薦起，改官于北。予聞公久，至是始識。公坦坦于于，不見崖畛，不矯爲文貌，其出詞傾竭底裏，略無停畜、遲顧以揣迎、希合。予意公蓋率真任質、無所設飾者耶？視世之顯示寬博、淵藏阱毒、語笑詭秘、不可測識，相去何遠矣？然而俛仰故吾恐其未能有所遇也。

居久之，公簡擢大司成，予亦承乏司業，相從而南。未踰年，公竟致其事而去。公居常有飄然脱屣方外之想，論者以謂公率真任質之所近，而今乃有獲，公亦自喜，以爲不慭其素云。

初，予且南來，人謂予必將導諸生以道，進之講而教之學，琴溪公將不相悦。予聞而疑焉。道者，人之良心，非外鑠也。率良心而之焉，而後人倫無不盡，庶物無不理。欲動私勝，而良心賊矣。夫理欲、公私之間，其能幾何？是惡可以不學？學惡可以不講？兹孔子所爲憂也。聞琴溪家食時，厲貞介之行，樹孝友之聲。此其人，豈其悦孔子之所憂？必不然矣。已而，日侍公訓迪諸生，啓以經訓文詞，而未嘗不依於道德、心性、忠孝、廉節之義。予日集諸生而申告焉，公亦不予非也，乃益訝人言之未悉。徐而究之，公非不悦學也，惡夫高虚而無事實，好勝以張門户、立異説以詆先儒者也。

夫君子之學，以存其良心，根諸性而非高，徵之事業而非虚。剖藩籬，破形骸，取天下以爲善，率天下同歸于善，而無門户之可分。上之神聖，下之芻蕘，善惡同異，無弗愛且敬焉，而無一人之可詆。不若是，違心孰甚歟！夫違心者亦違人，違人者人亦違之。然則琴溪所惡，固予所同惡；予所好者，未必非琴溪所同好。而何其知琴溪者淺也？豈率真任質者，求遇於世，卒亦未易哉？

雖然，物之不齊，亦物之情。以一説而欲定天下之同異，以一端而欲一天下之從違，聖人弗爲也，此予所欲盡於公而未盡者。而公行矣，惡所用予情？吴門號山水之奥，煙霞泉石，真樂融融。有道者惡能以彼易此，而有所慕戀？然以予不能已於公，而知公亦或有不能忘情於我者，書以贈公，以繫遐思。異時從公爲荷衣竹杖之遊，當畢其説。

沈南山調任北上

南山沈子明仲，其器渾渾爾，其容温温爾，其與人恂恂爾、欵欵爾。從沈子遊者，遠而彌親，久而彌愛，莫不曰沈子君子云。

沈子幼從所生命，爲叔氏後。歲癸未，會試禮部，中甲科。時所生親在攢，命舟亟歸，人胥謂沈子：「即奉廷對，歸未晚，何遽也？」止沈子，沈子必不可。人曰：「孝哉！沈子篤恩義而薄仕宦。」

沈子令豐城。豐城故劇邑，上官、過客水陸並奏，視廚傳爲好惡，令往往皇遽無狀。邑民習爲椽起家，椽無慮數十百輩，善以文法摇制人，令畏其口語，則屈己下之。沈子爲之三年，潔身執禮，愛人奉法，卒無所撓。人曰：「貞哉！沈子守道以守官。」

沈子入爲南京刑部主事，小大之獄，必極其情，求生於死，致哀矜於不可不殺。廷尉評所讞，罔有冤稱。人曰：「恕哉！沈子不以法爲虐。」

歐陽子曰：「夫孝，道之本也；夫貞，事之幹也；夫恕，仁之方也，凡皆心之德也。君子孝以達道，貞以幹事，恕以行仁，凡皆心之用也。夫心本一而不雜，動於欲則雜而不一。方其未雜，德不學而能，用不習而利。既其雜也，學以一其心，而後能達於用。故君子致心之學，則無往而弗臧。」

是歲秋九月，沈子自南刑部遷武庫於北，同官諸君子問予贈言，則以予所常言者復之。異日，沈子過予辭，問何以爲武庫，則又以復諸君子者復之。

予，鄙人也；予言，邇言也。尚無曰「有是哉？迂也！」問贈言則曰心學，問所以爲武庫則曰心學」而遂置之，而姑聽之，而姑察之，而可矣。予，鄙人也，誠知夫心弗學弗立，心弗一弗達。弗立弗達，弗利於用，是故不能外心學而有言也。

南陵尹張君考績序

進士張君顯父，爲南陵三年而政成，將上之太宰，以告于天。王乃請諸當道，當道曰：「政如南陵，盡心焉爾矣。」俱報可。

先是，綉衣使者行部交薦南陵令，或曰豈弟，或曰恭儉，曰誠，曰公，曰有執，曰輕徭，曰堪劇，曰卻金之心，如水之譽。予聞之，曰：「嘻！未有令如此而政不達者也。」

南陵廖丞惟學，予鄉也。予問焉，丞曰：「思不知其他。令始至，百姓懍懍，公庾無宿粒，今儲粟以石計者五萬有奇，即歲有不虞，吏民恃以無恐。令始至，民故囂悍，今訟鮮譎狙，鬬罕凶獷，犴獄爲之一清。令始至，庶民遊冶，今畊織相尚，工賈脩業，鮮以燕辟于度者。令始至，進諸生于講，課而教之，今彬彬嚮風，講誦之聲相聞。令始至，躬先儉約，今篋笥不增於其舊，家無衣帛之僮。」予曰：「嘻！未有政如此而民不懷者也。」

至是行李既戒，士民相與謀曰：「侯善治，我民曷告天子？天子念閭閻，將復畀我侯。」或曰：「天子側席求賢，如侯者，朝奏績而暮超拜者也。侯故慈我，固留侯，侯將無舍去。」或曰：「奏績，典也，用人道也。我民不得遮留侯，侯不得爲民遮留留。」乃相與請于廖丞。丞既諭止之，而以書詣予，求文以贈。予曰：「嘻！未有民懷如此而令聞不上逮者也。」

夫大道之世，君以民爲心，其仕者亦莫不以君之心爲心，視民所好惡，若赤子之飢飽寒燠，心誠求之而不忍拂。民悦其上，誠以爲安養生全之所從，而舍之則無以爲命。上官視庶僚猶其克家之子弟，獎訓勵翼，惟恐弗成其美以不能肥其家，是之謂一德一心。後世人滋僞習，仕慕速化，煦煦以結百姓之驩，皦皦以苟一時之譽。雖僅而有獲，然隱諸其心，有耿耿不能安者，況人之心而能要之久乎？

吾觀南陵，其士民之懷、僚友之孚，若出於其中心之不可渝，夫是以顯名而獲上，是故有不苟然者。蓋孔子論治，必本諸誠身，故思誠之學，不可一日而不講也。張君蓋思誠者，繼自今位且顯陟，志且大行。因已試之効，期無窮之休，必能信予言之非謬矣。

侍御仰山宋君考績序

嘉靖甲午春二月，仰山宋君獻可爲御史且四年矣，始上其績於朝。先是，君言事忤旨，詔獄逮繫數月而後釋。無何，有巡江之命，朞而代，復於天子，還而後奏績，以是緩。臺長輿浦王公察君飭躬脩職、振綱貞度，書其覈曰端，曰恪，曰肅，曰公平，考最吏部，覆實以聞。

初，天子用廷議，重江洋之防，令南京御史巡上下江者，簡其人無泥資次，賜璽書出居所按地，無狥故常。下江御史奉璽書居鎮江府，自君始。吏民聞君至，相戒曰：「是嘗巡京城、劾罷貪横中使、天子嘉納者也，不可犯。」時方嚴番漢互市，而民有貨暹羅諸國，道海歷閩、浙以入江者，巡徼守禦諸司弗何也。君廉得捕繫，繩以法，上章曰：「利重，人所趨。今弗戢，後鼓衆啓釁，蔓難啚矣。而沿海諸臣略無所省，請一切按治之。」於是風聲震動，海道、江郡肅然知戒備焉。及代，條上四事，皆經遠啚久，先幾制防，識者知君通達大計。至是，聞臺評，罔不稱允，而僚友猶嘖嘖嘆。

君被逮時，卧病已數月。人栗栗爲君危，而君入慰大孺人，出對詔使，無幾微見於顔面。已而奪俸一年，囊篋蕭索，未嘗有窘急，意能堪人所難者以爲賢。

予觀自古哲人貞士，其器度才識凝然廓然，足以樹業垂休、播之無窮者，往往困鬱拂亂，震驚脩省，定其志而義精，挫其鋭而氣沖，深其慮而智遠，堅其忍而量宏，而後投之所向，無不中節，天若有意乎其間者。其君幼孤，母太孺人尚少，大父代府長史公既老，君勤身績學于茹荼集蓼之餘，何所仰賴以覬成立？其操心慮患，亦既危矣。逮成進士，授大行人主事，驅馳周爰，諏度險阻，更嘗益練益裕，而後進之臺憲。人徒見君施張建白轟訇燁燿，而不知憂患相嬰、艱大相投，去之孤煢之迹，其與幾何？是天之所以玉君於成，宜其器識才猷有以度越等夷，而其進未有艾也。夫驅千里者慎發軔，三載考績，仕之發軔也。車堅馬良，則積載可任，遠道可致，吾於君有望焉耳矣。因其僚友之請，序以爲贈。

同年操慎齋僉憲廣西

同年，仕同地，志同方，相滋以學，相切以義，其倡也相和，其規也相繹，其惑也相析以解，相勸於檢心制行、脩職不怠，罔有猜嫌、垂異奸乎其間，故聚則恒樂，久而彌篤。此人情所同欲也，而時數有不可期者。

曩予自史局承乏南雍，時慎齋操君廷節爲水部郎，石淵傅君朝晉爲巡行繡衣使者，先予來南。繼之者，水部梁定齋方静、臺察朱南泉朝章、比部高苔堦弘望、王脩齋如悔，而石淵還朝，復擢光禄以來。數人皆正德丙子同舉也，時時舉酒相屬，以敦夙好，未嘗不述前所稱者，以爲庶無媿乎，則交儆而退。蓋往往自許自幸，而他人亦罔不許且幸之。今年冬，慎齋擢廣西按察僉事以去。同舉九十五人，二十年間得爲按察者才三人，其擢自南曹者，自慎齋始，蓋美遷也。而相顧不能無少望者，合離遠邇之感，於疇昔相許之意爲可概耳。

僉事以廉訪激揚，紀綱百度爲職，隱奸宿慝必詰而禁之，大殘巨蠹必擊而去之，況夷獠盤結之地，鼠伏狼跳以畜毒扇虐者。其捍禦乃在呼吸雷風之間，謂宜敏給多智乃能善於其職。然君子以爲藩臬重任，當方面爲重臣，非以躬自集事爲能。開誠布公，和合衆志，不大聲色，而斡旋闔闢有餘地焉，此道之所貴也。慎齋精練以藝，廓達有容，蓋能務所貴而不失其所重者。其行也，南泉諸君不忘疇昔相滋相切之義，請贈以言，謂予齒差後，使執筆而書之。

同年李前岡知辰州府

政治之不逮古昔也，豈時勢異然哉？古者政立而教行焉，後世則徒政而已矣。民稟天性，藴靈含粹，或蔽於所習以失其真，故有淑慝貞僻，而彝倫、紀綱、風俗之斁敘臧否繇之。先王般阜其民，帥之鄉州、黨族之長，育之塾校、庠序之師，習之冠婚、喪祭、飲射之禮，擾之觀象、讀法、徇鐸之事，閑之儀文、度數之節，勞來誨化，勤且至如此。是以其政不肅而成，上易知，下易使也。後世長民者，賦税、獄訟、追胥、期會之務非異於古，然所以道民於德，術已疏矣。民之回遹，傚上從康，相效成俗，於是治有所不行，而綜核、刻責、操切之法起。法窮則頑鄙其民，謂不可治。孟子曰：「善政不如善教之得民也。」顧謂迂遠不切、棄而任法以至於此，惑矣！

漢之文翁，非有殊絶藝能，其爲蜀郡，蓋僻陋之邦。文翁欲誘變其俗，擇遣蜀生受學京師，躬自飭厲、勸相不怠，蜀生競相淬濯，比於齊魯。然文翁所教，蓋文學、律令已耳。其所擇遣，又必開敏有材者，習之數歲而後成。惟其識達緩急，而難易久近不計，竟以浹仁聲、樹嘉績，名循吏於後世。蓋古之爲政者，其遠覽訏謨率若此已。

辰州，楚南郡，《志》稱地連溪峒，俗近巴渝。然予嘗接其仕者，往往好古敦行，聞其民多質直開爽，可與興善。前岡李君仲復擢守於兹。始，君自東莞令累遷南京户部郎中，中外歟歷，民情、吏治周練洞知，所先務者也如是，而爲民師，帥隆古之治，其庸可冀乎？

君行，或言用君於遠郡，非所宜。嗟夫！苟有志於興道致治而已矣，辰州豈遠於蜀也？於是，諸同年僉謂予曰：「善乎子之言，請遂書以爲贈。」

同年喬君擢陜西參議

國家乘邊塞要害，樹堡列屯以控制戎虜，轉内郡粟給餽餉，專官督之。而陜西、甘肅莊浪衛，設分守參議莅焉。甘肅，古河西五郡地，横貫虜中，離其交合，所謂斷匈奴右臂者，内通蘭、靖、洮、河諸州，莊浪爲之咽喉。夾莊浪肘腋間，皆番戎巢窟。參議職餉，亦陰贊武略。

異時，簡廷紳忠果才猷者往踐厥任，蓋重之也。予同年喬君伯藏，擢自南道御史以往。君在南道且十年，老成之譽，隱然動臺省。巡江洋，數樹奇功；監内藏，中貴斂戢；考課百司，臧否必當。前後舉刺建請，率愜輿論，而驕縱者尤多所彈壓。中間忤旨逮繫詔獄，然不少挫衂，最後匡時政四事，天子嘉納焉。迹君所爲，其於大受遠猷，有餘地者矣。然則善其職以光簡擢，其果無足異乎？於是，同年仕南都者屬予贈言。

予惟勾稽節量之政，苟有心計焉而可矣，然君子恒病夫會之大悉，且懼非制勝之全也。蓋李牧帥鴈門，幕府贏羨恣費無忌，故能結士心而激作之。趙充國戍金城，使糧穀芟藁，可恃以持久，用揚威於諸羌，卒之單于遠塞、羌虜坐降。今邊餉歲取僅足耳，日屑屑校斗斛、計銖兩，猶懼弗繼。持此以作士氣、威敵情，其將能乎？然則審聽熟慮、畫建永利以亮采熙績者，將若之何？若曰正出内、時盈縮而已矣，他非所敢知，茲固守職者之常，而世亦莫之異者，其於經國之猷何如也？於戲！君奚擇而處此？

費子北召

少湖費子，將赴職方之調，鄉人仕南都者，崇酒殽而餞之，相謂曰：「盍贈以言？」

或曰：「贈者，增也，增其所不足者也。費子無庸增焉耳矣。費子多學而能擇，文思敏贍溢出，英年巍科，首中秘之選，四方名俊瞠乎其後，乃退然自牧，若無所介恃者。自敵己以下，敬承謙受，猶恐不至。爲郎南省，歲餘始北調，非所宜居，一不以屑意。其疏暢明達、夷衍浩博不可涯者如此。方今庶常在官，群士師師。尊人少師公秉迪哲之道，宅表正之位，百僚嚮風承休，竊溉餘潤。往也，稽德於朝，式訓於庭，吾儕淺聞，其何言之爲贈？」

予曰：「不然。荆榛盈握而梗柟，豫章大數圍而未已。銖金一錢，無益於貧富，而良賈積累不厭。夫材有所縱，器有所不易盈，元夫碩人所以藴藉深厚、樹立閎偉者也。如費子者，吾見其尚往未艾、深藏若虚，苟一言之幾乎道，其能舍諸？夫朝者，士之聚。傳曰：『入治朝則德日進，磨濯薰陶之者衆也。』君子求多益必於所聚，然猶懼夫忠告鮮聞而諛佞繁至，法語難合而巽言未易繹。此德業消長之幾也。常談習聞，未足爲益，然鄉黨貴情，以土物相爲問遺，而不寶異國之琛。苟有取焉，其於土物也或幾矣乎？」

於時諸君胥然予言，謂宜書以爲贈，遂書之。

太宰介谿嚴公奏績

文之道，豈易言乎？纂言紀事，闡發幽微，剔抉要領，區分義類，窮極情態，所以昭信辨惑，惇德行而秩典禮，美政俗而隆氣化，故曰載道之器也。六經，孔孟之言至矣。自屈、賈、馬、班下逮歐、曾諸子，各以所長立言名家，其於道淺深、精粗殊致，亦焕乎一代之文哉。明興百有餘年，摛藻鑄詞者彪炳浩博，郁郁乎盛矣。

比歲，某始讀介谿嚴公之文，如從冠冕巨人聽其法語，如覩卿雲輪囷，倏忽千狀，不可象物。其簡徤縝密，紆餘贍蔚，大抵章程古學而各極其趣。其於彝倫政化之敘斁臧否，其稽經揆道，不詭於聖者矣。

公生稟殊絶，爲兒童，出語已驚其長老。舉進士，首中秘之選，日從名公大儒，與之上下。其論六藝之宗、諸子百家之賾，鈎玄索粹，擇之犁如，畜之廓如，故其出之也，躍如沛如，探囊倒篋，上規古之作者，有餘力焉。儒之論文曰：「不深於斯道，有至焉者不也。」嗟乎！孰能信斯語之非誣者，可與從公矣。某嘗以爲文猶百穀之實，心爲之種，道爲之精。精氣弗充，是秕稃也；種實弗食，是荑稗也。得其嘉種，樹之沃壤，天時、人力兼至交濟，既秀既栗，而利養、厚生賴之。然則公於斯道，其果有濟於斯世矣乎！公自少宰陟南京宗伯太宰，歷卿二曹，敷政三禩，奏其績于朝，進而莞樞機密勿，親見其道之行有日矣。鄉後進諸士，罷試春闈，卒業南雍者來徵贈言。昔蘇子稱昌黎「文起八代之衰，道濟天下之溺」，後世往往病昌黎之道而疑蘇子之言。雖然，君子豈誠以爲邈然不可幾及也哉？某不佞，敬述爲贈，蓋諸士所慕望於公，亦公所以自待者也。

地官林硯山北召

古者聖王，厚民生而正其德，禮樂、兵刑、曆數、土穀咸分職課功，使各盡其經緯條畫之能。任其職者，蚤夜孜孜操諸心，藝諸事，更嘗練習，審處熟慮，以各極其理。當是時，道揆法守，一德同風，上下師師，而無有異政、異學雜其間者，其所務者實也，六經之説可見矣。德衰道廢，百家並起，競馳論説，互相異議。秦人盡滅先王之迹，以苟且之政同天下，使學者師秦吏、習法令，師師非度。至漢始表章經學以承先王，然其流爲詁訓文詞。後世談儒學者弗達於政，談吏治者不本於學，則秦漢之習雜之爾，故學不可不講也。得其所操，能精一而不雜者，寡矣，而況未知所操者也？

予同年林君大和，始舉進士京師，予望見儔人中，恂恂雅飭，不苟爲訾笑，意其中蓋有所操者。已而令西安，果能善於其政，政成而民親之，遷南京户部主事、刑部員外郎。是時吕涇野先生在符臺，君北面執經請業，日精其能。宦達而事師，吏治而資經訓，吾見亦罕矣，君蓋有志於先生之道者乎？

君遷户部郎中於北，蓋下大夫之秩。古者四十强仕，德足以長人，始命爲大夫，猶日宣日嚴，學而不厭，磨以歲月，涵浸淬礪之久，德與官俱懋進，而經邦弘化、燮理寅亮。其道不窮，其積學致然也。《書》曰：「念終始典于學，厥德脩罔覺。」予不敏，願請事斯語而未能，因君寮寀之請，述以爲贈，且因以自勵云。

顧左山僉憲山東

今仕宦爲大吏，揭揭自樹，流燀赫之聲，然而惠懷孚達，或不能無愧，其何故也？自三物之教廢，而士薄鄉行，平居或弛肆無檢，及其宦達，始皎厲外脩，於是有過焉而遠於人情者。豈非誠之不立，而意氣激作之爲疵耶？夫子論獲上治民，必誠身信友以爲之本。夫士之脩於家者，其可苟哉？

左山顧君伯從，松江華亭人也，予往從少湖徐子聞其闓爽樂易，内無崖畛，居家孝友，恭儉不苟；謁有司，有司者見其恂恂侃侃，無所挾以自大，無所阿以自屈，雅敬憚之。予竊慕其人，殆所謂貴德而好脩者歟？比承乏南雍，識君於儀曹，而益信所聞於徐子者非妄也。

今年冬，君擢爲山東按察僉事。山東，夫子闕里，其士民多忠信質直，可與好義，而揭揭然者，非所以臨大聖人之鄉。僉事貞肅百度，弼成五教，使奸慝望而銷阻，柔良恃以安全，民命休戚、風俗美惡之所繫，非細故也。然則固宜如左山者爲之矣乎？人之言曰：「按察惟聽訟爲難。」謂情僞微曖，未易窮詰。然夫子欲使民無訟，所貴興道正德、格心而歸極也。

夫視民道德而納之極，豈不欲自其鄉始？左山脩夫子之道，誠諸其身，信諸其友，其舉而措之也，其自夫子之鄉始矣。於是，山東諸士夫宦南都者徵言贈君，期之治行。予慨時之敝，推君素履，以爲外脩者無益，前定者不窮，欲君敦本尚實，無忘其初焉。

樊九岡知漢陽府

士之仕，其猶農乎？受地同，樹藝又同，然獲有盈約，食人有多寡，蓋視其糞與力以爲上下。故農與其地廣也，寧以力浮？惟仕亦然。任不滿其才，謀不盡其智，是故整暇而有條，寬綽而不困。

予同年九岡樊君季仁，敦慎温塞，周練敏達，以其才投之艱大，雖賈其餘可也。然自始仕爲舞陽，則二千室之邑，遷車駕、屯田主事、郎中，皆在南京。南曹號簡静，又執其要會，以聽於卿貳，無所出謀發慮。中間奉璽書清屯地牧塲，又與御史參決，不專其成。凡君所至，罔不茂著名蹟，然君子考德程能，皆謂未足以盡其用。日遲君專方岳，復巖劇，庶幾觀其揚厲閎偉者焉。今年春，擢守漢陽。漢陽，湖藩輔府，枕帶江漢，控引梁蜀，異時稱荆豫間要地，不同僻左。然所轄二邑，邑之編户視舞陽蓋相伯仲。至於賦艱役疲，務繁獄滋，吏民險健，舟車旁午，弊智竭才，日不暇給，今之所謂砦且劇者如此，而漢陽不與焉。然則平政清刑，安民阜物，致承宣之道，君其果有餘地也哉。雖然，守亦重矣，有以承乎上，有以令乎下。上焉者畫而後裁，下焉者決而後行，無問郡劇易，皆然也。當其所易，出之以優裕之才，譬以一夫之力受餘夫之田，事不勞而功倍。然君子常懼夫狃於其足以勝之，而罔思其重且難，或弛張之失其道。《易》曰：「夬履貞厲。」傷於所恃者如此。蓋良農不薄其力之所勝者爲不足治，善其所以耕者而已矣。

於戲！君豈以漢陽爲可易也哉？同年諸君屬予贈言，遂以所望於君者書之。

白氏世恩圖詩序

君子履平若登危，處盈若涉冰，非故爲懼也。業成於積慎，志怠於功崇，衆庶所狎，獨見其微，故遠計深思而弗敢以肆。蓋周公作《無逸》以戒成王，予每讀至「小民勤勞稼穡，而其子孫縱佚，侮厥父母，以爲罔知」，未嘗不嘆。夫豫不期荒，豐不期驕，服田之子宜知所戒，而況貴顯尊榮之家乎？

予同年南京刑部郎白君應衡氏鎰，家世晉人，其高祖楚府審理公舉孝廉，顯洪武間，委祉禪休，代有令人。御史君侃、文選君思明、給舍君思誠暨君，先後以進士顯，而父母皆以子貴，或封或贈，咸膺誥敕。於是，君曾祖、考妣而下，稱命夫、命婦者凡三世，而皆自孝廉啓之。其祥發裕垂，毓秀産彦，尚未有艾。噫，盛矣！

蓋《無逸》之訓，周公惕盛滿也，其曰「卑服」，曰「不遑暇食」，曰「無淫於觀逸」，曰「小人怨詈，無敢含怒」，諄諄乎勤儉、謙抑之節，而於富貴、崇高之勢忽如忘之，何其畏也？而又作《七月》之詩，以備朝廷工瞽誦訓之箴。其詠邠民衣食耕桑、寒暑作息，勸勸警惰、先公後私之情態，若身歷而自言之者，又何備也？後世或因詩而繪之圖，小民起其勤業向善之心，以不即於慆淫；君子作其思艱圖易之志，以不溺於躭樂，實有賴焉者。其忽而不察，則覆僇隨之，然後知聖人之善道而爲慮遠矣。白氏自國初至今，餘百六十年，貴顯尊榮，勿替益茂。夫其或爲之前，或爲之後，樹德種善以衍其慶，懋學飭行以顯於庸，殫智攄忠以能其官，秉謙履順以宜乎人。自今觀之，猶秋田之稼，人見其與與翼翼，而安知夫耕芸芟柞、糞擁溉灌者之終歲勤動也？

應衡繪累世衣冠爲圖，題曰「白氏世恩」，若曰此天之休、上之賜也，將使後人思得之之難、保之之不易者。於是告士大夫而屬之言。予媿不足以發，然大篇累帙，必有能曲盡其服勤之蹟、持盈之心者，異時固將有圖而傳者乎？則豈但白氏之訓，抑邦家之光已矣。夫勸舉重者呼「邪許」，八音將合，柷先擊焉，故簡首之詞，予不敢辭。

劉忠愍公年譜序

國初吾鄉儒碩輩出，好古敏學，爭相濯磨，用能明義立德，贊嘉謨於昌明，抗直志於否塞。若贈翰林學士謚忠愍劉公兩谿先生，亦其人也。公筮仕爲禮部主事，已鬱有聲望，大宗伯胡公薦之，英廟詔入直秘閣勸講經筵，尋拜翰林侍讀，日見親寵。公攄素所藴，敷經納誨，又數建白政事，劘切治道，慨然致主匡時爲急。閹人竊弄威福，首犯所忌，折其奸萌，遂構愍凶，至今聞者罔不嘆憤激昂，慕公之烈。公平生雖邇言細行，施之家庭、鄉黨，罔非厚倫美俗，耿耿足述，不但立朝磊落大節而已。兹豈聲音笑貌爲之者哉？

公曾孫督府經歷持善，編公年譜，示某序之。某浣閱，三致思焉。公自二十舉于鄉，三十第進士，四十而後入官。家食之歲，往往闢室聚徒，羅百籍其中，相與甘寂味淡、講學明道，如是者餘二十年。嘗作書室，箴謂「書，吾道器，不極不止」，此其志也。自古踔厲邁往、致志以致遠者，吾聞其人矣。由公觀之，又惡知其所後先哉？

夫學道譬之琢璞，利其器以善其事，縝密精專而光彩宣著。雖藏之蔀屋，毁之汙瀆，其騰漢徹霄者終不可掩。某不敏，竊謂觀公之大，當因其學，因復持善，并致高山景行之意如此。於戲！世道升降、人紀脩廢之幾，聞風而興者可以深長思矣。

定遠令池南唐君考績序

理劇邑爲難，劇而敝，又其難者也。力疲財匱矣，而事有所不可已，用有所不可缺，非夫深仁弘智、誠與才合，孰能兼濟而兩得哉？定遠舊爲中都富庶邑，南北車馬四交之地，自頃流寇充斥，兵旅繹騷，歲仍飢疲，民多莩徙，畝畝汙萊，蓋藏空竭。令拊循之不暇，而凡壇廟、置郵、學舍、公府，又皆剥落頽毁，神祀弗嚴，講肄弗肅，亭卒僦居，賓至無舘，日顧瞻咨嗟，莫能措手，而定遠稱難爲矣。

池南唐君子薦來令定遠，適當其難，至則罷行利病，疆本節用。異時，民惰於農，渠堰慢廢弗脩，擇建其長，躬行勸督而責之成。民有訴訟，或使持其牒往，呼與俱來，即剖析而罷遣之，無令廢業。邑之百需，賦民供辦者，爲之均融斂散，十損其舊七八。已而流移四歸，生事競勸，積歲頽廢次第脩舉，還復舊觀。倉庾儲峙，新陳充實，足支凶歲，而民莫知財用之所從者。暇日，誨誘諸生以興文學，開亭舘以待賓客、賢士之游從而欵洽之，觀德義焉。入其境者，忘其爲劇邑且當大敝之後也。君之於民，能姁嫗而覆育之，阜其財力而用其餘，故其政不勞而成如此。於是，上官行部先後薦君宜簡擢者七人，而君亦當奏績于朝矣。予姻家定遠司訓梁君方模，狀君治行，走南都。定遠仕南都者地官郎張君崇禮，業南雍者葉生欽、俞生倫，咸來謁予言爲贈。

予觀唐虞之理天下，堯若昊天以授人時，東作西成，咸在平秩；舜命九官，播時百穀，而後敷教明刑，工虞疇咨，先禮樂納言之選；禹脩六府，惟服食器用，九功惟敘，勸用九歌，故聖王之政可知也。而今世爲吏，慕奇節者，卑生養之道；獵名高者，亟文物之脩；卑卑於刀筆筐篋者，諸皆謙讓未遑，而民罔所恃賴。故凡敝日以甚而劇益不可理，豈盡時勢之難哉？有如唐君，而後可以無憾矣。或曰君嘗禱雨者再、禱雪者一，貶損悔艾，卒獲其應，民間相傳以爲異績。嗟夫！君之異乎人者，民豈盡知之也？觀其小試，徵之大受，必有同予之言者夫！

勵齋劉君判長沙府

安成劉君孟純，自南光禄簿擢判長沙，過予，言曰：「先恭襄公撫湖藩也，賦稅惟長沙之爲慮。湖藩凡府、州十八，賦額餘百萬，長沙不啻半之。或曰：『國初因仍僞漢，無所降。』或曰：『今田有未墾而爲賜田，皆昔之則壤也。』長沙雖得歲徵科、時而理，賦入恒後，逋負日滋，然民已不遺餘力矣，況有出於常賦之外者乎？而小子待罪催科，當先公之所難，何以戡之？」予曰：「先公難固宜，君則易，力可爲矣。夫擬議興革、創定經制以利民行遠者，其勢由乎上；均融調劑、相事所敝、趨民所宜、輔經制之所未及者，其勢由乎下。賦法行百六十餘年，重輕緩急，誰能異議？先公之所難也。均融之術，顧有司何如，君有志焉，而才智足以濟之，故曰易。」

於是，同鄉諸君來徵言贈。予惟先王之制，民財、民力十一上供，十九自贍，譬之泉灌漑、餴饎，皆用之不可缺者。後世取盈於溉，而又花畦竹徑溝行渠達，奪溉所急以資浮泛，饎之用或幾乎涸矣。至於防畛穿潰，竅穴滲泄，則溉與饎俱無資焉，或浚井而求之數，鮮不病者。

劉君以名卿子入官，能清苦刻厲同寒士。在光禄六年，不以家隨，祁寒暑雨，不廢在公。民輸將力役於官者，恤之百方。光禄故多靡費，且關通中貴，有法所不能維者。予見石江先生爲卿，稍稍裁節，大者驛聞，小者簿正。而君敏練堅悍，其始謀卒議贊畫居多。而凡側目張喙者，無所窺覘以爲憤懟，則君能自檢飭，無漏失之所致也。

君往矣！慎飭躬之道，存浚泉之戒，相時趨勢，行均融調劑之術，將必能善於其職，不負恭襄之所慮者矣。

王節婦劉氏旌表序

王者旌别之政，表宅里以樹風聲，而於貞節獨數數然者，豈不以閨中之姝，非有詩書師友、榮名清議漸習維持之力，而能從一弗二，或慨然引决，畢命自全，或從容寂寞幽獨之中，金堅石確，之死靡悔，此非根諸心而無所待於外，丈夫猶或難之者耶？

嘉靖甲午，詔旌表王岐鳳妻劉氏貞節之門。劉，故大參公黄石翁之子，今刑部郎中範東先生，其弟也。十六適王氏，六閲月而夫見背。矢志從姑，捐膏沐，毁容飾，仰事重闈，俯慈立子，集蓼茹荼，辛苦安之。姻戚憐其如此，衆口啧啧，時相慰問，退未嘗不潸然也，然敬憚風操，無敢以改適諷之。至是年踰五十，有司以聞，臺察覈實，旌門給復如制。

嗟乎！人生百年爲期，十五童孺，十六成人之始也。由十六而視百年，其日之始旦、千里之跬步矣乎？婦恃夫爲命，以終其身。授綏未幾，而遽背之，旦而絶其終日之資，適國而喪朋於門，此不皇皇而求，則索索而靡耳。固守以待晡，獨往而不疑者，不亦難哉？而況堅持屹立，姑息之愛無自施，惑志之言無自入，如火斯烈而冰雪不能近之者，此其志操何如也？

黄石翁遭凶豎播威，範東爲御史忤時，皆能安義命孤危之迹，而不肯詘道以信身、狥人以失己，所以使節婦篤孝慈、惇貞義而忘其爲寡。家庭世德濟美，有相之道焉。古人劓鼻、割耳、斷指、剪髮以免於逼奪，至於行全而形殘，節成而身毁。節婦視之固有餘憾，兹豈非天畀其完也耶？使世之爲士者，樹不拔之節，而莫敢浼以非義，惇同體之愛，而相養以日進於善，有如節婦，父子、昆弟間也，則雖比屋可封可矣。予固有感於兹，因範東屬言，而述其可以勵世者爲旌節序。

歐陽南野先生文集卷之十九　別集三

序

都督慎齋李公總戎貴州

四方無虞，上下習於恬嬉，熊羆之士、干城之將，折節爲雍容儒雅，而相尚以文詞藻繪，加之慆賞而苟法。策大勳者，或摘其微疵；負一眚者，或掩其衆美，使人重自奮而偷自全。嗚呼！兵始難言矣！慎齋李公之爲將也，武而不張，閒雅而不弛，讀書有文，而不刻意翰墨之娱。平居輕裘緩帶，投壺散帙，清致溢發；及赴危蹈難，身先行伍，冒矢石鋒鏑，慷慨引義，不恤其他。結髪爲偏裨，荐陟元戎，歷湖廣、廣西、貴州諸鎮，所至屢樹奇功，號稱良將。於是，擢僉南京大都督府，督水軍，備江洋，人謂蓋將重慎齋於兹矣。未幾，都匀土夷叛，復命公總戎貴州討平之。南京根本地，水軍重務，江洋要害；邊夷之携來，膚革疾耳。取之此而錯之彼，豈以威名素孚，抑醫家所謂酌緩急而治標本之意歟？

夷性安於其俗，不可以中土之治治之。治之以中土之治，秪速其叛。譬麇鹿野禽，檻而畜之，有觸柱而殞；放之几案尊俎間，必跳躑狼籍，駭焉而不靖，其常也。至於縶命吏以要君，則已甚矣。甚而不問，效尤不忌，如豢虎於庭，違忤其欲，使怒而攫人，又不格而磔之，是遺患長毒也，後雖欲羈縻馴狎，豈可得乎？雖然，大勇無力，大智無名，法無驟正，慮貴及遠。非忠勇惇朴、忘己徇公、展布文法之外，惡能動中窾卻、不遺餘算也哉？

慎齋行，督府諸公徵予贈言。予慨夫治兵御夷之難，知慎齋之將不負簡命也，書以期之。

周峴峰考績序

考績，古也，後世無改焉。然古者上下協心，同底於治，下不欺於其上，上無疑於其下。後世則上以名求，下以文應，歸於彌飾而已矣。惟學職殿最黜陟，視選士多寡爲課，綜核名實，獨稱近古。然而人猶有所憾者，不視其所作，視其所成。視其所作，故德行道藝，誨化勸率，懲不恪而簡不變，曰教者之勞也，賢能賓興而功歸焉。視其所成，則教無所聞，直以選士爲績而已矣。其核實也，乃所謂求其名也耶？

南京武學，群武臣子弟而育之，有將材舉，有進士舉。進士業經史，將材業韜鈐騎射，庫部郎督之，朔望省月試，大司馬春秋閲，三歲大比如制。學官朝夕訓練磨濯，豫以待事。學校之政有實，不徒建空名也，此爲最近者歟。

然君子謂才藝，末事也。文武之士，康濟一世，智勇以爲用，立誠以爲本。今夫勉而負重，壯士若弗勝；奪其所愛，則懦夫奮氣。誠斯勇矣。爲人謀，哲夫多缺畫；拯子於溺，愚婦有奇計。誠斯智矣。勇斯力，智斯巧，故誠者，才藝所出，而教學弗及焉。其實也，乃所謂其文也耶。

予嘗深求其故，教人者必以己所學，不以其所未學；教於人者必從師所能，不從其所不能。學校之師，學而得其本者或寡矣，又何疑於其教？峴峰周君鳳鳴訓導武學，九載考績。君嘗聞陽明先生之風而興者，其學思誠爲要，日有孜孜，弗得弗舍者也，故其爲教，習之才藝而立之誠。諸生出其門而仕者，往往也，固勞於爲教之所成乎？予是以知君之績，務本者也，有實者也，不飾文爲欺者也，慎斯以往，有譽於天下者也。教授王君率諸生徵贈言，書以復之。

祝峋嶁興學序

太平府重建儒學明倫堂，若齋舍既成，師生合口言曰：「學有茲堂，百七十餘年，卑隘逼塞。而一旦改高明廣大之觀，維我郡侯祝公擄謀竭智，以贊巡按宋公之議，至於景方攻位，慮才程庸，細大兼綜，不遺餘力。蓋侯自蒞任，未嘗一日忘斯，乃今克成厥志，而又不有其功。吾輩不知所歸德，是自昧也。」於是教授前進士鄭君富，率學生何銑輩謁予序。

予惟堂齋之建，侯豈徒厭舊之隘塞而欲新之，諸君亦嘗試探其志乎？自儒學化爲詞章利禄之區，明倫之學久輟不講，而堂猶存其名。人日由三綱五品之中，豈皆昏然無所自盡？然忠信之心、彝倫之本匪忠匪信，邪暗塞也。孔子脩道盡倫，猶以慥慥爲未能，今之人果皆能充實而無所歉乎？無亦其名焉耳。郡守將率士民學乎其實，而講學之堂未厭瞻望，譬欲善工商之事而不完美其肆，豈所以説民志而鼓之？是故撤舊搆，徙新基，卑增爲高，隘闢爲廣，迫塞擴爲閎敞豁達，將使教者、學者知人心廣狹、通塞存乎善變，有如此堂。故隘塞變爲廣居，而出入升降焉者，莫不令儀；私蔽變爲大公，而五常百行出焉者，莫不至正明達。此豈非侯之志而諸君所感念者乎？

夫感人則思其報，知所感之實，則其爲報也不虛。侯愛人以德，諸君争相濯磨而承之以德，亦其志也。然道心微密，其機乃在有無之間。匪覺弗悟，匪迪弗從，匪侯將誰賴焉？昔者先王既設市肆，又布其治教，明其政刑，平其量度，一其禁令，下至斂賒質劑，皆曲爲之制，而後工商信度不奸厥職。侯既作堂齋以奠，師生則將闡明倫之學，敷振德之教，匡直輔翼，使人知所從事，而後堂不爲徒建。此豈非師生之望而欲達於侯者乎？

夫興學以造士者，郡守之德；志學以有造者，諸士之事；承上德而致之，下以正士習者，校官之職。上下交盡，然後人倫明而小民親。予不佞，宣徽猷以贊嘉績，義不得而辭焉。

侯名詠，字鳴盛，號峋嶁山人。

文選吴慎齋侍養還姑蘇

孝莫大於養，養莫善於養志。孔子稱「父在觀其志」，言人子觀察父志而善承之也。然堯舜不得於子，禹不得於父，能成者不亦難乎？

夏四月，南京文選主事慎齋吴君仁叔，以尊甫大宰白樓公高年家食，疏乞侍養，詔許之。臺省寺監耆碩、俊髦，咸嘖嘖嘆羡，謂公山林晚節，聰明輕健，而有子如君，侍几杖於風晨，奉笑歌於月夕，泮涣優游，足以自老。慎齋英年亨路，横鶩高翔，而能遺榮急親，怡曾氏之甘旨，戲萊子之斑斕，左右先後，靡所不至。凡今爲親者得如太宰，爲子者得如慎齋，庶其無遺憾矣乎！於是，蘇之士大夫榮君兹行，來徵贈言。

維太宰公所以休享恬佚，固無待於子，而其憂存王室、恫切生民，豈不欲其子經營四方而晨昏喣喣之爲悦？韓子謂「有離憂而樂，無離憂而不樂」，相去千萬里且然。南京密邇姑蘇，寒暄色笑之候，視膝下幾何？慎齋豈不能承父以德而汲汲於細娱？殆不然矣。

予意太宰公惇大簡重，顒然台輔之望，苟行其志，謂宜坐銷浮劘躁競，紛紜屑騷，天下陰受墨墨之福。乃年未七十而遽謝歸，不於其躬，斯期於其子。而慎齋早以英才知名當世，簡諸舘閣，盤旋外郡，晉陟南省，平生踔厲迅發，視天下事若反手掉臂，不足壓吾力。既而閲歷更嘗，慨然以崇德廣業爲憂懼。龍泉太阿，百鍊百淬，斂鍔藏鋒以養其斷蛟剸犀之鋭，待一朝而出之。《傳》曰：「隱居求志，行義達道。」兹固太宰公所期，而慎齋所以善成之者歟？

吾聞孔子十五志學，其專且篤至於忘食忘憂，積月累歲，而立且不惑。其言曰：「志於道者，必據德依仁，藝乃可游。而耻惡衣惡食，則未足以議。」懼玩物之喪之也。篤於己，無喪於物，志乃可貞，故曰「匹夫不可奪志」。慎齋所以自求其志者，亦若是矣。予不佞，述孔子之道，以致莫助之意，慎齋其將有合乎哉？

大司馬鳳山秦公七十

國有良工，明藏竅色脉之變，察砭熨攻療之宜，則上下懽然胥慶，永保綏之，以相恃爲命。航海而濟，必求其習風水者爲之導，師歷年愈多，則得之愈重。彼誠存亡安危之所繫，非苟然者。惟仁賢之於國也亦然。任重圖大之器，更嘗閲歷，造理精而居德弘，然後君子所依，小人所腓，而人望之不啻海導、國醫，至爲祝遐福而祈永年，懼失其所賴，無以圖存全也。

歲丙申秋九月十二日，太子太保、南京兵部尚書、參贊機務秦公鳳山先生壽躋七袠。公早負異才，文學、政理咸精其能，徊翔省署藩臬間，已顒然公輔之望。擢御史大夫，鎮撫湖南，歷兩京四部尚書而留鑰重務，以懋簡師錫，凡再涖焉。歷仕且五十年，晉陟九列餘二十載，中間山棲林卧亦且十稔。物情時態、得失之故、理亂之端，批郤導窾，迎刃曲中。故凡考德問業、蒙休希庇，其疇昔倚重如海得導，如逢續命之醫。至是，南都卿士自府部之長，下逮庶寮，咸忻慰贊賀，齊民衛卒亦罔不舉手加額，願公眉壽。而公方引年，求釋重負。同留務鎮遠侯顧公，偕督、府、衛、尉諸僚徵文，致卿士、庶民瞻望頌禱之意。

某竊聞昔者漢營平侯年七十餘矣，先零背畔，宣帝問可將者，輒自言無踰老臣。宋富鄭公未耄之年，雖蹈危機，猶不去其位；且耄矣，始力辭使相，歸卧西都，疏陳利害，知無不言。是時文潞公留守西都，與鄭公年相差次，並稱耆英，然猶黽勉在官，以繫屬時望。士庶飽德，尸而祝之，竚瞻之堂，輝映今昔。古之大臣，不嫌自薦，不求自全，安民爲悦，憂國靡忘，進退出處一惟其時若此。

公精勤未倦，進德彌邵，天子采輿論以膺簡畀，營平之志、潞國之勳，今非所謂其時也耶？若夫鄭公之道，豈惟非今日所望於公？遲公耄期，杖而立朝，且將詠《淇澳》、歌《有臺》，以致國人之惓惓。公其以爲佞乎？

吴雲泉知興化府

古所謂善於其職者，非必有奇能異智、霆擊飈馳者也。人自盡其心以左右民，視民無高卑幽顯、富强貧懦，柔良桀黠，咸若父兄子弟之親，戚民之戚而保惠綏輯，若理其身之飢寒，而勤勞瑣屑於耕鑿蠶績之務。誠中形外，庶績用熙，豈有擇於贊毁諧忤，若便利之圖也？而后之稱善宦者異焉，成其名而後動，安其身而後作。政蠹於國，罷之而弗利於躬，弗罷也；事宜於人，舉之而弗利於名，弗舉也。可以全軀，則狥俗尚同不爲汚，違衆立異不爲乖也；可以延譽，則抗議高明乃爲直，震威豪右乃爲公也。於是有苟安之政，有矯激之事，有詭隨之行，有深刻之法。誠以不忍人爲心，而能若是乎哉？

雲泉吴君近光歷仕兩京，皆爲兵部屬。時承久安，法守滋弊，吏或有所偏主，要未免焉四者之失。君稽據典章，往往原本反始，深究弊端，相時勢所宜、民所利病，以贊大司馬經邦之治。或詸而撓之，卒莫能奪，然未嘗激而作之求以自異也。如君，所謂子視其民而恫瘝乃身者耶？盡心職守，無意乎毁譽利害者耶？於是大司馬浚川王公、紫巖劉公、鳳山秦公咸委重君，寮友亦多諮君以行，而吾鄉稱任重致遠者胥屬望焉。丙申秋，自駕部郎擢爲興化郡守。駕部主事林君，郡人也，悵君之别靡所諮決，而又喜郡人得其所庇，乃與同郡仕南都者謀，必得知君深望之切者一言爲贈，而以委予。

予惟天下之治所以日趨於壞，依違苟且者庸庸以保身，其敝頹廢不振；懲而振之者又揭揭以干譽，亟疾操切，不勝其苛；乃有號爲老成持重者起而捄之以渾厚，卒歸於依違苟且而已矣。張弛非度，慢殘相尋，民亦何賴於此？故世所謂難得者，敏贍明決、疏通强忍之才。既得之，所患無志。得之且有志矣，本之以仁，出之以誠，日磨月練，然後德成才達，道洽政治，而民實受其福。君更嘗練習有素矣，自兹以往，愈練而益精，久大之德業，其肇基於兹乎？予非能知君，然而屬望之切誠有之。

君行也！郡蒙良牧之澤，則鄉增多賢之光，予惡得無言以孤諸君之請？雖然，予豈徒幸鄉不乏賢、郡不失良牧而已乎？

胡西村考績

問政所宜，皆曰「莫若寬」，然有以嚴得民者，無他，公於其用而已矣；問民所懷，皆曰「莫若惠」，然有匪惠而懷者，無他，公於其情而已矣。夫公者，物我一體者也。君民上下如股肱、腹心，虧盈損益，要趨於平。故上之人雖誅鋤搏擊，非毒乎其下；下之人雖困踣沮鬱，不以懟乎其上，一體故爾。大道既隱，人濟其私，下挾之以爲恩怨，上狥之以爲威惠，於是有煦煦之政，有昵昵之感。直道以正法者，不謂刻薄，則曰乖異。嗟乎！豈非升降隆汙之機而不可忽者歟？

若西村胡君之於常熟也，其有足以起予者歟？君去常熟五、六年而爲刑部郎，爲郎又三年矣，常熟懷之不替也。問其爲縣，威嚴無所私於富强，擊斷無所假於豪右，請謁無所狥於貴勢，皆敢於任怨之爲，受其濡沫者貧弱耳矣。而君考績北上，湖湘士夫徵予贈言，曰「吾鄉也」；常熟士夫亦徵予贈言，曰「嘗豈弟我者也」。問其人，非向者貴富之族，則亦其婚友相聯，皆濡沫所不及者。然則煦煦果不足慕，而直道正法豈盡見惡於人哉？用是可以知爲政。而常熟士習民心，他郡邑或未之能先者耶？抑士所樹立，鋭於壯或頓於晚，無待而興或有待而阻，君子以素履往，繩墨不攻廢焉，是謂厚終。兹豈足爲君誦？然愛人以德，固諸君報賢使君意也。

又

刑，所以禁暴者也，而刑淫反以爲暴。先生塞刑之源，故制民生業，申以禮教，窒其欲而息之争，牖其性而道之親睦。弗率則有常刑，而入刑者寡矣。後世生業不制，教化未備，以法御民，如銜如轡。其源莫之能塞，則不濫其流以趨於平而已矣。而慘覈少恩者蒐摘隱情，加峻於法外，以爲懲奸宜然也，而深文已甚。嗟乎！流之不濫，亦既末矣，況又深之，民安得不思古之人耶？

胡君西村爲南京刑部郎，凡所讞決，虚而聽之，若未盡也；曲而當之，猶懼過峻。民上服下服，帖帖而退，罔有怨言。廷尉受牒，得君所署，不待覆劾，知其必不冤也。夫刑之毒也，能塞其源而措之乎則無復論矣，塞之不得，而求平也。巧抵非賢，温良惟賢，如君其猶有古人之意。夫何世人趨舍之異也？

君初令常熟，以憂去，起復爲溧水。常熟之政，主擊斷以行撫綏，其於法也必信；溧水之政，主撫綏以行擊斷，其於法也不必盡。其爲南曹，則棄其故，而一以哀矜行之，道有宜、時有適，歸不忍毒民而已矣。

君三載考績，同鄉龔君、王君輩徵予言以道其行。予往在太學，與常熟琴溪陳公爲僚，琴溪每憤惋守令無良，人未易當其意者，獨稱君不置。是時君在溧水，石淵傅子以御史按畿輔，持風裁，舉劾不輕，特薦君畿縣之良。予知君於令久矣，於南曹又數有徵焉，樂誦其事以告典獄，而文不足以張之，姑以塞諸君愛鄉人之情云爾。

俞湯和考績

予年十五六時，好惡未省所狥，獨竊鄙夫騆愿而尚同者，以爲近媚；孤特忿戾、不能爲容者，心竊慕之。及見踽踽揭揭，寡合而鮮成也，而人率謂之乖方，顧不若愿且騆者多與而有濟，徽懿之譽日至焉，因以爲未若用柔之爲得矣。徐而究之，彼踽踽揭揭、寡合鮮成則誠足病矣，然能自拔於得喪利害之途，不失乎其貞。世之所譽以謂徽懿者，臨小患害僅如毛髮，往往隕穫詘辱，靡然無所持，歸於苟焉而已矣。予是以益信初心之可貴，而世之贊毀未足據也。嘗自念剛中者不可得而見，得見孤特忿戾者，猶愈於柔乎？

比歲承乏符臺，留守五衛、九門千户所吏目，以典司宿衛職事相屬，察其才皆可人也，嘗稱之廣坐中，以爲使遇趙文子，宜有如筦庫之舉者出其間乎？顧獨疑其過柔。大司空石菴蔣公稱所知姻家子俞生曰：「護也剛，予禮而進之，其言侃侃可聽。」問其世，曾大父由武庫郎擢守衡州，大父令曲江，尊人爲九江府幕，儒門之裔也。蚤業儒，中歲以從事發家，事太宰白樓公。大司馬紫巖、鳳山二公咸子弟畜之，有所委用，善能綜理，克稱公意，不失儒之舊焉。未幾，其衛之長相與有所争持不決，欲以危懼動之，冀萬一少假借，竟不爲詘。會當考績，坐稽延數月，而後得行。論者因謂此小節，不足爲意，何矯矯自困如此？相訾以過激。

門人凌生啓，俞出也；施生偉，有姻好焉，相率問予，請一言以贈。予慨夫道日趨下，煦煦眤眤，俛首脅肩，詭心以媚世。事小者謂不足執，其艱且大又不敢執，然則何所不至耶？故凡紀綱淪替而莫之能振，則呴呴昵昵者所使爲之，「過激」何足訾也？五金，鐵最頑鈍，錫稱柔美矣，練可爲鋼，化可爲金，惟鐵之求，而錫不與焉。古所謂可與裁成者，非激之徒歟？雖然，人恃以立者，正氣也，失其平則爲疾。故氣猶水也，有所養而不涸，有所御而不溢，然後能有功而可大。可不慎歟！

書以復二三子，使知用剛之道，且因以自厲云爾。

馬石渚守汀

閩東南奥壤汀，閩邃區也，崇岡複嶺，崖谷斗絶，蠻獠潛孽出没椎剽，徒民狡卒往往竄入其中，蓄毒以逞。故凡言治汀者，必曰軍旅之謀、干戈之習，以爲時勢所急，而予竊病其未知本也。民情苟無憾於養生爲已足矣，雖至頑冥，豈其樂蹈危亡以作奸利？必不然也。政刑不脩，衣食不殖，賦繁役重，强暴不禁，生不足樂，趨亡爲幸，於是始背上忘親，行險以徼萬一。故寇不繫於氣習，在政；威不專於殺伐，在德。政和德洽，百姓親附。犬羊豺虎之徒綏其能來，驅其逆命，率錢鎛俎豆之人而已矣。仇民而速之叛，滋寇而助之旅，猶頷頷然欲以軍旅干戈張威而已亂，不亦舛乎？

同年馬君石渚先生，自南京刑部郎中擢爲汀守，人曰：石渚其無難於爲汀矣。夫石渚仁且才，多識而練，石渚之宅心也易，其於人篤情隆禮，巽詞愉色，坦坦于于，豈樂可親，人罔不悦而與之，以是知其仁也。石渚嘗爲司馬屬，左遷府倅，晉南司寇屬，中外歛歷，所至善於其官，以是知其練也。是故曉暢兵端，知武之所偃；明達獄情，知訟之所息；疏通民事，知民之所定。志寧仁熟、識遠才裕，以是知其必能布德和政，而綏輯之易也。

汀贛壤接，予吉郡當贛下流，二郡弗靖，吉受之；其寧輯，則亦與有庇焉。汀有賢使君，予將與郡人偕樂其樂也已。因同年諸君之屬贈言，遂以是書之。

劉愛山知登州

國家承熙洽之運，休養長育，物阜民殷，宜也；然四方郡邑率多蕭索困踣、凋疲無聊之狀，此其故何也？賓旅供饋、賦役調發、獄訟耗蠹、浮侈糜費、貪暴掊斂以致然乎？數者有一焉而民受其痛，矧或兼之，宜乎匱矣！

登州，古嵎夷地，東北薄海，乘傳之賓無故不入其境，朝廷賦斂仰東南出海邦者無幾，民利魚鹽，俗尚儉朴，朘削、剽斂、貪暴之殘亦不數數也，他邦之民慕爲樂土。然嘗宦遊其地者，往往顰顣而憐其民，此又何也？

劉君愛山先生，被命往爲司牧。夫握章綰綬，而千里之内奔走後先，若崩厥角，非苟尊媚使君已也，望其能拯而生之也。朝廷重方面大吏，豐之禄秩，隆其體貌，非苟優異之也，懼民無所存濟而分之憂勞焉者也。位高貴重，目擊民痛，涔者漫焉不省，闇者省而弗達，惰者苟安，黠者巧避，其善者補罅塞漏以糜歲月、矯飾表暴以求速化，而民亦何賴焉？君嘗爲鄞縣，善於其政，縣之民至今思之。爲御史，建白舉錯，犁然當乎人心，恬進取，不肯苟事趨謁。人或問之，曰：「非不欲也，蓋嘗爲之，而慚不能行。」行就道矣，慚僕夫而返。復往就次，又慚其閽人而返。自念天賦之質，多慚如此，然則豈但得之不得爲有命，雖求與不求，亦命之所使爲之，吾敢違天逆命乎？」予敬服其言，以爲類有道者。其不爲外飾以徼時譽，篤其志必盡其才，求民之瘼而善爲之，其可知也矣。然則郡人之積困而始得君，其亦有命也夫，苟安巧避者亦可以愧哉！

君行，臺端諸僚徵予贈言，愧無能爲役，而義不可辭也，遂書。

周虚菴守思州

天子將有事於南夷，博選群才，豫以待事，乃添設雲貴、廣西藩臬佐各一人。異時，邊郡守或僅取克位，令推擇其人稍更置之。於是，思州守得謝，周虚菴先生擢自南主客郎往代焉。蓋先生爲御史嘗按貴陽，所部轄郡也。貴陽夷叛，御史奬率諸士，昭布威信，奏戡定之績。江西己卯之變，凶逆甫平，軍旅繹騷，閭井蕭索，御史遷少參，藩鎮撫綏，輯流、惠懷之澤，其所嘗試而輒效者，亦略可覩矣。

夫師未易言也。《易》地中有水，師，六五，柔中容民；九二，剛應而懷萬邦，故利執田禽。地中有山，謙，六五，不富以其鄰；九三，勞謙而民服，故利用侵伐。無保邦之志，罔容民之政，乏以衆之德，鮮下人之恭，甾其民而吊人之民，携邇而務來遠，國何賴於兹？先生自蚤歲志剛氣邁，謂豐功大業猶反手也，壹時聲光赫奕，不自韜閟。猜忌擠斥，蹶而復振，頓挫堅忍，持養磨淬垂二十年。今觀其歆然之容，沖然之色，廓然之度，蓋目擊道存，所謂保邦而下人者耶？而先生豈遽以爲至也？昔者禹征苗，益贊之，道瞽瞍之事。夫瞽弗字厥子無所不至矣，舜致孝無所不至矣，卒以負罪引慝。允若頑嚚，而苗民不恭，自賢以至於人棄天怒者也。弗與舜同德，斯與苗同事，間不容髮，可不慎歟！

先生行，過明山書院，異時與汪雷峰、周玉巖講學於兹。俛仰之間，浮生有涯而感慨繫之矣。故君子之於學，如薄夕陽而馳千里，奔走喘汗猶懼其弗及也；其求友也，若履畏途而相援以濟，惟恐其弗廣也；其受益也，若絶糧而或餽之漿，無微弗納也。

某不佞，自辛巳春獲奉言笑，别十有七歲始一會都下，再會金陵。乃未幾而復有兹别，情隘意蹙，不能爲寬博、樂易之談，亦惡夫繆悠緩漫、歎於無實者也，先生其有以諒我矣。於戲！其亦何以處我？

大中丞訒菴吴公巡撫四川

蜀，西南雄藩也，控西戎，襟南詔，蔽荆襄，屏關陝，地方數千里。三司使所聽治郡、邑、衛、所百數，軍民府、宣慰、安撫諸司、蠻僚所部亦不下百數，地大民雜，化有所難及，令有所不可齊。

吴訒菴公簡擢僉都御史，往撫其地。巡撫總制三司諸所事，三司弗敢決，具爲書白巡撫。所可者，敬承約束，行惟謹；所不可，即禁不得施。而巡撫實不親事事，正其要會，程其功能，以第舉刺，以詔誅賞廢置，其任重且尊。政行而致之下，其當，則基福也；其弗當，則肇殃也。殃肇則友民離心，福基則頑獠懷德。人不曰三司使，曰巡撫，其責大且艱。而吴公昔歲以副都御史撫河南，道洽政治，厥有成績，今往也，舉而措之爾矣。初，公在河南，以法糾正宗室，當路借爲名排擯異己，因并斥公，公坦然不爲意也。凡四閲歲，歷浙江參議、江西參政、應天府丞，復進九列，撫蜀一方，然品秩高下、地方遠邇有間矣。

吾觀善宦者巧逢密結，歲月無何而飛騰變化莫測矣，而公留滯若此，是以知公不希苟合、不取速化，見其履而政可知者也。而人之言曰：「守身，小節也；濟世，大猷。方不可執，經不必狥。智之所貴者，非圓乎？道之所貴者，非通乎？」是則然也，不曰行欲方乎？不曰大亨利貞乎？夫詘己者不可與信道，謀身者不可與利物，務進取者不可與圖康濟，可與有爲者有不爲者也。故直躬非小物，曲成非詭道。伊尹一介不苟取予，故能任天下之重，拯民於水火；百里奚爵禄不入於心，故能事秦穆，三置晉君，一救荆禍，顯名於諸侯。而功利之徒，猶呶呶然以爲割烹要、以爲食牛進，假道自文，誣聖賢以濟私，獨孟子闢之曰「鄉黨，自好者不爲」，「聖人者，歸潔其身者也」。嗟乎！吾乃今知戰國所以危亂，孔、孟所以匡救，躁進恬退、世道隆污升降之幾決矣。

公行，府學學官諸生言曰：「盍以贈公乎？庶幾公亦有以處我。」乃相率謁予。予掇公大節諸可訓式者著於篇，公以是仕，學官諸生尚以是學。

地官馬三湖考績

南都大夫士考績京師，則僚友若親厚者爲請贈言，循以爲故，莫之改也。予竊疑夫請者曰「故而已矣」，贈者亦曰「故而已矣」，聽者亦曰「故而已矣」，無乃未足損益而徒爲冗長也耶？故於三湖馬君之行，陳古之義，以復其同鄉諸君之請。

夫贈者，增也，相益以道，相輔以德，而增之高大者也。馬君前爲嘉定令，惜費而敦愛，懲奸以惠良，庶政用熙，民用寧輯。遷南部爲司徒屬，監督倉場、榷務出納，惟平公無虧，責私無苛怨，三歲有成績焉。大受遠到，譬室有基，譬垣有址。楚士夫咸喜曰：「吾鄉可謂不乏賢也。」乃予何所增益於君，以謝楚諸君子？

蓋予觀於出納，而知致理之原焉；觀於鄉情，而知大公之道焉。凡賦於官者不欲重，而藏吏惟恐其不重；受於官者不欲輕，而藏吏惟恐其不輕。人各有心，弗可狥也，故立之監而爲之權量之制，爲之多寡贏縮之數，以平其欲，而不得恣。權量之制謹，多寡贏縮之數同，而人可持循已矣。然不使藏吏、若賦者、受者自執而用之，必監之爲聽。彼放利而專之己，此導利而均之人。專利誨争，均利誨讓，惟讓可以已争，惟不自利者爲能以義制利，故此致理之原也。

夫鄉人非若父子、昆弟血氣之屬，亦曰同爲吴人、同爲越人耳。然非天生之爲吴人、生之爲越人也，畫壤分民，而命之曰吴、越云爾。其國之南裔，去北裔何啻千里？其人邈不相聞，然或逆旅邂逅，則相慶相恤，綢繆如宿好，心無别異故也。吴越之交，民巷陌相比，言語相通，耳目相屬，而猜防嫌忌惟恐不深，别異之意爲之也。志睽則邇人作敵，情通則遠人爲黨，故此公私之幾也。

學絶道喪，民賊厥衷，乖違隱慝笑之間，利害較毫末之微，是以士鮮成德，世無善治，非有道者不能識其重而反之正。馬君其亦有意於兹乎？君嘗監出納而平之，脩諸身，絶私利之萌；措諸天下，息攘奪之端，舉此而已矣。鄉曲之情，夫人所同，亦曰充之而通乎四海，何必楚也？君其念之！諸君子愛人以德，而君毅直温恭，可與適道，予故效切偲之義，竊比於成人之美者。

朱芝山考績序

嘉靖丁酉秋，廣德守芝山朱子三載考績，州耆宿秀民走撫巡當道，持牒伏庭下無慮數百千人，合口言曰：「自州有使君，而民不病於賦役，不殘於刑，不困於贖。使君約已裕人，庭不聞絃歌之宴，鄉不聞追呼之騷，市不聞鼙鼓之音，爲使君僚者罔不崇儉惇愛以成使君之德，我等小人厚生樂業，惟使君之賜。願留使君無行，以卒惠我民乎？」不可，則又歸而懇州倅諸君，諸君謂曰：「此國章也。吾輩樂有賢長官，願留不得，況能爲若等留耶？」或以告歐陽子。問朱子，朱子曰：「吾於民，非能有以利之，能勿擾而已；於寮，非能有以率之，能勿欺而已；賦役有典，非能省也，均之而已；刑罰有常，非能廢也，矜之而已；興作不可以已也，節量緩急之而已。愧未有體民之政，猶不免爲拂人從己者也。民不見讐，而顧以爲德，愧不已甚乎？」歐陽子曰：「嗟！吾未或見從政者體民爲悦，而拂人爲懼者也。吾未或見知所不足，而内愧焉者也。人有常言：『理官如家。』然而子代父事，家固其家也，視父之自理猶有間焉。甥代舅而委之家，興替休戚相關也，而弗若厥子矣。甚者煦煦以結懽，皎皎以干譽，狥其文不既其實，其究外飾自利，庸有之矣。名實之際，義利之間，今之君子何居焉？芝山子之爲州也，民懷之而猶愧焉，盡安養之實，而世所誇詡矜重以爲能者無所成名，可不謂知所擇也已乎？將去此，而民之思之未有窮也，寧獨今兹芝山子？」

同年蔡子道卿，以刑部郎謫爲州倅，率其寮徵予贈言。夫勿欺之謂誠，勿擾之謂易簡，聖人所以無爲而理者也。道一而已，得有淺深精粗，而政從之。芝山子進而所理者愈大矣，深造自得，日新而未已者，吾願與二三君子樂觀其成焉。

芝山呂翁六袠

道德之意微，而勢利之習日新月熾，騖而不止。士能詁訓詞章，輒沾沾自喜，挾以干時，如抱荆璞，取必於所遇，如責右契。出而仕，則睨視通顯，可以躐躋，鋭進捷取，猶恐身自淹縻。而人或先之，乃有不暇内顧，而薄其父母之慕者。故夫尊德義之致，樹出處之節，吾見亦罕矣，而浙新昌乃有芝山人呂翁中遂父子云。

翁記誦兼人，悟性亦穎脱，早歲務涉獵該博，讀史書或夜分乃罷。晚獨好《易》，旦旦浣取蓍草，左右揲扐，視其數，畫之壁間。久之，壁間乃盡列上下篇卦爻矣。每默坐諦視，若有所思，子弟趨問所以，笑不答，第揮之使去。時携壺榼山間，觴詠竟日，遇夜輒旅宿，不期所如。所作古今詩，若樂府、雜文無慮千餘篇，皆藻麗有思致，獨不喜爲時文覓舉。人謂翁殆遺世獨往，時務無所省知者，至其子信卿服官，數舉所聞庭訓云云，乃訝翁通曉不窮如此，竟莫識其意焉。

信卿爲溧陽，予數聞當路，往往稱溧陽令，意其爲時能吏。已而交於信卿，乃慨然以學古爲志，以聞道爲憂，數誦述乃翁恬淡沖漠之趣，自愧其不類其心，若無所樂乎爲吏，獨揚名顯親有不能忘者。予用是知翁所以遺其子甚遠，信卿所以仕，其亦未易窺也。

翁以戊戌正月二十九日六袠初度，信卿方入覲，不得歸爲壽，謁予養養，若大有所失者，徐乃逡巡語故，願徼惠一言，曰：「吾翁所嗜，鄉人視以重也。」吾惟藏器斂才，不屑與時競逐，豈待於外以爲重？信卿守義達道，有以樂親，亦奚藉夫文言？然猶僕僕焉以爲親所嗜者必致之，若信卿則可謂養志矣。嗟乎！事親若信卿者可也，道德之意，其不中微乎！

歐陽南野先生文集卷之二十　別集四

序

冢宰整菴羅公八十壽

往歲整菴羅公躋七袠時，某承乏南司業，踐公舊職，奉先人於公迎養之邸，蓋相後餘三十年，而公所植檜當邸閣者拱矣，葱蘢蓊蔚，霜雪凝冱不能改其色，因賦詩壽公，有「蒼檜禁寒」之語。明年，得讀公所著《困知記》，奉書請學。公還答，諄悉誨諭，獎掖備至，私心感幸，庶幾眉壽未艾，時從考德問業，以卒有聞。會上采廷議，即家徵拜冢宰，公引疾固辭，上不能强，詔有司致月廩歲隷，昭異數焉。

卿大夫乃咸曰：「冢宰紀綱百僚，翕敷九德，典司八柄，微公，誰與奮熙帝載者？且知分者蚤止，量德者逡遜，成功者遄往，見幾者勇決。四者，公何當焉！公學足以弼主違，文足以緯邦典，議足以定國是，節足以鎮浮競，然自官翰苑，貳南雍奉常，晉陟九列，大半居散地，曾未得盡攄素抱，懋著對揚之績。上方薄鋭進，籲耆俊，虚心嚮用，行且參密勿，掌綸綍，坐而論道，當調燮寅亮之重，顧遲遲坐令天下失望爲？」於是數奉詔求遺逸，必推爲舉首，章前後數十上，而公年至矣，猶相與問精神、氣貌、飲食、步趨，交薦不置，期公必行，曰：「大享上玄酒而貴體薦，舍是則奚用爲享者？」乃吾鄉人士則又相謂曰：「夫完人亦難矣。秉心不塞者，華其言無取於其行，飾之官莫掩於其家；執德不弘者，飾於躬或滯於用，故局於受大，泥於致遠；而元夫碩人，操勢日久，秉權過隆，則其措事揆物必不能盡厭衆欲、默當上意，故或以乖時隕望，或以忤主行譴，竟亦無大補於世，故曰『自周有終』。」

公少靡子弟之過，長隆鄉曲之譽，其立朝温良能斷，强毅不矯，數上書關國家至計、生人大經，侃侃無所隱狥。遭權閹之禍，既斥復振，竟屹立守義，不少貶挫。晚歲終養家食，日杜門讀書，沉潛聖業，闡性情要奥，嘉惠共學之士。敦身教以訓家，申鄉約以淑俗，至使閭門子弟，下逮童僕，罔有以侈靡相先、狠傲相加、貪饕相殘、恣躪轢行、請寄於郡縣里閭之間，此豈聲音笑貌爲者？故今鄉邑以達朝廷，仰公如祥麟威鳳，爲邪者憚義問而自沮，脩正者託風聲以自壯。

天子春秋日盛，方將厭煩動亟疾之務，脩恭儉玄默之化，眷老成之典刑，思黄髮之靡愆，即不煩公以職，而凡大政典、大疑議，必且下書索對，或遣使即問。國之讜言谹論，將援倚爲重。則公雖不立朝，著然以其脩名雅望輔世致理，愈於身都宰輔而乖時、忤主者遠矣。私心喜，幸公優游閒曠，保嗇天和，庶幾永綏難老，德音靡瑕，上以寧王國，而下以儀吾鄉。

是歲爲嘉靖甲辰冬十二月八日，公壽八衮，學諸生白縣令、郡守，上狀撫、按官以聞。時仲氏憲長先生白首相歡，叔子太守翊得請歸養，閭里嘖嘖，以爲吉人繁祉。邑後進數十百輩，蓋所謂幸私淑而藉以自壯者，相率登堂稱壽，謂某侑之以辭。前期十日，日南至，天子大報成禮，錫命在庭，與共履長之慶，言「長日方至，來慶與日浸長」云爾。某不佞，惟古之頌禱者必曰日升、松茂、松檜類也，疇昔之言既云徵矣。公眷在帝衷，而鄉邦祝延之情蓋未有已，爰本帝眷，申之以方長之日。

袁氏譜序

袁氏居鍾步者，與禨塘、横岡同出邑後街，四宗聲望相埒也。舊嘗合譜，其後子姓蕃碩，各譜其宗，而皆推原所自，以爲漢司徒安之後。隋左衛大將軍温五世孫滋相唐憲宗朝，累封淮陽郡公。淮陽家蔡州朗山，其子郜用廕敘刺史吉州，時淮蔡阻兵，因留家泰和後街，其肇基也。子孫相便分徙，所在成族，徙鍾步者曰震，於刺史爲曾孫。嗚呼，遠矣！

予讀唐宰相世系表，左衛出漢司徒滂，滂與司徒安同祖，淮陽蓋安族裔云。淮陽之子烔，江陵户曹參軍；寔，河中功曹參軍；均，太子典膳郎；都，右拾遺；郊，虢州刺史；而郜獨不表見。或曰：「郊與郜字相似，虢州殆吉州之訛。」或曰：「淮陽公嘗貶吉州刺史，寓家於吉者，公耶？當其徙義成節度時耶？」淮陽本傳載：子均，右拾遺；郊，爲翰林學士；而無所謂烔與寔與都者。表、傳並作一時，乖訛乃若此，故家譜爲足徵也。譜所繫，豈細故哉？

夫譜之爲教二：章德善、表休烈、弘纘述之緒者，取諸史法，其道尚賢，故遠者不遺；明本支、别昭穆、敦雍睦之風者，取諸宗法，其道尚親，故近者致詳。鍾步之譜，遠之標淮陽以泝司徒，近之祖刺史而宗震，詳本宗而繫諸宗，其教可知也。司徒行誼勳烈照耀當世，百代而下，遐方殊類聞風慕德，況親爲族裔者乎？淮陽寬惠簡静，所去民思，至有尸祝之者；與人喜愠不形而洞見肝腑，叛賊至感服恩信，可不謂厚德長人者歟？是故作善之祥，遠延厥世，天之道也。鄰有嘉樹，借餘蔭者尚加培護，況永依庇覆者乎？二公遥遥千載之上，尚追想企慕，不忘所自；四宗親盡服窮，猶曰同根共氣，牽引以相屬，而況里居族處、合祠共祀、休戚相聞、慶吊相及者乎？夫賢賢而民興行矣，親親而民興仁矣。兹古之道，而諸君所爲脩譜之志也歟？於是，袁君泮暨其弟澤、其從子桓來謁予序，蓋倡其事者二三君也，因推其志之所存如此，庶幾以倡其族人云爾。

横塘張氏族譜序

往予偕朋從游衍，入萬安之境，陟巘東望，群岡疊阜宛委頓息，其下堂搆矗簇簷牙交錯，喬林茂樹蓊鬱雲蒸。人曰：「横塘張氏之宅也，宋迄今餘五百年矣。遭時宣力，代有偉人，談經講德，騰聲實於庠序、國學者相望。入其門，父兄翼以訓，動稱古昔子弟，凛凛胥飭，恪恭乃事，罔有習爲偷窳者。既蕃既富，卒澤於詩書，藹如也。」予習知其然，心竊異之，山川炳靈不虚哉！

乃予觀張氏之譜，張之先，潭産也。馬氏之亂，參政公去楚仕南唐，罷居金陵。其子吉州公國亡無歸，留州城西街，再世播越，弗寧於厥宇。及曾玄之代，萬安作邑，始相徙西湅，而卒奠於横塘。日衍月暢，式昌厥胤，浸而豐阜，浸而昭融高朗，乃罔不嘖嘖曰：「地有待而靈。」由君子觀之，根溉實食，或司其契，而平陂往復之數有適會者矣。是故封植非寶，令德以爲寶。艱虞基泰，康食思危，循而脩之，世以永存可也。人心靡恒危，未嘗不兢兢，玩夷弗戒，乃逸乃誕，務多於前人，賤恪勤、鄙渾樸、弱靖共，惟儻蕩之爲賢德，是以淫。淫斯傲，傲斯忿、斯愎，一蔽其性靈，而天親非親，氣脉弗屬，放利濟私，邈不相收恤，德是以賊。賊德而淫，天所棄也。人伐其澤，地閟其靈，而族將隨之矣。故君子敬德敬宗，脩洽比姻睦之行，敦仁厚禮讓之化，以有辭於世，世則有所標樹昭訓，譜是用作。

張氏譜當元之季作，則興尉廷瑞公。明初立雪公慎藏之，奔走行役，必挾以隨，得不毁。百八十年來，生齒日蕃，親屬日遠，諸所顯著之跡，日幾於湮矣。静軒公採摭參訂，纘厥休緒。公績學喜吟，書不釋手，究心兹編餘三十年矣。於是，公年踰八十，伯兄潛夫翁垂九十，皆巍然以耆碩望於鄉族。潛夫之孫雨舉進士，歸省，謀諸宗人，幸及二老刻之。雨將有事於四方，是舉也，其曰陟遐自邇，庶相勗帥，以保大持盈矣乎？

工垂畢，奉二老書來徵序。民有秉彝，胥克念於作德，俄而曰倡予和女、作予翼女，則有待之辭也。其咸曰「是誠在我」，則幾矣。雨嘗就予學，與吾兒紹慶締子女之好。翰也稚，其終能不辱門倩乎？蔦蘿弱，樂得所施。予幾松之日茂也，是以云。

清溪蔣氏重脩族譜序

清溪邑西地，庶姓錯居相望，蔣最繁。民以氏繫地，誦爲恒言。諸蔣異所自出，出茶陵守公輔者最著。邑昏媾擇閥，媒蔣氏，必曰：「茶陵公後蔣耶？」非此莫稱焉。

予從女兄夫王君仁鰲得其譜系，茶陵之先，蜀漢録尚書事琬，爲湘鄉人。至隋萊州司户啓，肇開萊族。

唐吏部侍郎欽緒之子沇觀察湖南，開湖南族。五代末，茶陵公避亂清溪，開清溪族。公一子，七承事澄；二孫，朝東、朝南。朝南之胤宅於淮南，惟朝東號海翁者世家清溪，日蕃阜華腴昌熾矣，爰爲譜，祖茶陵、宗海翁，自别於諸蔣，禮也。馬氏之亂，湖南飈扇波蕩，士大夫虬潛鳥竄，不殄喙息爲已足矣，乃至延若是蕃，若是殷阜，若是才俊文物，若是曰委祉紹休，世篤弗忘，火燎斯爇，泉濬斯湧，有不期然者爾。夫燎之揚，繼乃灼誕；固厥防，盈乃弗涸，可不念歟！

夫屬蕃愈疏，疏防暌，暌賊恩；財阜滋侈，侈防僭，僭敗度；蕃阜强力，相倚爲驕，驕防暴，暴殘民；多俊彌文，華乃渝質，質渝防僞，僞爽德。德爽原華，故惇之以朴；民殘原驕，故訓之以謙；度敗原侈，故約之以儉；恩賊原疏，故睦之以親。親睦暌防，儉約僭防，謙訓暴防，朴惇僞防，故能保豐萃涣，式弘厥慶，由此其道也。

夫國有政，必作之君；家有教，必宗之長。崇長明宗，立教收族，莫辨乎譜。時而收之，存乎其人。蔣氏譜凡四脩：元季，則賢可教授、成可長者、與才學録、與明照磨經厥始。國朝永樂中，則焕章、尚信。景泰中，則廣德知州鐸寔纘厥緒。今脩，則文遂、文訓、廷脩爲之倡。盈不易持，防不可緩，蔣氏世有人哉！凡同斯譜者，無誕無驁，無自作慝，無鶩於鱸鱸，日相輯以恩，漸之忠信，允迪禮義。兹惟善持善防，譜是用脩。

莪田朱氏續譜序

同年南屏朱君懋章捧南寧之檄，訪予浩溪里第，出其家譜，言曰：「我朱氏所自也遠。今安成城南，蓋先受文公徙自前塘。前塘寔先明德翁徙自廬陵莪田。《莪田譜圖》曰：『孟可者，祖也。章甫，父也。』翁徙前塘，當元成宗大德二年，至我明正德間，蓋二百餘歲。殊地異邑，危亂不相收，慶吊不相爲，代遠彌疏矣。今上嘉靖初，族叔庠生罕利來訪城南，比歲黼謁祖莪田，而昭穆復通。爰本譜圖，參訂續編，敢徼惠一言以幸我族人。」

予讀元圭齋承旨序，莪田世系祖廬陵參佐銓，而宗樞密使元圭。參佐蓋徽國文公孫，樞使其曾孫也。語曰：「孰不思垂民，鮮克述之。」徽國之業可知矣。「一家仁，一國興仁；一家讓，一國興讓。」是道也，蓋終其身孳孳焉。後之人將戕性賊情，矯爲仁讓而弗能，則不可幾矣。如曰愛敬根心，達之自孩提，則崇德廣業，祇遹前聞，其孰能禦之？今夫百畝汙萊，咸讙爲敗子，隳所受也；梓匠不能世其藝，不齒於厥黨，惡辱先也，而況其大者？今問其人，曰「我祖也」；問其業，「我弗知也」。若是者，弗念厥紹，其名曰罔之生。

夫譜，原本始、奠世系、敘昭穆、聯戚疏、敬祖睦族，其究仁覆天下，是故宗遠以統同，樹表以章訓。南寧由御史出綰郡，章方且脩仁覆之業，而汲汲於譜，觀其所表，足以知其訓之所存矣。《詩》有之：「無念爾祖，聿脩厥德。」

楊氏世澤序

龍陽金牛楊子，受《易》武陵冀闇齋先生。先生之學於陽明夫子也，篤志力行，以聖人爲必可至，謂驕侈逸遊蕩情牿性，務自刻苦，離寒暑，荷蓑笠，親耕牧之事。其與人均休戚、通有無，相視一體，故遊其門者往往勤勵抑畏，飭己而愛人。楊子訓導泰和學，予數從游衍講習，竦然如闇齋見也。

楊之先故豐城人，其始徙龍陽圩堤者曰大有公。自大有至仁智，其間代次、名諱無考，莫知所爲徙。或曰：「徙必商，非商且安土重徙矣。」然圩堤土壤衍沃，亶宜農，里中老長者言：「仁智生義崇翁，翁之配宋媪也，外内協德，輯睦鄰比。歲時茗飲酒漿，與田叟饁媪勞苦如家人。」故知楊氏徙圩堤，世藝農，蓋厭末業，適樂土、重本務者耶？

義崇子，如皋縣丞春，以三考掾選扈從都官。文皇朝其始推擇爲掾，避不肯就，隸跡之田牧所，疆攝之去，蓋用農民起。至其孫成都衛知事昇、曾孫鄰水知縣儀，始稍稍用儒進矣。如皋督賦廉平，秩滿輒奏留，留十有八年，致其事歸。知事浮湛戎幕，從儕輩給事撫鎮府，獨不群。嘗承鎮守逮富人，富人故罪薄，畏中官輕榜掠人死，匿不就逮。前承符數輩，往輒受金，詭爲地怒，益激。知事諭富人與來，械入見，卒慷慨引義，營解百説，脱富人。富人幸完身家，厚賂餽，一無所受，由此知名上官。然雅不能趨時，會鄰水公鄉薦，遂解職。上官知不可奪，津遣以還。而鄰水公爲縣數歲，念父春秋高，亦懇告還侍矣。

楊子曰：「先祖父世農，以故不樂久宦，竟棄去明農，乃一中身靡廩禄，心未嘗不在畎畝也。」南野子曰：「孔子稱齊魯變而之道有難易，言政俗淳澆異習，所由來漸矣。楊氏棄商而農，浸而爲士，仕宦不大顯，然皆矜節概，不失行義。至楊子，乃慨然有志於道。《傳》稱『積善、餘慶』，言漸染薰習，日以滋甚，不虚哉！夫農非力不食，故知勤；知稼穡之艱難，故知儉；不靡不蕩，故率質弗渝。其秀者爲士，文之以禮樂，必足賴也。古者適南畝烝髦，士有以也夫！夫士起自農，故其爲官也如爲農，是故勞己以養人者，其於人將無所不至矣。後世經生學子，賤農而慕高貴，故其爲官也幸免爲農，是故貪位以逸己者，其自爲亦將無所不至矣。」

予從楊子游，考知其世，究闇齋之志，作《楊氏世澤序》，通古今之變者得以覽觀焉。

沙里張氏重脩族譜序

沙里張氏，以蕃阜文物著聞鄉邑，里中語曰「沙里四叔」。四叔者，宗武公仲子之子，四以叔字者也。蓋自其上世貲産甲厥區，洪武間爲區長，坐督賦後期，謫戍，没入其産。宗武收殘拾燼，復造有家。四叔昌而大之，再傳而臨安同知君焕，舉進士入官。經術、文學士踵武起，聲華日彬彬，大抵皆四叔裔也，而以其族顯，故里人語如是。

乃予觀沙里譜，張之先，青産也。後唐時德廣以清遠節推鎮永新，彭玗之亂，回家鎮所，名碩嗣興，蔚爲慶門。曰鋼，仕宋淳熙、慶元間，累官知郴州，所至有惠政，脱民於死。曰坦，翰林檢閲文字，從文信國起兵勤王，城陷，闔門逢禍，獨伯子鎰身免，間關南走，開沙里之族。夫仁人義士，天道固將百世佑者耶？顛木之由蘖，冰霜復瘁之，根荄不斬，天篤其培浸，而拱把扶疏，殖英食實，日至固有時也與哉！

樹德務滋，福不期至；承休務德，慶不期集。譜首載慶源圖，末附周益國、章兵侍所爲郴州府君銘、表，其於標往揭訓備矣。圖傳自鎰，泝節推，十四世。宗武公因之爲譜，泝鎰，十世。臨安君與其從弟庠生旅郁參訂續編，舉凡立例盡譜法，其從父義官佐伯實協贊之。臨安之言曰：「前乎沙里，爲永新東門左官山族，爲永寧新屋定里族，爲安成書岡茶陵月岡族；後乎沙里，爲麻陂族，爲南安、南康族，爲湖廣沔陽、咸寧、監利諸族。敦敘無遠，譜必合。」未就而臨安謝世，其姪庠生元亮、元壽、元芳、元恩、元溥、元棟、元良、元楠謁予以告。

夫志則廣矣、大矣，雖然，仁義根諸心而愛敬四達，將異類蒙煦，矧曰近而厥宗？殘賊作諸意而仁義充塞，將昆弟爲仇，矧曰遠而厥宗？故因文興情，攝涣賁物者存乎譜；敦本出衷，睦遠自近者存乎其人。

贈陶滙溪擢户部序

今上方興禮樂，弘制度，脩廢舉遺，功役序作。水衡無見儲，輒取給度支。度支所領，其大者，軍儲歲給。諸邊鎮有常，頻年虜數深入寇掠，數召募餉饋，征戍無常，營繕復取給，歲入且不支，故守其官者稱尤難。何則？不量而賦，民或不克供，將靡然騷動；稍節量，則見以爲沮格怠廢，不奉職矣，如是者難。耗蠹多門，卒有邊鎮告乏，或彊圉不靖、兵興不解、饋餉不續，將見謂乖調度，以僨事誅矣，如是者難。十餘年來，尚書户部獨稱梁儉菴公。公躬行廉儉，欲以施於國，章程品式稽據有恒，莫之能奪也。上初惡其固，罷之，尋追念不置，特召復其官。公執德無渝，上亦寵任不衰，士大夫以是知固者非必明主所棄，而竟亦未易爲固焉。當梁公時，太倉之儲可數十百萬，他司財物充牣，庶邦猶惟正之供，即稍恣何害？而梁公拘拘乃爾，以爲不若是則從己狥人者，何所紀極？故公之慮遠矣。子部諸郎，贊襄以法，不怵不疚，可不謂精白同心者歟？

滙溪陶君之擢爲户部郎也，其尚書則蒲灣王公，王公以道事君者也。今公私峙積日匱，賦外徵調日淫，公豈能或忘於隱憂？滙溪蕴藉縝密，温良能斷，内察而外晦其明。往，梁公固多賢屬，由滙溪觀之，其才智奚所不逮也？然則稽諏典章，致廉儉之道，贊精白之政，義立孫行以恭承休德，詎出梁公諸子屬後、上負王公耶？今巧宦者顧相戒不利爲固，固誠足病，然掊克逢迎，不猶愈乎？財掊民離，君誰爲守？身且與危，矧禄之能持？士大夫亦何利於此者？鄙語曰：「何知忠義？公家幸甚休我，厭菽粟而已矣。」君子謂小人不可使無聊也，其窮斯靡所不至。

滙溪由省郎調蜀郡司理，移倅吾吉，今奉檄還滇南，拜家慶，走楚、韓、趙、魏之郊以上京師，徘徊梓里，轍跡半天下。聽之乎君子日詳，察之乎小人日親，進而贊斂財以邦經，贊制用以邦式，然而萬有一病梁公爲已固者乎？請爲言所見聞閭閻情狀若此。郡二三大夫顧畏民嵒，以申贈滙溪僚誼也，謂予抱痾林卧近民，屬予信其説。

壽節婦蕭氏七十

蕭婦節，萬安藍田巨族子也，年十四，嫁爲泰和逢原尹君朝吉妻。尹君辟書掾，邑居也，妻留家侍姑，則善侍姑。姑所欲，先之；所愛敬，厚遇之，細巨靡不當姑意者。年二十有九，寡矣，又殤其仲子諒。無何，伯子詔夭折，獨保持遺腹季兒誕，與相守。時夫從祖祖父少保澄江公憲副南原先生得謝，族人席門蔭徼榮利，燀赫焜煌，妻孥生色，而節婦家鮮丁男，僮僕四叛，田園蕪不理，生事日蕭索。旁舍嘖嘖，謂將不可堪，然視之色愉，察之意適，屏飾茹糲，錙銖纖嗇以羸。他日別搆廬，引兒出居之。諸女公姒婦等相過勞問：「何用棄彼擇此，必取寥寂爲快耶？」於是澄江公勑門户諸役，無得關通寡婦，用相寵慰。乃節婦矢志自初，匪有待而堅矣。

誕既成立，日諳練振迅，規恢有家。節婦白髮，種種綜理弗衰。誕率其婦子，先後相協，甚懽也。時從老長者追談往昔，則又慘戚嗟悼母氏劬勞，不謂猶有今日。於是誕語人曰：「藐爾孤遺，何所恃賴？猶得比數於人，得守先人故廬，以養以祀。乃今或淪胥，謂他人父，依倚門庭，而弗能有也。伶俜贅寓，悽霜露之感，彼獨何人耶？而誕寧非幸歟？乃碌碌靡自樹，罔克見於時，母苦心立節，孰爲章之哉？」是歲秋七月二十五日，節婦躋七袠。誕從子良桂，予内子之姪之婿也，介誕以其從叔父朝華狀來謁爲言，欲得予文爲壽，其情如此。

人之言曰：「婦節非必矯矯撓不可折，即選懦愿慤，苟無變意易慮而已矣，此孰與抗志畢命難？」夫易遷者情，難持者志。歲月悠長，憂畏感迫，君子向道而行，尚或中廢，謂何容易？司馬氏傳巴寡婦清，列之《貨殖》，謂以財自衛，不見侵犯。彼誠有激，然時勢亦可覩也。蕭節婦，獨抱區區，立蕃豔盛麗之間，縞綦蔬水，母子相弔，至相徙厥居，將絶遠紛華，内寧其志。其自爲閑衛，雖古之剺面髠髮者，堅決豈大異哉？子孫詵詵，永綏難老，天道不章章較著矣乎？夫女德常，故丈夫正位；婦節明，故士人知耻；勸相有道，故禮義勃興，故風行而俗美矣。

予推澄江公寵慰之意，祝節婦黄耇無疆，德音是茂。然予聞逢原今蓋有三節婦，蕭與兩郭氏三也。郭氏其一思弘妻，蓋澄江公曾孫婦，年十九寡，其孤今受室，婦年垂四十矣。一大智妻，初撫其子，以長子夭，即又撫其孫，今年八十，寡時才念有三云。二婦子若孫，知揚顯自身，飭厲靡怠，誕亦無忘勸率以類，永錫不匱也，於母不彌有光哉！

大中丞虞公巡撫江西

慶禱頌贈，情之不可已者也，施於上官，則或以爲嫌。嗟！古之人固嫌乎？又焉取開誠布公也與哉！

大中丞東厓虞公之簡擢撫江西也，自提督四省軍務遷焉，汀、漳、潮、惠諸府爲已別矣，南贛猶屬也。乃贛令俞子大本、瑞金令趙子勳，相率請言以贈，曰：「二三子之辱於公也，舊亦矢心效力，終不敢有愧官箴以苟負公愛，自以爲於公無可嫌者爾。」夫二三子亦猶行古之道也，夫公所以感之者深矣。惟贈者，增益之也，蕢土以增嶽，杯水以增河，則吾豈敢？

曩予與公同舉進士，相磨於古學，而求友索朋，莫知所擇。公於輩行中，示予可與不可與者數人。從後驗之，凡振勵策勳名，則公所稱可與者也；其喪敗，則所稱不可與者也。予數語趙子輩，謂公知人，蓋有所試之者。乃予得免於匪人，緊公之教，公實益我，而我何以益公乎？

公之令萬安，予家比壤，藹然子牧之澤，河潤九里不啻也。公當去，邑中數百千人走當道，乞留不得，則又相與走送數百里外，依依牽戀以別，至今猶追慕尸祝，示子孫無忘焉。人曰：「東厓公蓋古之惠人也。」乃予數從南畿八閩士大夫遊問，知公以御史按兩地時，綏良剪奸，獎能汰冗，植廉善、黜貪暴、剔民蠹而布之利，大者驛聞，小者立斷。蓋前後監司，稱嚴重不可犯者，必曰東厓公。故官各有方，政各有體，公豈專於惠者耶？公以提督來過我林丘，曰：「提督之績，陽明公爲不可尚矣，必也脩公之政。然異時盜根蟠藪萃，故不得不草薙而禽獮之。乃今樸遺燼，無俾延爇；札餘蘖，使不至尋斧柯，此固於時爲少異者。」於是日蒐卒伍，簡軍實，謹方略，緝逋誅，已乃城黄鄉堡、羊角水，脩復長沙屯營，三年而四履大靖，居民樂業，則公審時布政、推心任人之效也。

夫治，知體則不繆，知時則不窮，知人器使、委任而責之成則勸功。愼斯以往可矣，而予又奚用爲益也？然二三子之意不可以虛，曰無亦以慶乎？夫世之不理，豈盡積蠹叢蠹使然哉？上之人，識不足以盡臧否則疑人，察不足以盡利害則疑事。上積疑以待下，下設詐以應上，猶豫嫌疑之間，没情實而存形迹，政是用瘝。吾觀公能使上下情交而孚攣，豈獨於二三子爲然？夫明則不疑，公道爲昭，故賢者攄心，才者宣力，不能者愧畏以勸，將十有三郡之吏協恭同寅，指隨臂使，可知矣。由今徵後，慶容有既乎？然而時艱體大，抑地廣吏衆，人苦未易盡知，公其能忘於遠慮而遽以自慶者？予方從二三子探公之志，以樂相厥成，故不宜以慶，宜自附於贈言之義。

常溪歐陽氏譜序

予歐陽氏，渤海、長沙之世遠矣。唐天寶間，琮刺史吉州，始開吉州之族，故居吉者咸祖刺史，而支分派衍，所宗各異。文忠公譜沙溪，宗安福縣令萬。常溪，予蜀江所自出，宗工部尚書彤。按譜，刺史七子家吉，至尚書三世，世居郡城西。尚書同産兄彪遷廣，子澤澐始徙城南永和鎮。居二世，潭州守勳復依宗人家長沙。又三世，當宋之初，太尉梁國公忠與其弟悉復居永和，而太尉尋徙常溪。太尉上泝尚書，凡六世，不常厥居者百六七十年；下逮今，餘二十世，居常溪者垂六百年矣。

世稱故家大族，非以其久且蕃衍富强，以代有哲人載令德而垂休聞；非寡與貧之爲患，患德之不立。夫積厚享薄，皇皇求益，惴惴恐匱乏，不如食力而施施衎衎者之爲裕也；千人千心，不如二人同心之爲衆也。故富不以財而以安，强不以衆而以和。夫務厚積，則不憚削人以自封。削人以自封者，其心貪以忍，甚者德色於父、誶語於母，兄弟之不如踣人者無幾，況宗族疏遠者乎？樂食其力，則務善其身，無求於外，無忮於人，故比閭相恤，鄰里相友，喜相慶，憂相唁，離散相收，病相扶而難相救，疏遠且然，而況其親戚者乎？故譜昭先烈以勸好，脩明一本以勸敦睦。然脩弗脩、睦弗睦，未有知其所由來者也。蓋忿争生於貪戾，貪戾生於慕富强而鄙貧寡。慕富强而鄙貧寡者，自脩之蠹、争奪之源也。反之，則恭儉淳朴之習長，忿戾暴悖之氣消，愛敬和睦之風成，是家之寶也，譜之實也。

常溪譜，蓋先太尉自宋初傳之長沙，而宣和間，太尉六世孫提舉毅與愢、六世孫監丞珣續脩者。譜載刺史入官時代，下逮彪世，數與沙溪譜不合。先德祖府君於提舉爲從兄弟，南渡間徙蜀江，録副以來。傳至國初，有塾師閲譜，謂不當與文忠異，改竄以從沙溪。而初本存常溪者，賴繼明長者保之、大尹思文先生續之，不失其舊，先憲副雲莊先生廣哲脩蜀江譜，得有所據以復舊，因考證沙溪之誤，而釋先輩之所疑於文忠者。

蜀江譜梓行，而常溪猶爲寫本，寬克先生桂謝興安尹歸，始率宗人續所未備，梓之。某慨世之慕富强而鄙貧寡者，馴至於乖争凌奪而不自知，失譜之實，徒存虚器，以矜高門地而反爲門地之辱，故舉所謂昭先烈、明一本者以告宗人，相勸於好脩惇睦，而幸其不至於彼也。

嘉靖丙午秋九月吉，太尉二十世孫某敬書。

任宫坊集序

始，任子舉進士，奉大對，敷陳政務，憂時悼俗，憤頑嫉邪，剴切數千言。今上嘉其忠，親擢置高第，始釋褐，一旦名隱動京師。羅子達夫、程子舜敷、楊子實卿、唐子應德，與任子友也，予因數子者得佐下風，數觀其詩文，疇昔所憂憤熟數上前者，往往見之乎辭。予每讀一篇，未嘗不慷慨三嘆也。

任子操持砥礪，其交遊必類己者。其於浮沉巧宦，削觚而圓轉，坦外而深中，阿隨人意，頡頏以取世資者，相疾視如讐。於是，自考功主事用薦補太子司直國史檢討官，上駸駸大用之矣，而竟不能安其位。所交數子，亦先後以言譴。予抱痾林卧，爲憮然，莫知所爲。比一二歲，予從蜀中人士聞任子杜門讀書，家之有無無所問，部使者至不得見其面。時從幽人文士徜徉山水，摛藻鑄辭，益工益富，憂憤之情，浸爲恬夷。

或曰：「任子殆與世抹摋而翫之以文耶？將寡與俗搆，無所迫鬭其中，故氣得其養，平停而不形者耶？」言，心聲也。心以御氣，氣以昌詞，詞以宣志，志以制行，而功德因之立焉。是故媚世之士，其志群，故其行隨，其詞靡，可與諧衆，不可與入德。翫世之士，其志達，故行靡檢柙，詞無涯涘，可與樂性，不可與濟物。憤世之士，其志矯，故其行狷，其詞隘，可與震俗，不可與興化。仁以爲志，道以爲體，渾然同物，廓爾天遊，和而不從，介而不乖，好惡忘己，因應無常，故其詞肆而不蕩，貞而不偪，厲而不猛，優柔而不弛，用志精一之致然也。

君子曰：夫志，與其群也，寧矯。矯而反之，宜可以基德。既其達矣，於道也幾乎！任子之始志，既基之矣，而況日有造焉。其德立功崇，將莫之能禦，其詩文必傳今行遠，匪直以其詞足愛者。於是，其甥李子刻之，首大廷之對，蓋本乎其始，若曰深造自得由此其基也。

任子名某字某，西充人。李子名某字某，時少參江藩，同任子之志者。

贈郡侯白坡何公序

今天下歲漕粟數百萬給京師，於國計非細故也。吏催科或不惟大計，藉口政拙爲賢，便其弛惰。朝廷歲遣度支郎奉璽書行督，因課盈虧，第殿最以詔慶讓。其讓者至於貶秩奪俸，其慶者下尚書省，移御史臺，檄所司具儀，校官弟子導送用樂視古增秩，賜金寵異，惟均矣。吏或以其故，不用德，而務操切以取盈，民覆毒之。嗟乎！非仁且明、廉公有威者，惡可與治賦哉？

是歲，吾吉郡守白坡何公，用部使者課最被慶典，吾泰和令繆子某謁予文稱賀，曰：「休命弗揚，盛美莫章。夫功懋、懋賞不虛哉！」予默焉久之，謂繆子曰：「功者，末也。天子寵異優勞，匪功斯懋，惟用德斯勸。蓋予觀於鄉而知賦之難也。貧民一歲耕，不足一歲之食，或甫畢銍艾而蓋藏半罄矣。不及此時徵之，逮食費且盡，官符始下，甚者無田而負虚賦，故輸者病。民貧不能輸，又頑抗抵冒，奸詭影漏，乃皆責之徵者，故徵者病。徵者既困，正賦官又問其賦之羨，吏胥旁緣，朘削百出，又催符交下，承符人視賄爲操縱，耗蠹半正賦，則徵者益病。於是，徵輸未七八而公期已嚴，則出空牒趣運者赴嚴期，運者不能支。又諸所耗費無藝，則有稽逋而已矣，故難也。治賦有道，時其緩急，惟正之供。廉奸頑而正之罰，法貪殘以祛之蠹，滌除煩苛，諸旁緣漁獵者無所得行，斯賦集而民不毒。是故非明罔察，非仁罔恩，非廉罔威，故德者，本也。

「今何公蒙被上賞，天子若曰：征不失節，故期會靡後；民不病征，故賦入無虧。是其政緩急有程者也，是其耗蠹必祛、奸頑必懲、倚法侵削者必不得逞也，是能以己格物、威加於所制、與我共理者也，故曰昭德之賞也。諸君子承式何公，無徒操切之務，唯德以爲訓。是故居身廉，則下不敢貨；文法簡，則漁獵者無所緣；藉明以行斷，則幽隱達而奸慝不得容；威以布仁，則殘蠹者遠。慎此以往，將庶政咸和，何賦之足治？」

於是繆子悚然有間，曰：「茲固天子寵異，何公之大也歟哉！」予曰：「未也。夫賦不易盈，故主計者準式以制用；功不徒立，故經邦者敬德以作人，是道行而後天下可幾而理矣。

「朝廷表郡守治行高等者，往往荐陟顯階。何公爲吾郡三年於茲，茲表之必且陟之藩臬、晉之朝著，必且贊天子理財用人之議。爲我謝公無忘賦之難，無替德之用，式克對揚休命，夫是之謂大有慶者。」

永豐聶氏族譜序

聶之先，自衛大夫奭食邑於聶，以邑爲氏，故晉陽霍州地。其後昭爲代王大傅，良爲漢潁川太守，友爲吴丹陽太守，皆居晉陽。晉太寧中，達義尹新淦，棄官居筝埠，聶氏始有族江南，浸散徙清江、永豐諸縣，南族益蕃。永豐始祖曰四十四郎，亦稱四十四評事。傳數世爲奇甫、文甫，世居磊源，而恭甫、衡甫自其父徙家下市。磊源、下市諸宗，舊各有譜，載評事以下名諱、世數，參錯互異，而上世源委率多闕略，蓋後人追譜，其先代懸文缺，各本其家之所傳聞者。憲副雙江先生文蔚始考訂合之，以爲永豐聶氏譜。

初，雙江未仕時，先大夫水雲翁授譜一編，三致意焉。譜蓋宋時寫本，載受姓所始及新淦以上十有七世，視諸譜獨爲詳備。雙江於是據宋本，述譜原，以卒翁志；告始祖，啓視壙誌，以正諸譜名諱之誤。其諸錯異莫可考訂，並著之篇以傳疑，而譜圖則直以四甫爲一世，若曰：聶居永豐，其來遠，然其可次序爲圖者，此其一世云爾。參酌歐、蘇而不盡用其法，其書字、書名，分註生卒、嫁娶、行略，各有義例以示軌則，終之以外紀以譜戒。其於奠世系、序宗法、明一本、昭先烈，或幾於備矣。

夫譜之爲教，興孝以纘祖，興讓以睦族，振德勵行，引宗人於道，此其大致也。然人之良心，非時警屢省，日漸月磨，則不能惕勵而彌新，故譜必有以繼之，而後足以盡其用。老泉譜亭，若將有意焉，然歲旦一會，訓誡爲已疏矣。蓋先王文人情，節禮樂，使民日周旋游泳其中，故敏德而不自知。後世禮法廢殘，然往往知尊祠而重祭，雖有傲惰侈肆者，即其位莫不肅然以敬；既徹而燕，雖有暴誖强悍者，獻酬交錯莫不雍然以和。肅敬、雍和之心生，則視精聽審，示之事而易警，曉之言而易入。如制其月祀、時享、歲祫疏數之節，儀簡而燕親。因以所謂明一本、昭先烈、睦族纘祖、振德勵行之道，著爲詩章、訓辭、工歌、祝誦，乘其機而入之，習見飫聞，久而不違譜之教，其將可幾乎？

嗟乎！非博覆兼容，善誘而不求備，見人之可與而不見其未易誨化，惡能復而不厭、勤而不倦若此？雙江固將以道化天下，其拳拳於譜，戒之諄諄，以爲陟遐自邇而造端於斯也。繼之禮教，以風化四方，固雙江不厭不倦之志，予因序其所以而樂觀其成焉。

族父飭菴先生八十

嘉靖乙巳，族弟崇儒尹應天且朞矣，數念父飭菴公春秋高，欲歸。會考察京朝官，上疏乞罷，不許。是歲秋七月二日，上以廟建功成，沛恩宇内兩京文臣，予誥勑貤封有差。府尹秩正三品，得封贈祖父母、父母，於是飭菴公以前山東都轉運使封通議大夫、應天府尹如子。命下，會公届八袠，其壽期九月六日也，吾宗人將進爲壽，謂某有言。某惟今之頌公者，咸曰：「飭菴公可謂備福已矣！父子世進士，身致通顯，轉運使禄秩視外臺憲長，乃今眉壽崇封，雖秩與使等，然京尹班列及諸所恩禮，視六卿之貳。凡以子貴者同資拜，蓋身爲憲長者猶不得望焉，矧降詔適會誕辰，若預爲期以榮公之壽者。又筋骸清健，子姓蕃碩，遠古弗論，明興百數十年，大江以西不僅僅見哉！公之樂此者何如也？」是則然矣，然公所以樂與其所以榮者，其亦知之乎？

公二十舉於鄉，其志尚已競競不群。掌教應城學，檢身迪士，勸德陳藝，不啻家塾之師，士由此多顯達有聞，一時論教學能舉其官者，用爲稱首。兩聘典文衡，皆以學行見推，並稱得士。尋舉進士，歷南京工部、吏部主事郎中，所建白今皆著令甲。擢知金華府，調漢陽，而遷山東，所至有聲。其居官臨政，大率秉心明達，主之以沉靖；飭躬端謹，行之以平易；慮事精密，出之以仁恕。其爲民推害致利，休戚若己。其狀貌固肫肫長厚人也，至抗折權璫，辭遜而厲，色莊而和，使不能僭禮擅威，平日剛勁自命者顧跼蹐退讓焉。凡公不怵於外以得行其志者，此類矣。乃予聞漢陽大別湖今有歐陽公堤，蓋民被全活者識公所築，以示易世無忘。金華民樹碑紀遺愛，當公解組時矣。此其結之於心，豈可以聲音笑貌爲者？

家食二十年，日維繙經史，檢古醫方。歲節，集子姓茶會，雜用雅俗語，説古今嘉言善行，鑿鑿皆事實。割腴田數十畝以資義贍，疏戚咸利賴之。夫辱莫大於身處穢，憂乃叢集；樂莫甚於内自慊，榮在其中矣。以公所爲，又奚所疚而弗慊者？公子孫鼎鼎，其不仕者猶能敦信明義，樹風聲於鄉閭；仲臺、季壂，强學以待用；府尹方撫時宣力，繼公未究之志。夫進則澤民，退則淑俗，爲善之緒，垂諸其後。公之樂乎其心，豈以外至者爲榮觀哉？

故公之壽，天也；其榮且樂，則自有而自成之，非天也。然心泰，故神和而氣暢；居易，故人與而天助。雖謂壽爲公自致，亦奚不可者？惟先大夫同高祖兄弟若而人，獨與公相得甚親，然氣質高朗、沉潛殊異也，亦概之德義有契合者耶？某與府尹並官南都時，數舉二父相勗，蓋心所信慕者如此。故兹賀公之壽，不能有加，舉昔所交勗者，與宗人胥慶焉。若曰：老成典刑，巋然在望矣。

贈何白坡之官山東

何白坡先生守吉安垂五年，有傳擢廣東副憲使者，或曰參藩也，既而皆不信。人謂白坡以御史謫，四遷至今官，理劇郡支歉，歲奏最課焉。其遲之擢也，固將有待，謂憲副、參藩爲未足耶？居久之，則聞陟山東都轉運鹽使，檄且至矣。子瞿然訝之，以爲殆道聽塗説者也。推府橋西劉君攝署萬安，來徵贈言，曰：「信矣。」

或曰：白坡公殆有訾之者歟？公爲政，吏不得竊弄文法，與奸爲市；豪右不得以請寄苟免，跼蹐不敢肆。其行己耻自卑屈，即口語可畏，人所謟事者不能降意交懽，士論以是高之，然何以不免於訾也？嗟夫！焉知士論所高，非公所以不免者耶？

人之言曰：「事得於親覯，論定於兼聽。」言毁譽之難既也。蓋昔者予聽於官，謂訊鞫稽留，故民積悁忿，獄訟彌滋；聽於鄉，則謂府公詳讞緩議，務盡獄情，使險徤者無所伺隙而巧脱之。二者予將焉所聽而定哉？乃予宿鷺洲書院，聞講誦洋洋，而喜士興於學；降自府堂，出其儀門，訪府倅諸君新署，而喜其分曹勤政，請事者各有所歸，門禁爲之肅静；行於城，警舖、柵門、火具、戎器畢飭，而喜禦患有備。亦既覯之，而以爲規畫繕脩有功矣，及聞之白坡，則有以是爲之罪者。好惡殊情而美惡易位，然旦暮倏忽，何足計也？

人無問智愚，未有舉世是之而莫之非，亦未有舉世非之而莫之是者。紛騰交勝，得勢者行，然驥不可爲駑，鶚不可冒鸞，伏之而鹽車垂耳，颺之而雲逵振翼，卒無損益乎其間。故君子之道足乎己，無所待於外；慊於心，不必悦於人。不榮右職，不卑冗官，合詞讚之不加揚，衆口誹之不加沮，誠視如陰晴晦明，旦暮反覆而已矣。夫有以自重，而后無所不輕；有以自立，而後物莫之能奪。兹非志士仁人所以垂休百世者耶？

予始交白坡京師，别十餘年，來守吾郡，而予得承奉色笑者無幾。乃今又遷官告别，予惡得無言，况重以橋西之請也？故舉所期遠大者，申久要焉。若夫論遷拜之久近，校階秩之優亞，非予所以聞於白坡者。

南雄守胡崀泉入覲

嘗稽古考績、述職之法，意考績以馭畿甸，述職以馭侯國，内外遠邇，疏數異宜，而後世一施之，傷煩複矣。吏三歲再如京師，一歲在官，一歲在道路。雖有循良，不能以朞月下渥澤，成久大之治。有如稍通其變，酌地里，議品秩，差次疏數，吏民幸甚，而相沿莫問也。今崀泉胡君之入覲也，予重有感矣。

太守於所部，統御維約有君道，訓誨程督有師道，長育惠鮮有父母之道。法不正，不稱其爲君；德不尊，不稱其爲師；惠不孚，不稱其爲父母。若是者在郡，民奚以忻？去郡，民奚以戚？泛焉爾矣。崀泉廉以律身，公以勅法，德藝以造士，禮教以淑俗，恭儉以率僚，勞來勸相以成化。除民之害而致之利，若藥其躬之疾，而求孺子之乳哺也，至或忤豪勢、拂上官，危辱逮身無所顧。南雄之民洵以爲嚴師，洵以爲慈母，一朝而離之，皇皇焉，決其所恃以爲命者，能無睠乎？雖然，天子惟吏道冗雜無狀，三歲大覲群牧，令吏部、都察院核名實黜陟，事至重。州縣吏宜親民，闗閭閻休戚切甚，而太守近，簡察臧否爲詳，故州縣吏賢不肖進退聽之太守。太守爲天子沙汰失職，袪民之蠹，雖遠去所部，不得覆嫗，其德澤甚大；坐與民相守煦煦，利濟恩惠，反小民不思其大，區區慕戀無爲也。

於是崀泉將行，保昌文學璩世鳴，將别駕張君命，來索贈言。予惟古之陟明也，致慎其始；後之黜幽也，致精其末。末之難圖，久矣。農夫耰不擇種，耨不盡稗，稼登於埸，粒納於廩，始簸除惡雜，用力重則美粒俱棄，輕則雜粒俱存，雖有巧慧莫之能善也。語曰「棄穀寧存稗」，傷嘉種之不食也。蓋予學稼老農，而聞其説云爾，然得無近苟道乎？嶺泉則將何以善此？

浩溪羅氏重脩族譜序

往先大夫言，先百歲翁，晚以齒德重閭族，昏嫁必請。一時崛起貴盛之家，翁所弗可者，弗敢婚也，然數婚浩溪羅氏。羅氏仕者，官才爲學諭，非有崇階穹爵可以傾動鄉閭；其諸力田服賈者，亦未有鉅貲如所謂等千户侯，而能與崛起貴盛者埒也。然先翁所可，在此不在彼，非以世族爲足貴耶？

乃予觀羅氏譜，其先自楚徙豫章，以豫章爲望。諮議參軍企生，忠義顯晉。唐武德間，諮議十一世孫使持節韶州諸軍事，守韶州。刺史思榮秩滿，過泰和，相潮山家焉。刺史十世孫士明，劍南西川押衛兵馬使、銀青光禄大夫、檢校太子賓客兼侍御史，太和中徙居羅團，生太子贊善載道。贊善孫萬里，沅州判官，其第三子桂林録參懋術，皇佑中始徙浩溪。再傳爲豐城尉晦生，父欽州巡檢大肅。巡檢生均儀、均書，始析上下二宅，歷宋迄今，垂如千祀矣。

源遠派分，族屬日蕃，譜故數脩。宋寶慶間脩，則茂慶、茂淮。元至正間脩，則迪吉與其姪仲和、德慧。今國朝成化間脩，則本端與其姪孟倫，本端子通城學諭寧、學諭子碩，孟倫子亨暨貴讓、孟安輩，先後胥贊。今脩則以惠、以念、一躍也。譜法參用歐、蘇，而均儀之裔有無嗣立後者，代遠傳訛，文缺無稽，故疑於其昭穆而闕之以俟，其他則備矣。譜成，謁予序。

夫譜以教親，親以教賢。賢自鄉重世族，而崛起者率附冒往哲，以列名宗，殆起於勝心之相激，然世族亦未免相矜以譜，曰「此吾所以異於崛起者也」，非譜意矣。邃古生民，中古受氏，曷嘗有二本？惟元夫代作，能以其族顯子孫，雖沈晦，猶慨焉思紹人，曰斯其所從來者古，故曰世族。乃其人功德靡立，卑鄙罔羞，浸遠浸微，忘所自出。晦闇彌久，而後有顯人者出，則狃於習見者，目之崛起自今。先民有言：「以前則古爲古，以後則今亦古矣。」誠使顯人者父事子述，祖武孫繩，昭德以世，令聞延遠，則將自我作古，焉知後起者不有欲附以爲重者乎？乃世族支裔，或蔑棄先烈，摧毁前聞，淪墜卑鄙，弗念厥紹，安知浸頹浸夷，不有欲附冒人而不可得者乎？

故古今者運，顯晦者時，貴賤者人，明貴賤之分、知趨舍之途者學。蓋孟子所賤者不仁不智、無禮無義，謂之人役；其稱人有貴於己者，曰飽仁義而廣聞譽。故曰莫富於畜德，莫貴於立名，莫賤於不知耻。故尊仁上義，於人無弗愛且敬，而能以身下賤者，脩可貴之德者也；貴貨尊爵，勝人以爲能，下人以爲愜者，蹈可賤之行者也。故自貴其身者，貴以其身由於禮義；自貴其族者，貴以其族興於禮義。充賤之實，處貴之名，殆辱及之矣！

凡有謁於予者，輒以是告之，於羅氏不能有加辭焉。二三子不予迂也，播諸其族人，使知所自貴，則遠之於刺史、光禄，近之於録參、巡檢，將無忝有光，是之謂譜之善物。

歐陽南野先生文集卷之二十一 别集五

序

東厓虞公擢廷尉北上

君子未能一日以位爲樂而忘其憂畏，豈欲遠於人情哉？位愈高，天下之望愈重，故憂以天下，樂以天下。

曩東厓虞公以右僉都御史提兵符於贛，居二年，進左副都、巡撫江西。公廣博明恕，所轄吏悉鑒其才鄙勇怯，而兼容并包，咸懷以恩，佑賢獎能，振怠起懦，董其不恪，教其不逮。吏莫不感激思奮，宣力效謀，以底有成績。贛地連四省之陲，環五嶺，府州山藪盤亘，異時負險爲暴者不得芽蘖其間；江西連旱暵，赤地相望，歲災而不害，則公作人有道之致然也。

人情好善惡惡，各有所重。篤於好者，其心愛，其惡惡也恕，故不能者容；嚴於惡者，其分明，其求善也備，故賢者猶未易稱。養士道廢，吏道雜而多端。巡撫坐殿一方，文武吏無慮數百，非所自辟置，賢不肖淆亂，御之不得其道，則無足指使，乃孤立而莫與爲理。東厓公以豁達之度，鼓舞衆職，咸樂於見容，而無弗稱之。懼財匱兵弛，還爲富强，然自公視之，猶以爲補敝興滯收效於末，非本志也。

天子公卿明精一之道，立教興行，養士而材諸位，則人無倖進，俊乂在官。由是脩恭儉之德，以表廉静之風，則百辟承休，庶民樂業，公私饒足。由是率樂生之民，敵王所愾，則不令而從，不怒而威。此所謂端本理要，力省功倍，然有非撫臣所得爲者矣。

於是公被簡擢爲大理卿，人謂公鎮撫一方，功立名達，天子召置四鄰，清光密邇，公宜有樂乎此者。予以爲大理蓋古廷尉，正職參掌邦禁，聽讞獄成，糾其不允。自昔稱善於其職者，非惟沉悍陰鷙，吏不得巧文周内，雖人主亦不得以喜怒爲辟宥，故曰天下之平，而邦治、邦教、邦政皆得與職其事者。圖可否，繹庶言，贊廢興，且將進而專掌焉。疇昔所謂端本理要、非所得爲者，乃今得言之，將得行之。

公往也！爲天下深憂長慮，方自此始。蓋君子志在濟時，故樂得其位以行其志。予是以知公樂以其身憂天下，而非徒以位爲足樂也。

封翁王醒菴八十

王醒菴翁之就其伯子養於潯邸也，居二年，念欲東歸。仲子海陽令言上官曰：「父老矣，兄貞吉守潯，潯方有師旅，海陽幸無事，貞善請解官，奉父歸養。」叔子亟止之：「貞譽獨不能養耶？」海陽竟行其請，上官許之，曰：「孝哉！令仕不忘親。」

又明年，嘉靖乙巳，翁年八十，潯守請得以考績便還爲壽，因留侍。上官不許，曰：「諸郡守治行，潯第一。今民安其政，山猺、峒獠畏且懷，俛首就約束，願列編氓。請事摇猺獠而拂民心，不可。今列狀上，守最績矣，守必無行。」翁聞，亦遣使諭止之，曰：「吾安爾弟養，獨不聞禄歸于親、身歸于君乎？」上官乃咸曰：「賢哉！翁隱不忘君。」

使還，而翁誕期已届，秋八月四日也。仲子、叔子率季子若孫稱觴爲壽，而宗族子姓來屬予文。

初，翁之少也，治《尚書》，爲博士弟子。舉不第，棄官，日杜門授諸子《尚書》大義，然窘約，顧弟肫肫課子，無他營。人曰：「得無戚乎？」翁聞之曰：「君子戚不學，不戚無營；有子戚不能教，不戚莫遺之金，乃今我何戚矣？」既二子先後仕宦，用貤封，有官名階秩，冠服有煒。叔子幹蠱用裕，諸孫或名邑校，或薦鄉書，而翁南北迎養，倦遊來歸，則幼子童孫皆能就傅學經、紹業箕裘矣。人曰：「醒菴樂乎？」翁聞之曰：「君子不求足欲，不羨多捷。夫榮弗能稱，謂之辱；子孫蕃，弗克若德，謂之獨；富弗能濟、貴弗能下，謂之溢；安樂靡戒、多行可悔，謂之天奪。若是者，慚憾内生，愆尤外至，氣用弗愉，志用弗寧。故曰：樂自己求，累由心作。我乃今滋懼矣。」於是族子姓咸曰：「翁壯能擇所憂，而賤貧不與焉；老能得其樂，而貴富不與焉。」具以告某。

某惟先王之敬老也，八十拜君命，一坐再至，立朝則杖，有罪不刑從，鄉飲則坐之而薦五豆。九十者，天子就而問焉，以珍從。此其故何也？德以積故成智，以練故達。與出謀，謀則臧；與軌俗，俗則淑。故在國國重，居鄉鄉重，故愛之而逸厥躬，敬之而隆其禮，凡以致重也。如翁，豈徒於宗族鄉黨爲足重者？夫行砥於躬，好脩者勸焉；教成於子，垂裕者慕焉。慕斯傚，傚斯風，吾鄉故尚德貴士。王氏故多英才，而況自翁風之，異時軌鄉淑俗、謀王楨國代有其人，是翁以其宗重重國也，上壽爲不徒矣。某與伯子同舉、仲子同學，來屬予文者，思弼、子薦、子序、子敏輩，皆有志當世，故兹特舉其大者爲祝，不獨通家之情也。

少司馬劉艮所公考績

國家徙都燕薊，議法頒紀自北，南都諸部寺釐務號爲簡矣。兵部職留後張皇戎略，所理要且劇，其政脩則先聲燀赫，足以彈壓奸萌，南服倚以爲安，其所賴至重。

嘉靖丁未夏，艮所劉公爲兵部侍郎於南，三朞月矣。部之政，其要尚書掌之，其凡則所屬職方諸郎分曹承式，公貳掌率屬，其間上之諮議參決，以弗爽於謀；下之勞來綜核，以弗曠於事。其休有成績，殿是南邦，其致此非易也。於是，公以五月甲子奏績北上。

公始舉進士試，補館職。今上嘉靖初，以太子中允論經講幄。上脩祖宗之舊，侍從諸臣稍稍補外，歷試諸難，須其德美有徵，而與之任重圖大。一時諸賢翩翩出禁署，布藩臬，然或違其才之所習與其意之所便，輒飄然棄去。其就職者又或弛然自廢，或矯然思欲自異，顧拂經違衆，卒以僨事，上心弗克當矣。公自湖廣右參政，歷河南左、右布政使，所至黽勉，在官飾吏以儒，祛民病而致之利，夙夕不敢懈，政是以乂，民是以和。用屢薦，召拜光禄卿，尋改太常，擢貳六列，儲之南省。積日累月，以有名實於上下。士大夫由此知儒者之學，非徒議論文墨，要在利於用。士之策勳垂聞者，非必禁近侍從，要在能其官。天子由此知才貴器使，道在交脩，上不以能順爲賢。蓋公之績，其陰移士習，默牖帝衷，遠識者所知之。凡今治狀可指陳者，非必其至者也。

天子眷公舊學，嘉乃丕績，必且留置左右，任之重而遺之大。諸部院、寺監同官於南者，瞻望弗及，議有贈言。宮保南山胡公謂某嘗踵公爲館職，使以屬某。某何足以申諸大夫高義？請粗陳職事所及者。

公底績詰戎，而某承乏典祀，二者皆國之大事，語曰：「能足民，然後能足兵。」故安攘之道，恭儉爲本，能事人，然後能事鬼。故鬼神之本，民義爲急，是道也，某與諸夫夫固願身親見之。公行矣，明堂報政，宣室待問，某不佞，願從公竊聞其緒餘，庶以答諸大夫之惓惓者。

大廷尉魏公淺齋考績

大理寺，古廷尉，正職覆讞，刑部、都察院獄成，正其故失，糾其繆違。非所評允，雖笞杖至末，不得輒加諸民。蓋本以相濟也，而其後覆以相病。曩予貳南雍，數聞南寺之屬往往詫曰：「某獄疏，吾糾之密；某獄繆，吾糾之正。疏容奸，繆播虐。不爾，奸虐無乃滋乎？」已又憾曰：「某也，固屢駁，而後竟予從也。」部院之屬則憾曰：「某好異，而駁所宜允。」已又詫曰：「吾守法不頗，駁至再三，而竟莫予能奪也。」持論棘棘，若相爲讐。問諸其所讞之人，則莫知其所是，蓋兩病之。夫風始於相激，成於相扇，然而率屬者布公開誠，固亦有所未盡歟？

予家食數歲，復承乏容臺，而淺齋魏公爲卿大理。時部寺之屬，有嘗學於予者，意其風猶曩也，固將有以告之，間過予言，則與曩異矣。爲寺屬者曰：「吾虚心以聽部議，議得則從之，有失而駁焉，求其是焉已耳。」爲部屬者曰：「吾虚心以聽寺議，駁而當則改之，非所宜駁而復焉，歸於當焉已耳。人豈必獨非也？是豈必在我也？」事睽志通，若翼若啓。問諸其所讞之人，則莫知其所非，蓋兩是之矣。予於是知部寺多賢，由公率作以身，故能以其屬適於道若此。

初，公由行人選補御史，擢丞大理，累御史中丞，撫汴督儲，晉長九列。所歷率憲職法曹，嚴而能恕，明而用晦，長厚博大而不務爲亟疾苛察，故所至寮屬向休，罔有以詭激相高者。然則謂公在南都，民鮮冤苦失職，豈不諒乎？夫惡莫大於求勝，善莫大於交愛。勝斯違，違斯争，争斯訟。故曰：「天與水違行，訟，君子以作事謀始。」言違爲訟始也。愛斯下，下斯和，和斯同。故曰：「天與火，同人，君子以類族辨物。」言同以異合也。訟始於相違，而聽訟者顧求勝以違其類，以訟助訟，訟且日繁；反其道，下人以廣愛，公立而和，達異而弗違，訟乃無端。

於是，魏公爲大理三年，將奏績於上。君子曰：「公之績也，其近也，獄得平也，民鮮冤也；其遠也，和相薰也，公道溥而訟端絶也。其嘗觀天下之勢，大率勝心熾然，和德衰薄，故險徤相傾，不獨在民，嘗自惟『滌除有我，廓乎大同』，有位者當身其責，而學之未能也。」於公之行，因其僚鳳岡沈子之請，申大司馬諸公之意，以某所願學者爲贈，本諸其近而要之於遠。

趙益齋文選赴任

語有之,「德積斯乎」,言誠不可不至也,豈不諒哉?宋濂溪先生司理南安軍,轉運使欲文致大辟,棘棘持不可,至以從違決去就,卒悟其意。或讒之其使趙清獻公,公臨之甚威,既同官於贛,熟視所爲,乃執手喟嘆,以謂幾失茂叔。凡此,非積誠之感然歟?而要速契於旦暮之間,窒則阻,達則志得以怠,何謭謭也?

益齋趙子德光爲推官贛州也,政以廉成,三年於兹矣。所摧擊豪勢人,煦植其寡弱者,前後直誣逮,得不濫戕者,若而人。賕脱幸免者,摘發誅之。榷兩關,無横征督徬,郡積逋盈數巨萬。凡操縱舒縮,不主故常,上嘉下悦,莫或齟齬其間者。異時,我師桀驁衛卒憑籍漁獵,今一切法之,皆俛眉抑首,帖帖不敢怨。當路舉才,僉議推良士,擢爲選部郎於南。由遇合觀之,志乃大得已矣。夫趙子豈一朝一夕之積?其亦有不能自怠者耶?

濂溪之學,乾乾不息於誠,故其德優柔平中,其政精密嚴恕,其所務知本也。淳氣日漓,士習爲彌文,緣飾私智,各是其非,莫知自訟。而趙子率真任質,當事不苟規避,日惕焉懼陷於邪,惟過之欲聞。語曰:「何知志士?氣習不能移。」兹其於立本也幾乎!南都佳山水地,四方士咸集,文選清曹主事,職易稱,日有餘閑者。往矣!親賢而取善,游衍以樂性,研幾以存誠。古今人神識一也,豈其用力而有不至?

于時,贛士夫問予贈言。贛,故濂溪過化之邦也,祠在鬱孤麓。趙子耳目所逮,以興以觀且久。故予不復遠舉,舉近爲的,以成尚友之志。

劉又洲之承天府

承天，故安陸州地，頃歲以皇上潛邸，升州爲府，割隸旁近諸縣，表以嘉名，與順天、應天京府並稱。皇考妣陵寢在其域内，歲節乘傳侍祠有故，謁告往來相屬，將迎、勞贈諸費視他府尤劇。而中貴奉璽書守備，若皇陵、皇莊諸使皆有長有貳，役服之屬寔繁有徒，各得任其威權，行其胸臆，民用重困。太守將蘇息其民，然位有所不能令，禁有所不能加，勢將不行，又震撼擊撞，紛至錯投，處失其道，將身阽危辱，竟瞠視民患莫能爲之，所以故號稱難爲。

然予嘗念之，逆順者勢也，通塞者人也。蓋古之君子，恭儉惟德，於法，不苟失尺寸以從己；於民，不苟拔一毛以傷廉害義。此其危行，既足以樹風聲、折邪萌，而其凝重恢廓，鎮定茹納，撼之不驚，激之不怒，用能正以持法，孫以行正，外不忤於人，而内得達其志。故凡覿德嚮風者，回心隆禮，不忍横戾恣睢以賊虐仁人之民。是君子正身悟物、守約施博之道也。以是爲政，其將無難乎？

是歲夏，承天守闕，南都諸大夫以予前所稱者求之庶僚，得可爲守者數人。既而，又洲劉君可全被命以往，則諸大夫所議以爲者也。君筮仕尤溪令，擢比部郎左官，推徽州府，稍遷文選郎於南。其施之有政，所試輒效，諸大夫蓋有所徵之者。予用是知銓部薦君於承天，非徒石秤丈量，蓋得其輕重長短於銖銖寸寸之間。而君之往也，風聲所動，其志必行，將且樹休垂烈。以其官與京尹並重，皇上加意窮民，思周海宇，而潛龍舊邦尤軫淵衷，吏治民隱，數垂清問。凡民所以困與君所以蘇之之難，必且上聞，吾黨又何慮矣！

夫食食憂憂，受牛羊而善其牧芻，仁人之志也；慮深言切，相責以難，朋友之道、鄉人親睦之情也。守之職，莫切於與民蘇息，其道莫難於正身以悟物，而時勢非所論者。凡茲欲贈君以言，皆自託於輔仁之義，而所以爲君慮者如此。故予代之有言也，不及乎其他。

柱史方君西川考績

曩予友西川方子，言吶吶若不出，既從觀諸所著作，則皆能昌乎其辭以達乎其意，若沛江河，若震鼓鏞，有足相發者。方子嘗令貴溪、桐鄉二邑，豈弟之政，蔚有聲稱，用薦試御史南臺。臺察職風紀，而剸割已甚者，或失則威。方子居其官，直而不訐，廉而不劌，所按糾未嘗崇苛亟，咸犁然當於人心。一時稱臺端能達遠，猶持大體者，必歸方子。予既得乎其言，又徵諸其行，固且相觀交脩以深造於道，而方子謝病西矣。

方子既家食，日從朋舊徜徉西川之上，觀逝波之靡息，嘆源遠之無窮。大夫士相與考德問業、咨政訪道者，罔不樂爲之盡。鄉之人相與安其呴嘔，忘其貴勢，恒恐不能卒得其所依以爲戚。蓋身退道進，有足以入乎人心者。夫君子陟降斯世，苟非秉心弘毅，則其所操脩未必由中，方其相激以名，相維以勢，則皆矯飾矜持，燁若有聞，及其得肆，輒渝乎其貞。是謂飾之昭昭，敗之冥冥，其志不足稱也。故予於方子，晚乃得乎其志，而其爲交也益親，則自其家食者觀之。

蓋古之爲大人之學者，心同天地，身體萬物，天下休戚莫不在己。視人之不善，若己驅而納諸阱擭也；視己之不善，若抱石自沉而牽人以胥溺也。志之所存若是，故其爲功也，始諸其家，本諸其獨。獨者，顯之微；家者，遠之近。近易肆，微不可欺者也。致其不欺，謹其易肆，果確而靡渝，然後能明其明德於天下，故曰：「功崇惟志。」志，其道之本而學之樞乎？

於是，方子復官南臺，考績將行矣，猶疏劾守備閹官奸欺刻害、奉璽書無狀。上覽疏曰：「御史言是。」令褫黜閹官，編役孝陵衛。卿大夫由此益賢方子，不以官成怠官。臺端諸君以僚友贈處之義，來屬予言。方子之績，其可考者既章章在人耳目，其根心所生、非耳目所見聞者，雖鬼神且莫窺其際，固將於己乎自考之，此予所與方子切磋焉而不舍者，亦諸君子所欲爲贈者乎？方子行哉，其所以處諸君子者何如？將亦無異焉其所欲贈者乎？然而有不徒在於言者矣。

少司徒二河及公北召

户部職度支，正邦賦以制邦用，各有品式，載之政典，而邊餉爲尤急。往歲太倉儲銀無慮數百鉅萬，然餉邊歲才數十餘萬，舊儲未没，新賦既入，故内不憂匱。中鹽令下，商争走諸邊，蒭茭粟米立致充盈，故外不慮不給。自餘鹽利興，鹽出差倍故額，而販夫不加多，商困積滯，抑估以取售，然輸官之價無所裁損，奸宄耗蠹莫之能禁，故息入微薄，樂趍者寡。懸令招募，其來徐徐，無益緩急。又虜數深入，屯廢兵增，轉餉滋多，而營繕祠祀，諸費日興，政典無文，咸仰度支，以故餉常不繼，而儲亦告乏。爲户部者不亦難乎？

夫事未有極而不反，法未有不通其變而能久者。故予於二河及公之行，竊有望焉。公由給舍，歷知寧國、鳳陽、懷慶三府，遷浙江海道按察副使，陝西督儲參政，山西左、右布政使，晉南院右副都御史，督江洋操巡。跡公所至，其於閭閻賦徭艱窘之情、邊儲盈虚消息之數、士馬勇怯盛衰之故、鹽筴通塞利病之原，豈徒耳目覩記，蓋往往身親試之，根極領要矣。於是，公召拜户部右侍郎，而尚書浦湾王公、左侍郎樸溪潘公皆隱憂以須時，公參會協贊，其將遂有濟乎？

夫理財猶之瀦水，農商賦税，其源也。故取從其薄，所以阜商；供惟其正，所以厚農。農阜商裕，各勸其職，故賦入有常，所以通源。滌浮淫之蠹，止無益之作，故費出有度，所以節流。流狹源長，財乃日益。是道也，夫人知之，然未能卒行者，何哉？裁禁損益，動改故常，怒衆之戒，違上之懼，賢者或不免，而見小忘大、覩近蔽遠者多，言亦可畏也。夫惟犯難而不顧其危者，爲能慮善以動，動惟厥時。嗟乎！兹豈易言哉？公入仕餘三十年，盤桓外省，尺攀寸躋，艱棘靡渝，譏嫌罔避，君子以是知公之所存，道之必將得行也。

於是，御史大夫苑洛韓公合南都卿大夫餞公都門之外，相與酌而祝曰：「公無遲哉！其無忝素履，協恭同寅，贊窮變通久之道，成富强安攘之業。使吾輩得以衎食於南，而無不虞之憂，在兹行也矣！」

送廷評羅君使蜀

曩予里居，數念不得從鄉邦游宦諸賢共學，以適於道。比入京，則諸賢往往胥會，燕笑晤言，無浹辰之隔。志相砥，行相翼，默相觀，語相發，眷戀綢繆相懽也。以諸賢玉質金相，殆礪石視予，故即焉而不欲舍。予以頑鈍從時髦，猶駑入駿群，夾引後先，齊驅並馳，忽忘其力之不足與千里之遠，即終歲相依，猶爲未足。會未踰時，而兩華羅君啣命使蜀，别何遽耶？君爲廷尉屬，其使以明練老成推，美譽也；奉璽書昭雪冤滞，布天子欽恤之仁，大事也。吾黨胥慶，慷慨言别，然顧若有憾焉。此豈非所務猶有大焉者歟？

人心虛靈，智周萬物。學之道，智應而不用智，斯義精而入神。然施之讞決，談非容易，何也？閱獄成，祇見其可惡；求之生道，祇見其可矜。意見内作，物態外交，即得情謂之億中，君子不貴也。乃予所目擊，則又若有異然者。

甲殺乙而毁其骸，坐十餘年矣。忽自明曰：「乙之人毒我也，匿乙於遠某邑某氏之家，而誣我以殺。」官亟錮乙之人，密跡某氏，得乙，遂脱甲，而不知兩家脩睦解怨、和同設飾以賣官也。

張自殺其人以誣李，所司簡核數歲，獄歸於張。李出，則生業蕩然矣。歲讞，輒乞假族姻，以赴期會。族姻積久厭苦之，教令勿往。張乃有辭於李，曰：「亡命矣，且曩嘗賄我。」官使人捕李，至不施一鞭，遽引服賄張而亡命。族姻交怨之，第瞠目竟莫知其故。

予初駭愕，豈獄情微曖變幻，即虛心應物、若水鑑不遁秋毫者，莫之能明耶？將數人者情狀色詞，蓋有可寮，讞者以得情自喜，忽而弗覺耶？夫自喜得情猶足自蔽，至於殺非辜而失不經，矧曰或眩乎其他？故事由心出，而累心者事；情根心生，而蔽心者情。善學者情順萬事而無情，精義之要也。

君行矣！有情無情之間，誠得其幾，將盛德大業可致，豈徒曰獄以無冤？凡兹同贈諸君，皆相與務乎其大者也。一駿獨馳，群不得尾躡，然聞嘶風之音，望逐電之塵，且驤首振鬣，將追奔千里之後，願迅奮以先之。

石峰李君擢山東大參

頃予代匱貳邦禮，數繙往牒，得邇年禮科參駁諸所陳乞僭濫，法明義正，足以折邪心而奪之氣者，聞諸人曰：「科長石峰李君德言。」嘗爲行人，兩使親藩，能以廉儉簡重風示王國，使知朝廷敦親而尚賢，士大夫貴禮而賤貨，蓋其筮仕已操持如此。尋選授工科給事中，遷刑科，右轉左晉，都禮科，官禁省者六、七年，不貳其操。居常若無所自異，論事之難，當機剖決，不大聲色，而讜言谹議，持論者倚爲從違。所建白往往當事切理，天子嘉納施行，裨於治體。蓋匪直章奏參駁，有所彈壓已也。予心偉君，意其人必也稜峭捷給，未易狎近。及接面，故温恭退遜，語若不出。夫悻悻者内或荏，便便者中未必了。辨藏於訥，健養於和，若君殆全而不形者耶？

是歲冬十月，簡擢山東布政司參政。山東爲邦畿左輔，漕河經其西，四方運綱，貢使，下至更徭、商販，取水道達京師者必經焉。民苟失職，或萬一卒有不靖，此豈惟肘臂偏枯，且喉吭哽噎，隱憂將不可極，其地至重。先是，妖賊起曹濮，至連兵以殄，河決單鄆，壞城堤，蕩屋廬，千里之間，原陸爲湖。天子公卿宵旰憂勤，以圖善後之策，其時勢又至艱。參政佐其長使，奉承德意，布之郡縣，在他省猶爲要職，況當重地艱危之日？茲之往，蓋有所擇而投之，豈徒以穹秩厚禄於君資序爲宜也？

惟吾黨誦法孔子，而山東其鄉也。孔子稱爲國以禮，而今之論治者曰：「吏道淆雜，故法令弛慢；賦繁役重，故民無聊而樂禍；財匱兵弱，故戎心起而無所忌。然猶曰禮云禮云，無乃迂乎？」夫孔子豈故欲以揖讓救焚溺者？蓋嘗聞之，天率屬以禮，則下知自愛，大吏盡心，小吏盡力。上下隆禮，則法簡政清，費用有程，征徭有藝；庶政由禮，則民心和一，誠於親上，勇於敵愾。故禮者，政之紀，根心而達。非學禮而能立者，誠未易語從政也。

君擢自禮官，頃同考禮部貢舉所選拔，率秉禮知名之士。欲知其學，視其所舉；欲知其政，視其所嘗習。往矣！其必能徵孔子之言而無愧於宦游其鄉，兹同官諸君所爲贈君之意也。

湛江王君知尋甸府

頃臺諫言：「邊徼郡縣，去京師或萬餘里，民利病卒不得上聞，宜擇人委任責成之，邦乃作乂。今數用治中土不勝任者往，非奉天惠民意也。有如邊徼不靖，將耗蠹中土以事之，股痱指腫，腹心爲恫，輕視之，重者且與俱傷。」天子及公卿大夫皆以爲然，於是，銓曹選吏諸邊郡不敢循常調，蓋益重之。

是歲夏，都匀守王君賢卿除母喪，謁選。衆謂君前在都匀垂三年，而薦君賢者三人；往令應山、倅敘州，薦者前後十餘人。廟建之役，督材使者上君勞績優異，詔進擢一等，以旌功能。今之除，必置諸名藩大郡以需超拜，於才與績斯爲稱。會雲南尋甸守缺，銓部謂非理效素著者，不足以幸惠黎元、仰承德意、副宵旰側席之求，遂以君薦于時。士大夫咸知當路所以重君於尋甸良厚，謂君無薄尋甸。君亦慨然知天子留神邊徼，思有以自效，獨不能無憾於民雜爨僰，不得盡用中土之法以盡行其志，爲鞅鞅者。

予以爲天地之性達乎蠻貊，言語不通，欲惡靡二。故生欲無傷，斯惡虐；力欲無困，斯惡勞；財欲無匱，斯惡横取。此雖雕題瓣髮，不能自異於輦轂冠帶之民。如爲之法，曰施若所欲，違若所惡，雖爨僰將翕然丕應。不如是，而徒謂蠻貊有不可行，無乃厚誣天性耶？尋甸小於都勻數倍，君率其所以爲都勻者爲之，力且有餘。惟是西去都勻尚數千里，望鄉國益遠，不能以家隨，豈得晏然無概於中者？然予聞仁者急君憂、閔民艱，不以私先公，不以家事辭王事，故曰：「國爾忘身。」君寧以是爲大言無當者？

予與君同鄉同舉，兹同寓京師，而有萬里之别。無以致同心之贈，爰歌《皇華》《四牡》，用壯行色。

南宫疏略序

少師大學士嚴公既集其《南宫奏議》三十卷，以編帙頗繁，乃節取之，别爲《疏略》八卷。初，公官南宫時，上方定禮樂、脩政教，秉遠覽之智，鋭意師古。數下禮官集議，而衆論盈庭，諸曹無故牘可以援據，一話一言，悉出公參決敷奏，寮屬莫之能贊焉。今讀其疏，考其時事，擬諸其規畫，然後知圖政揆策若是乎不易也。

夫士平居未試，侃侃持空言，謂如破竹析薪，乃疑難紛錯，瞠然莫知所裁者，何哉？義不精，則不足以通天下之志；氣不充則懾，不和則激；學不該洽，則罔所徵信；才不敏贍，則不能取具倉卒，達其意之所欲往。若是者，蓋自昔難之。公諸所敷納，質古驗今，酌人情，審事勢，闡義以正辭，遜志以和義，直而不倨，渾厚而辨，用能悟淵衷、折淆言。或始咈而終俞，或暫睽而竟協，及禮明事定，上下晏如矣。嗟夫！被文綉，庇室廬，而組繢之工、締搆之勤，果孰爲知其所自者？公嘗語某學文曰：「文辭，藝也，然必神凝志定、外物不入，而後能深於斯道。」矧曰斷國謀王而叢疑積懼，或拂亂乎其中，其克有濟哉？

公昔選補館職，遽引疾歸卧，泯意世榮，殫精古訓，專割席之志，發下帷之憤，探賾鉤玄，積深養邃。出而弼成大典，諮決大議，理錯解紛，當人所難，顧負重若輕，綽有餘裕。蓋取諸至足，流於既溢，前定不窮，其所培者本也。

是集爲類五，曰秩禮，曰秩祀，曰省災，曰釐政，曰馭夷，合之凡若干篇。視《奏議》，此僅十之二三，然而禮樂之情、天人之故、社稷之本、學校之政、安攘綏懷之道，亦既大備。覽者能究觀公所以培本達枝，則知鹵莽剽竊果不足與成學，小智膚識果不足與謀大也矣。

太宰龍湖張公之官南都

頃龍湖張公語予大學之道曰：「無有作好，無有作惡，而明德明於天下矣。」予悚然起敬，揖公而復之曰：「大哉言！　公永念於兹，黎民尚亦有利哉！」公還以相勉，且自謂學而未能，相與喟然嘆者三焉。聖人遠而道術裂，學者競務於知慮聞識，自謂不窮之用，孰有專精凝神於心術之運，以謹其好惡之萌，而默識其倏微忽危，間不容髮之幾者？　大道湮晦，故善治不興。　公之及此言也，於斯道也深乎！

公明達剛毅，該洽今古，凡天地人物之故、群分類聚之情、富教綏動之方、安攘威懷之略、食貨兵刑之制、禮樂文章之數，無所不窺。聽其指授，汪洋浩博，根據條析，鑿乎可見之行事以底成績，故一時稱抱負經濟者往往歸公。　異時問罪安南，公以翰林學士輔行。　既晉陟少宰，還綰院章，而士望益隆。　每省卿虛位，推擇其人，詔以簡擢，謂必弘才博識，昌乎其氣，非徒持文墨議論者，蓋未始不心儀公也。然予以謂公固將進而論道弘化者，此豈足以盡之？譬之田不失其馳，舍矢如破，蓋射御者之事，而虞人或兼能焉，於虞人非必爲有無也。苟田者以是名虞，而虞者亦以是自能，則將失其所以爲虞，且胥而入于林中。然則世所稱公，以謂足以踰人者，殆其緒餘土苴，乃疇昔語予深造自得，人或未之知也。公顧欿然自視，猶曰「予未之有能焉」。嗟乎！學而不及，望之未見，其斯以爲能之者乎？

人之言曰：「天下之患，莫大於民貧而無以爲生。故治道莫先於富民，民富斯樂生而興善，圖永安而厭始禍，故可與親上敵愾，而不可與爲亂。」言則似矣，而未探其本也。夫志定于上，斯風行于下；不疚其心，斯無害於政，故好惡於人大矣。率性而無作，故循物而有恒。無作之政簡以肅，故民有餘力而無泰志，相勸於勤生節用之業；有恒之令舒以貞，故士忘畏忌而樂展布，恣行其奉法循理之志。如是而民富可幾矣！斯道也，雖聖人復起，莫之能易。如公，殆將身親見之，而予得席餘庇，學稼圃以養樗櫟之不材，豈非幸歟？

於是，公簡擢南冢宰，天子蓋漸崇其階，將進而置諸左右。翰林自元宰嚴公而下，咸有贈章，屬予爲序。夫先公而達者須之翼，後公而進者須之倡，而予則恃以苟得其欲而須之庇者。須公彌衆，故望公逾厚，然予未能他有以益也，即疇昔語予者則既備矣。進而論道弘化，以答群情之望，其大者固無以易此。

刻西關志序

山蟠擁京畿西北，極東海之涯，蓋天作險固，以限隔夷虜，而保奠皇極者也。斷岡陂陀，可以連車結騎，則建置關戍，截遏寇攘，以裁成輔相天地之利。王公設險守國，蓋自昔慎之矣。居庸關北枕京師，迤西而南爲紫荆，爲倒馬，爲故關，關戍大者凡四，與迤東山海諸關並稱要害。歲分遣御史按行，閱城堡，謹斥候，蒐卒伍，簡軍實，禁奸釐弊，興滯舉廢，賜璽書重其權任。而西關外連宣、大二鎮，密邇强胡，内逼陵寢、都城及畿甸諸郡，南北喉吭之地，所繫尤重。

關舊有圖，按而索之，於山川形似幾矣，而圖所不載，若古小史、外史所掌，土訓、誦訓所道，皆經略者所欲知之，有不可缺者。御史王君士翹，始考史集，繙案牘，葺四關之故，著《西關志》。四關各爲卷，而冠圖於卷首，總圖冠居庸之首，諸所宜備，區分類從。編成，來徵予序。

關之設，以地制勢，以勢制勝，而儒者之論，謂威敵固國，不必在險。蓋憑高臨深，而民或罔固志；荷堅執鋭，而士或無鬭心。時至莫乘而粟積無用，則仁義不孚，寡助之致然也。故安内攘外，貴德脩人和，而凡因天因地，無足以徒恃者。雖然，一夫扼險固距，則萬夫環睨，莫之能奪。違天失勢，器不服習，則如林之旅不能爲勇。天時地利，所以堅人心而作士氣，脩德以和衆者莫敢忽也。

志所載，於天星野，於地疆域、形勝、山川、物産，於政城池、軍馬、倉庫、教場、征徭、歲用、屯堡、祠廟、學校、風俗之類，以察祲祥之變，以知險夷迂捷之途，以定戰守援伏、正奇、掎角之機，以考容保綏懷、調度富疆之略。而制勑、章疏、藝文，以盡今昔興革之宜。其於天地、人事之紀，燦乎可覩矣！王君按西滿歲，所罷行建請，具有倫要。而其深憂遠慮，蓋剥膚隱屏之患，有視之無形而索之無端者，志亦略見其微焉。予既才王君，又因以知其經世之猷。嗟夫！制治不及亂，保邦不及危，君子其必有同君之憂而慮之及早者。

陳公獻擢貳守順德

陳子公獻之爲景州也，三年而政成。部使者言景州治行最所部，章前後十餘上，上寵嘉之，擢同知順德府事。于時，公獻重去，其寮切切焉求助以圖新政，州判官王子克服輩，樂有賢長官能相資以成德業，亦皆繾綣惜别。挽之既莫可留，而愛之又莫爲助也，則相與謀所以贈者。克服嘗學於予，乃馳使函書來請予文，且言公獻往謁予南雍，而别之遽也，常怏怏以未卒所請爲憾，願有所裨益二三子，庶亦致其輔仁之情焉。夫以公獻之有意於予，遺憾於相遠而不能相即也，吾固將有以答之，況重以數子者之請乎？頃克服考績至京，爲予言公獻爲政本之以慎，出之以恕，成之以勤勵縝密。其於民爲之均徭薄斂，惟恐其財力之或匱也；爲之除奸禁暴，惟恐或殘蠹糜爛之也；於士勸誘程督，惟恐其業荒而行隳也；於寮開誠布公，惟恐不足以率之與同寅而協恭也。米鹽諸務，靡不殫心，雖厨傳亦加之意焉，惟恐賓旅戹於吾土地，而不願出於吾途也。予既喜聞公獻之政，又嘉克服好賢揚善，固樂與士大夫道之。況公獻求益於我，亦惡可以虚辱？

夫府與州異勢，長與倅異位、異權。然撫民則親，虐之則讐，不以勢異也；正身軌物則不違，先彼後己則不争，不以位異也；盡其分之所得爲，竭其力之所能爲，則隨試輒效，已不勞而人易從，不以權異也。公獻之爲州，其於分所得爲者，既竭其力矣。其倅順德也，其於力所能爲者，其隨分自致，以熙嘉績而流鴻名，其亦可知也，然猶切切焉欲裨益之，豈非以其所至者爲未足耶？夫不足於其所已至，故視民常若有傷，而自視常若無能。苟公獻果進於是，則無往不可得師，又奚取助益於予也乎哉？

予比年始有聞於良知之學，反而求諸其獨有，以見其至隱至微，而見顯不可揜，無方無體，而充周不可窮。蓋無妄以爲至，而不欺以爲功。昔者顏子有不善未嘗不知，知之未嘗復行，有若無而實若虛，此其本也。公獻能自知自强，則望道未見，謙卑受益，將日進無疆，而予之所以爲助，有不待言而顯者矣。順德守，吾姻也，因兹寓吾意，其亦將有以助子。

李子守思南贈言

《傳》稱孔子欲居九夷，説者謂傷道之不行於中國，非本志也，愚竊以爲不然。聖人之心，以萬物爲一體，夷獨非物耶？豈中國得行，遂棄之不復置念，則將不與並生天地間乎？故居夷者，聖人天地之心也。夫夷之可陋云者，好鬪嗜殺，胥戕胥賊，而非徒衣冠文物不足於華也。息鬪止殺，去殘賊而相生育，聖人所拳拳焉者，奚擇於華與夷哉？

貴州，古西南夷部，于今爲中國郡縣之地。思南，其北郡，東去辰沅六百里而近。門人荆南李子幼徵，自虞部郎擢守于兹。人或謂：「思南何足以辱李子，乃賢者而授之邊郡乎？」幼徵顧大喜，以爲郡近吾鄉，且非若他艱險繁劇未易與爲理，大懼忠信篤敬之不脩，爲思南負，思南豈予負者？嗟！幼徵其知孔子居夷之心者歟？

夫思南雖邊郡，視滇、詔、邕、桂猶爲内地。設文物衣冠，誠野且陋矣，而忠信篤敬，漸近中土之習，猶不得輒夷之也，況其真性淳氣，中土咸莫之逮。而其文章物采，去卉服椎髻爲已遠，若是而猶然陋之，則孰爲不陋者矣？今夫溪峒山谷，其民悃悃貿貿，孰與都邑城市華也？然而機變敦厚，異情侈靡，儉朴殊習，由君子觀之，又惡知其所貴者？今有人貴溪峒山谷而厭都邑城市，則人必且以爲賢，李子喜思南而安之，其不賢於人遠乎？

昔者韓子刺潮、柳子刺柳，皆不鄙夷其民，而約之於法制，道之以禮義，用能流惠澤而垂令名。然二子之往也，謫也，又西北東南，去家萬里，二子者蓋鞅鞅不無少望。既慨焉因俗致治，竟能使州人尸而祝之，以名於無窮。今李子守思南也，擢而往也，又喜而安之，無天涯惘惘之思，吾固知其必能以思南如潮、如柳，而二子有不得專美於昔者矣。

幼徵行哉！天德王道，要在慎獨，堯舜所以協和萬邦，此其本也。思南壤地猶足視古子男之國，慎斯術也以往，其無曰「割鷄焉用牛刀」。

度朔仙霞圖序

太子贊善雲泉吳君曰静，寓京師也，數念母朱孺人春秋高，欲歸。或曰：「子宫臣也，皇太子且出閣，將大備宫僚，必不得請。且序進可待，階秩將益崇，母孺人宜欲之。遲之數月，大封宗室，奉册副節使以行，竣事便歸，是兼得也。」君喟然曰：「吾不暇念乎他矣。」即日上疏曰：「臣母今年七十有七，而臣待罪在公，定省久曠，晝念殆忘，夕念寐廢。皇上仁孝理世，乞予假，令臣得歸省，盡一日養，不勝烏鳥私情，惟上憐察。」上惻然許之。時予方奉母宜人養於京邸，錦衣使伯泉孫君與其弟仲泉中翰、季泉宮允並官于朝，亦奉其母夫人與居。伯泉工繪事，而吳君與季泉同甲第同官，於是謁伯泉爲圖，奉以詣予，請發圖意，歸爲母壽，且曰：「以公與伯泉有老母也，能獲我心，而二母耋期之年，體履康寧，冀吾母或庶幾焉。抑母之壽繄子之福，福也者，吉人所以得天者也，山是以敢徼惠於福人，曰不敢不勉。」予展圖閱之，海波浩渺，島石磈礧，上有佳樹，垂垂其實，蓋所謂東海度朔之山有蟠桃，根盤三千里，花實以三千年，世未嘗見，而傳之志怪之徒者也。孝子事親，凡世所常有人所能得者，雖勤身疲力致之，尤未足以滿其志。至於可爲也，未必可成；可求也，未必可獲。用力千百，無一二儻幾焉者，心未始不皇皇然，幸其或可及也。故凡爲之祝願，必因其所喜幸而益張之，以至於未必可求、可爲者，以爲猶有進乎其所自期。然後孝子不敢以其職爲能供、心爲能盡，而常欿焉以終其身。

夫孝，自服勞顧養以至於繼志纘緒，自恭順愉婉以至於尊顯成名，自體髮罔虧以至於百行皆臧、無貽之辱，其端由孩提知愛敬者達之耳。以孩提可與知也，而孔子大聖猶自謂有所未能，則道誠有未易致，而分願誠有未易足者。君年垂五十，仕宦餘十年，而慕親一念，視古負米弄鶵諸人，汲汲若不及。根心而達，孝德無疆，將以其親有辭於後世，其爲壽豈直三千年，矧耄期之足羨？壽筵弘啓，賓介秩秩，有問度朔安在，蟠桃之實何如，請從尊俎間觀之。《詩》曰：「孝子不匱，永錫爾類。」

三峰鮑先生擢江西大參

鮑三峰先生自刑科都給事中陟參政江西，輟諫議之職，以贊承宣之司，若曰：諫官采四方吏治民情，詔廢置興革，則必能奉將德意，布之乎一方，董正庶吏，以勤恤民隱。昔言之，今能行之，進而任大負重，由此無難焉者，甚厚望也。

人或謂某先生蓋有深慮焉，曰：「江西生齒蕃而地産薄，即甚豐歲，猶仰他邦以爲足，況年不可知？又賦徭脱漏，隱射奸欺者多，彼損此益，積而偏重，民力大不堪，況徵科日新也，吏不能愛顧，墨以殘民，無足論矣。否者侈厨傳、豐餽問，媚於上下，或好大喜事，飾耳目所屬，以矜能炫功，此其費皆出於民。民賦陰加，故奸宄滋甚。上之人立平賦方田之法，以興利釐弊，善矣。吏奉法無狀，轉相諉託，利未及興，弊未及釐，而民先被其擾。夫政在養民，民不得其養，政之失也，能無慮乎？」予聞而喜曰：「先生憂民若此，吾邦之民可以無憂也已矣。」聞之善制法者，不闗地而民阜；善作人者，不變法而政成；善興化者，不易吏而心革。人有天性，好德畏法，其常也，惟慎其所以感之者。是故帥以廉，則墨者畏；帥以仁，則暴者馴；帥以澹泊，則奢者儉；帥以正直，則媚者耻；帥以簡静，則煩擾者息。故吏道清，而興釐之政可舉。政理賦節，民安其條，各竭力任職，樂其生計，供其貢賦。雖至愚冥，豈好爲奸欺以冒法禁？必不然也。故曰政有本、治有要，身脩而百姓安矣。

先生以《春秋》魁南畿鄉薦，讀其文，屬詞比事有法。既成進士，以大行人使四方，識王人之體。爲户科給事中，遷兵科左右，晉都刑科。其參駁論劾，彰善癉惡，直而不刻；按事西陲，明功罪賞罰，犂然當於人心。《春秋》忠恕，先自治而後治人，以先生往事徵之，蓋深於其道，先行而後言之者耶？吾用是竊爲邦人喜幸，非敢有所譽焉爾也。

諫垣諸君子，謂先生之官將問俗於民，不遺遐僻，而某林卧日久，得之山谷田野者宜多，來徵贈言。先生與今少宰樸溪潘公，皆徽産也。吾邦於徽接壤，曩潘公嘗以左參實照臨之，「伐柯伐柯，其則不遠」。而先生又深於《春秋》之道，是行也，嗣潘公而起，晉階六列以圖天下之政。請執《春秋》以往，某何所用爲贈矣？

壽馬翰林母許氏八十

漂陽馬子應圖既舉進士，選授翰林庶吉士，居久之，念母太夫人許春秋高，疏乞侍養。語人曰：「人之生也，母慈之，父嚴之，保保之，師成之，而吾母兼焉。曩先大夫官諫垣，謫宦閩浙，擢守邊郡，播越于滇南，不以家隨者如干年。禄入，往往於官中盡之，家之有無，子之長育成就，皆有所不暇顧念。吾母拮据，卒瘏以贍給家衆，而祀饗問贈，若賓師舘穀，諸費豐約有度。一龍始就外傅，即多疾，既弱冠，瀕危者再。母慎其交游，時其勞逸，程其功課，警其惰弛，有師傅所未及慮；而起居飲食、禁戒調攝，周防曲護，醫蓋有不得而與者。既幸有今日，而母老矣。古所謂二人相依爲命，乃今而後知之。」於是人皆賢應圖而陰贊其成，以故遂得所請。應圖與其從祖子刑部主事國華，嘗學於南野子。既出都，使國華謁謝未得從宣力於朝。南野子曰：「應圖其可與事君也已矣。」

明年冬，使者函書幣，國華爲導，言：「太夫人以己酉春正月八日躋八袠，内外姻戚稱觴迭進，願徼惠一語，華於賓筵，亦太夫人所貴重以爲光榮者。先生惠許之，是憐其承懽無將，而錫之百朋也。」南野子曰：「應圖其可與誠身也已矣。」

國華訝曰：「聞之致君者不顧其私，脩身者不務其華。將母之急也，而曰可與事君；文之華也，而曰可與誠身。敢問所謂？」南野子曰：「夫陟遐有不自邇者乎？愛敬一也，而親爲邇。愛立於親，然後能愛君，以及乎君之所愛而無弗愛焉，斯可以安天下；敬立於親，然後能敬君，以及乎君之所敬而無弗敬焉，斯可以理天下。故忠也者，資諸事親而移焉者也。抑孝子尊親之至，莫大乎榮名，故不敢卑其行於可賤，穢其道於可辱，小善弗曰無益而弗爲，小過弗曰無傷而弗去。其内盡諸身者，蓋將以其親顯名奕世爲快；至外備諸物，則雖纖微瑣屑，亦無所不用其情，充是心也，況親所貴重，以得之爲榮者乎？應圖之志，吾於兹乎觀之爾矣！古之忠信進德者，概十年而一變。太夫人享年彌高，則應圖資孝彌深，其移忠彌遠。以是爲祝，非大夫人欲成其子之情乎？」國華喜曰：「先生於弟子也已厚，遠而不遺，祝不忘規。」

碧江劉氏重脩族譜序

碧江之先，宋景定間漁隱公存玉徙自淇塘，至今餘三百年，傳十有四世。而子姓浸蕃，枝分派衍，若近之龍山、臨溪，遠之遼、廣、衡、桂諸處，所居成族。文事武功，顯名於時，通籍於朝者後先相望，彬彬乎盛矣！

漁隱本蘭溪曾氏，出贅淇塘，爲外舅劉公玄昌後，而從其氏。既乃使伯子彥明復氏曾，歸奉蘭溪之祀；季子子高從氏劉，以祀所後，若曰：「吾何忍自絶於翁也？」子高嘗脩蘭溪譜，國朝成化間，裔孫日堅續脩之，尋構武城書院於碧江之上，皆志欲復曾，不果。蓋重違漁隱公，而以無改其道爲孝者。弘治間，始專譜碧江，不系蘭溪、淇塘，而斷自漁隱爲初祖。首列總圖二：一自鄗世子傳至萊蕪、郕國二公，下逮漁隱父子，爲碧江源流之圖；一自長沙定王傳至夔國、揚州諸公，下逮碧江之析居龍山、臨溪、洲尾、遼、桂諸處者，爲相承分徙之圖。

蓋譜法之變，要以其明其所不忍忘厚之道也。民生本厚，物或遷之，乃至敗倫傷類，未必親盡服盡，而已途人相視，矧曰其能不忘於遠？君子敦厚以崇禮，愛溥而分殊，故近篤而遠靡遺。曾子曰：「忠恕而已矣。」此其本也。夫曾子非譜圖所列，以爲碧江所自出者邪？其爲訓固易知、易行者。誠永念厥祖，欲無改於其道，則當自曾子始矣。

譜初脩，憲副王公檵爲敦幾序，日隆自序諸首，冢宰北川周公用時爲給事中，善遼東，派錦衣衛指揮使瑄暨姪敦善爲序諸後。嘉靖辛亥，藩相君鏗鑣與其弟姪某輩協議再脩，而錦衣之孫都指揮使文明自遼歸展丘壠，刻日成之，乃率群從來謁予序。久之，奉劉虞部晴川先生後序來告，梓人峻工，專需首簡，文明願有所藉手以還遼，且問：「氏未復，則如之何？」曰：「兩篤不忘，可矣，而灼婚則不可淆。以曾灼劉，苟非淇塘所出，實可委，名不可稱也；以劉灼曾，則雖蘭溪所出，於稽其實，百世而婚姻不通者也。」皆對曰：「不敢不慎。」

碧江之徙景定，甲子譜序謂「子高卜築於茲」，圖註因之。漁隱記以爲存玉公別墅，豈漁隱之志，子高經營，奉父以居，而序記各書所爲作者歟？劉祖定王發，曾祖萊蕪侯箴，定王自漢景前元丙戌封長沙，至宋嘉定戊寅漁隱始生之歲，千三百七十三年，傳四十三世；由戊寅上泝魯襄丁巳萊蕪始生之歲，千七百六十二年，傳三十四世。何疏密相懸若是也？豈世數舛誤，或合二爲一，或析一爲二，而後世踵誤爲據邪？然此其小者也。蓋先文忠自脩宗譜，猶且未能無誤，是故貴慎圖其大者。

歐陽南野先生文集卷之二十二　別集六

序

賀元輔介谿嚴公七十

自昔，命世元臣曷嘗不關天運、鍾地靈？而其綏之眉壽也，豈非以佐皇作極、錫多福於庶民也哉？我國家景運初隆，時則有若三楊弼成祖締造之基，文貞起家泰和，實誕育於袁，天錫難老，久於其政以有成。逮我皇上撫運中興，而袁有今少師大學士介谿嚴公乘時以出，翼嘉靖之績，德業文章，於前烈蓋有光焉。袁之山川來自衡岳，逶迤磅礴，千里而遥。自文貞至今，百有餘年，靈秀清淑之氣積久而發，其鍾爲人傑，必也堅凝悠遠。古稱岳降神而甫翰周，天純佑我皇，篤公而培之，其可知也已。公自爲禮部尚書，即受簡注，日與二三輔臣入侍禁直，參密勿之議，禮樂政教多所贊定。至於討不庭，懲不恪，兵刑之事，非禮官所職，亦下公條畫以行。尋拜亞相，仍兼綰部章，數越首相而召對。晉首相，則數虚亞相以專其委任，咫尺俞咈，若家人父子之間。密札温諭，日或至數四，蓋靡事不諮。而公稽古義，參輿論，所擬多見信用。其視國初内閣職視草、備顧問，而軍國政務，則諸卿各以其職仰贊宸斷，而閣臣或不盡預，事體既殊。皇上至明至剛，同符成祖，如日月雷霆，照無幽隱，恩威不可測。至鋭情遠覽，慨然欲脩飾明備，復古三王之盛，以作新民德，視永樂間乘更革煩動之後，務遵畫一約束，以寧一衆志，時勢亦異。故議者謂公之爲相，尤當其難。然敬事後食，代終而弗敢成，寵利思畏，威福思懼，因機納説，樂取善以廣忠益，公實兼之。用能調斡匡贊，遵蕩平之道，敷優優之政，使卿士大夫得展布無忌，以成明作之功，而寬平惇大，晏然不見操切之迹。上嘗賜公銀章，其文曰「忠勤敏達」。忠言德，勤言勞，敏言才，達言識量。兹公所以默當上心，而能易人所難者也。

歲己酉春正月二十二日，公壽躋七袠，朝野翕然，願公慎綏福履以篤棐無疆，庶幾永有庇賴。而公自謂年至，將乞身於上。某惟昔召公既輔，成成周之治，而欲請老，周公留之，謂「天壽平格，以保乂王家，宜永念於兹，以有天之固命」。召公有味其言，而爲之留，弼亮再世，茀禄彌康。衛武公爲周卿士，其抑戒自警之，時年九十有五矣，而猶身在王朝。蓋拳拳於覺德行、慎威儀、質人民、謹侯度、順四國、遏蠻方，而無一語及於自暇。國人誦之，爰有《淇澳》之篇。

公頃歲所著，志别號，記愛賢、日鑒、思勉諸堂，凛乎抑戒之義，今進於衛武之年，猶未有艾者。某不佞，從二三鄉黨，敬賦《淇澳》，以侑壽觴。蓋嘗侍公燕閒，竊窺其微，以爲切磋琢磨之學，金錫圭璧之德，寬綽善戲至和之光，誠先得我心之所欲言，而召公所以格于皇天者，由此其道也。永念天命，以迓滋至之休，公且將誰讓乎？

又

今少師吏部尚書大學士介谿嚴公，自宗伯入宅端揆，既八年，爲嘉靖己酉之歲，而公壽躋七袠，其誕辰正月二十二日也。某以鄉晚進，忝貳邦禮，既受簡於同鄉之同朝者，綴詞爲壽，而禮部僚屬義有祝也，宗伯毅齋翁復以委，某誠懼其再則爲瀆而有不得讓者。

我皇上哲命天貽，乾行獨運，慨焉興墜脩廢，增補遺缺，以成一王之法。百司庶政，靡不明飭，而禮樂之事尤多，大小臣工奔走奉若，未易克當聖心，而禮官爲尤難。公自戊子以來，十數年間，爲左右侍郎四年，尚書七年，召參宥密，而猶委重典禮，兼攝又且半年。所建覆，率祖制曠而未舉，古義闇而弗繹，與夫前所未有而聖志先定，根於仁、孝、誠、敬之不容已，可以義起而無所考證者。于時，内則密承札諭，督促疏對晷漏未移；中使立候，或咫尺天顔，反覆詰難，相可否於立談之間；外則百官集議，發言盈庭，折其淆亂，以協于克一。此豈循常襲故所能周應不窮者耶？

公精白堅凝，稽今監古，參之人情以求其安，揆之時變以從其宜，于以贊宸謨、諧輿論，典制由是始定。自今觀之，其大者足以昭道揆、垂世範，而其小者亦足以存法守、考官成。天下之人仰頌聖裁曲當，後有作者殆弗可及，因知公弼成爲勞。然而當聚訟之劇，承獨斷之剛，不動聲色，調劑解紓，使君臣上下融然交泰以不底於睽離，而委身宣力無復畏忌，此其所全者尤大。而公燮理之道，寅亮之業，聖明之所眷倚，朝野之所庇賴，寔於此乎基之矣。凡我僚屬惓惓於公，以爲舊德可觀，成式足訓，師其意可以制義，循其法可以寡過，匪直承乎其後，區區官聯之情已也。而某也，若之何其爲祝？

嘗讀《詩·南山有臺》之篇，稱「無疆維壽」，而必曰「邦家之基」；稱「保艾爾後」，而必曰「德音不已」，因之深有慨焉。古之君子終始典學，故識度宏遠，以爲廣才裕猷，身邦家之重而猶撝謙不盈，用受益於有恒，詩人所爲頌禱者也。今朝著之間，求足以當之，而卿大夫莫不屬望於公者。公少壯學古，耆年弗倦，議事以制，灼理亂之原，而不迷於取舍之途。隆禮降勢，慮以下人，唯恐聲音顏色或將距之。片言可采，誦嘆不置；舊惡弗念，廓焉如忘。志士才人，曲意培護，或提之陷阱，加滌濯焉，故人莫不樂爲之盡。蓋自卿大夫視公，宏度遠識，熙績殿邦，其於追蹤古人有餘力矣，公乃自視欿然，謂有志尚友而未能，顧嘉慕近代一二元宰以得我師，又有望於朝之彦士聞過告善，資麗澤之益，而增其所弗及。蓋名其寓邸之堂曰愛賢，而自爲之記云爾。公之謙謙自牧，茂德音而基邦家者，若是乎其不已也。某無似，願與二三僚屬以古之事君子者事公，爰稽謙受之理，申保艾無疆之祝，天地神人之故可徵不誣也。雖至再，公其以爲瀆乎？

送大宗伯程齋盛公致仕

程齋盛公再召入京也，三四年間，請老之疏五六上，上數賜温諭，弗許。嘉靖己酉春，公年躋八十，上始察而許之。卿大夫咸羡公體力猶健，得及今從朋舊泳聖澤以順天年，樂莫有大焉者。然予以爲或非公志也。

天子建官，保王躬而傳德義者，其用不同，其效忠不容有二。皇上念身繫宗社之重，圖惟康理以幸惠天下，謂公講幄舊臣，通神農皇帝之言，而深於其道，故即家徵拜禮部侍郎。尋予告歸，復以大司空徵，至則擢大宗伯，食其禄而不煩以務，寵遇甚厚。公外無勞累，内無疑畏，固將委其身終焉，而日求所以自效者。夫虚融淡泊，神完而不耗；安閒恬静，精凝而不竭；撙節退讓，福方至而不盈。上古神聖所以保合天和、無爲而理，由此其道也。

公自少既有志焉，三十舉進士，改庶吉士，輒引疾里居。居十年始起，授翰林檢討，未幾以浙江督學僉事終養。今上嘉靖初，起官南符臺，召拜左春坊左庶子，翰林院侍讀，充經筵講官，累御史中丞，督儲南都，又致其事以歸。歸十年而有今命，再徵再應，志意翛然，未嘗不在煙霞泉石之間，則其所以自養可知，已眉壽康寧，殆非以他道幸致之者。今之歸，豈不曰明主可爲忠告，而道未易以空言曉，則不若見諸行事之深切著明也歟？而豈切切焉自爲樂也？

惟好德風微，人各挾其才藝以干主，甚則離堅白者接跡，而言神怪者搤腕，大抵自衒自售以要寵利，而非必忠愛之實。由是，人主輕士而自用，則士之自輕者啓之。故君子遺榮避寵，使上知敬士，斯尊德樂道之風行，巧趍競進之俗易，而後可與致理。是道也，公且將於身見之矣。

於是，翰長閔五塘先生暨御史陶君輩，公督學時所造士也，重公之行，來謁贈言。予初補舘職，適與公同被召命，尋侍公於南，乃今從祖道都門，得窺公進止之義，竊聆士大夫之言，而有概於衷也。公行，過齊魯吴越之郊，有訝而問者，則將告之曰：「聖王躬恬澹、崇静退，故老臣得自便也。」士聞風而興，向德承休，知所以自重，則其所動者遠矣。

慶沈母崔太孺人七十

嘉靖己酉夏四月二十七日，御史沈子思畏母封太孺人崔氏壽躋七袠。初，思畏起家令獲鹿，迎養太孺人於邸，尋以政成貤封，會徵拜御史，又迎養於京師。時同召爲御史者十有五人，咸曰：「友之義，喜則相慶者也，必將之以物，道之以辭。」於是，相與謁予文，致稱觴之祝。

始，太孺人督其子於學也，艱棘自持，所不敢知，曰將必及其有造乎？乃學成入官，陳力敘功，友四方之賢俊，正色立朝，而太孺人方當七十之年，于于衎衎，食其禄養，享其榮名，精力弗衰，神氣彌壯，滋至之祉未涯也。思畏又能迎其意而順成之，日奉太孺人勤儉慈廉之訓，操諸其身而脩之有政，亦既效矣。乃今訓飭加嚴，操脩加敬，同德之助加親，太孺人樂其志之靡違，而忘其老之日至焉。

諸君與思畏以職業道義倡和，後先交相濯磨，所望太孺人康寧壽考，勗帥有恒，庶幾其子不以内顧二厥慮，不以宦成怠厥脩，專心一力，惟國家之急。而爲之友者，得其所資藉推挽，進而任重致遠，以無負天子之任使。蓋其愛思畏以及其親，匪直區區燕昵之情者。予於思畏有一日之雅重，以諸君義重情至，拳拳若是，視其容已乎？

夫不匱之孝，錫乎其類，而後可與事君；勿欺之忠，信乎其友，而後可以悦親。玆非疇昔與思畏數言之者耶？由其道，則太孺人之教無忝而壽爲有光，然則予之祝也已久，其情無窮，其辭止於是焉爾矣。而猶有加焉者，匪侈則支，其於立誠也不已薄乎？以諸君之拳拳也，予曷敢以侈言支説，使諸君不誠於其友？

送大廷尉後菴李公致仕

嘉靖己酉春三月，大理卿後菴李公致其事而歸。

先是，公以御史中丞撫晉，移疾里居，撫按官疏請召用。時遼東被虜患，即日徵中丞撫遼。至則綏輯其人，繕城池，謹烽堠，簡技擊，峙糗糧，張皇武備。未幾，虜深入大掠，督兵決戰，遂以捷聞。公是時既召拜大理卿，猶申飭警備，得代而後入朝。居旬日，或言大理卿老矣，惟上察其倦不任勞，休之。公亦自陳疲瘁，不敢貪主恩、曠官事，願錫骸骨歸。予晉謁公，公語予所嘗經歷時勢、事情，蓋聽而忘倦，不覺席之彌前也。退謂人曰：「所貴乎壯者，不曰作而行之，須其力乎？如圖政揆策，多歷而備嘗，精練而洞達，壯孰與老？今邊圉多故，有能臨事好謀，而應卒不眩者，即憊甚，謂宜厚以禄秩，不煩以政，優暇之以待咨謀，況老而未衰如公者耶？大理職受獄成而讞之，爲事簡由，評事上達，人盡所見，卿總而裁之，爲功易。即當甚劇，視籌邊猶爲優暇。以公智慮精力，將遊刃恢恢，人賈其餘可也。休之爲已多矣，而又奚倦焉？」既而，公竟不可留。

時方覈遼捷，若寇所殘傷者。公辭予，慨然言曰：「入官垂五十年矣，遠者未論，即近歲同謫戍者若而人，或不生還，或還而擯棄以殞，獨苟全視息，齒士論陟九列，進覲清光，而退返初服，不可謂非幸。商賈撫壯遠遊，垂老猶思其鄉。身非任天下之重不能辭避，顧以官爲家，不亟尋童子遊釣之侶以樂餘年，不可謂智。歸矣！復何望？獨遼陽之議，不能無望於大夫君子者。」夫公豈復幸功賞、有他覬哉？我知之矣。

朝政得失，人心所由怠勸。草莽猶知慮之，謂非細故，況大臣與圖其事者哉？進不辭艱，退不忘世，兹公所爲耿耿爾也。

公始舉進士，授縣令，召拜刑部郎中，出守東昌、常州、青州三府，晉憲副，飭戎淮、徐，才名動一時。尋參藩浙江，擢山西按察使，年纔四十餘。以其才志，及其强壯，直而達之，無有齟齬摧抑，又惡知其所際者？乃陟中丞，撫甘肅，向大用矣。大獄起，追逮謫戍，遂十餘年。赦還，用薦撫晉，復向用矣。病免，又數年，然則安得不老？而予亦安能無憾於用之未盡也？

雖然，古者卿大夫致事，則以德行道義教其鄉之俊秀。而昔之賢人，居閒不仕，或倡民友助，以相親睦，或勞來匡直，使彊善而畏不義，皆足以裨於治理。公歸也，其志猶足以自致，其用未爲卒不得盡，予亦可以無憾焉爾矣。

賀冢宰石塘聞公七十

仁賢必任之久而後成功，然有繫乎天者，未必可幾也。國初，尚書吏部久者，蹇忠定公義三十有三年，其後王文端公直十有五年。忠定請老不許，詔解煩務，以待咨謀，而别設尚書，專釐部事。文端請老，詔放常參，第朝朔望，侍經筵，召對無時，而部事則增設一人，與之協理，故忠定竟不復請，文端年垂八十乃得謝，義結於心，身非所敢有也。某嘗謂宣德以前，主上辨人才，審治體，竭情以告其君，而君能受之以虚，故前政垂裕而可恒，後政紹休而鮮失，則公卿久任之效。然非錫福自天，降年有永，雖欲馴致崇高，荐積功能，昭令聞紓深眷以久安其位，必行其志，其將可幾乎？ 故眉壽無期，然後能爲邦家之基。

嘉靖己酉秋七月十有二日，太子太保、吏部尚書石塘聞公初降之辰，時公壽躋七袠，而晉柄銓衡纔再朞，士大夫每憾其不早及。 觀公神氣清裕，筋力康强，耆年者或未之逮，而聰明智慮，視强壯時殆益精審，則又相與羡其盛福，且占其未艾，而崇功廣業非晚也。 四明在朝諸公，以鄉黨姻戚謁文爲賀。 夫公豈直鄉黨姻戚爲足賀哉？

公渾厚沉毅，鎮定恢廓，執義而遜，容物而辨，震之弗懾而激之弗抗。 自爲文選郎，已凝然公輔之望。今上嘉靖初，由京兆尹、太常卿晉刑部侍郎，秩三品者九年。 擢尚書，歷南北諸曹，十有二年。 於是，聲實浸流，屬望彌切，每推擇冢宰，以名上者數矣。 頃歲始陟自司寇，加之宫保。 上嘗因他事降旨，謂公素稱公正，蓋歷試深知，非朝夕之積者。

夫人主於大臣，知之斯重之，將敬其言議，而不輕於自用；重之斯信之，將專其委寄，以盡其所欲爲。故庶僚有所恃進，而宣力爲邪者無間可乘，退而息心，兹理亂安危之幾也。 天道好理安而厭危亂，消息盈虚，有握其機，然則公之壽宜天之所保矣。 其進進彌增，迓方至之祉，樹無窮之聞，其詎可涯乎？ 某竊聞弘治間，臺臣采輿議薦冢宰，以待卜相，敬皇若曰：「此吾蹇義、王直也。」吏部贊董正庶官，謀無不聽，非相耶？ 冢宰由此知聖意所以委重，感激倍於他日。 頃者會推公入參内閣，聖衷眷倚，上符敬皇，由近代而觀，殆忠定、文端曠世之遇也非歟！

人才，治體，孜孜爲己任，而祇承德意必盡其力，敷納嘉猷必竭其情，耆耋期不懈于位，忘其年之及而不敢自有其身，兹昔之仁賢所以楨幹王國，迓承天保，久而有成者也，於公且復見之矣。某不佞，敬用爲天下賀，豈直答諸公之惓惓而已乎？

送都諫羅君參政山東

富强，國之所務。然阜民而取其餘，用之有節，斯國以民裕；用民而不問其不足，取之必盈，斯民以國病，此又務富强者之所宜省也。今天下民財民力可知矣！山東，王畿左掖，六國時齊以其地稱伯，富强甲他國。謂今宜倍昔，而乃大有不然者，土瘠而賦重，户耗而役繁耳。一夫百畝，獲不能百斛，然芻粟遠輸先於四方，而孳牧之征、洪閘疏濬之役，又他邦所無而獨有之。民窮而徙，地棄而蕪，於是根著之家倍賦倍役矣。而又上下所需，科條百出，往者沿舊而苛責所不及，來者日新而未知所底止，得無重其困而驅之流徙也乎？

羅君子文往參藩政，以牧民爲職，而長育蕃息之者也。然當此摧剥衰耗，其將何以復之？昔孟子告齊王憂樂以民之道，謂春秋省發、補助耕斂，使有積倉裹糧，而無怨女曠夫。是時齊民蕃庶，雞犬相聞，惟上之所富之耳，乃今時又有間矣。羅君按行所部，試求丁之散諸四方者，田畝之卒萊者，與夫饑弗得食、勞弗得息者，爲之休養生全，爲之勞來安集。苟法制自上，非所得爲，猶不可遽委曰難，而況所得自盡者？夫倡僚率屬，樹廉儉之風，使聲聞所暨，如古所謂減音樂、解印綬事庶或見之，則民志固，而徙者且復，然後富强之策可得而施。以予觀羅君，爲此非難者。君嘗爲大行人使四方，擢刑科給事中，歷吏科、兵科左右給事中，進都科。四方民瘼，與所以救之之術，蓋咨詢既熟，騰章于上者數矣。昔聞之，今親見之；昔言之，今得行之。東土之民，自兹其有瘳乎！

諫省同寀謀以爲贈，謂「人情虚聽其所慕，而愛深者能爲切言」，相率以問予。予聞豫章先生之言曰：「治在道而不在法，貴實而不貴名。」又謂：「多憂者善心生，多樂者怠心生，而天下治亂由之。」先生程門高第，君同姓也，言莫切於此矣。而君温恭易直，言必其可行，事必其可成，不皎皎干譽，而恒惴惴焉懼職之不舉，其於名實之介、善怠之幾，殆察之已審。然君子不自盈其所能，而聞言必省其所未盡，況若先生之言，君豈曰「予既已知之矣」乎？

賀御史大夫屠公七十

嘉靖己酉十一月三日，御史大夫東洲屠公懸弧之辰，蓋壽躋七十，而釋褐入官亦且四十年矣。公始以御史按江西，既而守保定，守延平，參晉藩，廉憲東土，旬宣閩、廣，宦轍幾半天下。徵拜光禄、大理，進貳刑曹，陟司寇于南，尋復北召，久之，擢西臺。中外敭歷，官前後十數遷。凡耳目覩記，朝政得失之端，國計民財盈虚登耗之故，人心從違、夷蠻叛伏之情，主威潛移默復之漸，國勢尊安危弱之機，往往身親周旋其間而得之，非徒道聽而臆説者。夫國之欲昌，則朝多老成。閲世久而練事深，斯量宏識遠，志定義精，而出謀發慮，能審時達變以不窮於用，士大夫望而歸心焉。如公，非天之所樹以昌我國家者耶？

公秉德温良，持之以毅；宅心簡直，出之以孫。與人不設城府，持論率切事近情，未嘗務爲皎厲，而邪正是非不少貶狥，趨舍避就有斷斷不可渝者。蓋更嘗諳練，自養自成，與年俱卲，非朝夕之積，而繫屬人望固已久矣。故方詰奸刑暴，明邦禁以倡藩臬之治，任非不重，而人心未但已也，莫不望爲臺長。臺長統諸臺察，掄選以詔署置，考覈以詔黜陟，儀刑表正，清官邪而肅吏治，任非不益重，而人心猶未但已也，莫不望爲冢宰。由往者推之，即公進而操八柄以馭百官，人之望之，其容有已乎？

公季弟文卿、從子國望，皆舉嘉靖癸未進士。時同舉四百人，今從公于朝者八人，公愛且教之，視同朝加厚，而某亦忝竊數數焉。爰相與謀祝公壽，謂某有言。夫天之生植，雷動風拂，日暄雨潤，其行無心，其施非有所擇也，而橡樟梗楠，凝精含液，獨得其盛。及材之既盛，爲楹爲棟，往往亘千百年，非如他木中檁楄者易蠹而速朽。謂天漠然無所厚之也，殆非然歟？公於今棟楹也，以人事而徵天道，將進德未涯，受祿無疆，有不待於祝者。凡吾黨所爲惓惓者，若曰同庇於大厦，而技拄亦與有焉，故有不能自已云爾，豈徒曰通家之私情已乎？

中丞盧公提督四省軍務

贛州當江、廣、湖、閩四省之交，弘治間建巡撫憲臣行臺，轄汀、贛、潮、郴諸府州，奉璽書，行便宜，以弭寇安民，任至重。正德間陽明王公始受命提督軍務，又假旗牌，令文武大吏在軍前者聽以法，而相沿益重矣。寇初起，撫臣謂民久不兵，不可驅羊以搏羆，撫之便。而頑猾負固，侮慢不畏戢，未幾輒復出掠，若驕兕餓虎不可馴制，且日益滋蔓，圖之浸難。王公始申賞罰，别堅瑕，撫其悔禍者，制而用之，以誅其挾詐反覆者，然後寇弭而民安。人謂用寇攻寇，能使之畏懷踴躍，竭力効死，師出有期，人若罔聞，兵臨寇境，寇猶未知所備，況幾勝算不可測識。然自今言之，蓋用志不分，顓顓焉軍務爲急，自餘庶務，撫按諸司既或治之者，即未嘗兼綜而偏察。其愛民誠，其慮患深，故神凝智周，好謀而成若此。

是歲春三月，簡命後屏盧公虔臺提督。公昔在諫垣，壯猷弘議聞於天下，晉通政，擢太僕卿，人視爲閒局，而公奉職恪勤，凡可以格姦剔蠹、宜民而足國者，無蹈故常，必既厥實。以是占公之任重致遠，蓋有餘力，而四省之人思王公而不見者，其殆有慰哉！

虔臺自王公平寇之後，四履寧謐，遂以爲優賢養望之地，而爲提督者，亦因謂四履可必無虞，五兵可必無用，故庶政無所不問，至軍務或少緩焉。然識者以爲殆未可忽也。疾病既瘳，良醫者爲時其起居，慎其食飲，以保無後患。山居之家，機弩常張，罟獲常設，而虎豹不敢突其門；操舟江湖者，時時備器具、齊人力，則風濤卒至而不驚。故善養者不藥，善威者不殺，善戒者不敗。雖有勇智，失此三善，將能無害耶？盧公其必有以善此矣！

夫陽明公持危治亂，貽四省無窮之安，及逆藩平定，社稷竟賴之，則以有素也。今承平餘三十年，殆不可常恃矣。杜危亂之萌，增光前烈而賴及邦家，非公將誰望也？予泰和在提督四履之内，昔者鄰震河潤，亦既可覩矣。乃今幸倚公爲安，固將以閭閻之情熟數公前，況重以太僕諸君之請，容無言乎？

贈河間太守徐君入覲

大郡猶繁族也。守，猶家長；僚寀，其衆兄弟；官屬丞吏，其任事子姓；民，則家衆之恃長爲安者也。諸兄弟弗得其職，衆子姓離而弗親，惡在其爲長？故必郡守履忠恕之道，而後僚屬有安平之政；僚屬有安平之政，而後烝庶蒙輯寧之澤。蓋聖人所謂一體者如此。

河間畿輔南郡，當天下入京師五達之衢，廄牧、河防諸役，又江南諸劇郡所未有者，故所領二州十六邑，往往民窮賦重，或有水旱意外之患乘之，益以不聊，故理道視别郡爲難。郡倅若幕下、若所屬吏，分理庶務，視守爲伸縮，守舉其綱爲尤難。

徐子道行以名進士爲郎，有聲憲部，出守是郡。至則裁濫費、平經賦、絶侵貸、清壅閼，隆養士之禮，廣平糴之法，敦大體，不爲苛細，故自同寀以及州縣之屬，言則得盡其謀，行則得盡其力，以共成一方之治。由是百姓愛慕，上官交薦，而河間守岳岳起矣。

夫開誠布公，節用愛人，事惡其不能集也，不必自己；民惡其不能寧也，不必泥故。而又鎮之以廉静，出之以簡易，即進於守，宜無異道也，寧獨守優稱賢哉？日余從子乾元以河間同知入賀萬壽，向余亟自忻幸得徐子爲長，有所視而無所撓，庶幾不瘝於其職。士大夫道河間入京，其言小大吏所忻幸於徐子者，猶吾從子也。以是占闔郡之民，其情可推知矣。

徐子且入覲，諸同官稱士民之情，徵予贈言。予何言哉？惟理官如家者，休戚莫不在己，故見義必爲，非仁無行，而未嘗私于其躬。長以是率僚屬，以是應爲之民者，亦且以是事其上，將仁義四達，其理效可還致而立臻矣！夫奏言試功，車服以庸，虞典也。我明述職之制，同符唐虞，賢者有殿廷之宴，有錫幣之錫、牢醴之賚，而徐子之賢表表若是，然則章聖君賢賢之節，使四方大吏因之益勸者，必河間守也。徐子先世自餘干徙居遼東，纔數世，蓋余於桑梓之誼，亦與有慶焉爾矣。

西昌楊氏重脩族譜序

家之將昌，必有元夫碩人秉德宣猷，乘亨運以贊嘉績，國賴以寧，而家亦與蒙其休，故盛時多巨室。故國有世臣，而名宗令族往往與大運隆替，殆乃天之所篤者歟？

楊氏，關西裔也，自南唐虞部侍郎輅始家廬陵，其子徙吉水，又六世，析居泰和。宋室之盛，蔚爲慶宗，元季漸就衰落，然詩書禮教不廢宿業。逮天啓我明，而楊氏若嘉木春回，葱菁扶疏，欣欣然不可禦矣。少師文貞公受文皇簡眷，參預機務，弼亮四世，成熙洽之治，仁宗嘗賜璽書，期以子孫永世與國咸休。夫王者之言，豈不參合天地、感通鬼神也哉？蓋至於今，不獨公子孫蕃衍多賢，其諸宗析處者，亦皆彬彬爾，彭彭爾，若或陰隲而默佑之。仁義忠信之習，不獨出而事君，至晦處畎畝者，亦罔不飭躬謹節，奉以自淑。其富者罔敢以富勢加宗族、暴鄉鄰，即貧矣，猶知所擇，不屑與吏胥黠猾、市井駔儈者游閒爲食。君子以是知楊氏世濟其美，稽天道，徵王言，其將與我明景運俱隆無異也。

族舊有譜，刻石延真觀，元季毁於兵燹。永樂戊子，文貞公脩之。正統丙寅，評事德敷復脩之。其意則蘇文公所稱，族屬疏遠，懼其塗人相視，示之一本，以興其孝弟之思者。今餘百年，枝分派析，彌遠彌疏，其爲可懼也彌甚。族之長少協謀定議，續成新譜，其義例一遵文貞之舊，蓋不能有所加也。論者狃於所見，乃謂古聖經訓、時王政典，猶未能人人興善懲惡，譜區區未必爲益。夫亦弗思爾矣。離逖他邦者，聞鄉音而喜；邂逅相犯者，俄而知爲同姓，遽慚悔自釋。況譜之爲教，萃之於未離，和之於未隙，比於鐸狗箴誦，不猶愈耶？茲文貞公所爲拳拳者乎？

公曾孫行人海、玄孫選部主事載鳴，方纘承先德，嚮用於時，中興休運，又將競起而翼襄之，以益昌厥家。於是譜以成，族人之意來徵某序。嘗觀公自序家乘，諗義利、君子小人之判，而望其後人力學奮義，以無忝於清德之世。夫人未有放利而不相怨、狥義而不相親者，茲非惇宗睦族、篤近舉遠之幾也與哉？予蜀江歐陽氏與楊世姻，往歲成蜀江譜，請序于公。公稱引先文忠、先監丞自序云云，且告曰：「仁者之言，人所共師，況爲其族之子孫者。」今某於楊氏亦云。蓋公之言至矣，顧後人力行何如，某不能有所加也。

會試録後序

嘉靖二十有九年春，會試天下貢士。臣治、臣德奉上命典試事，事竣爲録以獻。

臣德陛辭入院，竊自念論士猶之取材，將使山無留良、工不乏須，其職也。然松檜杞梓，長短小大，惟山所產，故養之必豫，而後取之必得。臣嘗官大學、職養士，未能對揚文教、振翼士行，惴惴爲懼。茲被命掄選，稱塞彌艱，懼滋甚矣。夫所貴乎士者，不周身自謀，而後有匹夫不獲之思，故能委命而狥主；不師心自用，而後有稽古識時之知，故能審事而制宜；不見小欲速，而後有博大悠遠之圖，故能長慮而建業。以是望之，必以是求之。

臣嘗莊誦洪武庚戌我太祖高皇帝開科之詔，有曰：「自慮官非其人，有傷吾民，願得君子而用之。」又曰：「特設科舉，以取懷材抱德之士，務在經明行脩，博古通今。」洋洋聖謨，知人安民之道，斯其至矣！維時聖祖開天肇紀，聲教未訖，然一時藝舉言揚者，奮庸勵績，燀赫相望。乃今三歷庚戌，恭遇皇上憲天凝命，仁義禮樂漸摩蘼洽，垂三十年於茲。孔子稱王者必世後仁，茲其時矣。遐方殊類，回慮嚮風，而况窮經待用之士乎？以臣所校閱諸士三試之文，往往義不畔於經，事必稽於古，凡皆三十年間淪浹嘉靖之化者也。爰擇其尤者取之，曰庶幾明經脩行、先行其言者乎？庶幾執古御今、以義制事者乎？庶幾才德君子、保惠庶民者乎？亦既矢心竭力，不敢苟焉矣。

然取材於山，必察其質幹膚理，絜以尋引尺寸，而後見其松檜杞梓、長短小大之實。乃取士則惟於其文，非若古之敷納者，親即其人，得其精神器識於言論之外。以是而知人，直意之耳，而臣猶區區自信者，非敢謂鑒別不繆，擇取果盡其良，足以必中任使、當聖心也，惟聖人建極，風動海宇，菁莪樂育，有士如林。智慮聞識，審時達變，或未必同，而志在於君，憂在於民，宜無或異，足以恣臣簡擇登進，爲臣幸也。

抑又有大幸者。《傳》稱「入治朝，則德日進」，蓋明良喜起，百僚師師，有薰而化焉者也。皇上至德淵微，躬體堯舜，小大群工，精白祗承。如臣寡陋，得之觀感，猶不敢輕自棄焉，矧諸士方烝烝然沐勳華之光者乎？《棫樸》之雅曰：「倬彼雲漢，爲章于天。周王壽考，遐不作人。」曰：「追琢其章，金玉其相。勉勉我王，綱紀四方。」臣不敏，誠快覩聖壽無期，作人彌遠，諸士仰承，追琢方兢，相磨濯以副器使，惟聖人所綱紀之。臣掄選以獻者，豈惟可幸無責，實與有慶焉爾矣。

廬陵黄氏通譜序

廬陵黄氏通譜，總城北諸宗而譜之者也。黄氏上世居秀州，秀州以前邈不可考矣。唐初，由秀徙婺者曰縈之，諸孫有徙洪之分寧者。肅宗朝，分寧三世孫、節度軍頭官中孚，言事忤旨，始避居吉，其子文卜城北菰塘家焉，今所祖也。文伯子嵩、仲子崇，各相便分徙。而嵩孫璠，當黄巢之亂，即所徙地築城捍賊，鄉里賴之，因名其地曰義城，今爲義城宗。崇徙舘前，爲舘前宗。惟季子巍，世爲菰塘宗。數世之後，浸蕃浸析，環數十里間，若蔣湖、西偏、公閣、官塘、什香凡二十餘所，往往成族。子姓蓋無慮數千計，科貢薦辟，顯名於時者先後相望。凡皆三宗之析，一人之遺也。而代遠勢涣，各宗其所出，各譜其所宗，於是昭穆不相次，慶弔不相及，甚至字名、面貌不相聞識。其視異姓，獨婚姻不通，爲少别耳。

夫父一子三而蕃若是，碩若是，多才賢若是，寧非祥儲慶衍之致歟？乃涣焉幾若異姓，則惡在其爲蕃碩？而所以承祥襲慶之道，無乃未盡乎？凡諸宗子姓，隱於厥中，不能以自安，宜非獨賢者有是心矣。然數百年來，竟未有會而一之者。見聞既久，習故爲常，視復初顧若更始，而人各有心，莫或先之，亦其勢然也。

嘉靖初，督學憲僉君國用，始以譜事謀於一二賢達。未播於衆，而憲僉即世，譜不果合。己酉秋，侍御君如桂按粤，過家，乃申敦叙之義，播告諸宗，爲之期日，以譜來集。及期而遠邇咸至，無有後者。乃相與奠世系，辨昭穆，聯疏戚，脩儀章，正位分，則皆懽然若求亡子於道路而忽得之也，若久旅得還而復覩其親戚也。踰月而通譜成，侍御携以入京，會望江尹國奎、桃源尹時康胥以覲至，授之入梓。謂予宗與黄連也，相率謁序。

惟近世譜法宗歐、蘇，而蘇公之法，小宗各自爲圖，冠大宗之圖於其端，則譜豈以必合爲貴？況親睦之情、仁讓之實，豈必有待於譜而后敦者？雖然，黄之諸宗，其涣也久矣，譜不合，萃涣無端。夫名者，實之賓，而循名可以責實；文者，情之華，而因文可以動情。若此類也已，是亦惡可緩哉？

惟祖本一也，而涣惡乎始？殆親盡服窮，會逢喪亂，偶不暇顧恤，其隙一開，遂至各親其親，而潰散不復相收。涣既數百年，乃一朝之間，一倡群和，翕然復集，不戒而自孚，不董而自固，豈非天親、天性根心，若宿火藴隆蟲蟲，而得薪則傳，燄遂弗可撲耶？夫察始之所以涣，則永其終者，不可不預窒其隙；思今之所以合，則善其後者，不可不深培其本。於戲！厚人倫，美教化，移風俗，若是其庶幾乎？

慶李侯優奬序

頃歲虜寇犯順，皇赫斯怒，整六師以行天伐，饋餉召募，爲費不貲。所司請遣官督積歲逋負，以充度支，郡縣守令視所完積逋多寡，課其殿最。部使上姓名，所司綜核，以詔賞罰。

于時，袁州守雲亭李子，以課最蒙優奬。諸令丞追憶往事，咸喟然曰：「始部使之來，非不念民瘼也，然而國用匱矣。一歲所入，不足以供一歲之出，且逋非歲入之常乎？況有藉名而乾没之者。然而不問是長奸也，故雖知徵輸之難，而責之愈峻。我令丞非不念國計也，然而曰民困極矣。朝廷節一日浮冗，宜足當一邑逋負。且積逋併徵豈易乎？況有人亡而人代之輸者。然而不察，是播虐也，故雖蒙督責之嚴，而徵科猶不忍急。當是時，小民日惴惴，懼逋之弗克完也，曰：『鬻産無所愛，毋寧貽我邦君僇。』吾儕亦日惴惴，懼民之不自聊也，曰：『寧譴，毋寧使吾民無以爲生。』既而皇德宣、民情達，督者閔窮而不苛，輸者急公而罔後，寔惟我郡公劑量而先後弛張之。仁温於春，義肅於秋，由是民信上之厚下以安宅，而不譏其胥戕；官諒民之恃上以爲命，而不虞其難使。故吾儕幸免於戾，而民亦自以進不重邦君之憂，退不負頑嚚之號，欣欣然喜色相告也。蓋上下之間不自意其有此，詎非事之大可慶者耶？」分宜令湯子日新，予校文禮闈所取士也，使來請文爲賀，且曰：「我郡公蓋不負其所嘗學于公者，是以更願有聞焉。」

予惟事當爲而勢或有所格，勢難爲而力猶可以自致者，蓋存乎其人，而人或未之慮耳。夫賦入寡而費用侈，則財不足，故上策莫如節費。不得已乃督逋以繼之，然非有以獲乎上，則費或未及節，而主議者先受其禍；非有以孚乎下，則逋未必能完，而隱憂有不可言者。此其勢不亦難乎？惟臣以事親之心事君，則君信；官以愛子之心愛民，則民懷。是道也，非從政者所宜自致，而可以反難圖之勢者耶？顧世之脩政者，或不知由其道；而學道者，或不足達於政，則學之不講之爲咎也。

予往在南雍，蓋爲李子數數乎是，而李子莫予違也。李子官内臺，謫外郡，晉倅吾吉，又晉而守袁，考其爲政，如湯令所謂不負所學者，豈直可行于一事、施于一郡已哉？進而任天下之重，凡勢之難爲而猶可以自致者，誠盡其道而無所愛於其力，則其所濟將有大焉者。其爲可賀，又豈直蒙上賞而已耶？爲我問李子曰：「予言儻試之而可效乎？視往歲所聞于南雍者，今何如矣？」

慶賓武先生七十

嘉靖壬子春正月念七日，族兄賓武先生躋七十，族衆將舉觴爲壽。會先生迫公事如贛，盛夏始歸。歸則炎暑毒甚，長老言前所未有，於是衆謂宴會非便，而先生亦欲遲某之除服，以與于會也。及是，衆尋初議，且相率徵言爲慶。

某惟先生之壽，奚獨先生之慶哉？夫家有老成，斯子弟得所矜式。昔石江兄撫南畿時，嘗語某曰：「予幼敏，弗力於學，先大夫弗問也。予兄賓武晝理家，夜即移榻就予舘，程督備至，過乙夜乃寢。予文稍可觀，先大夫喜，兄即顰眉言：『童子何知？大人遽盈溢其志。』推兄之心，使予驕怠於學，不能蚤有就，將寢不安席矣。予筮仕爲行人，日從良朋講古學，費廣而禄不給，兄區畫以繼之。已而爲省郎、爲郡守、爲憲副，往往忤權豪，阽危禍，自分必不能以官爲家，然未有兒息，又無紀綱之僕，家亦莫能省也。及歸自光禄，而兄既經營以待。推兄之心，使予有内顧，而貶道以狥時，或骯髒罷歸，而無所賴以自老，且食不下咽矣。今人謂兄殷富，爲有藉於予，而不知予之藉於兄也。」某聞而識之。他日西還，石江以時勢齟齬，便欲掛冠，託爲告之先生，其意若將待報可而後行者。因念石江高明，其進退宜斷之自心，乃咨決於兄，如不敢專，甚矣其恭也。而先生友愛之誠，能使其弟靡事不咨，雖出處大節亦取裁焉。是弟是兄，吾輩不足法歟？

先生理家未嘗亟務多積也，第量入爲出，省約以致贏。其於宮室、衣服、飲食、器皿，取蔽風雨、禦寒暑飢渴、待賓祭而已，不敢爲華也。其賃人以田，貸人以金，而收其租若息，必酌其年之豐歉、人之盈虛而緩急之，不遽取盈也。故平日不以譎詐刻剥速人於訟，人亦未有以譎詐刻剥訟焉而速之獄者。兹其所省，視俛有拾、仰有取、拮据卒瘏者，所贏不尤多乎？故蚤歲出入稱既富，而歲贏十五六，末歲乃十八九，則不侈靡、不譎刻之所致耳。夫世未有侈而不匱，亦未有譎且刻而不致訟、訟而能厚積者也。夫先生之所可法者，兹豈其細歟？於是族衆咸曰：「善哉！今勢利交親，骨肉疏薄，詐以相高，侈以相誇，罔取以相吞啗，世家右族或所不免，故風俗日淪於污，世道日入於亂。如賓武所爲，概以老成典則，其於吾宗，誠足爲大慶也已！」

先生冢子艾，率其弟國子生芬、縣學生蓋復來徵文，則以族衆之情與所以告族衆、族衆所以復者語之，且曰：「二三子何以爲若翁壽？其惟克肖乎？夫孝友，大倫也；廉儉，美德也。處者脩之，則鄉無涼德，里有厚俗；出者脩之，則民被潤澤，身享榮名。艾也處，芬與蓋將出而仕，脩其身以肖翁，出處豈異耶？翁無疆惟壽，其將在兹，可不勉哉？」三子唯而退曰：「正懼弗克肖也。」族衆聞之曰：「知懼，斯知所以肖矣。夫典則既貽之三子矣，浸而達之疏遠，賓武之壽，豈獨於吾宗爲足慶也歟哉？」

贈惠州守金君鑑濱序

國家三歲一覲，群牧考察功能，大明黜陟，甚盛典也。嘉靖癸丑，大覲歲，惠州守鑑濱金君，前率其屬應行者，如京師赴期會。予姻家興寧令黄子國奎從君于邁，來謁贈言。

夫考察之法尚矣，然古者論定而後官，後世乃任官而後察。夫農之播種也，始擇必精，無容淆以稗，故薅蓨功省而易力。播不擇種，芟不盡莠，及稼納于塲，粟脱於穗，乃箕而簸之，用力輕重之間，稗或未必去，穀或與俱汰矣，故善于其事爲難。而太守一郡表率，由倅以降，賢不肖黜陟，部院咨撫按，撫按咨藩臬，藩臬則必於守焉決之，謂守於群吏尤親敷納其言而試以事，知之宜真也。然自今觀之，果盡真知也與哉？故太守爲尤難。然予以爲非人之難知，知人之難也，取人以身之難也。

君筮仕爲淮安府推官，能以明達斷獄，貨來不能干，姦黠不能逞，情僞微曖不能蔽。徵拜南道御史，釐弊滌蠹，論奏無所避，舉刺所部，犂然當於人心。及爲惠州，舉其所以爲節推御史者損益施之，而馭吏尤加之意焉。凡縣官志在脩政、校官志在興行者，皆獎誘振勵，以須其必能有成；翼其不逮，而不求其所未備。故士民日有蒙焉，而莫之能忘，由君率屬自躬，而有志者樂爲之盡也。如君，非誠以安民、造士爲心者哉？人固未易知，然以是爲心，以是求人，不惟其文，惟其實，則夫浮飾而見售、敦朴而弗顯者，要之亦寡矣。予又以知君必足以善於其事，而增重兹行也。

君往哉！凡士民願君行者，曰賢否其不淆、吏道清而官政乂乎？然而願君無行者亦不少矣，曰父母師帥，奚可以一日離於兹土也？若是者，君將何以慰之？君且曰：「若輩無戚吾行，且復亟來。」然未必可得也。君守惠三年，聲譽日起。考察之典，幽者必黜，明者必陟，君猶能專顧此郡乎？惟古之人，志欲爲而未竟、事已爲而欲永者，皆垂可繼之統以待其人。君行不復，其庶幾無忘于兹！

金溪黄氏統宗世譜序

黄，黄子之後，以國爲氏。國在今河南光州，南連湖廣，德安黄氏散居其地。漢尚書令香、邘鄉侯瓊，德安産也。德安於時爲江夏郡，故黄以江夏爲望。東晉時，其裔有避地入蜀者。唐上元初，諫議大夫鼎始入閩，居浦城溪東。溪東去浙遂昌、金溪百里而近。諫議十一世孫元，贅金溪祝氏，從婦翁家焉。由溪東析爲九里、清湖、仙陽、何村諸宗；由金溪析爲秀峰、東積、高湍、東川、平坦諸宗，宗各有譜。溪東譜，宋紹興間再脩，脩者袁州通判某、萍鄉丞升。元大德間續脩，脩者文慶。金溪譜，明洪熙間脩者澹泊軒鐸，弘治間脩者朴菴汝楠。

其序入閩事，或曰諫議避蜀亂，徙安陸，安陸再徙；或曰黄在蜀，族姓繁衍，分徙光州固始，劉展之亂，諫議避之，徙閩；或曰光徙信，信徙閩。夫族繁分徙，必不遠去其鄉，謂宜有所避，則蜀當天寶間最全，甚無他禍亂。劉展以江淮兵亂東方，陷昇、潤、蘇、湖、宣、舒、廬、濠諸州，與蜀邈不相及。安陸蓋德安府，在唐爲安陸郡，與光皆東接。廬、濠避展者，宜從其地以西，顧自西來徙，又出入寇境，去之閩耶？意玄宗西幸時，蜀中騷動，諫議不在其位，故去蜀東來，而來者非一人，或居光州，或居安陸，與其宗族相依。其徙信，殆三節度會兵安陸討永王璘時，當非以展故。既居信，始遇展亂，宣、信鄰震，乃避徙浦城耳。譜各本所傳聞，諸參錯互異，類若此者。

金溪十四世孫御史中謀於其從叔父公校、公梅，統諸宗而譜之。宗各爲圖，圖五世一易，大書名，分書字、行、生、娶、卒、葬，以奠世系，以序昭穆，而於明嫡妾，謹繼養，正昏嫁大義尤嚴。圖凡一十四卷，又纂世宦，若藝文，若祭田，若時規、祠訓，爲譜録六卷，合爲金溪統宗世譜二十卷。其志則昔人所謂興孝弟之思、使不至相視如塗人者。

夫良心，人所固有，而通蔽靡常。平居，父子、祖孫、昆弟、伯叔，喘息呼吸，體睽而氣通，其相爲休戚，不待圖説而喻；一旦蔽於忿慾，則面目對覿而爾汝立分，雖古聖經訓、時王法制，道之以師友、勸戒之以賞罰，猶或不能回心而易慮。譜之教，不已緩乎？蓋道有本，化有機，先王之於民，制爲友助、保恤、洽比、親睦之禮，申之以立愛、立敬之義，預養素迪，勗帥自身。而凡維持警省，以畜其邪妄、發其蒙蔀者，又備物而多術。故譜者，牖民之一物，道德齊禮其本也。御史嘗學於予，蓋欲明其明德於天下，先自其宗始。其所以立本，亦既有素，予是以知其教之易行矣。

金溪之先，有仕元爲提舉者曰愈之，鄉里賴以舉火。子道傳、道俊、道佺，當元末群盜起建寧，兄弟散萬金，募死士，襲擊而俘之，所保全生靈蓋不但一二郡邑，而其爲國忘家，厚禄高位者或愧焉。行省上功，授道傳邑巡檢，道俊邑簿，道佺松楊副簿。邑簿歷江山尹、建寧判，棄官歸養。

國朝洪武初，用誠意伯諸名公薦，起爲襄陽同知，尋乞便養，丞永豐，稱黄判丞。判丞以詿誤，逮繫詔獄，其子爲巡檢後者曰原照，詣闕愬鼓下，事白而判丞即世，竟以喪歸，終身廬于其墓，垂二十年。夫忠孝仁義，世濟其美，流風餘潤，薰漬四遠，而況爲之族屬、爲之子孫，觀於斯譜，其沛然而不可遏者，宜何如也？

壽蔡中丞母太安人七十

封太安人包氏，今御史中丞可泉蔡公之母，前教授湖州勉菴公之配也。予未識勉菴，識其子中丞君，乃習聞太安人云。

初，中丞君舉進士，居郎署時，予自翰林編脩爲國子司業，中丞每就予孳孳講學，以道相期，此其志固已遠矣。已而督學江右，余梓里也，會見其校士，上德下藝，先實後文，士風爲變，以是益知君之學爲有用。乃今則晉陟九列，且將以壯猷殊勳垂無窮之聞，而太安人目覩其盛。於戲，休哉！

嘉靖甲寅，太安人壽躋七袠，夏四月十有四日，寔維始降。中丞君門下士，相率請予言稱賀。予於君爲道義交，二子偕出君門下，義至厚，其可默乎？

夫年躋七十，從古爲稀，況生人之途，順愉逆拂交互並至，世所謂嘉祥善事恒僅僅焉，其百全者蓋鮮矣。而閨閫之德，又非有所表見於當世者。乃今太安人，始以勉菴公顯名於郡，繼以中丞君顯名於朝，當是時，門内之貴如太安人者，亦罕矣。方今春秋高，且康强無恙，諸孫林林玉立，此非天授之全生人之上願耶？

吾聞太安人性澹泊，御家有法，黜華操約，化嗇爲裕。當勉菴公未第時，嘗脱簪珥爲資，以勉承厥志。義方訓子，愛而不溺，中丞君學成而仕，道明而錫類者衆，兹其德豈有窮耶？中丞有前母二兒，太安人撫之不啻己出，此尤人情所難。太安人内德未可一二數，其獲福之全，有由哉！樂羊之名，成於妻；孟氏之賢，出於母。若太安人者，殆兼之矣！

夫執德以成其夫，貞也；處豐不忘其儉，敬也；教其子，推及于物，仁也；公其愛，無間於彼已，義也。體貞，率敬，達義，廣仁，善累而日積，慶必有餘，天人之際可知也。人亦有言：「種苗者秋獲，種樹者歲實。」太安人之慶，於其身而已乎？其後且無疆矣！

歐陽南野先生文集卷之二十三　別集七

記

韞菴記

吾鄉數十年前，人情渾龎簡朴，里族相傳，以爲若今之老於林壑，未與乎都邑之觀者也。是時，比鄰聚處，惇親睦，崇信義，談説古事以相勸警，故無問仕、不仕，雖中才猶有所顧忌，其行己不敢有愧。其浮華無行者，弗諧於俗，視猶奇形怪物，無所依藉爲朋。嗚呼！何其厚也？

比歲俗乃漸變，而故家耆宿，猶有存者。若予姻家胡翁韞菴先生，亦其足以起予者矣。翁質直好義，其儀度悃悃，言議恂恂，無簧鼓瀾翻之習。其於機智誇詐，如麟不草踐，扈不粟啄，而機詐恒屈焉。夸毗譸張者，視以爲無華，而前輩風流，於是足以觀之。如翁，殆所謂荆璞之潤韞而不炫者邪？翁嘗遣叔子日思、季子日守來從予學，皆馴謹飭厲，祇訓不怠。蓋韞不期輝，而薰陶被於家庭。然則名宗巨室，鄉聯里絡，相與薰德而還渾朴之習，其庸可冀哉！

翁名珊，字德潤，義取諸玉。顔菴以「韞」，志志也，來屬予記。諸子，伯氏明法起家，需次銓部；叔氏、季氏，明經待舉，凡皆玉質温如者也。予固期其光輝遠被，然慮夫風俗日浮而韞之之難，則將何以相之？夫君子謙虚若谷，慎默若不足，誦詩書，明禮義，親賢友善，如飢如渴，如浮靡予辱，如機詐予毒，如是而韞可幾，雖移風易俗，將無難矣。因書以復，庶以相二三子之進而成翁之志哉！

安豐書院記

正陽鎮殿壽西南，古安豐縣地，唐隱居行義董公鄉也。地當徐、宿、潁、亳之交，淮、淝、汝、泗之會，舟車錯午，井竈聯絡，户且盈萬，既庶且富，文教宜興。然儒生學子往往假廛講業，若工無肆，於事爲缺，而比歲乃有安豐書院建云。蓋刑部郎前知壽州王君昪文始之，御史今判和州王君行甫成之也。

先是，鎮有榷塲，算商舶，巡撫都御史唐公言曰：「鎮之榷，非故也，且匪人則滋弊。今府有羸緡，可且無算。」詔如公言，於是壽州君改榷署爲書院，以從士民之志。居數歲，巡撫都御史馬公、巡按御史張君曰：「費所資於榷者衆，舊算緡且盡，而賦無所從加。」奏復榷，書院復爲署。

和州君來司榷事，亟啚創建，以無廢前美。初，君至鎮，日稽榷之故，凡民所弗悦者，條請更張以無病。暇則旁詢他所，罷行畫，建便利，視鎮之民如和所治，民懽然歸德矣。議撤淫祠，脩書院，民咸曰：「東嶽廟可從之，適燼於火。」遂因基拓址，攻位書役，材集力齊，事用速就。室東向、西向，爲講學者舍；南向堂，爲董公祠、爲巡撫唐公生祠，位置俱如舊。高垣周繚，三門洞闢，表之綽楔，弘敞堅良，視舊有加。士民樂其適己，不戒競勸，役未踰時，勞費罔聞焉。州學生郗立、高輝輩，具狀走金陵請記。

予惟先生聯比其民，而迪之德義，閭、塾、黨、庠，相望弦誦；俎豆、威儀、數度，相觀而習。凡以聰明其耳目，而善其心志。維兹萬家之鎮，遘會脩遺，肇此堂室，作者之志，其可知也已！

古者入學，必祭菜先師，示所效法，然或國無其人，而合之鄰國。今夫處則惇德砥行，脩孝弟之實，樹風聲以待來哲；出則亮采熙績，建仁義之政，流惠澤以懷蒸黎。兹豈非道德之通軌、教學之良模也？鎮之士民不出其鄉，耳目所逮，有令儀焉，孰謂其非幸歟？夫業思弘則不隳，賢思齊則不悖。記其顛末，俾刻之石，觀者庶有感於斯文焉。

瑞金縣重脩城隍廟記

明稱秩百祀，府州縣祀城隍神，與雲、雨、風、雷同壇，位山川神下，又建廟設祀，禱禳禜禬必之焉。吏始至，齋三日，祠以少牢，矢厥辭，而後臨民視事。月朔望，僚屬、耆民盥爇肅拜，退而聽治。歲索亨，群厲神攝召鎮控，爲主重矣。而廟之崇嚴係乎吏，吏皆窳玩愒弗問，或務侈哆飭飾，暴才美，厲人事神，神弗休亨。惟賢者用德，是故誕作神主。

瑞金城隍廟，在縣治西，舊靡記，莫知所創。卑下湫隘，陋甚，數葺，率襲舊爲功，莫或改。明興餘百七十年，令前後無慮數十人，恤此者奚鮮哉！嘉靖戊戌，龍江王君自民部郎左官兹邑，祠神而誓，動色興嘆：「令與神表裏陰陽，佑助下民者也。廟若是，顧弗若令之堂。令之堂爽闓宏靚，故足以重威肅政，神道則有以異乎？」時方理敝蘇痍，綏弗即嵒。明年季夏，惠信通浹，人士協和，爰始營才鳩工，庀徒揆日，培卑爲高，闢隘而廣。崇棟邃宇，桓楹梃桷，周垣重門，噲噲噦噦，枚枚如也。時維秋仲，刑牲灑酒，與衆落成，士庶駭觀，疑昔無廟。神若飛動，有風颯然。

君自始暨今，日乾夕惕。進致其虔，如將質之；退平其政，如或鑒之。策殄劇寇，計擒大猾。或逢機遘會，觸擭投羅，若啓若翼，若奪其魄。頻歲山水暴漲，稼不爲災；蝗旱疫癘，匪驅而除。冥感昭格，厥類惟彰。於是校士、鄉耆合口言曰：「棄祀覆殷，毖祀興周，不虛哉！」

夫寅共迓祥，慆慢遘凶，其孰能違之？抑敬神勤民相因，慢神虐民相因，是故帝臨無二，神格靡斁。君子未有不如此而能興道致治者，弗紀，後曷示矣？乃相率徵文鐫之。問財費所出，相視莫對。蓋民覩其成，不知其役，於是乎可以觀政。後之君子愛人敬事，鬼神其依；而玩、而窳、而侈、而飾，則將奚賴焉？

廟規制工役，實同新創，然基仍其故，故曰重脩。龍江名某，字某，閩人，舉嘉靖己丑進士。今茲三稔，擢知東平州，名位將日進云。

廬州府題名碑記

國家畫地理民，司、府、州、縣大小相隸，而畿輔諸府直隸京師，重王畿也。官之長曰知府，統總要會，而同知、通判、推官，分職圖功，以爲之貳。上不侵細，下不憚煩，同心一德，如身手臂指之運，是以政乂而民康。時降誼乖，上下志睽，於是有專擅之忌、侵撓之嫌，有冗散之厭、叢脞之疚。譬之操舟，橈、櫓、帆、檣，篙工、柁師不相爲謀，雖狂奔盡氣，無救於胥溺矣。皐陶曰：「同寅協恭，和衷哉！」盤庚曰：「若網在綱，有條而不忝。」古之善則也。豈弟君子，以殿邦阜民爲心，鑒戒存而理道得矣！

廬州，南畿輔府，地大民質，可與爲理。異時，長貳竭才智，懋功勞，要其心志睽協，而綱紀敘斁由之。失得之間，理效殊致。後之人所宜討今昔之故，究善敗之端，然而其名罔聞，其實曷從稽焉？燕谷王君汝節守廬，纘前守高君之緒，始樹石題名，屬記刻之。君端潔敏達，剗滌蠹弊，晝建便宜，敷豈弟之政。舊所廢墮，次第規恢，闕遺未備，自我作古，是舉猶非其大者。然揭往哲而身比之，仰思紹烈，俯思垂休，亦足以知其志之所存矣。嗟夫！協寮宣力，惟和惟序。綱舉目張之道，同舟共濟之功，嗣茲土者，亦將有感於斯焉。

由洪武庚戌以來若干年，知府吕君文燧而下，同知許君榮、通判張君文進、推官萬君仲寬而下，貫址、科第、除拜、遷擢、歲月、履歷咸備。來者無窮，虛以俟之。

良牧圖記

陸君所默先生，由尚書憲部郎中出守池陽。歲承積歉，民鮮樂業。君至之秋，雨暘罔愆，野無蝨螣，力作孔時，田穀大熟。民相率懽謡：「使君之德，有慶自天。」縉紳先生曰：「嘻！池陽之慶也，匪歲斯慶，政實其慶。君廉平愷易，濯滌民瘼，而咻噢拊摩之。緩刑慎罰，輕徭薄征，猶懼有所蠹殘。晝焦焦而求，夕顒顒而思，蓋視民如傷，歆乎其爲志焉！夫上務綏懷，則下蒙庇覆。即有天作之孽，淫威卒癉，民依於仁，不見其威，故旱魃非虐，猛虎非毒。孽猶可違，而況降之祥乎？考君之政，民實怙之，日用飲食，無所不歸德者，故曰匪歲斯慶，政實其慶者也。」於是陸君秀卿，美君善始，而期之克終，作《良牧圖》以寓其意。節推良齋米君仁夫，屬識一言。

圖爲馬者三：卬立者，俛而飲者，繫於樹翹首顧者。爲牧者二：倚馬立牽且摩者，索背執俯飲馬者。柳陰茂密，水草胥便，而各適其所也。噫！圖所示者深矣，予何言？

予聞古有董父者，實甚好龍，能求其嗜欲而爲之飲食，龍多歸之；有梁鴦者，養虎有法，不投之生全之物，懼作其怒，虎胥近焉。龍，神物；虎，暴獸也。知好惡之情，達順逆之機，可擾而畜之，使若羊牛然。然而情不可常，機不可執，庸詎知馴且狎者，倏忽不若虎與龍邪？故曰：知牧者，其知道乎？誠立神存，無矯情，無用智，内忘於己，外忘於物，故能盡己而循物，故曰：罔違道以干百姓之譽，罔咈百姓以從己之慾，古之聖人所以無爲而治者也。以所默之欿然於斯也，故予復言之，庶以相其求助之志乎？嗟夫！秉塞淵而騋牝蕃，思無邪而駉牡臧，予且觀德於池陽之民矣！

董氏立宗子記

宗法，所以聯戚疏、隆愛敬、厚人倫、美風俗者也。古者冠、昏、祭、薦有事于廟，必宗子主之。宗子爲士，庶子爲大夫以上，牲祭于宗子之家。宗子有故，族人爲之服齊衰三月，重宗道也，其略具于《戴記》。别子爲祖，繼别爲宗，繼禰者爲小宗。其説曰：諸侯之庶子之别於正適者，若異姓公子别於其國而來者，若國之庶姓起爲卿大夫而别於其族者，皆爲别子。别子無所祖，故爲其後世始祖，而子孫之長適世繼之，與族人爲百世不遷之宗，所謂大宗者也。其庶子庶孫，枝分派衍，則各因其親屬爲宗。繼禰者，昆弟宗之；繼祖者，從父昆弟宗之；繼曾若高祖者，再從若三從昆弟宗之，而皆統於大宗。五世則祖遷于上，宗易于下，所謂小宗四與大宗而五者也。

其法不知何所始，意古者九職之民皆聯于比閭族黨，使之困窮相賙，患難相救，善相勸，過相規，惡相糾，相生相養，相親相睦，以美其俗。公卿之族，下不列於齊民，上不可以無所統，故聯之以大宗、小宗，以行其賙、救、勸、糾之義，以成其生養、親睦之仁。比閭主治，而教養之政行；宗法尚親，而君師之道兼。比閭不上乎公族，宗法不下於庶人，其所以厚人倫而美風俗，則一而已。後世禮法不脩，非惟公卿之族涣而無紀，而庶民亦徒有聯屬之名，而無復生養親睦之風。儒先諸君子嘗欲以宗法行之天下，蓋因時之政，寓古之道，興其愛敬，易其習俗，亦古人意也。而卒弗之行者，則亦教化不明，人心不厚故耳。

樂安董氏，仕族也。其先五司徒生四司空，四司空生三明法、七屯田、十校書、十六道者，顯于宋紹興之間。其子孫蕃衍，顯者後先相望。族故有祠，祀司徒而下三世，及其族之顯者，合食焉。時祭，行尊而齒長者主之，既有年矣。嘉靖甲申，董氏之長謂古有宗子法，先儒嘗欲舉行而未果，行之自吾仕族始。謀諸族人，長幼胥協，推尋長適，得三明法之十九世孫承立爲宗子，作堂以居之，割田百畝以贍之，將使世繼而不遷焉。

董生燧卒業南雍，請記于予。予曰：「仁哉！董氏諸君之用心也，固將合涣致愛，相賙相救，相勸相糾，以厚倫而美俗乎？宗子誠不可以不立，雖然，涣合矣，必行其賙救、勸糾之道，以各安其養，各敦其善，使倫厚而俗美，然後宗法不徒立也。」因以語燧，使歸而鑱之石，以詔其族之人。其田之頃畝，堂之高深，割田者之名字，勒于碑陰。

同心堂記

同心堂者，維揚卞氏之堂也。蓋卞氏同爨合食五閲代矣，翕和洽比，不替彌惇。有司義而聞之，天子表厥閭。其復名兹堂者，勸有恒也。

民性好生，至於夷蠻戎狄、昆虫草木，盡欲扶持而全安之。乃族屬未遠，親情未盡，而門分户割，罔克胥依以立、胥匡以生，容有坐視顛隮而莫之能援者，恒心幾乎息矣。故同居，所以同心也。乃或乖戾潛滋，恩禮寖薄，貌群而與，心不相爲謀，雖有善者，莫能萃其内涣之勢，亦終必剖裂而已矣。故心同，所以能同居也。

予獨竊異夫先王周防曲制，納民於極，而晝野授田、比閭鄉黨之法，何不導之爲同，顧區別若是？夫愛敬有倫，天之性也；材質有宜，人之道也。親疏相形，厚薄相議，勞逸相望，榮鄙相較，婦言是聽，乾餱以愆，昆弟諸父懽然終其身者寡矣，矧敢知曰更數世、群數十百人，而能輯睦無間然耶？故先王區生分類，以辨異也，閑未變之志，絶携貳之端也。而使出入相保，憂患相恤，有無相通，德藝相勸，以統同也。統同、辨異，是以能理政之善物也。

夫合食，其統同之遺乎？其政廢俗弊，賢者陰翼默移，以義起者乎？夫樂群者情乎？難群者勢乎？情不可已，勢不可逆，善爲之者，蓋有道是矣。故族聚而别之宫，一總統而奠之宗，同財異分以勞均，通力殊業以器使，故勢順而可聯也。體貌隆殺而慈愛一，儀章差等而敬讓一，嘉善容衆，忍忿寡怨，故情洽而可久也。先王所以能以天下爲家，其機如此。

於是，卞子岡請曰：「堂之名也，何以教？何以學？」予慨世同宗相視或如塗人，嘉卞氏高義而幸其能厚終也，原先王之道告之。蓋昔者壽張張氏、九江陳氏、浦江鄭氏嗣世多賢，用能祗成先德，輯寧厥家。卞子群從數輩，皆質美好學，有民胞物與之志，纘緒垂休，其將在此乎？

永寧縣覈田記

度地以制畝，則壤以成賦。貳之以圖，參之以籍，古法也。阡陌既壞，廢圖而任籍。買田者乘人之急，公抑損畝分，籍無所於考，賦則輕重相懸至一倍再倍，避重受輕，則陰損其半。又歸賦從户，展轉推移，不以保爲域，飛詭懸掛緣起，弊滋不勝。故或耕無賦之田，或輸無田之賦，籍顧爲奸，府莫可窮詰。智者思反本捄末，莫良於度田，然或節目疏闊，覆容奸慝，或繳繞苛細，人不得用其情。甚者貨謁公行，故民未覩其利，先受其擾；績未及成，而怨言叢之。乃讙然譁曰：「度田非良法。」則亦不考於事實也已！

嘉靖癸卯，浙梁子某令永寧，既孚和其民，始議度田。是時，諸郡縣往往度田，或不能善於其事，垂成中廢。永寧令始度田也，正其疆域，表其山溪，脩其溝塗，土名互復，標之字號，不得相淆亂。選疆敏堪事者若而人，給器備、簿曆，群分而班之職、立之防，禁避遠關節，定田爲二等：曰高，曰平。凡田，各揭竿懸牌，書其字號、丘畝、主名，而虚其左。職丈布尺，職數命算，會其積實，職書者書之左，又書於曆，如牌刻期納。曆官櫝藏之，録其副。没其主名，覆覈磨勘用副參伍相稽，人不得爲私。置經緯册，經册界田爲圖，丘畝鱗次，系以主名；緯册摘主名爲户，括田歸之，田兼他保者，析户以就田。考縣之故田一百九十二頃有奇，夏税百二十石有奇，秋糧萬一千六百石有奇。乃以高田載夏税，平田載秋糧，糧分官民二則，盡削除繁細一十八則，計畝均敷，裁取適足，不溢其故。乃豁虚負，平户徭，躬自簡節，布其勞來安定之政。彌數月，而流亡復業者五百餘户。未已，縣舊户凡五千二百餘。蓋昔之亡、今之復，不啻十一矣。旁近縣咸讙譁相傳永寧度田有法。

予以爲法非足盡賴也。作室底法，千家一揆。梓匠經營異巧，斤鋸斧鑿異利，執技承指使異材，則美惡堅窳或相千百而無算。雖有良法，不能自行尚矣。非志存溥濟，視民恫瘝若集於厥躬，而精神、智慮流衍於數度、禁令之外，足以鼓衆志而黜群邪，惡足與用法哉？

梁子將報政，邑秀士、耆民群謁予南明之舘，出巨帙，紀二十四事，曰：「邑大夫梁使君理行也。使君飭躬奉法，約己裕人，祛民殘蠹，致其所利。度田之役，悦近而來遠，百世賴者也。今行矣，願記顛末，刻之石，以彰往垂後，增脩弗壞。」

予教國子時，梁子齒胄在列，相與講尚志之學，明興化致理之本。乃今以愛人之政，感易使之民，其可謂無負也已！予是以樂道其成，且以詔來者，知古法所以行，而無以徒法爲足賴也。

羊角水堡記

江右列郡十三，贛州邊東南，當其上游，外控汀、漳、潮、惠、閩、廣之裔，壤地參錯，盤山藪盜時出没剽刼。而安遠、會昌間，則羊角水爲之咽喉。盜踰羊角水以西，則襲長沙，營掠雩都、信豐、贛諸縣爲擾；以北，則攻會昌城，西犯吉東，侵撫建，諸郡爲擾。故羊角水置堡，屯戍卒，隸會昌守禦千户所，與長沙營守備都指揮部兵相爲聲援，蓋古者遮要害、遠斥堠之義。而堡卒單弱，盜來不能偵，至不能禦，則閉門自保。堡傍居民餘千家，數遭毒虐，守備官棄長沙營，領所部寓會昌城中，而堡益孤懸矣。

嘉靖癸卯，大中丞東厓虞公撫臨兹土，既擒捕諸縣逋寇，乃脩復長沙營，使守備官部兵還居之。次將議羊角水，會居民群聚來訴，願自出力築城爲衛，而官董其成。公移書兵備副使薛君甲，薛君按行，還言：「堡以衛民，而僻枕山隈，與民居相去里所，緩急非益，譬以民委盜，而爲之資糧、舘舍者也。如城居民，移戍卒城中，民倚城爲固，籍卒爲壯，小警自可支。卒有大警，益增兵戍，上之相便擣其巢窟，下之奮武遏其奔突。盜至無所掠，欲深入，又狼顧恐吾議其後，制勝之上也。」報公，公可。聞之撫按，撫按稱善，申勅所司并心一力，敬須公畫。乃使守備官謝勅贛推官林天駿度地計功，未行，而民操畚鍤板榦俟矣。已而木工以尋引斧斤至，石工以椎鑿至，塼埴諸工亦各以其器至。採山伐谷，陶澗之濱，木石瓴甓，自餘諸物，不督咸集。公出米於廪，出金於府，役給之稍，工給之傭，物給之直，諸役競勸，百堵皆作，未踰時而城成。周三千尺，高三十尺有奇，闢門三面，公舘中居，屹然巨鎮。表裏齒唇，盜不敢窺。郡縣吏士申民之情，來屬文紀事始。

予惟事弗豫無備，弗因罔功。豫者先乎幾，因者順乎人。語曰：「虎攫而奔，主人脩門。」言無及也。斯民蓋常傷於虎者，智人覩未形，況灼灼若是乎？雖然，弗專弗察，弗斷弗果，故專者，事之幹也。國家置總憲行臺，控江、湖、閩、廣之交，簡命憲臣，提督四省軍務，所轄八府二州官方民事，無所不得問者。然而奉璽書，行便宜，曰兵機戎政，張弛緩急，四省倚爲安危，其最要者也。此八府二州，各統於其省之撫按官，而撫按官治之，視其他郡縣，常略以爲兵機戎政，璽書有專責焉，使一聽於提督，不可參也。爲提督者，或以其智之所及，無巨細無所不問；爲撫按者，亦以其位之所臨，無詳略無所不問。故智分於泛察，權撓於參尸。

惟東厓公略細而務大，提綱以振目，日惟簡軍實，蒐卒伍，申賞罰，相機宜，摘發奸慝，落其牙距，薙厥由蘖。四履日靖，軍聲大振，猶懼變生所忽，顒顒以求，若將不暇乎其他，故能智無遺慮，炳幾灼情，動罔弗時。撫按諸公，亦惟忠于謀國，不私有己，凡公所畫，或聞而弗議，或議而弗違，若將拱手以仰其成，故能乘時遘會，不牽道舍之謀。嗟夫！慮精於一，荒於泛；功隳於參，戮於需。獨此城也乎哉？是役也，費不甚鉅，而所關至重。保障係乎一方，而其道可施之天下。故予樂誦其成，以爲理國者率是道而由之，庶績可幾而凝，非謂東厓之功爲極乎此也。

繼述堂記

藍田蕭君英誥既成其燕居之堂，顏之曰「繼述」，謂其子曰：「昔吾未有斯堂也，常懼夫搆之之難。今既搆既成，又懼夫保之之不易也。小子念之！」

於是伯子昌舉、仲子昌薦，呼其季昌立曰：「鵠也來。」乃趨進跽曰：「大人安矣！鵬鶚願畢力葺理，以無壞前功。」曰：「非是之謂也。我祖陳留公，丁靖康之難，以身家殉。我上元公，扈蹕南來，尉於兹邑，寔肇有家。如綫之脉，僅僅不隕，浸而瓞綿蔓衍，蕃生厚植，非天篤忠義然歟？然四百年間，積行累義，以培以溉，亦既勤矣。故吾朝夕兢兢於兹，懼弗克恭厥紹以遏佚前光，而况能有兹寧宇？夫孝慈，所以移忠也；友悌，所以崇義也；忍悁抑忿，推財均利，所以敦睦也；孝友慈睦，宜民宜人，所以遺慶也。我先人既休有令緒矣，若作堂，既築之基，曷使勿夷？既樹之垣，曷使勿殘？棟承宇翼，曷使勿摧？小子勗哉！惟時其保之矣。」

三子者跽而受教，退而私相成約：仲氏以季氏出從師友，學經講藝；伯氏入治作業，調度徭賦。各竭其才，恪恭於厥職。門庭之内，規不廢愛，恩不掩義，分嚴情洽，無悖無褻，無惑婦言，以戕天彝。於是，伯以幹聞，生事用裕；仲、季肆力經術，補博士弟子，有司者給徭，復隆恩禮，伯亦與有慶矣。蓋三子者胥匡以濟，家室具宜矣，猶日惴惴於斯堂，若懼其榱拆棟撓、垣圮而基頽者。

仲之子一誠從昌立來學，問曰：「聖人以繼志述事爲孝。先人邈矣，志將焉所程，事將焉所則？」曰：「子欲求其志與事於先人乎？是憶而疑之也。夫夢可有也，志亦可憶而得也；影可執也，事亦可疑而效也。子將繹夢而逐影矣乎？今夫天混混一元，而日月雷電、風雨霜露、寒暑晦明歲以繼歲，不改其度，此豈有憶念而模擬之者？草木之實，桃復爲桃，李復爲李，則有根之者也。投核於地，枝葉花實、色臭香味無變焉，仁在其中矣。子之心有炯然獨知、不學而能者，蓋自其赤子而已然。慈仁之理，天德之靈，根諸性者也，揆之千聖而若一，放諸四海而皆率。君子慎獨以凝志，斯宇太而天全；體仁以建事，斯根心而生色。若是者稽德於前，德則不繆；協義於古，義則不悖。茲其爲繼述之大者乎？」於是，昌立請書爲堂記。

吉水富谿王氏始祖祠記

先王之制，天子至於官師，廟有等祭之世數。視其廟，始祖之祭達乎諸侯，高祖不及於大夫。或曰：「廟以分制，祀以情權。服未斬者情未盡，無貴賤，一也。四代之祀，通乎上下，惟始祖不得通祀。士、庶人，無百世不遷之宗。」乃近世故家大族，蕃衍貴盛，莫不追感所始，弗祠弗報，弗慊其心。又源遠派疏，萃渙合離，莫大乎祠。故儒者之論曰：「聖人之道二，反本以教，孝也；收族以教，睦也。」或曰：「僭乎？」曰：「祠而不廟，牲牷弗具，庶羞時物，薦而不祭。奚其僭？」

吉水富谿王氏始祖祠，臨安太守竹齋先生諱佐，暨其子雅州守諱栢，率族人成之者也。其先蓋右軍五世孫洪守虔州，子敏常因家寧都木瓜園。敏常子、唐御史大夫文廷嘗官吉州，遂家吉水盧兜。盧兜中微，竹軒府君噓枯吹燼，由此顯融暢達，與宋俱隆。元季播遷，竹軒七世孫叔昭翁卜得富谿，以從弟叔仁、叔正徙居之，獨叔恭留盧兜主管祠祀。祠毁於兵，世亦寖微，臨安於是有富谿之祠，祀者蓋六人。

臨安公曰：「祖一而已，何六也？蓋吾宗有三始焉。御史大夫，吉水始也；竹軒，中興始也；三叔，富谿始也。併祠叔恭何？其世微矣，而嘗爲盧兜主，吾忍忘盧兜乎？三叔忍忘盧兜乎？」君子曰：「臨安公可謂仁至義盡也已矣！」

祠成於成化戊戌，今六十年，而臨安之孫浙都司斷事君洙疑其位，以問於某。某曰：「未之前聞也，請億而言之乎？七龕三級，大夫公中龕最高，左右稍卑，竹軒虚左居右，四龕又卑，四叔以序。凡主櫝而藏之，皆南向，蓋古者本廟各專其尊之意。出而祀之堂，大夫公南向自如，竹軒西面，四叔稍降，東西面，若古祫祭之位。今制四代之祀亦如之。」

君曰：「祠祀歲月羨租，存之日溢，移之他費或謂不可，何居乎處之？」某曰：「以爲墓祭。以爲族厲祭，因以合族；以爲鄉厲祭，因以合鄉。又推以食族之貧者，敬其所尊，斯愛其所親，孝之至也。」君曰：「善。」於是，請記其故，以訓示後人，且曰：「洙耄矣，庶幾以成先子之志也。」

樂安招携譚氏祠堂記

譚氏自楚勍肇基，雲蓋引水季子延翰徙招携清里，派遠益分，皆不出招携地。初，隸吉永豐，宋割置樂安縣，隸撫州。而譚之徙也，舊莫知其歲。按楚勍祖全播居虔，佐盧光稠平寇收地，功多累官梁檢校太保，卒漢乾祐末。延翰曾孫景忠，宋紹興間爲劉錡破金兵於揚。參稽年代，引水蓋當周宋之際，清里，其宋之隆乎？逮我明弘治乙丑，諸譚族居蓋五百餘年矣，而招携始有合祀祠焉。

夫蕃衍殷阜如譚，其於爲祠旦暮之間者也。然有待而和，相視莫發，故攝涣舉曠，莫難乎圖始。維時洪俊、洪略既定厥志，謀之洪興、本明而協，咨之益華、魁冠而允。乃與洪範、洪鼐卜舍南之麓，負峻面夷，環岡中衍，溪流襟帶，陰陽咸和。厚本、厚能、厚昌、志槐輩一口贊決，相與厎法，攻位聚金，須材方土，慮役程功均稍，而旭昇、文獻、榮周、彝冠諸人實董作之。秋役冬成，功不踰制。堂曰合族，寢曰棲神，兩序翼翼，繩巷相依，周垣環繞，綽楔外標，顔之曰「譚氏祠」云。享祀有時，昭穆咸在，講德而退，秩禮莫愆，如是者餘三十年，而祠久日敝。嘉靖庚子，魁冠率族之耆正葺而新之。君子謂纘舊易力也，然人情鋭始而浸惰，鋭氣盈，惰氣竭，鼓竭鼓惰，倍難於厥初。譚氏世有人哉！其子弟知慕古學，師事董子兆時，因以謁陳明水爲大書。扁揭，乃謁予記，問棲神、合族之道。

夫神無不在者也，聚之斯聚，火鑑射日而艾爇，方諸向月而津注，各從類也。人積誠凝精，天地將爲昭格，矧分之一體，匪彼我之間者？是故誠之爲貴，心誠斯一而虚，好惡不作，戚疏兩忘。忘戚，故罔比；忘疏，故罔不周。周故兼利，兼利者不自利，故無交害，故其怨寡、其愛惇，是故可與睦族，可與佑神。夫祠之言思也，思誠而神存，則其著之心也固。文之爲記，爲已外矣。

穎江書院記

韶城西北五里所，枕皇岡，臨武水，蓋有穎江書院云。穎江先生符氏，名某字某，江西新喻人也，居穎江之上。攻六藝，學日有所自得，從尊甫活溪公宦四方，明練世務。筮仕判韶，徵典太常，簿丞太僕，復擢爲韶州守。在韶前後六、七年，人安其理，相與立祠尸祝之，謂太守聞得無不可者。於是爲書院，知臯趙君奎、耆民彭世禄輩實董之成。太守從客過問所以建，父老數十人前頓首對言：「山谷老農，遭遇使君興化，誨誘諸生甚厚。老農子弟勝受事已上，願從供洒掃、承色笑，使君不鄙夷，時戾止于兹。」老農言觀其旂、聆思樂之頌，死且不朽。太守心知其意，弗能禁也。趙君使請記，必得使君素所稱説慕望者，而世禄之子陰陽、正術，楷以鄉進士譚子紹松狀，如歐陽氏。

譚子曰：「曩使君判韶，以惇大和易贊守爲理，温雅有緼藉，然武健勝事，嘗提兵深入，殲翁源巨盜。民讙言：『微公，吾屬妻子虜矣。』建驛傳顧役法，省民財歲數巨萬計。會攝守，民日夜望真拜。尋徵入，號泣遮留：『公奈何去我？』比聞部符復來，咸牽携裹糧，迓數百里，絡繹不絶。守固前悉民利病、政務所宜，至是益根極罷行之，以爲吏二千石，不當媮取目前易辦爲稱塞、退託所難。堤城東堧岸，扞湞水之衝，鑿瀧石，韓子所謂險惡舂撞者。殺其湍悍，平之煆，湞陽峽壁通牽挽路，如千里舟行，卒失勢，有所措手。大振文教，闢學宫隘塞，以宣風氣；增築號舍，督課諸生講業；飭風度樓，揚曲江公休烈，時從二三子登陟論説，因以動之，士由此知古學。夫平寇偉矣，諸所功德甚懋，鑿瀧開峽，百世賴者也。教化其深乎！書院置贍田，爲久計，令異時不得奪廢之。韶人拳拳如此。」

歐陽子曰：「予讀前史兩漢《循吏傳》，至蜀郡、桐鄉、九江、南陽，咸奉祠其守長，而嘆夫鋸項權鋮、朴擊賣請之倫，亦奚取爲此也？彼其性豈樂乎慘覈，與人殊？以爲威不立，令不行，奸不得懲，事不得集，不勝任矣。夫循吏非不務集事懲奸，然思民所患苦，不忍輕刻轢之。民揣知上意，往往急私事，婧慢公期，故常受嚴譴，殿課下與，而上不與名，位不驟起。吏守道不固，轉相戒爲操切矣，矧吏治日峻，課功程能以辨給相高？爲循吏於今之世者，不亦難乎？然所在民戴，所去民思。詩云：『豈弟君子，民之父母。』言不仁不可以子民也。孔子曰：『斯民也，三代之所以直道而行。』言毁譽終不失也。由韶人觀之，豈不諒哉！士大夫明先王之道，學周孔之業，適於兹堂，無忘誦説斯言，庶幾懔懔不疚厥心矣。」

朝宗堂記

梁氏居白沙爲舊族。中軒翁資厲，梁之彦也，率其族人爲蒸嘗之祠，既而曰：「祖考之洋洋也，而焉忍遠諸？吾不能以三日不至祠下，而心猶若有缺焉者。吾將面祠爲亭，曰朝宗之亭。吾將遊於斯，息於斯，依祖考於斯，庶以慰吾私。」亭未搆，而翁疾革，將屬纊，猶語其子必成吾志。君子曰：「梁翁不忘其祖矣！」其子方泰、方旦既免喪，將建祠祀翁，曰：「父命之謂何？志不可違，祖不可遠。然而亭不可以祀。」乃面祠爲朝宗之堂。或曰：「震兑之向背，地勢得無逆乎？」曰：「地道無常順。吾父以面祖爲順，吾以不逆吾父爲順。」嘉靖庚子冬十月，堂成，龕藏二主，磨石請記，并集諸名公文，凡爲翁作者，碑之龕之下。君子曰：「梁子可謂不背其親矣！」姻家周君汝思，翁甥也，間問予：「不忘祖，順乎？」曰：「誠立，斯順達矣。」「不背親，仁乎？」曰：「誠立，斯仁行矣。」「誠可得聞歟？」曰：「誠者，成也。赤子之於祖也，嬉嬉愉婉，莫知其他也；其於其親也，依依慕戀，莫知其他也。故曰：誠諸心，不可解者也。」

周君曰：「誠矣，又何加焉？」蓋梁氏嘗聞孔子過庭之訓矣，是以有詩禮之堂；聞爲政之論矣，是以有孝友之堂。夫詩禮之漸，孝友之習，則遠矣，於立誠也幾乎？抑梁子之名堂也，豈以爲文，亦其曰日警於厥中？以先生之辱也，益之嘉訓，庶有聞于警。」南野子曰：「詩禮之漸，孝友之習，以言乎訓則備矣。夫誠，不學而能，無爲而成。孩提知愛，既長知敬，誠者也。弟子入孝出弟，餘力學文，誠之者也。是故知弟子之學文者，可與言詩禮矣；知孩提之孝友者，可與言誠矣。夫誠，其至矣，益之則僞。故曰：『不失其赤子之心。』言不可復益者也。爲我語二子者，存是心，無愧是堂。」

慶徵堂記

慶徵堂，封御史寒泉張翁所搆。其名慶徵，言善積慶餘，於是乎有徵者也。自封君父、祖以上數世，秘其才，不試，而皆强力爲善。飭諸躬，罔敢歉於其心；措諸事，罔敢厲於其鄉之人。鄉之人愛且敬之，至推以與高官膴仕者比德較功焉，蓋其積非一朝夕之故矣。

封君有子丈夫五人。伯雨舉進士，令清豐，爲良牧，徵入諫院，爲名御史，貤封翁以其官，方蔚有休嘉，名位未艾。而衆子皆明經纘文，業進士、名庠校，人之期之，謂將繼伯子而起，以顯聞於時，致此非難者。於是咸擬封君陳大丘、竇燕山之倫，且幸其積久而始發也。是歲，封君届六袠，而堂搆新成，御史適啣命南歸，得率諸昆弟稱觴於堂。姻友胥會，相與陳義而名之，遂以揭諸楣。

人或謂予：「封君得無嫌於美辭自名乎？」予惟名之義有二：謂餘慶自昔而徵之於今，往辭也，義主於頌；謂慶積自今而垂餘於後，來辭也，義主於禱。故居往善而有之者，自畫者也；勸來善而相之者，自脩者也。奚其嫌？抑人之志各有所趨，衆庶於福利，明哲於仁義，罔不惟日孜孜以求得爲悦，造端異，而究極遠矣。夫志於福利，以仁義致之，得福斯信，不得斯惑，徵諸天者也；志於仁義，而福利隨之，福得自信，不得自信，徵諸己者也。夫志未有惑而不怠、自信而不勤者，辨之早辨可矣。兹固封翁欲以訓示後人於無窮者乎？

御史嘗學於予，吾兒得締姻好，相爲休戚，視鄉黨尤篤也。推頌禱之情，申勸相之意，記堂之所以名，且告之曰：「善以漸進，慶以恒積，故慈孝相安，友恭相好，兄弟、父子相薰，而後能溥之四海，流於奕世。《易》曰：『子克家。』長子之道也。《詩》有之：『伯氏吹壎，仲氏吹篪。』倡和之謂也。人且於此乎徵之矣。」

江隱記

往歲，先大夫與舅氏談江村林壑勝事，甚歡也。吾母宜人爲停茗碗，側聽動色，津津然。先大夫少壯學四方，暮年與吾母從寓宦邸，倦遊矣，是故羨生於不足。舅氏則優斯游斯，久而安焉，有味乎其言之也。

舅氏家萬安九都，瀕於贛江，先大夫因號爲江隱，而里族中稱耆年諳練。五六十年間風俗隆污，彝倫敘斁，操脩臧否，究竟成敗興替，若官府政令便不便，關生民休戚，能歷歷如指諸掌者，必曰蕭江隱公，有大事咨公以行。諸族姓競相長雄，訐擊糾紛，必求質正排解，得指畫鐫諭，帖帖。或剛愎不聽受，即後有大悔，竟亦服公先識焉。今天子詔優老，里族以公應，先大夫令某具紗帽束帶，敬上爲壽，由此縣令、丞、簿、尉咸往往知公矣。乃縉紳大夫行過九都，都内富勢人一無所問，獨先問江隱壽官公，禮於其廬焉。

夫古之隱者，其道德足以經邦弘化，而遵時晦養，斯重於天下。其次行義足以惇俗軌物，而量分止足，斯重於國。至其重於一黨一里，亦必其才諝能有所濟，素隱不可以竊名久矣。故吾觀於舅氏，而知先大夫非阿私苟與者也。

公既顏「江隱」於堂，命某記。吾母同産五人，今獨公高年清徤。歲時來視吾母，歷談往事，使人增慨。方將抱冥卧，詠《鴇羽》，歌《伐檀》，入奉菽水，出從公杖屨於江村林壑間，以追先大夫夙尚，來者或可幾乎？爰記公所以成名，以見某之欲似舅而未能者如此。

南寧府新建興隆市記

南寧，嶺海之會，號南方壯郡。宋儂志高稱亂，據邕州，即其地也，時王師塹其城圍之。其後民往往取土塹中，日穿月浚，下及清泉，遂成大壑，而正當郡後。議者謂斷絶地脉，不利其人，然莫有啚之者。由宋以來，積五百餘歲矣。

今上二十七年，脩齋王君爲是郡。郡人相與語曰：「是前守潯州，惠政在民，民至今思之者也。吾郡之民，尚亦有利哉？」君至，章條教，脩廢墜，苟可以利民，專心一力，惟懼弗及，蓋朞年而庶政有序。民頌四起，則又相與語曰：「吾郡自有守以來，子惠我民如今侯者，蓋鮮矣。惟是城北之塹，地脉斬伐，沖氣散越，歷世以來則有昏札，人才弗興。以侯之仁，惟弗言，言之，其有弗戚且啚之者？」乃群趨跽訴庭下。君喟然曰：「太守承明命爲民牧，惟是夷害聚利，曷敢弗勉？然大役也，勞若力，費若財，若等誠無憚，吾其具畚鍤以倡，聽若自爲。」民乃懽呼，日集數千人，延壤延石，争先恐後，逾月而成巨堤。因令民列肆其上，表以二坊，而識之曰「興隆之市」。於是民遠近偕來，扶老携幼，嬉遊縱觀，咸仰而嘆曰：「美哉，市蕩蕩乎！今日之夷行，而寧復前日之荒厓斷岸也？累世之議，成諸一旦，幸而鍾和孕秀，如堪輿家言，則吾子孫孫子將世世賴之，侯之大德曷其可忘？」爰走數千里來京師，請記於予。

予惟士君子有志當時，欲興利除害，建事立業，然往往以財力勞費，謗尤之招，則憚焉而中輟。有懲其不果者，無復牽顧，冒而爲之，而民果睊睊焉。其既則怨讟群作，鮮不及者，此無他，彼其所建立，誠勞力費財，非必民所甚利。或民利矣，乃時詘舉贏，不勝其興事之心，務功出於己，用自矜高，必强民以速成，民未受其利而先見其害。即一時屈勢從令，不敢作慝，其於宜民之道何如？況民情又有必非勢所能抑者。故曰：順民者可與善政，因時者可與緒功。

南寧，古百粤之區，於今爲遠徼。其民朴野少文，若難與興事；地理之福，又茫昧未可期。今君率難使之民，建難成之役，以興遠未可覩見之利，而民乃不督而自集、不省而自勸，豈所謂因時乘勢，與民宜之，而非咈民從己者耶？蓋民惟恐君之不爲倡，而況有不和者乎？是故興隆之役，君子可以觀天下矣。

君名貞吉，字如悔，與予同舉于鄉。居常呐呐，言若不出口，而仕宦所至，皆能得民心、成美政。予又以知喋喋利口，果不足賢，而剛毅木訥者，果足以任天下之重也。

都察院提牢廳題名記

都察院月委御史一人，提調牢獄之事，間以首領諸官攝焉，其署曰提牢廳。御史始選入院，必提牢一月而代，而未有不涖事於兹廳者。院之獄，分理於十三道，而繫囚出入，皆兹廳涖主之。凡扃鑰啓閉，鈴柝警巡，桎梏徽纆，食飲藥餌，下至溷圊滌除繁猥諸務，無所不問。所理若細事，而操舍之間，失道得道，所係至重，有不可易視者。

蓋聖人縶民於獄也，以苦其形而動其心，庶幾小懲大誡，遠罪遷善，不敢以小惡爲無傷而弗去。雖其刑入於死者，苟悔過而畢命，猶愈怙終以就戮，蓋皆未嘗欲賊之也。故大辟雖當論決，猶反覆疑讞，求得可生之道，以幸無死，而況忍使至於無聊而速斃焉？然則制獄之意，其不可知矣乎？而提牢者寬過則縱，而無所懲；嚴過則虐，而有所不堪。怠以疏，則弊滋釁啓，不免意外之患；矯而密，則瑣瑣爾矣。惟子惠庶民者，其於罪囚，若其子弟之癲癇狂迷，赴湯蹈火而懵於所爲也，其拘攣、束縛之，使知悔改，若加之鈚艾，投之瞑眩之藥，欲其恍然以悟，泠然以醒，而與之並育也。是以寬而有制，嚴而不害，適操縱疏密之宜，而卒以無他。是謂生物之心，宜民之政，其道將優於天下，而況牢獄之事乎？

廳故有木版列前人氏名，創自弘治間御史趙子秉倫。厥後增置，續附懸版，浸多所列。自成化癸卯七月，御史李子經而下若干人，一以歲月先後爲序，攝蒞者附註其官以別之，然其間或多闕謬。至是，御史劉子嵛始蒐補考正，易以石碑。於是數十年來諫院諸賢，凡其立節朝著，振風畿甸，貞度方岳，肅政邊圉，以至陟藩臬、晉臺省，樹偉績而垂休聞者，其氏名兹皆可考見焉。

才以年練，德與歲成，功以時崇，名以漸達，而規摹所就，政體失得，則往往於初試既足占之。故小者，大之基也；遠者，近之推也。謂遠大是圖而近小不足務，非知本者也，可不慎哉！

共成斯舉者，御史朱子有孚、宿子應參、姚子一元、陶子欽臯。蓋章往詔來，論世尚友，將於兹乎在。謂陶子嘗學於予也，相率請文，紀碑之所始。

兵科題名記

六科各有題名之石，不得樹之禁署，則於其待漏之廬樹焉，而兵科獨久缺也，都給事中胡君叔廉始謀於同官諸君子成之。爰稽往牒，得遷都以來都給事中倪君峻而下若干人，左、右給事中欒君惲、黄君仕儁而下若干人，給事中覃君浩而下若干人，區別其官，序次以年，而各虚其後以待來者。蓋所題者，名也，而監戒亦既大備。自今觀之，有舉其名而咸願爲之執鞭者，有因名起問而感憤思齊者，有國人莫知，問之其鄉人而後知者，有鄉人亦莫之知，或有所諱言，故諉於不知者。其取舍相懸，低昂不啻銖兩之間如此。

蓋自國初置源士八十一人，日給事禁中，以爲庶政臧否，此其源也，其責望甚重。尋改給事中，分爲六科，以六部之名名之。又增置都、左、右焉，非若部有分職。而凡敷奏，命下，科受之，以達於部，亦各有司存。故六科與六部實相表裏，而糾繆繩違，獻可替否，公卿或杜門而待罪，天子或動容而改命，其稱責塞望甚艱。況兵政有繫國安危於呼吸之頃者，其重且艱，不尤有甚焉者乎？

吾聞君子通天下爲一身，故愛君如親，慮國如家，言必可行，行必可達。其次則志於策勳垂聞，各因其質之所近、力之所及，而温厚明辨，强毅激直，各有所濟。其下則脩仁義之似，以濟其富貴之欲，無足算者。是故正其志而後能篤其實，盡其道而後能成其名。凡登名斯石，其逝者已矣，由後以觀者，誠思夫設官之重如此，當其時所以動於天子、公卿如此。苟身世未遠，鄉人莫知，或知之而自諉於不知，則雖至懦之性，將有因之而赧然思奮者，兹固樹石題名意也。

與胡君同事者，左給事中吕君時中、右給事中俞君鸞、給事中杜君汝禎、劉君體乾、張君廷槐、文君方、楊君允繩，皆一時之選，而顒然有遠志焉。嗟乎！使後世舉其名，願爲執鞭而不可得者，彼獨何人？當仁者將誰讓乎？

山東道御史題名記

山東道公署有監察御史題名之石，書其姓名，若歲時邑里科第以章往詔來者也。御史分十三道，員有多寡，而山東道定員惟十。自永樂徙都，百四十年，遷改選補，去來久暫，前後無慮數百人。姚子一元、曾子佩、沈子寵蒐閱故牘，得弘治壬戌以後，弓君元而下百有四人。辛酉以前，歲遠牘殘，無稽焉。乃皆喟曰：「夫近者不日遠，完者不日殘乎？夫百有四人，性行各殊。其賢者直而能恕、寬而不弛、才高而畏、行飭而弘，往往德立而功成。反是，而褊心自賢、恃才多恣、沓沓爲寬、揭揭爲直、躬之不飭而求人已嚴，其究也，損德敗官隨之。前事失得，後事之鑒，而名之莫稽，實將焉考？勸戒於何昭焉？」爰礱石刻之，相率請記。

夫諸君固將慎擇樂取，若孔子所謂三人我師者歟？甚盛心也！道莫貴於擇，得所從而脩之有本，操之有要。凡兹百有四人，損敗者無論矣，予耳目所逮二三賢者，蓋有逮繫請室，積月累歲，濱殞絶而不悔；有斥罷廢窮，而砥行以儀其鄉；有按行所部，捍禦大患，勤其事而野死。朝有贈恤，民有尸祝，皆臺端所敬慕，以爲必如是，而後可與效忠守義、可與致主安民者也。亦有早負奇氣，三進三黜，而文章節概顯於天下，及登崇臺省，浸怠浸渝，而壯志、晚節殆若二人。非諸君所共歎惜，謂宜勸其壯志、戒其晚節者乎？

然予以爲取人者以身，慎終者於始。夫知識意氣之用，矜持激作之行，非若精神、心術存養擴充者得深而居之安。故始志貴自擇，而擇人次之。孔氏之學，好仁以爲志，其於善利、誠僞之間，致精不二。其擇善而從，擇不善而改，莫非精一輔仁之實，而非徒有待於外。斯有終之道也已！數君子者，由乎其道，省心不疚而主善無常，則斯石也，誠顧諟天明之助，其於進脩，不凜凜乎户牖之銘哉？嗣而來者，亦將有感於斯夫！

禮部儀制司題名記

儀制爲禮部首司，郎中、員外郎各一人，主事二人，掌貳尚書、侍郎，舉其儀制，辨其名數者也。夫自朝廷以至閭閻，達乎蠻貊，名以分殊，事與時異。儀節有經，物采有章，辭令有式，書文有體。宗子爵封予奪隆殺之度，學校貢舉程藝論才之紀，以至優老恤煢之恩，旌善達隱之規，官方民僞之察，腐身熏子之禁，所以明等威，别嫌疑，遂良禁姦，悦邇柔遠，篤親養賢，其所係至重、所務至繁也。故必明達端潔、精敏恭慎之士，循儀式，脩章程，執典要，以不失乎其守，而後能善於厥官。

然猶未也。儀章以定志而淑俗，宗法以樹屏而固本，學以育才，才以幹國，禮之實也。實之弗至，則雖文備法行，君子有餘慮焉。嘗昧昧而思之，應文者苟具歟？承式而循之者偷竊歟？議法闊略，創始而未覩其終，沿故而未究其變歟？若此者，蓋亦有之，然非獨此其咎也。教弛道微，學不率德，故檢制周而仁義漸磨之意薄，積習風成，莫知所救。然則雖有明達之才，出之以端潔，行之以精慎，儀式、章程執而不失，猶未必盡慊於志，矧疏怠曲狥、私窒賄成，則又何賴焉？

頃予佐部時，官儀制者張仲玉子瑫、唐景文穆、章懋實焕、鄭元侍廷鵠。未幾，章調稽勳，鄭改給事中，唐以憂去，代之者王道元惟中、尤汝白瑛、劉原静斯潔。數子皆海内俊茂，其資性明達，各有所至，其於端潔精慎，則日孜孜焉已。故事，凡有奏議，尚書謀之侍郎，以授于郎中。郎中受而咨于其僚，乃屬草以待脩潤。予每讀之，輒嘆其揆義酌情、正名辨物，能發予之所欲言。至於所謂有餘慮者，未嘗不相與内歉于心，日思其救之之術而未能也。君子之於天下，審己度勢，未易直遂，則畜其志以有待，惟所得自盡者，無問巨細，罔敢不至焉，斯亦可矣。

司永樂以來郎中、員外郎、主事各若干人，仲玉始集其氏名邑里、歷任年歲，區别其官，次第而刻之石。其間致位通顯，爲時名臣，必所謂明達端潔、精敏恭慎，可以爲後人法鑑者也。來請予記。予惟仲玉于其職所得盡，雖細弗遺，此足徵之矣。爲紀事始，且以見百司庶務舊所未備者，皆有待乎後之人，非獨題名然也。

江西清軍察院題名記

軍脱伍，而後清理之法立，國初未有特設官也。宣德間，始遣給事中偕御史分行按覈，法制寖詳。正統庚申，御史始專奉璽書行事，權任自是彌重矣。江西稱大藩，地廣民衆，故按覈兹土者必推擇以來，以爲非其人或用法無狀，則廋奸播毒，視他藩有甚焉者矣。

人情規避從軍，如逃寇敵，交關胥史，譎詐百出。緩之，則詭秘之跡寖微寖滅，簿書緣絶，莫可究詰；急之，則怵威者妄承而挾怨，招賂者乘人所苦，誣無爲有，縱行橫逞。倚法以削弊，所從久矣。是故董於上者寬而有制，承於下者詳而有要，而後能善於其道。然而未易言也。

夫上提綱以待其下，下吏或昧政體，計分數盈歉，幾免譴讓，甚或妄忖上官，以爲被命事，事意不能不有所重，故傳致疑似求當其意。既上官欲加擬議，而無間可得，則奚從而用其寬也？

嘉靖辛亥，御史聯泉孫君來按江藩。時邊圉孔棘，軍旅凋耗，清理之令正嚴，吏民日岌岌。而聯泉視以常度，錯綜參伍有法，幸免濫及有禁。其語人曰：「一人幸，夫人徼幸，徼幸滋奸。然而失一軍，得一民，猶可言也。懲之過而網寖密，必苛且濫，邊未必實而内地已虚，荷戈執戟未必得其用，而耒耜棄、牛犢賣，本實先撥矣。」于時，下吏顒然無敢以刻覈爲能者。蓋觀感有出於聲色之外，而非徒令之從也。聯泉既建請所宜罷行，咸著令甲，又將考舊政，擇取其善，而姓名莫之知也。搜諸故牘，得弘治辛亥以來魏君英而下十有六人。蓋公署建於是歲，案牘之架閣始此，過此以往，則漫無可考矣。爰樹石題名，第十有六人者於右，而虚左以俟。來徵予記。

予惟憂愆忘者存乎監，昭監戒者存乎實，稽事實者存乎名。名之題，蓋以簿書，則疑於細事。事固不可以細遺，乃論世必因之，而尚友者取焉，果細故也與哉？其容可緩也？聯泉器度才識，以予所見，誠足以任重而致遠者。其爲政緩急有序、纖細不遺類此，嗣而列名斯石者可以監矣！

嘉義莊記

溧陽城西北半舍許，有窪池曰沙漲湌，玉陽山人史君恭甫嘉義莊建焉。湌瀦水備旱潦，而泥沙淤瀊久。嘉靖癸卯大水，甲辰、乙巳荐旱，歲則大侵。史君三捐賑粟，前後七千五百斛，粟盡而牟麥未秀，日至之時，遠待哺者日嗷嗷也。爰相湌東南隅，曰：「鑿於是，築於是，堤而圩之，可池、可田、可樹、可屋也。古有以大役救荒者，今不足爲歟？」乃召餓人，日給銀米薪蒭，令以米之半易菽麥，和野蔬煮之，一夫可食三人。爲之芟舍，携孥爨且息，畫地分工，併力皆作，八閱月而功成。

中爲內堤，堤外爲外池，池外爲外堤。堤、池各四周，名各從其方。內堤之內築基十有五畝，中搆書院，門堂燕室，左右義倉，實實枚枚。基三面臨池，北屬於堤，池廣十二尋有半，深四尺，曰內池。周池田百二十畝，堤爲之域，曰中圩。內、外北堤之中有中堤，其南爲中池，北則北池也。北池廣倍內池，中堤如之。五分損二以爲諸堤之廣，倍堤廣以爲諸池之廣。堤高七尺，如池之深，高深相臨尋有六尺。其長，外堤倍內堤，內堤東西千尺，南北加三百，惟中堤則千有八百尺，兩端不屬池水，四周宛若洲坻。池畜魚，種菱、芡、蒲、菰，堤種豆，若諸果、竹樹，而外堤周遭芙蓉樊焉。其外東圩田百七十畝，南圩百一十畝，緣堤罄折，名以其方。最外四周鑿溝，廣三十尺，護以小堤，植柳固之，暴漲壯濤不能爲患。橋於南池直巽之隅，建坊當橋，闢門塗以屬南圩之畛，出入往來於是焉通。合堤池魚果諸物易稻，并圩田所獲，歲以七之二輸賦，其五入義倉。池水清而散之，溉田四千餘畝。役始於乙巳八月三日，訖功丙午四月初旬，會牟麥有秋，民乃康食。

鄉人謀曰：「乙未之菑，史君發八千斛食我，合今蓋萬五千斛有奇，德甚厚。茲倉歲儲穀斛千，賦入預備倉者又四百，積十年且萬數千，歉歲可活若干人。池水所溉，中人五十畝之夫，恃以無菑者若干家，利甚博且遠。名坊必有所標表以致吾情。」史君不可，曰：「先大夫之遺，際何有焉？」鄉人又曰：「甲申之賑，大夫捐米事聞，天子褒之曰『行義可嘉』。名必取於是，以章天寵，以無忘大夫之德，以昭史君善述。」乃顏其坊曰「嘉義」，而書院若倉若橋，亦以名焉。君又割腴田三百畝，以待書院之來學者。於是大江以南咸嘖嘖曰：「仁哉，史君！濟人不有其功，成善不居其名，種德累行以顯其親。昔蘇文忠守杭，請募開西湖，因以賑荒；范文正捐禄賜買義田，以濟群族之人。百世之下，聞其風者，莫不興仁惇義。由史君觀之，孰謂古今人不相及哉？」

君以才進士，爲吏部郎，改擢宫寮。其所素藴，有待而行，乃垂翼屯膏，爲可憾者。雖然，創之斯或繼之，失之亦或收之，抑君子志學致道，其所務蓋有大焉，而不以窮達爲增損，茲非君所以自待者耶？緒餘土苴，宜未足爲君道之，聊記其成，使後人無隳焉。

蘇山吴氏重脩祠堂記

吴氏居貴溪蘇山，自唐末至今，餘六百年矣。舊有祠堂，莫知創建之始，元季毁於兵燹。國朝天順戊寅，僉憲公大本，始倡族人拓舊基脩之，奉安昭穆神主有堂，貯遺書、祭器有庫，治肴核、粢盛有厨，贍事有田。考祭酒陳公敬宗之記，諸所略備矣。

正德己卯，盜起饒、信，所至焚掠。吴氏合族且千室鞠爲灰燼，而祠堂獨存。然歷年既久，木蠹中空，叩之逄逄有聲。風雨暴至，榱折瓦墜，柱欹壁頹，歲歲補葺，幾不可支。又子姓浸繁，隘莫能容。憲副山泉公道南喟曰：「祠不足以妥靈揭虔，如無祠矣。」鋭意復脩，尋卒官，不果。其冢嗣光禄少卿春，乃買地以廣祠基，又捐金百兩爲功費，而族人各量力出貲以繼之。鳩工集材，量事計傭，經始於丁未六月，明年四月告成。後爲堂，前爲拜廳，各五間；東爲庫，西爲厨，各三間。重門周垣，規制大備。其視舊祠，高廣有加，而軒豁堅致，不啻倍蓰過之。其奉主則自某公以降，昭穆具在，沿其舊也。

夫古者祖廟之制，高曾祖禰，各自爲區，而卿、大夫、士，隆殺以官。士不及其曾祖，大夫不及其高祖，數之等也。涑水、晦菴二公變廟爲祠，殆傚古同堂異室爲之，其得祀四代，雖非先王之制，然體悉人情，爲之節文，議禮者猶不謂爲非。及至近代，五宗之主合爲一祠，而親盡不祧者踰十數世，則又非二公止四代之義矣。然君子猶有取焉者，非以是爲中於禮也，貴其能尊祖而合族云耳。夫祖孫幽明異而其神同，宗族形骸隔而其氣通，此體之所以爲一，仁之所以周流無間者。知仁，斯祖宗、族屬通一無二，故上達、下達、旁達，而仁不可勝用矣。祠廟蓋古者萃涣之道，所以帥人於仁。非精一其心者，孰能與於此？

予聞吴氏祠堂始成，有靈芝生於棟宇。傳稱芝草爲延耆、敬老、仁慈之應，王者之休祥也。光禄君帥族以仁，仁慈薰蒸，醖爲太和，必將達其道于天下以佐王，而瑞世氣機之動，草木既先得之矣。於是，光禄來徵予記，且讓之族人，曰：「二三父兄力也。」族人又讓之山泉公，曰：「公存而有志，殁而有子也。」嗟乎！一家讓，一國興讓；一家仁，一國興仁。吾於吴氏焉有望矣！

重脩通津橋記

通津橋去萬安西北兩舍許，界勾溪、新樂二郵間，跨津東西，虹亘龍卧，以其當兩京道閩廣之衝，名曰通津。津水出蕉源諸山，澗壑合流，逶迤數十里，至是始益大。下流里許，入于贛江。春夏暴漲，舟子乘急爲虐；隆冬揭厲，顰呻胥怨往來。人覩西岸砌石，知舊有橋，莫知所興廢也。咸譁曰宜橋，而功巨費殷，莫或倡者。正德間，有僧勸緣橋之，會盜焚萬安，僧蕩其勸金，不果橋，人由是往往藉口息心焉。

嘉靖丙申，海智僧才興者，中溪劉氏子也，祝髮，斷葷酒，脩因果法，復鋭意圖之。秋七月始事，冬十有二月橋墩成。丁酉夏四月，淫潦至，墩圮。遠近讙傳地不可橋，膠口莫破，而才興募閩工卒成之。閩工曰：「是三墩塞水道，且根底不實，圮固宜。」改作二墩，與東西岸墩而四。當墩之處，刬松株爲橛，椎入地中。攢數十百橛，廣長如墩，截其末平之，加重松筏，鍊鐵爲釘貫之。釘長二十寸，重數十兩者，筏百餘枚。乃壘石，石之縫灌以粳糜，固以鐵錠，墩成若砥，水漬不滲。墩長二十有九尺，減十尺以爲中，廣而鋭其兩端，疏洩水勢。崇視長有加，如廣所減，架木其上，縱横參差，若鵲之巢。鋪板爲梁，横長垂三百尺，覆以亭，與梁竟，輿徒絡繹，如穿樓閣。戊戌冬十月，告成。庚子夏五月，大水懷襄，橋屹不隳，以是知其可永賴也。凡鐵石、木瓦、工貨、薪米之值，以金計，爲兩千三百有奇，蓋才興四方勸發，匡遵民氏先後胥贊，而蕭文敏者，則奔走戴負有勩焉。

南野子講學南明之舘，率二三子往觀橋，勞僧曰：「夫秉志作事，必工致爲上。夫果確無難，不虚哉！

二三其心，若窳之績者，如弗爲而已矣。」僧跽曰：「玆神之德，十方信施之功也。始愚僧聞春濟者争舟胥溺，見婦冬涉而股戰以跲，心若痛焉。此鄉有高丘之神，數著靈異，常勸發橋西陂，而弗及通津。僧與愚徒，私歎於室。異日神降，鄉巫詰私語而屬之橋，僧不敢違，以告里中大姓。大姓胥諾，則因秀士以達于縣學。諸官長首捐之金，乃奉神以行虔、臨、九江諸郡。惟所如金銀、貨貝、薪米諸物，惠施多寡惟人，財小集即散，故行無守藏之慮。工徒商賈直必稱事，給不後期，故貰材材得，人樂勸役，無或稽停，以日有功緒。蓋自始作而圮，圮而復作，贊者無幾何人，而愚僧弗疑弗沮，若或使之，殆千百信施宿植善根，陰感神靈然耶？不然，老衲惡足辦此？」

南野子顧二三子曰：「彼學佛人也，而慈惻濟利，恫瘝乃身。勞而不弛，非以爲己；成而弗居，不以矜人。彼豈有爵禄之慕者？士志于道而心或少異焉，將不愧於聖人之徒與？彼一念作善，如海浮漚，而鬼神不能違，千里之外應之，況其有大焉？夫惡不在大，亦不在小，其應亦如此矣。」二三子惕然而興曰：「乃今知天地、人神通徹無二，獨知誠不可欺。乃今知一體之恫，乃今知殃慶影響，自私自利以戕生敗類者，幸而免也。」

於是才興祠神橋旁，樹四石碑宇下，鐫善施姓名，因二三子請記。楊生忍爲篆額書册，俾刻之。

瑞雲樓記[1]

天以非常之責屬諸人，必有非常之徵兆。其始生也不偶，其成也不易，而其繫于人者，夫豈以存亡久近貳其心哉？古之君子，其德足以寄上帝之命。凡其猷爲所著、利澤所加，人既尸祝之矣，尤懼不足以寓思也，相與考其言行而紀籍之，圖其像貌而儀形之，問其閭里而瞻仰之，望其墳墓而展省之，甚則思其所愛，珍其所遺，心神睠注莫知其然。況其降辰之地，毓靈孕秀，當與霄壤並存，其忍敝棄于衢路、湮滅于荆莽邪？

吾先師陽明先生尊人海日翁微時，僦居莫氏之樓，樓在餘姚武勝門内，龍山之北麓也。夫人鄭妊先生彌十四月，太夫人岑夢五色雲中有神人，緋袍玉帶，鼓吹導前，抱一兒授岑。聞啼聲驚寤，即生先生，是爲成化壬辰九月三十日也。大父竹軒公異之，遂以雲命名。先生五歲不言，道士戒竹軒曰：「天機不可泄。」覺之，遂易先生名。先生之生可謂不偶矣。后第進士，官郎曹，歷試諸艱，百煉益剛。寥寥絶學，天牖其衷，默契古人之旨，一洗後儒之陋。勘亂勤王，再造社稷；召起思田，勤事野死。人知先生之生也異，而不知所以成其生者何如其爲功。人知先生道德名位之成也異，不知所以要其成者何如其爲志。先生之成可謂不易矣。夫天以非常之責寄之先生，而毓靈孕秀于兹樓者如此，鄉人指而名之曰「瑞雲」。

既而海日翁卜築他所，吾友錢洪甫令先君心漁翁復僦莫氏而居之。弘治丙辰，洪甫亦誕生兹樓。及

[1] 此篇原無，相同位置被抽換爲《瑞金縣重脩城隍廟記》一文，今據北大甲本補。

長，見先生講明正學，心切向往，同四方學者師事之。嘉靖丙戌中會試，三年心師喪，壬辰始第進士，而是樓始屬之心漁云。夫先師與洪甫之生也同樓，其授受也同道。先師忤逆瑾后而學日以大成，若洪甫執法正權貴之罪，逮獄二年。所施雖未究，與海内同志精脩先師之業，以待來學之叩，嗣守師門繩矩，是樓靈秀之鍾又如此，鄉人謂之瑞也固宜。

一日寓書進士周賢，宣以示予曰：「先師之生協諸夢兆，誠非偶然，子其誌之，庶幾異日有覩宫牆而興思者乎？」德也，誼不敢辭，敬紀其本始如此。夫非常之責，先師既以報稱于天，復以先師之責期吾洪甫，則後有過斯樓之里而式者，豈獨其鄉之人也哉！

歐陽南野先生文集卷之二十四　別集八

墓誌銘

大司空楊公墓誌銘

嘉靖戊申秋九月二十四日，南京工部尚書四泉楊公卒於位。事聞，詔賜祭葬如制。公平生交遊見山桂文襄公、桂洲夏公，皆先逝。公疾亟，其孤紳尚幼，移書屬之鍾石費文通公。已而，費公亦逝，於是後事無所托。公子婿鄉進士周生録，謂同鄉同宦久，莫予若者，乃以紳謁僉憲桂君棨爲狀，徵銘於予。明年，周生夫婦相繼暴卒，紳使來促銘。嗚呼！予惡得無銘？然豈足以知公之大者？

予始識公京師，癯貌脩幹，衆中獨首出，望之昂然，宜若不能俯即。而與爲禮，傴僂磬折，委袖至地，暴慢者爲之改容。速予賓筵酒饌，必恭承以進，諸客固辭乃已，猶跼蹐在位，惴惴若相唐突者。報之稱不稱，略無所計。其後每見公，率如是以爲常。他人勉學之，卒莫能及也。以故於人寡怨，人亦鮮怨之者。當途或以其交遊，故有所移怒，尋亦自悔。蓋自卑尊人、躬厚責薄之所致云。

公諱麒，字仁甫，號四泉，姓楊氏，世廣信上饒人，由曾祖以上多弗耀。祖諱某，父藍山丞，諱某，皆以公貴，贈嘉議大夫、工部左侍郎。祖母某氏，母徐氏，前母王氏，娶徐氏，繼娶毛氏，贈封皆淑人。

初，藍山公禱嗣於衡岳，感異夢，若有送麒麟者，已而公兄弟生，遂以命名。公生而穎異，始能言，授之書，應聲成誦，八九歲能暗誦五經。稍長，兢兢自愛，步趨率有繩尺。静夜閲書盈帙，每誦諸葛公「澹泊寧静」語，愓然自勵，而性亦近之。正德丁卯，舉於鄉。今上登極，始舉進士，授知長樂縣。丁徐淑人憂，復除濬縣。前後皆以廉惠稱，而覈田牧馬，貴强不得敗制，濬民尤賴之。流移還復而麰麥有秋，民歸諸德政之應焉。召拜吏部主事，陞員外郎，尋補外爲福建按察僉事，飭建寧兵備。時宰有欲庇其親故者，書考無所假借，人服其不撓。晋南京通政參議、應天府丞、南京光禄寺卿，調光禄寺，晋貳工部。太廟營建，上嘗召公卿董者面對，目公爲工部長侍郎。事竣，賜白金、綵幣，俸級、章服視尚書。居久之，有扶鸞降神、請脩良鄉河橋者，并署督脩官姓名以聞，上皆許之。既頒勅，復追改，特以命公，蓋於是意有所注矣。公之才，始試於縣令，繼試於憲僉，他所歷官，皆事任不專，未有以自見。至是，日接中貴及工商雜役，應酧冗瑣，而能以温恭長厚、不苛不激爲衆所與，故計料多損削，督辦尤嚴，而人無敢怨怒。費省而功倍，上嘉悦賞賚有加。明年，真拜於南，人以爲且將大用，而公遽不可作，咸惜其未究厥施云。

公於二姊及其弟麟友愛篤至，甥男女婚嫁如己子。爲麟輸貲補官，以慰太淑人之意。麟卒官漳州府同知，又撫其孤純以長。今與紳相依爲命者，純也。公長子某，徐淑人出，早殤。紳，毛淑人出，蔭補國子生。論者謂藍山有惠政，而公繼以謙德。世載仁厚，有待而發，其將在兹乎？

公墓在某處負某面某之原。葬之日，卜以某年某月某日，銘曰：

於四泉公，自牧以卑。卑而愈高，高而不危。始宰劇邑，僚吏師師。入官郎署，出僉臬司。惟敬惟慎，政用無疵。晉參銀臺，少尹京畿。大官是長，司空是毗。與與翼翼，南北具宜。癯貌脩幹，有恪其儀。重瞳垂盼，大事爾咨。帝營宗廟，列聖隆禧。帝梁洪河，九達之逵。帝曰：「欽哉！汝往汝揆。」公拜稽首，夙夜夔夔。量事計庸，靡激靡隨。藪奸窟蠹，咸息其機。事省功倍，帝賚孔時。擢卿留省，隆眷自兹。寢疾弗悟，天不慭遺。卹典優渥，既亟不遲。世德未食，公有佳兒。寖昌寖明，視此銘詩。

少司馬中川王公墓誌銘

嘉靖辛丑，少司馬中川王公自南都入賀萬壽。還，道病，就醫於鄉。冬十一月五日，卒於儀封之里第。事聞，詔守臣諭祭，遣官營葬。公釋褐，即官禁近，荐被恩寵，前後頒賜白金，文綺，御製記頌、箴銘、詩歌，及《明倫大典》《大學衍義》諸書，往往視九列。至是，卹典優渥而遣官尤異數云。

公諱教，字庸之，别號中川，其先良鄉人。元季兵燹，上世譜亡。曾大父士賢有隱德。大父斌，由鄉舉選授鴻臚寺序班，終光禄署丞。正統己巳避兵河南，占籍開封之祥符，尋徙家儀封。父鶴，質直好義，以公貴，贈文林郎、翰林院編脩，加贈奉直大夫、左春坊左諭德兼翰林院侍讀。妣孟氏，贈孺人，加贈宜人。

公幼穎敏，日誦數千言。年十三，補邑庠弟子，博極群書，文詞落筆立就。嘗過湯陰，作賦吊岳武穆王，書之祠壁。安陽崔文敏公銑，見而奇之，名由此日起，與伯兄天敘稱中州二鳳。然數屈於有司，正德丙子始領鄉薦，時年未四十，而人顧以爲晚成。蓋聲望蚤發，遲之爲已久矣。嘉靖癸未，中會試，廷對賜進士第二人及第，授翰林院編脩。公在翰林，爲時輩推重。自丙戌後，同考會試者三，所得多知名士。冊封周藩諸郡王，充副使，峻卻餽遺，諸王大加敬禮。丁亥，充經筵展書官，尋教内書堂。諸内豎望之顒然，無敢弗率者。己丑，重脩《大明會典》，充纂脩官。庚寅，應詔上郊祀議，無所狥己。復條陳十二事，皆切時政。辛卯冬，九載考績，遷侍讀。壬辰，攝司經局。癸巳，充經筵講官。公久在講筵，雍容凝重，進退有儀，班行屬目。及進講至存養省察之方、君子小人消長之機，反復陳説，必盡其誠，上爲之注聽。甲午，遷左春坊左諭德兼侍讀，掌南京翰林院事。丁酉，遷國子祭酒，申學規以一衆志，撰箴銘以示向方，議薛文清公當文廟從祀，以昌篤行。己亥，冊立皇太子，慎簡官僚，兼左春坊左諭德。庚子，遷南京兵部右侍郎。會南京户部尚書缺，公攝部事。六月，議以鹽引羨金代辦漕舟料價，蓋衛卒餘丁累年重困，奏行集議，持久不決，至公始議疏爲令，疲瘵用甦。公志存經濟，而詞林無職事，第於章疏中時見端緒。及講筵國學，稍攄所藴以措諸用，雖未離文墨議論，而功用殆有出於脩政立事之外者。晉貳省部，名位彌崇，人方企其大行，而公溘焉逝矣。公生成化己亥春二月二十四日，享年蓋六十有三。

公爲文，春容贍蔚，出入選粹，然每率意成篇，志不求工。其應制若《恭和敬一亭詩》《恭撰宴兩宫皇太后致語》《中宫女訓》《雩壇樂章》及瑞雪、靈鵲諸賦頌，咸典麗清婉，渢渢乎盛世之音，而未嘗自以爲至也。嘗致撫臺書，請改大道宫爲羲禹廟、大梁書院爲見聖書院、吹臺爲來賢書院。事未及行，而人亦未喻其指。公既卒，諸孤集遺文，僅存者若干篇，所致書在焉。大意以圖書闡天地之秘，卦疇發神聖之精，木鐸起儀封之敬，靈臺牖梁惠之衷，皆在此邦，而源遠流分，天德王道之教息，詞章功利之習熾，宜有標表以樹風聲。於是，士大夫竊窺公識慮宏遠，思見其所以繼之者而不可得，未嘗不喟然三嘆焉。

公元配扈氏，封孺人，加封宜人。子男四：在，娶省元李東熙長女；任，娶典膳侯來貢長女；仕，早卒；仟，娶國子學正李廷璽次女。女一，適和穎庠生。孫男三：貞明，娶光禄卿張公原明孫女；貞觀，聘中丞劉公大謨孫女；貞吉，未聘。孫女三：一適封監察御史胡霽孫大慎，一適劉中丞孫若悉，一許監生張澤男。曾女孫一。公葬以癸卯冬十二月三日，墓在縣東黄岡之原。既葬七年，諸孤函僉憲李君川甫狀，走京師謁銘。

余與公同舉進士，從公詞林久，又嘗同官南都，追憶往昔，考德論心，不啻昨日。欲從問羲禹、孔孟之道，而公不可作矣。爲之銘曰：

維中川公，學識其大。文思浩博，泉湧江沛。公曰：「華哉！童子雕刻，壯夫弗爲。於道奚益？」慨焉有懷，德業經濟。講幄虎闈，百未一試。馬良車堅，萬里自兹。孰云中道？遽斃而摧。公示其鄉，古之懿矩。爰從孔孟，遠泝羲禹。曰我邦人，無迪不適。庶無淪胥，以返淳質。志未及竟，命不可延。於皇靈寵，三錫自天。黄岡之原，吉氣兹鍾。永蔭爾後，介福來崇。

贈户部尚書夏公墓誌銘

公諱友綸，字孟纓，户部尚書夏公邦謨祖也。厚德繁祉，壽考令終，年蓋八十有二。卒之明年，尚書成進士。後三十二年，爲嘉靖己亥，天子有大事於郊廟，覃恩宇内，尚書以藩司使得貤封祖父母。又十年己酉，尚書歷兩京户部三載考績，皇上疇庸嘉勞，遣中官賚賜羊酒、寶鏹，申錫恩命。於是，公自贈通奉大夫、江西布政司左布政使，進贈資政大夫、户部尚書。没世榮名，泉壤有餘輝焉。

公先世廬州英山人，高祖顯一，元季始避亂徙蜀，居巴縣。曾祖普隆，又自巴徙涪，遂爲涪人，是生朝佐。朝佐生輔，輔生公。家世力田，不慕榮進，至尚書始以儒顯。蓋閟久乃發，善積慶餘有自云。

公天性孝友，異母兄弟八人，於次爲仲，以幹局獨爲父所任，每事召與決計而責之成。公亦夔夔祗服，不辭獨勞，不畜私貨，竟能以其家裕而退然不伐。兄弟安之，終身無違言失色者。群從子姓，隨才訓導，不强其所不能，故無廢命，無違教，亦無棄人。旁引曲譬，諭人於善，視所爲義不義，策成敗利害屢中。或加之悖逆，寬意容受，未嘗見厲色、出惡聲。嘗稱引古訓「無以惡小而爲、善小不爲」，謂悖逆作非者曰：「天道好善，即不懼人非，如天道何？」蓋其志之所存而性亦近之。中歲習爲澹泊，戒牲殺，斷葷腥，衣無縑帛，村居不入城市，以終其身。卒之日，時方酷暑，人咸懼色毁氣變，既而三日始殮，氣色如生，豈善養者身無穢濁固爾耶？鄉人啧啧異之，誠足異矣！

公生宣德丙午七月廿七日，卒正德丁卯六月廿七日。配李氏，繼配熊氏，贈夫人。繼羅氏、高氏。子男二：長彦肅，娶王氏；次彦策，封某部主事，累贈如公。女二：長適魏本學，次適庠生胡玭。男、女長者李出，次者熊出。孫男六人：邦烈，邦勲，邦宴，次即尚書，次邦功、邦問，太學生。女四人，曾孫某某及見者幾人，玄孫某某。

公卒後二年某月某日，葬宅東東園之岡，熊夫人與羅氏附。至是，當改題墓碑，尚書函其鄉人督學憲僉胡子汝霖狀徵銘，且概公平生，而嘖嘖歎息曰：「自愧不似，不能盡道其行也。惟淳龐木訥，寬柔長厚，古所謂近仁者非耶？」是雖其子孫，蓋有喻諸心而莫能言者，某又何足以發之？尚書温恭端慎，爲時聞臣，光大前休，於是乎在。銘曰：

夏自淮南，適於西土。於巴於涪，於時廬旅。爰有土田，厘身力穡。以至於公，不二其德。榮華楚楚，視之蜉蝣。聲稱藉藉，聽之颾飀。渾渾大樸，不加雕鏤。無懷葛天，心逸日休。發祥委祉，文孫載啓。維國之楨，之綱之紀。帝命三錫，曰乃祖父。弗耀於躬，言篤其祜。文孫翼翼，祗承以德。以光祖休，没世餘烈。鬱鬱佳城，東園之岡。神斯護斯，終焉允臧。

贈泰和伯陳公墓誌銘

贈泰和伯魏川陳公，諱誌，字稽古，其先燕人。國初令民内徙，公高祖諱宗道，始徙大名，遂爲大名元城人。宗道生得名，得名生鳳，鳳生敔，敔以正統丁巳正月念一日生公。少有器度，以經學名庠校。成化辛卯，薦於京闈，六舉進士不第。弘治己酉，授山西崞縣知縣。始至，能以簡重質直，息民囂訟。前政積壞，祠廟廨宇頹廢，弗治學官弟子膳廪，晉王府屯租率緩不問，若將以是私其民者，顧又多泛征。公察民所苦，首裁馬丁加派之濫，已乃量時度工，漸新頹廢。則又示國家惇親造士之道，令民及期率職，輸所宜供。於是士得其養，感奮興學，晉王亦禮敬，戒其人，無敢撓賢令法禁者。妖民扇亂伏誅，得其私籍，有姓名數萬，裂而燬之，曰：「此輩豈盡亂民耶？」株連緣絶，衆乃大定。尋發其藏金帛他物，不籍者甚夥，即會衆檢入公帑，錙銖尺寸必籍之。幕僚坐捕妖黨受賕，覺，罪且不測，亟爲申救，僅褫職。人謂公活非幸，遏亂萌，潔己恕人，寬平長厚，後嗣其寖昌乎？在{山亭}六年，致其事而歸，優游林泉垂三十年。正德庚辰四月二十二日，以疾卒於正寢。元配劉氏，卒成化戊戌之歲，遺子二：萬言、萬鍾。繼配楊氏鞠而長之，視己子萬鎰加慈焉，而子姓日振振矣。

嘉靖壬午，孝潔皇后正位中宫，萬言以后父封泰和伯，推恩三代，追贈公伯爵如子，劉氏伯夫人，楊氏封伯太夫人。貴顯赫奕，聞於天下，人以爲寖昌之徵。戊申冬十二月二十四日，楊太夫人卒。公曾孫書以聞，上悼惜，賜祭葬如請。公初與劉夫人葬邑舊城北，至是，詔遷合祖塋之次，且得并祭，蓋異數云。

公享年八十四，劉夫人年三十九，楊夫人年九十二。二氏脩短不齊，然皆勤儉孝敬，協德媲美。並沾恩數，人咸曰宜。公子男三人：泰和公娶冀氏，封伯夫人；萬鍾娶田氏，萬鎰娶李氏、楊氏，俱國子生。女三人，適國子生劉淳、恩榮官錢溥、庠生李淮。孫男七：紹祖，尚寶丞紹中，紹先，紹科，紹芳，紹恩，紹光。孫女六，孝潔皇后其一也，次爲清平伯吴家彦夫人。曾孫男三：長即書，都指揮同知，食俸錦衣衛，次詩，次禮。女一，適國戚慶陽伯長子錦衣衛指揮夏時正。玄孫男、女俱幼。

公初去{山亭}，{山亭}人多繪像私祝之。及聞公卒，詣闕請立祠祀春秋，蓋庶幾古之去思者。錦衣君讀書好禮，有遠志，嘗上封事言鹽法、軍政，皆切事情。公未斬之澤，於是乎在。既奉詔歸葬，卜己酉九月襄事，先期函其鄉兵科左給事中吕君時中狀，來謁予銘。予於泰和公雅故，因善君，不可辭。銘曰：

九河綿絡，魏爲奥區。胡公之裔，自燕來居。四世百年，弗二厥德。以培其根，遂視既發。魏川之澤，{山亭}人是蒙。士勸以興，民樂康功。妖童叫嚻，黠愚爲惑。殲爾渠魁，火其名籍。反側爲安，亂萌式遏。

豈惟萬衆，賴之全活。天道好仁，長世令名。俔天之妹，於京曰嬪。皇眷既渥，祖孫曾玄。太丘有後，方至如川。周原膴膴，豐碑屹屹。魏川之丘，過者必式。淑媛任只，先後濟美。異室同歸，永隆後祉。

按察使毅軒羅公墓誌銘

嘉靖庚戌冬十有一月壬寅，毅軒羅公卒於西岡里第。其生成化壬辰某月某甲子，享年七十有九。公年垂三十始入仕，仕十餘年，年纔四十有六，輒引疾侍親。間徜徉溪山，登高眺遠，或默坐觀書，吟咏自適也。晚歲獨處一室，常杜門謝囂，即妻子希見其面，故聞者疑其有呼吸導引之術，而果以壽終。然公廉静寡慾，自足以含和葆貞，術非其所屑事者也。

公將葬，其子瑺、孫儋奉狀謁予，曰：「玄堂之石當有辭，啚先人不朽者其將在兹，敢徼大惠。」

嗚呼！公之德聞於四方，一時名公碩儒，若石淙楊公一清、松皋許公讚、甬川張公邦奇，咸稱公清嚴絶俗，斐然成章。陽明王公守仁興師討賊，以忠義薦吏部，書公考覆。公乞休疏，有廉潔嚴明之獎；兩被制辭，有抱忠思孝、勇退玄脩之褒。無問識不識，皆以爲不過其情，豈賴區區者爲不朽耶？雖然，孝子之情，不容辭也。

按羅氏先世居豫章，宋紹興間有主簿泰和者留家缺城，數傳徙今西岡。公諱某，字某。黟縣訓導、贈南京吏部右侍郎諱某，其祖；南京國子助教、累封南京吏部右侍郎、栗齋翁諱某，其父；贈淑人曾氏，其母；吏部尚書、贈太子太保、謚文莊諱某，其兄；都察院左副都御史諱某，其弟；舉進士第二人及第、翰林編脩珵，其子也。

公自幼秀爽穎悟，年十四五，隨栗齋翁宦邸，父子、兄弟自相講習。弘治乙卯，與都憲公同領江西鄉薦，公名第七。己未，同登進士高第。於時，文莊官翰林，三羅之名隱隱動兩京，公卿大夫咸欲識其爲人，而公静居簡出，至有欲見而固辭者。當途疑其驕倨，乃故抑其選，除兩浙都轉運使司副使。至則祛宿蠹，革沿習之非要，主於不爲貨疚。居久之，遣妻子歸養，官舍蕭然若禪院。正德初，中官鎮浙者恣甚，索部吏金動盈百，獨未嘗向公啓齒。勢豪冒鹽禁，莫之何問，聞公被委掣盤，急鑿其艘沉之。其見嚴如此，於是聲聞四起，而抑公者猶在位，故久不調。己巳，陞刑部四川司員外郎，尋轉福建司郎中。辛未，遷浙江布政司左參議。盗起饒、撫間，逼常山、開化，公與分巡僉事提兵境上，整飭調度，先聲大振，賊不敢近。癸酉秋，入賀萬壽節，取便歸省，遂欲留養。

明年春，會當述職期，吏部奉詔舉藩臬大吏堪旌擢者，得十有六人，公與焉，賜羊酒、綵幣。尋陞按察司副使，奉璽書巡海道。鎮巡官移檄敦促，乃復往。至則簡帥練士，除器督餉，凡飭弛剔蠹俱有法，凛凛弗可犯。既而請寬海船之禁，議開學海道，以育戎家子，使知禮義。人用是知公藹然愷悌，非慘覈少恩者。是冬，上疏乞骸，不許。丁丑，入覲歸，即移書巡按御史，稱疾卧家，情詞甚切。御史以聞，詔許暫致其事，令有司時其疾愈，奏請召用，蓋異數也。

嘉靖丙戌，璽書即家拜湖廣靖州整飭兵備按察副使，移疾未行。陞貴州按察使，復堅卧懇請，朝廷知不可强，遂從其志。家居三十年，謝絶造請，惟都憲公疾亟，始一入城，然不以冠服隨。視疾臨喪後，竟不見縣令而還。

公天性孝友，栗齋翁或不悦，輒長跽引罪，色霽乃已。自浙得請歸，旦暮侍几杖，慰悦百方，依依若孺子，如是者七年。翁隻字片紙，寶之不啻拱璧；微言細行，札記靡遺。微時曾淑人嘗爲製布履，既貴，猶篋藏之，提覽輒摧痛不勝，臨終命納諸棺以殉。昆弟間勸德規過，勢利未嘗掛口，聞奔兢及陵轢人者，則喟然大息，因以戒其子孫，且曰：「遺爾以安，勿貽後悔。努力問學，無忝所生，此吾志也。」

初號毅軒，既又號介石居士、浮漚道人，所著有《浮漚雜續草》若干卷，《閒中瑣録》二卷。公資性近狷，然讀其詩文，酧答知遇，禮際親故，詞旨温然，不見其斬絶厓異、離人而拂俗者。念菴羅子洪先貽公詩云：「迹同康節少遊日，道比希夷非引年。」人以爲善狀公，而公指示其孫曰：「此不類我。」其自贊有「似仙非仙、似佛非佛」之語，殊莫測其意焉。

子男二：長即編脩瑆，先卒，儋其子，承重者也；次即瑺。女一，適楊黍。孫男五：長倜，次即儋，次侃，次俌，次供。倜、儋庠生。女二，曾孫女一。公墓在三十都桃岡文家坑，首未趾丑。元配封淑人康氏先卒，葬後山蕭八坑，至是啓而合焉，禮也。葬之日，壬子某月某日。銘曰：

矯矯毅軒，狷介近仁。彼巧且令，我拙無能。静居簡出，匪曰成名。無渝吾質，以賊吾真。孰謂康節，孰謂希夷。仙耶佛耶？我似而非。仙惡乎非？佛惡乎似？斯人同群，奚靚其異。異若所趨，趨若所避。曷違曷從，自求其是。無然涼涼，無然踽踽。嗟爾愿人，無以爲刺。勇退玄脩，孝思忠抱。天語皇皇，奕世有耀。

大光禄張公墓誌銘

余官南都時，梅江張公知南陵縣。余姻黨有爲丞者爲予言：「民俗健訟善訐，吏御以機智，益詭猾難治。梅江率其質直，不任鉤摘，吏民同聲謂之不煩，縣以無事。部使者僉上南陵治行，召補内，民不能留，相與尸祝之。」余以是知公，而期其遠到。比余北召，公以光禄卿致其事而歸。光禄職上膳饈及宴享諸務，與中貴相涉。檢柙少疏，即耗蠹無紀，不可勾稽；稍正色其間，輒叢怨納侮，譴禍隨之。公既去，而僚屬咸思，以謂裁節得宜，乃中貴亦帖帖無所怨者。於時，公年纔五十有八。余數從公弟翰檢君思訪公病狀，謂且復召。乃嘉靖癸丑翰檢君以苑馬卿入覲，率公之嗣子照，衰絰謁予銘公墓，蓋壬子四月某日公卒矣。余知公昆弟，不可辭。

公諱忠，字顯父，别號梅江，世居河間任丘長豐里。高祖諱丙，領洪武丁卯鄉薦，授都察院司務，奏對數稱旨。曾祖廣，有隱德。祖政、父轍，皆以公貴贈中順大夫、光禄寺卿。祖母劉、母徐、元配章，贈封並淑人。

公自幼穎慧彊記，經史成誦即不忘。九歲屬文，有奇語。補博士弟子，督學御史課試，數取冠儕輩，及見公狀貌凝重，進與論古今事理人物，往往切當，益異待之。舉嘉靖己丑進士，爲主考大學士羅峰張公所器，西樵方公稱其文積學有得者。由南陵令擢吏部驗封司主事，調文選司，歷稽勳、驗封員外郎，遷考功司郎中。時考察京朝官，凡流言所毁及當路所不悦，必覈其實，以贊冢宰去留。擬改文選郎中，固辭。擢通政司右通政，掌清理武臣貼黄，正訛補漏，不苟尸其官。遷南、北太僕寺卿，馬政多所脩舉。尋轉光禄，將晉陟九列，而公謝病去矣。上厲精綜核，惡群臣推避，前後引疾者數被譴斥。及公得請，人以爲忠實之感云。

公昆弟五人，其季則翰檢君。子一人，即照，蔭補國子生，克承家學。公研精經學，爲文不事雕琢，所著有《四書釋義》《詩辨疑》及《玉林集》若干卷。自未仕時，遠近問業者聽承指授，往往成名。翰檢君即公所造就者，敘述公行實爲詳，予掇其大者誌而銘之。公墓在某處某山之原，其葬爲某年月日。銘曰：

恂恂兮其德之惇，汶汶兮其政之淳。肆起敬於名碩兮，亦無惡於宵人。乞身遂志兮，賁趾丘樊。有弟有子兮，慶衍高門。刻銘貞石兮，告爾後昆。

大光禄項公墓誌銘

公諱錫，字秉仁，項姓，其先蓋汴人。從宋南渡居嘉興者諱秀，公十世祖也。入國朝，祖太保襄毅公忠，以文武才，累官大司馬，功在史氏。公高祖吳江承邦、曾祖衡，皆用司馬貤恩，贈左都御史。父經，仕至江西右參政。

公幼敏，讀書輒善記。時學憲祝虛齋先生致仕，居海上，有幼女。襄毅公造其廬求聘焉，且曰：「吾孫可教也。」遂學《春秋》於虛齋。虛齋精研理奥，而公潛心師説，時時静坐深思，發爲文詞，俊雅親切。虛齋每喜項甥善學，同業者亦自謂不及項生也。正德丙子，以太學生舉順天鄉試。嘉靖癸未，舉進士，授令建陽。建陽，閩劇邑，稱難治。公恭儉愛人，敦崇風教，臺臣交薦賢能。擢刑部陝西司主事，究心法比，傳以經義，聲著西曹。戊子，請告歸侍參政公養。尋丁艱，服除，補刑部福建司主事，看詳諸司章奏。吏曹有欲薦公自代者，公遜謝之，語浸聞於人，人愈重公。甲午，改尚寶司丞，久之，晉少卿，尋晉南京鴻臚卿。居三歲，晉南京光禄卿。光禄職内饍，群瑺穴奸藪蠹，莫可稽留。公稍欲剪剔逸口，輒相巇。時宰適不悦，公坐免歸。公初拜命，即欲乞骸，朋游交沮，非其志也。既得謝，築室郊墟，榜其堂曰「歸來」。傍水丘林壑間，多植花樹，時時肩輿小艇，惟意往來。風清氣和，則數從賓朋歡飲歌嘯，連日夜不厭，人以爲得止足之樂焉。

公孝友篤至。八歲時，嫡母趙淑人、生母王淑人相繼卒，哀號若成人，諸長老慰令稚子無過苦，弗能止也。參政公方由南臺守姑孰，召公撫於田淑人。至則牵父衣，言母棄去狀，哀感左右。他日喪田淑人，如喪生母。繼母王夫人卒，公年六十矣，衰麻哭泣，不異少時。夫人命遺貲歸公，公悉推與妹。其處人倫之變，含容巽順，尤有人所不能言者。子弟有過，諷諭使改，未嘗顯斥。歲時宴會，必述先德及虚齋經義爲訓。虚齋後裔稍不振，數數周之，仍置田以祀。宗子元淳有貞疾，以孫某後之，復撫其弱弟。周防曲護，憂勤萬狀，蓋發之由衷，久而罔倦。與人恂恂抑畏，城府蕩平，懷德忘怨，不娼長而毁短，有先民長厚之風焉。

嘉靖癸丑閏三月六日，以痰疾卒，距生弘治庚戌十月二十八日，壽六十有四。配祝氏，封宜人。子男三：元深，國學生元淙，舉人元沐。女二：長適祝世系，幼未聘。孫男四：道亨，國亨，時亨，臣亨。孫女一。元深等以是年十二月十三日，葬公思賢鄉先塋之次，匍匐至都下，函少司寇鄭公狀請余銘。余與鄭公皆公同年進士，同仕兩都，知公爲深，且鄭公言尤可信。乃銘曰：

項爲世族，從宋南遷。赫赫司馬，昭代稱賢。駿功鴻烈，濬發其源。篤生光禄，玉潤春温。質直好義，木訥近仁。循良子牧，明允祥刑。荐歷卿寺，慎恪艱貞。施用未究，退遯丘園。夙心弗替，古道寔敦。

人欽邁德，天不假年。有來蟄蟄，玉樹蘭英。盛美世濟，先烈祇承。後有考者，視我斯銘。

盧公偕配合葬墓誌銘

梅軒盧公，都憲後屏君勳之父，司寇郎點，其從子也。先世自永康徙縉雲東鄉，族最蕃衍，而居竹川者尤稱善門，多富室。公自髫年智計夐出，既恢拓先業，不啻倍蓰，益務脩禮義，崇儒術。捐百金助建大宗祠，買田供祀，以合族敦睦。興仁讓於家，交際賢士，儀物兼隆。寧、紹、台、婺儒生授徒遠郡，塗出竹川者，必招延欵矚，敬久不衰。以故名稱日遠，遂益以竹川顯。及都憲君舉進士，給事黄門，友天下髦俊。前後蒙上恩，公封文林郎太常博士，進贈中憲大夫、南京太常少卿。配應氏，封孺人，進贈恭人。由是，朝野間往往知有梅軒公矣。

公諱懋，字時勉，梅軒號也。甫晬而喪其母黄，事繼母吕，竭力致愛，與弟栢軒君某，總角白首，懽如一日。性率直，不立城府，奬誘爲善，過惡無所記。商家子陳祐蕩費貸金，流落吴門，鄉人共賤之，公曰：「少年一失計，忍令狼狽至此？且彼豈不欲厲行？蓋慫其道無繇耳。」招還，爲償所貸，更資之，使復爲商，祐竟感激自樹。公既篤恩惠，又包容涵育，不輕絶人，故多親而可久。台人季義，越郡來從賃，作老猶感戀不肯去。親戚强之還，怒而絶之曰：「死生恩我，猶有若公者乎？」終其身以公爲歸。

恭人，宋少師孟明公之裔，在室以孝友聞，既歸，移其所以事父母者於舅姑，移其所以愛昆弟者於夫之昆弟。姑所遺二媵，養生送死，曲有恩意。妯娌有無相通，分勞讓美，視其子猶子也。與公倡和，相隨外内，翕然無間。生六男一女：女適童太守孫釗，男燭、燿、熉、煉、杰，季即都憲君也。孫男十七人，女四人。曾孫男三人，女二人。外孫男四人，女一人。歲節詵詵遶膝，鄉人莫不啧羨盛福。

初，恭人育子必自乳。請覓乳母，謝不可，曰：「何忍餒人之子以自逸也？」稍長，教以端容止、慎唯諾。公爲擇師傅，嚴軌範，且常警飭之，曰：「所樂乎子者，黽勉令名，毋貽羞辱。若徒食我肥甘，衣我輕煖，非吾樂也。」既納婦，恭人猶未嘗有所姑息。子婦有過，正色對之，改即色霽，終不出一語。故盧公家法甚整，子孫轉相漸習，無有自廢於繩檢者。

公生正統乙亥二月四日，卒嘉靖丁酉九月十有七日，年八十有三。恭人生先二年癸酉十一月二十四日，卒先一年丙申十一月二十八日，年八十有四。都憲君既奉以合葬於後渚鳳凰山麓，負某面某之原，函狀謁銘。

公大父諱守義翁，輸賑粟千二百石，英宗皇帝義之，旌以璽書。父諱世熙翁，愛人喜施，鄉黨共稱曰「存仁先生」。公纘承先緒，浸明浸昌，發廩賑饑，折券已責，長育孤遺，爲娶婦置産而還之宗，又振其羸羨，施及沙門。所謂世載仁厚，善積餘慶，宜有德業聞望者出乎其後，以大亢厥宗。都憲君節儉正直，顯顯於時，未涯之慶，衍之無窮，其將自兹始。爲之銘曰：

洵美好脩，命或不延。壽富考終，或泯其傳。猗嗟令人，繁祉備兼。言昌爾後，寔開厥先。顯顯中丞，民具爾瞻。家之孝子，邦有仁賢。鳳凰戾止，後渚之原。翩翩者雛，亦傅於天。有竹盈川，有梅盈軒。君子之澤，何千百年！

戴公偕配合葬墓誌銘

嘉靖丁未，茂軒先生戴公年九十有六矣。父亞中公、母安人劉氏卒既數十年，而公觸事猶悲哽若孺子慕。是歲夏月某甲子，安人忌祭，公感愴甚，又匍匐拜起成禮，不以老休。明日遂不懌，語人曰：「吾其與月俱盡乎？」晦日晡，盥櫛正冠，翛然而逝。先是，辛丑夏五月壬寅，配宜人杜氏卒。宜人嚴事舅姑，翼翼與與，未嘗苟呰笑。姑歿，所常坐處，避弗敢居。歲時享祀，滌濯烹飪必親，蓋敦行孝敬，與公同德者。卒之明年十二月庚寅，葬桃源鄉送嘉橋之原。至是，卜戊申十二月壬寅奉公合焉，禮也。某與公仲子福建左參議鯨同年進士，於是，叔子巡撫四川、右副都御史鷩，函九山全太史元立狀來徵銘。

公諱櫝，字育之，別號茂軒。戴氏系出宋戴公。漢興，大、小戴傳三禮學。東晉時，安道隱剡溪，其後散處黄岩諸處。宋嘉泰間，石屏先生式之，見重真西山諸公，其從子陽徙居鄞高岡，義不仕元。高岡之戴自陽始，五傳爲敬六府君，愛人喜施。生怡稼處士昇，承志濟美，雪中登樓，四望炊煙未起者，就遺之粟。作祠堂，率族人行朱子禮。生承德公鍾，鍾生亞中公浩，公考也。亞中自東昌判擢守雷州，復除永州，改鞏昌。致仕，進階亞中大夫。所去見思，率祠諸學宫。用東昌時最績，贈父承德郎、東昌府通判。母袁、配劉，贈封皆安人。

公生景泰壬申八月三日癸亥，而封給事中杜公謨，宋相祁公裔也，其配張孺人以癸酉十一月七日己未舉女，是爲宜人。給事公爲通渭學諭時，私覿鞏昌官舍，奇公幼慧，許妻焉。公讀書根極領要，作爲文章，渟泓涵畜，督學憲使大器之。應鄉舉中選者再，會沮格，不得薦。晚膺貢，授福建興化府學訓導，莆士邃經術。異時師不必賢於弟子，徒建名位，公學行爲諸生敬服，横經問業常數百人。攝仙遊學，諸生師之如莆。已又攝其令，疏滯斥浮，民用不擾，以理行稱時。奉詔蠲閩南被寇州縣賦，莆、仙遊以寇未大掠，不得視諸縣。公謂「除器築城，勞費等寇掠」，請併蠲之，當道如公請。後莆以徵賦幾至騷動，咸服公先識。無何，遷連城縣學教諭。時長子鰲起家進士，爲興化縣令，擢累南京刑部員外郎，奏績。既封母杜氏宜人如制，公亦自表免歸，封奉直大夫，官如子。嘉靖改元，恩詔加四品服。人謂公所能自致者宜不止此，而惜其未大行焉。

初，亞中公析授諸子産，公檢校受分，引瘠推腴，以與庶兄相易。既而庶弟補掾，多貸富室子錢，公代之償。而女兄適鮑氏者，縣督其子官逋急，又捐貲免甥於縶。分業鬻者殆半，而宜人釵、釧、簪、珮罄歸子錢家。貲用浸不充，乃至授徒爲養，而甘旨必備，又與宜人伺候顔色，竭力所能，内外順承，惟恐少不當意。亞中公夫婦安之，優游晚歲，以上壽終。既游宦歸老，生業故不厚，而周窮助乏，孜孜靡懈，即服用諸物甚愛者，舉以濟人弗爲靳。訓諸子入官，則曰：「曷念爾祖，無肆於民上而私爲身圖，庶以報國。」宜人亦切戒省刑慎罰，其迎養興化，謂鰲曰：「民安爾政，吾斯安爾養。」諸子自官歸省，必歷舉耳目覩記貧窮煢獨以告。族有貞節婦，不能自存，語及倍悽楚，既諸子亟爲表顯，奉詔旌閭，則又使經營周備，俾卒無憾。

當是時，長子既擢知尋甸府，歸養。次子鰲，補宣義郎。少參、都憲與季弟都水主事鰲，先後舉進士，列臺省。子婦五人，其四爲命婦。女適薛澄諸榆，既長兒息。孫男十有四人：無妄、無咎，國子生；士光、士良、士充、士完、士文，庠生；士元、無悔、無尤、士宏、士寀、士章，皆有職業。孫女七人，未行者一。其姻家若都御史王公應鵬，侍郎李公某、張公時徹，按察使吕公克忠，給事中董君濟，御史王君杏，行人楊君某，皆世族鉅公。其婿國子生王伯夔、王元道，庠生董沂、吕舜臣、李承憲、張邦仁，皆名士。曾孫男二十人，曾孫女若干人，其幼者亦並岐嶷。歲節家慶，金緋珠翟盈庭，子姓、外姻迭進爲壽，無慮百餘。閭所造士，往往致位九列，司府大吏皆諸子。若諸姻家、朋輩使者候問相踵，門地益尊顯。而公抑抑畏斂，即燕坐，未嘗中席，人無少賤，必與鈞禮。揚善匿惡，惟恐傷之。家人邏得偷兒，憐其無賴，畀所盜物，慰遣遁去，終不發覺。布衣徒步，一童自隨，非公事不輕至官府，有造請，稱疾固辭。每晨興，宜人躬洒掃，執麻枲，公閉門讀書賦詩，著《茂軒稿》若干卷，竟以是終。嗚呼！古稱「鄉先生殁，可祭於社」，如公所謂其人也非耶？

都憲、少參皆嘗官江西久，大惠吾民，而某以通家子闡發幽潛，義不敢辭，顧無足重，且欲遲遲有待，而都憲數使來告曰：「石既礱矣。」爲書前所封號曰「明誥封奉直大夫戴公、宜人杜氏合葬之墓」，系以銘曰：

戴自劉漢，禮樂儒宗。英賢代有，厥望彌隆。宋社既屋，義士激衷。耻粟甘薇，晦跡甬東。世邁種德，發於亞中。公纘休緒，浸明浸崇。敷教攝政，儒術允章。道未卒施，寧必自躬？猗美淑嗣，卬卬顒顒。温恭朝夕，殿天子邦。殿天子邦，維公教忠。公有顯相，曷不肅雍。于邦于家，亶相之功。辰彼令德，展也良朋。永安兹丘，流衍厖洪。

監察御史車公墓誌銘

嘉靖戊申春正月十一日，封文林郎、湖廣道監察御史艮齋車公卒於博羅里第。公生成化丙申十一月初七日，年蓋七十有三。先是，其子御史某奉璽書脩畿輔屯政，念公春秋高，欲歸養，會有國恤，又河套議起，上震怒，不敢以請。訃至，哀不自勝。予往吊問故，曰：「公居常無恙，是歲元旦，盛服見子姪賓客爲禮，竟日靡倦。二日、三日，徧走謝親友。四日，宴宗族歡甚。五日而痰疾作，亟飭敦匠治棺，刻之期，令勿緩。及期，棺具而卒。」予嗟異久之。

門人大理評事經子曩令博羅，善公父子。御史數問學於予，退與經子輩砥礪甚力。經子數言御史篤信好學，因及公之賢，曰：「彦寀始得博羅，謁公京邸，談民事利病罷行，鑿鑿皆事實。尋受官歸，杜門謝客，未嘗以干請跡縣庭。建祠合族，申義助，明禮教，相戒勿犯於有司。無後者約不得窺利其産，以昭穆立之嗣。創塾禮師，群子姓教之，煦濡之惠，沾溉鄉鄰。奬善覆過，坦懷容衆，賢、不肖樂親焉。昆弟析産，推讓便利，不以多寡，鄉稱孝友，雍睦者皆自以不及也。縣脩古鄉約，以禁奸厚俗；築龍堤，堙洿池，以完蓄風氣。民跼蹐四顧，難與慮始，公開諭倡率，不遺餘力。公爲諸生時，嘗建請毁學傍僧寺，移郵驛，扼縣下流。士民習知公急義，有倡必從，卒樂其成焉。其漸於御史，非朝夕之積矣。」予既偉經子所稱，又御史曩疏發巨奸，直聲大震，以故公之名顯聞朝著。至是，御史將葬公於鄉澮塘山之原，函經子所述行狀，介之謁銘。予於御史道誼之雅，且知公，義不可辭。

公諱霆，字時動。其先閩縣人，五代時有宦廣南者，始徙循州。至宋小八朝奉，遷博羅崇美鄉，而循州爲惠州，故今爲惠州博羅人也。曾大父愈寬、大父毅、父廣運，世積善行，稱於鄉里。廣運以伯子某府同知露貴，贈奉直大夫、横州知州。配張、繼鍾，俱贈宜人。

公兄弟四人，行第二，自幼彊記，異群兒。年十三，充校官弟子，文思泉湧，伯舅少司徒張公甚奇之。督學官課試，數冠諸士。林南澗先生闢崇正書院，魏莊渠先生闡「敦本尚實」之教，咸器重公。經承指授，學日有造，然屢舉下第，竟充貢卒業太學。選福建布政司都事，引疾不赴。

公元配黄氏，繼韓，繼周，子男即御史。黄出女某，妻生員何銑。周出孫男，聘臣女某。嘉靖乙巳，廟建工成，上覃恩宇内，封公官如子，黄氏、周氏俱贈孺人。御史生甫晬而黄孺人卒，葬黄岡嶺。韓卒，葬埏洋山鍾宜人右。周卒，從韓而葬。於是，御史啓黄岡之藏，奉黄孺人以合於公。黄孺人，尚書度支郎日齋先生女兄也，生成化甲午三月十三日，卒正德戊辰十月十四日，年僅三十有五。貞淑莊懿，與公媲德，喪四十餘年，舊姻老嫗談之，猶有泣下者。銘曰：

藏器弗試，以遺翼子。正色立朝，侃侃御史。不閟其光，于家于鄉。或沾以足，亦薰而良。澹塘之山，鬱鬱葱葱。佳城兹啓，女士式從。婉孌女士，媲德濟美。爾後之休，刻銘以俟。

知府南州張公墓誌銘

公諱元春，字幼仁，南州號也。姓張氏，其先河南祥符人。元季有爲袁州宜春令者，因家洪城，遂爲南昌人也。父瑞，以公弟元龍貴，贈奉政大夫、湖廣荆州府同知。母梅氏，成化乙酉正月一日生公，未齔，母氏見背。大父竹石翁升奇其穎異，親撫教之，治《春秋》胡氏學，多自得。選補邑庠生，督學官課試，輒優等。弘治己酉領鄉薦，上禮部，數屈。壬戌第進士，癸亥授浙江山陰知縣。正德戊辰，擢知滁州。辛未，同知蘇州府。乙亥，擢知廣西梧州府。己卯，丁繼母高氏憂。庚辰，報罷。歷官皆劇地，所至有聲，然未究其用，士大夫莫不惜之。

公在山陰，加意興學，於是學諸生連舉省元，前此未有也。瀕海地苦潮齧，堅築堤陂，免民昏墊；方田覈税，富强不得欺隱，賦役以均；委掣鹽，疏滯釐弊有法。柯亭隙地，當五達之衢，勢家争欲得之，列廛居賈，征租以備賑，覬覦者息，民蒙其利。淮甸大侵，道殍枕藉，設方略賑濟，滁人多所全活，巡撫晉溪王公下其法所部爲式。滁衛使窺州官淺深爲敬怠，終公之去，不敢自肆。蘇爲賦藪，豪家巧逋負，痛繩以法，輸無後期。盜起燕齊間，抄掠而南以入於江，沿流將犯蘇。公守太倉、常熟，誓以身狥，民賴底寧。梧州文武大臣開府建節，號軍門，會兵興，公承檄綜理，咸得其宜。軍門有疑議，至待以決。捷聞，進階三品，蒙鏹幣之賜。於是撫按交薦公可大用，而以憂去。既罷，咸莫知其端。或曰：「植弱惠良，則豪悍者誹；布公明法，而私邪者讒。」嗟夫！民嵒果足畏哉！公家居垂二十年，未嘗輕謁公府，就訪以民事則對，不及其他。嘗榜於燕坐，有「求國是，愛鄉評」之語，人以是知公所以自重者云。

公卒嘉靖丁酉十一月二十四日，享年七十有三。元配吴氏，繼江氏。子男四：召、啓、登、賀。召，四川按察司經歷；啓，歲貢生，肄業太學；登，有子貴；賀，光禄寺署丞。女四：長適南昌衛指揮使方印，没王事，今南京右府都督恩，其子也；次適山東參政熊公桂仲子烺；次適南京兵部尚書胡公訓伯子溥；次適翰林檢討熊彦臣。孫男六：仲，嘉靖癸卯鄉試第三人，甲辰進士，即登子貴者也；仕、作，庠生；位、佩、化，業舉。孫女十二。諸孤以乙巳十一月一日葬公於南邑陳家橋之原。仲與其女弟之夫御史徐子南金學於予，至是，徐爲狀仲來謁銘。公與予族父京兆府君同鄉舉、同舉進士，予與元龍同學於陽明先生，因善登，不可辭。銘曰：

予讀陽明先生贈言，稱公令越，有去思民口，徯其守郡？乃從蘇貳而擢梧守，故慰其淹滯賢勞，期其志行才展，不謂或尼之止，抱器以逝也。跡公解組家食，履素弗渝，殆不爲昭昭伸節、冥冥惰行類耶？吾聞統之垂也可繼，鬱之發也彌光。公子孫振振，秀者蘭猗，聳者鵠峙，視履考祥，其將在兹乎？

朱君偕配合葬墓誌銘

君諱金，字宗麗，姓朱氏。先世居兖之寧陽，有諱興者，永樂中以功歷陞千户。宣德間調守漢陽，因家焉，君高祖也。曾祖瑛、祖貴、父璽，皆世其官。君少治經學，游庠校，慨然欲以儒自見，父卒，襲武蔭，非其志也。年纔四十，即謝事，日繙經閱史，督課諸子業儒，嘗曰：「至樂莫如讀書教子。」時從經生學士與論數千載興亡理亂、君子小人忠佞之狀，歷歷如指掌。風清月霽，則携散人數輩，棹小艇，泛漢江，浩歌長嘯，興盡而還，以此自老。嘉靖癸丑某月日，卒於漢陽里第，年六十有七。

君好德，本之天植。蚤歲與二弟分異，弟皆庶也，武弁家故習，嫡長倍取爲常，君不可，盡父所遺三折之。時家産既薄，禄入不豐，漢陽多湖池，力能擅其利以致饒，而君弗之擅也。清約自持，蕭然若寒士，顧又好施，見貧匱即惻然賙給，盡力所能。歲饑疫，野多暴骸，倡於衆，築漏澤園收瘞之，務令寬廣，費己貲爲多。君氣岸孤騫，而與物不兢。有利人既鬻之産而欲奪之君者，至速君於訟，官聽之，其直在君又多。君能讓其産，令受産者酧值贏百金，君不取其贏，歸之學宫，以買田贍士。其謙退好義類此，故士大夫喜從君游，與連姻締，非獨以其世胄也。元配宜人張氏，都指揮某之女。性淳厚，不樂華靡，事舅姑盡孝，事夫極謹。子孫夜讀，即躬致菓茶，喜而不寐。家道之昌，翊贊有力焉。其卒，前君十年，年若干，葬於某處之原。至是，奉君柩合焉，禮也。將葬，子監察御史寵，屬吏部王主事秩、函李給事幼滋狀，謁予銘。三子皆學於予，不能辭也。

君子男四：官，千户；寅，廪膳生；寵，即御史，皆張宜人出。某，甫四歲，庶出。女四，千户陳欽、百户張羽、庠生李廷琛及吏部某，婿也。孫：永年，廪膳生；鶴年、萬年，俱庠生；次彭年。孫女六，長適舉人張遂，其最幼者許聘給事之子。曾孫男三。銘曰：

崇山有梓，澄泉有芑。良士不顯，仕施於孫、子。子孫繩繩，義問日起。既觀厥成，以多受祉。祁祁碩人，徽柔媲美。同歸兹丘，垂休無涘。

封君薛公墓誌銘

薛公諱玉，字廷璋，大名魏縣人也。其先自高祖以上，元季牒亡，莫可考知。曾祖十七公生涇縣令，諱文惠。涇縣生公考，諱嵩，有三男子，公爲季。以仲子鏊貴，初封奉政大夫、南京户部郎中，進中憲大夫、淮安府知府。仲子累官兩淮都轉運使。叔子㷀，今爲南京户部主事，名位方升。薛於是始大。

公生有異質，弱不好弄，惇謹飭脩，華質兼茂，恂恂誘掖，道民興善。忿争辨訟者造庭求直，曉譬懇惻，往往釋憾而去，鄉人慕賴焉。初，里中子弟肄學無所，因循廢業。公爲闢塾禮師，群而教之，自此誦習講説連牆比舍，書聲相達，彬彬多文學。二子得所資，益造就，致位通顯。里人咸謂：「自公興學，而子孫饗之，至今舉以勸相，争自奮濯。」公早失父，昆弟分異，非其志也。獨奉母李氏與居，生養死哀，備物隆禮。又繪《田氏紫荆圖》樹之門屏，訓示其後。迎寡姊，館膳終身。人有難公者，公曰：「吾恐異時欲悌弗及耳。」伯兄矜意氣，與物多忤，公每事諷止，外不獲戾，内能使伯氏降意安聽，卒無所拂。其孝友之節多類此，蓋天禀所厚，非强學也。

性喜涉書，究心西漢史及《先天圖》，其他陰陽、占筮、象緯、青鳥之術，專門者每屈服其言，儒者亦莫能非之，然不由師指，皆其所自詣者。公嘗遣子遊學，語之曰：「遠覽者無局見，近棲者靡遐觀。小子宜勿事一室，毋貲費之爲計。」公之識度，其恢宏曠遠，亦略可見於兹矣。其樹善表則，遐齡介祉，疇類宜不敢望焉。

配李氏，累贈恭人，側室潘氏、栗氏。子男六：長斌，次都運君，次成，次主事君，次焕，次彣。女二：長未行，卒；次歸廣平王貴。孫男十三：某、某，皆邑庠生；某、某。女五：某、某，其婿也。曾孫男、女八人，皆幼。

公生某年月日，卒某年月日，年七十有七。葬以某年月日，墓在某村某原，從先兆，禮也。主事以其友吏科給事中董君某所狀事行乞予銘。銘曰：

薛當季元，根荄僅存。皇明斤斤，微茁其芬。孰暢孰播，顯允封君。封君恂恂，闢塾興文。祁祁衿佩，作者如雲。爰有良子，學優登仕。鼎實雉膏，誥回鸞紙。烈烈家聲，泉溢風起。封君曁曁，篤親明義。敬恭所生，慈和共氣。砌汎謝蘭，屏繪田荆。貽爾軌則，念斯枯榮。薛興不遲，如取如携。如木斯樹，惟德務滋。既隕彌光，樂丘歸藏。永昭幽閟，刻此銘章。

洞西湯君墓誌銘

洞西以嘉靖己亥秋九月八日卒於夏陽里第。庚子冬，崇魯衰經請銘，將以十二月廿七日葬某山之原，從先兆焉。

嗟嗟，悲乎！予乃遽銘洞西墓耶？頃或傳洞西病肺，瘠而黔，予私念洞西素壯，善攝心，弗謂然也，乃今然耶？洞西爲繁昌撫按官薦者，章五六上。予讀姚明山謝仁峰諸君頌述，未嘗不躍躍以喜同年有蹶焉興者。位不滿望而又嗇之年，嗟嗟，悲乎！

君自正德丙子鄉薦，業大學。嘉靖壬辰，授知繁昌。甲午冬，入覲。乙未春，自京師奔父喪歸，由此遂投散。學古且廿年，入官僅再朞，知君者有餘憾焉。始，君謁選，同年交止之，君笑曰：「以一第，故六入京師，倦游矣。吾豈樂乎爲官？少自效，歸明農耳。」既免喪，介溪東塘公促之北上，君過予曰：「人生有涯，僕僕奚爲者？」未幾，竟從所好，予始訝君亟仕蚤謝以爲遽也。由今觀之，仕無乃已晚，謝不早，則以旅襯還矣。

君惇愛以宜家，軌德以淑俗。居常稱說，必依於古訓，時雜出佛、老語令易知，要歸無競。以忿謁者懽退，以争質者平退，咸曰：「用洞西言，而亡身及親者鮮矣！」卒之日，内外親若鄉鄰弔者，皆哭盡哀，曰：「善人不壽！」蓋君生弘治庚戌九月廿四日，享年僅五十云。嗟，仁暴壽夭之數，誠難言哉！如洞西，謂敦仁者非耶？繁昌之政，刑省斂薄，庭無留獄，鋤奸剔蠹，與民遠害。以其餘力與諸生説書訂文，日欵欵也。巧宦者持衡秉纖，視昂舉彯撇趨焉，而區區祠張節婦、樹宋焦狀元坊，此何氣勢者？雖事之末，然足觀其志。民叔姪争爲人後，豪奪賄延，立折之服。蕪湖榷場使者黷，謂繁昌産竹地，竹工飭化市粥，榷當如商，君力争得寢，膏潤博漬焉。敏惠之材，相義而動，諸所嘉績若此。此皆不足以永年耶？而弗永。彼賊螯狠毒、戕人以自利者，反螯面龐眉後死，天道詎可問也？

君諱某，字某，別號洞西。其先晉荆州刺史殷仲堪裔，避宋諱，改氏湯，由安成徙永新錢市，由錢市徙今夏陽。父卓齋翁，諱某，益王府教授。教授父某，某父某，皆不仕。卓齋再娶，皆劉氏，君前娶第二子也。伯兄早卒，存者後母弟三人，外内翕如。君娶葉氏，鄉進士雅望女弟，生二子：崇魯、崇寅，皆業進士。魯，邑庠生。嗚呼！洞西蓋有子矣！銘曰：

井甃泉冽，食或汲之。幕弗汲矣，下土實之。井堙可塞，泉不可竭。掘之及矣，乃繘之出。嗟爾行人，無爲心惻。魯也挺挺，寅也發發。平陂往復，吾以觀其達。

東峰曾公墓誌銘

嘉靖二十有二年夏四月丁酉，曾公東峰先生卒於月岡文水里第。冬十有二月丙申，葬於宅南油槽里負壬面丙之原。公娶康氏，中牟教諭弘庸公女，涪州學正良材族姑也。於是，諸孤才淳、才澄，奉學正狀來徵銘。公與仲兄桂陽令西澗公憲，先大夫友也。西澗子茶陵知州才漢，與予共學。公諸孫，往往從予學，而金壇教諭子于堅，予友。婿繕部郎于拱，吾兒餘慶姻也。某數從諸子者聞公世次行實，與狀合。

月岡之先，蓋泰和城西文溪曾氏，後徙檀樹巷，遼海公子永徙韋家巷，皆在城西。遼海生某，某生士敏，始買田月岡之麓徙耕焉，而號耕樂翁。生沅州守素菴公瑀，徙旁近寬平田兩水交流處，而稱其地文水。公，素菴第三子也。母蕭氏，用素菴公知光化最績，封孺人。蕭孺人以天順己卯十月某日生公於光化任中，名任。自幼凝重嗜學，冠而賓祝之曰：「仁爲己任，字汝勉仁。」某丱角從先大夫邑校，則聞曾勉仁先生治程、朱《周易》，旁涉百氏，以考文優等，廩數歲矣。其後數從提學官試，先生輒優等，而省試數不第。後十餘歲，某成進士歸省，而先生猶爲廩生未第，然業已搆堂，面東峰，自號東峰居士。嘉靖乙酉，應歲貢第二人，其第一人龍君進也。貢法，試兩人而拔其優者，提學官既試曰：「曾文優，宜貢。」固讓曰：「進素不劣，任今劣，偶也。且進年差長，願先進。」於是卒貢龍，而龍當大衆中籲天爲祝福，乃郡邑諸貢士咸知泰和讓貢曾先生矣。

竟後三歲戊子，先生始以貢入官，訓導清遠學。清遠士不發科者餘五十年，至則振行興禮，講業校藝，贍給貧生，程其功能，作勤警惰，日孜孜匪懈。居久之，士翕然嚮休，而藩臬長貳銓品所屬，必稱清遠曾訓導。乃監司數檄訓導攝縣篆，訓導輒辭。縣有關征，無文也，上莫知廉問，視篆者以實私橐，下亦不謂墨也。訓導聞，益固辭，縣令、衛使由此咸敬重訓導，稱東峰先生。他日使與令隙，將交訟，乃咸訴東峰先生。先生爲諷解，皆慚悔，好如初。及先生謝病歸，咸走送郊坰，踟躕眷戀，若違所親，諸弟子罔不涕淫淫垂也。已而，孔昕、黄士謙舉廣東甲午鄉試，每語人，謂曾先生育之成云。

東峰歸，足跡不濡城府，世故泊然如忘，獨祠祭、墓祭必親，雖疾必扶以從。往歲嘗割腴田贍小宗祠，又範金爲鏞，設之大宗祠，至是，益加意諸所，務爲豐潔。然奉身殊儉朴，衣粗食糲，曰「侈用不可繼也」。至閔艱恤匱，瞻昏助喪，捐發無所吝。他姓遠戍歸，而家人避匿弗應者，爲資遣，卒戍不言。歲饑，貸不責息，糶不增價。有納糴金歸而暴死者，竟物色其母嫗給之。故卒之日，族黨哀悼，鄉鄰嗟惋。蓋公享年八十有五，猶未厭衆心焉。

元配康氏先卒，繼以陳。有子四人：才澄、某、某、某。女二人，婿楊温、蕭榮衮也，皆康出。孫男九人：于寵、于烈、某、某、某、某。女四人。才澄、于寵、于烈，皆邑庠生。曾孫男十人，女四人。歲節髫齔繞膝，或誦詩書佐酒，聲琅琅，足歡云。夫恭讓儉惠，美德也；壽富多男，厚祉也，而公庶幾兼之。所謂「鄉先生没而可祭於社」者非耶？銘曰：

曾先生貢上京師時，某爲翰林編脩，謁之旅邸，爲設南向坐，退就西南隅席。先生笑言：「今新學以文遇，有司即見，謂老邁相凌駕矣。」太史將校貢生文，稱舉主，顧謙謙若是。然卒不辭讓，第降撫予席爲禮。予聞先生讓貢、辭攝篆，何退然也？今人行坐必固遜拱揖，磬折若無所容，此豈近於人情者？乃聲利之際，智競力攘，錙銖不少假借，何相悖之甚？先生於所宜居不爲詭遜，其所必辭不爲虚讓，人無妄説，行必由衷。嗟，前輩風流如此哉！

胡祖母蔡氏孺人墓誌銘

孺人姓蔡，諱俛秀。予門人胡直，其孫也。胡世居義禾里，宋朝奉大夫衍之後。直高祖王父、竇坻訓導曰哲，生子爾極，娶桃源彭鋏女弟而生行恭，未晬而孤。彭君憐之曰：「吾女吾甥。」而女故里中蔡吉女也，母蕭氏，繼室彭君，故其長育、行嫁皆自彭君。

蔡故世族，宋末有登文文山榜進士、累官湖南安撫使者曰源。國朝與劉槎翁齊文名者曰敏則，則吉所自出也。至吉而蔡微，又夭折，鮮戚屬，故女既歸胡，生三子一女，咸莫知黨蔡，竟以彭爲外家。伯子曰天鳳，直考也，治《毛詩》，補邑博士弟子；仲天驥，季天鵬，皆早卒。於是，女夫南溪蕭胤仲，與伯子相表裏，依附以立。無何，伯子卒，直二弟諒、問皆幼，獨直罄竭爲養。孺人時年六十餘，獨與冢婦居，日以所聞古今孝義、慈和事爲諸孫若孫婦誦之。嘗勅直曰：「自吾入門，惟聞乃先世行義。及見乃祖、乃父業儒績學，動尋矩矱，恬澹謙沖，罔淫於凶德。乃今連蹇不震，身世单薄，天其或者自爾昌之。勉繩令緒，母遏降祥。」後十餘歲爲嘉靖癸卯，直舉於鄉，孺人大悦。又二年乙巳秋九月念九日，疾卒。其生成化辛卯十月初四日，享年七十有五。

孺人之初歸也，年才十八。遭家中替，舅没姑老，夫强學外遊，獨以少婦當室。乃躬執炊爨，字牧紡績，勤生縮用，外資遊學，内供膳羞，賓祭問贈，罔不潔齊。姑卧病三年，與夫相扶抱。夫出，即屏息竊侍，急呼未嘗不在側，所需即未能卒致，未嘗稱乏，竟後無有倦容懆色焉。伯兄名行恕，鰥且獨，養如翁。即匱歉，寧内自忍饑，不使失一飽也。處妯娌，睦若同産，下逮僕婢，與同苦樂。性淳實，不疑人欺，族屬從責負，或詭增其數，輒如言償之，既覺亦不復言。以故，戚疏洽比，久約而無怨。丈夫得免内顧，以篤於義，輔相有力焉。

直天性刻厲，揭揭自樹，好工古詩文。既從予問學，自悔曰：「大人，天下爲度，故盛德若愚。塗人我師，而淺中莫容，標己自賢，烏能成其大者？且藝達於道，故游焉而不溺志。役於藝，故局焉而胥喪。」蓋發憤刊落，慨焉有志，予於是期直甚遠。而直嘗誦孺人事甚習，其友王省元渤亦爲言孺人訓飭直者如此，心竊賢之。會直來報訃，將以某月日奉葬於某處負某面某之原，且以狀來乞銘。乃爲題其碑曰「胡祖母蔡氏孺人之墓」，而爲之銘。直承重，故稱祖母。又母能訓子，以及其孫，直能祇訓繼孝，成其爲孫，大之，故稱祖母。是時直有子一人曰某，女一人曰某，是爲曾孫身及見者，三世福亦備矣。銘曰：

求富無饜，孰謂之非貧？處歉靡戚，孰謂其弗贏？順以有恒，安牝馬之可貞；慈而能訓，匪禽犢之爲恩。嗚呼！曷嗣於徽音？曷不延於孫曾？

歐陽南野先生文集卷之二十五　別集九

墓誌銘

族兄西洲先生墓誌銘

嘉靖己亥，某遭先大夫喪里居，而先生以陝西苑馬寺卿免喪，復除遼東。明年庚子，擢廣東，道故里，過某別，喟曰：「垂老宦遊，旁無侍子，吾何樂於此行？」時伯子蘭夭，獨仲子博士諸生夔，夔室王氏才有女曰京潔，男曰文載，皆幼。元配劉安人女妻庠生周循理，夔同産妹妻劉生超爲者，皆歸矣。夔當家不能侍行，與其生母蕭居，先生以繼室楊氏往，故怏怏無悰，若欲遂歸休者。辛丑，遷福建右布政使，夔婦誕子文軌，楊氏亦産兒。兒尋殤，乃先生益眷眷故園矣。居久之，移疾，慨然欲西。會與御史忤，御史以爲爲己發者，固慰留，竟卒官。豈其志哉？

嗚呼！叛夷安全之變，挺身出嵩明城撫賊。賊加刃，批肩抶肋，破肌流血，懵仆危死矣。賊中有大呼者曰：「此歐爺，非王僉事也！」群擁入城，遁去。藥四旬，乃有瘳，此所謂大難不死者，而胡寧止是？今科第二十年，往往内貳九卿、外長藩臬矣。而自戊辰至癸卯，官不過右轄。或曰：「先生簡亢，不略爲矯飾，以

先，實以嘗守，二十有四年，爲正德戊寅，先

故知己者寡。」嗟！知己可易言哉？憶某生纔九年，而先生中弘治甲子鄉試。又十有四年爲正德戊寅，先生歷官南虞衡、營繕主事、員外郎，謫倅澧州，遷辰州府判，過家，某始識顔面，然未欵，則日聞鄉人論先生者云云。庚辰，晉同知夔州府。嘉靖初，擢四川按察僉事。某始舉進士，接四方士夫，則日聞士夫論先生者云云。庚寅，以雲南按察副使函表入賀萬壽節。明年，復入覲。某備員史舘，得欵暱京邸，然後知世之淺深。先生者亦異矣！寡默似簡，婉媚形亢，顒侗僻陋，與沉厚凝重者有間，而言貌揣取、意見相懸，孰爲真知底裡定論者哉？

人之言曰：「先生以虞衡郎分署真州時，六卿大貴人至不遠迓，閙不得擅啓。江干上謁，輿從傘扇委蛇，雍容自如，坐間或寒暄起居，道古今不休，獨默無一語，以是得罪。既下遷澧州，會湖廣鄉試，執事外簾。御史屬簾外官校試卷墨本，與内簾參定，至取舍異同，以去就力争。辰守缺，承符攝署。府寮有駕言位次先自攝者，實以恣其墨。符至餉頃，輒從奪之印。夔守自尊大，倅以下坐之隅，獨頳發於面，長揖不即席，退引疾自免。守爲謝，後不如是，乃起。雲南副使分司署與清軍察院比，御史從暫借署穿垣内通以宿。史胥籍諸司會要，抗執不可。廣東按察司官塘，勢宦家請之，從提督府下書索報，又因貴要人爲言，竟不報。」嗟！此非習傳聞以謂簡亢者歟？質有所近，志有所不爲。其諸兢兢法守，人以柔廢，我以剛植，孰爲傳之矣？乃福建庫官之貧，憐其非罪，多方積羨金爲補虧耗，又何恕也？士大夫能無諒其衷耶？

先生官遼東時，蜀士立朝者言：「今蜀吏多墨。往，東西川吏獨畏歐陽僉憲。僉憲守身嚴，持法正，不可干以私。」時九卿長貳寖多先生舊寮，而故吏亦多位通顯者，咸公言：「西洲長者，可與久要，不可與苟合。

使服大寮，必不以法徇人。」先生以故連陟，而前此副使轉馬卿者，往往遂不振。宦久論定，可謂世無盡知者耶？然而大命不逮矣。訃聞，鄉族里閭咸悲嗟曰：「西洲，仁厚君子也。家居絶不請託，受産不乘急以要賤售，往往溢常價，又不侵爲然諾，與人無煦煦詞色，然甚真。」蓋昔之論先生者，今亦不復云云。彼秉心不塞，圜轉機警，偷取一時之譽者，亦情狀卒露。棺未蓋而物評已去者，於先生何如也？

歐陽氏自刺史公留家於吉，太尉公徙萬安常溪，德祖公徙泰和蜀江，遠矣。其近者，我後峰府君再傳而有月臺及先石塘府君。月臺曾孫、通議公昇實生皜齋公鶴、慎菴公鷃，則先生王父、世父、父也。先生諱席，字崇珍，號西洲，與皜齋仲子、吏部侍郎石江先生鐸，同舉正德戊辰進士。於是，王父用石江貴，贈通議大夫、南京都察院右副都御史。慎菴用先生初仕階，封承德郎、南京工部虞衡司主事。妣劉與元配皆封安人。蓋儲休委祉、發之積餘者，至先生與石江始大，而其用皆不究。官雲南，以討安全功，廣東以平交功，凡再錫白金、文綺，乃作酒器，刻識，令世寶之，以無忘主恩。其望之後人者遠哉！

喪還自閩，御史江陵李君遂按江右，弔祭賻贈良厚，問知未有塋兆而西鄉柳條寺廢矣，令夔以其意請入價，且盡與隙地曰：「古有營葬，令可置守冢數百家者。先生盛德，何知不在其後？」李君蓋湖廣外簾時所取士，以去就争者。非以市報，而報不違焉，亦異哉！地在鄉五十九都，金華後殿，天馬前翔，負甲面庚，文峰當乾坤之隅，衆水合而左旋，術家以爲遶青龍云。先生生成化辛丑十月八日，卒嘉靖癸卯七月廿二日，葬於乙巳春正月二日。夔來告，且徵銘。嗚呼！石江已矣，銘非某，誰宜爲？銘曰：

乘檋擿泥，寸前尺隮。憲臺薇省，孰曰差池？直道于世，世寧莫知？直以誠成，積以久輝。漸磐其衎，鴻翼於垂。遠道中廢，咎也誰歸？挺挺伯子，蘭臯萎之？仲也夔夔，杜其杕而。蔥蒨玉樹，種德之遺。培壅以需，雨露孔時。

譚封翁墓誌銘

嘉靖丙申冬十一月十二日，譚封君北窗翁卒於里第。是時，其子試監察御史學，用皇子誕生，恩得真拜。於是，翁當封文林郎、南京廣西道監察御史如子，元配鄒暨御史内子曾當封孺人。才上請，會翁訃至。御史令武義，固請翁就養，弗許，曰：「潔己愛民，毋務肥家以隳官，爲養多矣！」及徵拜南臺，過家，請留養，又弗許，且教曰：「鷹鸇鸞鳳，有當毋欸欸以媚，毋揭揭以仇。國仇與仇，民媚與媚，揚名顯親，在兹行也。」御史不得已，乃行。居常恐恐念翁之教，方奉以周施，而翁不及見其成矣。御史哀號踊躃，濊絶復蘇，函狀請銘。

往歲陽明先生行縣，御史以諸生進講，音吐洪暢，議論敷析，先生亟稱於予，謂非凡子，予緣是託交契焉。數欲奉爲翁壽，而御史亦有意予文，予心許之。嗚呼！乃未壽翁，而遽銘其墓也耶！

翁諱昪，字重器，號北窗。先世長沙茶陵人也，曾祖諱承宗始徙廬陵。祖諱文振，考諱某，咸惇德種善，衍有慶緒。翁纘迓前休，幹略弘遠，襟度沖曠，鄉黨慕重焉。祖父世雄貲産，翁與伯、仲氏三析之，肥磽新陳，多所推讓，而日更饒裕，倍蓰於初。愛人喜施，或貸弗能償，即置不問。傾身卑禮，招羅名士，士亦樂爲之盡，故御史蚤有顯聞。其季曰瑩、曰覺、曰亮、曰爨，今皆爲博士弟子，有聲德業，蓋有勸焉。

翁生天順壬午十二月十九日，年七十有五。配鄒，通判南源公姊也。子五人，皆鄒出。晚有側室子，名晚。孫男十二人：成夢、鹿夢、蘭夢、桂夢、鯉夢、麒夢、熊夢、豹夢、梅夢、珠夢、玉夢、庚。孫女十人。翁葬以某年月日，墓在真君山之麓某向。銘曰：

譚翁爽闓，幹局恢恢。匱韞囊括，莫掩瓊瑰。户履日塞，巷車數迴。以成其子，才俊多有。侃侃柱史，執邦之紀。振振諸季，藏器以俟。南有嘉樹，其實維梅。實之食矣，樹奄爲荄。真君之麓，弗伐伊培。後有條肄，與山崔嵬。

七洲曾君墓誌銘

嘉靖丙申秋八月八日，七洲曾君以時卒。先是，戊子春，君成新第，有鵲巢於廊壁。君語予曰：「是何祥也？先潮州公以此領成化甲午應天鄉薦，然占書忌之。此又何耶？」後六年甲午，君長子子欽果舉於鄉。又二年，而君亦捐舘。嗚呼，異哉！

君諱百潮，字一龍，改字以時。先世自萬安大廖徙泰和長溪，二世祖戩，宋童子科狀元，所居故有神童洲。洲西環小洲七，君因號七洲主人。曾祖諱仲顯，國朝成化間，以《禮》經教授金陵，有名。生七品散官諱正元，室予族祖姑。散官生潮州府推官諱達，娶於陳。弘治庚戌十一月十一日，生君於潮。潮州公，予歐陽出也，故君謂予外昆弟，而年差予長，稱兄云。君蚤歲鋭意科第，謂可俯首拾取。予髫齔時，同寓城北道院，君手鈔程文，戲提予耳，指首擢者氏名曰：「孺子無嬉，與若寧當後斯人耶？」建書舍，日夜淬礪其業，累試弗第，乃翻然棄去，闢閒樂園自娱。當是時，予自官歸省，鄉邑志士相聞來聚，君遣子欽就予問學，録先世遺文授之曰：「小子知所興乎？」或曰：「將無廢舉業？」則曰：「所廢有重於舉業者。」蓋君之志變而之道，所存弘達如此。

初，潮州公即世，君才十二齡，人洶洶虞其家，或伺利欲傾之，乃見君總角屹立，竟不敢犯。少長，舉墜拓故，資用日阜，禮際慎密，牆宇焕新，稱克家。然好賑善施，田租之入，不必取盈。爲亭臺渠沼、假山釣艇，時從賓朋吟嘯游衍，則所謂閒樂園者也。人以是知君非屑屑家人生産者，而竟亦莫識其志焉。君奉母致孝，衆母弟一夔早喪，厚撫其孤。訂族譜，慎所自出，當祀必齋沐，盛暑不敢弛勞。采司馬、程、朱及義門鄭氏祭法，嘗謂「昭穆不秩，無以萃涣；宗子不立，無以統同」。著《家訓》，有八要、八法、八方，以養老慈幼、教子尊師、喪祭宗法、嫁娶賙恤爲主。又欲置義田、義塾，未就而卒。卒之日，顧其内子，以不得終養老母爲恨。嗟嗟，可謂仁人孝子之心矣哉！

君娶山田尹氏，禮部郎中南山公之女，有懿行。子男四人：長即子欽，次子鎬、子鏌、子鋭，子鋭後君三月殤。女二人：長適鳳岡蕭朝欽，次聘陂邊楊某。孫女二人。子欽卜戊戌十一月十八日，葬君於孟家山酉山卯向之原。以鄉進士王貞善狀，走書金陵屬銘，而予適南還。予嘗聞教以身立，政由俗成，淑身莫若德，善俗莫若禮。德之不脩，禮之不行，久矣！如君後十年而無死，庶幾相與推汲，復見古政教之盛，而遽不逮也。幽明之間，可不謂大哀矣乎？泣而銘之，銘曰：

丘園閒閒兮，豈細娱之爲志？有子善承兮，奚予躬之必試？孝友亦爲政兮，用範厥家。志未卒就兮，嗟命不遐。山有神兮川有靈，終允臧兮，曾子墓耶？

清樂劉公墓誌銘

清樂劉公諱崟，字子用，南京刑部郎中以大、汝軦之父，按察僉事東泉公藍之兄。封刑部員外郎諱拱政，其祖。贈大理評事諱稛，其考。刑部郎中、思誠公諱某，其世父。都御史雪厓公孟、府同知平湖公子明、御史適齋公某，其諸父昆弟也。劉氏自晉安成州守遐始居高街里，再徙下村樟塘。宋龍雲先生著作佐郎弇以文顯，知融州事，子薦死德祐之難，語在國史。元季諱仕節者，徙今浮山，及公五世。詩禮、忠義之澤盈畜駿發，一時顯融赫奕，甲於他族。公席寵門緒而退然若無所憑，與人懇惻和易，城府洞達，覯者樂親。里族有聲勢自豪者，每鐫砭以義常。貧弱疏屬，恩禮加隆，或度力所能，業之爲生。後相背負，亦不爲怨也。惡少數穿垣窺藏，廉知不發，因以其藝招致，厚給之直，爲畫生計，卒感悟其人焉。語子弟，必曰：「孝弟立本，忍耐成性。欺心蔑理，舞智任氣，非夫也。」服其教者，庶幾廪廪有德讓之風。《傳》曰：「維其植之，誰爲培之？」劉宗猶未艾哉！

公賦資穎異，稚齡能日記千言，塾師摘難字一札，倒授之，輒倒誦如流。員外公嘗指雪厓、適齋及公等五兒，語王宜人曰：「昌吾門者此乎？」稍長，業進士學，師逸功倍。思誠公呼問義，響答有條。受室於睢寧外舅，教諭顏公，使共宿學諸生，講業益進。既數從鄉試，日駸駸然。會伯兄某私所蓄出分，公喟曰：「詎可以慼吾翁？」因輟業當家，挾子母錢如桐城。衆刻取爲贏，公更薄息緩責，或竟折之券，時問所爲貸，喻止之。人以爲長厚，相告從公舉錢，積入自倍。於是俯仰贍充，賓祭洗腆，媵遣三妹如禮。諸所問贈拯恤，咸得盡力。東泉幾沮志廢學，日慰勑資藉之。每客歸，盡解橐中裝，恣之擇取，百需必給，得專精卒業焉。及僉廣東憲，固要公俱往致養，曰：「成我者，兄也。」嘉靖癸未，以大第進士，知鄭州，迎養於鄭。尋官南省，貤封公南京刑部員外郎。人謂公所宜自致者，竟乃得之。而公不樂以官稱，第稱清樂翁云。晚歲盡讓故廬舍什器與伯、與季，而别爲堂構以居，中治小室，顔之「清樂」。日與親朋墨客觴酒賦詩，時指點諸孫文課自娱。郡縣舉禮，禮虚西北之席，令躬請，始一赴，後不復往，竟以是終。

公於弟妹，蓋隱然有父之重。已又植厥孤嬰，禍犯難多，費無所愛。伯始欲自肥，家顧日落，眷禮益厚，旦暮饌設、旬時饋遺有常。伯褊急，顧往往呵斥，公如童兒時，第嬉笑以承，恬不爲異也。利之溺人，吞啗不擇瘠，饜飫不吐餘，身足肥輕，而同産有菜黎。如公，蓋能以義制者耶？茲其所澤於詩書者深乎？公在桐城，數念評事公及母顔太孺人春秋高，輒怏怏欲歸。一日心動即行，而評事公果卧病，舟泛鄱湖，邂逅報者僮，時風帆瞬息滅景，遇無前期，人尤以爲異。亟取捷陸走，得侍湯藥者數月，自此留侍太孺人，不復出。觀其所感，而公之於其親者至矣！

公生天順甲申三月十五日，年七十有四，微疾卒。卒之夕，與以大縱論諸事如常，漏下廿刻，鼾睡聲漸微，頃之遂絶，嘉靖丁酉冬十月十八日也。是歲十二月廿一日，附本里南邊管宅後、上水魚形祖員外公壙右，寅山申向葬，遽從陰陽家言，故未有誌。歲庚子，以大奉同年進士劉御史以正狀，詣同年友歐陽某，告公遺言屬銘，將以十二月三日追而納諸壙。公元配封宜人顔氏，與封吏部郎中冰蘖王公之室顔宜人同産也。

御史，王公女夫内好，故知公深，又與以大同立朝，會時宰相傾，並讒歸，及見公晚節，言當不妄。

公有子四人：長即以大，次汝輪、汝轅、汝軒，邑庠生。女二，適廬陵郭芬、留偲。孫男十二人：鍾岱、鍾淮、鍾嵓，邑庠生，鍾密、鍾山、鍾源、鍾泉、鍾濂、鍾海、鍾洛、鍾泗。女八人，庠生郭皎、王卿德、國子生趙梟，其婿也，餘在室。曾孫男四人，女一人，俱幼。御史惜公有用世之才、淑人之德，而不得其位，壽不滿望。不於其躬，於其後。未食之餘，其將在兹乎？銘曰：

材奚而成？志奚而奪？松不以柱，亦聳於壑。其根既培，寔繁厥枝。承承靡萋，雨露其滋之。靈液入土，化爲琥珀。有燁其光，牛斗之側。舍南之原，泳鱗泝江。皇祖焉依，千禩兹藏。山輝川媚，其旁燭無疆耶？

郭翁履素偕配改葬墓誌銘

履素翁者，諱誼，字忠言，姓郭氏，泰和高平里人也。父慎齋先生，諱粲，字紹明，娶於陳而生翁。慎齋母康氏，與劉尚書廣衡夫人、楊同知憲祖母兄弟也，皆通經史文翰。其母，先石塘公女也，故慎齋好我，又比鄰親。而石塘兄孫曰歐陽廣浹以鄰好，故女厥子。是爲翁元配，於今繕部郎烈爲姑，於某爲族祖姑，生南寧同知治、邑庠生沃。南寧領鄉舉十年，當正德丙子歲，而母卒，葬之下陂。下陂墓濕，啓而攢諸燥。嘉靖己丑，翁卒，卜葬龍鬚坑，奉母合焉。南寧爲鬱林州，州民龎松者善覆墳，啚龍鬚坑形勢示之，曰：「無蟻而有水。」發視信，又啓而攢諸燥。南寧大痛曰：「葬以寧體魄，而予親一再遷。」乃卜東塘壠負癸面丁之原，以癸卯冬十月二日奉二柩葬焉，而函繕部郎晴川劉君魁狀屬某銘。

南寧曰：「治不幸，始有禄養而母已不逮。逮事先君，然猶未逮也。先君以嘉靖癸未迎養孝豐縣令衙，甲申南還，丙戌得脾疾，治懇告歸養，不得。丁亥遷嵩明知州，戊子春抵舍，疏乞留養，不報。冢宰公曰：『第往，且移近地，便養矣。』秋九月，迫遣如嵩明。明年冬十月，訃聞。計六七年間，得朝夕侍者朞有半耳。先是，七月中，治連得先君手書，治喜且訝曰：『楷書細字用歐、虞筆法如常，又精神流動，無哀態，然語我歸計，曰「無若致仕」。父誠欲見歸耶？乃去秋迫遣，何嚴也！今無乃故爲重言塞我歟？而前書何又索拔襖？父素不索官中物，往在孝豐，薄暮言歸，詰旦即發，不可留，曰：「政恐汝辦裝取土物勞擾耳。」道他縣，他縣民有德我而餽父金者，頓首委而去，即馳賫孝豐，必召其人還之，其嚴峻如此。一襖家非乏，而從兒索之萬里外，將無囑指召兒意耶？』治由此忽忽不樂，時怦怦若驚，惘惘若有所失，或淚潸潸交頤，不自覺也。亟上書乞罷，而當道詰責嚴。出印綬付諸寮，寮憐治色慘神瘁，封閣以須，莫知所焉，乃先君以是月八日卒矣。病革，數慨歎：『我誤長兒遠遊！』既絶，目不瞑。親戚環呼撫之，猶不瞑。或呼曰：『嵩明未訣乎？』撫之乃瞑。嗚呼！寧知兒怦怦惘惘，是父不瞑時乎？念先君督治學，學罔明；訓治作官，官罔顯。生不得養，殁不得侍，雖謂父無兒可矣！乃父之事先大父也，靡不至。自先大父任無爲訓導，起復改茶陵，考滿陞四川大寧教諭，歷三州縣，數往復京師，父未嘗不從也。先大父曰：『我金陵遇暴風，吕梁舟觸石破，得誼以不覆溺死。流賊劫大寧，我携挈老幼，從避山谷，陳孺人危病卧官舍，得誼以不驚怖顛越死。我子四，然計獨誼子耳。』由今視之，治與沃猶足稱子爲先君有無耶？而沃又不幸逝矣。維下陂之葬，歐陽石江少宰狀，鄉東郭司成銘。龍鬚坑之葬，曾前川給舍銘。今之葬，幸託子不朽，是憐治而逭之死也。」某受狀，不敢辭。念曩時未及見祖姑，然嘗侍翁，翁長身廣顙，音吐洪亮，禮筵廣坐，談説理致，人莫能難也。剛果好義，不以分寸卻於人，又面折，不少假借，恒以嚴見憚。乃鄉族老長者咸稱翁侃侃，庶幾猶有父風，父風謂教諭公也。教諭公質直靡所狥，在大寧時，嘗於宴會間諷令立撲殺所畜雛虎，罷女婦舞刀之戲。今自御史謫，而俛然爲教諭屈，無難色。及擢守贛州，數使即家存問，亟稱教諭剛正云。而教諭公謂：「誼也類我。」獨鍾之愛，以及我祖姑。我祖姑亦婉娩，克祇順於舅姑，又善相翁理家，輯和上下。撫二子慈，而義畜二婦賴氏、陳氏，其愛均。初，二婦既入門，或風祖姑分異，立叱之退，曰：「勿散吾家元氣。」故南寧睦厥弟，賴氏亦克諧於陳娣。嗟！元氣聚散，豈不大哉？而婦人能知之，偉矣，偉矣！今南寧有子，曰貞良、貞一。沃有子，曰貞元。貞良有子曰某、某，貞元有子曰某、某。嗟嗟乎，亦知元氣無散之説乎？狀稱慎齋父曰頤軒公承祚，十二歲而孤，母劉鞠之以成；頤軒父曰禹洲公大瑀，四歲而喪其父希泰，母蕭鞠之以成，郭氏是以有雙節之堂。蓋雙節之後有康氏，又其後有予祖姑。銘曰：

人言亶乎，神司吉地。胡翁一再遷，乃得卜於是。神昔何須？神誰爲秘？穿不及泉，同壙異竁。匪後利是，覬寧親是。爲神聽孔惠，綏孝子之志。

熊君鑑湖墓誌銘

君姓熊氏，諱輝，字國光，新建界檀人也。熊之先，遠有代序，而始居界檀者曰明叔。明叔豐財喜施，置義渡一十七所，割贍租餘千石，事載省乘。四世孫一中生子紹，子紹生義泰。義泰配高安大成藍氏，成化丁亥九月廿六日生君。

君天性穎異，覽書輒成誦。師事豐城楊文恪公，學程、朱《周易》。選充邑博士弟子，爲舉子文厭剽竊，必出己。年十九考補廪膳生，已褎然出儕輩，謂省試必第，然不第。自後課試輒上第，而六試省闈，六不第。貢上京師，試京闈，又不第，乃絶意不復應試，卒業太學而還。嘉靖壬午謁選，衆心儀熊君非縣正必郡倅也，而竟得丞。丞寧波定海，始至，督諸縣漕粟，餉丹山衛所官軍。曩歲府倅往會衛使監收，而使驕卒且悍黠，藉口米濫以譁民，多方納賄，增加斛斗，遭回旬月，厲階浸長。乃定海丞承檄行，則謂民曰：「以賄金多市米，精之，米無濫，又焉用賄？」謂卒曰：「斛斗增加，非法也，且得多孰與得精？」於是輸者、受者、斛者、概者咸帖然，衛使拱手聽，五日而返。未三月，丁父憂去。乙酉復除山陽。總漕都御史高公委之事，事輒集。使理訟，訟允，民投訴牒府者，皆喧呼「願下山陽丞」。未兩月，丁母憂去。元旦奔喪，民縞素填巷。高公問，知民爲山陽丞也，破格例給路費，諭所屬曰：「卑官不當如熊丞耶？」戊子服闋，補常熟丞，職水利，而浦港湮久，莫問也，乃憤曰：「遠怨避讒以自爲計，若曠官何？」力主浚浦港，閱兩月功成，田穀大稔。

倭仲金寇海上，焚聚落，戕守禦官，殺掠中貴人沉之。詔捕勦以聞，而捕盜簿預規避。金壇簿禦寇死，撫按官會委常熟丞。丞募兵得千，募舟得百，挺身出屯海口。潛往見撫按，言：「賊負海爲險，而我兵怖海，暈跌不能舟，況能持戈？且無節制，非素練，急恐逸爾。請禁瀕海州縣商航，無入海洋，卻我兵數舍。賊入海無所掠，且岸掠，陰遣人焚其舡，賊失勢成禽矣。」竟用丞計殲賊。捷聞，部議以功贖罪，蓋不知丞職水利，誤以爲捕盜官，然卒不自明也。而撫按乃咸謂熊丞才而義，非其職而委之不辭，非其罪而坐之不辨，事不避難，功不要賞，且他美咸稱。乃咸署熊丞上考，而丞居四歲不調，壬辰竟以考察報罷，撫按官咸莫知所坐也。而

嗟嗟乎！世德險微，吏不得飭躬脩政、卓自樹立，俛首爲人役，屬役監，貳役長，有司役鄉宦勢要。而丞挾負所有，獨耻爲役，至與撫按抗論，則孰非抗者耶？丞所至，榜門揭坐，必清必公，而撫按禮丞至優。於縣令、府倅，自簿、尉以下，或内不能平，則孰爲平心成丞之美者耶？嶢嶢者缺，揭揭者折，丞烏得久於丞哉？

丞之罷，諭其家人曰：「無用錯愕，不記勦海賊時，若輩願罷官保命乎？」即以其日啓行，篋笥視初至靡增也。歸老鑑湖之上，日坐小軒，夜侍諸子孫誦書歌詩佐酒，談説古今。如是者十年，足不濡城府，而鄉鄰質成者往往不之府城，之鑑湖之上。鑑湖翁性嚴重，子弟無敢傾倚嘻狎其側，然與人言，巽以説善，掩匿疵瑕，博譬婉諭，息鬬解爭。平生又喜贍恤賑施，有明叔之風，故鄉鄰益親。而他罷官歸者，一錢不畀人，徒盛臺榭花木，美器馬服玩，宴嬉馳騁，又不能爲人排難解紛，顧自多事，日奔走官府，人弗與也。乃鑑湖翁則又切戒子弟：「足用外，餘十金與百千金等，長物惡用孳孳？若他罷歸者所爲，徒自煩苦。」於是子弟承德嚮風，振振聞於其鄉云。鑑湖翁素少疾，忽口眼掣搐若風狀，然視履啖飲如常，不用爲意也。壬寅冬十二月十七日，晨起盥櫛，端坐呼諸子前，口誦湯西麓詩，有「拍手入黄泉」之句，諸子驚愕問故，而翁目瞑矣，享年蓋七十有六。

娶龔氏，協德媲美，與伯子皡俱先卒。仲子曉、季子曦，國子生。孫男七：袍、祉俱明法，爲掾；裕，縣學

生；禎，都司承差；祜、褫、禄。曾孫男三：隆恩、陛恩、陳恩。裕娶御史萬君夔女，而給舍魏君良弼妻祜以子，二君皆予同年進士。祜，曦子也。曦强學有文，多交海内名士，予往在京師，以魏君故善曦。於是，魏君狀鑑湖翁行，以書道曦來索銘。魏君曰：「曦出爲叔父文章後，於翁降服朞，而大事與曉同力，此其所得盡心者也。」翁墓在里中堨頭之原，負丑面未，葬以卒之明年癸卯五月廿九日。銘曰：

孰藻其思，孰使弗第？孰豐其才，使不卒試？謂丞予負，才名則有。丞不負予，施用弗究。彼巍巍者，受直怠事。槖裝充盈，視丞有泚。言念烈祖，惠濟孔博。生爾祗承，殁予寧怍。堨頭之窶，趾離首坎。尚友論世，銘詞卒亶。

郭培齋翁墓誌銘

培齋翁姓郭氏，諱汴，字京榮，泰和城北人也。少治《尚書》蔡氏學，以儒士應鄉舉，以字行。時泰和應舉士儒稱「西岡三羅」，而培齋與羅長公整菴先生迭爲選首。尋選充博士弟子，大爲督學黄公賞識，爲易名京華。翁乃自名其齋曰「培齋」，若曰「根不培，華乃不實」。

培齋之先，自河南徙臨湘，宋季袁州司户滙始徙泰和。三傳曰巨卿，其叔子慶宜僉廣東按察司，季子慶德生彦述。彦述四子，伯安慶郡博公謨，季公讚。公讚生甌寧學諭甫俊，娶劉氏，以成化庚寅五月廿九日生翁。由巨卿以上，遭元亂，不仕。入國朝，按察公與從兄登州郡博慶守同徵，而順德郡博彦鉉、瓊節推彦遷繼之，父子兄弟並顯洪武間。既而公緒舉永樂壬辰進士，歷陝、浙等四省按察僉事，與安慶府君及番禺訓導公繩寔相後先，而甌寧府君繼之。僉事二子仕爲邢臺、江華邑博，於是郭氏稱衣冠不乏。詩書禮義之澤，蔚乎盛矣！

培齋席門祚，又蚤負時名，心儀指取科第，然竟偃蹇。年四十有四罷歸，日杜門教子，爲延明師友與治經學，而躬自指授程督，功倍於師。其後，叔子顯鳴與僉事曾孫顯文先後舉於鄉，翁乃大喜：「先人之澤，幾不墜予乎！」君子曰：「培齋之培也，蓋世澤哉！」翁元配蕭氏，少司空梅菴公孫女，生子五：顯壽、顯美、顯升，次即顯鳴，次顯學。顯學爲季弟宗榮後。初，伯兄首榮有孤曰顯茂，仲兄恩榮有孤曰顯澤、顯頌，翁植之以成。季無子，病革，謂翁「必學也後我」。季卒，僉謂季有治命，後季惟學宜。翁曰：「學後季，可。季産全歸學，則先業半入我，不可。」於是，命學後，而四破季産，均伯仲之孤，僅與學四之一，曰：「理瑩供祠，不啻足矣。」翁嘗割其腴田贍小宗祠，爲畝者四。先是，大宗之祀未有所贍，翁裒之族人，得金如干，與衆行萑其息入。歲久大羸，則議置贍田，而衆固主貸，與翁異議，卒蕩其金。故翁每自悼其志，懲道舍之謀，不復藉衆力，以身先之。

翁自幼醇謹凝重，甌寧公又方格，歷含山、順天、慈利、甌寧四學，所至諸生以莊見憚，而翁隨侍翼翼，如弓就檠，故習與性成，逮老不弛，即賓筵竟夕，未嘗有倦容惰色。然不爲崖岸，時出諧語安客，又喜誦人美事，與人無老幼貴賤，煦煦如恐傷之。省元王君渤曰：「培齋翁可謂温温恭人者矣！」王君女兄爲顯美繼室，又與顯鳴同舉，於翁稱通家子，知翁詳且覈。翁之葬，諸孤以王君狀來徵銘。

顯鳴室康氏，予内子同祖姪也，故好予，又從予問學。予自翁罷歸，不相見者垂三十年。嘉靖壬寅春，除先大夫喪，謁翁里第，喜翁壽且康。夏四月，會諸友講學清平之舘，顯鳴每後至先歸，問知侍翁疾。然聞起居如常，猶數問其子，子所講云何。閏五月廿二日，翁不起矣。予往吊，問以葬事，則翁既營壽藏於南鄉航口清潭浦之原，去城蓋三十里而遥，去沙村巨鄉公壟七里而近。曩祖壟幾迷没，翁復之，卜航口以沙村，故曰壟新故相繼，斯祭掃相及也。嗟呼！翁於祖，可謂没身不忘者。

墓負震向兑，葬以甲辰冬十月五日，時元配年七十有四，然尚清徤，能夙夜率諸子婦嚴葬事，如少壯人。諸子孫及見者，男女十有六人，男曰某、某、某、某，最幼者亦勝衰絰，能從父兄環哭盡哀，知慕戀其祖。鄉閭嘖嘖，謂翁没有餘祉云。銘曰：

有培自躬，施孰泥之？躬不試矣，後或嗣之。如彼菑畲，厥考治之。載耕澤澤，子穫刈之。遥遥南鄉，先壟歸矣。迷予復之，復孰晛矣。歸予企斯，清潭之涘矣。松栢培培，其灌其栵矣。勿剪勿伐，世弗替矣。

劉玄洲墓誌銘

陽明先生講學虔臺時，弟子自遠來至大庾，最穎悟者兩人，其一則劉君。君諱魯，字希曾，今刑部侍郎雪臺翁冢子也。生有異質，七歲書輒成誦，九歲能作大字，十二通毛氏《詩》屬文。而雪臺翁以鄉舉第一人取進士上第，文名重當時，君内炙庭訓，外漸師友，務覃思博極爲該洽贍蔚之學，其言曰：「聞見不博，智識不明，故摛辭枯澁而無腴，措事暗淺而無術，君子所以貴多識也。」既聞先生教，反本泝源，理性情之奥，其言曰：「性含靈識，故神明其德本於齋戒；情顯功能，故高厚之業積之忠恕。汩其性則神昏，雖多聞不足以精義；鑿其情則才僻，雖利用不足以崇德。且鑑空而明，故垢淨明瑩，未聞設色以影將照之形；心虚而神，故欲淨神應，未聞執迹以擬不測之變。」於是慨然有志於道，自期古賢哲，盡刊剥諸所耆好，然猶獨好文。

未幾，丁母憂歸。家故多藏書，徧採力索，深鈎遠致，含咀英華，攄之篇章。傳記、敘述、賦選、歌吟、近體，力追古作者，皆自成家；書法取歐、王、虞、柳，不名一體，下筆往往逼真，而舉子文益閎衍疏鬯。提學官課試，率驚異置高等，謂「此子科名將復爲乃翁矣」，然鄉書久不薦。嘉靖戊子始薦，名數十人後。監臨暨藩臬諸公，又咸謂「劉生今少抑，上禮闈必且高第」，然再上，顧不第。而禮部郎有執事外簾者繙得君文，擊節稱才士，録示朋輩，咸曰：「此魁元中人也。」而其後連三上，復不第，然氣益不摧。癸卯冬北上，次濟寧，得寒疾。甲辰春正月十二日，次蓮窩，卒。其生弘治乙卯夏四月二十三日，年才五十。

縉紳大夫乃咸惋悼，謂「文不勝命，年不塞望」，則又相謂曰：「君易直子諒，爲子則親悦，爲孫則祖悦，事諸父、諸母、諸姑伯叔，無忤於詞色。昆弟休戚，乃身姻族，敦睦鄉黨，洽比朋友，泛愛而慎取，賢者益親。自爲童子，從翁宦宿，松、廣、德富豪家，有追伺歸程數百里致厚贐，一無所受。長益自矜惜，不苟取，此其好德遠利，淑身慎行。得其志施於有政，所就可量耶？天之生物，使爲松栢，胡不棟梁？使爲璧玉，胡不珪璋？而覯此閔凶，悲悽旅亡。」王應瑞曰：「君疾，有弟音與壻穆世臣侍甚謹。雪臺誕辰，衣冠南望拜祝，已賦詩。居數日，又賦卧病詩。音格皆不衰，故莫知其劇者。是日忽呼灼艾，衆乃錯愕，爲灼三四炷。揮手曰：『止，不可爲矣。』乃屬音，得官務報主庇民，無忝前聞。乃屬範書遺言，大要謂宅心罔敢愧，而賫志長往，親老子幼，進不能忠、退不成孝慈以爲憾。逮屬纊，整整不亂，可謂令終，又奚悲於旅？」範，應瑞名，武昌太守鶴菴翁子，以選貢，今授房山丞。雪臺故善鶴菴，而君與房山及其弟鄉進士輅友也，故君女壽姑爲房山子婦。壻死，壽姑歸世臣。世臣，千户子，當襲其父職，而雪臺以副都御史督轉漕時，得任子，君方舉進士，次推及音。是歲君以音上吏部，以世臣上兵部，二王子同載，故卒賴其力飯含、衾絞、棺斂，庶無後悔。

君元配許氏，無男，獨有穆氏女。而側室白氏生男曰堯卿，殤。楊氏男曰堯弼，爲朱勰壻；女曰賢姑，爲孫珫子繼先室。勰，鎮撫瑩族弟；珫，山陰尹惟璐兄子，入粟授散階，其族皆郡邑所謂甲乙者。而君得女子晚，皆未昏嫁。君之喪至自蓮窩，將以十二月某日，葬郡西郭楊梅頭負某面某之壠。雪臺翁大痛曰：「嗚呼！顔父請車，卜子失明，而我乃今葬吾兒，又忍使吾兒無所附託、施名稱後世耶？」時音拜南都察院照磨歸，乃與君從弟嘗學於君者曰香，謀徵銘。於是香爲狀，音以雪臺翁書來。

劉故大庾世族，世篤仁厚，而不顯於仕。至翁繇制科起家武選郎，擢累四川、廣西提學，晉貳九列。於是，翁父合浦訓導曰滋，祖曰原芳，皆贈通議大夫、都察院右副都御史；翁母歐、祖母張、元配周、繼鍾、繼尹，贈封皆淑人。而劉氏合門貴盛，豪其郡中諸世族矣。乃周淑人又有子如君，人謂秘久發弘，將於兹乎徵，而君竟止是，豈所謂天有所分與名位、禄壽有不得兼者耶？君學於陽明，與某同舍砥礪。嗟嗟乎！始志之謂何？臨絶之言，亦可識其介介者矣！聞君北上時，畫史贈《躍龍圖》，方操筆爲讚，會有樵夫來獻芝，其下有文曰「天地王魁」。君喜得嘉兆，故力疾必進，竟以喪還。夫躍，蓋進退之際；域中四大，道爲之魁；芝，瑞物也，而樵者薪之。悲夫！

君初號梅泉，後號玄洲，所著有《梅泉稿》《玄洲日課》，藏於家。銘曰：

孰畀之懿？孰啓其思？弗究厥志，以昌於詞。道幾朝聞，質先秋盡。琅琅遺音，介介臨命。靈龍或躍，蜕其忽而。紫芝燁燁，樵僮刈之。天不可問，孰知其繇？愴怳我悲，吁嗟乎玄洲！

矢齋王翁墓誌銘

王君諱效遠，字某，泰和城西韋家巷人也。始居韋家巷者曰一川翁文信，徙自龍洲。龍洲始祖曰化原，宋鬱林州司法，其先出南塘吉州刺史崇文。刺史出晉丞相導，遠有世序。其近者，司法七世爲一川翁，又四世有王君。王君性簡直，無他腸，策事十，八九得，然不爲機變巧持。與人言，肫肫見情實，亟稱孔子所謂如矢者，故號矢齋。矢齋祖曰資慎，趙王審理正資恒同産也。當審理時，親戚争走審理邸，乃同産弟自守泊如也。親戚乃咸德審理，而内愧其弟。生毅菴君朝偉，以方格見嚴，子弟遥聞謦欬，輒引匿，是爲矢齋父。矢齋介介有祖、父風，然含渾不峭露。比舍多鷙悍，使氣難近，矢齋出入蚤暮，與俱率相好，無乖詞戾色，至牽引爲非，即絶迹不染也。以戚親矢齋而弗敢狎，亦莫敢有犯者。

矢齋初業經，不竟，棄去，從父如安慶行貸子錢，不好也，又厭薄其俗。父卒，年才十九，時伯兄先逝，仲弱，又會母羅氏亦卒，乃悉毁棄子錢券，不復問。由此家日落，貲用日窘，然葬二親咸備物，又獨力營辨，不關其兄。得遺金於道，金主謂亡之室也，索室中不得，罷矣，竟踪跡驗問，還之金舍。南河渠春漲溢，數濟之小舫。寒沍時，水尚没脛，疊巨石水中便涉，石數十枚，枚率數十錢，倍舫費焉。先塋無後者，悉改徙族葬，識别之，曰：「俾後無迷，無佚厥祀。」凡矢齋拯急赴義，不計窘約，如矢發機，人莫知其窘也。

其後伯子善賈，數倍利；室人善節，量損益，綜内事，貲日贏矣。然奉身不厭草惡，又强渴飢，與下人同甘苦。僮奴、女婢不稱使，不即笞撻，時時佐之，引重若不欲盡其力者，蓋未始自居贏焉。矢齋三爲坊長，他坊長往往蹦躒鄉户，倚法相愚啖，諸鄉户心害之莫愛也，獨矢齋所領里下人，率親附倚賴，無患苦者。矢齋行義日有聞，縣官嘗簡委董正税籍，即摘發飛懸影漏，清其弊。諸作奸人以賄祈免，咸峻拒不得行。其後縣官益敬禮委重，數推擇爲里耆亭老，而矢齋倦公府，乃咸謝不應，日夕從塾師督課諸子。其子渤舉嘉靖庚子江西鄉試第一，乃自此杜門披吟書籍，不復問外事矣。

矢齋高顴脩髯，眄睞有神，蚤縮晚伸，氣和志寧。諸子率于于左右承歡，凡五六年而矢齋病。病初無大苦，莫用爲意者久之。比舍咸訝曰：「曩矢齋旦暮衣冠詣祖考，焚香擊磬，肅揖退，非外出不廢。今磬聲久不聞，病得無甚乎？」時渤百方皇皇求醫藥，不爲損。又數月，加劇，群從日往問，語不他及，第以祖祠爲屬。始，祠之成，矢齋極力倡之。衆祠火，復出貲復倡，事未集而病作，故念誦不置。嗟乎！豈不隆孝篤遠者哉？於是，群從相與議卜葬，咸曰：「矢齋蓋念念在祖。惟我祖自一川公來，今始發於渤，譬之稼，一川種之，矢齋培且溉之，宜無愧從祖葬，宜附一川公。」矢齋聞，舉手謝群從曰：「幸甚！死不離祖。」乃屬胡子直爲行狀，且欲得某銘。於是，渤具書幣，其兄庠生學介胡子及郭子顯鳴來，將治命。予敬諾，謂二子曰：「聞之，種德必食。矢齋未食，天其尚俾有延。」乃二子去三日而訃至矣，嘉靖乙巳七月朏也，葬以其月十日，墓在龍洲，首坎趾離，如一川公兆。

矢齋生成化戊戌十一月晦，得年六十有八。元配龕溪劉氏儒家女，今慈谿令逢愷從祖姑也。子男七人：伯先卒，次即學，次淳，庠生，次某、某，次渤，季某。女壻某。孫男三。孫女尚幼。予觀今世脩處士之操者，惇懿朴茂，靡點於疵纇，乃闇汮湮滅，卒罔顯於聞者不少也，豈不悲哉？然矢齋有子如渤，其諸晢晢嶷嶷，進未有艾，光融暢大，以先人顯者，將於兹乎在，所樹足占之矣！諸孤來告葬日，且速銘。爲之銘曰：

樹木必荒，樹果必實。慶曷以延，言滋其德。爰滋爰茂，其昌其有。有肇自今，徐以觀其後。

康闇齋合葬墓誌銘

君諱綬，字在章，其先本匡氏。蘄州刺史稠，避宋諱，改氏康。伯瑀爲泰和州學司書，其子克俊始居州城東，稱東門康氏。州爲縣，稍析居縣城南，稱縣前康氏。而仁安妻陳氏，以貞節表門，至今稱爲康節婦家。節婦曾孫皇贈御史曰宜順，生閩按察僉事曰弘敬，君曾大父、大父也。父曰文振。文振爲學諸生時，御史行縣録獄，有戴鯉者坐瞽其兄雙目，罪死，母嫗牽瞽號於道曰：「瞽幸未即死，殺鯉，嫗莫卬爲衣食，與瞽俱死矣！」會諸生入揖御史，文振抗聲白狀，竟脱鯉。鯉出，與母、兄求脱我者康秀才詣謝，遂避匿不見也。娶劉氏，以成化丁亥八月十四日生君。

君生七歲，父没，與其兄純依母以長。日佔畢誦數百言，學文見頭角矣。尋以儒士試有司，名高等，當進補學官弟子，而會母病篤。家衆爲君計：「官以弟子員冗濫重進人，君今坐失時，後事誰可得知？亟從學官上名者，無患矣。」君拒不許：「此何等大事？遽忍虞吾母不諱耶？」時兄純已卒，母尋亦卒，於是不復學文覔舉。日誦詩書，説先王，曰：「士求志獨善不可乎？豈必仕？且也目亂繁華，耳瞶喧聒，恨不巖居川觀，顧僕僕抱槁簡、擠軋得喪間何爲者？」因名其齋「闇」。而鄉人士以君朴茂秀朗，蓋闇然之道，稱君闇齋，而君亦自謂闇齋居士云。純之卒也，客津洞山莊，疫癘大作，道鮮行人，君匍匐烈日中舉喪，百里還葬。而家産故微，則與元配南富王孺人拮据支難，以奉其老母、寡嫂，諸所曲順，務懽於厥心。嫂病，謹視醫藥，居常衣冠肅揖，慰存備至。嫂女與女夫俱夭，有子靡怙恃，覆收鞠之，使與嫂爲依，冠而後歸之宗。王孺人亦姑視嫂也，取糲讓甘，布葛推共，恩嫂之女、之孤，猶嫂恩之。而祖母劉孺人亦安君與王孺人之養，常曰：「綬，吾賢孫。」時同祖弟、大理評事紀官南都，亦數貽君書曰：「愧我徒爲孫，然幸祖母有賢孫如兄。」久之，大理君卒官，外事萃君，内事萃孺人，則又相與撑拄解紓，成其子恕於學。恕舉鄉試，加飭厲之。及令漳浦，恨不及君見矣。

君家無厚儲，而刻己赴義，恬澹寂守，而甚好士，士從君者踵至。又内自别擇其人，即尊顯，或怙侈滅義，亶貌敬之；行義脩明之夫，即憔悴困厄，顧屈己傾心焉。乃王孺人則衣惡食菲，杵臼力作，苦約以佐費。客至，自飭具茗飲齊醴，杯碗芬潔，應時而至，又時從屏間竊聽客可與不可與。一日，迎問君：「所禮誰歟？客者，此其與人易者，去人必速，奈何與相傾洽？」既而果非佳士。故曰：闇齋門不踵惡賓，蓋亦有内相焉。

君年五十七，以嘉靖癸未九月十五日卒，殯於龍洲。時女子子既歸庠生龍怡，伯子意既授室，季子志尚丱角。後三歲丙戌十一月廿五日，王孺人亦卒，從君於殯。其生以君生之歲十二月初八日，年蓋六十。其後十餘歲，數卜葬兆，不得吉。甲辰始得地，於雲亭鄉立鶏壠之原，去僉事公墓半里所，即以乙巳正月初三日啓雙殯，奉柩以葬。是時，志既舉於鄉，意有子有女，子曰謨，昏矣。漳浦涕淫淫，言曰：「世稱處士者，履行完美，表則鄉閭，混俗激清，斯足彬彬助流後代之風義矣。如伯父，所謂其人非耶？然未嘗附青雲、施名稱，孰知吾伯父賢，矧曰知吾伯母賢？」於是譔述懿行，志以來徵銘。

志嘗以文受知王君嵎齋，寘諸生首選，既從余問學，日静默以謙，嵎齋乃大喜曰：「静斯神守，謙斯器宏，志善學哉！」時意亦以鄉閭推擇，董正飛税之籍於嵎齋。嵎齋推君與孺人之賢，澤及於子，爲題畫像，稍采其事實著之篇。予考贊辭與狀合，爲之銘。銘曰：

坎而宫，雙窆同封。首趾庚甲，良士之宅。良士休休，碩人俅俅。嫓德濟美，教成於厥子。子孫象賢，永保兹阡。千春百禩，嵎齋子之言兮。

封君然齋王翁墓誌銘

封文林郎泰和知縣王翁諱琥，字在舉，閩晉江人也。其子贛州守嵎齋春復，前爲泰和令，天子録其勞績，故翁有今封，而人不以官稱，第稱其號爲然齋翁。

翁嘗迎養泰和，嵎齋戴星出入，不暇内顧，翁扃鑰門户，家僮不得輒踰閾，隸非呼召不入中庭，市物必優與其值，稱官價者斥不使近。嘗出片石製硯，其人别取堅潤者以進，急召還之，使納故物曰：「官衙豈當出惡易美也？」時嵎齋敷政平易，務在愛民，得自白於官。貨來路塞，翁又嚴於治内，廉儉相成，士大夫以故重翁，時時通謁，或稍具酒殽，速翁爲懽。翁亦慨然肩就，然竟席無他語，第懇懇求助令何以爲民造福者，退而語嵎齋亦云，且數舉「視民如傷」以相警戒，嵎齋竟以廉惠著稱。既歷官南部主事、員外郎、郎中，去泰和且十年，而人猶念翁如在縣時。嵎齋擢守贛，檢身脩政，如其爲令，民心愛戴如泰和。而翁迎養不至，則數起居相慶，亦若泰和之念翁者。嘉靖壬子某月某日，翁卒於家。其生成化甲辰某月某日，年六十有九。嵎齋聞喪亟奔，而囊無多金，舟輿無以爲費。提督、都御史張公烜廉知其狀，移檄津遣以行。予亟遣弔祭，至則發矣。次雩陽，函名刺事狀，託其僚馳書申意，屬予銘翁之墓，誼不容辭。

狀稱王氏居晉江王田，自宋建中靖國間，其地蓋以其姓著。翁祖隱君諱玘，父府學生員諱和，皆考古好禮。至翁，攻舉業不竟，猶能熟小學、《禮記》，時爲子姓演説大義，故邑稱治禮之家必推王田，以翁父子、祖孫講習有常也。翁天性孝友，念親不逮養，語及則嗚咽流涕，觀者爲之悲慘。父事兄，母事嫂，分守無敢踰越。子弟有過，厲詞面刺之，旋即意解色霽，無所藏宿。親故急難，極力救援，不復踟躕顧惜。蓋得之天性，非學能者。

元配林氏，繼配黄氏，贈封皆孺人。林出一子，即春復，娶李氏，封孺人。黄出一女，適黄袞。孫男止敬，晉江縣學生。曾孫男漪緝，聘舉人黄袞女。翁教訓子孫，必則古昔，不使習市井機變，曰：「寧癡無黠。黠，賊性矣。」故子孫皆惇朴，大爲圓滑者詬病，而翁迄持不變，以終其身。初，林孺人某年月日卒，葬於龔山負寅面申之原。翁亦自營永歸之宅，異門同域。至是，嵎齋奉而合焉，葬以某年月日。狀翁行者，林孺人弟性恪，儒者也。銘曰：

脩之家，成之身，施及其子，對揚王明。古萬石君，不言躬行。我求其似，猗嗟若人。渾龐之澤，演於後昆。世篤其祜，觀德斯銘。

杭平王公墓誌銘

杭平公王氏，泰和南鄉舉林人，明贈監察御史仲彝之孫，河南布政使用之母弟子，浙龍泉尹愚菴先生舉之子，丘縣尹一貫父也。母曰劉氏。初，愚菴携家遊太學，而生子名之曰辟雍。冠而禮賓，賓曰：「若翁伯父聯薦，字爾世魁。」而王故匡姓，避宋諱，去匚爲王。季唐時，縣爲南平洲，匡素自宜春來判州事，因家杭溪。元末王宗玉始徙舉林，四傳至世魁。世魁不忘所自，自號杭平，晚歲人稱爲杭平公。

杭平公生十年而喪母，已能哀毀成喪。稍長，從愚菴尹鄞、尹龍泉，請業諸名士，治《周易》朱氏學，邃矣。而愚菴罷歸，家事填委，因廢業。愚菴無厚槖，食者日衆，以貶損侈習，糲食布衣，出入徒行，一切宴饗問贈、養生喪死獨力營辦，不必累諸弟。嘗有幹，囊金從所親如府城，會從兄子殺人，具獄上府讞，所親利公金，陰教仇家引公，曰：「此木訥愞怯，囊金在我，恐之可得也。」仇家如所教。時郡守刻意抑豪右，立使人捕公，移獄歸之曰：「非知縣子，孰敢殺人者？」行縣覆覈。縣故遲其獄，而守持之益力。公與其配楊氏故善事繼母，於是繼母嚴率楊號訴於府，扳檻檻折，守不爲變，乃匍匐號訴當道。楊故東里公族孫，讀書識字，造次中進止，語言婉娩有度，至手書獄詞，氣平詞直，上官爲動，留意廉覈，得狀，立破械脱公。

公既脱，尚少，自以爲天續餘生，日杜門遠囂，置諸事不問，惟脩宗譜、創初祖祠，則躬率族督勸之。而勢家復欲奪曩所歸侵地，謂秉公懲禍厭事可以得志，陰遣人誘且撼之。公奮然不可，曰：「世守也，吾畢命持此下報矣。」勢家乃息心焉。嘉靖辛巳，公年五十有一，而其配楊氏卒，因獨居，不復議繼室，曰：「吾以妻得生，何忍二之？」後二十年壬寅冬十月朔，公始以疾卒。其生成化辛卯三月望，享年七十有二。

公在難時，子幼貲匱，外家數助之。既脱而窘，又多所仰給，以故德外家甚深。疾亟，猶語諸子，無忘報德云。子男三人：一周，菑畬多獲；一德，經學名庠校；一貫，舉嘉靖甲午鄉試，初試碭山學諭，公卒之歲擢知青縣，捧檄奔喪。孫男六人：言、命、猷、士、紱、師。女三人，長適縣學生劉洋，餘在室。曾孫女一人。公以乙巳春正月二日丙申，葬於其里菴前坑，虎形，負庚面甲，先兆之次。三子者，奉公友婿順天通判陳君德文狀，謁予銘。予北上過維揚，而青縣復除興化尹，迓予盂城，申之。未幾，以調除上銓部，得丘縣，來問宿諾。丘縣蓋公脱難後一年始生，竟能以其禄養且葬，來者未涯，鄉人眙眙，以謂天有所篤，將於是乎在。銘曰：

孰納之罟？孰縱之淵？死生斷續，孰云非天？厥續允延，厥育孔賢。星爈復然，其有待而炎炎者耶？

龍洞王君偕配合葬墓誌銘

嘉靖戊申春二月廿六日，承德郎衡州府通判龍洞王君卒於陽朔里第。君生弘治壬子夏六月廿四日，年五十有七。其子尚書比部員外郎學，自京師南奔，卜葬於邑某山某向之原。君元配蘇氏，嘉靖壬午夏六月廿二日卒，葬邑山川壇後祖塋之次，至是啓而合焉。比部從予遊，乃介其友行人何璋奉狀請銘。

君諱珵，字汝器，龍洞其別號也。先世有諱大者，自山東益都商桂林陽朔，家焉。傳十一世孫曰孟榮，生子曰素，以大學生仕爲湖廣會同主簿，稍用儒顯。而素子曰佐，復好遁不仕，娶李氏，生子四人，君其季也。夙禀英異，稍長，隨伯兄教諭玉宦宜章，受業都憲燕潭鄧公，博涉六籍，文詞典雅。正德癸酉，以詩中鄉試第二人。再上春官不第，乃卒業南雍，友當世名俊。尋携家都下，師姚明山學士，益精其業，又數不第。嘉靖乙未，選授直隸順德府馬政通判。己亥，駕南巡，君受檄他委，而供事者失職，因嫁之禍，調陝西漢中府。撫臺才君，多所委重，同列心害其能，又以他事恚君，陰中之，吏部廉無實狀。甲辰徵赴部，會比部舉進士，俱集京師，父子相懽以爲奇遇。未幾，調湖廣衡州府。衡、桂林接壤，而君雅有歸志，喜曰：「吾今朔解組，望抵舍矣。」丙午，比部以中書舍人副節使便省於衡，君拳拳教以奉公報國之事。丁未，罷歸。

君在順德，所屬因緣宿弊，歲掊馬户餽遺數百金，峻禁絶之。受檄開任縣支河以殺水溢，露宿四閲月，出民於墊。漢中多礦盜，分署略陽鎮之，四境無事。尋攝府篆，吏不敢舞文。日以其暇，寓興吟咏，率有思致，載《關南雅會集》中。在衡，闢書院以造士，成杠梁以濟病涉。麻陽征苗師起，千里轉饟，事集而民不擾。蓋君晚節彌壯若此。君鄉薦餘二十年而後得官，爲半刺，更三府，歷十有三年，未盡其才以歸，歸又未逾年而卒，士論悲之。

孺人蘇氏，邑耆民倬宣翁女也，幼秉柔懿，工女事。及歸，不逮事姑，每時祀忌祭，齊潔秉虔，戚若有憾。處妯娌，雍睦無間。夫姊妹有既嫁而反者，曲盡恩禮。衡州游學時，數脱簪珥助費。嚴督諸子，至涕泣道之曰：「無貽若父内顧憂也。」生弘治戊申十二月二十八日，年僅三十有四。卒之年，衡州君從伯氏肇慶教授邸，而比部纔八歲，至今餘恨其時未有以自盡。今上廟建覃恩，與繼室蔣氏並以子貴，贈封皆孺人。而蔣孺人連産不育，於是惟有子二人：長即比部，室慕容氏；次縣學生孚，室莫氏，皆孺人出。孫男、女各二人：男守禮、守初，守禮聘庠生黎灜女；女邢姐、燕姐，邢姐許聘紹興太守蘇朮子。其來振振，考祥者知其必將大也。銘曰：

士有抱奇，弗究厥志。婦道代終，溘焉早世。竟也同穴，其嗣彌昌。天難諶斯，卒得其常。九原雙璧，終焉永臧。

張翁偕配合葬墓誌銘

思逸翁者，南昌新建人也，諱化，字大行，姓張氏。父曰逸軒公，諱某。母曰龔氏，成化己丑正月二十五日生翁，於諸子季也。翁蚤有至性，逸軒公寢疾，藥必親嘗以進。及卒，慟弗欲生，摸其遺容，奉以出入，陟降在位，如或見之，逮於皓首，猶乎壯年，於是人稱爲思逸翁云。

翁自少穎敏，習舉子業能之，非其好也，已棄去不事。刻厲踔發，標古爲趨，讀《易》至賁之六五，嘆曰：「戔戔雖吝，乃終有慶。丘園顧不足賁乎？」由此益厭薄紛華，以崇禮厚俗倡導其鄉。子弟來學，則授以朱子《小學》《家禮》，爲之講説勸率，納諸矩矱，遏其淫侈。翁玉立長身，音吐洪亮，儀容儼飭，巖巖不可狎。就語，乃更坦易，破崖岸，剖肺腑，故凡經指授者，其教不肅而成焉。郡大夫重鄉飲，賓以監司，耳目所逮，擇之彌謹。學諸生乃咸曰：「今行誼不求知，振急不責報，足跡不涉官府，庶古所謂鄉先生者，無若張思逸翁。」郡大夫乃爲書肅使者敦請，翁不應。其後諸大夫數請，禮數彌加，竟不應，諸大夫由此益高翁。尋上翁散官冠帶，翁强意一著之，曰：「小人敢虚辱府公恩耶？」既而亦不復著，曰：「未若野服之適也。」其雅志敦素、立不易方若此。

翁元配唐氏，休寧簿某之女，生長盛族，漸習綺麗。比歸翁，則更爲儉朴練素，執麻枲，議酒漿，頜頜若貧家女。翁生業浸饒，義聞宣朗，内相有力焉。翁卒嘉靖乙巳正月七日，年七十有七。唐率子若孫奉柩於堂，朝夕奠如禮。一日，呼子婦曰：「疇昔之夜，夢若翁曳我並坐，吾殆且從翁矣。」頃之就寢，比午而絶，丁未六月十有七日也。距生成化戊子三月一日，得年八十。子若孫奉柩並翁，於朝夕奠如禮，而卜以其明年戊申八月二日合葬於邑某山之原。翁有子男、女各一人：男曰某，娶盧氏；女曰某，適黄山徐某。孫男四人：長比部郎正和，次鄉進士正謨，次縣學生正誼，次正思。女三人：長適比部郎姜君博，次適東壇徐九，次適黄山余桂。曾孫男二，開、宗。女一，京姚。

張之先，居城南三十里所，遠有代序，族衍以蕃，往往業詩禮，稱儒家。逮其中葉，濬發自翁，施及諸孫，演迤益大。宗之欲昌，固有以一人亢者，必秉德好脩，斯功茂而澤衍。如翁，所謂其人也非歟？正和嘗從予問學，將葬，以姜君狀來請銘，而爲之銘曰：

戔戔束帛，丘園之賁。敦彼碩人，潛輝尚志。碩人其頎，媲美令妻。井曰操作，茹蘆縞衣。食者共牢，歸則同室。夢寐弗諼，匪幻伊實。樹木斯蔭，樹粟無餒。儲休委祉，爾後之在。

義士趙君偕配合葬墓誌銘

郭大史允新，嘗稱其邑中有義士曰趙五溪云：「初，義士輸粟救荒，詔榮以冠服，復其身。已而義聞益著，縣令委重，使總輸邊之賦三百户金。既集，藏之屏處。盜夜入其舍，縛之，并縛其妻子，責金。固責固不與，曰：『公家財，供億闕乏，將復徵，吾不忍數百户重累也。他貨恣若取矣。』盜擬之以刃曰：『出金貸若死。』拒之如初，且曰：『害數百户，無寧害一身。』盜大憤，刺殺之，盡其私藏去。令丞聞狀，親臨弔祭，垂涕亟嘆曰：『義士！』義士至今垂五十年，而邑人誦説如昨日事。」余嗟異識之。

他日，工科給事中趙君軏奉太史所爲狀，介以謁予，請銘其祖之墓，則向所聞義士者也。夫委之主守，而能以身殉，重厲民而輕捐軀，設所守或重於金，所厲或大於數百户，而所捐非必軀命者，其取舍又可知矣。若義士，可使其無傳耶？

義士諱倫，字敍之，五溪號也。姓趙氏，系出宋康靖公後。國初，自蒲徙澤州高平，遂爲高平人。祖順其祖，子成其父，郭氏其母，李氏其配。景泰辛未某月某日其生，弘治癸亥某月某日其卒也。少孤，奉母與居，克纘先緒振之。性闓爽磊落，又縝密善心計。嘗挾貲遊湖湘間，能逐貨物低昂，同事者又樂爲之盡，故往往有所遇，數獲倍息。既身致殷富，愛人喜施，父之同産以及群從資生甚窘，皆分財贍給，竟免顛隮。歲饑，集里中從貰貸者，出其券折之，曰：「公等好爲衣食計，此不足念也。」蓋輕財篤義，所素操若此。初，義士殞於盜，鄉人胥嘆，謂天道無知。時李氏自以未亡人益整肅内範，飭其子光父之業，二子亦奮迅激昂，家聲日獵獵起，積貲尋至數鉅萬，不啻倍蓰其初，而給事君又舉進士，馳聲諫垣。於是人咸歸好義之報，謂天者未嘗不定云。

義士葬祖塋趙莊之原，嘉靖丁亥四月六日李氏卒，祔焉。至是，給事君念列塚纍纍，將不可識別，乃卜於其東若干步，别兆而改葬之。抑以蔭宏澤遠，宜示有尊，令後世以昭穆祔，知其所自始。義士男二：伯積、仲科，俱潘府典膳，讀書通大義。伯娶王氏，繼王氏、孟氏。仲娶秦氏，繼范氏。女一，適邑人邵璽。孫男三：長軸，次即軏，次國子生金。女三，適國子生李鈞、邑人郜賓、李應宿。曾孫男三：一韓、一范、一夔。女三，適庠生李邦材、閆雲鴻，一幼。義士卒時，年五十有三。李氏生景泰辛未十一月廿八日，年七十有七，寡居余廿年，能勗帥子姓以成夫志，校德論功，庶幾無愧。銘曰：

人道攸立，惇義與仁。義而短折，是謂全生。罔之幸免，孰曰脩齡？嗟嗟義士，趣舍孔明。亦有淑人，代終含美。詵詵爾後，維天所啓。媲德同歸，肇兹新阡。昭穆迭序，永世於延。

梅軒羅翁墓銘

梅軒羅翁名玉，字應玉，按察副使雙泉公循之父，翰林脩撰洪先之祖也。先世廬陵人，十五世祖志大徙居吉水谷平。又五世，善菴公慶同生衛經歷良。經歷公故無貲，又充博士弟子，卒業南監，不能家，而翁爲家子。始讀書，即甚解事，省知家累，已乃棄去，挾貲爲商。行湘江，爲盜所掠，翁幾赴溺，遇他舟，救得不死。又棄歸，課僮僕爲農圃。而上有大父母，下家衆饋食、賓祭、婚喪、問贈，經歷亦無所省，第取給翁。翁應辦整暇，經歷公亦不知其無厚囊也。

性孝謹，善承父母懽，即父母恚他人，即惴惴跽請，俟色怡，徐整容起，恂恂而退。與諸父昆弟甚睦，或相誚，一無所應。翁飲酒，輒傾倒盡醉，醉益恭，未嘗語侵人。群從有使酒侮翁者，爲弗聞，遇之如故，已皆愧悔。子弟僮僕，量其不逮，誨諭之，無憚煩，不忍遂加笞朴。爲人謀，不遺餘力，卒未諧，歉歉終日，若有所負者；事成，了不言勞，以故人樂與之交。

翁遘疾，按察公時爲刑部，不在侍。翁呼季子曰：「吾不及見汝兄矣，謂汝兄無用哀苦，惟盡心報國。」語畢，目遂瞑，弘治辛酉十月二十五日也。生正統壬戌正月三日，享年六十。配周氏，參議紀之孫，惠淑儉勤，生後翁一年癸亥二月一日，卒先翁二十年成化辛丑正月二十五日，年三十有九。弘治甲子冬十二月，合葬州嶺大墓山祖墳。繼配劉氏、李氏，有別兆。後朝廷累推恩按察公，翁自贈承直郎、工部都水司主事，進贈奉直大夫、兵部武選司員外郎，周氏自贈安人，進贈宜人。按察公當正德間，時政多紛更，棄官去，前後論薦皆不起。而按察公長子洪先舉嘉靖己丑進士第一人及第，爲翰林院脩撰。以謂翁之餘慶，蓋未艾也。

翁子男三人：長復，次即按察公，季徵。女二人，皆適仕族。孫男九人，及見者四：縉、紳、紋、綬。綬，國子生。次脩撰及紈、綵、壽先、居先，皆後生。脩撰以按察公之言，謁大史程君舜敷狀，來請予銘。銘曰：

忠信福綏，如采有地。緊古萬石，悃幅弗賁。孝謹世延，相國大治。渾灝日漓，機變爲媚。翁不可作，聞者弗愧。銘以昭德，來今所視。

歐陽南野先生文集卷之二十六　別集十

墓誌銘

雪峰陳公墓誌銘

曩雪峰公以山東按察僉事捧表賀萬壽，予始覯於京師，雅澹沖夷，顋然可慕。是歲嘉靖戊子，公爲僉事既四年，撫按官薦賢能章七八上，而敘遷弗及，衆訝而慰焉。或諷之有他，公以義命對，然數念母太孺人春秋高，有歸思。明年己丑，母兄河源典史德休入覲過家，卒。公益感念，抗疏乞歸養，三四上始得請，人謂公真能知輕重、決去就者。久之，太孺人卒，公年才五十餘，遂稱疾以老。予免先大夫喪，謁公里第，優游無恙。比再及門，則繐帷在堂矣。

先是，公元配贈孺人蕭氏無子，一女嫁楊紹芳，與婿俱夭。繼室封孺人龍氏，産子曰浙、曰濟。公以浙爲典史，後尋夭。無何，濟亦夭，獨季女許聘曾生祖予者未笄。公哀且憒，再閱月，疽發背，竟以是卒，乙巳閏正月十七日也。鄉人嗟惜，以謂天道無知。

公諱德鳴，字顯仁，陳氏，泰和城西柳溪人也。陳始居泰和，遠有代序。國朝有父子進士者，父曰仲述，歷廣東等三道監察御史，工古文，受知高廟，儲皇稱之曰「陳古文」；子曰賞，廣東按察僉事，生處士昇。處士生舒城學訓導、贈御史府君儼。初娶郭氏，生象山倉使德純；繼太孺人，生典史，季即公。

公以成化戊戌五月念五日生，里人夢御史、僉事二公旌旗節蓋，降其故廬。公生而端嶷穎異，始學於京師，解悟已出其儔輩。弱冠，與其師同中弘治戊午鄉試。乙丑，中進士乙科，授福寧州學正。歷遷淮安府學教授、國子學録，未上丁憂，免喪復除，凡十五年不離學職。所至談經講業，勸德程藝，饋遺無所受，俸資或損助公私義費，内人至不能贍，泊如也。公處之晏如，由是以學行稱。

正德庚辰，用薦選授廣西道監察御史。時邊將嬖擁兵從南巡，竊擅威福，人情洶洶。公上疏乞散遣，邊兵久宿内地，非宗社福。巡西城，權璫私第比比，其人素怙勢干法，獨相誡無犯陳御史。按浙，清戎有法，所建請咸著令。

今上嘉靖初，數上封事，關聖躬，切時務，優詔褒答。勑讞滯獄，縱釋幾千人。糾劾文武大吏，發其曲謹善媚、華無實者，犂然當人心。乙酉，擢山東按察僉事，治不爲苛細，務去太甚。奸民誣縣令贓盈萬，廉知無狀，立昭雪反坐之，譏嫌無所避。民私鑄錢覺，盡釋其共犯同舍數輩，坐爲首者一人。嫗被毆幾斃，其子憤，格殺毆者，憐以其母故，減死論。豪家奪細民妻女，所結貴勢或顯爲之地，竟捕置重典。其他原故誤、視强弱爲操縱類此。

公自爲卑官，既有所自見，立言路，直而不訐犯人所難，持法惡深文，務從寬厚，故威加而民不毒。居鄉矜重自愛，家邇縣庭，未嘗以權賂與令丞爲交際。閭里中，若不知有方面大官家食者。嘗自謂：「口所不言，心不敢妄萌；力所不能，志不敢妄覬。」蓋素所操持若此。用之未竟，而慘禍相仍以終其身，豈不悲哉！於是宗戚會哭，奉公遺言，以倉使第三子游之子秉文後浙，第四子洋之子秉律後濟。龍孺人曰：「治命也，所不敢違。」士大夫莫不嘆喟：「幸哉有此！」

公卒後二年正月朔旦，奉柩葬五十六都麂山寅甲山申庚向，以秉律致龍孺人命，奉公族弟京兆君子器、尚寶君子發所爲傳若狀，來徵銘。予不能辭，則志所深悲而竊幸者。爲之銘曰：

弟耶昆耶？主坏土者，兄孫耶？

李母朱氏墓誌銘

孺人姓朱，進賢隱君某之女，勑封翰林編脩李翁諱某之配，春坊左中允、國子司業璣之母也。孺人生而温淑，寡言笑。始歸，不逮舅，事姑鄒氏盡孝，即有饋一果一蔌，無弗獻者。姑晚歲喜酏粥，孺人躬執炊爨爲肉糜，時以進。比遘疾，拜斗籲祈，發於中誠。既没，沐浴襲含，不假媪嫗。凡附身諸物，手自縫製，痛哭隕絶者再。封翁異母兄嫂某氏，時或拂姑意，孺人輒爲寬解，嫂弗知也。顧或心嗛孺人，孺人第引咎自盡，竟相感悦。封翁好客喜酒，每飲必引滿浩歌，賓主盡醉乃已，家故無厚藏，孺人節縮佐留客。封翁或醉吐，即瞿瞿扶持，解衣浣拭，伺少醒，進之湯水，不待索而具。已告之醉且諷之，悔。悔矣，尋復醉吐，輒又躬扶浣拭，瞿瞿如曩時。蓋終其身無傲言恚色、憚煩意，妯娌間咸自謂不及也。家初裕，中落，會縣官急逋責，孺人出奩具盡賣完輸，且以償債家，即無幾微見顔面。及伯析産，人謂向者私藏公費，固當論償，封翁用孺人言，絶不掛齒。又時時佐封翁賙窘乏，濟利尤多。後司業君對大庭切直，上親擢甲科，官詞林禁近，人咸謂厚德之報云。

孺人生司業君時年三十矣，雖心愛之篤，然不爲姑息。有過，譴呵諄誨，務期必改。嘗迎養京邸，司業君或起晏，峻詞切責，戒無怠荒，君用是益惕勵，不懈於位。嘉靖己酉，司業君乞假歸省，念孺人春秋高，欲留侍。孺人心喻其意，忽促君行，曰：「吾欲隨養。」於是遂束裝就道，行數日，乃復謂曰：「吾所以爲此者，第速汝行耳。吾豈能舍汝二孫若汝寡姊耶？吾歸矣，體力尚健，無用爲慮。」司業君不能强，復侍歸而行，居常鬱鬱不樂。

明年庚戌，自家來者報孺人起居怡適，元正届誕，親族日携酒肉上壽，歡甚，司業君乃心喜。無何訃至，孺人以二月三日忽患痰喘卒，詎生成化辛卯正月初九日，享年八十。司業君號踊頓絶，曰：「天乎？不使璣得一視含斂也！」既以其同年友侍讀敖子銑所爲狀請銘。予官翰林、國學，皆與君相後先，爲同官而母又賢，銘不可辭。

孺人生男、女各一：女適余橋，早寡；男即司業君，娶徐氏，封孺人。孫男二：長庚，娶熊氏，生男時芳、時茂；次度，夭卒。孺人墓在互塘前首某趾某之原，葬與封君合其日，卒之歲某月某日。銘曰：

一姑二婦，或喜或怒，調諧以無惡。琴瑟静好，順成維賓，兢兢至於老。子曰「兒侍」，母曰「而仕」，畢歸於養志。今妻賢母，德則多有，銘刻於不朽。

方母張太淑人墓誌銘

嘉靖庚戌秋七月二十二日，方母封太淑人張氏卒於里居之第。淑人早寡，奉其姑戴淑人與其遺腹子今錦衣衛都指揮僉事恩相依爲命者四十年。而錦衣君由都閫擢漕運參將，念兩母春秋高，依依不能行。淑人激以報國顯親，催促就道，而身留養姑。是歲正月，姑卧病，淑人徬徨醫藥，寢食不寧。越五月，姑竟不起，淑人哭之哀，遂遘劇疾。其即世以毁瘁，故錦衣君法不得奔喪，亟謀移疾，屬漕事嚴不可，鬱鬱不自聊。尋有錦衣之命，始得乞歸，卜壬子八月二十二日奉母葬於華家塘之原。錦衣配李氏，淑人，豐城侯族裔都運公彦之子，今都憲克齋公遂、宫允西野君璣兄子也，於是函宫允所撰事狀謁予銘。

淑人姓張氏，諱某，知梧州府南洲先生元春，其父；同知荆州府元龍，其叔父；四川按察司經歷召，其兄；同知松江府仲，其姪。家世業儒，而性識聰慧，《孝經》《列女傳》諸書，誦説輒曉大義。佩齋方公某，寅峰揮使公嫡長子也，爲庠生時嶄然露頭角，南洲公許妻焉。始歸，即能順事舅姑，與夫相賓敬，躬勤劳以勸力學。已而佩齋公受父代蒞官事，淑人親執饋饌，不以付媪御。時其出，即扃户治女紅，游偵不能涉跡其庭。

正德庚午，公被檄剪姚源賊，督兵鏖戰，死之。淑人年二十有二，號痛昏殞，誓身殉不得。時方娠，即默禱曰：「男也，吾與俱生；女也，必俱殉矣！」踰月，錦衣君生。旁無彊輔，家故涼薄，淑人茹荼履棘，岌岌不自保。錦衣君就外傅，沍寒酷暑，不使暇逸，時時語以父死鋒鏑、堅苦屬望之意。嬉戲，輒加訶責，曰：「無縱以成性，悔何及矣？」嘉靖丙戌，所司以佩齋公死事聞，授錦衣君都指揮僉事，則勉以韜鈐弧矢之學，使應武舉。居久之，與姑並晉封太淑人。既而貞節事聞旌閭，詔下而錦衣君自閫閫僉書晉長江西。太淑人訓飭之曰：「孤兒，一旦蒙上恩至此。今名位抗藩臬官長而拜跪受事者，莫非乃父等輩人。不翼翼奉公，少有瑕纇，指摘競起，逮身之菑，不可畏耶？」錦衣君奉以周旋，罔敢失墜，於是聲譽日起，荐膺顯擢。蓋禄位日進，事功日隆，而太淑人不待矣。太淑人子男惟錦衣君，女一人，適指揮同知戴堂。孫男叔壯，庠生，娶鄱陽劉僉憲洵女，次叔度。曾孫男彭、庚俱幼。

嗚呼！太淑人初抱乳一兒，凛凛如入坎窞，矧復知有其他？出坎履平，且即安宅，翔亨衢，而忽焉與姑繼逝。泝其生弘治己酉正月二十九日，年僅六十有三。天之所以篤厚貞節者何如也？豈其奉姑以植遺腹，志願已畢，欲全歸下報而天亦從之耶？予於太守兄弟、父子間爲通家，而錦衣君又厚予，故不辭，爲之銘。銘曰：

畢命以殉夫兮，孰與抱孤而畐存？孤非吾與存兮，姑孰胥以生？婦姑眷戀兮，既老不衰。姑考終兮，婦毁以摧。愛子知勞兮，不以姑息。訓用有成兮，位與名其未極。勢岌岌兮，復履其平。前不氣沮兮，後靡色矜。貤封以子兮，表宅自身。無忝祖考兮，儒者之門。華塘之原兮，其封若堂。慈孝貞節兮，有煒其光。千秋百祀兮，視此銘章。

胡母蕭孺人墓誌銘

往予從胡子遊，數聞胡母慈而能教。胡子志高願廣，揭揭自樹，每慚憤憂煎，母惻形於色，時呼與飲啗，善詞寬之。胡子歷宦數州縣，母遣僮遠訊，未嘗及州縣土產。胡子默自喻，益警飭內人。予心慕胡母，謂有和熊還鮓之風。

嘉靖壬寅夏，予往吊尊人月岡翁之喪，起居胡母，辭以疾。先是，翁卧病時，數念季未起第。時胡子官京師，母日夜庀料督季事。事第成，翁果大快，日力疾坐起其中，而母瘁矣。會被恩命，母念先父母不及見，又恨不得既歸展墓。尋，翁大故，母宿病虛羸，加勞瘁悲慟，遂不可支。

胡子曰：「母氏當先翁時，家計方殷，酧應日繁，諸所豐儉隆殺、緩急異宜，母規畫節量，應時立辦，咸默當翁指。治麻枲，纖細至數十升，輕綃薄縠不啻也。勞慮精勤，踰於力作。既長育兒女，又長我伯舅之孤，爰畢昏嫁，則二毛盈顛，年垂六十矣。而仲弟夭折，先翁不待，曾不得一日優游暇豫。天其或者錫福晚節，壽儻可冀乎？」居久之，再如胡氏，則雙柩在殯，母以五月五日卒矣。距其生成化壬寅三月四日，年六十有一。

胡子涕漣漣向某曰：「天不矜鮮人，又奪之恃。惟母氏至性仁孝，十四來歸，不逮姑，既克諧於繼姑。事先王父，養而能敬。既受命出分，得佳味必特進，茗非新瀹不獻也。先外祖善酒，數獻饋家醞，務足所嗜。事先翁，贊義弼違，靡倡弗和。祖塋或冒而奪之，莫有問者，翁聲大義，躬率諸昆弟於外；母誦述翁言，躬率諸妯娌於内，卒力協義勝，塋以克復。解忿釋憾，歸於輯和。先翁於臧獲有所恚，母自引勗帥無狀，得立釋。翁或譴兒，母從容爲説，宛轉曲盡，如兒自請。孤㬉也未知有母，今而後知無母也。」因悲不自勝。明日從觀所卜葬地，咸莫當意，乃卜祔柱原祖塋。族人曰：「往祖塋賴翁克復，翁無愧從祖，母亦無愧從翁矣。」於是祔翁祖左，祔母其右，而函狀來徵銘，母墓以某年某月某日襄事。

母諱某，廬陵曲山蕭氏，脩撰時中先生族也。初，脩撰以仲子訓導公之子妻胡君弘潔，而生月岡兄弟六人。月岡秀朗凝重，而訓導族子廣輔公豪於族里，有女愛重所歸，族人咸曰：「婿莫如胡甥。」而廣輔公以女少甥六歲，有難色，然私念甥秀朗異他兒，乃竟與胡甥。生三男一女：伯即胡子堯時，娶蕭氏；仲堯命，娶王氏；季庠生堯道，娶周氏；女適南富王宗儼。仲之夭也，母撫其寡婦、孤女以成。時季未有子，惟胡子有女、有男。曰舜舉，爲邑庠生。母既卒，堯道、舜舉先後各舉一女，而舜舉女許聘予孫男。胡子舉嘉靖丙戌進士，由淮安府推官召拜兵科給事中，以言事忤旨，謫簿攸縣。稍遷知新興令，累官屯田郎中。天子録新興最績，勅封父文林郎，官如子，母、妻皆孺人，制有美詞。爰題母墓曰「明勅封胡母蕭孺人之墓」，而本制詞爲之銘。銘曰：

祁祁碩人淑且貞，顯顯英嗣光帝庭。帝曰侃業以湛成，咨爾母儀洵慈仁。廉儉訓子服官箴，作朕肱股惠黎蒸。泝源命德式邦經，珠翟赤褘尚欽承。綸言有赫焕千春，皇皇麗日照幽冥。

旌貞節鄧氏墓誌銘

鄧烈婦諱閨秀，世新淦桃溪里人也。父曰周韶，馴飭恭謹以友鄉曲，鄉曲好之。娶於楊，以弘治癸丑二月五日生烈婦。沉慧貞淑，有至性。生十有五年，而璜潭曾翁瞻嵩有子妁婚，妁他族莫愜也，妁鄧氏乃愜。時里中諸大家妁，往往如鄧氏烈婦，父咸弗諾，乃卒諸曾翁，故烈婦歸景昭氏，生一男一女。而景昭氏侍翁遊吳楚，烈婦里居，遭寇亂，不汙死之。縣學官諸生、里耆老白令丞以聞，下監察御史、按察使者覆實，咸覆如令丞言。詔旌表曾景昭妻鄧氏貞烈之門，復二丁勿事。由是，里中咸稱鄧烈婦、鄧烈婦云。

始，烈婦入門甚少也，姑念曰：「婦未省事事，而能與我分勞乎？」時祖姑在堂，而烈婦乃更恭順，善能事祖姑，諸所無不當祖姑意者。祖姑喜，姑乃喜，陰屬諸妯娌咸取咨焉。而烈婦又更慈和，善能諧諸妯娌，諸所無不當妯娌意者。妯娌喜，姑益喜，家務咸綜之烈婦。而里俗多商，相高以多金。多金家鮮務耕織，粟米沽，布縷市，丁男貿徙，女婦晏晏，日粉黛紈綺，啜茶啖果相懽也。乃烈婦獨不紈綺粉黛懽會，大布之衣，紡績頷頷弗休。或諷其自苦，曰「無所苦」，曰「太朴」，曰「宜朴」。有詰之，曰：「麻枲，婦功也。惰窳罔功，罔功弗婦矣。且布也，女嫁須爲裝，無以重費翁金。」又曰：「古者，王后服浣濯，帝宮衣弋綈，民間布素，常也。侈則爲妖。」聞者嘆服其言，稍稍慕效之。比烈婦及於難，罔不流涕酸辛焉。

張春、吳鐸曰：「嗟！烈婦之死，蓋其素定云。盜初起，所過焚村燒聚，剽奪淫汚，烈婦憤曰：『狗鼠乃爾，爾謂人盡懼死耶？脫不幸，有以相待，然若姑何？』忽一日黎明，諠鬨聲逼，絳衣繞屋。烈婦曰：『鼠輩襲我矣。』火屋一面，使無合圍，乃匿女隈處，牽厥子以姑出避。盜得之，索賄首飾，罄與請姑。姑脱，請子。子脱，獨縲烈婦脰驅之。烈婦且行且顧且哭，若示無生還者。官軍追至牛尾洲，則見烈婦屍横額斷矣。問鄰嫗匿路旁者，蓋烈婦伏地求死，且駡，遂遇害。而後人來至斷顙所，往往見黑氣如車輪云。」君子曰：「烈婦非獨能死也，乃整暇不亂，非委命達生，惡能如是哉？雖古哲人元夫，何以加焉？」

烈婦卒時，纔三十有四歲，女某、子汝直俱幼。已而女歸饒思，汝直亦納婦舉子，子曰烈兆。烈兆者，旌詔至而子誕。里人語曰：「烈婦昌厥後，既兆之矣！」嗚呼！餘慶固未艾哉？

初，汝直就傅暮歸，烈婦必問所誦，然炬課之，弗朗弗熟弗罷，曰：「若此弗誦矣。」以故，他子弟師勞功半，獨汝直業成而傅不煩也。汝直考補邑庠生，今用例爲太學生，乃奉其業師孫君光所爲狀乞銘。烈婦卒嘉靖丙戌七月二十六日，葬以丁亥十二月二日，墓在璜潭北原祖塋之次。銘曰：

尺璧沉沙，有虹其氣。幽蘭先露，餘芳洩洩。於赫貞婦，殉身以烈。人曰蘭摧，士云完璧。曷完曷毁，奚吉奚凶？迎刃斷咽，得正以終。誰云慷慨，不由前定？豈伊頗僻，臨危畢命？弗奪於遽，寔徵厥素。壺儀弗瑕，匪朝夕故。旌詔有煒，銘詩曷以。教子之恩，式昭素履。

樂母歐陽孺人墓誌銘

孺人諱蕙秀，歐陽氏，河南憲副潛元公熙孫女也。父養拙府君諱循章，與先考巖溪大夫爲三從昆弟。孺人於予爲姊，而少長相懸垂三十年，故予及見其老。其端莊强毅，有丈夫之風，以是知其少年堅節，非偶然也。

孺人幼聰慧，通經書大義。嘗讀令女事，慨然義其所爲，既而嘆曰：「志必不可奪，鼻何用必斷也？」潛元公異之，慎相所宜歸者。憲副澹軒樂公某與潛元公友也，其子巡尉府君某，有子曰景文，秀朗異常兒，遂許妻焉。入門，夫婦如賓，外内咸宜。後三年，樂君遘疾卒，時孺人年才十九。矢心操節，凡六十年，竟植遺腹，以昌大其宗。論功校德者，以爲不啻中興，蓋有再造之勞云。

初，樂君病，既絶復蘇，曰：「吾妻娠必男矣。先憲副爲刑官三十年，不威不貨，天道有知，必不使我無後，以章先德。」已謂孺人曰：「以遺孤累卿，宗祀之託也。然卿年少，得無難乎？」孺人號痛昏殞，指天誓曰必不相負，樂君遂絶。逾六月而葵生，孺人日抱葵，誓與爲命。潛元公乃迎而舘之家，用相慰藉，且微觀其意。當是時，巡尉君夫婦在堂，孺人兩地慕戀，時來往，靡寧厥居，而未嘗幾微怨憾。每敘述樂君復蘇時語，慨慷激烈，悲不自勝，由是無敢以改適爲言者。養拙公時從視其家，則見其敬舅姑，諧妯娌，愛子姪，恤臧獲，外内扃鑰啓閉以時，賓祭問贈豐約有度，喟然曰：「吾女真能寡矣。」葵時年十有二歲，乃歸葵以從母。

葵天性穎異，十三選補郡博士弟子，孺人躬自誨飭。每出門，輒教之親師取友，數舉古人「蘭室鮑肆、香臭俱化」之語以相警，且曰：「孤兒當百倍惕厲，庶寡母有以下報乃父。不然，非吾子也。」葵感激力學，馳聲庠校，數爲督學官所獎拔。既而懇請歸養，孺人聽之，曰：「予聞諸祖父，讀書以講明義理、開豁心志，他非所覬也。」葵既絶意榮進，内以孝友率其家，外以信義率其鄉之人，曰：「古所謂是亦爲政者，非孺人之教歟？」於是推本兩憲副公之德，以爲孺人實克成之。孺人生成化戊子十二月二十六日，没嘉靖乙巳四月二十一日，享年七十有八。是時，葵年已六十，有子男三人：宗望、宗錫、宗箕，皆受室。女三人，皆歸名家。初，葵季女納采孺人妹之子，求爲子婦，族衆力贊，葵心許之矣。孺人謂葵：「汝非舅家不及此，今其家替而舅孫文譽未有室，其以汝女妻譽。」葵敬諾，則以母命辭。其從母弟或爲之固請，固不可。或曰：「譽也，貧且孤。」葵曰：「此吾母所以必欲妻譽，吾所以必從母命者也。」士大夫義之，咸曰：「母如是，宜其能堅志以植孤；子如是，宜其能篤行以自植。」

孺人卒後七年壬子，葵奉以葬於本里黄漕元龜州庚山甲向之原，其日以某月某日。詣予請曰：「非舅氏，誰爲銘者？」予安忍無銘？銘曰：

於戲！無辱於潛元。於戲！無愧乎死者之言。於戲！無負於王舅。於戲！克昌於厥後。於戲！殆天之所佑。

副使閭山馮公墓碑

公姓馮，諱裕，字伯順，别號閭山。其先青州臨朐人，曾祖思忠，國初選實遼左，戍廣寧城。祖春，父贈奉直大夫、南京户部員外郎振，母贈宜人李也，成化己亥七月十五日生公於廣寧。公既仕，始復臨朐焉。

公天性穎異，年十二失父，尋又失母，依叔母池氏。以居家貧，能奮發讀書，年十七，選充衛學生。時諸生務涉獵爲詞章，獨往謁義州賀醫閭先生，事身心之學。叔母卒，持喪三年，當道敦迫應舉，不赴。他日赴舉，或贐之金，捐其半以贍童時句讀師，其厲志篤義若此。弘治甲子，山東鄉薦。正德戊辰，第進士。己巳，

令華亭。邑劇不事嚴察，用廉平爲理。邑人有附逆瑾憑威福者，嗔公不私其家，撼以危言，公置弗聞，竟不
能害。歲大水，東鄉尤甚。部使督賦急，民無所出，迺稍均之西鄉，即有譖華亭令加賦者，撫臺惑之。既廉
實知狀，猶以其故調蕭縣。縣新被兵，加意拊循，民用安集，擢知晉州。滹沱河故道城北，地淤瀫饒沃，賦獨
重，已河徙城南，而賦猶踵舊。公立排衆言，視地腴瘠益損之，流民相繼來復。丁丑，擢南京户部員外郎，督
儲中都。居守中官驕甚，秉禮不爲下。其人怒，陰偵所間，欲中之，踰年竟無所得，乃歎服。遷郎中，禁輸將
者無濫費於賄以售濫惡，官物浸中用，而民益稱便。

嘉靖初，擢知平涼府，尋以赴任後期，改石阡。播、凱二酋相攻，連兵十數年，被檄往爲正其疆界，責償
所殺傷，皆稽首不復爲亂。壬辰，遷貴州按察副使，整飭威、清戎政，規令嚴明，戰守有備。土酋龍里死，其
兄介與里妻整兵争奪，遠邇騷動，單車往諭之。或請無遽行，不聽。即日深入，皆意沮解散。攝司事，苗叛
程番，衆皇懼歸過，郡守憤欲加兵，公不可，且謂此不足憂，徐遣幕官撫定之，於是聲教聿暢，威信浸行。然
質直自遂，莫有爲之游譽者。甲午，被論解官，人莫知其罪。或曰：「公亟清郵傳繹騷賸金，月令主藏吏入
之總司，怨若忌者媒蘖之。」公怡然，言曰：「仕宦三十年，幸數脱奇禍，歸老牖下。吾復何求？」家居不問生
産，與諸耆俊結詩社。鄉人召飲輒往，爲盡醉，以私請則辭。歲乙巳七月二十四日卒，以其年十一月一日葬
臨朐洋溪之側。

配宜人伏氏，子男五：惟健，戊子舉人；惟重，戊戌進士，官行人，卒；惟敏，丁酉舉人；惟訥，與行人同
年進士，今同知松江府；惟直，縣學生。女三：長適廣寧傅中丞冢子偉，次適濟陽黄中丞仲子有，次適益都

朱給事弟泗。孫男五：子益，縣學生；次子臨，子履、熊孫，又次幼。孫女三：長適益都石舉人子繼芳，縣學生；其二未行。

惟訥學於予，既奉齊君宗道狀謁誌銘於大宗伯少湖徐公，又樹碑墓上，請予文刻之。公嘗謂「希寵者負君，媚人者負己，謀身者負人」，又稱其先人潛晦草莽，不藉一命，而鄉邦敬慕諮訪，緩急相賴，身都高顯者或愧焉。既自勗，又以勗其子，故諸子皆自重而好脩。銘曰：

大道既隱淳風漓，機變横流樸直疑。忠信參倚慎所持，蠻貊可行不在兹。乘流遇坎孰推移，謀身負己恥弗爲。嗚呼閭山知者誰？淑嗣英英纘厥垂，浸昌浸明肇自斯。

水雲聶公墓表

嘉靖辛卯九月十三日，封文林郎、華亭知縣聶公水雲先生卒。十二月十八日，葬鄰寺北塔山之陽，首趾乾巽，從公所樂水雲之間也。

初，公少壯時，大水暴溢，從父喪柩漂焉。尊甫日聰翁亟呼公，公浮水里所，追及柩，竭力抱持，展轉壓没復躍出者再。乃遡湍扶曳以歸，氣鬱痛肝膈間。公謂疾由父命，强忍吟聲以爲懟，父且懼傷之。其後疾作率如是，故家人弗用爲意。是歲八月大作，竟彌留傳變以卒。卒之日，盥櫛如常，但令移正寢，坐而瞑。嗚呼！可謂好德令終者歟！

先是，公仲子蘇州大守豹，以御史按閩得代，念公春秋高，欲留侍。上書引疾，不報。至蘇復上書，復不許。居常忽忽不樂，聞訃之明，祖跣匍匐奔喪，印章不改鑰，笭藏不改封，種種授諸其僚而行。既葬，致黄君某所狀事行，屬某表墓。某與黄君皆太守同年，同學於陽明先生，而公嘗亟稱二子者於太守，以勉之學，故嘗感慕公，以不及瞻拜爲憾。表墓之文，奚容辭？

公姓聶氏，諱某，字某。先世自新淦斧埠徙永豐磊源，又徙下市。公高祖達利，始徙雙溪口。達利故壯士，洪武初散金帛，團義勇，扞盜保鄉里。曾祖敏柱，以督運野死，配楊氏尚少艾。或利其貲，欲奪之嫁，乃一切隳破，用能自全。祖汝璡，嘗封股和藥以瘳母疾。父日聰，事繼母以孝聞，娶戴氏，繼劉氏。公，劉産也，自少倜儻有奇氣。嘗受里中聘爲家塾師，居未幾，竟辭去，事作業養親。每伺親意，嚮先承之，惟恐拂戾。嘗被酒，父不樂，明旦憤泣，鑱忍酒二字於臂，自此不復沾涓滴。時伯氏盲廢，叔季皆蒙稺，家務内外叢委，公獨力撑柱，未嘗辭勞。臨當分異，凡財産恣昆弟之所取之，而受有其遺餘者。父乃大喜曰：「固知汝不藉先業而興也。」父嘗爲里猾誣搆，家幾覆，臨終呼公：「無忘吾讐！」公既卒，哭領二力抵仇家，執仇毆之。仇家群譟，欲前格鬭，公厲聲曰：「爲父仇來，無所避，所不致汝死，以有法也。譟何爲？」仇不敢逼。

公堅强不屈，好面折人，然未嘗矜重聲勢。太守爲御史時，以前爲華亭課最，天子賜勑褒封華亭知縣，父散官，官如子。鄉人視公殊隆重，而公親操耒耜，時行壠畝間。或曰：「封官、御史父顧爲農耶？」公曰：「封官豈妨明農？明農豈累兒爲御史也？」不爲止。郡縣請爲鄉飲賓，每讓德不赴，而聞政令否臧，則義形於色。抵巇爲奸者數害公，弗顧也。公虬髯鐵面，廣顙高顴，眉骨入鬢，瞳光射遠，膽略、膂力兼人，蓋所稟有異乎人者。使究其所就，去世之脂韋滑稽、狗得畏威、俛仰浮湛以害義蠹俗者，何啻倍蓰？達材之教不興，賓能之政不行，竟未有以自見，然其薰蒸漸被爲不少矣。太守弘毅體道，任重致遠，《傳》曰「魯無君子者，斯焉取斯」，詎不信歟？吾故表而出之，使知煦煦媚世者，其道未足稱也。

贈尚書李公偕配合葬墓表

蕪湖龍山之東，艾蒿之原，有碑穹然當神道，是爲贈尚書舫齋李公偕配蕭淑人合葬之墓。

公諱貢，字惟正，別號舫齋。起家進士，户部主事，員外郎，刑部郎中。嘗視菑兩浙，按事岐王府，還報俱稱旨。大臣名薦公，擢山東按察副使，歷福建按察使、陝西右布政使，進山西左。逆瑾方熾虐，倚藉科索者無藝，公下記郡邑置民膏簿，月按之，乃稍戢。尋以副都御史撫遼，總兵官怙勢暴横，裁正以法。前撫臣阿瑾意，議賦羨田，驚遼人，首停格之。瑾怒，懼以危言，不爲動。誣公稽山西邊餉，矯詔致仕，罰輸邊粟千斛。瑾誅，起撫畿甸，寧、鋭二豎復張，狐鼠依憑，害公法禁，飛語交扇。會陞兵部侍郎，懇辭不拜。公方棱疾惡，節概自許，淑人相以温惠，所至慎内防，游偵者不得伺，竟完其名，德用不瑕。

公之入陝也，淑人即東還理家，益務儉勤，若習爲窮約以相待者，故公無所繫，得決去就，凡再忤權倖。得謝，日登臨燕笑，賦咏泊然，與世如忘。閨門之内，白首相賓，晏如也。夫士不立節，無以儀家邦，且與覆焉。然「我入自外，室人交徧適我」，或因之牽制，以隳墮末路，則内助固非細事哉！

公卒正德丙子五月，享年六十有一。又六年嘉靖壬午，今上改元，録先朝守正諸臣，贈公資善大夫、南京工部尚書。又六年戊子，冢子原道以恩生領京畿鄉薦。又十年戊戌，原道奉淑人命謁選，授南禮部司務，迎養甚懽。明年己亥六月二十五日之夕，淑人微疾卒。嗚呼！完節餘榮，遐齡令終，其亦可以無憾焉耳矣。

原道既奉淑人之喪合於公，諸凡邑里世系、子女孫息、微言細事，具載誌銘，以爲藏在幽宅，宜得表顯，乃樹石墓道，謁文。予爲芟剪采掇，小者弗論，論著其大者，刻之石。

贈郎中高翁偕配合葬墓表

豐城高翁古坦先生，諱英，字鳳奇，偕元配李氏先後卒。葬餘十年，爲嘉靖丙申，朝廷録其子南京刑部主事宇前節推常德府治行，褒贈所生。又四年，主事擢某部清吏司郎中。會霈皇儲恩，於是翁自敕贈文林郎、常德府推官進誥贈奉政大夫，官如子，李氏自孺人進宜人。墓在邑廣豐鄉腆陂社迴龍之原，舊爲神祠，香火虔肅。刑部未仕遭喪，卜葬哀懇，告夢於內。會毁祠而鬻，投牒得之。或欲奪攘祠，鄰諱弗與，卒歸高氏，果稱吉壤。人謂翁父子世德，神人蓋協相云。刑部受新命，將改題墓道之石，奉少司馬高吾陳公、尚書郎龍池李君介卿所爲誌表，屬辭於某。

嗚呼！翁幼而失父，又鮮昆弟，獨奉母朱氏與居，煢然孤寡。既有室，遭家多故，茹荼履棘，兢兢自度，夫婦同之。由尊考顒濬公而上凡五世，年皆不盈四十，或僅二十餘。歲時享祀，追慕號慟，春雨秋霜之惕、草塵薤露之感，交至焉。日孜孜作德，誠懼一旦賫志以往，無所成立，豈復有意身家百年之慮也？

平生輕財樂施，拯危周急，如恐不及。破崖岸，削畦畛，賓朋宴樂，竟日忘疲。或召之飲，必開懷酣暢，嘯歌以歸。坦坦于于，與物無競。居邇縣治，常遠迹公庭。令敦迫一往，率其質直，不爲容悦。其慎德厲行，豈非惟日不足之志然歟？

卒之茂祉遐齡，内諧偕老，享子孫之養；外結耆社，尋丘壑之懽，優游徜徉，終其天年。神錫佳城，皇有寵命，幽明之間交慰焉。所謂作善降祥、天之所祐者非耶？

自世衰道微，人競爲機變之巧，阱中文外，以喪其真。厚自封殖，拔一毛以濟艱厄不爲，甚者倚託要津，如鼠依社，瘠人自肥，謂爲得計。其於翁志行臧否何如也？使翁至今尚存，及見其子身都顯秩，素履之往以樹風聲，其薰蒸顧不遠歟？乘化歸盡，流風弗斬。而當翁之時，多行不義、規規爲私圖者，皆澌滅無聞。其爲謀遠近，亦可鑒矣！故表而出之，使君子作善及時，無以來日爲可恃，然後能没齒無憾、易世而不朽也。

泉嶺阡表

松陽教諭曾君宸，奔母氏之喪，還於泰和，卜邑南鄉泉嶺負某面某之原，爲雙窆同塚，虚其左，葬母於其右。

先期，衰絰函狀如其友歐陽某氏，泣且言曰：「先母生十有四年，歸家君伴筠翁。不逮事君姑，逮事先脐庵公。脐庵公故嚴重難悦，時方致浙江按察使事以歸，日娱文事，四方賓朋踵至，餡粲無虚。諸子婦析爨異宫，莫之理也，獨先母相少姑畫進諸所，靡不當先公意者。後十年，先公捐舘。家君四方于行，動一再朞，比反，舍内無頹缺。中遭多故，五遷厥家，公私填委。家君教授鄉里，以給伏臘；先母夜績晨炊，補敝苴滲。茹荼履棘，略無幾微愠於顔面。自宸就外傅、遊邑校，日掉臂出門，不問有無。時從大夫君子過舍，應辦整暇，亦莫知宸之爲窘者。用是得一意講業，以幸有聞。嘉靖壬辰，宸選貢入京爲養，受官，將迎致二親於揚州訓導之邸。高年憚涉，不肯行，獨遣新婦至，戒之勤儉，無靡於俗。歲己亥，先母躋八衮，家君八十有一矣。楊士大夫、司馬王公、少司空葉公、太僕盛公、大理曾公輩，憐宸迎養不至，相與聯高文大册，寓歸爲壽。於時，二老懽甚，日衎坐中堂，召童兒吹彈戞擊爲綵舞。使還報宸『悉心率職，無以我爲念』。辛丑宸還松陽學教諭，歸省，跽請留養，不許，且促之行。至官未朞，先母訃聞。蓋伏枕才三日，下部微腫，猶起坐酧答如常。忽握家君手與訣，顧宸兒起鳳單孑以屬諸宗黨，又顧家君爲宸圖廣後嗣，頃之遂絶，某月某日也。匍匐西還，圖惟宅兆，厥既得卜，將以某年月日襄事。惟是墓門之石未有刻，敢徼大惠。」

憶天順、成化間，教諭曾王父松臞學士、王父斉庵憲使暨世父文甫太史武接登朝，名動海内。一時英聲茂實之士，講德問禮者，望門爲歸。庭户光彩爛盈，何奕奕爾也！家運中替，遺澤不斬，教諭君脩詩禮之業，光紹前聞。會空同先生董學遴才，遂褎然爲諸生舉首，時論籍甚，謂曾氏理窮數盈，必復其始。蓋朝嗟翟門之可羅，夕睹陳巷之多轍矣。然豐約相懸，情隨勢異，一德之難。丈夫旁羅宇宙、博知今古者，猶或病諸，況閨閣之媛，未嘗廣覽遠聆者乎？書傳載截髮剉薦之事，謂能抱貞居約，以成其子，方兹所稱，何以加焉？爰表著大都，以告夫世之脩身俟命、不貳其心者，亦將有感於斯乎？

於是，教諭君謂某《春秋》之義，婦人先卒不書葬，所以明順兹之阡，昭爲壽藏。名從穆，無乃非順事，如以地名名，於義其可。某不能異，爲題其顔曰「泉嶺阡」云。伴筠翁名某，字某，生天順己卯月日，今年八十有四。母諱某，姓蕭氏，邑安平里人，生天順庚辰月日，卒之日，年八十有二。其世系戚屬，子姓誌狀備矣。

康一松翁墓表

某舉進士京師歲，伯舅康一松翁以其子岑選昏弋陽王女弟，嘉魚縣主上名禮部奏聞。而翁爲兩淮廟灣鹽塲副使，忤御史，勒令服受賈錢百，褫職。憤上疏曰：「臣德淳，幸日月垂光，昭雪汙衊，退伏田里無所恨。」事下兩淮巡撫官。巡撫官問都轉運使，運使曰：「此官治廟灣，廟灣課最；攝筦，課又最。浚安東淤河數百里，程督有道，旬日即功。年穀不登，塲饑有莩，擅發而後上狀。或難以法，曰：『待報不滋莩乎？法防奸，未聞禁人擅活饑莩者。身受其罪，民保其生，不亦可哉？』時賑米蓋數百千斛，浚河之役費無慮千數百金，不以此時冒破爲利，乃利賈百錢乎？且誰爲事主左驗者？御史何知坐之？」巡撫官尋簡閱，則果無事主左驗，乃復廟灣塲副使，嘉靖甲申春三月也。翁曰：「吾之生天順甲申三月六日，今居諸不待歲月，復臨老矣。微官猶足戀耶？」將乞歸，疾作，夏六月十三卒官。某守六安，聞訃，不覺涕淫淫垂也。

憶外舅量夫先生時，群從族姓旦旦詣量夫，環坐咨事。外舅畫已，必目翁：朝古兄如何？翁不在坐，則使子若姪請五伯父來，來則卒如弟畫然，弟弗兄決，弗決也。外舅率族人用諸子禮，伯舅亦力贊用禮，戒無溺。女舉予内子姊妹，四伯舅亦舉女三，而子男子乃皆二人。其他先後輔翼、倡和相成此類矣。於時，族從咸軌於則，内無呰德，外無敗事，陵侮靡及，禮讓有稱。縉紳大夫望廬翩至，康有聞人，蔚爲慶宗。外舅卒，翁哀號頓群，退默默坐竟日，蓋深傷之。曾未十年，而翁繼殞。嗟嗟乎！天胡毒康氏耶？而數殲其良。於是，翁長子師偕岑奉翁葬於里中下巷乾巽之原，而配蔡孺人卒，后翁八歲，乃別葬焉。

予自金陵還，過洪都，舍儀賓之舘。縣主數使人於内子所，脩家人問甚勤。時主未有男，側室數産，男女弗育。而師有男某，既婚某，宜冠矣。三女歸王咸、蕭根、劉霖者，亦皆長，兒女角羈成行。而翁宰樹既拱，行輩凋謝，惟異母弟槎江君某無恙。岑涕泣請曰：「先人恐即就湮没，惟是墓道之石宜有刻也。」某悲而諾焉。

康氏居金灘邈矣，上世消息迭乘，迄用蕃碩。近二百年間，其興者曰國貴，號長洲居士，當勝國時有水陸地數十頃。今子孫得稼圃漁樵其中，食有稻粱、葵菽、果蓏、鱻稿，衣有布縷，用有材木薪蒸，以拓有基，以學有資，以仕有賴，皆其遺餘者也。生懋林公，諱某，國初與余侍講姻契莫逆，鄉稱良士。生潛菴公某，斥産滋豐，資富行義。生中齋公某，翁考也。

翁昆弟七人，而中齋三。母弟所生十有五人，蔓衍瓞綿，秩秩詵詵，一時蹶如勃如，焕焉炳矣。乃外舅理進士業，其才可高第膴仕，而屢舉屢不第。伯舅之才，長一縣、倅一州，宜優爲之，而學經不竟，去，用明法爲掾，又晚困一官，其施卒不竟。倘所謂運命，是耶非耶？

翁幼感異夢，松生於頂，因號一松。當其身未有徵也，將待乎其後耶？夫國以人實，宗以人亢，令内外大小吏咸謁才率職、急公保民如翁，世安得不理？康氏子弟，世濟蹌蹌，繼繼如翁伯仲間也，家慶詎有予再如金灘，展下巷之墓，過疇昔咨事環坐處，徘徊殞涕，爲志予所感者如此。復儀賓，刻之石。嗚呼！涯哉？

封君朱公墓表

嗚呼！兹爲封奉政大夫、刑部郎中萬安芙江朱先生之墓。大夫諱鵬，字九霄，贈員外郎熙齋公仲子，提督貴州學政、按察副使麟之兄，刑部四川司郎中衡之父也。刑部奉璽書慮囚江南，在道忽心動，因兼程歸省，抵舍七日，而大夫寢疾。於時，副使受命未行，得相與盡心於醫藥含斂，親朋嗟異，謂若有相之者。

大夫廣顙豐頤，隆準方面，顧盼有威，音吐洪亮。始在娠，劉宜人感奇夢，異之。兒時見《班超投筆圖》，慨然有遠志。好涉百氏學，獨不爲舉子業，嘗誦曰：「胸不包六合萬物，非夫也。」意氣激昂，遇事奮發，勇爲言論，常侃侃自許，不少貶徇，故人多嚴事之，至或望而引避。其教刑部，自始知書即授之古人格言懿行，暇則試其詞説，示之趨向，不期彊記。作字，令習曾公筆法，無學晉人。及令婺源，擢刑曹，飭遺寄諭，必取法朱文公爲治。治其鄉人，無忘歐陽崇公求生之道，以重民命。語皆可述。疾革，卻醫藥，禁禱祠，語刑部兄弟曰：「吾先世贈都憲公活萬人命，我祖東一公以遺腹子操心慮患，惇信明義，上承飾堂公屯鬱遺休，下啓熙齋公纘緒施及於予，亦罔敢歉心苟作以忝前聞。謂餘慶將在汝曹，而予不及見矣。」已命觴引滿，與元配陳宜人訣，正襟而逝，嘉靖丙午六月廿八日也，時年蓋六十有四。

人謂大夫能順熙齋公友于之志，後於世父，事所後確夫公、羅孺人能深愛，能成其弟之學，以蔚有名實。

於時能尊祖重祠，收恤宗族，其他賑饑救菑、掩骼埋胔、解棼排難，於人多所惠濟，皆可以得遐壽，而僅止於是也。先是，嘗夢巨人峩冠衣緋，導至一大厦，仰視壁間，懸東一公畫像，旁有四齡字。既覺，莫曉所謂。至是，計東一公享年，蓋增其四鬼神陰陽之祥，亦異矣哉！

大夫嘗遇人授踵息之術，及卒，子弟入哭，見室中揭大書，則有「存天理，遏人欲」「戒暴戒利」諸言，於是始知大夫晚歲常瞑目默坐，易嚴以寛，變厲爲温，蓋非獨有事於養生，而人未之知也。夫世之矯爲名高者，於耳目所屬，莫不强意脩飾，至於私親告語、幽獨警惕，則惓惓焉功謀利計，而中心之誠畢露莫掩。大夫所以訓諸其子，揭諸其室，蓋親戚所不及聞者，用是亦足以觀其志之所存。假之以年，與有道君子交相磨礪，又惡知其所際也？

予往歲遇萬安，大夫欲宿予南郭之舘，予不得果留，而時時往來在念，乃今重有慨矣。刑部奉行狀請誌銘於鍾石費公，復謁予文，刻諸墓道之石，則取誌所未詳者，表而出之，亦以見予之所深感而獨慨者如此。

東崖羅公偕配合葬墓表

嘉靖丁未春，予被召過螺川，吊鳳洲羅君春於其廬。君尊考東崕翁，歲前十二月六日卒。改歲正月甲寅朔，奉以如河東青原鷓鴣峰下，合葬於母劉氏之塋。劉之卒，乙酉七月廿五日，葬以其歲臘月十二日，御史義城黄君國用爲之誌銘。而翁葬也速，羅君乞銘未及，自爲誌，納之壙。至是，函二誌，徵予文，表諸墓道。予與君同舉丙子鄉試，義不容辭。

君初判建寧，三載考績，得封翁承德郎、建寧府通判，母劉、妻鄧贈封皆安人。外官非有殊政，數被監司表奏者，不得貤恩，而府判得表奏尤難，故翁之封爲異數。而羅君聲譽遂起，擢同知高州府，浸浸顯矣，念翁春秋高，亟懇致仕，其言曰：「先安人年踰六十，時先兄泰强壯當家，謂春勉圖揚顯，無事家食，春由是奔走在外，膝下之懽闕焉，後悔之亦何及矣？今吾父年踰八十，兄又不幸即世，春安能貪五品秩，輕所謂不以三公换者？」君既得謝，猶及翁康健。翁天性篤親，既嗒焉忘世，與其弟澹菴徜徉游衍，間日不見，即瀹茗相呼，君得操几杖以從，如是者數歲，翁始捐舘。養老送終，幾無餘憾，不謂備福矣哉？

予既諾君請，縻於職務，未有以復。是歲，除先妣太淑人喪，復被召，過螺川，始按誌銘敘次之。

翁諱同輪，字能遠，別號東崕。幼有志局，業舉子垂成，父委之家事，不能卒業，乃東書襲藏之曰：「吾先世君章公文鳴於晉，江東公、教授公宦於五季及趙宋之朝，大隱公爲元名儒。今吾欲光紹先烈而未能，後人其善承吾志矣。」成化乙巳，縣僉董區賦，會洪水爲沴，漂賦粟餘千石。或曰：「非典守罪也，盍辭諸官，均配輸賦之户？否者，且獨累矣。」翁不可，鬻産完之，家坐是日落。尋罹火災者再，蓋藏罄然。

時王父、王母在堂，素不習爲窘約，而母又多疾，所延必名醫，藥石所需奇貴物，非厚費不可。賓從及門多顯者，弟妹婚姻皆右族富家，禮際不能少損，又食指繁夥，翁皆極力營辦，安人至脱簪珥佐費，不私其有。竟能以耕織節省之贏完復廢業，而歲增月衍，倍於其舊。然終不徒以自富，如益祭田、脩祖墓、刻名賢詩、建義塾、請田公祠以率里中爲社會，其他周貧恤匱、排難解紛，所捐發不少，而貲顧日裕。安人亦喻翁志，賑施無所愛。卒之日，里婦不知姓名十數輩入哭甚哀。問之，則平日嘗受周恤者。蓋所濟未嘗語其家人，往往若是矣。羅君居官，政必近民，禄不求富。雖其志所存，然亦家積仁厚，漸習成性者歟！

夫學不必皆仕，要足以訓俗；行不必特異，要足以澤物。河濱陶而苦窳化，畏壘居而尸祝祟，豈不亦群鹿豕、似木石人哉？末俗日非，行如是，不足用爲訓耶？子若孫歲時展墓，追念前休，惕焉興行化者爲不朽矣。

歐陽南野先生文集卷之二十七　別集十一

雜　著

石江兄行狀

先生諱鐸，字崇道，姓歐陽氏。其先潭人，唐率更令詢之裔也。天寶間琮刺史吉州，留家，世爲吉人。宋初，太尉、梁國公忠自永和鎮徙萬安常溪。南渡間，德祖徙泰和蜀口洲。洲東瀕贛水，禾蜀江緣洲西岸迤北，東流入於贛江。江口石鑿鑿齒齒，水注射，噴薄號吼。先生常曰：「江利濟而以石病。石，用物也，而根盤江底，巧工利器無所施，以江廢。乃予無所用於世，卒重爲世病。石耶，江耶，殆知我矣。」自名石江子，人因稱石江先生。先生祖父曰昇，父曰皜齋公鶴，皆用先生貴，贈通議大夫、都察院右副都御史。祖母、母、妻皆南富王氏，繼母康氏，贈封皆淑人。

先生以成化丁未八月初四日生，有異質。四歲，皜齋公教以雲臺二十八將姓名，異日錯舉以問，應聲以指畫膝上，一無所謬。六歲，授經傳句讀，輒成誦。十三，能綴文。年十七，二泉邵公選補郡諸生，曰：「詞藻，蘇黃儔也。且以文自進，不藉先容，吾以此占異日矣。」正德丁卯，虛齋蔡公試其文，追古作者，寘首選。

是秋鄉薦，明年戊辰與從兄西洲先生席同舉進士，益研精經史古學。尋授行人司行人，上書言時政剴切，不報。壬申，使蜀，蜀王見先生魁梧端重，禮儀酬對卒度，曰：「公輔器也。」厚賜，啓謝無所受。歸，舟遇旋渦，幾沉，衆號怖失措，獨從容令投諸器物渦中，殺旋勢，會大風撇舟閣石上免。

時當路擬擢臺諫，以年格陞本司左司副。乙亥擢署工部虞衡司員外郎，晉郎中。中官鎮臨清者欲擅威福，假山東賊擾，請令旗牌行便宜，如江西征華林故事。既關通内外，先生曰：「此古節鉞，非專征不得授。江西之變，以一切從事，不可爲典，且後將無紀，威命日褻。」事竟寢。丙子，以便養改南京兵部武庫司百司官。皂隸免役金出納，武庫郎主之，而州縣解輸有羨，重者十一，輕者二十、三十而一。曩類取重羨奉尊顯人，又不必待時，而卑官顧終歲不得，或割私其羨。先生乃置曆公隸署，序私隸官，序辨其名數多寡，季均給之。内金即識字爲號，其出給令吏採籌指取，無問羨重輕。尊顯人初頗訝異，後廉知往事，乃咸曰「固當如是」。尚書喬公意先生英年少緼藉，數試以事，乃大驚異，曰：「賢自愛，老夫且退避矣！」其後大疑議必相咨決，或至丙夜，因留共卧。起奏議，輒託屬稿，或自草，必召與商訂焉。

己卯，陞福建延平知府。俗尚鬼，祠祀不經。葬親率飯僧事佛，連三五晝夜作無遮會，又盛酒饌、集賓朋，謂之姻葬，弗不貲，以故喪不易舉，至一家停者數柩。先生首禁黷祀，撤淫祠數十百所，以其材葺黌舍社學，作延平先生書院，買贍學田，進諸生講禮，榜通衢，明葬祭之義，嚴暴露之罪。蓋餘月而郊垌新塚纍纍，家無停柩者。

蕭司禮，敬郡人也，其家有省郎、有錦衣使。家人憑藉暴橫，莫何誰者。周廬列肆，侵官衢之半，上官過，至不能張蓋。賦稅輸將，把府縣盡箕之，恣科索公侵，費無忌，至復賦於民，蕩家產，笞械獄，死相繼。先生因行救火令，民十室輒甃甓爲火牆，廓官衢，務簷楯相遠，無俾延爇，而蕭氏廬肆多所毁者。又嚴禁包攬，即逋負，必責之攬者及諸所豪右，法往往涉蕭氏，蕭氏大恚。會蕭氏奴殺人於渡口，異時率置不理，立捕繫訊鞫坐之，百方說不得脱。家人没其事實，讒之司禮，司禮大怒曰：「知府將轥轢我家爲名高耶？」與其黨謀以刺事械逮先生。京師冢宰陸公微聞，徐救解之，尋舉堪劇，奏調先生福州。

先生以爲殆出司禮意，欲困我於會城，且日與鎮守太監忤，將藉手甘心焉，遂棄官歸曰：「豈能爲人作禰衡送之黄祖也？」上疏引疾，部議不可，檄兩布政司促上官，而鎮守尚太監既盛氣待矣。至則裁供饋、禁横索，鎮守府不得肆，門客數嗾尚，欲有所泄怒。會頒胙，先生謂：「神惠取盡，散祭品不當益以市肉。」於是諸司胙損舊十之九，又不及鎮守諸客。尚怒曰：「往胙我特豕、特羊，今何得不如故耶？」令隸委胙府庭去，先生陽爲不諭意者，謂：「相禮諸生，尚公無乃以相勞？」持去割分之，詣鎮守謝。及迎春，又不設雜劇，會鎮守府尚益怒，先生以謂：「時當布德施惠，若傷財殘民，何春之爲迎？」尚不能屈，則借他事爲名，肆詬駡，欲因激發相毆擊。先生第瞪視尚，尚至低回迫塞，出語誖謬。先生徐拱手言曰：「此非臣子所宜言。上聞，得無不可耶？」徑趨出。而城中人又傳言先生將發諸門客奸利，録其私橐，其人大懼，交説尚釋憾。

先生守兩郡，率約己裕民，正法督奸，刑以不濫爲威，賦以能均爲薄，禁庫官出納無羡贖金，令所在輸粟備賑。或曰：「將奚取爲用？」曰：「公用公取之。」曰：「私饋奚取？」曰：「寧無饋，豈敢以民財爲私？」尚使人偵伺數月，絲毫無得點染，乃因三司官謝過，不敢復肆侮焉。於時，客過府城至不能張宴，而上官所索辦不復下福州府，皆公相獎譽，内心殊不喜。會又審編里甲，先生謂：「福州海六、山三，田賦僅十一，里長正役不得優，仕宦盡免，偏累齊民。」於是鬨然議起，謂「方稜乖戾，非人情，不可近」者。時秋浦汪公以御史按閩，益敬先生，不爲摇。至課第藩臬長貳，顧密與評隲焉。後秋浦卒官户部侍郎，先生祭之文云：「鐸昔守福唐也，謂盡職所以求知，每冒昧而當官，不虞世路之多岐。於時中貴礪齒，同事含沙，佞人貝錦，上官書蛇。公獨察其無他，排群議而推誠，或分謗而解紛，或獎借而成名，馴致今日，亦濫金章。天日在鑒，曷其敢忘！」蓋深傷之。

今上嘉靖癸未，自福州入覲，舉治行第一，詔賜綵段、羊酒。是歲，陞廣東按察司副使提刑，尋改提學。至則明禮教，崇行義，勸督有程，課試有常，謂「養才如種木，株而植之，未必株而成之」。子弟稍穎資，輒收之學。士文義疏拙，不即黜，屢試靡進，乃黜。即儻蕩無行，亦不亟黜，累教不悛，乃黜。居三年，文體士習丕變，然未嘗大聲色，第規規自度，而潛移默動有出於勸督之外者。所獎拔士，往往知名當時，所擬爲魁元，竟亦罔不爲魁元者。戊子，陞雲南布政使司右參政。未行，召拜太常寺少卿、提督翰林院四夷館。己丑，陞南京光禄寺卿。兩寺稱閒局，而先生明職守、振玩愒，日兢兢有事，不亞他曹。光禄錢穀關内監，爲勾稽乾没，裁節耗蠹，小者簿正，大者驛聞，歲省民賦數百千。介溪嚴公時爲少宗伯，讀其疏曰：「仁言之利博哉！」

庚寅，勑公卿議四郊禮，先生疏略曰：「禮不相襲，樂不相沿。高皇帝經緯冠千古，祀典尤所盡心，宗廟去籩豆之儀、山川革侯王之號，未嘗泥古，惟適時宜，況郊祀大禮而有所未盡乎？乃分祀十年而更合，必有所未安者。合又二十年，不復議分，其定也久矣。人情惟久而益習，事體惟後之爲信。國初制度，曾經洪武中更者，後不復行，亦其定也，上下之所安也，況重大如郊祀者乎？帝王雖因時損益，然大體未嘗輕變。今分祀，則殿臺壇壝豈復能仍祖宗之舊？而工役繁興、財力殫竭，特其末耳。惟以法祖之心而行敬天之實，采逆耳之言以盡求道之方，實宗社無疆之休。」士大夫咸以爲婉切得告君體。

丁繼母康淑人憂，服闋，即家徵拜南京都察院右副都御史、提督操江。會丁皜齋公憂，丙申秋復召。武備久弛，江洋數不靖，乃募兵壯，飭賞罰，脩戰艦，除戎器，嚴捕詰防邏之法，申窩藏接引之禁。未幾，改巡撫南畿。東南財賦區，而蠹弊所從來久，大都賦則煩細，畝五升以上凡數十百等，重者幾二十倍之。又輸運或二斛，若斛有半而致一斛，乃加耗取盈，重者益重。周文襄公撫畿，議重糧折輸白金、官布，其費率四五斛視輕糧一斛，民乃不病。歲久奸滋，富民關節書史，變易名實，混亂重輕，於是豪家腴田多輕則顧輸金、布，貧民存瘠産乃負虛租。根盤絲棼，莫可稽詰。數十年間，建請均糧則者章數十上，事干版籍，格不行。先生謂版籍誠不可變，然加耗歲會巡撫職也。文襄據田行法，今當因法以補田。令府縣各綜其畝之額，而方田以正畝，括其徵米、徵銀之凡，而計畝均輸。科則不易，推移以耗，其名曰「徵一」。於是租賦之實，書史不能重輕，民得自制之矣。又定徭法，以清脱漏、正影射，裁撙縣驛濫費，而糧長推擇不出其甲，斗級以歲更，皆切民隱。豪家初頗扇異議，大學士未齋顧公曰：「徵一法行，吾家增輸且千石，然爲國遠慮，不可易也。」群議乃息。

昭聖皇太后梓宫祔顯陵，由儀真泛楊子，遡九江，皆先生撫屬地。先生率郡縣吏飭具徵衆，迓送出境，而山陵使皆近戚中貴，郡縣吏咸請所以待山陵使者，先生曰：「奉詔廩餼有常，輿皂有數，無敢不恭。」固請其他，曰：「他不敢知。」事竣，梓宮道所出，撫臣皆議勞受賞，先生獨以檢下不嚴致讙譁失禮，爲山陵使所劾。時已陞南京兵部右侍郎，奪俸三月，然上亦以此知先生。會吏部右侍郎缺，詔會廷臣推擇，再上再不允，尋奉聖諭「擇法官老練者」。廷臣知上意所屬，以名薦，詔可。受命不以家自隨，曰：「才微德薄，脱譴罷，不滯行李矣。」時嵩皐許公爲冢宰，會考察諸司吏，推誠贊詔，獎掖善類，衆惡必察，所汰黜無濫，大奸脱距，奥援不得庇焉。辛丑五月初五日，九廟火，自表乞罷，上曰：「鐸稱未老而衰，令致仕，可。」明日闕謝，又明日陛辭行。或曰：「上之知公也。舊聞曩時嘗語大學士桂公云：『此非歐陽脩裔耶？』而梓宮之役，以罪受簡，以爲不借譽左右，藎臣也，是以有少宰之擢。謂公盡命殉國，衰老非所宜言。上曰云云，殆以怒示眷耶？」又曰：「公行，無乃已遽？且鈞軸大臣投謁以别，將無謂公少望？」先生曰：「事君，捐縻爲期。苟召我，敢俟駕乎？吾豈悻悻窮日力而後宿者？夫知我者以我爲恭，不知我者以我爲望，吾敢謂大臣非知我者耶？」先生歸，則放情泉石，投好農圃，卜武溪之勝，面武山搆盱武草堂，在禾蜀江西岸，去故居里所。時與伯兄賓武先生燬游衍歡笑，日讀書綴文，以此自老。甲辰秋九月念七日感疾，素壯，弗用爲意也。居數日，稍劇。十月七日閲邸報，猶指事語其子獻曰：「君子貴居正。行險僥倖若此，鮮不禍者。」頃之，王淑人告囊金既罄，請銷酒器爲費，不可。呼僮曰：「取紙筆來。」則令牽紙，仰面書數字，貸金於伯兄，字皆遒勁不敗。薄暮，瞑目不語，喉中齁齁有聲。詰旦，聲浸微，遂絶。先是，公卿大臣及撫按、臺諫官封章交薦，謂且召用，而先生不逮矣。前病十日之夕，里中見有光燭天如星者，若起盱武堂，飛越禾蜀江，墜故居東，蓋再旬而罹大故。士夫聞者咸悲惋嗟悼曰：「天不憖遺，嗟嗟悲乎！豈獨私門之痛哉？」

先生天性篤孝，四歲母王淑人喪，哀慕如成人。居皜齋公及康淑人憂，無違禮，每哭哀動左右。語及舅氏，輒潸潸垂涕。或曰：「先生長育舅家，痛固宜。繼母曷嘗慈焉？無乃非情乎？」先生聞之曰：「共翁休戚數十年，吾又焉知慈不慈哉？」嘗夜臥驚覺，亟起視翁曰：「寢得無有故？」會翁墮床起坐。古稱嚙指心動，骨肉深情，豈異也？每念伯兄自幼以失母，故相依爲命，提撕勸相，綜攝諸務，俾少得專學仕，得無内顧以畢力於官，輒喟曰：「無兄，焉有今日？」逮老，每事必咨，憂樂胥共。某嘗謂今輩行中有兄弟若此者，何必不如古人哉？

先生得子晚。初，王淑人數孕，皆不育，而側室劉氏、張氏有三男、二女：伯以督學廣東歲生，名曰獻，廕補國子生。仲以擢參雲南歲生，名曰參，季以少卿太常歲生，名曰卿，皆邑庠生。長女適庠生楊同唐。次女聘仲舅之孫王宗明，未行，先生卒。

某匍匐往臨，獻率其第稽顙言曰：「先人蚤有志於天下事，而用弗究。頃家食，聞北虜犯順，輒憂形於色。暇日書不釋手，獻從旁竊觀，非周、程遺言則孫、吴武略也。蓋先人猶有耿耿不寐者，而今已矣。意氣心術發之乎文章，而稿棄不存。自獻有知，所收才千百什一，而言不盡意，大都未可概見。今誠得大人君子知先人者，闡發幽潛，勒之金石，光之無窮，獻死且不朽。惟敘述行略自家庭，家庭知先人者無如叔父，惟叔父憐而賜之狀。」於時某茹痛嚬哀，不能有言，然不敢讓也。

嗚呼！氣無完賦，才有所偏局，故華實不兼茂，功言不並立。篤行砥節者，不必炳於文；摛詞麗藻者，不必底於績。若先生，何其兼資篤備也？年不塞望，施不盡志，謂天亦有所靳之耶？其文可愛而傳者，行之乎遠，乃事實没，不少表顯，論世者何觀焉？故追憶所見聞，次歲月，著之篇。

大司馬翁公傳

公名萬達，字仁夫，別號東崖，揭陽鮀江里人也。其先莆人，徙揭陽。上五年，公舉進士，除户部主事。嘗主河西告緡，劾諸豪闌出貨及侵地姦狀。尋視通州漕，諸豪亡敢撓漕法。又陳言鹽筴便宜事，上從之。京師饑，公以郎中奉命行縣發粟，多全活，部尚書以爲能。尋拜二千石守梧州，其治郡以興學校、正風俗爲首務。會咸寧侯仇鸞提兵戍梧，軍吏藉聲勢横甚。公捕首事者十餘曹，輂遣之，一軍皆畏服。梧苦，督府共億公省繇費便民，而督府倚辦郡中，公又事事立辦。居四年，上下胥安其政。

丁酉，安南人鄭惟憭上莫登庸篡立狀，上命咸寧侯及司馬卿二人將兵討之，公以廣西按察副使置軍中。時登庸佯言薄廣東，且採毒藥試刃，收巴豆囷集置上流，埋竹筒地中陷馬足，又行金塞上間我軍，關吏無所禁。公募敢死士梁文韜等，微得虜虛實，乃下令諸吏民即出塞外通虜者罪收族，諜者遂絶。公乃謁毛公曰：「大司馬奉詔討賊，懸孤軍深入，此難以趣利；龍、憑二州諸夷趙楷、韋應、李寰等且約虜爲内應，此發難不難。三人者深相結，急之則易爲變。又楷、寰精悍，難卒勝，獨韋應愞，易禽。應禽，楷、寰可虜也。語曰：『攻堅則瑕者堅，攻瑕則堅者瑕。』顧能降此三人，登庸易與耳。」毛公曰：「善。」則以兵屬公。公陰使人召思明府酋長黄朝，授方略，伏甲士禽應。無何，獲楷、寰，皆論死。登庸固以駭懼，而公曰：「吾且益先聲伐之。」會亂藤峽反酋勝海刺死，海弟公丁反故地。公出奇計，虜斬公丁，而從兩軍收公丁餘黨，鼓譟進，夾擊賊。皆殊死拒，徑布蒺藜、菰蔹，隘塞巨木、懸石，樹杪伏機弩、毒鏢，戟莽，觸立死。公皆以計奪之，乘勝逐北，斬首數百級，盡降其衆三千人。

初，四峒轄忠州，其後峒豪黄賢相割據峒，峒改隸思明府。忠州數争之，議未決，乃下公議。公曰：「今之議峒者三：州郡相持，議畫一則不相下，議中分則取圖籍變置之，非民便也。議立縣立所，縣簿責急，難以得民和；所權輕，緩急非所賴。此三者，則有司之計過也。不若割峒屬南寧，置通判一人鎮撫之，以指揮戍守，此得峒完。」峒民曰：「幸甚。」黄賢相不奉令，且負峒反，督府問公狀。公曰：「峒父老苦賢相久矣。今且有主，奈何從賢相反哉？願遣一偏將軍移軍南寧，且夕且下。」居有頃，賢相以地降。登庸聞之，恐甚，乃曰：「上發兵討我，諸將不急擊，顧先平諸内夷，嘗我也。」公護軍軍龍、憑，壁虜境上。軍吏獲諜者丁南傑致麾下，公盡得虜狀，釋其縛，遣之。丁南傑告登庸曰：「趣降，不者且爲虜。」登庸愈益恐，乃欵關請降，遣諸子莫文明入朝上疏請罪。詔罷安南爲都統使司，登庸以都統使監其國，公論最加秩，賞賚優厚。

先是，擢參政浙江，督府疏請留公，遂改廣西，仍治軍事。至是，擢四川按察使，尋以陝西布政使拜右副都御史，巡撫陝西。乙巳，進兵部右侍郎，總督宣、大諸邊。始至，奏裨將卻永、姜奭等罷之，諸將奉約束唯謹。秋，發卒乘亭鄣，分布既定，乃陰遣健卒數百行察勤怠，以硃和油納竹筒中給之，約曰：「亡守者第硃署其處，勿復問。」而亭卒即面縛受罪。由是人人震懼，亡敢失伍者。八月，匈奴大入，公徵諸將兵卻之，簡材官善射者夾道而伏，虜多射死，尋遁去。上聞之，賜璽書勞公。時壯士王千斤力戰死，公哭之哀，以死事聞，請爲之立祠，官其子，邊人無不感泣。公以邊地踔遠，虜出没難備，乃東自老營堡距滑石澗，築牆二萬丈許。告成，事進公右都御史，蔭子思佐國學生。大同宗室充灼等謀不道，且開虜入，公知之，則授成大同將周尚文發奸狀，公又推轂尚文本謀，口不言功。詔繫充灼，論如法。公進左都御史，再蔭公弟萬程。會議復河套，公上議凡數千言，大要論復套與搗巢不同，惟謹烽燧、輯行伍、足饋餉，以俟虜隙爲計之得，語在公奏牘中。己酉春，虜宣言寇宣府，且薄居庸，奪關入。公上疏曰：「虜素號宣府諸將易與，即盛氣入，其鋒不可當。誠得大同將周尚文部鋭卒代宣府將，虜可格也。」上從之，且趣尚文行。虜薄曹家莊，不虞尚文卒至，尚文當虜數十萬，力戰三日夜，圍屢解。公聞之，從壯騎數千赴尚文軍。騎士諫曰：「虜衆，公且無奈虜何，俱死無爲也。」公叱曰：「逗遛者傳軍法！」躍馬爲諸騎先。距虜壁四十里，會大風起，公則車騎曳柴進，虜大驚曰：「翁太師至矣！」夜解圍而遁。公遣尚文從輕騎掩虜，破之，獻首功四十級。上大喜，進公兵部尚書，賚賜甚厚。五月，召入爲兵部尚書，尋奔喪去。

庚戌七月，大同諸將失利，烽火通京師。群臣上議，請亟召公入。公居廬，疽發背，固請終喪。八月，虜由古北口入薄城下，上憂之甚，趣召公代兵部尚書。公聞詔，泣曰：「臣待罪行間，主憂至此，此臣效死報主之秋也。」乃倍日並行，乘傳四十日詣闕下。而大將軍仇鸞雅不喜公，上數問公不至，鸞乘譖公，乃以侍郎王公爲兵部尚書，罷公不用。尋復兵部右侍郎，經略紫荆諸關事。會疽發，病甚，上疏乞骸骨且終喪，上怒，坐疏不敬，褫職。公既還，而上念公不置，壬子十月復公兵部尚書。公方約車游武夷，次三河，公樂丘在焉，語友人曰：「我死，必居此。」至清流，病作，語其僕曰：「趣歸，吾將逝矣。」次上杭，病乃亟，公仰天哭曰：「臣駑下，徒受上知，不意先填溝壑。臣死何憾，其如君恩何？」侍者問家事，不答。死後二日乃斂，正寢，面欣欣如生，年五十五。詔至，公蓋棺矣。公子以聞，請葬祭如故事，制曰：「可。」

太史氏曰：余讀《漢記》，視霍去病、馬援爲將，豈不偉丈夫哉？然當武帝時，天下不無事矣，驃騎憑貴戚之權，則用武之資也。伏波從光武起，故知兵。今天子脩太平之業，士去尺籍久矣，公以書生言兵事，決筴制勝若嚄唶宿將，此遵何術哉？余聞公生六年，喪陳太夫人，哀之甚。及樹先尚書墓，親荷畚負土，此其閑於人倫，蓋天性也。公爲郎時，日與余及山陰王汝中、南昌魏師説、吉水羅達夫、毗陵唐應德諸子談性命之學，至夜分不寐。雖數有軍功，一切以奇勝，大都誠壹所致，則忠孝者之爲耶？《記》曰：「我戰則克。」公近之矣。

一田翁傳

一田翁，姓方氏，名舟，字汝濟。曾祖曰法明，鄉進士，官四川都司斷事。祖贈監察御史曰懋，父封給事中曰瑜。先世故信州人也，三徙至池州。宋元之際，徙桐城，迺今遂爲桐城人。始居桐城者曰德益，生縣主簿茂才。主簿生巡檢士源，巡檢生宣使有道，斷事蓋宣使仲子云。

翁幼稟異質，書過目輒了大義，獨不能就規格爲舉子文，則以其力學詩，及晉人書。而督課其弟向業舉，與同卧起，身先讀誦，且曰：「吾家世迨諸父皆貴顯，吾與若不能以父顯，非子也。」向感奮，竟成進士，拜南京户科給事中，得封父如其官。而翁亦創通諸經指、史略，乃詩律、書法益駸駸逼古矣。

給事坐論近鐺，謫多羅丞，翁乃大喜，謂：「丈夫仕，有言責。言不違道，即譴逐，奚憾爲？」經紀贍助，以成厥志。丞後累官知瓊州府，家聲益燀赫，而翁顧退然若無所挾者，日就仙攙莊故業，樹藝畜牧。積日月，貲累中溢，推餘及物，鄉里翕然歸德。旁近有唐家湖，或諷翁力能擅此，則入且不貲，翁曰：「湖非天所以惠養此方人耶？吾專利毒衆，違天不祥。」竟不使爲己業。有馬奔翁櫪甚馴，勑僕謹秣之，言於官，以待主者。逾年，有韓姓者突入櫪奪馬，與僕争，格勝之，策馬去。居數日，僕死，韓囊金蒲伏求免。翁曰：「僕死病，非死毆，奈何受君金？」韓大疑懼，益金至百，峻卻之如初，韓始頓首謝去。翁制行敦義多類此。

晚號一田，而自爲贊曰：「天包無外，而斂之一掬；地載無餘，而量則不足。義守而彊畝脩，仁涵而谷種熟。不一之一，匪田之田。以生以成，其地其天。」於是人知翁蓋言心田善種，而隱括翁行事，徵其非空談者云。翁卒時年五十一，尋以子克貴，贈文林郎、監察御史。

論曰：語有之：「貪夫狥財。」此豈直市井販鬻之儔哉？即遊媚貴勢，相引取爲名高，其歸或乃要富厚，計將遺子孫世世賴之，皆爲利往，然亦不必遂其志。一田翁度德砥行，惠施鄉里，卻金委湖，顧猶細事，大都語仁義則津津爾，隱約終身，僅以盈掬貽孫，謀不悔也。乃弟若子皆仁耕義耨，據要津，與天子争論是非，榮被槁壤矣。

内範述

誥封宜人葉氏，封公易齋吴翁之室，儀制郎中惺之母也。宜人世儒家女，生長宦舍，通《孝經》大義，多記古嘉言善行。易齋遊庠校時，父虞衡公左遷隰州，易齋侍母王宜人家食。伯叔氏時往省父，得餘俸，輒各私之。或謂易齋：「盍往乎？」宜人曰：「養母爲大，俸何有焉？」比析産，室鮮私藏。叔氏無後，王宜人使伯氏獨兼其産。或謂易齋：「盍言乎？」宜人曰：「順親爲大，産何有焉？」於是易齋授徒，宜人勤紡績，督耕畜，嚼蔬茹淡。奉姑，歲大歉，簪珥盡脱，甘旨必具。易齋得無内顧，肆力於學。學成，貢上京師，授清流訓導，遷平和教諭，禄食衎衎，而宜人不逮矣。

儀制昆弟初就外傅，宜人時其歸，必問所習，焚膏使熟之，躬辟纑爲之勸。常曰：「古人映雪聚螢以讀，若今乃不乏膏，非幸歟？」苟傲惰受朴以歸，宜人必更朴之。朴之泣，則曰：「古人泣母杖不痛，今泣何也？」故三子亹亹向學。儀制舉進士，歷今官，釜養封公，而宜人不逮矣。

儀制謁予曰：「傷哉！悝之薄祐，先宜人之蚤背也。惟是先宜人爲母、爲婦，動皆可教。不能率其遺餘以正身厲行，罔羅於咎，又不能表暴訓我後之侗也，尚取爲人子也與哉？願有述，没齒且無餘憾。」

予惟婦之臧，家與隆；其弗臧，乃鮮弗替，厥亦大矣。自古士大夫外飭百行，顯顯可述，而門庭之内，或多可愧悔。蓋士德靡恒，然亦婦鮮柔淑焉。《詩》曰「妻子好合」，《傳》曰「父母其順」，言行遠登高，卑近之基也。天德不一，不可以言合；志不通，不可以言順。非女貞士良，曷由致之矣？

夫知重婦德，則知所以正室；知崇母訓，則知所以成親。淑身裕後，篤邇舉遐，一物而衆善備，儀制之志也。君子道人之善以反諸己，雖不敏，能無述乎？

虞山陳公去思碑

嘉靖癸巳冬，虞山公以御史中丞提兵符，兼制江、廣、湖、閩，開府於贛。乙未夏，懇疏謝病以歸。歲辛丑，公歸海虞六年矣，贛人卿公之德，逾遠不忘，謀篆刻金石，垂之永永。於時，文武士庶數十百人晨趨郡庭上狀，大略言公在官降體近民，以興化善俗爲務。申明保甲，户頒皇祖訓辭，俾以鐸狗。增闢社學，廣生徒而選建之師，給《小學集註》使講解傳習，以端蒙養。日登進多士，教以崇德徙義作聖之功；率籲庶民，諭之敦本尚耻，遠於刑戮之道。乃風聲翕然，士興民易，駸駸承休，而公不可留矣。

郡大夫曰：「即若是，何德公深也？」合口言曰：「贛故文物郡，而數患盜。庚午、辛未以來，威之弗懲，撫之滋蔓，干戈日尋，饋運無已。人窘生事，學士廢業，禮教浸弛，邪僻日作。陽明公一揃刈震驢，肆乃寧居粒食。方歸馬放牛，闡道德以同風，崇詩禮以淑俗，未期有討叛之師。師成，徵詔自天，弦歌息響矣。又十有餘年而虞山公至，然後上復有教，下復有學，兹所謂百一遇者耶？夫苗之待雨也，弗滋弗渥，苗乃弗興，槁且無日，如之何弗思？」又曰：「虞山公始至，滌殘去蠹，裁侈費，禁厚斂，和買有藉，無抑市價，餽遺才，取成禮，官舍之奉泊如也。或謂：『苦節殆不可貞，將若軍興何？』而公身率有恒，已乃繕城郭，除戎器，闢無逸亭以講武程藝，先聲所震，四郊日靖。開六舘以通惠、潮，商旅出入寇境，化迂爲徑，易險而夷。安遠拒命之頑，嬰城保衆，密畫方略，掩捕之，束手歸死，兵釁不開。終公之去，民免於荷戈峙糧，得無重賦，以安其田里而服習文教，蓋孟子稱『俯仰足而後驅之善』。公方以此道與民由之，甫期月而得謝。民今慕戀不置，以爲百未一試者也。玄石既礲，將琢詞以告子孫，願借丈尺地，令可置龜趺。」於是郡守倅相顧嘆曰：「教化其深乎？兵其毒乎？財其所恃以爲命乎？民情大可見，吏茲土者可以觀矣。」乃諭民，聽樹石於名宦之祠，使來請文。

公名察，字原習，姓陳氏，海虞人。弘治壬戌進士，授南昌府推官，徵拜山東道御史。尋北召，改湖廣道言事。忤逆瑾，罰輸邊。已自表免官，用薦補河南道，考覈百司稱當。按滇蜀，有風裁。巡京營，再疏摘發奸貪，後果怙寵稔惡如公言。陞太僕少卿，未拜，舉賢自代，坐謫海陽縣學教諭。陞廣信府推官，歷兩浙、山東、西藩臬長貳，南京光禄寺卿，擢今官。所至廉儉自持，故能有惠政。喜讀濂洛書，與士大夫講説。去海陽，諸弟子建祠尸祝之。

仲氏寰，正德辛未進士，累官南國子祭酒。某承乏司業，與爲寮。會公來爲光禄，獲交，兄弟間相好也。夫焯德美，慰去思，吏感而良，民德漸而歸厚，馴致其道，禮樂其有興乎？是故宜有述也，豈曰私予所好云爾？

鉛山令黄侯遺愛碑

黄子任鉛山三年，政成民乂，徵拜監察御史。既數歲，而民懷其德，不能忘也，謀琢石刻詞，紀述政績，用垂久遠。相與告庠校之士，庠校之士曰：「侯保惠庶民，澤被厥身，乃若講經論道，迪德程藝，實熏我心。吾儕所蒙於侯者，不尤厚乎？是舉也，顧待民先之也與！」相與言諸邑博士，邑博士以士民之情告於新令。

新令尹子進士民而問之，一口言曰：「吾儕不知往昔，以耳目覩記，愛民殆未有甚於侯者。侯於常禄之外，秋毫無取，均節賦徭，蠲除煩苛，贖刑惟輕，罰疑有赦，民是以不困於財。務本而重農，薄征以惠商，保富以安貧，摧强而惠良，傭賃爲食者亦曲爲之所。至爲申明鹽法，以禁制游偵，使無得恣漁獵，而塞其爲食之塗，民是以不失其職。憫雨憂旱，憔悴於色，精虔籲禱，神功響答。歉歲親行郊野，省饑餓而散之粟，里豪市猾，禁不得措，民是以不病於災。愚蒙仰藥，雉經自斃以洩忿，所親或陰以爲利，視舍生爲輕。侯申嚴威逼圖賴、誣告反坐之法，民是以知貴軀命而不夭枉。至於興學勸士，淑俗振民，祀賢以樹的，表善以作志，仁義之風藹如也。故侯所施爲注措，布於下而下信之，即未盡悉其微，而知其必將以利我也；白於上而上信之，即未盡悉其微，而知其必將以利民也。若大義橋興於久圮之餘，功巨費殷，而民效力輸財，惟恐弗亟。驛傳協濟，復諸既失之後，而他邑争辨反復，竟莫能奪。

「凡皆上下交孚，動無不應，其大者可舉，其細小則未可殫述矣。侯於吾儕，豈徒紓急目前，固將世世賴之。然代移人易，得無有飲泉忘源、食菽粟而莫知播之者乎？是以願有紀也。侯嘗誦所聞南野公致獨知之教以訓多士，自今觀之，侯誠不自欺而能尊其所聞者。紀述必仰藉寵靈，徼惠於公，庶以發侯之心。」尹子許之。於是道之來謁，而相之以書曰：「士民以實與中皆出公門下，是以敢布其私。」

予惟黄子所爲，皆司牧常職，而民之戴德肫肫乃爾，此其故何也？父母於子，亦盡其鞠育之常，然罔極之懷等之昊天，爲政者可以觀矣。

夫政於世可述，而未必益於民，民弗感也；於近有濟，而未必被於遠，雖感弗深也。惠民有恒，斯感民無斁，黄子其慎擇於兹也久矣！ 斯民也，三代之所以直道而行，豈獨私於黄子哉？ 昔孔子於其徒三嘆治蒲之善，而莞爾弦歌之聞，蓋喜其能以德爲政而不負所學，則予於黄子之政，亦惡得不喜聞而樂道之也？

黄子，浙遂昌人，中其名，文卿字。 今方有聲西臺，其禄位勳名未有艾者，書此以觀其成焉。

重脩東嶽廟碑

都城朝陽門外里許有東嶽廟，以祀泰山之神者也。 天地生生之氣，震動於東。 日東升，孟春之月東風解凍，雲自西不雨、自東雨，蓋陽德所從亨也。 故五岳雖並列秩，而泰山朝望祈報獨奔走天下，殆其所感攝有異焉者歟！ 今遐僻之陬，往往建祠設祝。 京都雖郊壇從祀歲事有常，然天子主之，自王公以下非所得瀆。 則别爲之廟，且使禱禳禜禬者無貴賤時日，皆得直造宇下，亦順民之私而不拂其性者。

廟所從來久，我成祖龍潛時既崇禋祀，英宗皇帝撤而新之，親御宸翰爲記。 憲廟脩之，視昔加壯，至今餘七十歲，積久寖敝。 嘉靖二十八年，秉一真人請於皇上，用頻歲恩賜若開度之金，鳩工庀材，復加葺理，用稱列聖，及我皇上敬共明神之意。 於是易其楹桷瓴甓之蠹窳者，飾其塗墍丹雘之漫漶者，甃其階墄之夷、牆壁之陁者，諸所宜有增厥未備。 堂室門垣，軒豁靚深，堅緻麗密，翼焉焕焉，還復偉觀矣。

仰惟皇仁高厚，覆載九圍，凡爲民祈年報歲、彌災禬患者，蓋靡神不舉，昭格無羸。 即周詩所稱，何以加焉？ 德嘗再被命，肅將香幣祭告于廟，秉虔而進，敬事而退，未嘗不歎夫祭之義深而教遠也。

惟聖人小心翼翼昭事上帝，「無曰不顯，莫予云覯」，蓋灼見陰陽之靈充塞於天地，有昭然不可欺、凛然不可斁者，故制三祀六祈，用宗祝、巫史以承上下，而宗伯掌之。

聖人以此齋戒，以神明其德，達之天下，使民寅恭祇肅，若有鑒觀旌别之者洋洋在上，而省躬祇載，洗心正行，用徼後福。故曰「祭神如神在」，以敬人之敬敬神也；曰「使民如承大祭」，以敬神之敬敬人也。蓋其爲教之義若此，而廟貌所以妥靈揭虔，猶長人者堂宇高邃，幄伏森嚴，斯禀令承式者儼然可望，而生其齋莊寅畏之心，故「王假有廟」，《易》於萃、渙言之。洛邑肇祀，則無文咸秩焉，矧泰山又岳鎮之宗，運行化機，布濩海宇，民所瞻仰竦敬者乎？

廟之正殿曰岱宗，後寢曰育德，兩夾兩廡如殿者四，以祀佐神之尊。賢者列七十，五司如秩官之署，各有所職。二祠，祠翊衛之神，東、西舘以居奉神之士，重門周垣以域内外，皆因舊加飾，復購鄰地數畝而充拓其址。命使齋居護門，翼垣周以石欄，則增所未備者。經始於己酉五月，訖工於是年六月。既以聞於上，謂德爲記。

皇上，天地神人之主，導迎至和以斂福錫民，凝元命於悠久，天且莫之能違，上下神祇有不受職而效靈者。莊嚴廟貌於以牖民敬德，陰翊化理，庶亦臣下所以對揚天子之休者乎？既紀其成，乃系以迎送神之辭，俾凡禱祠者歌之。辭曰：

神之來兮夷猶，駕鸞輅兮驅蒼虬。洒谷風兮先驅，錯碧霞兮華輈。入廟門兮陟陀，芳霏霏兮若浮。跪敷袵兮陳詞，奠椒醑兮桂羞。坎坎兮擊鼓，衣蕙蒨兮翿舞。皇躬保兮樂康，時萬億兮秩斯祜。若予私兮時暘雨，與與翼翼兮藝我稷黍。神之往兮繾綣，藹青旌兮翠幰。倏而行兮忽而顧，與予目成兮婉娩。觸石兮寸雲，俄翁鬱兮繽紛。來若迎兮往若導，豁石扇兮天門。天門兮容與，嬉日觀兮朝暾。忽皇都兮睠懷，鑒下土兮思存。終古兮我即歆，燔炙兮苾芬。

繼善堂銘

南司寇郎高子服周，篤志學道，惟日不足。尊甫龍塘翁輕財喜濟，折券已責，視人如恐傷之。嘗跡得偷兒，顧念其老母弱息，涷餒無賴，不忍告捕。他所爲率近此。服周嘗喟曰：「學莫大於求仁。先人有仁者之行，冕未之能繼，況能追德古人耶？」爰名其堂曰「繼善」以自勖。

夫道極於位育，而自卑自邇，其進有漸，故君子不立過高之名，耻弗逮也。服周志於高遠，而名堂本之卑近，其知進德之序，務實勝而耻名者耶？雖然，善備於我，非必有待於人，而繼之反身而誠，爲已足矣。服周學於予，予無以益之也，記其名堂之意而爲之銘，庶幾輔仁之義。

民秉之彝，天粹天精。或雜以私，載汩其真。弗汩弗雜，作善烝烝。統垂緒纘，維家之慶。孰纘孰垂，非畀非取。心之神明，萬善咸具。亹亹高翁，匪彝弗蹈。淑嗣英英，懿德是好。巨榜高標，華堂有耀。曰惟孜孜，於父之道。庶幾夙夜，觸目惕心。攝齊升堂，如履薄冰。視於無見，上帝是臨。心以禮制，習與性成。四端由達，百行在兹。天地不悖，鬼神奚疑。先聖後聖，其揆可知。豈徒承考，尚其企而。人情忽邇，遠慕高希。稱名已侈，考實則微。湯盤武牖，知崇禮卑。敬告矇瞍，誦此銘詩。

貞訓堂銘

維潘有子，於程作嬪。母慈而訓，婦順以貞。厥貞維何，蚤失所天。矢心靡忒，至於華顛。荼茹棘履，禦侮扞患。惟職其思，莫知其艱。其訓伊何，勗帥自身。曰慎爾德，無忝爾親。藉手歸報，念未亡人。罔俾乃父，不瞑九原。淑嗣祇訓，朝夕有虔。寧正以躓，無詭而全。在昔孟母，以子三遷。維時子輿，私淑孔門。息邪距詖，養氣知言。師表百世，貞訓之延。高堂華扁，日星昭懸。嗟爾孫子，施於曾玄。維茲日鑒，光爾前聞。野翁作頌，以告罔愆。

潛翁頌

滑之北門，有劉潛翁焉。其仲子璋令杞，判吉，與陶子寮，故陶子知翁，考行作傳。夫悃愊無華、木彊少文之士，靡所藉託，遂隕厥問者，世豈少哉？乃予讀陶子之傳感焉，爲作頌曰：

豢龍之裔，韜曜含真。神物弗擾，牧犢與群。坎坎伐檀，依依耦耕。孝養惟色，友于因心。完兄廢産，捐我橐金。施及姻黨，恤其病貧。媲美鴻妻，毓秀鹿門。挽車更僕，敬饁如賓。内靡長舌，外無反脣。夔夔陰教，嗃嗃家人。尸饔旦待，課織宵分。乃寢乃夢，婉娩霎嬪。裳衣髣髴，縞緑紛紜。起視堂奥，青鈇白鍰。運寧役鬼，隕乃自天。惟天陰隲，惟人靈承。螽羽蟄蟄，麟趾振振。於顯英嗣，有煒令名。稽中作德，爲皇惠民。永綏爾祜，載篤其慶。彼氓貿貿，謂天冥冥。聞予弗信，視爾既徵。

陽明公判爲胡君跋

兹先師陽明公勤王師成，判胡君請假詞也。讀此詞，知君忠義之志，又知人心所去、濠之所以亡。大人一體之度，民之所歸，君寶而藏之固宜。先師嘗戒君默，君因以名齋，寶此判並寶此戒，於進德也幾乎。傳之世世子孫，尚亦有利，是之謂惟善以爲寶。

文皇帝宸翰後恭題跋

古閬何氏家藏「忠恕」二字，蓋文皇帝潛邸時親洒宸翰，賜奉祀臣源者。逮龍飛御天，覃恩邸僚，而奉祀引疾林卧，故爵禄不加，廕敘不延，田宅、車馬、金帛、衣服蕃庶之錫不及，獨寶此宸翰，自老於閒曠寂寞之地。而諸臣則荐被恩寵，一時烜赫爛盈矣。然未幾，輒聲光澌盡，惟何氏所寶，百七十年間，日星雲漢相爲昭回，將國與永存，其可知也已，猗歟盛哉！

夫德以忠立，道以恕達，千聖傳心，非此其要歟？惟文皇體道以法天，而奉祀秉德以陪主，臣職靖共，皇心嘉懋，故心畫以爲貺，心法以爲訓，而琬琰天球不足爲珍者。奉祀曾孫、吉安府知府臣其高恭奉奎文，裝之瑶帙，臣德謹齋沐拜觀焉。

竊惟古者占國以世臣，非爲其感深報重、能以國安危爲身休戚者耶？知府以舊臣之胄，起家進士，歷南北臺省，陟守劇郡。其約己裕民，瘁躬憂國，雖其根心之忱無待於外，然世恩深厚激乎其中者，殆不淺矣。

纘祖烈，對皇休，斯追孝之至也，兹豈其曰將以榮先遇而侈後觀者？

臣先臣韶州府學訓導臣源備員淶水縣學時，靖難師起，棄官歸南，獻書言計，留中不報。其後追論不順之罪，罰輸邊餉，謫戍北平。計其時，殆奉祀引疾時也。雖榮遇戮辱異，然非帝德好生，罪人不孥，則先臣尚得有噍類以荷戈至今者乎？蓋臣之百生感激、勉思捐糜者如此，敢拜手稽首并識之，以贊知府與國休戚之感云。

跋潁濱手劄

曩蘇潁濱嶺表北歸也，道出廬陵，其酬書曾司法，排王氏學，推歐陽公道術，若曰：「得師自近擇術，不可差。」獎引拳拳厚哉！司法累官知成都府、提舉湖南常平事。在成都，劾黜暴横中使，而廉訪於中使昵也，虞禍中公，微文以説。在湖南，汰斥墨吏，犯權貴所樹，權貴動言路以游辭彈擊，遂坐廢終身。考德論世，潁濱爲不失言矣。

書傳自建中靖國初，至今餘四百年，而虚巖翁裝之爲卷，完好無故。虚巖自比部郎歷守常、雄二府，法不阿貴戚，勢不奪豪右，平反冤囚。蓋一牘且數百人至逮繫詔獄，幾危而靡悔，於是縉紳大夫往往從翁讀潁濱書者。凡物之重，豈不以人乎？

翁仲子前川子事今上，官兵科都諫，與其從祖子御史翀氣應聲和，數上書謇諤，指事切理，上温諭嘉納，直聲震一時。乃御史以極論冢宰忤旨，死廷杖。冢宰尋罷，詔推擇代者，而少宰頗揣迎希合，都諫廷沮止之，以故褫職，然揣合之説竟不行。

前川子曰：「先司法直道三黜，豈不庶幾廩廩德義者歟？蓋後百餘年而有忠愍公。嗚呼！『無或泄泄遏佚前休』，先大夫之訓也，小子忭曷敢忘之？」

歐陽子曰：「予從前川子觀穎濱書，究知司法本末，未嘗不廢書嘆也。」曰：嗟乎！官守死法，言責死直，使事死命，師旅死義，國是以尊，君是以安。夫虛巖兢兢法守矣，乃罔顧於厥躬；都諫放黜，御史殞斃，然不回其志，不諱其言。隼射狐獲，臣道直而主聰達，豈不盛哉？有如司法時之爲廉訪、爲言路者，法焉攸肅？君又惡知其所聽也？勢利移人，如鑠如涅。先文忠救時行道，犯顔敢諫，身瀕危僇者數矣，而確乎不與世易，至於今考典刑焉。故曰：寧殉道以窮，無殉人以通。後之君子，何其上通而醜窮也？

予是以俛仰惡然，益重古今之慨。前川子將亦有感於斯乎？

林背先塋碑

林背先塋，先祖妣郭淑人藏焉。淑人爲先祖考贈吏部侍郎、翰林學士勵齋公元配，曾祖考百歲翁、曾祖妣王孺人介婦，先大夫巖溪府君、先妣蕭太淑人，其季子、季婦也。族居邑西石灘里，父曰從京公。祖如瑤公以上數世，皆絶意榮進，抱樸弗斵，載其長厚，敷遺後人。

淑人温惠恭肅，不教而能。始來歸年才十五六，衆竊睨新婦所爲。時家口餘數十人，會俗節，姑屬之分美。淑人羅杯於前，操刀割肉，執勺注美，若無所經意。既而進尊長，逮卑幼，指使授臧獲，厚薄各稱其分。

已乃戞殘羹，才足一啜，故徐徐盡之，示人有餘。由是衆咸誦新婦愛敬有倫，施予能均，惠人爲悦，而己不取盈。使當家，亦如此矣，竟能恒於其德，家人具宜。

成化己丑，伯祖考鳳山先生病疫卒，伯祖妣蔣氏繼病。淑人故睦於娣姒，相愛若同産，日往護視甚謹。蔣尋卒，傳染浸甚，又頷頷護諸傳染者。如是再閲月，死喪相繼，旁舍盡走避，不爲動。會病者有急，中夜往視，及其門，潗滓而還。勵齋公要遮之，曰：「寧當畏耶？」加衣復往。居數日，卧疾不起矣，庚寅二月二十九日也。距其生永樂甲辰十一月二十五日，年僅四十有七。

先是，有以地售者，百歲翁善風水法，心知可葬，而採探無金。淑人謀諸蔣氏，解簪珮以進，翁乃大喜，遂買有其地。諸所忖承舅姑、協比妯娌以經營有家，率類此。故翁雖性氣剛烈，意所忤，或至推案大詬，獨淑人未嘗一蒙譴訶。及卒，翁甚悲悼，令穿壙所買之地，曰：「由婦得之，宜婦居之。」

淑人有子五：徹、律早卒，存者先之、惠之及先大夫三人。徹婦改適羅坑羅君，循俗請厚納聘幣，勵齋公一無所受，淑人更費貲爲增飾奩具，齎送如女，曰：「子亡婦嫁，不能愛，貲猶足貴耶？」淑人卒時，疫猶熾，人情洶洶。先大夫才十歲，秘不使近，二兄招出外舍，手麻哭爲括髪，挾與俱避，曰：「母逝矣。」先大夫號咷頓踊不肯行，獨歸與父居，二兄乃各適所往。蓋離散數月而後復葬，以故多缺。先大夫每念之，輒垂涕痛憾，嘗欲補爲誌銘，未及也。至是德蒙上恩，淑人得追贈，爰琢石刻文，以卒先大夫之志。

嗟乎！善積慶餘，獨丈夫事哉？女德所繫，亦大矣！蓋成周基命，爰有婦人。即衆庶之家，令妻賢母，孝敬慈睦根心而生，即可以察天地、通神明。其蔭庇及遠，猶之果核含仁，苟培漑得宜，則枝幹華實，日暢日栗，皆津液所充，有不期而然者。當三子號踊時，幼者未成，長者未受室，摧苦離析，不復知猶得相保，矧敢知曰其能猶有子姓？一傳則有孫男六人、女三人，乃至於今，曾孫既有男十三人、女四人，玄孫男亦既十有三人、女八人，而來者尚未有艾。昱、餘慶，國子生。梧、彶、紹慶、培慶、鍾慶，學諸生，彶、紹慶俱食廪。衿褵就傳者，稍通經訓大義，寖露頭角；其諸服田事賈，亦能知輕重取予，勤力爲生，不惰其所操。謂種德自先，日至而食之，殆未可誣也。如德，才智淺薄，遭時致位，忝竊爲襄，其敢不知所自，勗帥後人，無忘培溉之道？

初，淑人葬後四年，王孺人忽謂先大夫曰：「往語而父，吾以十二月十四日當死。而母善事我，葬必與而母。」居至期，無疾而逝。於是尊遺命，葬於淑人之左。既而鳳山先生諸子孫，亦奉遷蔣氏，祔姑左。故淑人之塋，墳一而墓三。塋負甲面庚，立碑當乾隅。姻家郭太守應奎題曰：「歐陽氏林背先塋。」稱地不舉所爲立者，避姑尊，成婦順，推淑人意也。

歐陽南野先生文集卷之二十八　別集十二

題贈　説　贊　祭文

題贈劉明華

贛劉明華氏，寓興國衣錦鄉，傳其堪輿之術，遊士夫間，多所賞識，家兄西洲、石江咸贈之言。頃相先大夫宅兆，指畫山川，有味乎其談之也。爲予言其先，蓋廬陵富田文山里中人，達祖宣教郎子俊，從文山舉義，死之。

嗟乎！文山忠烈，百折不磨，宣教公義氣激發，千載同光，不知何龍何穴，孕靈毓秀，篤生斯人耶？子行虔、撫、吉之間，亦有山川若此者乎？吾願裹糧策蹇從子求之。

或曰：嵩嶽、尼丘亘古今，而申甫、孔子不世。伊、周、顔、孟之生，豈必嶽降尼禱者？山川何地無靈？乘而成之，存乎其人耳。謁名公卿，試問其説，還以告我。

題贈盧生

盧子堯俞，哀其母安人腹育之艱，將有禄仕而不逮養也，相尊甫少參先生成宦業，膺勑命之褒，而不及其躬也，持舅氏應天彝狀，求言於士大夫，以泄其哀。

嗟乎！事繫於數者，固不可必然。名以夫貴，慶以子延，有餘休者矣，安人何憾？而孝子之哀無已，亦其情然也。然吾聞古之事親者，養不必皆有禄，榮不必皆有命，而孝莫之能加，立身顯名之謂也。盧子固有志乎是，而予言之亦屢矣。因其請，復書以相致孝之志。

逸齋說

四民未有不以勤而能自立者。士勤積德，農勤餘粟，商勤阜貨，工勤足器，故曰業廣惟勤。名齋以「逸」，或曰：「無乃悖乎？」南野子曰：「逸有四，各以所對爲義，而有善、不善。對危曰安，對勞曰休，逸之善者也；曰惰對勤，曰放對慎，不善逸者也。夫事不犯難則罔有後災，故擇術者安；行不違心則罔有内愧，故作善者休；曠時廢職則業隳，故惰不可不警；恣情縱欲則德喪，故放不可不檢。兹四者，自成自敗之所由分也。無亦惟是知所趍焉，求以自成而戒其自賊者乎？抑予竊觀夫有生莫不知愛，而見危莫不思避，故凡廢職而犯難者，非愚則狂，曉達者不由也。予獨懼夫勞於治生而不知所以逸其生，戚戚於避患而忘其心之日休也，則又何貴於曉達而有以異於愚且狂者耶？君其念之。」

君欲得予言，至今五六歲間，歲數欵予門而益恭，數求予所厚善者，爲致懇懇而不憚煩也，因爲道取舍從違之分如此，君其有味於予言也夫！

張聯卿字説

張聯卿宫傅，文僖公白巖先生曾孫，兩山方伯公孫也。始生而尊甫谷泉君舉於鄉，名之曰桂冠，而賓字之曰聯卿。

桂以香重，不以色妍，秋花冬榮，不競時而有晚節，君子嘉德焉，謂之嘉樹。咸知重之，種之庭砌，然後爲快。端人吉士，人心愛敬，貴重有甚者，重而不爲，委可貴而自處其賤，何其與種樹者異？智必不然。人之命名以馨不以穢，誠好馨而惡穢也。好惡取舍，心之靈明，名猶知擇，而況其實？充名之實而道義不可勝用矣。

世人稱科第爲折桂，相傳蓋假月宫之説。而予意古者鄉舉里選，人以德升，後世舉選法廢，科第緣起，人之重之，猶之舉選之人也，加之美名而榮之。聯卿三世聯科，皆有德聞。《康誥》曰「世德作求」，《君陳》曰「明德惟馨」，非聯卿所當念者乎？尊甫所以名、嘉賓所以字，其意可知也矣，聯卿念之。

冢宰介溪嚴公像贊

泊乎其類，山澤之臞。晬乎其敷，道德之腴。行不詭隨，而可否從違之必協於義；文有典則，而疾徐豐約之各極其趍。衆方菀棲而罔擇於枯，世多巧逢而寧取其愚。兹爲詞苑英儒，士林哲模，宜其寅亮公孤，黼黻帝圖。若夫幼悟性殊，嗜學忘劬，今人與居，古人與徒。所謂一驥徐驅，百駑區區，望塵瞠如，十駕而不可逾者乎？

追遠圖贊

太宰整菴羅公，摹三世遺像爲《追遠圖》。其上則曾祖考邑庠生諱寧，字存謙，行脩經明，不得其壽，卒時年才三十有三，真像未傳，故圖屏椅虚位於曾祖母曾氏孺人之左。其傍則祖考黟縣訓導、贈吏部右侍郎列左，考國子助教、封吏部右侍郎栗齋翁次之，祖妣贈淑人王氏列右，妣贈淑人曾氏次之。歲時令節，瞻奉拜薦，致愛致慤焉。

初，曾孺人蚤寡，訓導府君才九齡。孺人艱貞植孤，其勢良岌岌然。後十有二年而孫栗齋翁生，又十有三年而訓導舉於鄉，又九年而栗齋繼舉教諭青田，又六年而曾孫整菴公生，又六年而教諭擢安慶教授，孺人猶及見之。顛木由蘖，浸暢浸茂，人以是占天道矣。

孝友世濟，式迓天休，經術儒業，傳緒滋衍，整菴公與仲氏、季氏遂大顯於世，而來者未艾，豈不善積餘慶者哉？公方以道覺人，爲時儒宗。推本泝源，所由來遠。嗚呼！不培不達，不濬不流，子若孫肅容瞻拜，可以深長思矣。爲之贊曰：

謙翁恂恂，錦衣衣褧。見善斯揚，不道反省。通經學古，齡促慶餘。有烈嘉耦，艱貞植孤。厥既允植，根心則孝。夥士有造，惟躬之教。栗齋祇遹，非法弗履。郡邑教成，施於國子。位卑逾尊，身退彌榮。皖祠名宦，鄉祀先生。人則有言，後述前作。亦有嗣徽，倡隨交洽。媲德濟美，仁里慶門。光啓後嗣，與於斯文。敬共厥紹，奕葉有辭。拜瞻有惕，永言孝思。

賀西川僉憲贊

僉憲賀西川先生懋教，吾吉郡先達也。介介其守，翼翼厥躬。司牧流藹藹之譽，持憲振棘棘之風。不抵巇以干進，寧刓方以尚同？冠未老而欲掛，橐彌貴而頻空。鄉行可以激敦薄，官守可以厲固窮。九原不作，一覿無從。温其遺像，邈矣高蹤。

曾龍門像贊

君名愷，字汝仁，姓曾氏，太守虚巖公仲子，給舍君汝誠母兄也。幼稟異質，十歲通詁訓，十二能綴舉子文，選充邑博士弟子。十六應鄉舉，知名。李空同先生督學奇他士試卷，置首選，曰當魁天下士，次得君卷，遂下他士上君，由此聲稱藉甚。歲大比，郡縣士無不問曾汝仁者，而君沖然不謂能也。正德丙子，病瘧卒，時年二十有四，士大夫莫不傷之。

歐陽某曰：「曩予童髫時，同曾君業經。曾君敏而不恃，博習而不盈，談説經史，批窾導卻，而降意諮請，如未有知爲文。鍛鍊者讓其捷，齊給者讓其精，而卑貶自牧，自同新學。新學之文，讀必終篇，衆穢不摘，片善輒揚。是時年才十八，而內不足已、外不狹人已如此。予時雖愛敬君，猶未知君之難得也。比年從給舍君事陽明公，有聞於良知之學，重惟反道敗德，萌於自賢；正心誠意，本於自謙。內省默觀，惕焉愧畏，而粗浮之氣、驕盈之習，如火傅薪，撲不可滅，然後知君之難得也。使君後十年而無死，以其敏學遜志深造於道，詎可涯哉？」

前川子視君畫像索贊，以貽君所後伯兄之子綺。太息再四，爲之贊曰：

猗美曾子，受命孔良。孰困弗學？我敏自强。孰虛爲盈？我謙以光。畜其淵懿，溢之篇章。和璞既剖，曷不珪璋？曷毀之碎，曷粹不長？俛仰宇宙，大道茫茫。匪師莫迪，匪友誰將？於乎曾子，曷其能忘？

劉觀菴夫婦贊

兹維觀菴劉君之像。賓州令子，水部難兄。承考用德，友于因心。南山觀橋梓之道，中庭藹棠棣之春。若乃豐儀偉度，朗論疎襟，聆音知慕，覿標起欽。高門迴過巷之轍，賢侯禮下榻之賓。是以珪組不羨，泉石終盟。靈椿齊年於賓老，二雛娱綵於徐卿。俁俁碩人，永矢謝鶴書之召；皇皇錫命，佇看題鸞紙之名。信予覈論，考爾旦評。

兹予族兄端之子，歸於觀菴劉君，爲賓州守鳳巢翁家婦，水部郎晴川子丘嫂也。舅云：「吾兒有相。」叔云：「吾無母而有母。」我求懿徽，筠翁有紀曰：「蒸嘗之饌必潔，館粲之勤靡弛。後先胥諧，臧獲時使。柳丸夜勞，田荆春韡。鸞誥迺榆景之遭，鳳雛絢梧岡之羽。」君子曰：歐宗積慶，劉門多祉。瞻爾令儀，念我列祖。

外祖外祖母贊

此外祖坦軒蕭公之像。某生不逮公，然聞諸先吉士之所記、先大夫之所述，而略窺其微矣。幹局疏朗，襟度闓夷。既老猶矜於細行，幼孤已異於群兒。義不狥財，能化約以爲裕；仁必得壽，乃望耋而踰耆。是非明晰，鄉黨聽而釋憾；孝友肫至，宗族視以爲儀。是宜子孫蕃碩，駿發有時，而某之愚陋，猶以漢、灊、江、沱，亦得被其餘遺也。

某奉外祖母郭孺人遺像於堂也，恭率子姓端拜環視，僉云予母及予昆弟各有所肖，顴、頷、耳、鼻。噫！孰知其有不可肖者，不在於形色之際耶？昔先大夫語我小子，謂二舅得其寬厚，三舅得其奮厲，四舅所得縝密工致，至於聰慧温淑、曉析大義，乃諸舅所同。推吾母，其殆庶幾。嗚呼！女德之醇，母儀之備。想徽懿以如生，顧愚陋之無似。聆謦欬而莫聞，肅遺容而增喟。

四舅江隱翁夫婦贊

四舅江隱翁持其像來，謂我太宜人曰：「妹視予肖乎？」時翁年八十有六矣。頎頎長身，蹻蹻闊步。雪霜在野而松栢後凋，斧斤滿山而社櫟不剪。稟耶養耶，孰知夫天人之微哉？至其執古鑒今，談鄉閭於指掌；量材授職，課兒孫以趍時。家有蔡蓍，言響答而輒効；門多車馬，日雜遝而爰諮。富耶貴耶，抑獨以其年耶？噫！瞻斯像者曰：「貌古容莊，冠峩帶博，江隱翁肖矣，肖矣！」孰知其中卓犖環奇，有不可肖者耶？

某猶及見舅母曾孺人之未艾也。尸饔旦起，課織宵中，齊盎苾芬，茗椀滌潔，雞豚肥字，葵藿葱芊。臧獲輟未飽之飱，子姓借無怒之色。萱草濯鮮，陽而樹北；棘薪吹凱，風之自南。兹女婦承式而競競、閨門聞風而嘖嘖者也。儀形既遠，像貌猶生。口澤未泯於桮棬，謦欬如聞其煦呢。若乃風雨庇軒楹之屋，稻粱足水陸之田，子孫賴以淑身，賓祭資之成禮。人咸曰：「江隱翁之創也，抑孰不曰厥内之相也耶？」

春菴康翁夫婦贊

處士春菴翁與先君同師講業，夙投深分。某童髫辱愛，追惟如昨。跡其爲人，侃侃自將，不悦人以色詞；揭揭自樹，不作法於偷窳。忠信書諸紳，禮義以爲櫓。有言必行，莫予敢侮。勁風偉節，早有譽處。今華髮盈顛，白眉在望。傲霜之枝不萎，食牛之氣猶壯。彼惡直醜正拂德之經、脂韋滑稽取容於時者，其趨其舍，誰得誰喪？自先君永隔，庶見所親。而況長身玉立，老氣秋横，儀容髣髴，空谷足音，能不肅然起敬、跫然而聆也耶？

曄矣劉宗，猗兹温惠，嬪於康門，維春菴克配。春菴抑抑，先君之執。字我勤渠，母也令德。誰謂適爾，言觀其微。堅忍能畜，沉厚洵慈。叔兮伯兮，各抱子兮。育之吾兒，後兮先兮。各異骨兮，視之吾姨。閨闈誶語，如聾如癡。剛柔清美，一倡一隨。式媲春菴，紹隆世基。撫輯諸季，垂三十朞。爨不別突，貨無異笥。匪强而合，有相之爲。然則涵懿藴和，召祥致福。蘭玉盈階，衍克昌之頌；琴瑟在御，從偕老之欲。謂天之保佑未已也，盍亦觀其有俶。

祭先師陽明先生

嗚呼！夫子何爲而來？何遽而不作也？良知(缺文)反身自成。聞者皆獲，如彼中宵，照之皎月，彼迷其家，指之歸轍。天下後世，卓矣先覺。謂天以夫子爲木鐸也非耶？然而風教未盡被，憤悱未盡發，群疑未盡亡，紛紛者未盡協於一，道大莫容，哲人早萎，天耶？其不可度也耶？嗚呼哀哉！嗚呼哀哉！

某早歲及門，晦惑忽荒。夫子誘掖開導，前卻抑揚。或巽而啓，或直而匡。譬之父母，病子倡狂，治不餘力而藥不留良。若夫四海一體，萬物一腔，蓋學貴深造，道本自得，而困窮拂鬱，追琢其章。其大者蠻荒播遷，十死一生，而奸凶讒妬，利害勖勸，莫非磨礲鍊鍛，篤實輝光。故其建功業，作俊乂，化奸頑，洽黎甿者，真誠惻怛，不顯而彰。而陰慘陽舒，風散雷動，漸被淪浹，心醉而難忘。顧真疾未瘳，奪之桂薑；巨川弗濟，臬厥舟航。嗚呼！天乎？胡不以倥侗者代夫子身，旁燭無疆？胡智周萬物，道利天下，曾不得試其百一、千一、萬一，忍不盡傷也哉！

先皇南征，獻俘軍門，群奸蔽之，咫尺不瞻。嘉靖更化，遵養丘園，每慨然曰：「天子聖哲，誰與同理？

可爲流涕，知無益耳。」又曰：「粉身莫報，聖恩高厚。瞻望闕廷，夙夜自疚。」嗚呼！夫子無已之志，人或未之究也。起定南蠻，薏苡在車，病伏奄奄，慮不及家，惟曰：「聖學絶響，賴天之靈。不能自效，深負聖明。」乃草遺表，潸潸流涕，上其遺文，付二三子。曾未浹日，而屬纊俟矣。嗚呼哀哉！嗚呼哀哉！志士聞之，當爲撫膺，而況親炙厥風、竊窺其心者哉？

遺訓炳炳，子欲無説，哀此瘴人，其何能默？我二三子，曷敢自逸？庶幾夙夜，率履無越。嗚呼！夫子有靈，其啓其翼，其覺我後，以俟於百世而不惑。

祭魏師顔

嗚呼師顔！天胡豐其近道之質，而嗇其進學之年耶？其寬裕和厚，有悠遠博大之基，而其數顧不可延耶？謂德性可以占壽考，乃參錯而難信；而淑氣聚而易散也，殆其然耶？嗚呼傷哉！嗚呼傷哉！

昔夫子倡道於豫章，群士濟濟而來前。于時昆季俱抱卓越之器，而師顔獨少獨鋭，其志獨堅。已而事夫子於會稽，益淬益礪，益懲以遷，簡易平實，沖淡安恬。蓋朋儕樂與爲友，而夫子亟稱其賢。嗚呼！孰謂師伊不作？望於師顔者無窮，而又從夫子於九原也。嗚呼傷哉！嗚呼傷哉！

夫脩短隨化，終始環旋。雖任重道遠，未見其止，而朝聞夕死，何足爲憐？惟夫道待人而後行，若群木之支厦；學須友以相濟，譬麗澤之滋川。今也山頽梁壞，澤竭木顛，如何弗弔？悠悠蒼天，望秋雲之黯黯，洒涕淚之漣漣。師顔有知，無忘啓予之惓惓也！

祭薛東泓給舍

嗚呼哀哉！東泓之志之學，而止於斯也耶？其所得於天者甚厚，而止於斯也耶？曩予求友四方，得君家昆弟，始有切磨之益。已而春榜聯登，從君叔姪相期彌深，相好愈密。雖南北之相違，恒若同室而合席也。千年絶學，幸賴多賢，庶幾不墜。孰謂尊翁蘭摧而東泓璧毁，天於斯文豈恝然不加之意也耶？嗚呼哀哉！

龍鱗莫嬰，死不踰餉；或免於危，顧蒙顯賞。果孰爲正命？孰得其常？兩端靡究，惡從而訪？所恨宇宙茫茫，任重道遠，載車無輔，扛鼎失伴，若之何其爲悲惋也？

吾聞吉人不泯，還於蒼冥，光昭日月，氣助雷霆。誓與二三君子，精一厥德，日新又新，對日月之耿耿，聽雷霆於無聲。庶東泓之臨、之亮，雖死而猶生也。幽明永隔，痛割以云。嗚呼東泓，聞耶不聞？

祭致齋黄公

嗚呼！道之廢興，占哲人之壽殀；世之泰否，關吉士之存亡。如公温良之性，沉潛之學，澹泊之德，經濟之志，衆方倚重取正，謂天意之有在，乃未及知命之年，而遽兆起起之夢，不亦悲乎！

絶學始倡，希音寡和。梁木既壞，鐸聲寖微。所恃二三君子扶衰繼響，而公與定齋訃問踵至。天其無意於斯文、無意於斯世也耶？某等痛音容之永隔，悵道義之寡助，傷學脉之如綫，感中腸其若裂。抒情一奠，嚮風潸然。匪直爲天下慟，豈獨以哭吾私而已？

祭王心齋

嗚呼！自先師倡道，多士景馳。中行不得，狂狷徒思。海邦崛起，天挺瓌奇。泛千里之夜航，叩龍門而攝齊。毅然任重，餘力靡遺。道之云遠，邁往不辭。師喜謂我：「乃今得狂者，而與之逍遥歌竟。」哲人既萎，凡聲應氣求者，跂踵延頸，望廬爲歸，莫不虚往實還，喜色溢眉。猶之旅人瑣瑣，忽即次而懷資。蓋兄迪德自身，率作有機，樂必尋孔，志靡慚伊。其所以使人不惑、與民咸宜者，蓋出乎聲色之外，而今不可復追矣。嗚呼哀哉！

憶昔豫章之館，接榻連帷；都門執别，携手擘衣。相期謂何？兄心我知。我官白下，兄家近畿。瞻望伊邇，合并有時。剖疑辨惑，眷我依依。兄有倚廬之戚，我奉先櫬而西。謂易纖之後，彼我無羈。或遲兄於匡麓，或從兄於海湄。兄駕宜枉，我舟可維。詎意幽明之隔，遽在今兹也。嗚呼哀哉！嗚呼哀哉！

道之不明，學者各是所習。異路多岐，躬行無實，於斯紛披。慨頭顱之將老，悟曩昔之既非。方且會友輔仁，畢力於斯，神完氣守，其殆庶幾。所望於兄者，如舟柁師，如沉痾之藥醫。一朝溘忽，嗟予持此其從誰？誠摧裂悲愴，不覺涕泗之交頤也。

悵隙駒之飛驥，感薤露之易晞。倘朝聞之可冀，競晷刻於璧珪；維屋漏之爲嚴，寔神瞰而鬼窺。靈爽不昧，尚相我於冥冥也。宿草可待，絮酒無期。聊馳薄奠，臨風淒其。

祭薛中離

嗚呼！聖學湮晦，降自周、程。天啓先師，以覺我人。兄聞風而崛起，昆弟翩其蜚英。始鑽堅於南都，繼仰高於虔城。曰大道其不遠，惟寡欲以養心，察良知之獨炯，見天性之孔神。亶日乾而夕惕，若臨履於淵冰。剪康衢之榛穢，塞多岐之紛紜。慨任重而道遠，剛邁往而遐征。置毁譽於若一，何得喪之能嬰？既遭蹶以林卧，益鈎極於精深。謂困苦與拂鬱，殆天意之可諶。胡六十而溘化？曾不假以遐齡。某等别兄八載，恍昨暮與今晨。讀《研幾》《質疑》之録，若面命而耳聆。得伏枕之琅函，惠進脩之好音。矢盡滌其偏蔽，酧雅志於平生。此緘未啟，凶訃先承。諒眇末之在念，取近譬以相箴。敬服膺而勿墜，敢忘垂絶之殷勤？知靈爽之不昧，聽斯語於冥冥。

祭戚補之

嗚呼！别補之餘十年矣。雖書簡時通，問辨往復，然常恨不得覿面砥礪，如金陵時。去歲聞引疾得謝，士民懇留，上官催復任，而補之堅卧不起。予以爲自今以往，相携於山水間，追舞雩之遊，尋詠春之樂，將有日矣，而補之遽爾長逝，豈不哀哉！補之之卒，予不知月日。戚致中書以今年正月至自金陵，沈思畏書四月至自閩，皆云去年五月，不言何日。計墓上今宿草矣，而予之悲始新也。

夫人必有欲明明德於天下之志，而後可與共學。然或不知致知以爲本、格物以爲功，又或不得其要，求知於聞見，離物於身心，故泛濫無歸而不可與適道。補之既有其志，又知其本，又得其要，而學之不倦，此豈惟近世朋友中所難及，雖古之學者，如補之豈易得哉？然豐其才而嗇其年，豈天遂無意於斯文也？

往予官金陵，惟補之與貢玄略首來請學，既而沈思畏、張士儀諸子相率繼至。乃今倡和成風，徽、寧間向學者無慮數十百人，則皆二三子者身率之也。而補之遽爾不作，豈惟數子失所匡輔？予苟存喙息，倘相從朋輩探九華三山之勝，欲求起助於補之而不可復得矣。嗚呼哀哉！

遥將薄奠，寫我哀思。補之有靈，尚啓翼吾黨于冥漠之間，庶幾日進於無疆，是固補之平日與人爲善、欲明明德於天下之心也。嗚呼哀哉！

祭戚南玄

嗚呼！南玄有濟世之才、造道之力，方期其任重遠到，而竟未究其志之所極。六十曰耆，況過其紀，然吾黨之所望者未涯，則又惡能無憾於天奪之亟也？

南玄直、諒、多聞，相規相益。其法言凛凛，恐人日陷於惡，如迅雷之震驚；而巽語恂恂誘人，同歸於善，如和風之煦育。嗚呼！乃今不可復聞已矣。蓋四方同志所同嗟，豈予二三人者獨銜哀而内戚也？

滁爲先師過化之地，而全椒爲屬邑，流風未遠，廟貌可即，或目擊而興，或神會而得。重以南玄之切切偲偲，振奮誘掖，況良知之在人心，其耿耿不可欺者，照如炯如中天白日，豈昔則融明而今遽晦蝕？然則南玄相規相益之意，或亦可以無憾。而吾黨學道未聞，良朋凋謝，將孰與論心而考德？誠抱痛綿綿，不自知其摧裂也。聊陳薄奠，寫此悲悒。南玄有靈，諒我衷臆。我思我行，尚無忘默啓而陰翊也。

祭劉晴川

嗚呼！忠信篤敬之學，孝友仁讓之行，正直謇諤之節，循良愷悌之政，默而成之，不言而信，如吾晴川，非吾黨所願學而未能者歟？謂天佑斯文，假兄以年，使後死者得與于斯也，孰謂其遽已耶？嗚呼！天之意果何如也？

憶昔與兄師門共學，接席連床，動踰數月，語焉而不厭其聒，默焉而不疑其秘，相觀相砥之益，惟予與兄自知之，而朋儕或未盡知也。宦轍睽離垂三十載，回首往事，喟焉悵恨。乃者兄脱羈馽，予以憂還，側聞雲津白鶴之會，與二三同志更唱迭和，旋相爲主，私心幸願喙息苟存，相從有日。言别南明，有懷耿耿，曾未數月，忽以病告。饋藥使還，謂必無虞，日望有瘳，訃音遽聞。撫膺一痛，如癡如夢。嗚呼哀哉！江渚徘徊，竟成永訣。疾不得問，歛不得視，易簀之言，不得聞。平昔所期，付之渺茫，茹痛在心，誰訴誰語？

嗚呼！死者誠無愧於生者矣。而今而後，生者亦豈敢有愧於死者哉？惟兄靈爽不昧，啓翼吾黨，使日進於無彊，固平日直諒之心也。嗚呼哀哉！

祭易鳴和

嗚呼！機智爲賢，子尚悃愊。談辨以逞，子脩慎默。雄視桀攘，子獨温克。何豐其資，其壽弗得？子舉進士，出守歷陽。民曰父母，士曰珪璋。載遷省署，折獄惟良。何膏之屯，其施弗長？

嗚呼！生也由天，養也如何？風火速燼，密室難過。己丑之疾，謂子養痾。謝絶勞疲，無伐天和。歲既朞矣，而竟蹉跎。天乎人乎？一疾弗瘥。嗚呼傷哉！死生有常，惜也才能。倏短何擇，惜也良朋。酌奠醆斝，清酤既澄。靈之格之，載降載升。

祭趙梅潭

嗚呼！癸未之春，幸同甲第。懽洽京華，情均棠棣。君宦嶺南，寔艱初試。不善爲容，幾以讒躓。倅于嘉禾，政平訟理。吏肅民懷，休聲聿起。乃擢南曹，詰姦執紀。棘棘不阿，如其始仕。大郡名藩，遲君以遷。屯初亨終，天道則然。天乎難諶，遽稱病篤。輿歸自公，魂招不復。君則何憾，人則興哀。貞介之德，簡直之才。不盡其用，亦已焉哉。追惟往昔，四方離索。會晤自今，幽明遽隔。朝聞教言，夕陪宴笑。三日不瞻，縞衣來吊。望君几筵，奠酒於卮。有懷耿耿，知耶不知？

祭辛相費湖東公

惟公神降衡岳，氣匯江湖。名顯魁元，道重公孤。四朝耆碩，一代宗儒。仕五十年，金閨玉除。稀奇之遇，三入中書。始弼先皇，危言弗俯。權奸内扇，驕逆外樹。汲直難容，歸問稼圃。天鑒有赫，誅剪跋扈。召公還朝，時維真主。國是紛摇，禮家訟聚。調和衆口，既雨既處。見微乞身，卒以無悔。帝念舊臣，爾來予輔。衮職有闕，惟仲山甫。不俟駕行，以篤周祜。一人是毗，四國快覩。曾幾何時，摧梁壞柱。人亦有言，氣昌必壽。讀公之文，長江洪溜。諸岳崚嶒，天馬馳驟。謂享高年，如岡如阜。如川方至，松栢之茂。七十未盈，曷徵而究。仁者康濟，必先厥躬。昔公家卧，老矣如童。謂得其養，精神内融。持此以往，亮天之工。如何不保，蒼生命窮。大政或疵，孰砭孰攻。群才或伏，孰拔孰崇。人皆嘖嘖，天豈夢夢。

某等鄉邦晚達，夙炙高風。睠焉顧我，情篤義隆。台拆斯駭，山頹有薨。陳詞將奠，以寫幽衷。匪哭吾私，爲天下恫。

祭王仁錫大尹

於戲！以子之慈祥豈弟，節用愛人，謂勳業宜遠也，而顧不卒其施。以子之性質温静，體貌魁梧，謂福祉未艾也，而顧不享其年。豈二氣錯糅乘除豐嗇，而賦畀不能必全耶？將天道無知，善人或未必足恃，而介福遐齡，未必盡鍾之仁賢者耶？

旅櫬萬里，素旆翩翩。煢煢孤寡，扶侍南旋。山川脩阻，魂魄播遷。然子之爲政，上諧官長，下順民心，所以使子即遠而無虞，寧不有深悼而重憐之者耶？予忝周親，重以一日之雅，然愛莫爲助，哀莫爲言，遥致薄奠，有淚漣漣。

祭王御史封君

惟靈朴茂彊力，得諸其天。良耜畟畟，南陌東阡。時操奇嬴，以游于廛。生生自庸，匪用爲儇。民之弗率，否否然然。如眲以忿，既其有遷。或嫁更徭，詭以自便。進不辭難，退不爲愆。彼黠者豪，掩有社田。卒復其舊，惟公誦言。義所弗屑，其進盤還。志有必至，豎脊挺肩。謂公介特，謂公宛延。爰有令子，匪激匪愿。邦之司直，庭訓所漸。皇皇恩命，賁于後先。宜綏福履，胡遽棄捐。哀此孝思，孺泣漣漣。於我心惻，世講之緣。

嗚呼！孰優以游，弗獲其年？孰是黄耇，裘索褊襬？白髮兩鬢，五兒自憐。予齒去角，孰與公全？山南水北，原草芊芊。精爽乘化，無爲蓀荃。

祭醒菴王公

嗚呼！公與先君少同志業，晚同倦歸，同傳經教子，必無墜先緒而忝明時。既耆壽之，天錫亦同，拜于恩貤。而某與令子伯也同舉、官同南畿，仲也同學、德義相規。綢繆情曲，兩世繫維，則某之哭也，非公之爲而誰悲？

昔在弱冠，始薦鄉闈，公與尹安人飲食教誨，洵毅且慈，彌縫虧闕，攝淑戚儀。蓋分以姓異，而愛由子推。痛安人之仙逝，莫自効於毫釐；幸侍公之杖屨，供子弟之夔夔。將申懽於壽斝，遽望哭於繐緯。謂霜松之冬茂，何露薤之晨晞？悵儀刑之安在，欲報德而靡追。嗚呼哀哉！

曩先君之屬纊，紛治具之差池。伯子憐我，達旦指揮。展休戚之胥共，亶傅著于心脾。懷今昔以增慨，紛涕淚之交頤。跽敷祉以陳詞，冀英爽之來綏。

祭同年陸本坤封翁

嗚呼！孰儒而家，孰困而公？孰晚而仕，而不奪其衷？公年十四，薪米無戎。挾策爲售，懸罄自容。買臣晝樵，匡衡夜攻。甘巧捷之所訾，謂拙疏而不逢。惟親惟恩，地厚天崇。惟兄則友，曷不肅雍。絶窺色於東鄰，鄙爭利於黌宫。倘蕩者或病其固，夸夫復謂之悾悾。惟父母其順，鄉族攸同，固椒丘二泉所以改貌而致隆也。

賓興自鄉，有震其僂。載遊國學，玉錯刀礱。竟一第之不可得，撫百里以爲封。閔然盡撫字之勞，亦既收安輯之功。賦鵩何悲，騎箕莫從，固斯民之無禄而斯道之一窮也。

某等鄉邑後進，父視我翁。念老成之棄捐，慨典刑之誰宗。瓣香千里，又奚獨哀死吊生之私悰也？

祭湯卓翁

惟靈夙通經術，晚起蒿萊。思樂泮水，言育群才。用儒爲官，官不負儒。清約端方，多士之模。簡擢傅相，弼直宗藩。樂恬辭禄，賁于丘園。否臧絶口，令丞罔聞。杜門掃室，左典右墳。惟其慶餘，以惠後昆。

顯顯令尹，鵠峙鸞騫。方欣松茂，遽訝蘭萎。千里星奔，孝子之悲。

某等梓里晚生，義聯世講。薄奠斯將，告予惻愴。

祭傅淑人陳氏

猗嗟淑人，誕毓鴻胄。夙禀粹靈，安貞是懋。天定厥祥，歸於司寇。顯允司寇，爲時聞人。淑人敬佐，益揚德芬。罔顧於内，有相之徵。貴不期驕，富不期侈。翼翼淑人，率其素履。逮下有恩，檢身惟禮。組紃精專，蘋蘩脩潔。象服委蛇，雅志如潔。柔嘉所孚，天篤厥佑。岐嶷佳兒，蘭芽敷秀。日恢月張，司寇之業。偕老允宜，並受其福。乃逢此殃，如何不淑？舜華悴夕，薤露晞陽。喤喤者孤，倚几扶床。司寇念只，能不摧傷？

某等誼託同升，稔聞懿則。潘賦允懷，助之悽惻。奠罍陳詞，靈其昭格。

祭文夫人李氏

在昔聞人，奮揚偉績。亦有淑媛，佐之宣力。其佐伊何？閫内是制。在公夙夜，庶罔還視。於皇夫人，柔靖惠温。孕靈華胄，作嬪慶門。爰佐司空，郎署藩臬。徊翔臺省，委蛇六列。歟歷中外，爲時能臣。在宫肅肅，維夫人貞。人謂司空，素絲比節。有相自内，慎乃儉德。人謂司空，恪勤匪懈。有相自内，鷄鳴以戒。司空亹亹，靡内靡顧。矢心戮力，令聞廣譽。謂天純佑，偕老庶幾。離析末路，司空所悲。

某等誼聯桑梓，情感欣戚。知生斯弔，胡能罔惻？爰陳椒糈，苾芬在豆。靈兮洋洋，顧之左右。

三品秩滿貤恩告祖

某有列在朝，無補於國。頃以三品秩滿，叨被皇恩，追贈我顯祖、顯考俱通議大夫、吏部左侍郎兼翰林院學士，祖妣二氏暨予母、予妻贈封俱淑人，母氏仍如例加太，歡動慈顏。長男餘慶，齒胄于學。眇予一介，荐陟九列；蕃庶三錫，霑被四世。豈曰顓侗所能致此？積厚流光，寔賴祖宗。仰承新恩，改題舊號，追惟世德，感慕何極？敬以粢盛庶品，用伸虔告。伏惟共荷寵榮，永延後福。

祭松溪蓮幕兄

嗚呼！吾功緦兄弟無慮數十人，然質直彊義，温良篤親，如兄者幾？知我之心，愛我以德，從初洎終，不與俗易，如兄者幾？

兄寓鄖襄，我栖故土。我生廿八年，始識面於京師。其後奔走仕途，或各以憂歸，不相見者動輒數歲。而相戀之情，去遠愈篤，私念暮齡可相從以老。兄今已矣，使我内傷心摧，莫知隕涕之所從也。

去冬之仲，兄欲掛冠，我以書慰，謂且少須。往再踰時，而訃音至矣。嗚呼！吾以兄精力尚强，年資漸深，冀官階少進，歸來未晚。一念縻繫，一言錯誤，使兄客死異鄉，誰實爲之？訃我者，通政弟四月間書也，謂兄二月中旬驅馳公程，卒於杭之寓寺，不言何日。其時骨肉子姪皆不在侍，而子鎮將自襄奔走還葬，亦不知過龍江以何月日。計今歸窆，或已久矣，而亦莫聞其時日。嗚呼！兄病吾不知因，歿吾不知期，含斂不得視，會葬不得隨，生平骨肉，終已相負，復何言哉？復何言哉？

吾家世敦孝友忠義之風，比來乃稍稍而薄，思欲激挽歸厚，使子弟知方，而獨力未能，須兄爲助。往嘗告兄，姑以襄爲別業，買田西龍，歸而冀我共障頽波。兄喟然同心，畀我俸餘。田不可求，宿期彌堅，約待兄還，割我分業。我心兄心，兄知我知。而今已矣，孰知我之思之悲也歟哉？

二三子鎮也、鎡也、欽也，亦知兄之所期，與我之所悲也歟哉？三子樹立繼承，兄可無憾。苟如兄志，吾亦終不負言。第耿耿心期，竟莫之遂，貽我無窮之憾耳。日月易邁，霜露其晞。千里寄奠，聊寫我悲。北望峴首，煙雲淒其。

祭侍御碧溪兄

兄之爲文也，旁羅博綜，抉摘幽深，譬商塵賈肆錯陳山海之珍，而五色爛盈，輝珠晃金，故聲價騰四海，雖黯黯而猶新。凡之居身也，履坦抱樸，率任真淳，譬村耆鄉老不虞市井之偵，而百譎恣行，出鬼入神，故仕宦未十年，竟屈抑而弗伸。雖然，垂統可繼，令子賢孫；種德必食，百祀千春。又何憾於天與人？

惟某等氣連根蔕，途隔幽明。瞻儀刑而莫覩，聆磬欬以無聞。羨相輝之華萼，欻已逝於竹林。風晨月夕，載酒玄亭。兄不可作，誰與賦鶺夢而尋鷗盟？嗚呼哀哉！靈輀夕戒，丹旐晨征。渚蘋沅芷，薦此平生。精爽飄飄，知爲列星。跂予望之，明滅漢津。悵不可乎遥即，涕琅琅而既零。

祭恭簡石江兄

嗚呼！某與公服屬降，袒免再世矣！我方丱角，公已登仕，爾後塗轍東西，如相左避。兩都聚首，僅一再歲，然肝膈相照，若綢繆而拘係。開口論心，有同室所不及聞，而同産所不及議。迪我周行，緊公是恃。天不憖遺，溘焉長逝。嗚呼哀哉！

春雨秋霜，槐檀改燧。慨今昔以增悲，時潸潸而隕涕。乃今丹旐在塗，怛焉内摧。撫膺長號，自莫知其誰爲。嗚呼哀哉！

天子優賢哲，公卿主國是，贈卹加隆，易名有謚。東郭鄒子詒我以書，謂尸官者慚，作德者勵。嗚呼，可以瞑矣！

某兄弟子父，承公之教，誓罔失墜，豈敢曰人存與存、人亡則廢？漠漠冥冥，寔鑒予志。薄陳祖奠，攄此哀詞。其惟曰死者復生，生者不愧。

祭康母劉孺人

嗚呼！婉嫕令德，靖莊内儀。甕提鮑隱，車挽龐栖。森謝庭之玉樹，抗孟案以齊眉。耆年命盡，如母何悲？乃予俛仰今昔，不覺涕泗之交頤也。

惟先君與春菴，少同舍而共氊。亡兄孩殞，小子幼憐。推禄命之多蹇，名父母以祈延。當正德之四五，從館穀者再年。諒母德之温淑，惠靡人而不鮮。感在桑之均飼，詠《鳲鳩》之古篇。既奔馳於仕途，懷一飯而可諼。豈錙銖之能報？亶中藏而念言。我以喪還，母病沉綿。痛歷節以徹宵，幸晝日之清便。數爲予而起坐，談往事之繾綣。惟撫摩之情態，雖患苦其猶妍。謂多疾以增算，或乘除之宜然。如何不淑？悠悠蒼天。慨三十載之深眷，杳音容兮莫瞻。望素幃而臨哭，翩丹旐之在門。聊寄哀於一奠，靈彷彿其猶聞。

祭四舅

嗚呼！我母與公，同氣連枝。四兄一弟，公獨壽耆。公拜優詔，母拜恩貤。烏紗珠翟，相望父輝。歲節來過，歡動閨闈。百齡兄弟，對語嘻嘻。去秋言别，蹙額顰眉。池橋舉手，後會難期。謂公清健，迎養有時。孰云此語，竟兆先知。嗚呼哀哉！

昔公之存，黑白是非。彼昏而夢，爲作晨鷄。彼疑以貳，爲作蔡蓍。公今已矣，疇决疇咨。昔公於我，藍輿亟馳。酒釃春釀，菜剪秋葵。腐儒粗糲，食飲庶幾。公今不作，嘉薦爲誰？嗚呼哀哉！母氏聞訃，涕淚漣洏。謂予莫祖，往爾二兒。匍匐來臨，但望繐帷。母心傷只，舅寧知之？言不可盡，予懷之悲。

祭外祖坦軒蕭公、外祖母郭孺人

某不及見外祖，然猶及見外祖母。提携近膝，撫摩煦嫗，乃今皆不可作矣。遭逢聖明，忝竊禄位。生育教訓，繄父與母。追惟母德，敢忘所自？庚戌之夏，荐荷皇恩。顯考加贈，母封淑人。綸音既降，母氏見背。賜祭賜葬，卹典隆備。外孫衰絰未除，復召晉秩。凡皆我外祖考妣餘蔭之所逮也。涓吉潔誠，式陳明薦。謹奉舅氏五位，左右分列舅母五位，從夫合席。仍奉顯考巖溪府君、顯妣太淑人作主配食，用展一體之情，少申如存之義。

祭外舅康量夫公、外姑胡孺人

某也童髫，顓蒙罔知。荷公善誘，示所向方。爰妻以子，實相有家。歷官中外，庶無内顧。於惟外舅，暨我外姑。澤被小子，曷其能忘？頃從卿貳，考績蒙恩。肆予内子，晉封淑人。蔭及長兒，儲養太學。推所由來，實緣善慶。叨晉宗伯，啣命北征。學道未能，慚負提誨。敬潔牲醴，用申虔告。默啟陰翼，鑒此區區。

歐陽南野先生文集卷之二十九　別集十三

詩

有梅五章章四句贈友

有梅有梅，孤山之南。　鮮我覯爾，旨酒其躭。
有梅有梅，孤山之北。　覯爾其躭，其躭如結。
梅之沃沃，維葉萋萋。　以爾燕譽，歲晏爲期。
梅之蓁蓁，的的其華。　及爾爲樂，樂子之無瑕。
梅之夭夭，雨雪瀌瀌。　實獲我心，終焉逍遥。

送介溪嚴公奉使湖廣

高陵繄何許，松栢鬱蒼蒼。　縈紆漢江遥，磅薄京山長。　千古有秘靈，王氣茲蓄藏。　聖仁思無量，望之重愴怳。　穹碑極鑽研，玄德維有章。　昭明悉淵衷，誠孝誰肅將？　顧茲秩宗賢，簡在殊非常。　驅車出都城，禮樂相輝煌。　南薰發微氣，遥林生晨光。　朝發帝河濱，暮指天龍岡。　道遠豈不勤？　祀典維允臧。　碩言遄歸旋，廊廟爲圭璋。

送紫巘劉公任南宗伯

泛泛木蘭舟，漾漾潞河水。迢遥達淮徐，奄忽金陵渚。秩宗帝所欽，王途豈云委？秘舘寧久虚，文昌夜光紫。三殿華龍章，六箴發天語。元老志謀世，願言告從事。志士服遠猷，昭哉報明主。儀刑重兩都，無念二三子。停雲望徘徊，清風動芳芷。

和馮三石主事古意三章

抱琴湘江曲，湘水何洋洋。莫鼓湘君調，落木鳴清商。悠哉角徵招，千載不可忘。應絃來薰風，魚鳥正相羊。

璚枝光歷歷，美人温如玉。照我茅茨簷，冥心玩剥復。金刀無以報，將之黄金菊。

黄菊浥朝露，霜中一枝好。芝蘭得春多，萎落隨秋草。同人先號咷，賞心豈在早。葆光慎天和，灼灼無足道。

送劉柱卿考績復任金華

白露下庭樹，寒蟬倏已咽。玄鳥有歸思，天宇静如晰。送子出都門，屏營撫行轍。眷言循良姿，夙昔抱明潔。撫字書上考，催科計誠拙。還寇民所詹，令終崇元哲。刓方耻爲圜，瓦全寧璧折。撫壯樹勳名，百年多離别。

送徐朝重同知鎮江府

白露被皐蘭，迴飈振林木。群鳥亦有知，飛鳴求其族。美人發幽燕，調高絃柱蹙。留之不可得，但見秋草彧。行行越金焦，高城環山麓。壯哉東南郡，寄爾二三牧。城外江水流，豈與帆檣逐。鴻鴈鳴中澤，言念在平陸。大夫誠尊貴，熊軾多翻覆。平生富籌策，無使飛黄鵠。

和聶御史雙江見懷韻

閩海煙雲隔，燕山風露涼。此生皆旅寄，何處是仙鄉？短鬢看銅鏡，幽懷撫石床。故人千里意，墨妙兩三行。

冶父山次聶雙江韻

暮雲迷陸野，初日露孤岑。澄澄劍池水，耿耿歐子心。世無百煉鋼，群狐薄幽林。劍成莫虛試，四山發哀吟。

其　二

尺札論心後，十年兹會還。大人合天地，浩氣吞湖山。道契意言外，經憐箋詁殘。爲仁願學孔，請事勿希顔。

香社寺次雙江韻

舞雩歌寡和，木鐸響初殘。饞雀知謀稻，冥鴻歎漸磐。高臺森古栢，爽氣發輕寒。好景忘言意，月明且共看。

論學次雙江韻

先天有象森三極，大地無方列萬岐。道體流行寧一二，人心别擇自支離。直從後長觀堯舜，莫訝生知獨仲尼。活潑六經焚不得，罪浮秦火是經師。

送韓苑洛庶子謫南太僕寺丞

秋日蒼茫去國遲，聖明恩重遠人知。泉涵庶子兼天浄，山擁瑯琊入座奇。驛路風枝吹嫋嫋，誰家露菊湛垂垂。醉翁亭下春回早，采采芳蓀慰所思。

爲項本仁乃祖襄毅公作

天上官評歸襄毅，人間世澤有箕裘。遺風獨説冠峩豸，往事争傳劍買牛。舊社荒涼詩酒地，滿亭撩亂菊花秋。應憐三郡謳歌遠，不見當年郭細侯。

送李本陽知深州

曉出都門道，朱光赫以曦。美人有所適，清姿照路岐。悠悠擁旌旆，之官近郊圻。郊圻多汙萊，家家困繭絲。老羸填溝壑，少壯騎馬馳。禽鳥亦可念，誰披青楊枝。組綬新且柔，眷言父母慈。晝桑不當衣，摶沙不療饑。往矣即田功，無遺俗士嗤。君看前日雨，蒼生始解頤。

送介溪公之南宗伯

春風被蘭坂，霽色流芳陸。鳴鶴和交加，叢蒿集呦鹿。撫兹群動情，俛仰惕所觸。都門倚脩途，驅車詎能速？四驪匪不顛，心旌繞黄屋。行行即金陵，風物餘清淑。夜坐望層霄，北辰旋天軸。秉德夙寅清，祗承諒有勗。三復克艱謨，佇立候東旭。

送周貞菴公之南大司寇

上國東風出禁墀，憑將春色向南枝。蒼生久屬蘇公望，舊德應孚聖主知。晝省長閑青㠚合，棘林不動碧雲遲。詰戎有子承家學，合是夷蠻即敘時。

郊祀和桂洲學士韻

禘禮千年脩闕典，精禋百辟奉明綸。齋居真覺雷聲動，宴坐渾看月色新。聖代只今崇大雅，侍臣何以對尊宸。定應拊石來儀鳳，無復沾巾嘆獲麟。

郊祀和王惟賢都諫韻五絶

禋禮初成雪滿郊，聖明夙夜豈知勞。即看扈蹕争傳道，霜月三更在御袍。

卻辭玉輦步圜壇，是日上卻輦。爛熳奎文照簡端。上親撰禱文。共訝清晨三尺雪，不知帝德普天寬。

點點瓊花天上來，融融春色九重回。還聞避殿徹縣日，珍膳曾經御筆裁。

川陝蕭條僅孑存，誰占霜履戒初坤。豐年不兆天王瑞，家至其如舜禹恩。

萬方無罪在予躬，聖主有心徹昊穹。豈是玄冥慳瑞雪，要令今古悟潛通。

送白宗夫遊大學還南

天涯送客流雲曙，柳色鶯聲苑外多。暫喜臨門垂馬轡，即看舞劒動驪歌。長亭不改還鄉路，短棹行凌去水波。歸到金焦秋氣浄，平生懷抱定如何？

題周弓岡三窮圖

未惜朱顏在，傷心門祚衰。百年雙耉老，三世一孤兒。蹇壯懷忠節，依稀見女師。庭前霜落木，又上薜蘿枝。

送張有源分教漢州

執經未知學，譬彼夸毗子。棄捐室中藏，區區籍所紀。解顏談金珠，孤丐曾弗耻。我觀六經教，六經無非己。學禮可以立，學詩性情理。學易無大過，經學固如是。云何呻佔畢，滔滔資口耳。義利毫芒間，誰當辨所以？驅車倦遠遊，反歸得其止。種種籍中云，不出囊篋裏。張君訓漢州，漢州多佳士。邇言諒可察，因之寄亹亹。

壽侍郎碧溪兄

少年作賦欲横秋，驄馬青山早自由。天上諸郎群鵠峙，人間萬事一漚浮。蟠桃有實剛宜酒，華萼無緣共倚樓。遥望斗南蘧伯子，清風鐵笛醉龍洲。

送俞子南歸

六籍傳心影，何人識面真？憐君觀上國，好古陋先秦。贛水歸蘭棹，燕雲望黼宸。乾坤如置傳，珍重百年身。

送徐南洲

南洲高士足清便，鳧渚蘭汀愜醉眠。秋興忽隨征鴈影，鄉心又憶釣鱸舡。蒹葭月上波光浄，橙橘霜清野味鮮。歸慰倚門遊子意，玉堂春夢海雲邊。

送汝湖謝侍讀侍親還越三首

依依潞河柳，柔條不可攀。遊子理行舟，維之良獨艱。人誰無父母，念之動容顏。香煙浮宮錦，不如老萊斑。

車馬若流水，祖餞出都門。槮子長路祛，結之莒與蓀。援琴奏周雅，此義古所敦。悠悠未成調，白雲倏以屯。

屯雲意如何？春暉照行色。平生寸草心，對此諒已惻。君恩無奈何，君王崇明德。勝言瞻霄漢，無皇自安息。

送李君汝孚掌教沙縣

聖學榛蕪幾百年，藤牽蘞蔓費諸賢。澄心體認終離道，着意精深已墮禪。耿耿良知元不昧，存存成性更無玄。豫章祠下閑花草，邑有豫章祠。應有濂溪舊愛蓮。

送黄郭南知滕縣

百里耕桑地，一官撫字初。清風高拂旆，甘雨欲隨車。野宿依人雉，庭懸寄母魚。漢廷循吏傳，珍重馬遷書。

送將軍

天北天南又遠征，雕弓駿馬曙雲晴。羽林猶説將軍令，公典羽林軍政。閫嶠争迎小范兵。尊甫嘗帥閩中。

自昔東山推特達，東山司馬有薦書。只今北虜尚縱橫。聖仁有道脩干羽，倚劍鄰霄坐月明。

送湯希恕

憶昔瓊海島，卉服栖巑岏。使君敷化理，黎獠識漢官。高涼禮義邦，濟濟肅衣冠。懿哉柔遠才，能邇諒非難。牛毛法令滋，民性日已剜。滌除煩苛盡，所貴簡與寬。囊中太古琴，拂拭爲君彈。初彈弦柱蹙，淒切秋氣寒。解弦奏南風，陽春生肺肝。再拜贈使君，侑以幽谷蘭。遠意不可言，極目孤征鸞。

別鄭通府

前歲別君三伏初，去年晤語城南居。今日相逢秋袂薄，木葉槭槭霜前疏。光景百年良以慳，靈曜西馳不暫閑。學道無成空歲月，歎息秋風兩鬢斑。請君爲我聽，爲君理素琴。一鼓浴沂調，再鼓曲肱吟。人心昭昭若白日，天際何處起輕陰。

挽俞子有

予與子有侍先師於虔，同寓鬱孤臺下，時相與焚香告天，誓此心可對天日。荏苒歲月，頑鈍無聞，而子有已不可作。子南來館下，出知舊挽卷，悵然賦此。

猶憶春風理素琴，盤雲玄鶴去無音。鬱孤臺上千年月，常照人間不死心。

房母李氏挽詩

栢舟終古誓，松竹歲寒姿。應有明神鑒，真堪列女師。桂孫看秀拔，榆景際雍熙。笑瞑重泉目，寧孤素所期。

壽大京兆戴公七十

蚤從天上解金魚，遠向毬湖更卜居。南國甘棠謌邵日，野堂三圃樂堯餘。漁樵静隱高人榻，岩谷深回俗士車。壽酒正宜黄菊泛，況看玉樹滿庭除。

大廷尉石泉潘公北召

宏材所至樹勳名，眷簡新承發舊京。卿月静依珠斗迥，法星高傍紫垣明。開尊緑蟻浮秋色，夾岸黄花記驛程。御柳含煙鶯百囀，金臺無限鳳臺情。

榮壽爲周正郎受軒題

華髪懽顔邸養初，鸞迴新捧紫泥書。翟袍鷺錦輝相映，王母壺公意自如。揔羡于門來駟馬，寧論燕國墜金魚。晝簾静捲看黄菊，閑課兒童竟日鋤。

壽同年沈雙槐母九十

雙槐庭院洞庭邊，三月風光照綺筵。萱草經霜仍自媚，蘭芽茁雨故相鮮。清春燕喜明珠翟，遲日鶯聲雜管絃。上界底須新授籙，麻姑元是女中仙。

壽　朴　翁

帝里風光二月春，白頭未老太平身。眼前有子堪爲樂，世外無官足任真。銅狄摩挲疑昨日，金尊傾倒及芳辰。自憐無限高堂思，猶逐輪蹄日幾巡。

和紫巘劉公郊齋夜坐二首

即看皺瘃變丹唇，漸喜陽回地底春。補衮定誰添弱線，閉關聊爾藉重茵。遥瞻漢畤嚴星駕，因憶湯盤獻日新。明月孤燈清不寐，誤疑漆室是前身。

獨坐空齋翫月華，轉蓬蹤跡愧生涯。野耕虚擬莘農耒，河泛空聞漢使槎。陽長正須調燮手，春行無復寂寥家。明禋莫助光天德，謾誦新詩拜寵嘉。

贈柴黼菴京兆考績北上

漢官禄秩崇三輔，少尹才名重九卿。豈爲繭絲書最考，獨揚綸綍對承明。舟浮秋月龍江曙，袍帶朝陽鳳禁晴。猶載西垣舊簪筆，佇開東閣疏民情。

送浚川王公北召

南國喧傳急，皇王惠愛鈞。如何豐鎬地，不借保釐人。六月還朝路，三台致主身。殷勤餐飯祝，非是泛相親。

贈秦鳳山公北上考績

鬌齔曾聞司馬名，相逢青眼愜平生。三朝出處關休戚，四國安危倚重輕。雲起錫山千載會，天開金闕老臣情。共工不用憂時詘，聖主何心樂舉嬴。

次周貞菴公壽旦述懷韻

匡時事業須元老，涉世年光正古稀。一代君臣新寶歷，幾人父子稱朝衣？吟邊倍覺丹心壯，鏡裏從教黑鬢非。試倚南山歌樂只，滿觴明月散晴輝。

贈張中梁公考績北上三首

每瞻旌節上青霄，便憶夔龍翊聖朝。江上樓舡公獨往，紫雲不斷碧天遥。

誰看官事真家事，自許吾身是主身。欲識賢勞雙鬢裏，不需霜雪半成銀。

送公何事重依依，蔦施長松忽此違。花草未知人惜别，争摇紅紫獻芳菲。

送顧新山公考績北上

木蘭舟壓浪花輕，珍重司徒萬里行。北極帝宸頻側席，南風天漢促兼程。斗山悵望非今日，尊酒當筵漫别情。便殿從容酧召問，民間杼柚正營營。

秦進士挽章

太息青雲器，空留天府名。脩文疑杳眇，造物忌聰明。慷慨龍從志，依稀鶴和聲。題催悲白老，落筆淚縱横。

送西麓吴君知景州

廣川臺上月如淵，廣川臺下草如煙。使君不受簿書梏，藉草對月心悠然。一從功利扇雄風，道義昏霾五百年。官方民俗三嘆息，人間白日無青天。使君合是吴公裔，獨抱周南静且虔。此邦之人本三代，宦遊端不媿鄉賢。

一泉爲曾君賦

萬壑東流迥，源泉好静觀。月晴金影躍，風定鏡光寒。混混斜緣岸，涓涓未倒瀾。詩脾何足沁，抱甕注湯盤。

贈治齋萬公致政

已辦綸巾狎白鷗，便投霜簡駕青牛。回天力在寧憂廢，瞻極心懸獨倚樓。洛社相公多白髮，江洲仙子近丹丘。梧岡春日長雛鳳，更是君恩不易酧。

贈同年宋春亭守敘州府

憶昔同霑杏苑觴，十年京國鬢雙蒼。新分虎竹三巴迥，暗拂龍泉百丈鋩。露冕春晴棠蔭合，琴堂風煖稻花香。漢庭上秩旌循吏，佇看泥書照小梁。

贈胡九峰奉常北上

共擬連床夜，俄驚判袂辰。鳥鳴山木暗，馬度石苔新。樂事還誰與？交情未易論。虞廷書最早，應憶隴頭人。

送夔洲胡子守大名

禁柳依依鳴鳥多，送君作郡欲如何？車牛不博催科考，竹馬先傳襦袴歌。庭草香風浮泮佩，黍苗膏雨濕農簑。懸知别後停雲思，莫負尊前對月哦。

贈周陸田侍御二章

沖漠生感應，往來乃萬殊。殊分本則一，一本超有無。是謂天之性，人力無錙銖。孩提愛敬端，達之神聖謨。太空浮雲氣，訇聲出鼓枹。至哉愛蓮叟，無欲示其樞。圖書千載後，蓮池長緑蕪。

無欲本無有，非有故無之。良知匪覩聞，靈瑩弗可欺。秋陽正天中，霧靄浄無疵。萬物皆相見，豈用安排爲？由來希天學，致知乃其基。渾然一以貫，寧論本與枝。末學恣糾結，適莫紛多岐。上天靡聲臭，帝則無識知。三復聖學篇，可以深長思。

挽　詩

野闊松楸晴，亭開草樹蓁。坐忘西嶺日，不見上堂人。奕代簪袍冷，百年雨露春。懷中遺訓墨，秋色與鮮新。

和紫巘劉公誕辰有感韻

元日新晴暖浹旬，喜聞初度正初春。觴行沆瀣微成醉，句琢瓊瑶不涴塵。一代保衡瞻太岳，八方民物待陶鈞。我曹底用千齡祝，公德還應百世人。

上元日功臣真武二廟次紫巘公韻

千年大統開周歷，一代宗臣陋漢賢。甲卷中原兵不戰，鋒行邊徼敵無堅。畫圖麟閣疑春夢，燈火龍樓隔暝煙。悵望諸公那可作，徒聞尚父格皇天。

廟臨絶巘路倭遲，乘興寧辭更陟危。雲薄遠天山斷續，風生靈籟鳳參差。徘徊暮色頻移酒，點化春光合賦詩。卻恨無緣操几杖，重陪還擬月明時。

贈貞菴周公奏績

兩都聲聞珪璋重，到處棠陰蔽芾垂。民命好誰憐赤子，臣心端可對彤墀。尚方玄衮旌庸日，廷尉斑衣上壽時。因憶昔年聯鷺筵，莫辭祖席醉金巵。

南莊爲給舍王君景純父題

風入南莊撼暮松，乘雲人已躡仙蹤。至今猶説象州路，自古同歸馬鬣封。白㹀有徵庭樹浄，黄鸝無語徑花濃。穹碑百尺瀧岡表，諫議文章衆所宗。

送何石湖公考績

經綸才術合投艱，乞得南來不暫閑。九廟穆清嚴聖孝，萬間輪奂壯賢關。官當晚節心逾赤，功在明時鬢未斑。帝召司空方側席，莫辭尊酒看青山。

瀛洲雅會限韻同翰林諸公

拍塞氛埃積肺肝，暫承旅語叩琅玕。寧知世外仙凡隔，始覺人間雅鄭干。酒澤枯腸杯不厭，詩逢險韻筆頻乾。諸公好輔唐虞在，我欲滄浪理釣竿。

送廷尉陳宜山公赴召

前輩風流在，樞趨每坐深。簡書來日下，祖餞席秋陰。落木江天迥，征帆爽氣森。渭橋如有詔，犯蹕合輸金。

和劉平嵩祀先師齋居有懷

暑傍先庚退，秋迎此夕初。重逢俱惘惘，欵語故徐徐。代祀慚精白，齋心竊緒餘。相期照肝膽，銀燭對踟躕。

送胡九峰改太常少卿北上

丹楓江上路，送爾倍沉吟。南北如相避，誰從話此心。漸鴻遵月渚，倦鳥怯雲岑。孤負溪山約，臨風撫素琴。

送大司寇貞菴周公致政

楸枰剥啄揔輸奇，末局年來識者稀。山鳥近人喧晝錦，村酤逐日典春衣。生兒報國今誰是，投老全名昨未非。料得新詩傳洛社，田園松菊有餘暉。

送邊東皐京兆謫河南參政

磊落邊京兆，天門舊謫仙。如何久留滯，又上洛陽舡。薇省清且峻，王命重旬宣。利物諒有濟，考德故無緣。祖席望淮浦，千艘飛鳥前。迅帆忽以后，尾艫忽以先。人事每如此，淹速何足憐。君家延世澤，簪笏輝蟬聯。煌煌池上彦，鳳毛倍鮮妍。主恩無際岸，捐報及玆年。努力崇明德，莫問桑麻田。

和紫巘公九日病中别詞林知舊韻奉賀令郎魁捷兼慰勿藥

驥子風雲騰汗血，鳳池梧竹有光華。衣冠韋曲歸時論，學業龍門繼作家。喜失病魔推角枕，吟巡簷菊岸巾紗。新詩莫漫生秋思，樂事芳辰總未涯。

元城小示維摩疾，伏枕長吟語益奇。揔惜良辰翻送別，況逢好甫似催詩。開緘飛動占清健，問字遲留訝許時。因憶去年登眺阻，月明有待赴心期。

錦纜秋開李郭舟，重陽風物迥生愁。合離轉眼真成夢，歲月懸瀧不住流。萸泛總違千嶂雨，菊簪能滿幾人頭。未須更問蒼生病，公是醫王早合瘳。

擬攀逸步陟層危，俯聽高林鳥護兒。豈謂藥爐違晝省，尚餘詩興遶東籬。菊叢不待頻追憶，橙實猶堪數舉卮。調爕幸公强健在，年年甘雨足春犁。

玄菴奉常公脩瀛洲會限韻

玉署幽深紫殿東，六龍雲氣缈然通。蓬麻有幸依賢哲，犬馬無能抱朴忠。梅柳江城驚改歲，星河天闕夢乘風。卻憐病祟侵凡骨，高會群仙偶未同。

方山中丞公宅邀集限韻

學古徒勤力不支，能憐蹇躃一鞭之。年光鑠電俄驚眼，春色醉人欲墮肢。謾喜同心談王塵，無緣接膝倒金巵。中丞府第陰陰栢，奎壁寒芒散滿枝。

函谷許司徒公宅邀集限韻

紫閣穹窿敞木天，文章晚達愧開先。偶從南國芳辰集，又續東京勝事傳。郢調彌高翻白雪，吴箋新拂瀉玄泉。終生豈任承驅策，謝得收携不問年。

銀臺介立公宅邀集限韻

莫道清歡揔細娛，誰堪詩酒樂軒虞。去年此會今寥落，來歲玆辰定有無。身在不須危治世，心忘奚所問迷途。金陵市上饒風景，應有高人挂藥壺。

壽整菴公七十次韻

啓蒙惠我兩新編，白首躭書劇壯年。几杖夢隨千里外，鴈鴻書寄九秋邊。經綸有兆身先退，著述無多意已傳。蒼檜凝寒公手植，折將獻壽雪花筵。

贈峩峰潘公考績

中丞初操江上師，萑葦千里無健兒。今日江頭餞司馬，路人猶識中丞旗。聖朝考績崇敷奏，象笏朱衣對彤墀。天王側席念丕釐，迪知有宅非公誰？聞道驕兵弄西北，公登廊廟爾何爲。

静齋陳公生日述懷見寄用韻奉壽

傳訓多門次第編，公方集解六經。畫簾春草幾華年。喜無雪色生簪底，待有泥封下日邊。壽域詩篇能遠寄，宦途名蹟豈輕傳。懸知尊俎延三益，珍重威儀動四筵。

送陳虞山公赴虔臺

自昔虔州路，潢池數弄兵。莫嫌儒作將，應使盜爲氓。春入幽巘秀，嵐開遠岫明。壺漿迎范老，軍實貴先聲。

送大廷尉厚山周公北召

蒹葭白露公來日，煙柳青霄驛召時。署棘可巢烏欲集，廷麻遥下鶴先知。公家鶴育二鶵。法曹舊事談能徧，經殿新班步不遲。肯與故人尊酒盡，共攀菉竹賦猗猗。

送穆玄菴公致政二絶

東殿論經捧御床，十年仕宦厄黄楊。南曹清徹容臺最，更乞投閑何處鄉？

進不趨榮退未難，黄花歸路夢魂安。浮雲看盡閑舒卷，静對青山自考槃。

和鍾石公喜雨韻

一夜山雷隱地鳴，五更澍雨愜幽情。溜簷落落初如注，滴瓦疏疏乍可明。漸覺饑蚊稀忽散，頓令病骨倦還清。豐年合是天王瑞，起聽農歌雜鳥聲。

屠竹墟入覲過金陵阻餞

獨憐祖餞逢齋禁，正憶維舟傍遠岑。天上不遲春正會，江東空切暮雲吟。賢聲籍甚今誰得，殊錫需多帝所欽。露冕褰帷何日到，兒童竹馬隔年心。

陳棵莊入覲過金陵阻餞

雙鳧遥逐行雲至，萬里高瞻北極翔。久擬壺觴陪語笑，那知咫尺隔瀟湘。風神寤寐秋潭浄，雨色霏微客路長。宴賚歸來能特枉，暮春庭草倍輝光。

送石塘聞公考績

留省三驚玉露秋，履聲猶在殿東頭。青霄好去兼程上，丹扆憑寬側席憂。病枕離情隨旆遠，客床歸夢繞鄉遊。天曹有待持冰鑑，煙水能容狎海鷗。

送甘泉公考績

聖學衰殘詁訓餘，人心榛棘費芟鋤。春風滿座朝鳴鐸，鄉月輝庭夜著書。醫國金丹猶未試，對時玉燭竟何如？莫言天上辭楓陛，歸向山中問草廬。

送蔣石菴公考績

南國重瞻衮，長安曩接鄰。飲河知鼴足，飛渚嘆鴻遵。天子人求舊，冬卿績奏新。化民今有道，不借孝文陳。

送王南皐公考績

猶憶龍飛日，欣逢豹變時。爲疑由徑捷，翻作上竿遲。叔朗官仍熱，元琳髮尚緇。豈同顔駟老，始結漢皇知。丹闕雯鳧迥，滄洲侶鴈低。有書能繫帛，聊慰暮雲思。

和鍾石公齋居喜晴

齋署陰森古木清，高風號木怒濤聲。栖烏薄暮生愁雪，噪鵲侵晨太劇晴。宣室日臨三島洞，泰壇星徹九光燈。遥知在列霑靈貺，獸舞鸞蹌眼倍明。

送秦鳳山公謝政

已分留鑰出重闈，又解朝簪詠翠微。萬里雲霄瞻鳳德，一帆江海息鷗機。蒼生轉切蒲輪望，皓首真看草奏歸。禧昨履聲明主識，豈無春夢日邊飛？

和韻送秦鳳山公

林丘長日羨雲閒，霄漢清秋駕鶴還。籬菊風霜矜晚節，洞蘿煙月照童顔。門無俗雜寧須閉，徑未荒蕪不待刪。寄語蒼生相問訊，但尋履跡到東山。

和介溪公元旦之作

此日南曹同拜舞，篆煙猶似御爐芬。卻瞻鳳闕祥光迥，遥想龍顔喜氣醺。吾道三陽占泰運，新詩五色爛卿雲。即看廟略裨明主，待見敦銘勒異勳。

人日宴宋南塘公宅和韻

晴添人日喜，宴爲故鄉開。彩勝輝殘雪，銀燈影上台。同憐新霽月，難進已酣杯。蓬直扶多賴，璧連愧未才。

新正十日宴北湖公宅用韻

臺柏參天黛，賓筵別院開。素心深仰斗，懿範幸瞻台。光景星臨砌，暗香花近杯。酣歌歡道泰，鄉曲況多才。

和侯北湖公新歲韻

江城風日近元宵，物色新年倍覺饒。九陌燈輝頻對月，三階星彩總騰霄。從知樂事逢明主，誓浣塵心奉聖朝。分陝正憑元老重，棠陰有頌到芃苗。

老父生日有感

白髮庭幃北鴈稀，壽觴遥祝思依依。煙迷芳草憐公子，雲擁靈椿傍翠微。報國猶期身未老，爲貧已覺道全非。得尋蘿薜還初服，更集芙蓉製綵衣。

静齋書院和韻二章

入簾蒼翠草侵門，應有高人此嘿存。萬軸牙籤充棟宇，六經寶藏照乾坤。隔窗樵笛知山近，落檻風湍悟水源。舍北郊西雲未雨，幽襟披豁兩無言。

中丞卜築遠紛譁，迥僻真疑處士家。芸簡曝簷親啓篋，花叢除徑候停車。浮煙野馬成天趣，化日鳶魚感歲華。洛社相公多矍鑠，春風談麈拂巾紗。

贈劉紫巘公北召

寵錫温綸未足褒，恩開東閣待賢勞。風雲晝接飛龍近，霄漢晴瞻翥鳳高。西北干戈忘帝力，東南絲粟歎民膏。從容講殿酧清問，頻歲宵衣正此曹。

送同年須子僉憲陝西

鶯花三月暮，祖餞出江干。玉節關城曙，青山驛路漫。宸衷勞簡任，邊鎮集憂端。素負匡時略，霜蹄展未難。

贈涇野吕先生赴召大司成

台樞雅望衆推先，學省新除暫寵賢。問業日圜臯座滿，論經朝上御筵還。追隨鳳侣三千輩，寤寐龍顔十二年。忠直平生符兩字，江湖廊廟總悠然。

清秋祖席意遲遲，正憶當年校藝時。管見未能超俗學，時文何者辱公知。登龍數快披雲覩，變豹猶慚隱霧姿。去住自憐勤仰止，晤言誰與愜心期？

送李燕崖考績

長安風雨數相過，頑鈍其如斧鑿何。一自鍾陵依玉樹，頻看鷺渚换金莎。鐵驄柱史勳名盛，銅虎臺郎廩食多。愧我虚縻君奏績，漫裁短句和驪歌。

和秦鳳山公四首

清晨飛雪薄黄昏，寒頰紅生喜色温。暗響稀微侵户牖，曙光炫晃徧丘原。多暄久訝玄冥令，有赫今知帝鑒存。共卜豐登荒禹甸，幸沾康食戴堯恩。

晨閑雪急坐朝昏，熾炭重綿且未温。喜有清尊開上若，慚無佳客羡平原。淺深窟壑填應徧，高下岡陵聳獨存。凍雀饑蹲愁粒食，爾曹歲稔會沾恩。右道院觀雪。

鳳翔虎躍劍攢尖，千里山川擁衛嚴。一自百靈朝寶鼎，至今萬木掛龍髯。巍巍直與神功峻，鬱鬱猶看王氣添。麥飯漢陵供秩祀，禮儀貴少未云廉。右祖陵陪祀。

新年旋斾筆鋒尖，秀句新題字字嚴。誦聽希聲驚里耳，吟成幾度斷虬髯。心神浮動同春盎，道意圓融與歲添。郢曲調高誰和者，搜腸況似冷官廉。右元旦試筆。

詞垣舊意贈紫巘公

濫竽玉署得相親，豈有文章踵後塵？揮麈每承談不倦，臨岐無語意彌真。殷邦嘉靖思肱股，賈席從容對鬼神。遵渚飛鴻聊信宿，在門驪駱暫逡巡。

遠奉天書拜玉皇，細裁雲錦焕文章。十年鳳沼微陳迹，八座鵷斑隔舊行。棹拂汀蘭香冉冉，佩承宮草步蹡蹡。知公此去能醫國，珍重青囊肘後方。

送宋仰山知真定

騣騑絡繹京華路，甲第參差貴近鄉。漢使青符新剖竹，西臺白簡舊飛霜。襜帷按部仁風遠，燕寢凝香化日長。別後鍾陵望恒嶽，相思時有鴈書將。

歐陽南野先生文集卷之三十　別集十四

詩

費鵞湖公伉儷齊壽

黄閣歸榮日，青陽介壽辰。地靈元降岳，良弼特生申。少抱凌雲氣，早充觀國賓。縱横敷禮樂，博雅貫天人。萬里翔寥廓，一朝邁等倫。文增詞苑重，誨納講筵頻。典禮神人秩，惇庸夙夜寅。殷王徵夢賚，周宰握衡鈞。遽訝仁賢遯，重看宇宙新。紫泥輝菊徑，朱紱上楓宸。魚水精神契，鳲鳩惠政均。錫蕃分廐馬，活涸到涔鱗。興動滄洲月，堂依緑野筠。花迎歸旆笑，鳥傍鈎舟馴。延客寧憎俗，題詩每入神。副笄陪燕喜，斑綵戲逡巡。梓里欽先達，台儀仰絶塵。望洋知浩蕩，宗岱憶嶙峋。迢遞蓬山隔，過從玉樹親。寄言紛頌禱，報效積輪囷。日月開黄道，煙霞岸白綸。明堂須柱石，殊禮必蒲輪。滄飯區區祝，壺觴歲歲春。微生何足庇，品物待陶甄。

和介溪公生日自述韻

流霞暖泛長生酒，湛露香凝舊賜衣。金玉高文詞苑重，鈞衡令望漢廷稀。氣鍾嵩嶽人今是，夢協商巖事豈非。莫問釣舟尋舊渚，早看綸筆戴黄扉。

送王輿浦考績北上

暖風吹水碧波輕，似與征帆送遠程。路入仙鄉叢桂在，珮鳴帝里百花迎。遥瞻丹扆明春色，猶識彤墀舊履聲。稼穡豈虚前席問，艱難細説小人情。

送唐西洲北召

嗜學晚忘劬，高卿劇士儒。精瑩懷趙璧，文彩爛隋珠。白下初栖鳳，丹霄忽起鳧。向來瞻望意，臨別獨踟躕。

送郭雨山京兆北上

解纜江亭曙，維舟潞渚春。兹行瞻日表，何地想風神。古義商難遍，幽悰欸欲頻。相看追弗及，獨立石城闉。

送江瑞石京兆考績

憶昔薇垣啣命日，到今京兆奏功時。十年問俗環車轍，隨處蜚聲聽口碑。日煖魚龍驚鼓楫，風高燕雀避楊旗。鴻泥蹤跡尊前客，莫對楊花不盡巵。

送潘袞峰公北上

玉節徵司馬，卿曹重副樞。三朝推舊德，九伐贊訏謨。制勝應無戰，爲戎豈盡胡。正思金鎖甲，化作紫羅襦。

贈錢浄窗掌科

諫署連符省，因緣奉後塵。秋霜凝節操，冬日照風神。和璧輝難並，庖刀試益新。器應藏射隼，志豈忘批鱗？建白非煩碎，蒐揚必隱淪。民情恒腕扼，世事數眉顰。奏績紆皇眷，披忠對紫宸。樂郊饒寂寞，儉歲倍酸辛。天上垂卑聽，人間播大鈞。高明頻耿耿，薄劣妄云云。飛舄行千里，流觴且數巡。不才宜草莽，多病憶鱸蓴。莫擬他時會，還同此座人。明朝桑落酒，何處柳條春。

贈汪春谷掌科

相望渴以飢，相懽願不違。龍門三尺木，與子弄金徽。一奏煙霧開，三奏日月暉。九奏天地合，幽崖草木肥。風雲一朝隔，子行謁帝畿。帝畿多新曲，圓滑迸珠璣。南風遺韻遠，白雪和人稀。緇帷有舊操，五絃時自揮。流水何蕩蕩，高山亦巍巍。寧辭聽者倦，但惜古調微。行色何匆遽，四牡疾於飛。踟躕岐路側，悵望空依依。

壽王輿浦外舅

渭叟心猶壯，齊生髪未疏。後車休命載，掌故待傳書。懽合瑶池宴，恩霑玉饌餘。乘龍多喜氣，往往欲充閭。

壽西玄公外舅

勾漏歸來未白頭，年年春酒接中秋。階羅玉樹含風浄，庭擁雲槐翳日稠。綵服乍回羈旅夢，黄麻新散倚門愁。乘龍客向江樓望，遥送青鸞過十洲。

送徐楓岡大理考績

長憶金門同聽漏，揭來南省倍情親。一尊又送朝天客，四座相看送旅人。鄉國歲寒梅半吐，禁城春煖柳初勻。登臨莫戀青山色，勳業應憐白髮新。

贈朱雲巘知松江府

五馬雲間去，雙旌曙色開。踟蹰憐舊侶，傾倒盡深杯。作宦榮分竹，逢人早寄梅。龔黄名汗簡，遲爾好音來。

雨中訪高祠部初識面枉新詩次韻奉酬

琳宫十日卧，華徑緑苔生。空羨逵鴻羽，仍憐谷鳥聲。銜泥尋所憶，傾蓋足高情。詩卷留天地，慚予早識名。

贈周白川公考績

聞道征鑾樹羽旗，正看課績上彤墀。閣麟輝日開相待，臺鳳銜霄去不遲。仙里謾談鱸膾味，帝庭争覩豸冠儀。定知宣室酬清問，好説封侯李貳師。

贈王南渠公考績

末俗多新調，明公祇古心。逢人肝膽盡，聽語髮毛森。荆識吾何幸，邯行力未任。登龍繞稍稍，駕駱復騣騣。愬切瞻依意，徬徨契闊吟。法星懸傍斗，卿月度横參。九列官階峻，三朝德望深。堯庭今就日，商夢必爲霖。綺席聊淹駐，葱裙豈再臨。罄瓶猶可市，折俎故堪焫。後夜芳洲月，還誰伴淺斟。

送吴訒菴公四川巡撫

清秋行色有光輝，曉日雙旌度翠微。一斤幾年時論屈，重登九列舊銜非。梁州自昔稱天府，元老真能壯國威。塞外象犀頻納貢，華陽牛馬未全歸。城臨雪嶺公來重，峽束風濤使去稀。無限心情尊酒裏，共拼醉飲到斜暉。

贈蘇乙峰公考績

祖餞出城闉，綺筵傍緑筠。輕煙江海曙，晴旭野亭春。戀闕心宗漢，懷鄉路遶秦。餘寒冰雪在，珍重濟時身。

送姜石泉少僕赴滁

夙抱經綸器，況逢全盛朝。頻年留散地，朋輩列清霄。卿寺群星聚，江城匹馬遥。展才宜自此，莫羨小山招。

宴鍾石公宅和韻二首

賞心直恐負良宵，暢飲從公未擬招。好客高情煩鄭驛，聚仙勝會際堯朝。影涵蓮炬杯光浄，香散檀煙晢篆飄。好句枯腸無索處，真慚缶鼓雜金敲。

華堂綺席醉清宵，衮衮諸公荷並招。豈有文章論接武，濫叨尊俎託同朝。隨風刻漏燈前急，帶雪春聲笛裏飄。歸去狂歌餘興在，唾壺半缺尚堪敲。

送侯北湖公北召大廷尉

祖席侵春色，郵籤促曉程。共瞻卿月迥，應奏法星明。高義敦桑梓，餘芳襲杜蘅。臨岐多眷戀，極目暮雲征。

送石阡太守黄菲菴

石阡嶂嶠連西裔，相隔中原定幾層。卉木經春同著雨，昆虫異地不疑冰。分符莫訝論椎髻，刻木猶看近結繩。黄霸勳名知藉甚，潯陽去後至今稱。

送順慶太守趙白泉

百丈牽江蜀道難，況融晴雪漲狂瀾。燕檣直指瞿塘上，象馬頻於灩澦看。宦海際天迷彼岸，世情隨地足奔湍。危平易覆無多子，珍重君侯瞬息間。

奉和鷲湖相公秋晴試舟韻

潭畔琪花夾岸香，蘭舟新試賞方將。聲聲遠笛隨歌榜，片片輕鷗狎羽觴。暫放餘閑詩結社，寧躭深飲醉爲鄉。人間久切雲霓望，天上頻虚政事堂。

萬斛煙横野渡舟，等閑汗漫恣仙遊。輕帆自信中流穩，高枕能忘四海憂？潦净潭心真可濯，秋晴雨脚未全收。明良一代賡歌意，莫作吴歈子夜謳。

鱸魚自釣謫仙槎，秋圃絲蓴賤可賒。隨意膾羹供酒盞，滿江風月透窗紗。行穿花樹留殘照，疑犯星河拂絳霞。若到城闉更迴首，人間天上轉須誇。

天臨太液御樓舡，魚鳥猶依綵仗縣。扈聖總憑黄閣老，乞身閑傍白龍淵。冥冥煙月孤舟去，采采蘭蓀並澗緣。還有平臺前日召，暫留幽事故鄉傳。

題朱諫議芳懋堂諫議高祖祖皆名御史

累葉衣冠開甲第，盛時門閥冠儒鄉。憲臺鎖闥同清望，顯祖文孫並耿光。蘭樹流芬依玉砌，槐陰屯緑蔭書牀。寧論世業追韋曲，直看勳名紀太常。

憑虚閣中邀集諸公續瀛洲會限韻

寺閣憑虚坐翠微，隔窗雨色散晴暉。鉅公何意能相過，好景無多且莫違。棹倚湖洲雲共遠，席移塔院鳥低飛。牽裾未可留賓住，惆悵斜陽獨馬歸。

介溪公懷寄甘泉公風阻閣集奉次

侵晨候客日初暉，花外高車未擬違。缺驥驚看停午過，空凫憶傍洞雲飛。僧堂磬梵塵緣净，佛閣湖山逸興微。孤負詠風春服在，真成訪雪剡舟歸。

送林次崖廷尉考績

虚齋經學牛毛析，思入精深亶見君。早爲寸陰添白髮，時開尺札總玄文。翔鵬健翮凌霄漢，鳴鳥幽聲隔暮雲。最績定知承懋簡，嚴程暫許盡餘醺。

送林次崖北召二首

北闕宣麻總識名，南曹聽棘早稱平。開顔莫厭深杯勸，迴首兼愁獨馬行。六藝文章堪致主，四方弧矢更論兵。儻貽短牘尋鄉使，欲買長鋤學耦耕。

晚託交遊意自堅，飛騰無那此離筵。浦雲遠樹人孤往，江月虛舟夜未眠。三策總輸肝膽赤，二毛浸改歲年玄。九重每覩龍顏喜，萬里頻看鴈帛傳。

介溪公寫真有作奉和二首

溟渤藏胸鶴練形，官登八座鬢還青。巧傳顔貌惟丹粉，能照肝腸是日星。世味嘗多宜苦淡，恩波語及倍丁寧。即看麟閣承天寵，終古鈐岡顯地靈。

總角名聞醉六經，揮毫東壁避文星。即驂威鳳翔天路，直拂坳螭立帝廷。誕日劬勞懷父母，南衡磅礴降神靈。哲台非晚徵文吕，槐坐深霑湛露零。

别崇寃弟兼寄鄖襄諸昆從

蕭蕭歸馬度鳴蟬，黯黯秋懷積雨天。官舍可留粗足飯，客途後會定何年？鄉心迢遞千山隔，壯志礱磨一劍縣。悵望鄖襄鴻鴈侣，頻看好事寄書傳。

三錫録同諸公爲潘公賦

鸞紙龍緘次第開，藎臣殊渥九霄來。炳靈江海喧㕍静，生色松楸紫翠堆。郊藪鳳麟多氣象，溪山魚鳥莫驚猜。比年聖翰頻親灑，浣拜知公更幾迴。

期舍弟昱偕計不遂用韻寄慰

少年積學累蚕絲，得失休疑塞老癡。蘭怯露零華蕚早，菊宜霜重色香遲。乞身有待虛前擬，戲綵從今已後期。庭下雙雛娱白髮，渾忘舊態想新姿。

静齋儀禮之貺兼以佳章用韻寄謝再致壽意

古經緘寄曲臺編，鹵莽慚過四十年。推挽虚期秦漢士，瞻依實切暮雲邊。詩當晚節筌蹄棄，意愜幽棲鳥雀傳。春入盆梅歡對酒，醉憐冷蕋笑巡筵。

用中元韻寄弟

客牀無寐意絲絲，想遍乘除亦未癡。念爾豈應投筆晚，知子不合掛冠遲。尸飡泮璧真何補，奏績承明故有期。預喜還家稱壽酒，梅花剛照歲寒姿。

三日宴介溪公第和韻二首

桑梓依餘蔭，松蘿忝大賢。每勞分丈席，復此對芳筵。香蟻經春緑，馴麛向客妍。喜看蓂莢早，三葉報新年。

高人鍾嶽秀，後學仰鄉賢。欲擬靈椒頌，先霑設醴筵。青傳春菜細，白舞雪花妍。便可娱今日，無由返去年。

古祥寺赴同鄉諸公宴用韻

筵依梵刹何蕭爽，饌雜方珍總苾芬。儘被鄉情催快飲，不知酒力到酣醺。坐延桂魄同清晝，添爇檀煙裊瑞雲。正倚多賢霑後樂，虚叨厚禄愧高勳。

張節婦詩

竇女精魂化作心，逕塘應共汨羅深。松風莫作笙簧聽，似寫當時絶命吟。

又張節婦一首

張女逕塘魄，鐃娥江上神。未須悲後死，無乃化前身。魚鱉猶知義，豺狼不畏人。邊城胡騎滿，反袂更傷麟。

送人致仕

郊坰地僻經過少，拂袖歸來幽事多。柳外移尊依釣舫，鷗邊分席傍漁歌。菊松晚節陶潛徑，藜糗東風邵老窩。藏得善刀遺令子，楚硎霜刃試新磨。

祥蜂

孝陵侍祠夏監誕日，獲蜜蜂一屯。程松溪兄適過，見之，謂蜂有君臣義，作《祥蜂》四韻。吕巾石兄和之，夏索予作。

十年神烈山前道，稽首重瞻萬木林。栢露朝零豐水澤，松雲晝結晢湖陰。寶弓一墮蒼龍遠，金殿長扃白日深。試向鶴鳴評物理，好占蜂聚罄臣心。

醒齋東樂軒

檻浮曉日湖山麗，簾捲春風草木香。爲善東平今最樂，不招詞客賦長楊。

送繆碌溪少參之四川

鄱湖西望瞿塘路，簫鼓帆檣發曙光。行露甘棠歌不厭，暮雲春樹意何長。隨身老鶴招能舞，伴客孤琴解自張。遥想薇花移日影，娥山回首未渠忘。

趙清獻公焚香告天圖

玉帝神霄近，金爐静夜熏。人間非可作，天上豈堪聞？心與冰壺炯，名騰寶篆芬。高蹤今寂寞，餘藹故氤氲。司理襟淮海，逢時抱典墳。暮金麾暗室，衡石坐斜曛。獨鶴棠陰露，孤琴梅嶺雲。竽鳴知異調，鶚擊詫殊群。景德羹牆見，交神寤寐懃。清獻祠下月，持此贈夫君。

樂閒居士近體三章

難兄初結綬，令弟竟遺榮。獨傍煙蘿住，深便静者情。高齋雲掩映，華牓日晶瑩。珍重淮南意，無媒致魯生。

未愜棲遲意，時爲汗漫遊。金陵招翥鳳，彭蠡狎輕鷗。靈籟空山月，高天遠樹秋。壺觴朋好集，隨地有丹丘。

幽人不閉關，傲吏梓潼還。共抱姜肱被，同尋龐叟山。青牛今想像，驄馬得追攀。盡嘆賢勞獨，應令四海閒。

壽胡封君正菴翁

猿門山下獨醒翁，白髮青眸氣吐虹。早謝楚筵躭徑菊，高吟洛社羡逵鴻。芙蓉爛熳秋江月，蘭桂葱菁曉砌風。綵服況沾蕭露重，錦堂屢舞燕泥融。

贈參戎笄山賈君督餉歸淮兼訊萬鹿園

與君傾蓋還相別，歲晚驊騮道路開。愛國能供滄海貢，歸淮應過大風臺。金杯握手淹行色，寶劍懸腰識異材。帥府同官勞寄訊，陰符細論待重來。

贈春岡劉公赴留臺

建業昔年行並馬，都門此別倍含情。棲烏欲滿留臺栢，呦鹿如憐祖道苹。霄漢丹心頻北望，風雲白日護南征。鍾山吟對知無幾，佇聽東墀曳履聲。

贈袁爾極兼爲尊甫壽二首

宦憐陟岵縈秋思，且喜還鄉是使程。日暖河流催綵鷁，晴薰柳色囀新鶯。青春更覺萊衣貴，白下争傳水部名。料得趨庭多付囑，君恩捐報足親榮。

共憶南雍十載前，滿庭翠色草葱芊。如何帝里論心日，剛是仙郎奉使年。遠道驪駒催夙駕，華堂袍鷺照春妍。北飛定有燕雲鴈，念我頻將數字傳。

贈李繼之司務

清時文藻傳家學，春日皇華重禮曹。總爲簡書拚盡瘁，肯將韜傳歎多勞？蓉城遠度雲霄際，梓里頻瞻斗極高。上藥佇需醫國品，湌郊無戀駐干旄。

贈南渠李公之南大司成

十年宦轍真相避，不盡扳懽又送君。柳拂别筵深囀鳥，尊開何地細論文？香芹碧藻春涵雨，二水三山暮起雲。東殿會須才俊集，珮聲還向鳳池聞。

贈孟君子莊判郢陽

百畝耕耘繞宅桑，未嫌鄙事説齊梁。君家德業看先輩，人世瘡痍藉古方。菽粟真能多水火，牧芻宜不負牛羊。峴山猶墮碑前淚，明府應留去後棠。

奉和元宰嚴公祇事山陵三絶

上公啣命發都城，風雨橋山百里程。五月炎氛能洗浄，隨車真慰望雲情。

潦滿長途雨滿城，陵晨車馬戒前程。驚心舊事多成句，不是躭吟往日情。

鳳侶追攀曉出城，停驂未惜片時程。共言越宿旋星駕，黄屋深懸肱股情。

奉和元宰嚴公天壽山馬上作二首

七聖仙遊地，葱蘢萬木林。玄宫依疊巘，白日閟重陰。雲物神靈護，風聲羽衛臨。低徊多感慨，瘦骨露華侵。

迤迤栖雲阜，森森拂漢松。迴環羅萬象，拏攫見群龍。形自玄黄判，煙浮紫翠重。南瞻京邑近，御氣接前峰。

送李平崖參政滇藩兼訊胡督學

詔參薇省承恩舊，秋霽郊原擁傳輕。璞獻有時堪自信，杼投無故漫多驚。才名異日優分陝，威望遐方快識荆。胡宿典文多晝暇，好從醽酒聽遷鶯。

送馬子調官鷄澤縣

百里冀方仍作宰，連城荆璞莫含悲。終看馬默垂青史，始識季常自白眉。饑渴滿前甘食飲，砭劑何術救瘡痍。烹鮮珍重玄元教，汔可民勞小愒時。

送馬子知高陽縣

三載虞膠勞簿領，一官禹甸聽弦歌。文名翰苑先公重，宦業清時伯仲多。雲擁舄鳧翔碧落，春隨軺馬渡梁河。高陽自此懽穰歲，處處連岐秀麥禾。

送國子葉先生判兖督賦

別駕驅車望魯城，橋門牽袂悵諸生。深秋近甸飛塵浄，霽日輿梁度馬輕。粒米寸絲歸國計，用三緩二見民情。東田盡説污萊甚，待復流移事耦耕。

次龍湖太宰河上見懷韻

新詩千里寄同聲，睡起開函眼乍明。惜別敢忘當日語，論交寧愧古人情。韋編晝静研朱點，燕寢秋晴虚白生。洗竹莫將閑事看，琅玕坐待向春榮。

帝王廟分奠感賦次少湖公韻

兩階干羽殿西東，絃管聲中舞佾同。百代明良精爽合，千官肅穆禮儀崇。裸將有命恩殊重，奔走無能技欲窮。清直敢言夔伯在，靦顔猶自愧孫通。

玉簪花次石淵司寇韻

香風何處撲衣襟，倚檻花開白玉簪。憐汝雅宜明月看，可人偏耐早霜侵。欲移籬菊當軒並，正訝谷蘭遁世深。吟諷新詩凝竚久，短簷斜日半庭陰。

恩賜鮮藕次少湖公韻

貢新疑自華峰遠，霑賜擎從紫禁深。入口絶憐霜滿嗌，煩襟全勝暍栖陰。菜根未覺珍饈貴，藿食長懸老圃心。白璧素絲吾愧汝，汙泥欲拔力難任。

送新軒侯子義甫僉憲山西

繾綣都門酒一巵，論心方浹忽相離。聖神德業無多術，道義根源是獨知。莫外虚靈尋物理，由來寂感豈人爲？冀南回首燕山色，應憶春風對語時。

送程台山掌科使崇藩

魯衛天親隆聖主，鳳凰丹詔出神京。梅花送臘星軺煖，雪片清塵馬足輕。金鑰暫違青瑣直，玉階遥望紫微明。庭趍已覺萊衣貴，簷曝應縣魏闕情。

送晁春陵太史使周藩

暫輟燒藜辭漢閣，新裁宫錦向梁城。桐圭玉節雲中詔，駟牡皇華雪後程。下國威儀瞻彩鳳，故園情思亂流鶯。正誇庭下斑斕舞，側聽池頭劒珮聲。

奉壽介翁七十

風雲一代興周運，光岳千年降甫辰。萬户闢乾春意滿，兩儀開泰壽筵新。平津日影延賢閣，潞國天扶致主身。共倚南山歌枸楰，長依北極望松筠。

贈大宗伯程齋盛公還潮陽

迢遞鄉心海上山，乞身歸去海山間。翠圍菉竹開新徑，朱映夭桃駐舊顔。晝錦相鮮遲日麗，春衣長伴野雲閒。一官素食慚無補，願得從公學九還。

送王子忠判延平府

王祥今別駕，捧檄向南征。匹馬金臺月，雙旌劒浦晴。過家春色媚，踰嶠鳥聲嚶。應謁龜山廟，悠然萬古情。

送白洛川守廣西府二首

西南萬里滇池路，五馬騑騑日幾程。鴻鴈天高孤影遠，魚龍江冷壯心驚。鴨爐邸閣檀煙細，熊軾郊原曉露輕。回首金臺姜被戀，祇應勳業慰難兄。時洛原在朝，不勝步月看雲之情。

鍾鼎三朝勒世勳，象賢齊説鮑參軍。康敏公中丞公世濟其羙。虎符今向牂州去，鳥道遥從楚地分。金馬碧鷄多勝概，烏蠻白爨勸耕耘。盤江不斷中原路，知有仁聲天上聞。

送張直卿督學廣東二首

明綸曉日下黄扉，歲晏都門惜暫違。遥望皇華經故里，共誇晝錦弄斑衣。天南夜看文星動，海上春瞻晝隼飛。好種桃花千萬樹，鳳凰池上遲君歸。

君行正是初陽復，木鐸聲中化日長。三物漸還周典禮，六經不數漢文章。芳洲杜若先春秀，庾嶺梅花帶雪香。嘉會樓前風月好，共誰吟弄到羲唐。

和李忠定公顯應廟詩寄題祠下

天上浮雲迷北望，人間白日照南征。空山祠廟松杉響，遺恨杭州作帝京。

介翁松間小影次韻題贈

千年間氣岳生申，麟閣應圖第一人。貌得松間行樂意，笑顔長與萬家春。

送王憲副整飭洮岷兵備

畫省才名徹建章，憲臺新節鎮戎羌。已知報國心無盡，況復籌邊夙所長。車逐龍雲徐攬轡，劒明關月欲飛霜。清時不用蒲梢獻，坐撫且渠闢漢疆。

咏東方朔偷桃圖

蟠桃託根乃在度，朔之陽東海之涘。滄桑更變幾回新，開花結實須臾爾。偉哉東方，古之至人。雲嶠萬里，駕鳳驂麟。桃下三回探赤實，人間一萬八千春。手持丹書下瑶京，來參赤帝謁承明。書上公車寢不報，眼前誰識歲星精。奇蹤詭行如戲侮，詼諧猶足悟明主。解紛往往笑談間，委命批鱗寧足數。未央宫中飛紫霞，芙蓉闕下降仙車。王母東過漢天子，四方仙者來如麻。郤顧臣朔相問訊，别來復見蓬萊之水清淺揚風沙。乃知臣是謫仙人，暫向金馬逃紛華。曲士跼促守尺寸，大道逶迤如龍蛇。我欲從君訪蓬島，風埃滿眼隔煙霞。坐對丹青動遐想，至人不見空咨嗟。

送大宗伯端溪王公考績還南

今之時，質敝文勝甚矣。南都爲聖祖肇興地，古風宜有存者。禮從先進，其失也，求諸野。送公南行，慨焉有懷。

春省仙卿奏績回，鶯花祖席對新醅。燕臺旆逐飛雲遠，鍾阜旌摇淑景開。高誼每懷同署日，雄文長羨出群才。留京禮樂還存舊，試與咨詢到草萊。

大宗伯毅齋孫公致仕

連章乞得望鄉身，給驛温綸寵舊臣。海上輕鷗迎岸幘，林間狎鳥識歸輪。共知西洛眠非穩，且羡東山景更新。午夜定應瞻北斗，堯年頻祝億千春。

大廷尉後屏盧公擢少司寇之留都二首

棘署烏臺席未温，留曹簡擢拜新恩。虞廷正爾矜輪獄，羲景偏教照覆盆。即向堯階聽曳履，還看于宅更高門。過家暫酌橙黄酒，莫戀稀年老弟昆。公諸兄年皆六七十餘，喜得過家爲壽。

卿月影移南斗近，法星光動碧霄寒。江東秋草雲間思，潞水仙帆霧裏看。長樂夢迴鶴鷺曉，鍾陵吟對虎龍盤。亦知不是春明隔，未別先彈貢禹冠。

宫保顧公奉使有事太嶽

中天太嶽俯江瀆，詔遣登封下五雲。千載玄靈扶景運，萬重紫氣護神君。應將皇澤隨車到，正待民風入疏聞。是處芳蓀堪採獻，野人猶自美春芹。

元相介翁一品五考

勳名聖代屬元臣，殿閣雍容十五春。間氣獨鍾東里後，太平長繫令公身。燮調事秘宸衷在，懋賞恩延世澤新。莫以功成懷舊隱，天留黄髮待諮詢。

贈吕和卿太史詩有序

和卿索予贈言，予告之曰：「道不可須臾離，故學不可須臾離。」請問其要，曰：「致知。」問致知之實，曰：「格物。夫人之心，其視聽言動、喜怒哀樂，千變萬化至不可窮，莫非知之所爲，故曰『萬物皆備於我』。而人心之知，蓋形生神發，凡千變萬化至不可窮，其輕重緩急、是非取舍，莫不有自然之則，故曰『有物有則』。物者，知之用；知者，物之則，一也。物循其則之謂格，知無不足之謂致。循其則者，循其良知而爲之，各極其至焉者也；無不足者，無自欺而恒自慊焉者也。物物循其知而爲之，各極其至，則知無自欺而無不滿足者矣，故致知在格物，物格而後知至。自天子至於庶人，自孩提至於成人，自厭然之小人至於大而化之之聖，莫不有物，莫不有知，莫不有格物致知之功。物不可須臾離，知不可須臾離，故格物致知之學不可須臾離。」和卿悚然曰：「弟子乃今知良知若是其廣大，致知之功若是其精微也，請服膺而勿失矣。」和卿疏請侍親南還，予方期助我，而遽有此別，惡得無拳拳乎？ 過蘭谿，見唐思濟，出此商之。

助我相期忽此違，承恩且喜奉親歸。上林樹曉鶯聲遠，驛路江涵鴈影微。竹笋迎船供旅饌，草芽茁地對庭暉。臨岐握手無多語，兩字良知萬化機。

附

南野歐陽先生文集序❶

夫言，心之聲也；文，言之成章者也。心純於道，則發之於言，不期文而文成，是之謂至文，是故可以經世淑人，質之前聖不悖，而俟之百世不易。心弗純則雜，雜則其爲言以成文也，即追《莊》《騷》，埒班、馬，枝葉焉爾矣。如是而欲以行諸世、淑諸人、傳諸後而興起斯文于百世之遠者，難矣哉！

我明興百八十餘年，鴻儒碩士後先繼作，究性命之藴，闡道德之懿，登文壇而擅藝苑，猶之霞蒸雲變，斌斌然盛矣！然問之學士，或予或否；揆之聖賢，或合或盭。若先師南野先生，庶幾褎然得其粹者矣。正德間，陽明王氏講良知之學於虔臺，先生徒步往從，一聞即領其概。相從益久，而所得益深，既而盡悟其旨，雖超然於意象之外，而又不離乎日用之常。蓋或王氏之所未發，而先生獨爲發之，是以融會貫通，熙焉自得，盡洗乎支離窒滯之累，而默成乎經綸輔相之藴。及王氏歿，海内之士遂以其尊王氏者而尊先生爲益至。蓋先生之學雖本良知，而無一説自主之病，故其教人隨其力之可能、資之可及，流轉對治，俾其各有所得。一

❶ 此序原無，今據臺灣本補。

時及門者，咸欽承亹亹，樂有持循，不憚於用力之難，如入寶山，雖所獲不同，而空返則鮮矣。是以天下之人，識與未識，咸知有歐陽先生，翕然師尊之而無疑。其有益於聖人之道，又不在王氏下矣。

究其經濟之業，自州牧以至秩宗，盡忠殫智，秉道戢猷，焜曜宣朗，咸足表垂。至於受知聖明，起自家食，簡入禁近，與贊密勿，則與一二三元老協心謨謀，竭智弼亮。然又外不異俗，內不失真，化裁旁行，委曲劑調，以求行其道於萬一，蓋若有宇宙吾手之意。此或非人之所易能，而亦非人之能盡知。雖賫志以殁，然而聖明鑒之，善類倚之，中外上下信之，天下亦以隱受其福，視諸昔人學之而不克用者，又不侔矣。先生果奚憾焉？

王氏集舊梓於南安，關中之士讀之，咸知嚮往，以未登先生之門爲恨。或曰：「不得見先生，得見先生之文如其人，幸矣！」余故取而刊之商洛，與王氏集並行，以慰關中士人願慕之意。捐俸以相是役者，少參徐君光啟、憲僉馮君惟訥，二君皆先生門人云。

嘉靖三十七年歲次戊午穀旦日，門人梁汝魁拜書。

重刻南野先生文集後序❶

明興百五十年，當敬皇帝時，重熙累洽，天下乂安。于時朝堂穆清，名碩在位，海內士大夫或以德行，或

---

❶ 此序原無，今據臺灣本補。

以政事，或以文學，各相砥礪，並鳴于一時，得人之盛比於隆古。時則陽明王公以命世豪傑之才應期挺生，卓然以聖賢之學爲己任，獨揭良知以教人，一洗俗學之陋。天下學士，始則譁然共相駭議，既乃稍稍契悟，習而信之。今公歿垂三十年，而宗其學者且半天下。然儀刑既遠，傳習支分，求能實致其良知以不負公之訓者，蓋亦鮮矣。

南野先生自少聞公之學，走虔臺上書請業，發憤至忘寢食，留數年，因得盡受其蘊。而先生淵宏之識、純固之守，勉勉終其身不少懈。既舉進士，筮仕爲州牧，以學爲政。其所措施，關大體，切于民隱，非後世循良之吏所能及也。召爲翰林，以達於大宗伯，其啓沃之猷、匡弼之略，獨契淵衷，天下已隱然受其賜。與人論學，不出於獨知，而隨事開導，因病發藥，受者充然各有當於其心。發爲文詞，博達深潛，其旨趣往往會於六經之奥。嗚呼！若先生者，豈但有功於陽明，雖謂之發千古聖人之蘊可也。

嘗謂古之聖賢，多生於叔季之世，故其道終身不用。後世誦其言而想像其行事，有餘悲焉。今陽明公生當我朝極治之會，其所以勘定大難、慄服遐荒者，勳業布在鼎彝，與國運萬年不朽矣。先生仕于朝，值明天子興道統、正禮樂以邁百王，而先生方登侍密勿，參掌機務，雖云未究厥施以副海内迓衡之望，然道業之隆固已炳耀千古矣。

夫維關隴之地，羲皇之所興，而文武周公之所開創而涵泳者也，萬世心學於兹兆端焉。邇年道學倡於江南，此中學士顧罕得習聞其説。曩侍御濯溪閆公巡河隴，既取陽明之書梓之，南安士子獲聞正學，如瞽獲相，倀然知所索途。歲丁巳，少岳梁公奉命按陝以西，則又求南野先生遺集，刻置關中。夫升尼丘者必循鄒嶧，遡濂溪者必始伊闕，今二公相繼表章斯文，其意豈異也哉？刻成，以訥嘗辱緒言之教，爰命綴辭末簡。不佞謹述二公嘉惠之意，以告于四方同志。若二先生學問之大端，則侍御公序之詳焉，訥曷敢贅也？

嘉靖戊午秋七月，陝西按察司僉事、門人北海馮惟訥頓首譔。

「《儒藏》精華編選刊」選目

經部

周易鄭注
漢魏二十一家易注
周易注
周易正義
周易口義(與《洪範口義》合册)*
温公易説(與《司馬氏書儀》《孝經注解》《家範》合册)
漢上易傳
誠齋先生易傳
易學啓蒙
周易本義
楊氏易傳
易學啓蒙通釋
周易本義附録纂注
周易啓蒙翼傳
易纂言
周易本義通釋
易經蒙引
周易述
周易述補(江藩)(與李林松《周易述補》合册)
周易述補(李林松)
易漢學
御纂周易折中
周易虞氏義
雕菰樓易學
周易集解纂疏
周易姚氏學
尚書正義
鄭氏古文尚書
洪範口義
書傳(與《書疑》《尚書表注》合册)
書疑
尚書表注
書纂言
尚書全解(全二册)
尚書要義

讀書叢説
書傳大全（全二册）
古文尚書攷（與《九經古義》合册）
尚書集注音疏（全二册）
尚書後案
毛詩注疏
詩本義
吕氏家塾讀詩記
慈湖詩傳
詩經世本古義（全四册）
毛詩稽古編
毛詩説
毛詩後箋（全二册）
詩毛氏傳疏（全三册）
詩三家義集疏（全三册）
儀禮注疏

儀禮集釋（全二册）
儀禮圖
儀禮鄭註句讀
儀禮章句
儀禮正義（全六册）
禮記正義
禮記集説（衛湜）
禮記集説（陳澔）（全二册）
禮記集解
禮書
五禮通考
禮經釋例
禮經學
司馬氏書儀
春秋左傳正義
左氏傳説

左氏傳續説
左傳杜解補正
春秋左氏傳賈服注輯述
春秋左氏傳舊注疏證（全四册）
春秋左傳讀（全二册）
公羊義疏
春秋穀梁傳注疏
春秋集傳纂例
春秋權衡（與《七經小傳》合册）
春秋集注
春秋經解
春秋胡氏傳
春秋尊王發微（與《孫明復先生
小集》合册）
春秋本義
春秋集傳

春秋集傳大全(全三册)
孝經注解
孝經大全
白虎通德論
七經小傳
九經古義
經典釋文
群經平議(全二册)
新學僞經考
論語集解(正平版)
論語義疏
論語注疏
論語全解
論語學案
孟子注疏
孟子正義(全二册)

四書集編(全二册)
四書纂疏(全三册)
四書集註大全(全三册)
四書蒙引(全二册)
四書近指
四書訓義
四書賸言
四書改錯
四書説
爾雅義疏
廣雅疏證(全三册)
説文解字注

史部

逸周書
國語正義(全二册)

貞觀政要
歷代名臣奏議
御選明臣奏議(全二册)
孔子編年
孟子編年
陳文節公年譜
慈湖先生年譜
宋名臣言行録
伊洛淵源録
道命録
考亭淵源録
道南源委
聖學宗傳
元儒考略
理學宗傳
明儒學案

宋元學案
四先生年譜
洛學編
儒林宗派
程子年譜
學統
伊洛淵源續録
豫章先賢九家年譜
閩中理學淵源考（全三册）
清儒學案
經義考
文史通義

子部

孔子家語（與《曾子注释》合册）
曾子注釋
孔叢子
新書
鹽鐵論
新序
説苑
太玄經
論衡
昌言
傅子
大學衍義
大學衍義補
朱子語類
龜山先生語録
胡子知言（與《五峰集》合册）
木鐘集
西山先生真文忠公讀書記
性理大全書（全四册）
居業録
困知記
思辨録輯要
家範
小學集註
曾文正公家訓
勸學篇
仁學
習學記言序目
日知録集釋（全三册）

集部

蔡中郎集
李文公集
孫明復先生小集

直講李先生文集
歐陽脩全集
伊川擊壤集
元公周先生濂溪集
張載全集
温國文正公文集
公是集（全二册）
游定夫先生集
和靖尹先生文集
豫章羅先生文集
梁溪先生文集
斐然集（全二册）
五峰集
文定集
渭南文集
誠齋集（全四册）

晦庵先生朱文公文集
東萊吕太史集
止齋先生文集
攻媿先生文集
象山先生全集（全二册）
陳亮集（全二册）
絜齋集
文山先生文集
勉齋先生黄文肅公文集
北溪先生大全文集（全二册）
西山先生真文忠公文集
鶴山先生大全文集
閑閑老人滏水文集
郝文忠公陵川文集
仁山金先生文集
静修劉先生文集

雲峰胡先生文集
許白雲先生文集
吴文正集（全三册）
道園學古録　道園遺稿
師山先生文集
曹月川先生遺書
康齋先生文集
敬齋集
涇野先生文集（全三册）
重鐫心齋王先生全集
雙江聶先生文集
歐陽南野先生文集（全二册）
念菴羅先生文集（全二册）
正學堂稿
敬和堂集
涇皋藏稿

馮少墟集
高子遺書
劉蕺山先生集（全二册）
霜紅龕集
南雷文定
桴亭先生文集
西河文集（全六册）
曝書亭集
三魚堂文集外集
紀文達公遺集
考槃集文録
復初齋文集
述學
揅經室集（全三册）
劉禮部集
籀廎述林

左盦集

出土文獻

郭店楚墓竹簡十二種校釋
上海博物館藏楚竹書十九種校釋（全二册）
秦漢簡帛木牘十種校釋
武威漢簡儀禮校釋

*合册及分册信息僅限已出版文獻。